# 沉默的代价

## 米兰达规则妨碍警察执法效果问题实证研究

刘方权　陈晓云　编译

郭义贵　校

**图书在版编目(CIP)数据**

沉默的代价:米兰达规则妨碍警察执法效果问题实证研究/刘方权,陈晓云编译.—北京:北京大学出版社,2024.1
ISBN 978-7-301-33405-8

Ⅰ.①沉⋯　Ⅱ.①刘⋯②陈⋯　Ⅲ.①警察—行政执法—研究—美国　Ⅳ.①D971.221.4

中国版本图书馆 CIP 数据核字(2022)第 188291 号

| | |
|---|---|
| 书　　　名 | 沉默的代价:米兰达规则妨碍警察执法效果问题实证研究<br>CHENMO DE DAIJIA:MILANDA GUIZE FANGAI JINGCHA ZHIFA XIAOGUO WENTI SHIZHENG YANJIU |
| 著作责任者 | 刘方权　陈晓云　编译 |
| 责 任 编 辑 | 邹记东　张　宁 |
| 标 准 书 号 | ISBN 978-7-301-33405-8 |
| 出 版 发 行 | 北京大学出版社 |
| 地　　　址 | 北京市海淀区成府路 205 号　100871 |
| 网　　　址 | http://www.pup.cn |
| 新 浪 微 博 | @北京大学出版社　@北大出版社法律图书 |
| 电 子 邮 箱 | 编辑部 law@pup.cn　总编室 zpup@pup.cn |
| 电　　　话 | 邮购部 010-62752015　发行部 010-62750672　编辑部 010-62752027 |
| 印 刷 者 | 天津中印联印务有限公司 |
| 经 销 者 | 新华书店 |
| | 730 毫米×980 毫米　16 开本　34.75 印张　624 千字<br>2024 年 1 月第 1 版　2024 年 1 月第 1 次印刷 |
| 定　　　价 | 136.00 元 |

未经许可,不得以任何方式复制或抄袭本书之部分或全部内容。
**版权所有,侵权必究**
举报电话:010-62752024　电子邮箱:fd@pup.pku.edu.cn
图书如有印装质量问题,请与出版部联系,电话:010-62756370

本书选译了6篇与米兰达规则相关的论文,出版需要获得全部论文原文版权方的授权。译者在此过程中付出了大量的心血,如仍有未尽之处,请及时与译者或出版社沟通授权及其他相关事宜。现将本书所译论文及其版权声明按照本书的篇章顺序集中列明,作为对原文作者、出版机构及版权代理机构授权的感谢,也方便读者查阅。

### 第一章 90年代的警察审讯——米兰达规则影响的实证研究
Paul G. Cassell & Bret S. Hayman, "Police Interrogation in the 1990s: An Empirical Study of the Effects of Miranda", 43 *UCLA Law Review* 839 (1996).

Reprinted with permission. Translated by Liu Fangquan with permission from Paul G. Cassell.

### 第二章 米兰达规则的社会成本——一个经验性重估
Paul G. Cassell, "Miranda's Social Costs: An Empirical Reassessment", 90 *Northwestern University Law Review*, 387(1996).

Reprinted with permission. Translated by Liu Fangquan with permission from Paul G. Cassell.

### 第三章 铐上警察——米兰达规则对执法活动的消极影响之三十年回顾
Paul G. Cassell & Richard Fowles, "Handcuffing the Cops: A Thirty-Year Perspective on Miranda's Harmful Effects on Law Enforcement", 50 *Stanford Law Review* 1055(1998).

Reprinted by permission.

### 第四章 "米兰达案"四十年——为何需要、如何达致,以及围绕着米兰达规则发生的一切
Yale Kamisar, "On the Fortieth Anniversary of the Miranda Case: Why We Needed It, How We Got It—And What Happened to It?" 5 *Ohio State Journal of Criminal Law* 163(2007).

Reprinted with permission. Translated by Liu Fangquan with permission from Yale Kamisar.

### 第五章 警察的手是不是还被铐着——米兰达规则妨碍警察执法效果的经验性证据之五十年回顾
Paul Cassell & Richard Fowles, "Still Handcuffing the Cops? A Review of Fifty Years of Empirical Evidence of Miranda's Harmful Effects on Law Enforcement", 97 Bost. U. L. Rev. 685 (2017).

Reprinted with permission. Translated by Liu Fangquan with permission from Yale Kamisar and Boston University Law Review.

### 第六章 米兰达规则削弱了警察的执法效果吗?
John J. Donohue III, "Did Miranda Diminish Police Effectiveness?", 50 *Stanford Law Review* 1147(1998).

Reprinted by permission.

# 译 序

一

在美国之外,"米兰达警告(规则)"或许是美国刑事诉讼程序规则中最广为人知的一例,不仅宪法学、刑事诉讼法学、侦查学等相关学科的理论研究者,而且在大众媒体的传播作用之下,即使是只看过一些犯罪与刑事司法相关题材的美剧的普通民众对米兰达警告的内容也都能张口就来,并在自觉或者不自觉中将之作为中国侦查讯问制度与实践的理想参照。在 20 世纪 90 年代末期和 21 世纪初期,面对中国侦查讯问实践中的种种问题,借鉴米兰达规则曾被一些理论研究者视为治愈或者遏制刑讯逼供现象的最佳选择之一。

然而,就如耶鲁·卡米萨教授所说的那样,确立这一规则的米兰达诉亚利桑那州案判决也许既是美国联邦最高法院历史上最受褒扬,也是最受攻讦的一个。[①] 甚至在该案判决作出之前,一些法庭、警察院系、法律评论、大众杂志也许

---

① Yale Kamisar, "On the Fortieth Anniversary of the Miranda Case: Why We Needed It, How We Got It—And What Happened to It", 5 *Ohio St. J. Crim. L.* 163(2007).

已经预测到了联邦最高法院的立场并开始了争论。② 在这份以 5∶4 的多数意见艰难通过的判决中,首席大法官在亲自执笔的多数意见中认为:"我们的判决没有想要妨碍警察在侦查犯罪中的传统职能。当一个人因合理根据被羁押时,警察当然可以寻找在法庭上用作对其不利的证据。……为了协助执法,提供其所掌握的全部信息是公民的义务……在处理供述问题上,我们并不认为所有供述都是不可采的。……自由、自愿作出的供述当然是具有可采性的证据。……当一个人走进警察局表示他要供述犯罪时或者当他打电话给警察局主动供述犯罪或者作出其他陈述时,并不要求警察制止他。联邦宪法第五修正案不禁止任何自愿的陈述,这些陈述的可采性也不受我们今天判决的影响。"③而哈伦大法官则在反对意见中警告说:"(这一判决)将使我们的国家蒙受巨大的危害,至于危害的程度如何,也许只有时间才能告诉我们。"④怀特大法官则在反对意见中附议道:"这一判决所确立的规则将把众多的杀手、强奸犯和其他犯罪分子重新送回到大街上和培育他们的犯罪环境中去,然后他们在高兴的时候将再次犯罪。"⑤判决一出,一些批评者立即预言,这一判决无异于"铐上了警察的手"。⑥ 在 1968 年的总统竞选中,候选人之一的尼克松在竞选演讲中指责米兰达规则"严重妨碍了我们社会保持和平秩序的能力,增强了犯罪分子的力量"。⑦

为了回应这些争议,1966 年夏天,当时《耶鲁法律杂志》编辑部的几个学生在康涅狄格州的纽黑文警察局进行了为期 11 周的跟踪调查,通过在此期间对纽黑文警察局警察审讯的观察和记录,以及对警察、检察官、辩护律师、犯罪嫌疑人的访谈,对米兰达规则实施之后警察审讯过程究竟是如何开展的、米兰达规则对犯罪嫌疑人在审讯中的合作意愿有何影响、审讯对犯罪案件的侦破究竟有多重要,以及审讯时律师在场有何影响等几个问题进行了初步的实证研究。这也是米兰

---

② See, e.g., *Time*, Mar. 3, 1967, at 49; *Time*, Nov. 11, 1967, at 79; *Newweek*, June 27, 1966, at 21-22; *U. S. News and World Report*, June 27, 1966, at 32-36; *Life*, June 24, 1966, at 37; Kamisar, "A Dissent From the Miranda Dissents", 65 *Mich. L. Rev.* 59 (1966); Warden, "Miranda: Some History, Some Observations and Some Questions", 20 *Vand. L. Rev.* 39(1966); "The Supreme Court, 1965 Term", 80 *Harv. L. Rev.* 91, 201 (1966).

③ 384 U. S. 436(1966).

④ 384 U. S. 436(1966).

⑤ 384 U. S. 436(1966).

⑥ 384 U. S. 436(1966).

⑦ Richard M. Nixon, "Toward Freedom from Fear", reprinted in 114 *Cong. Rec.* 12,936, 12,937 (1968); 还可参见 Liva Baker, *Miranda: Crime, Law and Politics* 248 (1983)(引用了尼克松指责米兰达规则的竞选演讲)。

达案判决之后美国研究者针对米兰达规则进行的最早的一项实证研究。⑧ 然而，此后多年尽管与此相关的争议仍然不断，但更多的是基于价值立场的判断，很少有基于经验根据的论证，以致与米兰达规则相关领域被称为是"实证研究的沙漠"。⑨

## 二

本书收录的几篇实证研究长文的作者中，保罗·G.卡塞尔教授既是美国法学界最为著名、最为坚定的米兰达规则反对者⑩，也是这片"实证研究的沙漠"中成果最丰硕者。自20世纪90年代以来，卡塞尔教授或者单独，或者与人合作，围绕着米兰达规则对警察执法效果的妨碍及由此对美国造成的社会成本问题进行了数项深入细致的研究。本书主要收录了卡塞尔教授在20世纪90年代中后期，即米兰达案判决三十周年前后发表的三篇长文，即《90年代的警察审讯——米兰达规则影响的实证研究》（与布雷特·S.海曼合著，以下简称《90年代的警察审讯》）、《米兰达规则的社会成本——一个经验性重估》（以下简称《米兰达规则的社会成本》）、《铐上警察——米兰达规则对执法活动的消极影响之三十年回顾》（与理查德·福尔斯合著，以下简称《铐上警察》），以及米兰达案判决五十周年之际发表的《警察的手是不是还被铐着——米兰达规则妨碍警察执法效果的经验性证据之五十年回顾》（与理查德·福尔斯合著，以下简称《警察的手是不是还被铐着》）。

2001年9月4日，经小布什总统提名，卡塞尔教授获得了担任犹他州地方法

---

⑧ Michael Wald, Richard Ayres & Mark Schantz, "Interrogation in New Haven: The Impact of Miranda", 76 *The Yale Law Journal* 1519 (1967). 该文是我们翻译的第一篇关于米兰达规则实证研究的论文，但因为篇幅问题（全文约9万字），且立场不是很明确，对米兰达规则既未明确表示反对，亦未明确表示赞成，于是只好忍痛割爱。

⑨ Richard H. Uviller, *Tempered Zeal: A Columbia Law Professor's Year on the Streets with the New York City Police*, Contemporary Books 198 (1988).

⑩ Yale Kamisar, "On the Fortieth Anniversary of the Miranda Case: Why We Needed It, How We Got It—And What Happened to It", 5 *Ohio St. J. Crim. L.* 163(2007).

院法官的机会。2002年5月13日，美国参议院通过了小布什总统的提名，5月15日卡塞尔教授被正式任命，直到2007年11月5日他辞职重新回到了犹他大学S.J.昆尼法学院，担任罗纳德·N.博伊斯刑事法学首席教授（Ronald N. Boyce Presidential Professor）和犹他大学法学杰出教授。[11] 五年的法官生涯并未改变卡塞尔教授对米兰达规则的立场，在为米兰达案判决五十周年而作的《警察的手是不是还被铐着》一文中，卡塞尔教授和福尔斯教授对哈伦大法官当年在米兰达案判决异议中的"也许只有时间才能告诉我们"之问予以回应，答案是"是的"。五十年来的经验性证据表明，联邦最高法院的这一标志性判决对警察史无前例的限制，使得警察的执法活动变得低效，当大量的犯罪分子受益于米兰达规则，可以随时中止审讯并因此得以逃脱法网时，那些犯罪被害者的痛苦又该如何计算。

卡塞尔教授的核心观点是，米兰达规则的限制已经超出了防止警察强制审讯的必要，因此严重制约了警察获取犯罪嫌疑人供述的能力，进而削弱了警察的破案能力，由此带来了巨大的社会成本。在《90年代的警察审讯》一文中，卡塞尔教授和海曼根据1994年夏天对盐湖城郡地方检察官办公室的重罪案件预审程序为期六周的观察、问卷所获得的数据对警察审讯的过程与结果进行了初步的实证研究，通过与米兰达案判决之前美国警察审讯所获得的犯罪嫌疑人供述率，及其他对警察审讯没有类似米兰达规则约束的国家的警察审讯结果的比较，认为米兰达规则明显削弱了警察审讯的能力，不仅犯罪嫌疑人的供述率出现了明显的下降，通过犯罪嫌疑人供述获得其他侦查线索与证据的能力也出现了明显下降。而犯罪嫌疑人供述的减少，对案件的最后处理产生了明显的负面影响，审讯成功与否对犯罪嫌疑人定罪率的影响接近30%。

成本—收益的权衡也许是所有关于某项制度或规则的价值争议都无法回避的问题，成本巨大——这也是卡塞尔教授反对米兰达规则的重要出发点之一。在《米兰达规则的社会成本》一文中，卡塞尔教授首先对如何计算米兰达规则成本的方法论问题进行了阐述，认为简单地以违反米兰达规则导致的供述被排除，即以非法供述排除率来计算米兰达规则成本完全错误，因为这一计算方式只考虑到了警察已经获得了犯罪嫌疑人供述，但因违反米兰达规则而被排除的情形，而完全忽视了那些因为警察严格遵守米兰达规则而未获得犯罪嫌疑人供述的情形，因此不能全面、真实地反映米兰达规则的社会成本状况。为此，卡塞尔教授

---

[11] 卡塞尔教授在犹他大学法学院官网的个人主页，https://faculty.utah.edu/u0031056-PAUL_G._CASSELL/research/index.hml#publication，最后访问日期：2023年7月25日。

提出,应当以"失去的供述数",即因为遵守米兰达规则而失去的犯罪嫌疑人供述情况作为衡量其社会成本的参考指标,虽然因为米兰达规则而未能获得犯罪嫌疑人供述并不必然就是一种社会成本,但米兰达规则所要求的程式性权利警告,至少阻止了一些犯罪嫌疑人的供述愿望这一事实不容否认。论证的方法同样是"(米兰达案判决)前后(美国)左右"对比,结论是米兰达规则导致了警察审讯所获供述率下降16%,而从对被告人定罪的角度而言,大约23.8%的案件中供述都是必要的证据,因此米兰达规则的实施导致了大约4%的犯罪分子逃脱了法律的制裁或者被降格处理。

非常有意思的是,卡塞尔教授突然话锋一转,"自1966年以来实质上并不存在(与米兰达规则相关)的讨论恰恰证明了米兰达规则最大的成本所在……米兰达案判决所带来的另一无法否认的悲剧是堵塞了我们对羁押性审讯监督方式——一条不仅可以更好地保护被逮捕(审讯)犯罪嫌疑人从而获得社会利益,也可以更好地防止强制审讯,从而更好地保护犯罪嫌疑人利益的替代性方案的探求之路……"同时,他引用了美国联邦法律政策办公室的话,"米兰达案判决已经固化了审前审讯的法律,排除了发展和实行一些在保护公众免受犯罪行为的侵害方面更为有效,也能够保证犯罪嫌疑人可以得到公平处理的替代性措施的可能……只要米兰达规则仍然有效,未来也不可能会发生什么改变,任何与米兰达规则相异的替代性体系因此都需要冒着被宣告无效的风险。"而其畅想与论证的用来替代米兰达规则的却是被美国警方强烈反对的审讯录音录像。

在米兰达案判决三十周年之际,卡塞尔教授和福尔斯教授在《铐上警察》一文中以警方破案率为主要参考指标,运用统计学方法,建立了警方破案率回归分析模型,对1955年至1995年间美国的暴力犯罪和财产犯罪破案率变化趋势进行了回归分析与解释。回归分析结果显示,在对刑事司法体制、社会经济因素等可能影响警方破案率的相关变量进行控制之后,全美的抢劫、扒窃、机动车盗窃、夜盗犯罪的破案率显著下降。而导致这些犯罪案件破案率下降的因素,除了米兰达规则之外别无其他。此文发表之后,卡塞尔教授将更多的注意力转向了对犯罪被害人权益的关注,直至2017年,即米兰达案判决五十周年之际应《波士顿法律评论》之约,才与福尔斯教授合作完成了《警察的手是不是还被铐着》一文,一方面回应了《铐上警察》一文发表之后学术界对其观点与方法的一些质疑,另一方面延续《铐上警察》一文的研究思路,以更多的数据、更先进的统计工具、更新的回归分析模型,对米兰达规则妨碍警察执法效果的观点进行了论证。二十余年来,卡塞尔教授反对米兰达规则的立场不变,其所提出的以审讯录音录像来替代米兰达规则的改革建议也基本未能实现。

## 三

　　卡塞尔教授不仅被认为是最为坚定的米兰达规则反对者,甚至被认为是美国法学界唯一的反对者。⑫ 因此,在1996年前后卡塞尔教授的前述研究成果一经问世,便受到了一些支持米兰达规则(或者说在米兰达规则问题上意见与卡塞尔教授相左)的研究者的强烈质疑。⑬ 为此本书收录了斯坦福大学法学院约翰J.多诺霍三世(John J. Donohue Ⅲ)教授对卡塞尔教授相关研究的一篇商榷性文章:《米兰达规则削弱了警察的执法效果吗?》。在卡塞尔教授的论证中,破案率是衡量警方执法效果的重要参考数据,而这一数据主要来源于美国联邦调查局的年度报告。于是多诺霍教授首先对联邦调查局破案率数据的准确性提出了质疑,"我们知道,犯罪数据曾经被政治性操控","也许是出于对米兰达案判决的愤怒,警察突然更愿意披露一种较低的破案率,既然现在可以为他们相对拙劣的表现寻找到一个替罪羊。"如果进一步细究联邦调查局对"破案"的定义的话,"在绝大多数案件中,米兰达规则其实对破案率并无影响,因为米兰达规则只适用于——逮捕之后的羁押性审讯之中。而在警方的定义中,只要逮捕了犯罪嫌疑人,案件即被视为已经侦破。"⑭如果说米兰达规则对警方的破案会有所影响的话,那就是对通过审讯来"深挖犯罪"的影响了。

　　在对联邦调查局披露的各类案件年度破案率数据的准确性进行质疑之后,多诺霍教授对卡塞尔教授的研究方法也提出了质疑。多诺霍教授认为,以统计学方法来确定某部法律的实施效果时,理想的状态是存在一个"自然实验区",即

---

　　⑫ Yale Kamisar, "On the Fortieth Anniversary of the Miranda Case: Why We Needed It, How We Got It—And What Happened to It", 5 *Ohio St. J. Crim. L.* 163(2007).

　　⑬ Stephen J. Schulhofer, "Miranda and Clearance Rates", 91 *Nw. U. L. Rev.* 278(1996); John J. Donohue Ⅲ, "Did Miranda Diminish Police Effectiveness?", 50 *Stan. L. Rev.* 1147 (1998); Floyd Feeney, "Police Clearance: A Poor Way to Measure the Impact of Miranda on the Police", 50 *Rutgers Law Journal* 1 (2000).

　　⑭ John J. Donohue, "Did Miranda Diminish Police Effectiveness?", 50 *Stan. L. Rev.* 1147 (1998).

该法律在某一司法管辖区实施，而在另一司法管辖区却不适用，从而形成有效的对照。但是，米兰达规则是一项联邦性的强制命令，适用于全美，因此不可能有理想的"自然实验区"。卡塞尔教授只能进行米兰达案判决前后警察执法效果（破案率）的对比，但这一模式在分析法律干预效果的准确性方面值得怀疑，因为类似的糟糕例子已经不在少数。

更为重要的是，多诺霍教授对卡塞尔教授研究所用的回归分析模型提出了质疑，一方面是卡塞尔教授的回归分析模型中的主要因变量"破案率"本身即是个模糊的概念，从来没有人准确地界定过何为"破案"，以及如何计算"破案率"，因此势必导致其回归分析模型不够有力，进而导致时间序列分析的脆弱性。如果其回归分析模型不能解释被检验变量——破案率的变化，那么也就无法确定米兰达规则是否对美国警察的执法产生了影响，以及产生了什么影响。另一方面是，20世纪60年代后期，美国社会发生了剧烈的变化——毒品、酒精泛滥，叛逆、反战，以及因为政治/种族暴力而对警察充满敌意，这些变化很有可能同样影响了美国警察的破案率，但却很难将这些变化作为解释性变量纳入回归分析模型当中，无论是卡塞尔教授还是其他研究者的回归分析模型中都未能发现控制这些变量影响的方法。而在没有对这些可能严重影响分析结果的人口、政治、文化和社会变迁诸因素加以充分控制的情况下，就错误地将变量的变化情况归咎于法律（米兰达规则）干预，最终只会导致研究的失败。

在对卡塞尔教授研究所使用的数据及回归分析模型进行质疑之后，多诺霍教授建立了自己的回归分析模型，对全美的暴力犯罪、谋杀犯罪破案率与米兰达规则之间的关系进行了统计分析。多诺霍教授认为，有证据证明破案率出现了下降与有证据证明破案率下降与米兰达规则之间存在统计学意义上的显著相关性之间尚有很长一段距离，即便我们发现警方的破案率出现了偏离于先前趋势的下降，但基于20世纪60年代中期以来犯罪与刑事司法体制领域发生的大量系统性变化，也很难将之归因于米兰达规则。犯罪性质的重大变化、毒品、人们对待权力机关的态度等方面的改变，以及沃伦法院在刑事司法领域所作出的一系列判决都对破案率产生了影响，而不仅仅是米兰达案判决所带来的体制性变迁等导致了破案率的实际下降，将前述这些因素对警方破案率的影响排除之后，卡塞尔教授的回归分析所观测到的破案率偏离趋势究竟还剩多少。

尽管对卡塞尔教授的研究提出了前述疑问，多诺霍教授还是对卡塞尔教授试图超越价值判断和单纯的定性论证，运用统计学知识，以实证研究的方式来验证联邦最高法院这一重要判决对美国刑事司法体制的影响之举表示了称赞,认为卡塞尔教授的这些研究确实是一个标准的实证研究范本,他们愿意与大家分享数据的行为表明他们的研究值得信赖。针对多诺霍教授的质疑,卡塞尔教授与福尔斯教授随后撰文予以了回应,在《米兰达案判决之后的破案率下降:巧合还是必然》一文中认为多诺霍教授的回归分析结果不仅未能证明其研究的错误,恰恰相反的是,多诺霍教授的一些分析结论从另外一个角度印证了他们的观点,即米兰达规则导致了警方破案率的下降,妨碍了警察执法效果。[15]

## 四

卡米萨教授认为,米兰达案判决也许是美国联邦最高法院历史上最被误读的判决,但对于何谓正解,何谓误读,他并没有非常明确地表达,而是说如果不回顾米兰达案判决之前美国联邦刑事诉讼中供述的可采性标准的话,就很难对米兰达案判决之于美国刑事诉讼的影响作出确切的评价。于是卡米萨教授在《"米兰达案"四十年——为何需要、如何达致,以及围绕着米兰达规则发生的一切》(以下简称《"米兰达案"四十年》)一文中首先回顾了米兰达案判决之前美国联邦刑事诉讼中供述的可采性标准——正当程序之下的"自愿性"标准,对美国联邦刑事诉讼实践中在"自愿性"标准上的分歧进行了细致的梳理,并感叹道——什么时候犯罪嫌疑人的供述是"自愿的"和"自由的",什么时候又不是?什么时候是"自由选择"或"自由意志"的结果,什么时候又是被"压制"或者"压迫"的产物?……但是法官却不能等到学者们走出这漫无边际的争论,他们必须对摆在面前的案件作出判决,以简洁的判决对被告的供述是否可采作出结论。

针对正当程序下的"自愿性"标准的含糊、复杂、主观、耗时、低效等不足,卡米萨教授援引了雨果·布莱克大法官的评论:"如果每次你在考虑被告的供述是否具有可采性时都必须根据个案的具体情形,那么,这世界上恐怕没有一个法庭

---

[15] Paul G. Cassell and Richard Fowles, "Falling Clearance Rates after Miranda: Coincidence or Consequence?", 50 *Stan L. Rev.* 1181(1998).

能够知道其所面对的被告的供述是否可采,直到案件提交到我们面前的时候,可能我们会发现,(要确定被告供述是否可采)已经超出了我们的能力范围。"⑯在此,卡米萨教授似乎理解了美国联邦或地方法院的法官们在面对供述可采性问题时的艰难与痛苦,"基于联邦最高法院不能为'自愿性'标准提出一个明确可期的定义,那些一直使用这一含义模糊的概念来判断在合宪性上存有疑问的供述是否可采的各州法庭由此背上了沉重的工作负担。"为各法院寻求一条更好的、更易于把握的获得供述的路径已然不可避免——而这一路径便是米兰达案判决所确立的规则。而米兰达规则的确立,使得美国联邦刑事诉讼中供述证据的可采性规则逐渐从"自愿性"标准向"合法性"标准转变,法官们不需要再为被告人供述是否"自愿"而全面考虑"被告人的智力情况、身体健康情况,特定犯罪嫌疑人的情感特征、年龄、受教育程度和此前有无犯罪记录、饮食情况,是否被剥夺了睡眠,警察审讯持续的时间,审讯时亲友是否在场,其聘请律师的要求是否被拒绝等"一切看似相关,但又无关的因素;只需要考虑警察在审讯过程中是否遵循了米兰达规则的要求,被告人是否在米兰达卡片上签字放弃了他的权利,从而大大减轻了法官的工作负担。

其实,工作负担减轻了的绝不只是法官。要知道的是,在刑事诉讼中承担指控举证责任的是检察官。虽然卡米萨教授在文中没有这样说,但其在以单独一小节的篇幅论述沃伦大法官在米兰达案判决形成中的作用时,首先回顾了沃伦在成为美国联邦最高法院大法官之前的职业生涯——沃伦在成为加利福尼亚州州长之前,其全部法律职业生涯都是执法人员的角色:做了五年的执行地方检察官,十三年的阿拉梅达郡(Alameda)地方检察官办公室主任,四年的州总检察长。因此,沃伦作为执法人员的背景比美国联邦最高法院历史上的任何其他大法官都更为全面。尽管沃伦大法官的传记作者在叙述其漫长的执法人员工作经历与米兰达案判决之间的关系时倾向于认为正是这些经历,使其深切地理解警察与犯罪嫌疑人之间力量的严重失衡,从而更敏锐地意识到羁押审讯的强制性,从而为米兰达案判决埋下了种子。

也许沃伦大法官确实是基于对犯罪嫌疑人权利在羁押审讯的强制之下饱受侵犯的现实之认知,全力促成了米兰达案判决的形成。但是不是存在另一种可能——长期的检察官职业(执法人员)生涯使其深切地体会到供述证据的"自愿

---

⑯ 63 *Landmark Briefs and Oral Arguments of The Supreme Court of The United States: Constitutional Law* 894 (Phillip Kurland & Gerhard Casper eds., 1996).

性"标准对控方带来的巨大困扰和沉重负担,促使其生出了为从前的同行们寻找一条从证明被告人供述"自愿性"的重负中解脱出来的路径的想法?卡米萨教授援引了《超级领袖:沃伦及其最高法院》一书作者伯纳德·施瓦茨(Bernard Schwartz)的叙述:"在做检察官时,沃伦一直试图让警察也和检察官一样实现'职业化';在做首席大法官时,他认为职业化的警察才能达到联邦最高法院的要求。尽管他的批评者认为沃伦及其同事们放纵了太多的犯罪,威胁了公共安全,但是沃伦还是认为在他领导下的联邦最高法院才完成了对执法人员职业化的启蒙,从而鼓励警察们更加努力地工作,更为细致全面地准备他们的案件。"[17]值得注意的是,对警察的职业化不等同于削弱警察的执法能力、效果——只不过是使之变得更为高贵,更不等同于对犯罪嫌疑人、被告人权利的保障,而是使警察(侦查)人员与检察官、法官都在职业化标准的规范之下行动,将供述证据的可采性标准从"自愿性"的事实判断转向了"合法性"的规范判断,并将警察、法官与检察官从证明与确认被告人供述"自愿性"这一模糊而艰难的任务中解脱出来。这或许就是卡米萨教授所说的,人们对米兰达案判决的误读之一吧。

## 五

卡塞尔教授这一系列的实证研究确实为我们提供了翔实的数据,统计学研究方法的运用也非常值得我们借鉴,但对于数据的解释仍然有一些值得商榷之处,甚至在实证研究中应提高警惕。因为数据有时候可以揭示事物的真相,有时候则可能因为对数据的解释不当,而以其客观的表象掩盖事物的真相。

卡塞尔教授在盐湖城的观察中发现,83.7%的犯罪嫌疑人在警察进行米兰达警告之后放弃了相关权利,其中79.8%的犯罪嫌疑人完全弃权,3.9%则是先弃权,后来在警察审讯过程中又重新主张了米兰达规则上的权利(包括保持沉默的权利、获得律师帮助的权利),从头至尾主张米兰达规则上的权利的犯罪嫌疑

---

[17] Bernard Schwartz, *Super Chief*, *Earl Warren and His Supreme Court: Judicial Biography*, New York University Press, 1983.

人只占样本总数的16.3%。从逻辑上而言，在绝大多数犯罪嫌疑人都放弃了米兰达规则上的权利的情况下，米兰达规则对警察审讯效果的影响将大幅度削弱，甚至相当于无。但是，卡塞尔教授并未深究绝大多数犯罪嫌疑人弃权背后的原因，而是执着地认为12.1%的犯罪嫌疑人在成功审讯之前主张米兰达规则上的权利对公共政策的制定与实施具有潜在意义——每年大约有300 000名犯罪嫌疑人在警察成功审讯之前主张了米兰达规则上的权利，其潜在的意思是，对这些犯罪嫌疑人无法审讯，失去了这些犯罪嫌疑人的供述，进而造成了对这些犯罪嫌疑人进行定罪的障碍。

在实证研究中，对数据的解释可能远比数据本身重要，如果研究者不能本着价值无涉的立场，而是带着某种预断来展开他的研究，那么，不仅可能导致其在数据选择过程中的偏见，有意无意地忽略与其预设不相一致的数据，或者倾向于选择能够对其预设形成支持的数据，而且可能导致其对数据解释的片面与狭隘。卡塞尔教授针对那些放弃了米兰达规则上的权利的犯罪嫌疑人的审讯情况进行了细致的分析，结果显示，在接受审讯的152名犯罪嫌疑人中，警察审讯成功的有73人，审讯不成功的有79人，在犯罪嫌疑人弃权的情况下，警察审讯成功与不成功的数量、比例大致接近。问题的关键是，既然犯罪嫌疑人已经放弃了米兰达规则上的权利，那么，警察审讯不成功的结果与米兰达规则之间又有什么关系？换句话说，在犯罪嫌疑人放弃了米兰达规则上的权利的情况下，米兰达规则又如何影响警察的审讯效果？但是，卡塞尔教授似乎并未意识到这一逻辑（或者说直觉），而是耐心细致地梳理了米兰达案判决之前的相关研究文献、美国之外的其他国家（英国、加拿大）警察审讯的供述率、破案率等数据，对米兰达案判决前后美国警察审讯的供述率、破案率进行前后左右的直观对比，接着运用统计学方法，竭力论证了米兰达规则妨碍了警察执法效果的判断。

哈伦大法官在米兰达案判决异议中说过的"只有时间才能告诉我们"被卡米萨教授在《"米兰达案"四十年》一文中再次提起，"正如时间所证明的那样，除了一人（卡塞尔教授）之外，大多数人都认为米兰达案判决对犯罪嫌疑人的供述率影响不大"，"那些接受调查的检察官、法官和警察大都认为米兰达规则并没有给执法带来什么大的麻烦"，"那些认为如果米兰达规则被撤销或者推翻警察执法效果将得到显著提升的观点应当受到强烈的批判"。在卡米萨教授看来，四十年后（2006年）看到的米兰达规则与米兰达案判决之时的"原米兰达规则"已经不完全一样了，经历了伯格法院、伦奎斯特法院时期之后，"原米兰达规则"已经被大大弱化，卡塞尔教授谈论的是沃伦法院时期的米兰达规则，而其他一些研究者谈论的可能是经历伯格法院、伦奎斯特法院连续挤压之后幸存下来的米兰达规则。与此同时,警察也逐渐适应了米兰达规则的要求,丰富、进化了他们的审讯技巧——以漫不经心的态度向犯罪嫌疑人宣读原本神圣的宪法性权利,有意无意地贬低了米兰达警告所具有的意义。[18] 而这种"适应"或者"调适"性的审讯策略或者技巧,从某种程度上而言,就是对米兰达规则的嘲笑。这或许就是卡塞尔教授看到了,却未能解释的,83.7%左右的犯罪嫌疑人都放弃了其在米兰达规则上的权利的重要原因之一。

## 六

作为米兰达规则最为坚定的反对者的卡塞尔教授与最为著名的支持者的卡米萨教授都提出了对警察审讯过程进行录音录像的建议。卡塞尔教授之所以建议对审讯录音录像是因为他认为米兰达规则走了极端,只重视犯罪嫌疑人的权利,无视警察执法利益的需要,而对审讯录音录像则可二者兼顾;卡米萨教授等建议对审讯录音录像是因为他们发现在供述证据的可采性标准从"自愿性"转向"合法性"之后,犯罪嫌疑人在米兰达卡片上的签名被视为其供述合法性的重要证据——然而在封闭的审讯环境之下,犯罪嫌疑人为什么会放弃他的权利,或者说警察是如何让犯罪嫌疑人放弃其在米兰达规则上的权利的,除了警察与犯罪嫌疑人之外,无人知道。

从事实的层面而言,审讯之所以对犯罪嫌疑人的权利充满威胁,主要原因在于审讯过程的封闭性、秘密性,在这样的环境下,赋予犯罪嫌疑人多少权利可能并不重要,因为一个封闭、秘密的环境无法为犯罪嫌疑人权利的行使提供必要的空间,侵害其权利的控告却因为举证不能而得不到救济,对于审讯室内究竟发生了什么,法官面对的只能是警察与被告之间的"宣誓竞赛"。其实在米兰达案判决之前,美国公民自由协会(ACLU)的律师伯纳德·韦斯伯格即提出了对警察

---

[18] Richard A. Leo & Welsh S. White, "Adapting to Miranda: Modern Interrogators' Strategies for Dealing with the Obstacles Posed by Miranda", 84 *Minn. L. Rev.* 397(1999).

审讯进行全程录音录像的建议。⑲ 20 世纪 70 年代一些美国民权组织即已模糊地意识到了米兰达规则不仅不足以保护犯罪嫌疑人在审讯中的权利,反而因为供述可采性标准的转换,犯罪嫌疑人在米兰达卡片上的一个签名就使控方完成了对供述合法性的举证,因此呼吁对警察审讯过程进行录音或者录像。但直至 2008 年,全美国也只有 8 个州的 20 个城市要求在谋杀犯罪案件的审讯中进行录音录像。⑳

不知道卡塞尔教授对美国警察审讯实践的了解程度如何,也不知道他是否真正地认为,并始终相信米兰达规则削弱了警察获取犯罪嫌疑人供述的能力,从而妨碍了警察的执法效果。但我们有理由认为,他应该了解美国警方对待审讯录音录像的反对态度,也应该理解美国警方为什么反对审讯录音录像。但他只是简单地以英国的实践作为论据,认为对审讯录音录像并未降低英国警察审讯的供述率,而没有对美国警方为何反对审讯录音录像进行探究——事实上,审讯录音录像对警察审讯效果的消极影响更甚。

# 七

比较研究对中国刑事诉讼法学研究,乃至中国刑事诉讼立法曾经发挥过重要的作用,但很多时候我们的比较研究一方面更多地停留在某个国家或地区的某种制度的法律文本,而不是制度的实践,对米兰达规则的引介即是如此;另一方面对于某种制度之所以能够在某个国家或者地区生成、运行,对制度背后支撑其存在与运行的历史、政治、经济、文化等深层背景,以及制度的流变缺乏必要的理解与把握,对米兰达规则的移植建议同样如此。从这一角度而言,本书收录的这几篇长文在一定程度上向我们展示了米兰达规则在美国警察审讯中的实践面向(当然并不全面,因为卡塞尔教授的研究更多的是利用一些二手资料与数据,

---

⑲ Bernard Weisberg, "Police Interrogation of Arrested Persons: A Skeptical View (1961)", in *Police Power and Individual Freedom*, Aldine Publishing Company 153, 179-80 (Claude R. Sowle ed. ,1962).

⑳ Richard A. Leo, *Police Interrogation and American Justice*, Harvard University Press 295-96 (2008).

即便是在盐湖城的观察式研究,也只是一个点而已,其所观察到的情况也很难说就一定具有普遍性、代表性),以及米兰达规则在美国实践与理论界的争议,因而具有不一样的参考意义。

  从学术研究角度而言,近二十年来实证研究方法在中国刑事诉讼法学界日益为研究者们青睐,但不得不承认的是,一方面实证研究缺乏必要的权威、全面、客观的官方数据(近年来这一情形稍有改善。例如,各级人民检察院从2020年开始发布季度、半年、年度主要办案数据;裁判文书网、12309检察信息网发布了大量法院裁判文书和检察业务文书,从而为刑事诉讼法学实证研究提供了必要的数据来源)。更多的实证研究依赖的是研究者个体的调查,数据的全面性、代表性、权威性不一定能够得到保证。另一方面由于大部分中国刑事诉讼法学研究者。学术训练与成长背景相对单一(简单地说,就是大部分刑事诉讼法学研究者都是文科出身,缺乏实证研究必需的数学知识与数据分析技能),对实证研究方法的把握与运用显然与卡塞尔教授等存在较大的差距,更多的"实证研究"还只是停留在直观的数据与图表展示(译者即是如此)。因此,对中国的刑事诉讼法学实证研究而言,本书也许还具有一定的方法论意义。

  相对于某部法律或者某个规则甫一出台即遭遇的批判性研究而言(从某种程度上说这也是一种学术焦虑的反映),对一项规则与实践效果的回顾性研究,无论是批判还是赞扬,至少从学术严谨性的角度而言更值得我们学习。本书收录的这几篇文章都是米兰达案判决三十年、五十年之后的研究,既回应了哈伦大法官在米兰达案判决异议中的"只有时间才能告诉我们"的担忧,也让我们看到了米兰达规则在过去五十年间的实践流变——它不只是大众耳熟能详的"米兰达警告"台词,而且是五十年间不断演进的现实存在。虽说在米兰达规则问题上,卡塞尔教授的观点与立场被认为是美国法学界的极少数派,其正确与否暂且不论,卡塞尔教授对一个问题持续二十余年的关注与坚持仍是值得赞赏的。

译者<br>刘方权 陈晓云

# 目 录

| | | |
|---|---|---|
| 1 | 译序 | |
| 1 | 第一章 | 90年代的警察审讯 |
| | | ——米兰达规则影响的实证研究 |
| | | 保罗·G.卡塞尔 & 布雷特·S.海曼 |
| 2 | 概述 | |
| 5 | 第一节 | 既有的警察审讯实证研究 |
| 12 | 第二节 | 数据来源和方法 |
| 15 | 第三节 | 审讯的过程与结果 |
| 68 | 第四节 | 米兰达规则争议不断的意义 |
| 74 | 附录A | 问卷调查表 |
| 78 | 附录B | 利奥教授的研究与卡塞尔/海曼研究的比较 |
| 83 | 附录C | 自愿性陈述 |
| 85 | 第二章 | 米兰达规则的社会成本 |
| | | ——一个经验性重估 |
| | | 保罗·G.卡塞尔 |
| 86 | 概述 | |
| 89 | 第一节 | 计算米兰达规则成本的方法论 |
| 92 | 第二节 | 米兰达规则和供述的经验性证据 |
| 135 | 第三节 | 米兰达规则成本的计算 |
| 144 | 第四节 | 普遍化问题 |
| 170 | 第五节 | "成本"视角下的米兰达规则正当性 |

*182* 第六节 米兰达规则成本的评价

*201* **第三章 铐上警察**
　　——米兰达规则对执法活动的消极影响之三十年回顾
　　　　　　　　　　　　　　保罗·G.卡塞尔 & 理查德·福尔斯

| | | |
|---|---|---|
| *202* | | 概述 |
| *206* | 第一节 | 我们对米兰达规则的认识局限 |
| *209* | 第二节 | 米兰达规则实施后破案率的下降 |
| *216* | 第三节 | 破案率下降的回归分析 |
| *254* | 第四节 | 作为破案率下降原因的米兰达规则 |
| *266* | 第五节 | 作为社会成本的破案率下降 |
| *272* | 第六节 | 米兰达规则之外的行动 |
| *279* | 附录 | 回归分析的数据来源 |

*291* **第四章 "米兰达案"四十年**
　　——为何需要、如何达致,以及围绕着米兰达规则发生的一切
　　　　　　　　　　　　　　　　　　耶鲁·卡米萨

| | | |
|---|---|---|
| *292* | 第一节 | 米兰达案之前的正当程序标准 |
| *298* | 第二节 | 米兰达规则是一个极端规则吗? |
| *304* | 第三节 | 沃伦的作用 |
| *307* | 第四节 | 从"米兰达规则如何严重影响执法"到"米兰达规则影响甚微是不是证明其在消除警察审讯'固有的强制性'上的失败",或者"米兰达规则改善了什么" |
| *327* | 第五节 | 威廉·伦奎斯特和米兰达规则 |
| *331* | 第六节 | 为什么伦奎斯特会投票赞成米兰达规则的宪法性地位 |
| *332* | 第七节 | 为什么虽然米兰达规则的宪法性得到了再次确认,最近却仍然遭受严厉的攻击 |

## 337　第五章　警察的手是不是还被铐着
——米兰达规则妨碍警察执法效果的经验性证据之五十年回顾

保罗·G.卡塞尔 & 理查德·福尔斯

| 338 | 引言 |
|---|---|
| 341 | 第一节　米兰达规则对警察执法效果的影响评估 |
| 353 | 第二节　以破案率作为衡量米兰达规则对供述率影响的间接方式 |
| 384 | 第三节　模型设定问题:对约翰·多诺霍模型设定的进一步分析 |
| 397 | 第四节　数据收集问题:对弗洛伊德·菲尼的回应 |
| 418 | 第五节　为什么说破案率必然低估米兰达规则的成本 |
| 445 | 第六节　因果关系问题:破案率下降应归咎于米兰达规则 |
| 471 | 第七节　改革中的米兰达规则 |
| 491 | 结论 |

## 493　第六章　米兰达规则削弱了警察的执法效果吗?　约翰·J.多诺霍三世

| 494 | 概述 |
|---|---|
| 496 | 第一节　米兰达案判决以及司法判决影响评估若干思考 |
| 499 | 第二节　数据 |
| 505 | 第三节　方法论 |
| 508 | 第四节　回归分析模型设定 |
| 525 | 结论 |
| 529 | 附录 |

## 533　后记

# 第一章 90年代的警察审讯
## ——米兰达规则影响的实证研究[*]

保罗·G.卡塞尔[**] & 布雷特·S.海曼[***]

概述
第一节 既有的警察审讯实证研究
第二节 数据来源和方法
第三节 审讯的过程与结果
第四节 米兰达规则争议不断的意义
附录A 问卷调查表
附录B 利奥教授的研究与卡塞尔/海曼研究的比较
附录C 自愿性陈述

---

[*] Paul G. Cassell & Bret S. Hayman, "Police Interrogation in the 1990s: An Empirical Study of the Effects of Miranda", 43 *UCLA Law Review* 839 (1996).

李·泰特尔鲍姆(Lee Teitelbaum)、耶鲁·卡米萨(Yale Kamisar)、威廉·斯顿茨(本文原文使用了斯顿茨教授的昵称比尔·斯顿茨[Bill Stuntz],除第三章致谢中亦有相同情况外,其余文章的称呼均为威廉·施顿茨[William Stuntz],考虑到译文的一致性与严谨性,为方便读者阅读理解,统一修改为威廉·斯顿茨。——译者注)和乔治·托马斯(George Thomas)等人对此文提出了有益的评论意见。我们还非常感谢布伦丹·麦卡拉(Brendan McCullagh)同学(犹他大学法学院二年级学生)的帮助,他协助我们收集了本文中使用到的一些数据。卡伦·L.科雷瓦(Karen L. Korevaa)对本文的数据进行了宝贵的统计分析,并对我们的统计结果进行了显著性检验。凯瑟琳·摩根(Kathleen Morgan)对本项研究中的所有数据进行了类型化处理。我们同时非常感谢地方检察官办公室的尼尔·冈纳森(Neil Gunnarson)和县检察官戴维·E.约卡姆(David E. Yocom)以及他们能干的同事——重罪检察官们,是他们的慷慨使我们能够收集到研究所需要的数据。最后,我们还要感谢《UCLA法律评论》将此文作为与托马斯教授的对话安排发表。此文的写作还得到了犹他大学法学院研究基金和犹他大学研究委员会的支持。

[**] 犹他大学法学院副教授,1981年获斯坦福大学学士,1984年获斯坦福大学法律博士学位,1986—1988年间任司法部执行检察总长助理,1988—1991年间曾任联邦司法部助理检察官。

[***] 犹他大学法学院三年级学生。

## 概述

　　米兰达诉亚利桑那州案①是美国联邦最高法院历史上最为著名的刑事判决②,正是在该案判决中明确了警察审讯犯罪嫌疑人时的具体要求。除了其他内容之外,该判决要求警察审讯时必须告知犯罪嫌疑人有保持沉默的权利,以及警察只有在犯罪嫌疑人放弃这些权利之后才能开始进行审讯。从1966年联邦最高法院作出该判决以来,其所确立的规则对警察审讯效果的影响问题就时不时地被人们提及。就在该判决作出之后不久,即有众多研究者试图通过实证研究来为这一问题提供一个答案。③ 但是,研究者们对这一问题的兴趣很快即告消失,此后数十年间与此相关的实证研究几乎没有。

　　在"实证研究的荒漠"中④,我们对于米兰达案判决之后不久的警察究竟如何审讯几乎一无所知,比对今天的警察如何审讯了解更少。有多少犯罪嫌疑人放弃了他们的米兰达权利?有多少犯罪嫌疑人作出了供述?犯罪嫌疑人供述之于起诉结果的重要程度如何?即使是那些最为见多识广的观察者们,对这些根本性问题也只能推测。一些审慎的研究者意识到对这一问题深入研究的必要性。这一方面最好的例子是此前乔治·托马斯(George Thomas)教授题为关于米兰

---

　　① 384 U. S. 436 (1966).
　　② 美国律师协会1974年对律师进行的一项调查发现,米兰达案是美国联邦最高法院历史以来影响第三大的判决,仅次于马布里诉麦迪逊案(Marbury v. Madison)和美国诉尼克松案(United States v. Nixon),领先于布朗诉教育委员会案(Brown v. Board of Education)。参见 Jethro K. Lieberman, *Milestones, 200 Years of American Law: Milestones in Our Legal History*, vii (1976).
　　③ 该项研究成果综述可以参见 Paul G. Cassell, "Miranda's Social Costs: An Empirical Reassessment", 90 *Nw. U. L. Rev.* 387 (forthcoming 1996).
　　④ H. Richard Uviller, *Tempered Zeal: A Columbia Law Professor's Year on the Streets with the New York City Police*, 198 (1988).

达需要"更多(更好)的经验性证据"的文章。⑤ 在该文中,乔治·托马斯教授认为:"直到20世纪70年代中期,米兰达案判决对警察执法实践的影响问题似乎无人关注,……这一问题本应是关于米兰达规则争议的核心。"⑥然而,主流的法学研究者们并非都如乔治·托马斯教授一样审慎,关于警察审讯他们所给出的更多的是与普通大众所了解的一样,泛泛而谈。例如,一本全美主流刑事程序法教科书即认为"那些得到了米兰达警告的被告人很少要求律师帮助","警察在对犯罪嫌疑人进行米兰达警告之后的审讯中所获得的供述,在数量上与米兰达案判决之前一样多"。⑦ 其他一些知名学者也曾经提出过类似的观点。⑧ 这些观点通常被用来论证米兰达案判决并未影响刑事案件侦查和起诉结果之类的主张。同样常见的是,这些观点通常都是以一些模糊的、而不是精确的语言来表达。例如,那些认为犯罪嫌疑人很少要求律师帮助的人,很少有人能够回答,究竟是所有案件的1%,还是30%的犯罪嫌疑人提出过审讯时需要律师帮助的要求?

对警察审讯这一问题的无知,导致了公共政策上的严重分歧,联邦最高法院现在将米兰达规则定位为一种"预防性"规则,而不是宪法性要求。⑨ 根据这一观点,米兰达规则的正当性在于成本——收益分析时,对警察审讯效率降低所带来的成本,与保障犯罪嫌疑人不受警察暴力侵犯所带来的收益之间的权衡。⑩ 虽然这一规则(米兰达规则)的正当性完全建立在实用主义的基础之上,令人奇怪的是,我们对于米兰达案判决对现实世界的影响却几乎一无所知。没有经验性信息为基础,联邦最高法院又怎么能够确认米兰达规则达成的这一平衡不是(或者

---

⑤ George C. Thomas III, "Is Miranda a Real-World Failure? A Plea for More (and Better) Empirical Evidence", 43 *UCLA L. Rev.* 821 (1996).

⑥ 同上引注,第822页;还可参见 Lawrence S. Wrightsman & Saul M. Kassin, *Confessions in the Courtroom*, ix (1993)("由于一些不为我们所知的原因,供述证据一直以来都是几乎为心理学家和其他社会科学家所完全忽视的主题"); Richard A. Leo, "Police Interrogation and Social Control", 3 *Soc. & Legal Stud.* 93, 98 (1994)("对羁押审讯期间究竟发生了什么我们几乎一无所知")。

⑦ Wayne R. LaFave & Jerold H. Israel, *Criminal Procedure* § 6.5(c), at 484 (1984 & Supp. 1991)。

⑧ 参见 Jerome H. Skolnick & James J. Fyfe, *Above the Law: Police and the Excessive Use of Force* 58 (1993)(指出犯罪嫌疑人"经常放弃其保持沉默的权利"); Christopher Slobogin, *Criminal Procedure: Regulation of Police Investigation* 347 (1993)("在许多司法管辖区,米兰达规则对供述率几乎毫无影响,犯罪嫌疑人对米兰达警告通常并不关注")。

⑨ 参见 Davis v. United States, 114 S. Ct. 2350, 2355 (1994)(米兰达规则"本身并非第五修正案禁止强制供述的要求,只有诉诸预防性目的时其才具有正当性")。参见 Joseph Grano, *Confessions, Truth, and the Law* 173-98 (1993)(解释了米兰达规则的"次宪法性地位"[subconstitutional status])。

⑩ 参见 New York v. Quarles, 467 U. S. 649, 657 (1984)(该案判决认为,基于"公共安全"的审讯不适用米兰达规则,因为在类似情形下,"消除对公共安全的威胁重于对第五修正案下反对强迫自证其罪特权的预防性保护需要")。

仍然是)一个正确的选择?

  为了解释这些重要问题,我们曾经在犹他州的盐湖城,一个大城市区域进行了一项研究。我们收集了1994年该区发生的200余起案件的警察审讯与犯罪嫌疑人供述相关信息。[11] 本文将展示我们在调查中所获得的,诸如犯罪嫌疑人弃权(米兰达规则上的权利)和供述的频率、警察对米兰达规则的遵守情况,以及供述之于起诉结果的功能等相关数据。文章的第一部分对现有文献进行了简短的回顾,这些文献很好地证明了托马斯教授关于"我们对供述问题知之甚少"的观点。第二部分对本文的研究方法进行了说明。第三部分是我们的研究发现。其中第一小节对警察审讯犯罪嫌疑人、犯罪嫌疑人放弃米兰达规则上的权利,以及警察获得的犯罪嫌疑人的归罪性陈述等情况进行了大致的评估。我们发现,相当一部分的犯罪嫌疑人根本未接受过警察的审讯(大约有21%),另有相当一部分犯罪嫌疑人根据米兰达规则主张了他们的权利(大约16%),在所有犯罪嫌疑人中,大约只有33%作出了供述。33%的供述率低于米兰达案判决之前的一些研究发现,也低于在一些没有类似米兰达规则要求的国家所进行的研究发现,从而表明,米兰达规则降低了警察审讯所获得的犯罪嫌疑人供述率。[12] 第二小节对非羁押性审讯等米兰达规则调整范围之外的警察审讯实践情况进行了考察,研究发现,警察为了规避米兰达规则而将羁押性审讯转换为非羁押性审讯等情况在数量上并不显著。第三小节对警察遵守米兰达规则的情况进行了考察,发现警察对米兰达规则的遵守程度有待提高。第四小节对警察掌握的指控证据情况、犯罪嫌疑人前科、对审讯过程录音录像、犯罪嫌疑人的种族、性别、警察的类型等因素对警察审讯效果的影响进行了定量分析。第五小节对犯罪嫌疑人供述对案件的最终处理结果的影响进行了分析,认为在犯罪嫌疑人供述的情况下,检察官提起指控,以及被告人最终被定罪的可能性更高。文章的第四部分对本文的前述发现之于米兰达规则争议的重要性进行了评估。通过对托马斯教授应对米兰达规则进行更多实证研究之呼吁的延伸,以及对米兰达案判决并未在平衡相互冲突的犯罪嫌疑人个体权益与社会公共利益(尽管这是联邦最高法院的法官以及米兰达规则的拥护者们所承诺的)上获得经验性证成问题的解释为全文

---

  [11] 基于行文便利的需要,在未讨论具体统计数据时,本文对"供述"一词都是在广义意义上使用,包括所有形式的归罪性陈述。
  [12] 在达成这一结论过程中,我们还将回应托马斯教授的供述的"稳定状态"(steady state)理论,在一篇针对拙文的富有洞见的文章中,托马斯教授对这一理论进行了解释。参见 George C. Thomas III, "Plain Talk About the Miranda Empirical Debate: A 'Steady-State' Theory of Confessions", 43 *UCLA L. Rev.* 933 (1996)。

进行了总结。

## 第一节 既有的警察审讯实证研究

警察审讯实证研究不足并不是最近才发现的现象,联邦最高法院在20世纪60年代开始考虑对警察审讯实行新的限制时,就惊讶地发现可供其借鉴的经验性信息相当匮乏。20世纪50年代后期,美国律师基金会(American Bar Foundation)在几个城市进行了一些田野调查,但是对调查所获得材料的定量分析相当有限。⑬ 首份公开出版的关于警察审讯的可靠数据是小爱德华·L. 巴雷特(Edward L. Barrett Jr.)教授1962年发表的对加利福尼亚州两个城市的警察审讯实践的研究结果。⑭ 但是,他的研究只包括了警察审讯持续的时间长度以及犯罪嫌疑人供述率两个方面的简略信息。⑮ 因此,在埃斯科贝多诉伊利诺伊州案(Escobedo v. Illinois)⑯——一个质疑联邦最高法院在警察审讯问题上的法理立场的判决——中并未援引任何的实证性研究结论,也就丝毫不令人奇怪了。⑰ 除了不经意地提到巴雷特的研究之外⑱,埃斯科贝多案判决意见同样没有援引任何其他的实证研究结论。

联邦最高法院在埃斯科贝多案中含糊其词的判决(在判决中,联邦最高法院认为,一旦警察开始将目标对准某个犯罪嫌疑人,他们就不能拒绝其获得律师帮

---

⑬ 参见美国律师协会:《美国刑事司法体制:试点方案报告(1957)》,在此感谢理查德·A. 利奥教授让我注意到这项研究。

⑭ Edward L. Barrett, Jr., "Police Practices and the Law—from Arrest to Release or Charge", 50 Cal. L. Rev. 11 (1962).

⑮ 同上引注,第41—44页。

⑯ 378 U. S. 478 (1964).

⑰ 参见上诉人、被上诉人的上诉及答辩摘要,以及美国公民自由联盟(American Civil Liberty Union, ACLU)的意见, Escobedo v. Illinois, 378 U. S. 478 (1964) (No. 615)。被上诉人伊利诺伊州的答辩摘要并未援引有关贫困被告人在初次聆讯后应获得律师帮助的实证研究成果。参见前引注第24页,被上诉人答辩摘要(转引自 Yale Kamisar & Jesse H. Choper, "The Right to Counsel in Minnesota: Some Field Findings and Legal-Policy Observations", 48 Minn. L. Rev. 1 [1963])。ACLU 的意见摘要中引用了美国警察审讯手册的相关内容,参见 Brief for the ACLU, 前引注,第4—8页。

⑱ Escobedo, 378 U. S. at 488 n. 10.

助的权利⑲)激发了人们对警察审讯法律问题极大的兴趣和猜测。但是,该案判决并未就警察审讯问题提出新的观点。⑳ 两年之后,有评论者认为:"尽管这些年来,在所谓的'犯罪问题'上耗费了各基金组织和政府数十万美元,令人难以理解的是,这些钱却很少被用来对警察审讯的意义作一些冷静的调查。"㉑

1966年,当米兰达案件的参与者在准备他们的案件摘要时,却发现没有可供借鉴的经验性信息。为了解决这一问题,全美地方检察官协会(National District Attorney's Association)要求大城市的检察官们收集关于犯罪嫌疑人供述的普遍性及其对于定罪的重要性方面的信息。协会以附件的形式在其关于米兰达案的法庭之友意见书中(amicus brief)提供了一份长达45页的调查结果。㉒ 而美国公民自由联盟(American Civil Liberties Union,ACLU)则主要根据警察审讯手册提出了一份针锋相对的意见书。㉓

警察审讯手册成了联邦最高法院米兰达一案判决的多数意见者用来论证警察审讯实践面相的核心根据。联邦最高法院在本案判决意见中确实援引了1931年威克沙姆(Wickersham)报告中关于警察暴力的调查结论㉔和其他一些关于警察审讯中的不法行为方面的奇闻逸事。㉕ 但是,除了点头承认"我们对于审讯的了解与审讯室内究竟发生了什么尚有差距"外㉖,联邦最高法院的判决还是建立在警察审讯手册代表了警察审讯实践的假设,而不是学者的调查研究之上。㉗ 从

---

⑲ 参见 Charles H. Whitebread & Christopher Slobogin, *Criminal Procedure*: *An Analysis of Cases and Concepts* 379 (3d ed. 1993)("埃斯科贝多案判决并未为法庭或警察提供更多的指引")。

⑳ 唯一公开出版的特别研究似乎是 Criminal Investigation Div., Detroit Police Dept., *Confessions in Felony Prosecutions for the Year of 1961 as Compared to January 20*, *1965 Through October 31*, *1965* (Dec. 13,1965)(在该报告中披露了各类案件犯罪嫌疑人的供述率),转载于 Theodore Souris,"Stop and Frisk or Arrest and Search—The Use and Misuse of Euphemisms", 57 *J. Crim. L.*, *Criminology & Police Sci.* 251, 263-64 (1966); Nathan R. Sobel, "The Exclusionary Rules in the Law of Confessions, A Legal Perspective—A Practical Perspective", *N.Y. L.J.*, Nov. 22, 1965, at 1; 还可参见 Wayne R. LaFave, *Arrest*: *The Decision to Take a Suspect into Custody* (1965)(该文披露了一些基于观察而获得的逮捕信息)。

㉑ 参见 Richard H. Kuh, "The 'Rest of Us' in the 'Policing the Police' Controversy", 57 *J. Crim. L.*, *Criminology & Police Sci.* 244, 247 (1966)。

㉒ 同上引注。

㉓ Brief of the ACLU, Amicus Curiae, Miranda v. Arizona, 384 U.S. 436 (1966) (No. 759)。

㉔ Miranda, 384 U.S. at 445 (引自 IV National Comm'n on Law Observance and Enforcement, Report on Lawlessness in Law Enforcement [1931])。

㉕ 同上引注,第446页,注释7(引自 Commission on Civil Rights, Justice pts. 5, 17 [1961] and various court opinions)。

㉖ 同上引注,第448页。

㉗ 其他有力的经验性的讨论只有FBI的审讯实践,同前引注,第483—486页;以及其他国家的审讯实践,同前引注,第486—490页。

而导致了哈伦大法官在其反对意见中抱怨联邦最高法院的判决缺乏"充分的经验性数据支持"[28]。

米兰达案判决曾经短暂地激起过人们对警察审讯的研究兴趣，因为无论是该判决的支持者还是反对者都急于论证他们的立场。其中最为著名的也许是《耶鲁法律杂志》的编辑们在1966年，也就是米兰达案判决之后的那个夏天在纽黑文警察局进行的驻点参与式观察研究，他们在对纽黑文警察局的警察审讯进行数月观察之后发表了他们的研究结果。[29] 在本项研究的简短附言中，作者对纽黑文警察在审讯耶鲁的反越战示威者过程中进行米兰达警告的情况进行了评价。[30] 还有一些学者利用警方档案材料对匹兹堡[31]、哥伦比亚特区[32]和海城（匿名城市，位于洛杉矶的郊区）[33]等地警察在米兰达案判决前后获取犯罪嫌疑人供述的情况进行了比较。检察官们也在纽约[34]、费城[35]、洛杉矶[36]、布鲁克林[37]、新奥尔良[38]、堪萨斯城[39]、芝加哥[40]等地开展了类似的调查。

除了这些对米兰达案判决前后供述率变化情况的比较研究外，米兰达案判

---

[28] 同上引注，第524页（哈伦大法官的反对意见）。

[29] "Project, Interrogations in New Haven: The Impact of Miranda", 76 *Yale L. J.* 1519 (1967) [hereinafter Yale Project].

[30] John Griffiths & Richard E. Ayres, "A Postscript to the Miranda Project: Interrogation of Draft Protestors", 77 *Yale L. J.* 300 (1967).

[31] Richard H. Seeburger & R. Stanton Wettick, Jr., "Miranda in Pittsburgh—A Statistical Study", 29 *U. Pitt. L. Rev.* 1 (1967).

[32] Richard J. Medalie et al., "Custodial Police Interrogation in Our Nation's Capital: The Attempt to Implement Miranda", 66 *Mich. L. Rev.* 1347 (1968).

[33] James Witt, "Non-Coercive Interrogation and the Administration of Criminal Justice: The Impact of Miranda on Police Effectuality", 64 *J. Crim. L. & Criminology* 320, 322 (1973).

[34] Controlling Crime Through More Effective Law Enforcement: Hearings Before the Subcomm. on Criminal Laws and Procedures of the Senate Comm. on the Judiciary, 90th Cong., 1st Sess. 1, 1120 (1967)（纽约郡地方检察官弗兰克·S. 霍根[Frank S. Hogan]在犯罪控制听证会上的发言[以下简称"Controlling Crime Hearing"]）。

[35] 同上引注，第200页（费城地方检察官阿伦·斯佩克特[Arlen Specter]在犯罪控制听证会上的发言）。

[36] 同上引注，第311页（洛杉矶地方检察官埃弗利·J. 扬格[Evelle J. Younger]在犯罪控制听证会上的发言）。

[37] 同上引注，第219页（金斯县地方检察官阿伦·E. 库塔[Aaron E. Koota]在犯罪控制听证会上的发言）。

[38] American Law Inst., *A Model Code of Pre-Arraignment Procedure: Study Draft No. 1*, at 140 (1968).

[39] Wayne E. Green, "Police vs. 'Miranda': Has the Supreme Court Really Hampered Law Enforcement?", *Wall St. J.*, Dec. 15, 1966, at 16.

[40] 参见 Donald Janson, "Homicides Increase in Chicago, but Confessions Drop by 50%", *N. Y. Times* (Chicago), July 24, 1967, at 24。

决之后关于供述的其他研究为数不多,但这些研究并未涉及米兰达案判决前后供述率的变化情况。1967年,维拉司法研究所对曼哈顿地区的警察审讯实践情况进行了调查㊶,同年,尼尔·米尔纳(Neal Milner)在威斯康星的四个城市就米兰达规则对警察态度的影响问题进行了研究。㊷ 1968年,戴维·W.纽鲍尔(David W. Neubauer)对某个位于美国中西部的城市——"大草原城"(Prairie City)的起诉实践中供述的作用情况进行了统计分析。㊸ 1969年,法学院学生劳伦斯·S.莱肯(Lawrence S. Leiken)在丹佛从一些囚犯处收集了关于其是否向警察作了陈述的数据。㊹

正如某位具有代表性的作者曾经细致论述过的那样,对这些研究的最好解释是,米兰达案判决后犯罪嫌疑人供述率出现了显著的下降。㊺ 然而,托马斯教授认为,我们必须接受"米兰达案判决对犯罪嫌疑人供述率的影响并不具有统计学意义上的显著差异的无效假设"*。㊻ 但是,托马斯教授的结论依据仅包括纽黑文、哥伦比亚特区、丹佛、海城等四项研究的发现,似乎在托马斯教授眼里,前述四项研究的分量要重于另一项——在匹兹堡进行的结果相反的第五项研究——后者的研究发现,米兰达案判决后,犯罪嫌疑人供述率出现了显著下降。

在得出结论的过程中,托马斯教授也许在这样几个方面被误导了。㊼ 例如,纽黑文研究,与作者所得出的结论相反的是,数据显示,在米兰达案判决后,可采

---

㊶ Vera Inst. of Justice, *Monitored Interrogations Project Final Report: Statistical Analysis* (1967) [hereinafter Vera Inst., *Monitored Interrogations*]; Vera Inst. of Justice, *Taping Police Interrogations in the 20th Precinct*, N.Y.P.D. (1967) [以下简称 Vera Inst., *Taping Police*]。令人奇怪的是,该项研究从未正式出版,可供引用的只有打印手稿。

㊷ Neal A. Milner, *The Court and Local Law Enforcement: The Impact of Miranda* (1971).

㊸ David W. Neubauer, *Criminal Justice in Middle America* viii (1974).

㊹ Lawrence S. Leiken, "Police Interrogation in Colorado: The Implementation of Miranda", 47 *Den. L. J.* 1 (1970).

㊺ 参见 Cassell,前引注③,第 395—417 页(认为有可靠的研究表明,米兰达案判决之后犯罪嫌疑人的供述率下降了 16.1 个百分点);还可参见 Whitebread & Slobogin,前引注⑲,第 381 页(该项研究认为,在实行米兰达规则的司法管辖区进行的研究发现,"在米兰达规则实施之后,犯罪嫌疑人的供述率出现了 10—20 个百分点的显著下降")。但请比较 Stephen J. Schulhofer, "Miranda's Practical Effect: Substantial Benefits and Vanishingly Small Social Costs", 90 *Nw. U. L. Rev.* 500, 544-47 (forthcoming 1996) (该项研究引用卡塞尔的数据,并且认为其研究支持米兰达案判决后犯罪嫌疑人供述率下降了 4.1—6.4 个百分点的结论),以及 Paul G. Cassell, "All Benefits, No Costs: The Grand Illusion of Miranda's Defenders", 90 *Nw. U. L. Rev.* (forthcoming 1996) (responding to Schulhofer).

\* null hypothesis,即无效假设,是对研究总体提出一个假想目标,所谓"无效"是指处理效应与假设值之间没有真实差异,试验结果所得的差异乃误差所致。——译者注

㊻ Thomas,前引注⑤,第 833 页。

㊼ 参见上引注,第 827—831 页。

性供述率出现了16个百分点的显著下降。⑱哥伦比亚特区的研究不能被视为对米兰达规则效果的真正检验,因为在该项研究开展之时,哥伦比亚特区的警察并未遵守米兰达规则中最为重要的要求。⑲另外,与托马斯的解读不同,当我们把同一组数据拿来重新分析时,即,将那些得到了某些米兰达规则警告的犯罪嫌疑人的供述率与那些未受到任何米兰达规则警告者的供述率进行比较时,我们发现,米兰达案判决后,犯罪嫌疑人供述率出现了下降。⑳而丹佛的研究对米兰达规则的危害性特征也没有说清楚。㉑海城研究在好多方面存在异常。㉒

托马斯教授可能还忽略了其他一些显示米兰达规则对警方的执法效果带来

---

⑱ 纽黑文警察审讯的研究者们发现,在81名犯罪嫌疑人中有3名因为米兰达警告而停止了与警察交谈和可能的供述,10名犯罪嫌疑人在警察违反米兰达警告有关停止审讯的规则之后才作出了归罪性陈述。参见 Cassell,前引注③,第408—449页(有关该项研究更为详细的论述可以参见前引注㉙,第1571、1578页。这意味着根据该项研究,在米兰达案之后,可采的犯罪嫌疑人供述率下降了16.0个百分点[13/81]),同上引注;还可参见 Schulhofer,前引注㊺,第530页(该文认为,根据纽黑文研究,可采的犯罪嫌疑人供述率至少下降了12.3个百分点[10/81])。

在对我们的回应中,托马斯教授认为,我们的论证忽略了"反事实(推理)",因为我们将受到米兰达警告的犯罪嫌疑人的行为视为是恒定不变的,同时又计算了违反米兰达规则有关停止审讯的要求以获得供述时的成本,托马斯,前引注⑫,第940页。因此,托马斯教授认为,我们忽略了米兰达警告可能"鼓励一些犯罪嫌疑人自我归罪"的可能性,同上引注。但是,我们报告的只是《耶鲁法律杂志》的编辑们在纽黑文警察局中观察看到的审讯情况,他们没有发现米兰达警告对犯罪嫌疑人供述的促进作用。参见 Yale Project,前引注㉙,第1571页(文中讨论了米兰达警告对犯罪嫌疑人行为的影响,认为米兰达警告没有明显提升犯罪嫌疑人与警察交谈的欲望)。

⑲ 托马斯教授承认,华盛顿特区的警察并未普遍遵守米兰达规则的要求,但其认为,通过对得到了米兰达警告和未得到米兰达警告的犯罪嫌疑人供述率进行分析,可以弥补这一不足。参见 Thomas,前引注⑤,第829—830页。但这一方法最多只能揭示米兰达警告的效果,而不能揭示米兰达规则的其他要求,例如应犯罪嫌疑人要求随时停止审讯等要求所带来的影响,参见 Cassell,前引注③,第410页(华盛顿特区的警察并未遵守米兰达规则有关犯罪嫌疑人弃权和应犯罪嫌疑人要求随时中止审讯的要求);还可参见 Schulhofer,前引注㊺,第531页(对 Cassell"研究所利用的后米兰达时期数据来自华盛顿特区警察局完全遵守米兰达规则之前时期"的判断表示认同)。当与米兰达规则的大部分危害后果似乎都是来源于警告而非其他要求这一事实结合起来考虑时,这一点似乎有些重要。参见下引注⑬(解释了为什么应犯罪嫌疑人要求随时停止审讯的规则,而不是警告对审讯的影响最大)。针对华盛顿特区警察局的研究同样存疑,因为其结论似乎被以一种令人误导的方式呈现出来。参见 Richard A. Leo, Police Interrogation in America: A Study of Violence, Civility and Social Change 321 & n. 17, 337 & n. 25 (1994)(未出版的博士论文,加州大学伯克利分校)。

⑳ 参见 Cassell,前引注③,第411页(发现在受到米兰达警告的犯罪嫌疑人中,41%作出了供述,而未受到警告的犯罪嫌疑人供述比例为51%)。

㉑ 托马斯承认,丹佛研究项目表明,米兰达警告阻止了犯罪嫌疑人认罪,但也准确地指出,该项研究的主要发现大部分不具有统计学意义上的显著性,因为其样本量太小(只有50个犯罪嫌疑人)。参见 Thomas,前引注⑤,第828页。但是,无论如何,本项研究看起来主要关注的是警告,而非更具重要性的犯罪嫌疑人弃权和有权随时终止审讯规则。

㉒ 参见 Cassell,前引注③,第405页(分析了海城[Seaside City]研究项目中的数据问题);还可参见 Cassell,前引注㊺(论证了为什么海城研究项目被米兰达规则拥护者们视为反常)。但请参见 Schulhofer,前引注㊺,第528—530页(为该项研究进行了辩护)。

了负面影响的研究,特别是没有将对纽约郡、费城、新奥尔良、堪萨斯城、布鲁克林和芝加哥等地的研究结果纳入其考虑的范围之内。㊾而这些项目的研究发现与其他主要数据相一致:米兰达案判决后美国的犯罪嫌疑人供述率相对低,而同一时期英国、加拿大的犯罪嫌疑人供述率相对较高㊿;伴随着米兰达规则的实施,出现了暴力犯罪破案率的下降㊺;以及一些警察局官员关于米兰达规则妨碍了警察执法效果的评论㊻。从更广的角度来看,我们同样可以对托马斯教授的"米兰达规则具有一种双重效果"的假设提出疑问:即在鼓励犯罪嫌疑人与警察进行交谈的同时,却妨碍了犯罪嫌疑人认罪。㊼

但是,无论人们如何解释此前的相关研究,我们与托马斯教授一样,都对自米兰达案判决后与此相关的重要问题研究的缺乏表示担忧。正如托马斯教授指

---

㊾ 参见 Cassell,前引注③,第 399—405、412—414 页(讨论了这些研究的数据);Cassell,前引注㊺(同前)。但是,试比较 Schulhofer,前引注㊺,第 517—538 页(批评了对来自纽约、新奥尔良、布鲁克林等地的研究数据,对费城、堪萨斯等市犯罪嫌疑人供述率下降的数据表示了认同,同时对洛杉矶研究项目中犯罪嫌疑人供述率上升的情况提出疑问)。诚然,这些研究中的一部分是由检察官,而不是法学教授们完成的,还有一些是建立在估计,而不是确切的数据基础上的。但是,完全排斥这些研究,特别是在数据稀缺的情况下,似乎是个错误。试比较 Thomas,前引注⑫,第 948 页(指出单项研究中的特质风险,并且认为"我们需要更多的研究,从而可以了解研究对象的一般状况")。

㊿ 参见下引注⑱—⑲及相关文献。

㊺ 参见 Cassell,前引注㊺(绘制了米兰达案后暴力犯罪破案率变化图); Paul G. Cassell, "The Costs of the Miranda Mandate: A Lesson in the Dangers from Inflexible, 'Prophylactic' Supreme Court Creations", 28 *Ariz. St. L. J.* (forthcoming 1996)(讨论了破案率数据问题)。

㊻ 参见 Cassell,前引注㊺(整理了研究警察对待米兰达规则态度的相关成果),但请参见 Schulhofer,前引注㊺,第 507—511 页(认为警察接受并适应了米兰达规则)。

㊼ 托马斯教授令人感兴趣的推测主要是建立在海城的研究数据上,该项研究显示,在米兰达案后,犯罪嫌疑人更不可能直截了当地认罪,但更有可能作出一些归罪性陈述,参见 Thomas,前引注⑤,第 831 页(引自 Witt,前引注㊳,第 325 页表 3)。托马斯认为,一方面,因为犯罪嫌疑人"可能会认为在米兰达警告之后其仍然愿意与警方交谈的态度可以证明自己的无辜",所以米兰达警告可能促使犯罪嫌疑人作出陈述;另一方面因为"即使是对米兰达警告最为肤浅的理解都清晰地告诉了犯罪嫌疑人,其所说的每一句话都将有可能在法庭上被用作对其不利的证据",因此米兰达警告也可能抑制犯罪嫌疑人认罪的冲动。参见 Thomas,前引注⑤,第 831 页。然而,托马斯教授的解释与海城研究项目的数据并不吻合,海城的警察明显从 1965 年 1 月就开始在审讯犯罪嫌疑人时给予其类似的警告,在人民诉多拉多案(People v. Dorado, 398 P. 2d 361 [Cal.])裁决中拒绝被告人的调卷令时,381 U. S. 937 (1965)裁决要求警察在审讯犯罪嫌疑人之前对其进行类似的警告,参见 Witt,前引注㉝,第 325 页注释 41。在 1965 年,犯罪嫌疑人口头认罪的数量大幅下降。同上引注,第 325 页表 3。托马斯的推断还与其他司法管辖区的数据相矛盾。参见"Controlling Crime Hearings",前引注㉞,第 161 页(该项研究发现,在米兰达案判决后,纽约市的谋杀案件犯罪嫌疑人的供述数量出现了下降);同上引注,第 200—201 页(在米兰达案和其他一些要求警察审讯时必须对犯罪嫌疑人进行类似警告的案件判决之后,费城的犯罪嫌疑人供述数量也出现了下降);参见 Cassell,前引注③,第 411—412 页(再次分析了哥伦比亚特区的数据,结果表明米兰达案判决之后犯罪嫌疑人供述数量下降);参见 Green,前引注㊴,第 16 页(该项研究表明,米兰达之后,堪萨斯城的犯罪嫌疑人供述率下降了 12 个百分点左右)。

出的那样,大约在 20 世纪 70 年代,学术界就已经对供述问题的研究丧失了兴趣。[58] 事实上,此后就没有关于警察审讯的实证研究成果公开发表。只有一些关于供述的零星统计,而且这些统计都还是因为其他目的(例如出于研究辩诉交易的需要)而进行的。[59] 最近唯一一项关于警察审讯的实证研究是理查德·A.利奥(Richard A. Leo)教授在旧金山湾区警察局完成的。[60] 在这项开创性的研究中,利奥教授观察了 100 多起由侦查人员进行的审讯活动,并为我们提供了一份关于现代警察审讯策略与方法的最佳信息。但是,由于他的研究局限于在警察局办公室内,由侦查人员所实施的审讯实践,因此无法揭示更广意义上的,在警察局办公室之外,由侦查人员之外的其他警察实施的审讯(或者是未进行审讯)活动的情况。[61]

与我们缺乏警察审讯的实证数据形成鲜明对比的是,在英国,近年来出现了大量关于警察审讯的定量研究成果,其中有数项研究是由英国皇家刑事司法委员会资助进行的[62],研究者们从不同的方面对英国警察审讯进行了统计分析[63]。

在米兰达案判决三十年到来之际,再来研究其对美国警察执法带来的影响似乎有些太迟。正如托马斯教授在他的文章结语中所指出的那样:"我们需要更多的实证性证据,到目前为止,既有的研究引发的,要比其回答的问题

---

[58] 参见 Thomas,前引注[5],第 822 页。

[59] 参见 Floyd Feeney et al., *Arrests Without Conviction: How Often They Occur and Why* (1983); Floyd Feeney & Adrianne Weir, *The Prevention and Control of Robbery* (1974); Gary D. LaFree, "Adversarial and Nonadversarial Justice: A Comparison of Guilty Pleas and Trials", 23 *Criminology* 289, 302 (1985)。

[60] Leo,前引注[49]。利奥翔实的研究将发表于 Richard A. Leo, "Inside the Interrogation Room: A Qualitative and Quantitative Analysis of Contemporary American Police Interrogation Practices", 86 *J. Crim. L. & Criminology* (forthcoming 1996), and Richard A. Leo, "The Impact of Miranda Revisited", 86 *J. Crim. L. & Criminology* (forthcoming 1996)。

[61] 参见下引注[70]—[110] (Appendix B)(对利奥的研究进行了更为细致的讨论)。

[62] 参见 Royal Comm'n on Criminal Justice, *Report* (1993)(对英国的刑事审讯情况进行了描述)。

[63] 参见 David Brown, *Detention at the Police Station Under the Police and Criminal Evidence Act 1984* (1989); Barrie L. Irving, *Police Interrogation: A Case Study of Current Practice* (1980); Barrie L. Irving & Ian K. McKenzie, *Police Interrogation: The Effects of the Police and Criminal Evidence Act 1984* (1989); Michael McConville, *Corroboration and Confessions: The Impact of a Rule Requiring That No Conviction Can Be Sustained on the Basis of Confession Evidence Alone* (1993); Paul Softley, "Police Interrogation: An Observational Study in Four Police Stations"(Royal Comm'n on Criminal Procedure Research Study No. 4, 1980); Barry Mitchell, "Confessions and Police Interrogation of Suspects", 1983 *Crim. L. Rev.* 596; Stephen Moston et al., "The Incidence, Antecedents and Consequences of the Use of the Right to Silence During Police Questioning", 3 *Crim. Behav. & Mental Health* 30 (1993)。

更多。"⑭

## 第二节 数据来源和方法

为了回答这些问题,我们对供述及其重要性进行了一项实证调研。我们之所以选择盐湖城地方检察官办公室作为研究对象,一方面是地缘接近,便于研究的开展;另一方面是这里的检察官们愿意配合我们的研究。⑮ 此前还有其他研究者在盐湖城开展过其他方面的刑事司法实证研究,这些研究发现,盐湖城的地方检察官办公室对刑事案件的处理具有相当的典型性。⑯ 因为以单一地区为样本的实证研究在代表性上总会受到质疑,因此有必要首先对全国性的情况加以说明。

盐湖城郡主要由城区构成,其郊区包括盐湖城和几个其他城市以及混合区域。全郡居民725 956人,几乎都居住在被人口普查局划为"城市"(即不是乡村的地区)。⑰ 所有这些居民中西班牙裔或其他少数民族人口大约占10%。⑱ 承担该郡治理任务的执法机构包括盐湖城警察局、盐湖城郡治安官办公室和其他一些较小规模的城市警察局。

虽然人们倾向于认为盐湖城是个没有犯罪劫掠的世外桃源,但是事实上,盐湖城郡的犯罪率和全美其他地区并没有太大的差异。⑲ FBI提供的数据显示,1993年盐湖城郡的"指数"类犯罪(包括谋杀、强奸、抢劫、重伤害、纵火、夜盗、机

---

⑭ Thomas,前引注⑤,第837页。

⑮ 本文有关执法和起诉实践不同特性的描述根据是在数据收集过程中及随后对相关人员的访谈。

⑯ 参见 Kathleen B. Brosi, Institute for Law and Social Research, *A Cross-City Comparison of Felony Case Processing* 7, 9, 10, 12, 15, 24 (1979)(该项研究发现,盐湖城在预审后驳回的情况在五个司法管辖区中大致居中,对被逮捕后的犯罪嫌疑人处理情况上和其他几个司法管辖区看起来差不多);还可参见 John D. O'Connell & C. Dean Larsen, Note, "Detention, Arrest, and Salt Lake City Police Practices", 1965 *Utah L. Rev.* 593(对盐湖城警察实践的田野调查结果进行了介绍)。

⑰ Bureau of Economics and Business Research, University of Utah, Statistical Abstract of Utah 1993, at 25 (1994)(引自 Bureau of the Census Information)。

⑱ 同上引注,第24页表18。

⑲ 参见 Paul G. Cassell, "Balancing the Scales of Justice: The Case for and the Effects of Utah's Victims' Rights Amendment", 1994 *Utah L. Rev.* 1373, 1376-79(搜集了这一问题的全国统计数据)。

动车盗窃、偷窃犯罪)的犯罪率同样高达55.9‰[71]，这一数据甚至比全美的平均数54.8‰还要略高一些[71]。就郡内而言，盐湖城的犯罪率可能要比其他几个小城市的犯罪率又要更高一些[72]，而且与其他地区不同的是，在1994年犯罪率还出现了上升[73]。和其他城市一样，盐湖城也面临着不断增多的黑帮犯罪问题。[74] 然而，需要指出的是，盐湖城郡犯罪的暴力程度要低于全美的平均水平。[75]

为了收集本项研究所需要的基础数据，1994年夏天，我们对盐湖城郡地方检察官办公室的"预审"(screening)程序进行了为期6个星期的观察。[76] 地方检察官办公室的检察官们对所有重罪案件都进行了预审，以确定案件是否具有起诉价值。而轻罪则由一个设在另一栋楼的部门单独审查，我们的研究样本都是取自于重罪案件的预审程序之中。[77]

承蒙地方检察官办公室的同意，研究者们[78]得以被允许参与观察除了一些特别敏感的案件之外的所有重罪案件的预审程序。在盐湖城郡地方检察官办公室进行的预审程序是一个为时大约45分钟的询问过程，检察官会就支持对本案提起公诉的证据询问警察。通常而言，侦查结束之后，警察就会将案件提交给检察官进行预审。对那些犯罪嫌疑人被羁押的案件，预审会在第二个工作日进行。

在预审程序中，研究者们完成了相关调查表格的填写，这些表格摘要地记录了每个案件的基本要素。[79] 在这个夏天，研究者们被允许观察除了4个案件之外的大约200多个重罪案件的预审过程。[80] 研究者们估计，在这6个星期中，他们

---

[71] Department of Public Safety, Bureau of Criminal Identification, *Crime in Utah 1994*, at 17 (1994) (以下简称 *Crime in Utah*)。

[71] 参见 U. S. Dept. of Justice, *Uniform Crime Reports*, *Crime in the United States 1993*, at 5 (1994) (以下简称 *1993 Uniform Crime Reports*)。

[72] "Survey Shows S. L. with High Crime Rate for City Its Size", *Salt Lake Trib.*, Apr. 27, 1993, at B10.

[73] "S. L. Crime Up, Bucks U. S. Trend", *Salt Lake Trib.*, May 22, 1995, at A1.

[74] 参见"Anti-Gang Bills Pass in Special Session", *Salt Lake Trib.*, Oct. 17, 1993, at B4.

[75] 犹他州的犯罪比较情况，参见前引注[71]，第17页（盐湖城的暴力犯罪率为3.7‰）以及 1993 *Uniform Crime Reports*，前引注[71]，第10页（全美的暴力犯罪率为7.5‰）。

[76] 检察官们告诉我们，他们在夏季的案件负担明显与其他季节不同。

[77] 在一些案件中，预审的结果是决定起诉轻罪而不是重罪。我们对这些案件的处理情况进行了跟踪，这些案件只占我们研究样本的很小一部分。

[78] 大部分数据都是由本文另一作者海曼和一名法学院二年级学生收集的，另一名作者(卡塞尔)只收集了本项研究最后一天的数据。

[79] 数据调查形式请参见本节附录A。

[80] 这四个案件包括一个敏感的强奸案件、一个涉及复杂的精神问题的谋杀案。从表面上看，这些案件并不涉及米兰达规则中的主要问题。

大约参与观察了盐湖城地方检察官办公室预审的全部重罪案件的 70%—80%。㉛ 之所以未能全部参与，是因为有些时候有数个案件同时预审，因此只得放弃其中的某些案件。在这种情形下，研究者们首先选择的是参与观察暴力案件的预审，最后考虑的是毒品犯罪案件。㉜ 研究者们也许还错过了一些特别引人注目的典型案件的预审和一些虐待儿童的案件㉝，以及轻微的毒品犯罪案件㉞。因此，从总体上而言，本文研究所使用的样本还是能够反映出盐湖城地方检察官办公室的案件负担情况。而且，那些特别引人注目的典型案件、虐待儿童案件，以及轻微的毒品犯罪案件的处理程序本身并不具有代表性。

在我们的样本案件中，共有 219 名犯罪嫌疑人，其中大部分（86.8%）是男性㉟，大部分（70.2%）此前有过犯罪记录㊱，犯罪嫌疑人的年龄介于 18 岁㊲至 63 岁之间，年龄的中位数为 24 岁。从种族构成情况上看，白人占 68.2%、西班牙裔占 23.9%、非洲裔占 6.0%、其他种族占 2.0%。㊳

在预审程序中指控的罪名情况参见表 1-1，从数量上看，大部分的指控都是财产犯罪，其他的则是暴力犯罪。㊴

---

㉛ 这一估计并不包括在市区公园进行的扫毒行动案件，参见下引注㉞。

㉜ 在毒品犯罪案件中供述的重要性也更不明显，参见 Skolnick & Fyfe，前引注⑧，第 194 页；Uviller，前引注④，第 199 页。

㉝ 一些虐待儿童的案件在盐湖城儿童司法中心进行预审。参见 Utah Code Ann. ss 67-5b-101 to -107 (Supp. 1995)（该法对儿童司法中心进行了介绍）。

㉞ 轻微的毒品犯罪案件并不足以代表，因为我们将"先锋公园"（即在市区公园内进行的扫毒案件）案排除出了我们的样本范围。先锋公园是盐湖城的毒品犯罪高发区，参见 Brian Maffly，"Crime and Commerce: They Coexist Painfully Near Pioneer Park"，*Salt Lake Trib.*，Oct. 23, 1994 at B1。盐湖城警察局在该公园发起了一场"买一抓"（buy-bust）协同行动，由一名便衣警察向贩毒者购买毒品，同时由其他警察对整个买卖过程进行监控，然后一起逮捕贩毒犯罪嫌疑人。在这些案件中，由于以下原因，警察通常不审讯犯罪嫌疑人：这些案件通常都是"一锤子买卖"，街头贩毒者很少能够与警方进行有益的合作打击其上家，而且由于语言的问题（大部分犯罪嫌疑人都是墨西哥移民），审讯也非常困难。我们参与了 6 起"先锋公园"案件的预审程序，没有一起案件对犯罪嫌疑人进行了审讯。当时，如果考虑这些案件数据，会影响本项研究合理的统计分析，于是我们决定将这些案件从样本中排除，并不再参与对其他"先锋公园"案件的预审。我们的这一决定会提高我们样本案件中犯罪嫌疑人的供述率。

㉟ 219 名犯罪嫌疑人中男性为 190 名。

㊱ 208 名犯罪嫌疑人中有 146 名有犯罪记录，另外 11 名犯罪嫌疑人没有可用信息。

㊲ 18 岁以下的犯罪嫌疑人由盐湖城少年法院处理。虽然未成年犯罪嫌疑人经批准后可以和成年人一样审判，参见 Utah Code Ann. §78-3a-25 (1953 & Supp. 1995)，但在我们的样本中没有出现这样的案件。

㊳ 137 名白人，49 名西班牙裔，12 名非裔美国人，4 名其他，另外 17 名犯罪嫌疑人信息不详。

㊴ 顺理成章的是，将所有犯罪行为归为两大类型就必须对这些犯罪行为进行抽象化处理。例如，我们将毒品犯罪归为"暴力型"犯罪即是如此，关于类似的类型化讨论可以参见 Neubauer，前引注㊸，第 104 页。

表 1-1 对犯罪嫌疑人的指控

| | 数量 | 比例 |
|---|---|---|
| 暴力犯罪 | 91 | 41.6% |
| 谋杀 | 3 | |
| 意图谋杀 | 4 | |
| 抢劫 | 9 | |
| 绑架 | 1 | |
| 重罪攻击 | 19 | |
| 性犯罪（被害人为成年人） | 12 | |
| 性犯罪（被害人为儿童） | 6 | |
| 虐待儿童 | 2 | |
| 毒品犯罪 | 15 | |
| 脱逃罪 | 9 | |
| 非法持有武器 | 5 | |
| 纵火 | 3 | |
| 其他暴力犯罪 | 3 | |
| 财产犯罪 | 128 | 58.4% |
| 盗窃 | 49 | |
| 夜盗 | 35 | |
| 机动车盗窃 | 18 | |
| 偷窃/伪造 | 24 | |
| 其他财产犯罪 | 2 | |
| 合计 | 219 | 100.0% |

## 第三节 审讯的过程与结果

下面我们将对本项研究的结果，即警察审讯的过程与结果作一个全面的介绍。在此之前,简单地介绍一下我们的讨论计划也许很有必要。在下文的每一部分中,我们都将首先回顾每个主题的研究文献,指出我们对这一问题的发现,然后根据所发现的数据(诚然是比较主观的)得出我们的结论。

## 一、审讯、弃权和供述的频率

### (一)审讯和未审讯

警察审讯犯罪嫌疑人的频率是被许多实证研究忽略了的一个重要问题,即并非每一个被逮捕的犯罪嫌疑人都会被警察审讯。(90) 在我们的研究样本中,警察只对其中 79%的犯罪嫌疑人进行了审讯(91),这意味着令人吃惊的是,其中竟有高达 21%的犯罪嫌疑人未被警察审讯过。

在我们 1994 年的数据中也有一大部分犯罪嫌疑人从未被警察审讯过,结合此前的一些研究,似乎可以认为在米兰达案判决之后,警察审讯犯罪嫌疑人的比例出现了某种程度上的下降。(92) 我们的研究结果与 1979 年一项对两个城市的警察实践情况的研究结论较为接近。该项研究表明,在佛罗里达州的杰克逊维尔(Jacksonville)市,被逮捕的夜盗犯罪嫌疑人中,18.5%未被警察审讯,在加利福尼亚州的圣迭戈市(San Diego),该数据为 20.1%。(93) 而在米兰达案判决前后的一些研究则表明,当时几乎每个被逮捕的犯罪嫌疑人都会被警察审讯。例如,匹兹堡的研究发现,至少侦查部门处理的案件中,实际上所有犯罪嫌疑人都被警察审讯过。(94) 同样,海城的研究发现,在米兰达案判决之前,那些犯罪嫌疑人实际上已经被逮捕或者关押的案件中(95),只有大约 2%的犯罪嫌疑人未被警察审讯(96),2 个加州的城市在 1961 年时,犯罪嫌疑人的供述率分别为 58%和 88%(97),而审讯

(90) 参见 Uviller,前引注④,第 199 页。

(91) 在 219 名犯罪嫌疑人中审讯了 173 名。

(92) 参见 Gordon Van Kessel,"The Suspect as a Source of Testimonial Evidence: A Comparison of the English and American Approaches",38 *Hastings L. J.* 1,116-17 (1986)(在该文中作者提出了这一假说并对相关研究进行了综述)。但请参见 Schulhofer,前引注㊺,第 34 页("至于为什么米兰达规则可以防止警察形成审讯犯罪嫌疑人的初步欲望,没有明显的理由")。

(93) Feeney et al.,前引注(59),第 13 页表 15-2 (杰克逊维尔 37/200;圣迭戈 44/219)。

(94) Seeburger & Wettick,前引注㉛,第 7、23 页;还可参见上引注,第 13 页表 3(将所有犯罪嫌疑人分成两类:拒绝与警察交谈的/愿意与警察交谈的)。可能审讯率的统计并不准确,因为本项研究涉及那些"更为困难的,警察认为确实有必要调查的案件"。同上引注,第 7 页。遗憾的是,没有办法确定那些未移送给侦查部门的案件的审讯率。

(95) Witt,前引注㉝,第 323 页。

(96) 同上引注,第 325 页表 3。

(97) Barrett,前引注⑭,第 43—44 页。

的比例肯定要高于供述的比例,从而意味着在 1961 年时的这两个城市,警察的审讯比例肯定要高于 58% 和 88%。1964 年的费城,大约 90% 被逮捕的嫌疑人都作了陈述⑱,从而意味着警察审讯的比例要超过 90%。与此类似,在布鲁克林,严重犯罪案件中的犯罪嫌疑人只有 10% 拒绝陈述⑲,意味着布鲁克林警察审讯的比例也要超过 90%。纽黑文的研究则发现,在 1966 年的夏天,即警察似乎开始遵守米兰达规则的时候⑳,在他们观察过的所有案件中,警察审讯了所有 90 名犯罪嫌疑人中的 88 名(97.8%),未被审讯的犯罪嫌疑人只有 2 名。唯一一项发现警察审讯比例较低的明确例外是 1967 年对华盛顿特区的研究,在该项研究中,他们发现,在米兰达案判决之前,警察审讯的比例只有 55%。㉑

当然,即使随着时间的变化,出现了审讯比例的下降,我们仍然不能将之简单地归咎于米兰达规则的实施。㉒虽然直接涉及审讯比例的数据相当有限,但是仅有的两项研究清楚地表明了米兰达规则实施后较低的审讯比例。海城的研究表明,米兰达规则实施前后,警察审讯的比例从 98% 下降到 92%,而华盛顿特区的研究则表明,警察审讯比例由米兰达案判决之前的 55% 显著地下降到了此后的 48%。㉓

既然唯一的数据表明米兰达案判决之后警察审讯的比例出现了下降,那么,探寻那些可能导致警察审讯比例下降的机制也许对我们会有所帮助。人们通常

---

⑱ "Controlling Crime Hearings",前引注㉞,第 200 页。
⑲ 同上引注,第 223 页。
⑳ 《耶鲁法律杂志》的研究,前引注㉙,第 1589 页表 F-7(该研究显示,在 90 名犯罪嫌疑人中,有 2 名未接受审讯);还可参见 Cassell,前引注③,第 407—408 页(本文认为纽黑文警察局的研究事实上是"前米兰达"时期的,因为研究者观察之时,警察遵循的是米兰达案判决之前的审讯规则)。
《耶鲁法律杂志》的编辑们(即研究者)提醒我们,其所观察的仅仅是被带到警察局的重罪案件犯罪嫌疑人的审讯情况,参见 Yale Project,前引注㉙,第 1587 页;并且认为(但未详细说明结论的根据)"在超过 25% 的案件中,都不要求有犯罪嫌疑人的陈述",同上引注,第 1574 页。作者们发现,在轻罪案件中,警察几乎不审讯犯罪嫌疑人,例如,特别勤务分局(the Special Services Division)对 200 名被逮捕的犯罪嫌疑人只审讯了 8 名。同上引注,第 1587 页。而该分局处理了纽黑文绝大多数的轻罪案件,同上引注,第 1587 页注释 179。
㉑ Medalie et al.,前引注㉜,第 1364 页。这一数据来源于对被告人的访谈。同上引注。很难辨别本项研究中的"未审讯"类是否包括了那些事实上审讯了,但犯罪嫌疑人要求律师在场的情形。
㉒ 在对我们文章的回应中,托马斯教授对这一点进行了适当的强调。参见 Thomas,前引注⑫,第 944—946 页。
㉓ Witt,前引注㉝,第 325 页;Medalie et al.,前引注㉜,第 1365 页表 5。托马斯教授承认,哥伦比亚特区审讯率的变化可以忽略,因为其并不具有统计学意义上的显著性,参见 Thomas,前引注⑫,第 944 页注释 50。但是,为了得出这一结论,其通过将米兰达案之后,审讯时要求律师在场的犯罪嫌疑人剔除,从而缩小了研究的样本数量,其理由是因为在米兰达案判决之前的样本并不包括审讯时律师在场的情形。同上引注。华盛顿特区研究报告中没有任何东西支持托马斯教授的这一推论,相反,该研究有力地表明了米兰达案判决前后样本的一致性。参见 Medalie et al.,前引注㉜,第 1351、1354 页(该项研究指出,对哥伦比亚特区被告人的访谈被根据逮捕日期分为米兰达案判决前、判决后两大类)。

认为,"犯罪嫌疑人是自己曾经做了什么的,最清楚、最可靠的信息来源"[104],因此警察会审讯每个被他们逮捕的犯罪嫌疑人。那么,为什么警察会对那么多犯罪嫌疑人根本就不进行审讯呢?

为了解释警察为什么未审讯一些犯罪嫌疑人这一问题,我们收集了一些相关信息,相关数据参见表1-2。正如表1-2所显示的那样,有2个案件(占所有未审讯案件总数的4.9%),警察未审讯的原因即为其相信犯罪嫌疑人会主张米兰达规则上的权利。[105]在另外2个案件中(占所有未审讯案件总数的4.9%),警察提出犯罪嫌疑人已经聘请了律师——这也算是个与米兰达规则有着某种联系的原因,从而对审讯形成了障碍。[106]我们所收集到的信息因此确证了此前相关研究所得出的结论:因为米兰达规则的影响,一些犯罪嫌疑人会因此未被审讯。[107]

警察为什么未审讯犯罪嫌疑人,最常见的理由是,警察在将案件提交给地方检察官办公室进行预审时还不能确定犯罪嫌疑人的下落。从这些案件中的大部分看起来,警察之所以将案件提交给检察官预审确实是因为他们想获得一份逮捕令,从而将那些没有着落的犯罪嫌疑人录入警方的计算机系统。当犯罪嫌疑人被发现之后(因为一些微小的交通犯罪或者其他轻微违法的犯罪嫌疑人不可避免地迟早总会被发现),逮捕令通常会被签发,犯罪嫌疑人也会被逮捕。因为我

---

[104] 亚利桑那州诉富米南特(Arizona v. Fulminante, 111 S. Ct. 1246, 1257 [1991])。

[105] 例如,在一个案件中,犯罪嫌疑人的母亲对警察说,如果律师不在场的话,她儿子是不会跟警察交谈的,警察认为该犯罪嫌疑人会主张米兰达规则上的权利。于是警察将名片留给了犯罪嫌疑人的母亲,告诉她,如果她儿子想和警察交谈的话,请电话联系,此后,警察未主动联系犯罪嫌疑人。

[106] 这两个案件涉及尚未被指控或拘留的犯罪嫌疑人,从而意味着预防性米兰达规则权利——律师帮助权在技术层面尚未形成。斯坦布里诉加利福尼亚州案(Stansbury v. California, 114 S. Ct. 1526, 1529 [1994])(法庭全体成员一致同意)(该案对羁押作为米兰达规则中的律师帮助权之激活机制问题进行了讨论)。但是,法庭曾经认为在类似情形下的审讯是个令人烦恼的问题,特别是还必须考虑检察机关及其成员的职业伦理要求。参见美国诉福利案(United States v. Foley, 735 F. 2d 45, 47-48 [2d Cir. 1984])。因此,说在类似情形下进行审讯的问题是源于米兰达规则似乎是公平的。参见上引注,第48页(引用了一些与米兰达规则相关的案件作为讨论的基础)。

[107] 托马斯教授在对我们研究的回应中基本上同意,至少有一些犯罪嫌疑人因为米兰达规则的原因不会被审讯,但认为这种影响程度非常有限。参见Thomas,前引注[12],第945页。然而,其对一些犯罪嫌疑人不被审讯的承认是一个重大的妥协;这意味着米兰达规则已经降低了对犯罪嫌疑人的审讯率(因此,不可避免地降低犯罪嫌疑人的供述率),因此唯一需要继续讨论的是这种影响的程度大小。另外,托马斯教授对米兰达规则影响的量化研究结果发现,这种影响其实并不小。他的研究样本只包括那些可以确定犯罪嫌疑人未接受审讯是米兰达规则直接导致的案件,而未考虑由于米兰达规则的间接影响导致犯罪嫌疑人未接受审讯的案件,参见前引注[36];下引注[109]。记住,我们的研究不是唯一一个对米兰达案后审讯率下降情况进行评估的研究。同样重要的是,其他一些研究的数据亦表明,米兰达案后警察审讯率出现了较大幅度的下降。参见前引注[103]相关文献。

们是在预审程序中抽样，可能警察会在随后犯罪嫌疑人到案之后对其进行审讯。为了收集此类审讯的数据，我们对参与预审程序的警察进行了跟踪访问，以确定警察在后续程序中是否对相关的犯罪嫌疑人进行了审讯。如果答案是肯定的，我们则将这些犯罪嫌疑人归入"已审讯"类中。虽然我们可能错漏了一些预审程序之后审讯的数量，但是接受我们访谈的警察表示，这种预审程序之后的审讯通常很难。在很多案件中，侦查人员通常很难及时地获悉某个案件的犯罪嫌疑人已经被逮捕了（除了1起案件有充分信息表明确实在预审程序后审讯了犯罪嫌疑人）。[108] 而在其他案件中，犯罪嫌疑人可能在审讯之前都已经根据常规被指定了律师——因此，其未再接受审讯的原因也许同样可以归咎于米兰达规则的影响。[109]

未审讯犯罪嫌疑人的第二个最为常见的原因是，侦查人员认为指控犯罪嫌疑人的证据已经非常充分。一个潜在的结论是，警察通常都会竭尽全力地获取犯罪嫌疑人的归罪性陈述。那些要完成对犯罪嫌疑人最终定罪任务的检察官很可能没有警察那么乐观——有那么多的案件已经具备充分的指控证据。另外，还有一些案件之所以未审讯犯罪嫌疑人是因为其他事情的压力，或者认为即使审讯犯罪嫌疑人也将一无所获，因此干脆就不审讯。[110] 这些原因同样可以印证托马斯教授关于警察对获得犯罪嫌疑人供述的热切程度是关于犯罪嫌疑人供述分析方程中的重要变量的论断。[111]

总之，我们调研所获得的数据证明了米兰达案判决之后警察审讯的比例出现了下降，并且表明米兰达规则至少对警察审讯率的下降产生了一些影响。

---

[108] 已经有一些研究注意到了审讯安排的后勤困难可能产生的影响问题。参见 Feeney et al., 前引注59，第143页（该项研究发现，圣迭戈的侦探的工作时间和监狱的空间布局使审讯比杰克逊维尔 [Jacksonville] 更为困难）。

[109] 参见 Office of Legal Policy, U.S. Dep't of Justice, "Report to the Attorney General: The Law of Pre-Trial Interrogation", 126 (1986)（以下简称 OLP Pre-Trial Interrogation Report）（讲述了一个由于米兰达规则而导致犯罪嫌疑人获得自由的谋杀案件，因为犯罪嫌疑人的供述是在常规的律师指定之后获得的），reprinted in 22 U. Mich. J.L. Ref. 437 (1989)。

[110] 请比较 Witt, 前引注33，第325页注释44（该项研究指出，米兰达规则使一些"无进取心的侦探……的懒散行为得以合理化"），还可参见前引注34（该项研究给出了警察很少审讯的例子）。

[111] Thomas, 前引注⑤，第823—824、826、832—833页。

### 表1-2 未审讯犯罪嫌疑人的原因
（N=46；5起案件原因不明）

| 原因 | 数量 | 比例 |
| --- | --- | --- |
| 犯罪嫌疑人下落不明 | 14 | 34.1% |
| 指控证据充分 | 11 | 26.8% |
| 犯罪嫌疑人处于醉酒状态 | 7 | 17.1% |
| 因为其他事情的压力，警察没时间审讯 | 2 | 4.9% |
| 认为犯罪嫌疑人会主张米兰达规则上的权利 | 2 | 4.9% |
| 犯罪嫌疑人已经有了律师 | 2 | 4.9% |
| 即使审讯也将一无所获 | 1 | 2.4% |
| 犯罪嫌疑人处在矫正方案之中 | 1 | 2.4% |
| 犯罪嫌疑人受伤了 | 1 | 2.4% |
| 合计 | 41 | 100.0% |

（二）主张米兰达权利

关于米兰达规则最为重要的问题之一是，犯罪嫌疑人频繁地主张米兰达规则上的权利使得警察无法实施任何的审讯。犯罪嫌疑人主张权利的方式有二，第一，他可以在警察审讯开始之前即主张米兰达规则上的权利（包括保持沉默的权利和获得律师帮助的权利），如果这样做即相当于拒绝了警察的任何审讯；第二，即使其起初放弃了自己的权利，他仍然可以在审讯过程中随时主张米兰达规则上的权利。[12] 如果犯罪嫌疑人主张其米兰达规则上的权利，警察则必须立即停止审讯。犯罪嫌疑人有权随时终止审讯，这一点很重要，因为似乎米兰达规则对警察执法效果的影响主要是来自犯罪嫌疑人有权随时终止审讯，而不是更为人们熟知的米兰达警告本身。[13]

但是，与这一重要主题相关的资料却非常有限，根据此前仅有的一些研究

---

[12] 参见 LaFave & Israel，前引注⑦，第479—483页。试比较 Davis v. United States, 114 S. Ct. 2350（1994）（该案认为犯罪嫌疑人放弃律师帮助权的意思表示必须明确）。

[13] 参见 Cassell，前引注③，第492—496页（该项研究是显示米兰达警告影响甚小，但弃权要求影响甚大的证据）。

托马斯的文章对这一点也许重视不够。例如，其在文中呼吁对犯罪嫌疑人在初次聆讯收到司法警告（judicial warnning）之后的行为进行研究。参见 Thomas，前引注⑤，第834页（呼吁对"司法警告对审讯过程的影响，如果有的话，影响了什么"进行研究）。虽然就其本身而言也许是个有益的方案，但这也可能遮蔽大部分在初次聆讯之前即已经主张其米兰达规则诸项权利的犯罪嫌疑人可能带来的成本。

(尽管数据略显陈旧,但总聊胜于无)⑭,大约20%的犯罪嫌疑人在审讯中都主张了其米兰达规则上的权利。

我们收集了犯罪嫌疑人主张米兰达规则上的权利的频度、方式等方面的数据。表1-3显示,在那些受到米兰达警告的犯罪嫌疑人中,有83.7%放弃了他们的权利⑮,从地方警察的执法实践来看,值得思考的是,实际上所有犯罪嫌疑人的弃权都是口头的,而不是以书面的方式作出的。同时,有16.3%的犯罪嫌疑人主张了米兰达规则上的权利,在这21名主张米兰达规则上的权利的犯罪嫌疑人中,有9名主张了获得律师帮助的权利(其中有2人是在米兰达警告之前即提出了要求律师帮助)⑯,6名犯罪嫌疑人主张了沉默权,另有6名犯罪嫌疑人虽然签署了弃权书但是拒绝与警察配合,或者以别的方式重新主张其米兰达规则上的权利。考虑到这些问题,我们将那些部分弃权的犯罪嫌疑人(即愿意就某些问题与警察交谈,但对其他问题拒绝交谈)归到弃权类当中。⑰

表1-3 主张米兰达权利的情况

| 犯罪嫌疑人对米兰达权利的反应 | 数量(人次) | 比例 |
| --- | --- | --- |
| 弃权 | 108 | 83.7% |
| 完全弃权 | 103 | 79.8% |
| 先弃权,后主张 | 5 | 3.9% |
| 主张米兰达权利 | 21 | 16.3% |
| 要求获得律师帮助 | 9 | 7.0% |
| 要求保持沉默 | 6 | 4.7% |
| 拒绝弃权/其他 | 6 | 4.7% |
| 合计 | 129 | 100.0% |

正如表1-3所显示的那样,有5名犯罪嫌疑人最初选择了弃权,但在随后的审讯过程中改变了他们的主意,重新主张了米兰达规则上的权利。在这5名犯罪嫌疑人中,有3人要求在接受审讯过程中获得律师帮助(其中有2人在后来的

---

⑭ 参见Cassell,前引注③,第495页注释623。
⑮ 129名犯罪嫌疑人中有108名要求弃权。
⑯ 两人都有犯罪记录。
⑰ 试比较 Roger Lend,"The Right to Silence in Police Interrogation",16-17 (*Royal Comm'n on Criminal Justice Research Study* No.10,1993)(使用了类似的研究方法)。在我们的样本案件中有一个犯罪嫌疑人涉嫌系列伪造支票犯罪,其同意与警察就一些伪造犯罪问题进行交谈,但不愿意就其他问题接受审讯。警察最终从其口中获得了归罪性陈述。

审讯中作出了归罪陈述,1人否认指控并给出了理由),另有2名犯罪嫌疑人行使了沉默权(1人断然拒绝了警察的任何审讯,1人在拒绝回答警察审讯的同时予以了解释)。因此,在警察成功审讯之前,这5名犯罪嫌疑人中有3人主张了米兰达权利。如果将这3人归入那些自始即主张米兰达规则上的权利的犯罪嫌疑人,那么在我们观察到的警察进行了米兰达警告的样本犯罪嫌疑人中有18.6%在警察获得归罪性陈述之前主张了米兰达规则上的权利。如果我们将那些得到了米兰达警告和未得到米兰达警告的犯罪嫌疑人加在一起,这一比例会稍微有所下降,即在我们观察到的所有样本犯罪嫌疑人中,有12.1%的犯罪嫌疑人在警察成功审讯之前主张了米兰达规则上的权利。⑱

还有一个明显的问题是,如何处理那些被审讯了数次,在某次审讯中主张了,但在其他审讯中未主张米兰达规则上的权利的犯罪嫌疑人问题。在我们的样本中共有5个这样的犯罪嫌疑人,其中4人在第二次审讯、1人在第一次审讯中主张米兰达权利。我们将其中3人归入了我们所认为的"主张了米兰达规则上的权利"类的犯罪嫌疑人中,因为审讯过程的描述看起来要更为准确。⑲我们认为另外2名犯罪嫌疑人确切地说是根本就未被要求放弃他们的权利。⑳

最后,在我们的样本中,没有在犯罪嫌疑人主张了米兰达规则上的权利之后警察仍然继续进行审讯的情形。这一发现对于仍处于争论不休的关于米兰达规则的适用范围问题相当重要。联邦最高法院在1971年为米兰达规则施加了一个精巧的限制,判决检察官可以使用那些违反米兰达规则所获得的供述作为弹劾被告人的证据。㉑ 因为这一例外,一些在学术界具有崇高声望的评论家们据此推测认为,警察将因此故意无视米兰达规则的存在,以获取将来能够为检察官所

---

⑱ 参见表1-4。

⑲ 在这三个案件中,有两个案件警察在现场就审讯了犯罪嫌疑人,但被拒绝。在警察局里,他们主张了自己的权利。另外一个案件的犯罪嫌疑人在接受审讯时主张了权利,随后她打电话叫来了一名缓刑官员,随后作出一份简短的辩解。

⑳ 在第一个案件中(一个家庭暴力案),警察在现场,非羁押状态下对犯罪嫌疑人进行了审讯,犯罪嫌疑人承认刺伤了其妻子。于是警察将其带到了警察局,并对其进行了米兰达警告。犯罪嫌疑人在随后的审讯中拒绝放弃自己的权利。在第二起案件中(试图谋杀案),一名巡警在没有进行米兰达警告的情况下,在现场漫无目的地问了犯罪嫌疑人几个问题。犯罪嫌疑人被移送给侦探接受审讯后,警察为其指派了一名辩护律师。

㉑ 哈里斯诉纽约州案(Harris v. New York, 401 U.S. 222 [1971])。

用的弹劾证据（供述）。⑫但在我们观察到的样本中却并未发现有这种现象的发生。⑬

判断我们观察到的犯罪嫌疑人主张米兰达权利的频率是高还是低是个较为复杂的问题，由于篇幅所限，本文对此不做深入阐述。但是需要注意的是，12.1%的犯罪嫌疑人主张米兰达权利这一事实对公共政策的制定与实施所具有的潜在意义。如果我们的数据能够代表全美的整体状况，那么，在FBI的犯罪指数所选取的犯罪类型中，每年大约就有300 000名犯罪嫌疑人在警察成功审讯之前主张米兰达规则上的权利。⑭

（三）供述、归罪性陈述和否认

也许关于米兰达规则争议的关键问题是，犯罪嫌疑人作出供述或者归罪性陈述的频度如何。但是，令人惊讶的是，关于这一主题的信息非常有限，尽管经常有一些权威论断认为很多犯罪嫌疑人在审讯中仍然会作出供述。⑮在本节中，我们将首先对"供述"(Confessions)、"归罪性陈述"(Incriminating statements)、"否认"(Denials)的分类方法进行解释，然后指出我们的研究发现和结论，我们认为，米兰达案判决之后犯罪嫌疑人的供述率出现了下降。最后，我们将对那些基于获得归罪性陈述之外的其他目的的审讯进行简短的讨论。

1. 分类

我们收集了警察审讯中犯罪嫌疑人作出供述、归罪性陈述、辩解和其他情形

---

⑫ 参见 Albert W. Alschuler, "Failed Pragmatism: Reflections on the Burger Court", 100 *Harv. L. Rev.* 1436, 1442-43 (1987)（认为警察会无视犯罪嫌疑人行使米兰达规则相关权利的要求）；Geoffrey R. Stone, "The Miranda Doctrine in the Burger Court", 1977 *Sup. Ct. Rev.* 99, 113（认为哈里斯案判决"似乎至少有严重削弱激励警察遵守米兰达规则要求的可能"）；Alan M. Dershowitz & John H. Ely, "Comment, Harris v. New York: Some Anxious Observations on the Candor and Logic of the Emerging Nixon Majority", 80 *Yale L. J.* 1198, 1220 (1971)（在哈里斯案确立的规则下，有什么可能激励警察去遵守米兰达规则的要求……）；还可参见哈里斯诉纽约州案(401 U. S. 222, 232 [1971])（布伦南大法官在反对意见中指出："我害怕今天的裁决将严重破坏我们在[防止警察不当审讯]方面已经实现的目标"）。

⑬ 因为我们的研究根据的是警察对事件的重述，这一点也许可以争议，这样可能无法抓住那些违反米兰达规则而审讯的情况。毕竟，警察也许不愿意承认自己的行为背离了米兰达规则的要求。但是，因为违反米兰达规则而提出的非法证据排除动议相对稀少，参见下引注㉔相关文献，印证了执法人员的这一观点。

⑭ 这一数字是由1993年FBI统一犯罪报告公布的被逮捕人数2 800 000乘以12.1%所得，参见1993 Uniform Crime Reports, 前引注⑦, 第217页，表29。FBI犯罪指数选取的犯罪类型包括：谋杀、强奸、抢劫、伤害、夜盗、扒窃、机动车盗窃等。我们的样本包括所有的重罪案件类型，而不仅限于FBI犯罪指数所列举的犯罪种类。

⑮ 参见 Yale Kamisar, "Edward L. Barrett, Jr.: The Critic with 'That Quality of Judiciousness Demanded of the Court Itself'," 20 *U. C. Davis L. Rev.* 191, 210 (1987)（"无可否认，过去二十年间，犯罪嫌疑人作出归罪性陈述的频率仍然很高"）。

的数量等详细信息。虽然对犯罪嫌疑人的陈述进行分类是件非常困难的事情[16],但是我们还是根据审讯的结果,从执法人员的视角将审讯分为"成功"和"不成功"两个大类[17],当审讯满足了以下条件时,我们即将该审讯归类为"成功"的审讯:(1)获得了书面供述;(2)获得了口头供述;(3)获得了归罪性陈述;(4)揭穿了犯罪嫌疑人不在犯罪现场的谎言。

书面或口头供述是指"犯罪嫌疑人或多或少地实质性承认其实施了犯罪行为"。[18] 简言之,犯罪嫌疑人不得不作出实质上类似于"是我作的"陈述。例如,警察审讯一名盗窃票据的犯罪嫌疑人时,犯罪嫌疑人承认其为两名女性朋友兑现了这些票据,并且承认,他知道这些票据是盗窃得来的,我们即将这一陈述确定为"供述"。另外,那些试图减轻自己罪责的陈述同样可以归为"供述"。例如在前述案例中,即使犯罪嫌疑人说"我是被这两个女人利用的,我并未从中获得任何钱财",其性质仍然是"供述"。

第二类是"归罪性陈述"。这是一种主观性的分类,因为其范围在确定警察审讯是否成功有着重大的差异,因此有必要进行较为详细的解释。"归罪性陈述"是"那些倾向于确证,或者结合其他事实可以推定被指控者有罪,或反驳被指控者的可能辩解的陈述"。[19]

我们发现,这类陈述通常以下列三种方式之一出现。第一种情形,犯罪嫌疑人不承认有罪,但可能作出某种将其与犯罪或者犯罪现场联系在一起的陈述。例如,在某起意图谋杀案中,警察问犯罪嫌疑人某辆与犯罪有关的汽车是否为其所有,犯罪嫌疑人承认该车系其所有,但否认其与该起犯罪有关。另一个例子是,警察问犯罪嫌疑人是否盗窃了某支枪,犯罪嫌疑人承认该枪在其手中,而且也知道该枪系被盗枪支,但否认其盗窃了该枪。这类陈述即"归罪性陈述"。

"归罪性陈述"的第二种情形是部分认罪。例如,在某起夜盗案中,犯罪嫌疑人承认非法进入了他人住宅,但辩称其之所以出现在该处是因为被害人曾经做过对不起其女朋友的事,而不是为了偷什么东西。这类陈述我们也将之归为

---

⑯ 参见 Thomas,前引注⑤(在该项研究中,托马斯教授指出了区分供述和归罪性陈述的意义);还可参见 Thomas Grisso, *Juveniles' Waiver of Rights: Legal and Psychological Competence* 35 n. 23 (1981)(该项研究指出了区分"认罪"和"供述"的困难等);McConville,前引注㉝,第 30 页(该项研究讨论了"供述"的定义问题)。

⑰ 在《耶鲁法律杂志》的研究中也使用了类似的术语,参见前引注㉙,第 1643—1647 页。

⑱ Survey protocol at 4 (copy on file with Cassell).

⑲ 同上引注。

"归罪性陈述"。

"归罪性陈述"的第三种情形是犯罪嫌疑人向警察所作的陈述倾向于使人质疑其诚实性,或者使其明显可疑。例如,警察怀疑某辆汽车系被盗车辆,因此要求该车靠边接受检查,警察问了犯罪嫌疑人一些关于其驾驶证、汽车行驶证,及其与该车的关系等方面的问题,犯罪嫌疑人明显无法回答,或者支支吾吾,或者回答前后矛盾。这类陈述我们也将之归为"归罪性陈述"。

除了供述、归罪性陈述之外,最后一种"成功"审讯的结果是"揭穿了犯罪嫌疑人不在犯罪现场的谎言"(或者说锁定了其不在犯罪现场的谎言,locked into a false alibi),这种结果是指作出陈述的犯罪嫌疑人编造了某种情景,而控方有实质性证据证明该情景并不真实。⑬ 在对我们关于犯罪嫌疑人陈述的分类进行评价时,需要注意的是,我们将一些模棱两可的陈述归入了"归罪性陈述"当中,从另外一个角度看,这些陈述也可以被视为是某种"辩解"。⑭

从另外一个角度来看,如果在警察审讯过程中,出现以下情况之一,即可以认为警察的审讯是"不成功"的:(1)犯罪嫌疑人全盘否认;(2)解释性否认;(3)作出其他非归罪性陈述。

"全盘否认"是指那些"我不知道"或者"我不知道你在说什么"之类的陈述。⑮

"解释性否认"是指犯罪嫌疑人否认犯罪并且就与犯罪有关的情况给出其他的解释,如不在犯罪现场,或者能够降低其嫌疑程度的其他解释。⑯ 此类陈述也

---

⑬ 同上引注。这一分类的目的是在检察官有直接证据证明犯罪嫌疑人的某一特定的不在犯罪现场证据不实的情况下能够指控成功。当然,对具有不在犯罪现场证据的被告人成功定罪的检察官通常都有有力的间接证据证明该不在场证据不实——否则指控通常都会失败。

⑭ 例如,在刚刚讨论的这个案件中,我们将犯罪嫌疑人支支吾吾和犹豫的回答归类为"归罪性"陈述,尽管这些陈述并未实质性地将其卷入机动车盗窃案中,但其语气语调使得执法人员会认为其有些不正常。基于这一怀疑,执法人员对其进行检查,犯罪嫌疑人进而被逮捕和指控。第二个例子是件一级谋杀案,在审讯过程中,犯罪嫌疑人承认其在现场——一个从未被真正怀疑的事实——但说其他任何事情都记不起来了。最后,犯罪嫌疑人接受了减轻为误杀的指控。因此,就所指控的罪行(误杀)而言,其这一"归罪性"陈述并未起到显著的终结性作用。最后一个"骑墙式"(on the fence)归罪性陈述的例子是在一个家庭暴力案件中,被害人声称其男友殴打了她。在警察审讯过程中,犯罪嫌疑人声称他们二人打架,但他从未攻击过其女友。我们之所以将这一陈述归为归罪性陈述是因为其承认与其女友发生过打架的事实,因为证据的问题,地方检察官办公室并未对其女友控告的殴打行为提起指控。

⑮ Survey protocol at 4 (copy on file with Cassell).

⑯ 同上引注。托马斯教授认为这一分类方案"比大数(方案)更成问题",Thomas,前引注⑫,第949页。但我们仍然使用这一分类方案,是因为在安德鲁·桑德斯(Andrew Sanders)等人在《警察局内的建议与帮助和24小时值班律师方案135(1989)》一文中曾经使用过,这是一份被广泛引用的、研究英国供述问题的文献,其对供述的分类比美国同行的同类研究要更为精细。

许是最难分类的部分,因为许多解释性否认,如果从更为广义的角度来看,也许在某种程度上都与犯罪嫌疑人在犯罪现场,或者使人对其诚实性产生怀疑相关,从而使之成为某种"归罪性陈述"。我们设定这一分类的目的在于针对那些否认犯罪,但并非简单地说"我没干过"之类的陈述。此外,我们还将那些最初的目的并非帮助警察证明其犯罪行为,而是用于解释其并未涉及犯罪行为的犯罪嫌疑人陈述也归为"解释性否认"一类之中。而那些究竟该归入"归罪性陈述"或"解释性否认",取决于承办该案的警察或检察官意见的犯罪嫌疑人陈述则被我们归入了"其他非归罪性陈述"之中。

最常见的解释性否认是,在那些未经授权作为即构成犯罪的情况下,犯罪嫌疑人声称其行为获得了授权。特别是,在一些持有被盗物品的案件中,犯罪嫌疑人声称其所持物品系从合法渠道获得的。例如,一名妇女从被害人家中出来被当场抓获时,手里还搬着被害人家的电视机,但她却对警察声称是被害人允许其拿走该电视机抵债。此类陈述的主要后果即在于否认了行为构成盗窃罪的关键要素。[134] 同样,在一些盗窃机动车案件中,犯罪嫌疑人被当场抓获在被盗汽车中却声称其并不知道该车系被盗汽车,或者说他刚刚买来该车。[135] 类似的情形还出现在那些非法侵入特定场所的案件中,犯罪嫌疑人总是声称其有权待在那里。例如被警察抓获的非法侵入他人住宅的犯罪嫌疑人,对警察"你在那里做什么"之类的问题的回答通常都是主人同意其进来。此类陈述的关键之处在于其并不否认某项事实的存在,但却否定了该行为构成犯罪(夜盗、非法侵入)的核心要素。[136] 我们将这类陈述归为"解释性否认",这些陈述并不能给警察带来除了其已经知晓,或者能够轻松证明的事实之外的信息。相反,这些陈述通常都是犯罪嫌疑人针对指控进行抗辩的核心理由。在 40 个"解释性否认"中,大约 14 个属于

---

[134] 参见 Utah Code Ann. §76-6-404 (1995)(以剥夺他人所有权为目的获取或实施未经授权控制他人财产的行为构成盗窃罪)。

[135] 托马斯教授质疑是否不只一些犯罪嫌疑人会虚假供述,并问"有多少被告人会在法庭作证过程中虚假声称涉案汽车是最近购买的?"Thomas,前引注⑫,第 950 页。但是,事实上,被告人经常在法庭上声称被盗汽车是其买来的,参见犹他州诉拉罗科案(State v. Larocco, 742 P. 2d 89, 90 [Utah Ct. App. 1990])(在该案中,被告人"不断声称[被盗]小野马是其购买来的")。根据盐湖城郡地方检察官办公室负责被盗汽车案件的部门负责人的观点,声称(被盗汽车)是其合法购买"是检察官们最经常遇到的抗辩理由"。在电话访谈中,地方检察官办公室检察长欧内斯特•琼斯(Ernest Jones [Jan. 10, 1996])即认为,推翻被告人类似解释的可能性为"五五开",因为有时候陪审团倾向于相信被告人的故事,或者至少认为不能排除合理怀疑。Id. 从现实语境来看,"我购买了这辆汽车"之类的陈述实际上不能被视为一种"归罪性陈述"。

[136] 参见 Utah Code Ann. §76-6-202 (1995)("以实施一项重罪或盗窃或攻击他人为目的非法进入或停留在某座建筑物内或建筑物内的任何地方构成夜盗罪")。

这一类型。

第二类较为常见的"解释性否认"是在性犯罪案件中,犯罪嫌疑人通常承认其与被害人之间有过性行为,但却声称双方行为系出于自愿。例如,一名被控强奸的犯罪嫌疑人声称是被害人"勾引"他,而后他们发生了性行为,从而否定了强奸罪构成的核心要素[131],并且将成为被告人辩护的主要支点,同时也将是控方必须着力证明的内容。在40个"解释性否认"中大约有9起属于此类情形。[132]

其他的"解释性否认"不太好分类,在此我想给大家举些例子,这样读者也许可以对"解释性否认"有更为全面的认识。在3名被控故意伤害的案件中,犯罪嫌疑人声称其之所以攻击对方是为了保护自己(其中有2名犯罪嫌疑人因为互殴在同一起案件中被逮捕)。在1起谋杀未遂案件中,犯罪嫌疑人承认其实施了射击行为(犯罪嫌疑人对这一事实从未否认——经辨认犯罪现场的汽车系其所驾驶的汽车,以及其当时正在该汽车内),但是犯罪嫌疑人声称当时其并未想向任何人射击,他也不知道子弹射向了被害人。在1起虐待儿童案件中,父亲声称其儿子手臂上的疤痕并非像警察指控的那样,是其烟头烫灼的结果,而是在一次露营活动中不小心被烫伤的。还有1起涉嫌毒品犯罪被逮捕的案件,2名犯罪嫌疑人都声称此前并未见过对方。所有这些陈述对警察的侦查活动都毫无帮助,因此被归入"解释性否认"类中,从而与此前的研究保持一致。[133] 在刑事指控实践中,这些毫无用处的"解释性否认"与归罪性陈述之间的区别可能

---

[131] Utah Code Ann. § 76-5-402 (1995) ("未经被害人同意而与之发生性行为构成强奸罪")。
[132] 9人当中有2人涉嫌性骚扰,但犯罪嫌疑人声称只是无意间与被害人发生了身体接触行为。
[133] 托马斯认为,根据先前一些研究者的研究成果,我们研究中2/3的解释性否认都应当归类为归罪性陈述。Thomas,前引注[12],第951页。我们认为,托马斯的这一观点不堪一击,因为先前那些研究者对归罪性陈述的界定是对警察追诉有益的陈述。例如,参见 Seeburger & Wettick, 前引注[31],第10页("我们并未将那些虽然包含了一些归罪性内容,但从其性质而言主要在于自我辩解,并且对警察没有任何帮助的陈述等同于犯罪嫌疑人供述"); Witt, 前引注[33],第325页注释43(归罪性陈述包括那些"言词性归罪证据或其他通过审讯对定罪有益的材料")。同样地,我们也将对警察的帮助作用作为界定归罪性陈述的基础。基于这样的考虑,在托马斯教授观点中,那些类似于"为了自卫我还击了他"或者"我买了(涉嫌被盗的)那辆汽车"之类的陈述都被认为有利于指控(Thomas,前引注[12],第949—950页),似乎值得怀疑。

还应该注意的是,托马斯将我们也许错误归类为否认(辩解)视为归罪性陈述,而不是相反,抵消可能性错误地分类为归罪性陈述的否认。试比较前引注[133](解释了将即使没有实质承认犯罪的陈述归类为"归罪性"陈述)。当然,托马斯对我们关于否定性分类进行这样挑剔的自由,只是因为我们的分类比先前有关供述的研究提供了更为丰富的信息,我们希望,我们更为全面的阐述可为将来从事供述问题研究的人们提供一个可供遵循的新标准。

相当显著。⑭

兜底的"其他"类陈述包括那些无法分类的归罪性陈述,这类陈述的典型特征是语无伦次,不知所云。例如对警察的提问答非所问(通常是犯罪嫌疑人在醉酒之后的胡言乱语)。

大约10名犯罪嫌疑人中有1人受到1次以上的审讯。⑮ 在本项研究中,出于统计的需要,我们的分类是根据最终审讯结果进行的。例如,如果犯罪嫌疑人在第一次审讯中否认了指控,但在第二次审讯中作了供述,则将其归入"供述"类,而非"否认"类当中。通过将最具成效的审讯结果作为分类标准,我们对警察审讯效果的印象也许会有些许的夸大。

2. 发现

我们调查样本中的犯罪嫌疑人作出归罪性陈述和否认指控的数量情况参见表1-4。从整体上看,9.5%的犯罪嫌疑人主张了他们的米兰达权利,警察审讯成功的比例为33.3%,审讯不成功的比例为36.1%,21.0%的犯罪嫌疑人未接受审讯。⑯ 因为也许有人会提出疑问,认为在计算犯罪嫌疑人供述率时,只能以那些事实上接受过审讯的犯罪嫌疑人为参照系数⑰,所以我们也列出了以实际接受审讯的犯罪嫌疑人数为参照系数的供述率情况。如表1-4所示,在所有接受警察审讯的犯罪嫌疑人中,12.1%的犯罪嫌疑人直接主张了米兰达权利,警察审讯

---

⑭ 类似案件最终证明了我们提出的"否认性解释"并非真正的"归罪性陈述";那些在审讯中对指控进行了否认性解释的犯罪嫌疑人比那些作出了归罪性陈述的明显更不可能被定罪。在作出了否认性解释的犯罪嫌疑人中,18名被部分定罪(47%),20名未被定罪;而在作出了归罪性陈述的犯罪嫌疑人中,17名被部分定罪(72%),8名未被定罪。(卡方检验结果显示,在0.05水平上差异显著)。即使在那些被部分定罪的犯罪嫌疑人中,那些只否认指控(而不是归罪性陈述)的犯罪嫌疑人结果也要好得多。在作出了否认性解释后被定罪的犯罪嫌疑人中,有3名的定罪与指控一样(17%),9名定罪比指控降低了一档(50%),参见下引注第322—328页及相应文献(对决定案件结果的方法进行了论述)。在作出了归罪性陈述后被定罪的犯罪嫌疑人中,有4名的定罪与指控一样(24%),12名定罪比指控降低了一档(72%)。托马斯教授对区分归罪性陈述和脱罪性陈述对案件结果的影响"几乎不可能性"非常失望。但是,这些发现——作出解释性否认的犯罪嫌疑人相对于作出归罪性陈述者在一些指控上更不可能被定罪,即使被定罪,也更有可能使定罪被降格——正是人们期待的结果,如果我们在归罪性陈述和脱罪性陈述之间进行了确切区分的话。因此,我们对托马斯教授"对于未来的研究而言,更好的分类体系是一个能够包括所有解释和可能的归罪性陈述在内的体系。"Thomas,前引注⑫,第951页。相反,我们认为——而且我们的统计结果也证实了这一点——把大量这样的陈述集中在一起的做法会模糊归罪性和脱罪性陈述重大的现实差异。

⑮ 参见下引注㊵—㊶及相关文献(讨论了对犯罪嫌疑人的多次访谈)。

⑯ 警察也是足够幸运的,能够获取这13份"自愿的"归罪性陈述,其中9份都是来自那些原本不会提供任何归罪性信息的犯罪嫌疑人。参见下引注㊳—㊶及相关文献(讨论了自愿陈述的问题)。加上这9份,我们样本案件中的归罪性陈述的比例将达到37.4%。

⑰ 我们将在下引注⑭—⑰及相关文献中讨论这一问题。考虑到这一点,在随后处理影响审讯成功的变量表中,我们将未接受审讯的犯罪嫌疑人排除在外。

成功的比例为42.2%,审讯不成功的比例为45.7%。必须注意的是,虽然据此计算得出的警察审讯成功率人为地得到了提升,但这是接受审讯的犯罪嫌疑人总数下降的结果。我们抽样的案件是预审程序中警察认为他们已经收集到了支持起诉的充分证据的案件,从而排除了警察认为证据过于薄弱不足以支持起诉的大量案件——其中就包括那些因为审讯不成功而导致证据过于薄弱的案件。⑭根据我们对警察的访谈,在将案件移送检察官预审之前,他们已经预先排除了许多证据过于薄弱的案件。接受访谈的警察认为,之所以不将这些案件移送给检察官其原因就在于证据不够充分。

表 1-4 结果

(全体样本 $N=219$;其中接受了审讯的犯罪嫌疑人数 $N=173$)

| | 数量 | 在接受审讯的犯罪嫌疑人中所占比例 | 在全体样本中所占比例 |
| --- | --- | --- | --- |
| 主张米兰达权利 | 21 | 12.1% | 9.5% |
| 审讯成功 | 73 | 42.2% | 33.3% |
| 书面供述 | 5 | 2.9% | 2.3% |
| 口头供述 | 42 | 24.3% | 19.2% |
| 归罪性陈述 | 26 | 15.0% | 11.9% |
| 揭穿不在犯罪现场的谎言 | 0 | 0.0% | 0.0% |
| 审讯不成功 | 79 | 45.7% | 36.1% |
| 全面否认 | 34 | 19.7% | 15.5% |
| 解释性否认 | 40 | 23.1% | 18.3% |
| 其他 | 5 | 2.9% | 2.3% |
| 未接受审讯 | 46 | | 21.0% |
| 合计 | 219 | 100.0% | 100.0% |

同时,我们还收集了审讯中犯罪嫌疑人事实上作了部分陈述的、更为具体的数据。正如表1-4所显示的那样,大约21.5%的犯罪嫌疑人作了口头供述或书面供述,同时11.9%的犯罪嫌疑人作了归罪性陈述。这些审讯都没有达到揭穿犯罪嫌疑人不在犯罪现场的谎言的结果。虽然曾有人认为数量众多的犯罪嫌疑人在审讯中都曾出现过因编造谎言而将自己置于被动的境地⑯,但是根据我们的

---

⑭ 如果将常规性毒品案件包括进去的话,我们的审讯成功率数据将会更低。参见前引注㉞(对公园扫毒案件排除在样本案件之外的讨论)。

⑯ 参见 Vera Inst., *Taping Police*, 前引注㊶,第 62 页;"Controlling Crime Hearings", 前引注㉞,第199、205 页(宾夕法尼亚州费城市和郡地方检察官阿伦·斯佩克特的陈述)。

了解，还没有人对此类审讯结果的普遍程度进行量化研究的尝试。我们的定量数据分析表明，此类结果并不像此前一些定性评价所认为的那样重要。

我们还对特定类型案件的犯罪嫌疑人供述可能性是否更高的问题进行了考察，与此相关的少量研究是在 20 世纪 60 年代进行的，当时的研究结果认为，暴力犯罪案件的犯罪嫌疑人供述可能性要高于财产犯罪案件的犯罪嫌疑人。[16] 但是，我们的数据分析结果显示，警察审讯暴力犯罪案件嫌疑人的成功率要低于财产犯罪案件，尽管在 0.05 水平上这种差异并不具有统计学意义上的显著性。[17]（参见表 1-5）

表 1-5　不同类型案件犯罪嫌疑人的审讯结果

| 案件类型 | 主张权利的情况 | | 审讯成功 | | 审讯不成功 | | 合计 | |
|---|---|---|---|---|---|---|---|---|
|  | 数量 | 比例 | 数量 | 比例 | 数量 | 比例 | 数量 | 比例 |
| 暴力犯罪 | 9 | 12.7% | 25 | 35.2% | 37 | 52.1% | 71 | 100.0% |
| 财产犯罪 | 12 | 11.8% | 48 | 47.1% | 42 | 41.2% | 102 | 100.0% |
| 合计 | 21 | 12.1% | 73 | 42.2% | 79 | 45.7% | 173 | 100.0% |

3. 与米兰达案判决之前的供述率比较

虽然我们提出的审讯成功率数据有所夸大，但这一数据仍然比米兰达案判决之前要低，由此可以认为米兰达规则影响了警方获取犯罪嫌疑人归罪性陈述的效果。在此前较早的一篇文章中，本文作者之一收集了米兰达案判决前后，美国一些地方的警察所获得的犯罪嫌疑人供述率数据。[18] 虽然根据这些局部数据作一般化的推断充满危险，但是有证据表明，在米兰达案判决之前，警察审讯的成功率大致在 55%—60% 之间。例如，最早一项研究显示，1960 年加利福尼亚州两个城市警察审讯所获得的供述率分别为 88.1% 和 58.1%。[19] 与此类似，一

---

[16] 参见 Cassell，前引注③，第 463—464 页。

[17] 卡方检验显示，在 0.05 水平上没有显著差异，但在 0.10 水平上，差异性显著。本文此处和他处的卡方检验主要集中针对那些在统计学意义上具有显著差异的，可能导致审讯成功或不成功的因素，因此将调用类（invocation category）因素都排除在外（除非文中有特别说明）。其实，我们在报告卡方检验结果时内心还是有些不安，因为我们的样本数量较少，因此检验结果可能会有一些误导性。特别是，由于样本数量太少，以至于几乎所有最为重要的差别都不具有统计学意义上的显著性，试比较 Medalie et al.，前引注㉜，第 1414 页（基于这些理由，根本拒绝报告任何显著性检验的统计结果）；参见 Thomas，前引注⑤，第 823 页注释 7（考虑到数据规模较小，使用 0.10 显著性水平）。"暴力"和"财产"类犯罪包括的具体案件类型可以参见上文表 1-1。

[18] 参见 Cassell，前引注③，第 458—459 页、表 3。

[19] Barrett，前引注⑭，第 43—44 页。

项于 1961 年在底特律进行的调查表明,警察审讯所获得的供述率为 60.8%,而这一数据在 1965 年轻微下降到了 58.0%。[150] 在纽黑文,1960 年警方审讯所获得的供述率为 58%—63%。[151] 这些数据值得特别注意之处在于,它们展示了米兰达案判决之前的供述率情况,[152] 因为它们避免了米兰达规则在不同的司法管辖区实施时间先后(特别是提前实施)可能带来的问题。特别需要注意的是,1964 年 6 月之后的供述率可能受到了联邦最高法院对埃斯科贝多案判决的影响,该案判决可能使一些地区的警察甚至在米兰达案判决之前已经适应了米兰达式的权利警告模式。[153] 其他一些学者也认可米兰达案判决之前美国警方审讯所获得的供述率至少在 55%—60%。[154] 而我们调研所获得的 33.3%供述率(即使以实际接受审讯人数为参照系数的供述率 42.2%)要远低于米兰达案判决之前的 55%—60%,因此可以认为,这些数据表明,米兰达案判决妨碍了美国警方在审讯中所获得的供述率。

托马斯教授在与我们的论辩中,花了大量的精力来讨论这一结论,认为米兰达案判决之后犯罪嫌疑人的供述率并未发生变化,并将其结论命名为"稳态"假说("steady-state" hypothesis),他对我们提出的供述率数据进行了大幅度的精心调整后认为,我们调研所获得的供述率应为 54%,处于米兰达案判决之前的供述率范围之内。[155] 但是,我们认为,就与米兰达案判决之前数据进行比较的目的而言,对供述率数据进行的这些调整并不合适。

托马斯教授对我们提供的供述率数据加以调整的大前提是——早期的相关

---

[150] Souris,前引注⑳,第 264 页。

[151] 参见 Cassell,前引注③,第 406 页(对《耶鲁法律杂志》研究的讨论,前引注㉙,第 1573、1644 页)。

[152] 唯一一个早期数据来源为 NDAA 关于米兰达规则实施情况的简要报告,但其所用的研究方法并不清楚,参见前引注㉒。

[153] 参见 Cassell,前引注③,第 403 页(认为费城在埃斯科贝多案之后供述率出现了下降,第三巡回法庭在米兰达之前作出的一些判决之后,供述率出现了再次下降)。参见 Cassell,前引注㊺(讨论了埃斯科贝多案判决对供述下降的影响)。

[154] 参见 Slobogin,前引注⑧,第 6 页(1995 年增补版)(认为"米兰达之前的供述率大致为"64%)。令人好奇的是,托马斯教授在计算米兰达之前的供述率时忽略了这些埃斯科贝多案之前的研究。在反驳我们对供述率的估算结论时,相反,他只是根据卡塞尔制作的 7 个司法管辖区相关数据表认为犯罪嫌疑人的供述率大约在 45%—53%之间,而这些表格包括了米兰达案判决前后的可用数据。参见 Thomas,前引注⑫,第 935—936 页、注释 12(引自 Cassell,前引注③,第 418 页表 1)。但是,在确定米兰达之前的供述率时,没有合理的理由武断地将数据来源局限于我们可以确定米兰达之后供述率情况的司法管辖区,事实上,这一局限不可避免的后果是,只使用了那些最成问题的数据。因为,所获得的数据只有最接近米兰达案裁决时间,才最有可能受米兰达规则实施预期的影响。无论如何,只是简单地将上文提到的 5 个供述率与托马斯所使用的 7 个供述率结合在一起,从而得出一个米兰达案之前的供述率为 56%的结论,都在我们估算的范围之内,但不在托马斯教授估算的范围之内。

[155] Thomas,前引注⑫,第 936、952 页。

研究针对的只是羁押性审讯⁽¹⁵⁴⁾，因此我们是将自己的苹果（一项同时针对羁押性和非羁押性审讯的研究）与他人的橘子（仅针对羁押性审讯的研究）进行比较。在接受我们直觉性发现——非羁押性审讯的成功率较低（这一点我们将在下文进行讨论⁽¹⁵⁵⁾这一结论的同时，托马斯教授认为，从比较的目的来说，我们有必要将非羁押性审讯排除出去，从而将供述率数据调整为42%—48%。⁽¹⁵⁶⁾

但我们并不这样认为，我们认为我们所进行的是"苹果"与"苹果"的比较，因为我们所比较的是在米兰达案判决之前进行的研究的结果，整体而言同时包括了羁押性审讯和非羁押性审讯。例如，在哥伦比亚特区进行的研究即包括那些"曾经被提交给逮捕程序"的被告人⁽¹⁵⁷⁾，当然，那些被逮捕的犯罪嫌疑人中就包括了那些接受了非羁押性审讯之后被逮捕的。同样，海城的研究也包括了那些"被实际逮捕和监禁了的"犯罪嫌疑人⁽¹⁵⁸⁾，这些人当中即包括那些在接受了非羁押性审讯后被逮捕监禁的犯罪嫌疑人。托马斯所引用来支持其观点的最近一项研究是在匹兹堡进行的，在该项研究中，作者认为"审讯在犯罪嫌疑人被带到羁押室时进行"。⁽¹⁵⁹⁾但是，该项研究描述的是匹兹堡警察局侦查分局的标准实践⁽¹⁶⁰⁾，还是说该项研究仅限于羁押性审讯，作者交代得并不清楚。为了与这些研究进行直接比较，我们的数据可以作适当的调整，但最多是将参照对象调整为"被逮捕"的犯罪嫌疑人，而这一调整并不会为本项研究结果带来多大的差异。⁽¹⁶¹⁾

此外，我们对米兰达案判决之前供述率为55%—60%的大致估算所依据的局部研究要远大于托马斯教授所讨论的范围，特别要提出的是，我们的估算是建立在对米兰达案判决之前所进行的20项研究所收集到的供述率进行比较的基础之上。⁽¹⁶²⁾很显然的是，这些研究中许多都只考察了那些已经提请起诉了的案件，而没有考虑犯罪嫌疑人是在羁押状态下还是非羁押状态下接受的审讯，甚至根本未接受审讯等问题。例如，纽约郡的研究涉及的是"用于将案件提交大陪审

---

⑭ 同上引注，第947页。
⑮ 下引注㉑—㉔及相关文献。
⑯ Thomas，前引注⑫，第952页。
⑰ Medalie et al.，前引注㉜，第1351页。
⑱ Witt，前引注㉝，第323页（"在此排除了所有那些犯罪嫌疑人被拘留审讯但从未被羁押的案件"）。
⑲ 参见Seeburger & Wettick，前引注㉛，第7页。
⑳ Id.（"对于侦查分局而言，对所有由其逮捕的犯罪嫌疑人进行审讯是其标准做法，审讯自犯罪嫌疑人被羁押即开始进行"）。
㉑ 在本文下引表1-15中，犯罪嫌疑人被分为已经被提起指控的和尚未被提起指控的。只看那些已经被提起指控的犯罪嫌疑人，"审讯成功率"为63/173，即36.4%，仍然远低于米兰达案之前的水平。
㉒ 参见Cassell，前引注③，第459页表3。

团起诉"的供述⑯,这一研究方法通常会包含所有供述,而不考虑这些供述是来自于羁押性,或非羁押性审讯。与此类似,布鲁克林区的研究涉及的是特定类型案件的所有犯罪嫌疑人,而并未考虑其在接受审讯时究竟是否处于羁押状态。⑯ 情形也许是,由于米兰达规则的影响,与米兰达案判决前相比,现在的羁押性审讯数量减少了。⑯ 但是,托马斯教授为了论证我们的研究与此前的研究之间不具有可比性,他需要证明此前的这些研究实际上排除了非羁押性审讯情况,但事实上,他并未做到。正如我们所做的那样,将羁押性审讯与非羁押性审讯一起的整体数据与米兰达案判决之前的研究进行比较是保持比较研究的一致性的最佳办法。

托马斯教授未能证明米兰达案判决之前研究的不一致性,其隐含的小前提——因为非羁押性审讯相当无效⑯所以应当将之排除出供述率计算的参照系数——很重要。如果这一小前提成立,那么要证明今天的供述率较之于米兰达案判决之前更低就只需要证明(在其他因素保持不变的情况下)在米兰达案判决之后警察转向实施更多的非羁押性审讯。如果有大量的证据证明警察实践确实发生了这种转向,包括主流的警察审讯指导手册中的建议⑯、一些旁观了警察审讯的观察报告⑰、关于警察有意实施非羁押性审讯的法庭案例⑰、学者

---

⑯ "Controlling Crime Hearings",前引注㉞,第 1120 页。
⑯ 同上引注,第 223 页(指这些类型犯罪案件中的"犯罪嫌疑人");还可参见同上引注,第 224 页(举了一个在犯罪嫌疑人中进行询问是否系"羁押"状态下审讯的例子)。
⑯ 下引注⑯—⑰及相关文献(收集了米兰达案导致了更多的非羁押性审讯的证据)。
⑯ Thomas,前引注⑫(该项研究指出,我们的数据"证实非羁押性审讯导致更低的成功率")。
⑯ Fred E. Inbau et al., *Criminal Interrogation and Confessions* 234 (3d ed. 1986)(作者在该书中认为,联邦最高法院的马赛亚森[Mathiason]案判决"是聆讯明智性的最好说明。只要审讯时机的选择是基于犯罪嫌疑人的同意,什么时候都可以。一个自愿同意到或者被带到审讯室的犯罪嫌疑人……都不能说是处于羁押状态之下");试比较 Fred E. Inbau & John E. Reid, *Criminal Interrogation and Confession* (1962)(同一手册在米兰达案之前的版本,明显没有必要讨论如何规避羁押状态下的审讯问题)。
⑰ 参见 H. Richard Uviller, *Tempered Zeal: A Columbia Law Professor's Year on the Streets with the New York City Police* 52 (1988)(该项研究提到这样一个案件,警察"当时并不是真的想逮捕他,他们算计着,如果不逮捕他,他们就可以在未对其进行米兰达警告的情况下进行审讯"); Jerome H. Skolnick & Richard A. Leo, "The Ethics of Deceptive Interrogation", *Crim. Justice Ethics*, Winter/Spring 1992, at 5("警察将会在'非羁押'状态下审讯犯罪嫌疑人……从而规避米兰达警告的必要性。这是警察审讯中所使用的最基本的,也许是最被忽视的欺骗性策略之一")。
⑰ 参见 United States v. J. H. H., 22 F. 3d 821, 831 (8th Cir. 1994)(犯罪嫌疑人被告知,是否接受审讯是自愿的,其并未被逮捕,可以随时自由地离开,显然警察利用了联邦最高法院在加利福尼亚州诉贝希勒案中(California v. Beheler 463 U. S. 1121, 1125[1983])全体一致作出的有关非羁押性审讯的判决要旨);还可参见下引注⑳—⑳及相关文献(盐湖城警察使用贝希勒[Beheler]警告);试比较俄勒冈州诉马赛亚森案中(Oregon v. Mathiason, 429 U. S. 492, 499 n.5 [1977])马歇尔(Marshall)大法官的反对意见(在交通检查的情况下,"警察会以故意推迟'逮捕'的方式来规避米兰达规则,直到获得了其所需要的归罪性陈述之后才对犯罪嫌疑人进行米兰达警告")。

的评论等⑫,如果这些证据都可信⑬,那么,可以认为米兰达案判决确实降低了警察审讯所获得的供述率,现在唯一需要讨论的问题是:米兰达规则是如何降低犯罪嫌疑人供述率的。

就"苹果"和"苹果"相比这一问题而言,我们认为恰恰是托马斯教授拿了个"橘子"。在修正我们提供的供述率数据时,托马斯教授只考虑了从那些实际上接受了审讯的犯罪嫌疑人处获得的供述数量,而排除了那些从未被审讯的犯罪嫌疑人。因为在我们的样本中有21%的犯罪嫌疑人实际上并未被审讯⑭,如果将这些未被审讯的犯罪嫌疑人排除出去,犯罪嫌疑人的供述率就由33%迅速提升到了42%,这恰恰是托马斯教授调整后的供述率起点。⑮但是,只要我们能够证明米兰达案判决之前的那些研究的供述率计算样本中包括了未接受审讯的犯罪嫌疑人在内的话,很显然即可表明是托马斯教授在拿"苹果"与"橘子"相比较。⑯因此,基于将我们所获得的供述率与米兰达案判决之前的供述率相比较的目的,所有这些计算都是始于一个高得多的底线之上。⑰

---

⑫ 参见 Jerome H. Skolnick & James J. Fyfe, *Above the Law: Police and the Excessive Use of Force* 58-59 (1993)("正在寻求犯罪嫌疑人认罪的警察学会了如何去询问[interview]而不是审讯[interrogate]……因为'询问'并不需要米兰达警告……"); Mark Berger, "Compromise and Continuity: Miranda Waivers, Confession, Admissibility, and the Retention of Interrogation Protections", 49 *U. Ill. L. Rev.* 1007, 1020 (1988)(警察"为了规避米兰达警告和获取犯罪嫌疑人的弃权可以在非羁押状态下进行审讯"); Irene M. Rosenberg & Yale L. Rosenberg, "A Modest Proposal for the Abolition of Custodial Confessions", 68 *N. C. L. Rev.* 69, 112 (1989)(认为警察会通过在犯罪嫌疑人家中进行强制性非羁押询问来规避米兰达规则的要求);还可参见 Yale Kamisar, "'Custodial Interrogation' Within the Meaning of Miranda", in *Criminal Law and the Constitution—Sources and Commentaries* 335, 341 (Jerold H. Israel & Yale Kamisar eds., 1968)("我认为,将米兰达规则解读为鼓励警察更多地进行逮捕前、羁押前、限制前审讯行为是合法的")(引自卡米萨教授在1966年CLE会议上关于米兰达规则的评论)。

⑬ 托马斯教授嘲笑说这些证据除了构成"一些奇闻逸事和警察审讯手册外没有其他意义",参见 Thomas, 前引注⑫, 第947页注释60。但事实是,这是这一问题唯一可用的证据,因为对米兰达案之前羁押性和非羁押性审讯差异的实证研究太少。试比较前引注, 第943页(承诺"接受卡塞尔—海曼挑战,根据现有证据作出判断")。

⑭ 参见前引注 ⑨—⑩ 及相关文献。

⑮ 参见 Thomas, 前引注⑫, 第952页表。

⑯ 参见 Medalie et al., 前引注㉜, 第1365页表5、第1373页表9(报告了大量犯罪嫌疑人未接受审讯时的供述率); Seeburger & Wettick, 前引注㉛, 第7页("几乎我们研究的每一个案件,侦查机关都试图从所有犯罪嫌疑人那里获取供述"); 威特, 前引注㉝, 第325页表3(报告了包括"未被审讯的犯罪嫌疑人"在内的供述率数据);前引注⑭—⑯及相关文献(收集了许多已经起诉的有确切供述数据的研究,而未考虑犯罪嫌疑人是否被审讯了的情况);还可参见《耶鲁法律杂志》的研究,前引注㉚, 第1589页表 F-7(报告了米兰达案后2%的样本犯罪嫌疑人"未被审讯"的事实)。

⑰ 托马斯教授回应称,这意味着盐湖城的供述率比米兰达案之前要低,部分原因在于审讯率更低了。参见 Thomas, 前引注⑫, 第946页。但是,关键在于与托马斯教授的"稳定状态"(steady-state)假设相反,米兰达案后供述率事实上更低。当然,我们可以对这一事实的原因进行争议。试比较前引注⑫—⑱及相关文献(认为更低的审讯率,至少部分应早于米兰达规则)。重要的是,必须记住,整体供述数据——这也是我们的研究目标——不仅取决于犯罪嫌疑人对米兰达规则的反应,而且也取决于警察对米兰达规则的反应。借用一个经济学术语来说,我们不仅必须考虑供述的"供应"情况,还需要考虑对供述的"需求"情况。试比较 Stephen J. Markman & Paul G. Cassell, "Protecting the Innocent: A Response to the Bedau-Radelet Study", 41 *Stan. L. Rev.* 121, 155 (1988)(该项研究指出了衡量犯罪威慑研究中供需关系的重要性)。

为了证明我们所获得的 33.3% 的归罪性陈述过低,托马斯教授的最后一个努力是诉诸其他一些最近的研究。然而,我们所获得的归罪性陈述率与这些数据非常一致,特别是在一项由国家司法研究所(National Institute of Justice)于 1979 年在佛罗里达州的杰克逊维尔、加利福尼亚州的圣迭戈等地进行的研究表明,供述率仅为 32.9% 和 20.3%。如果包括现行犯在被抓获现场所作的供述,整体供述率也才 51.3% 和 36.6%。[128] 另一项于 1977 年在 6 个城市进行的研究则表明,在所有案件中,犯罪嫌疑人的供述率为 40.3%。[129] 另一项由利奥教授在加利福尼亚州湾区进行的研究表明,所有审讯的成功率为 63.8%。因为这项研究的结论比其他各项研究所得数据都要高得多,所以利奥教授的数据显得有点反常。正如我们在附录 B 中解释的那样[130],因为三项重要因素的影响,这一数据也存在夸大的情形:第一,该项研究的样本只包括了那些实际上被审讯了的犯罪嫌疑人;第二,该项研究只包括那些在警察局内的审讯;第三,该项研究只包括那些由经验丰富的侦查人员所实施的审讯。[131] 如果不考虑这些因素,该项研究所获得的归罪性陈述率也仅为 37.0%,这一数据与我们的结论相差并不太大。很显然,试图从某一单项研究中来获得普遍性结论时应保持必要的谨慎。但是,确切地说,由于我们的研究所获得的供述率与最近其他一些研究结论都远低于米兰达案判决之前的 55%—60% 供述率,据此推断米兰达案判决降低了犯罪嫌疑人供述率的结论似乎相当合理了。

4. 与其他国家警察审讯供述率的比较

将美国警方审讯犯罪嫌疑人所获得的供述率与其他没有米兰达规则要求的国家的相应数据进行比较可以得出同样的结论,即米兰达规则妨碍了警察获得犯罪嫌疑人的供述。现有证据表明,在没有米兰达规则要求的英国和加拿大,警

---

[128] Feeney et al.,前引注[59],第 142 页。托马斯教授通过将那些未接受审讯的犯罪嫌疑人排除在外调高了这些数据。参见 Thomas,前引注[12],第 954 页。但这一调整是不合适的。参见前引注[74]—[127]及相关文献。

[129] LaFree,前引注[59],第 298 页。Thomas 指出,本项研究使用了一个狭义的"供述"概念。他认为,因此降低了供述率。参见 Thomas,前引注[12],第 955 页。然而,本项研究的样本是进入了法院的案件,而不是警察审讯的案件,从而弥补了狭义"供述"定义的不足。同上引注,第 298 页表 2。因为,如果犯罪嫌疑人作了供述,案件更可能被起诉,并获得法院的定罪判决,参见下引注[315]—[340](该项研究发现,归罪性陈述影响了刑事案件的处理),警察审讯所获得的供述率肯定低于 40.3%。由于准确地界定出这两种相互抵消的因素对供述率的影响几乎不可能,但是其相互抵消性表明仅根据报告中的 40.3% 的供述率进行研究也是合理的。

[130] 见下引注[328]—[411]及相关文献。

[131] 当然,这并非对该项研究本身的批评。利奥的研究,可能是单一的、最好的有关在经验丰富的侦探进行的羁押审讯期间究竟发生了什么的信息来源,这也是该项研究意欲探究的目标。然而,如果将之用作对警察获取供述的整体成功情况的话,则已经超出了其目的范围。

察审讯犯罪嫌疑人所获得的供述率在60%以上,有时候还要高得多。⑱ 与我们33.3%的供述率相比较,很好地说明了米兰达规则具有抑制犯罪嫌疑人供述的效果。

作为回应,托马斯教授认为这种跨国比较的方法并不可行,理由是美国、英国和加拿大在相关的制度核心,至少在警察审讯实践方面并不相同。⑲ 我们认为,这些国家之间存在着可以进行一般性比较的一致性,特别是在刑事司法实践方面,沃伦法院的拥护者们为了论证他们的主张,总是不时地将美国与这些国家的刑事司法实践进行比较。⑳ 与此类似,克雷格·布拉德利(Craig Bradley)在其最近出版的《刑事诉讼革命的失败》一书中对美国、英国、加拿大的刑事司法实践进行了充分的比较。㉑ 就警察审讯问题而言,最具意义的是范凯塞尔(Van Kessel)教授的比较研究工作,在那篇也许最具影响力的关于美国和英国审讯实践的比较一文中,范凯塞尔教授认为"英国和美国的刑事司法体制有着相同的制度内核",完全可以进行富有成效的比较。㉒ 这并非在现实世界中没有根基的学术冥想,在某种意义上,米兰达规则本身即是在海外某种类似规则的基础上创制出来的。当时联邦最高法院首席大法官沃伦在为其判决意见辩护时即认为,在其他一些实行类似规则的国家,并未产生任何不良后果。㉓ 晚近一些时候,大法

---

⑱ 参见 Cassell,前引注③,第418—422页(收集了可用的数据),还可参见 Van Kessel,前引注⑫,第127—128页(竭力分析了既有研究成果,认为大部分的美国学者的研究都发现犯罪嫌疑人的认罪率低于50%,和"接受审讯并作出不利于己陈述的犯罪嫌疑人比例相比,英国要比美国高得多")。

⑲ Thomas,前引注⑫,第942页。

⑳ 例如,Yale Kamisar,"How to Use, Abuse and Fight Back with Crime Statistics", 25 *Okla. L. Rev.* 239, 242, 248-49 (1972)(该项研究认为,20世纪60年代英格兰和威尔士犯罪率的上升证明,将同时期美国犯罪率的上升归咎于"刑事诉讼程序革命"论调的错误);Yale Kamisar,"On the Tactics of Police-Prosecution Oriented Critics of the Courts", 49 *Cornell L. Q.* 436, 460-62 (1964)(对芝加哥警察局领导不承认同时期英格兰和威尔士犯罪率的上升,并将同时期美国犯罪率的上升归咎于沃伦法院对警察权力的限制之论进行了驳斥)。

㉑ 参见 Craig M. Bradley, *The Failure of the Criminal Procedure Revolution* 96-108 (England and Wales), 112-17 (Canada) (1993)。布拉德利提出了一个非常有价值的观点,认为"虽然联邦最高法院对刑事司法领域的选择已经基本上排除了将州作为一些新理念的检验空间的可能,外国也可以扮演相同的角色"。同上引注,第95页。事实上,就米兰达案同时期的刑事司法状况进行真正的比较而言,选择其他国家进行比较也许是唯一的可能。因此,尽管托马斯教授呼吁对米兰达规则的影响进行"跨司法管辖区"比较(参见 Thomas,前引注⑤,第834—835页)对这一规则的关键性特质的影响进行国内评价的可能性亦不存在。参见前引注⑩及相关文献(这些研究集中关注的是米兰达规则之犯罪嫌疑人有权随时中止审讯带来的成本);参见 Cassell,前引注③,第498—499页(认为米兰达规则"最为巨大的成本",是妨碍了对规制警察审讯的其他替代性方式的实验化)。

㉒ Van Kessel,前引注⑫,第8页。

㉓ 参见 Miranda v. Arizona, 384 U. S. 436, 486-89 (1966)(讨论了英格兰、苏格兰、印度、斯里兰卡等国规制警察审讯的做法)。

官奥康纳女士则认为:"向英格兰(以及其他一些国家)的学习对米兰达规则最初的发展起了重要的作用,因此同样重要的是,要确立基于米兰达规则的非法证据排除范围。"⑱

托马斯教授通过罗列美国与英国、加拿大两国之间一些必须"被量化和解释"的似是而非的差异,继续发挥其关于美国与这两个国家之间的可比性问题的质疑。⑲ 他的这种质疑留给我们的印象有点类似于"绿野仙踪"(Wizard of Oz)中的"多萝西"(Dorothy),她总是被告知,在考虑她的请求之前,她必须把西方邪恶女巫的扫帚柄先拿回来。正如巫师从不考虑多萝西是否能够回来一样,我们怀疑托马斯教授是否真正期待我们能够像美国人所声称的那样,以"怀疑一切权威的态度"对那些变量进行量化。⑳ 但是,让我们来对托马斯教授提出的适合量化的问题之一刺上一下,算是对他提出的问题的一种回答:美国更高的暴力犯罪率(因此基于暴力犯罪更低的供述率㉑,会从整体上降低美国的犯罪嫌疑人供述率),这并不会为供述率比较研究造成任何麻烦。我们并不需要在不同国家的暴力犯罪比例相同的情况下才能进行比较㉒,而只需要对供述研究样本中的暴力犯罪比例加以把握即可。类似的调整不太可能用来解释盐湖城郡警方的低供述率现象。我们对财产犯罪的研究表明,警方审讯财产犯罪嫌疑人时所获得的供述率只有47%㉓,远低于英国、加拿大包括财产犯罪和暴力犯罪嫌疑人在内的供述率。由此表明,米兰达案判决之后供述率出现了下降,而不是处于一种"稳态"之中。

然而,重要的是,我们必须给托马斯教授的"稳态"假说予以最后一击。我们以为,托马斯教授的"稳态"假说有挂羊头卖狗肉之嫌,其实质根本不是什么"稳态"理论。相反,其曾经承认从我们的研究和其他一些渠道所获得的数据可以支持米兰达案判决之后"更多的犯罪嫌疑人主张其沉默权",从而导致失去了一些

---

⑱ New York v. Quarles, 467 U.S. 649, 673 (1984) (奥康纳大法官的协同意见和反对意见)。
⑲ Thomas, 前引注⑫,第942页。
⑳ 同上引注。托马斯教授的回应之一是,当1986年类似于米兰达规则的《警察与刑事证据法》开始对警察审讯行为进行规制后,英国的供述率从此前的60%多下降到了40%—50%之间。参见Cassell,前引注③,第420—421页。英国的相关权力机关对供述率的这一下降不能作出解释,唯一的观点是对警察审讯的规制导致供述率降低的观点看起来似乎有点道理。同上引注。
㉑ 见前引注⑭—⑰及相关文献。
㉒ 关于这一点,无论如何,盐湖城郡也许都是一个可以比较的对象。参见前引注⑮及相关文献(指出了盐湖城的暴力犯罪率比美国平均水平更低)。
㉓ 参见上文表1-15。审讯的整体成功率(包括未审讯的犯罪嫌疑人在内)甚至会更低。

(保持沉默的)犯罪嫌疑人供述的结论。[194] 在托马斯看来,作为整体的供述率仍然保持不变,因为在那些未主张其沉默权的犯罪嫌疑人中,在米兰达案判决之后作出归罪性陈述者更多了。[195] 这并非真正的"稳态"理论,相反,标签之后的事实是另外一个假说:"更多的人主张沉默权因此抵消了更多的归罪性陈述"。

如果这样解释,那么问题出现了:如果供述率下降是因为在米兰达案判决之后更多的犯罪嫌疑人主张了沉默权的结果,那么,真正的"稳态"理论就应当是,除非其可以证明更多的归罪性陈述能够抵消因为更多的犯罪嫌疑人主张沉默权所带来的消极后果,否则供述数量将出现下降。从这个角度来说,很显然证明的负担转移到了托马斯教授身上。当然,他也很直率地承认自己未能证明这一假设。[196] 而且,这一效果抵消因果关系机制本来就有些怪异。托马斯教授认为米兰达警告激发了犯罪嫌疑人"说出更多事实的动机,米兰达警告也许会使犯罪嫌疑人相信,只要他们作出了接近案件事实真相的陈述,警察就会让他们走,从而避免被起诉的命运"。[197] 我们认为,要证明这一假设,需要一些似乎不太可能获得的经验性证据。就我们掌握的数据而言,迄今所有的数据似乎都与托马斯教授的假设相反,而不能对其形成足够的支持。[198] 而且,学术界和理论研究者对犯罪嫌疑人为什么供述的解释中,也没有任何人说过"(受米兰达警告的刺激)从而说出更多的真相"是犯罪嫌疑人供述的重要因素。[199]

因此,真正的"稳态"理论是支持我们的结论的。因为米兰达规则妨碍了警察获得某些供述(通过米兰达规则的弃权规则和随时中止审讯规则),所以总体上警察获得的供述数量减少了。

### (四) 从审讯中获得的其他结果

我们的数据还表明,除了获得犯罪嫌疑人的归罪性陈述外,审讯对执法工作还有其他帮助。[200] 在接受审讯的犯罪嫌疑人中有 13.9%为警察提供了有用的

---

[194] 参见 Thomas,前引注⑫,第 956 页。

[195] 同上引注。

[196] 同上引注。

[197] 同上引注。

[198] 参见前引注(57)(收集了证明警告之后归罪陈述减少的数据)。

[199] 试比较 Leiken,前引注㊹,第 16—26 页(根据对接受过审讯的囚犯的访谈,总结出了影响其作出"决定[与警察]交谈"的因素);参见 Leo,前引注㊾,第 282—284 页(讨论了审讯为什么成功;激励犯罪嫌疑人说出未被提及的真相);参见《耶鲁法律杂志》的研究,前引注㉙,第 1570—1573 页(报告了对审讯的观察式评估结果,激励犯罪嫌疑人说出未被提及的真相)。

[200] 参见下引注(343)(通过审讯某人获得有关真凶的信息)。

"其他信息"⑳,这一数据可能还是低估了警察从审讯中获得的、除了供述之外的辅助性收益。⑳

我们关于审讯的间接目的的数据主要用来解释最近引起巨大学术争议的一个主题——即警察通过审讯犯罪嫌疑人获取犯罪"结果"(赃物等物证)的程度。在耶鲁·卡米萨(Yale Kamisar)教授最近发表的一篇与阿希尔·里德·阿马尔(Akhil Reed Amar)和雷妮·B. 莱托(Renee B. Lettow)教授辩论的文章中,他似乎认为"审讯的主要目的——如果说不是其首要目的的话——是获得诸如物证的下落之类的信息"。⑳ 那些认为审讯的间接目的(发现其他物证)要重于其首要目的(获得犯罪嫌疑人的归罪性陈述)的观念似乎值得怀疑,我们也没发现有何证据可以支持这种观念。⑳ 在那些犯罪嫌疑人供述涉及"其他信息"的案件中,警察几乎没有获取什么归罪性物证。最常见的情形(共有 5 起)是从犯罪嫌疑人供述中获知了同案犯的信息⑳,在另外 3 起案件中警察通过审讯找到了被盗物品,在这些情形下,警察首先关心的是能够弥补被盗者的财产损失,而不是成就指控条件。还有 2 起案件警察通过审讯找到了武器,但即使在这 2 起案件中我们都无法确切地知道通过审讯来发现武器从而增强控方的指控能力是不是警察审讯的首要目的。⑳ 从这些数据来看,似乎很难说通过审讯获得物证是警察审讯

---

⑳ 在所有 173 名犯罪嫌疑人中,24 名提供了其他信息。

⑳ 因为我们收集的数据来源于对特定犯罪嫌疑人决定是否提起指控的预审程序,在这一程序中,警察可能只提供了与此目的相关的信息(例如,起诉其他人犯罪的信息通常不会被披露)。另外,因为我们的信息来源于预审程序,因此并不包括那些审讯过程中犯罪嫌疑人提供了导致其他加重指控的信息的案件。例如,如果在审讯之前警察准备指控的是夜盗罪,但审讯之后却变成了谋杀罪,对于预审程序而言,该案是以只涉及一个谋杀指控的面目出现的。

⑳ Yale Kamisar, "On the 'Fruits' of Miranda Violations, Coerced Confessions, and Compelled Testimony", 93 *Mich. L. Rev.* 929, 1000 (1995);还可参见上引注,第 933 页注释 17、第 1000 页注释 329(概括了支持这一观点的评论);试比较 Akhil R. Amar & Renee B. Lettow, "Fifth Amendment First Principles: The Self-Incrimination Clause", 93 *Mich. L. Rev.* 857 (1995)(对审讯结果主义进行了大致的讨论)。

⑳ 另外两项研究也对审讯的间接目的进行了评估,但均未认为发现"结果"(物证)是审讯的重要目的。参见威特,前引注㉝,第 326—328 页;《耶鲁法律杂志》的研究,前引注㉙,第 1593—1597 页。一项有关态度的研究发现,警察以及检察官无疑都将获得犯罪嫌疑人的供述(或其犯罪嫌疑人是无辜的推论性决定)视为审讯的主要目的,而获得其他线索只是一种更为间接的考虑。参见 Cyril D. Robinson, "Police and Prosecutor Practices and Attitudes Relating to Interrogation as Revealed by Pre- and Post-Miranda Questionnaires: A Construct of Police Capacity to Comply", 1968 *Duke L. J.* 425, 437-438 tbl. 1C, 440 tbl. 1D, 445-46 tbl. 1G & tbl. 1H。

⑳ Witt, 前引注㉝, 第 327 页(认为确定同案犯是审讯的重要间接目的);"Yale Project", 前引注㉙, 第 1593—1594 页(同样认为确定同案犯是审讯的重要间接目的)。

⑳ 在一起案件中,通过审讯找到了谋杀用的武器。然而,提供该枪支下落信息者原本是被作为证人而不是犯罪嫌疑人接受审讯的。针对其的指控后来根据一个转处协议被撤销。在另外一起案件中,警察想找到家庭暴力中所使用的小刀,以免发生更为严重的事故,但该案后来一直未提起指控。

的"主要"目的。

二、米兰达规制内外的警察审讯比较

一个被所有实证研究忽视了的问题是米兰达规则对警察审讯的规制范围,以及米兰达规则规制是否会带来审讯结果的差异。这一节我们将对不受米兰达规则规制的各种警察审讯情形,特别是非羁押性审讯和出于公共安全需要的审讯进行考察,同时对未经过警察审讯而获得的犯罪嫌疑人自愿性供述情况进行讨论。

(一)非羁押性审讯

米兰达规则只适用于羁押性审讯。[207] 有证据表明,警察已经调整了他们的审讯方式,使更多的审讯以非羁押性审讯的方式出现,从而规避了米兰达规则的要求。[208] 在与警察的交谈中获得的一些逸事性证据也证明了这一点。在一些电影中,我们也经常看到警察(大部分是那些来自大警察局的)说已经对犯罪嫌疑人进行过贝希勒警告。贝希勒警告源自联邦最高法院在加利福尼亚州诉贝希勒案[209]中的判决。根据该案判决,当犯罪嫌疑人"自愿同意与警察前往警察局,而且警察特别告诉过他自己并未被逮捕时",该犯罪嫌疑人即处于非羁押状态。[210] 根据这一判决,贝希勒警告由两部分内容构成:该犯罪嫌疑人未被逮捕,其在接受审讯过程中可以随时自由地离去。这一诡辩式的分析进路表明,至少一部分警察知道羁押性审讯和非羁押性审讯之间的差异,并相应地调整了他们的侦查方式。

我们的样本显示,在几个不受米兰达规则约束的案件中警察也对犯罪嫌疑人进行了米兰达警告。其中一个侦查部门,即特别被害侦查队(主要处理性犯罪案件)有着对非羁押性审讯也要进行米兰达警告的明确规定。[211] 一位检察官是这样解释这一现象的:"这样做并不与联邦最高法院的判决相冲突,也许在其他任何理性的人都不认为已经对犯罪嫌疑人形成了羁押状态时,他们却认为已经将

---

[207] 参见斯坦斯伯里诉加利福尼亚州案(Stansbury v. California, 114 S. Ct. 1526 [1994])(法庭全体一致意见通过)。
[208] 参见前引注[169]—[172]及相关文献。
[209] 463 U.S. 1121, 1125 (1983) (法庭全体一致意见通过)。
[210] 同上引注,第1122页。
[211] 其他机构遵循的是另外一种路径。例如,一个大警察局训练其现场执法人员不要过早对犯罪嫌疑人进行米兰达警告,因为犯罪嫌疑人可能主张其权利。其结果是,在这个警察局通常只有负责逮捕后羁押审讯的侦探才会给犯罪嫌疑人米兰达警告。

犯罪嫌疑人控制在羁押状态之下了。"这位检察官的观点其实在犹他州的法律中能够找到根据。在一系列混杂不清的判决意见中,犹他州最高法院可能认为,根据犹他州的标准来确定犯罪嫌疑人是否处于羁押状态之下,要比根据联邦法律更倾向于保护被告人的权利。[212]

但是,到目前为止还没有人对警察的非羁押性审讯频率进行过量化研究。[213] 在我们的样本中,69.9%是羁押性审讯,非羁押性审讯的比例为30.1%。[214] 在非羁押性审讯中,40.3%是在犯罪现场进行的,26.9%是在现场调查过程中进行的,32.7%是通过预先安排后进行的(即警察在此前与犯罪嫌疑人进行过联系,在确定审讯时间之后进行的)。[215]

即使警察可以通过各种各样的非羁押性审讯来规避米兰达规则的约束,非羁押性审讯在获得犯罪嫌疑人归罪性陈述方面的效果是否更低这一问题仍然存在。从我们的研究来看,警察的非羁押性审讯成功率更低(参见表1-6)[216],数据分析结果显示具有统计学意义上的显著性。[217] 导致非羁押性审讯成功率更低的原因可能是,也许警察更经常在羁押状态下审讯那些可能涉嫌更危险的暴力犯罪

---

[212] 在盐湖城诉卡纳案中(Salt Lake City v. Carner, 664 P.2d 1168, 1171 [Utah 1983]),犹他州最高法院确立了一个米兰达规则下判断何为"羁押"的四分法标准。后来,联邦最高法院在加利福尼亚州诉贝希勒案(California v. Beheler, 463 U.S. 1121, 1125 [1983])和伯克默诉麦卡蒂案中(Berkemer v. McCarty, 468 U.S. 420, 441-42 [1984])围绕犯罪嫌疑人是否实质上处于逮捕状态之下建立了一个更为复杂的羁押判断标准。面对与联邦最高法院意见的冲突,1993年,犹他州最高法院认为对其先前在卡纳案中的判决应予维持,因为该判决是部分建立在犹他州宪法上的(Utah Constitution, art. I, §12,即州法保护任何人不受强迫自证其罪),因此不受联邦最高法院解释的影响,参见犹他州诉伍德案(State v. Wood, 868 P.2d 70, 82 [Utah 1993]);还可参见犹他州诉米尔奎特案(State v. Mirquet, No. 930098, slip op. at 3-4 [Utah June 30, 1995],适用了卡纳案判决)。但是,犹他州最高法院显然并未意识到在卡纳案后,其曾经特别声称犹他州有关反对自我归罪的规定并不比联邦的规定更宽,参见美国福克市诉克罗斯格鲁夫案(American Fork City v. Crosgrove, 701 P.2d 1069 [Utah 1985])。事实上,犹他州最高法院从未直截了当地说米兰达规则是州法有关反对自我归罪规定的一部分,并且曾经将该规定解释为是对自愿性的考量,而不是对米兰达规则细致要求的遵守,参见犹他州诉马雷斯案(State v. Mares, 192 P.2d 861, 870-71 [Utah 1948])(解释了州法有关供述自愿性的规定)。参见Paul G. Cassell, "The Mysterious Creation of Search and Seizure Exclusionary Rules Under State Constitutions: The Utah Example," 1993 Utah L. Rev. 751 (文章在多处解释了在联邦标准之上解释犹他州宪法相关规定的困难);Paul G. Cassell, "Search and Seizure and the Utah Constitution: The Irrelevance of the Antipolygamy Raids", 1995 B.Y.U. L. Rev. 1 (1995)。

[213] 既有定性证据表明,自米兰达案判决之后,非羁押性审讯数量出现了上升,参见前引注[169]—[172]及相关文献。

[214] 173名犯罪嫌疑人中有121人被羁押;52人未被羁押。研究者们认为,根据有关米兰达规则的主流观点,法院会判定犯罪嫌疑人处于被羁押状态的案件编码为"羁押性"案件。

[215] 21名犯罪嫌疑人在犯罪现场,有14人在现场即被审讯,有17人接受了非现场审讯。

[216] 为了表述的明确性,我们已经略去了对本表的引用,因为实际上所有这些都可以归为羁押性审讯。然而,有意思的是,我们发现,有两名犯罪嫌疑人在非羁押性审讯过程中也主张了米兰达规则上的权利。

[217] 卡方检验结果显示,在0.01水平上具有显著性。

嫌疑人，其对供述的渴望程度更高，因此审讯力度更大。[21] 但是，在我们的样本中，财产犯罪嫌疑人在羁押状态下接受审讯的要更多些：财产犯罪嫌疑人72.5%，暴力犯罪嫌疑人66.2%。[22]

表 1-6 审讯结果与羁押的关系

| 审讯类型 | 审讯成功 | | 审讯不成功 | | 合计 | |
| --- | --- | --- | --- | --- | --- | --- |
| | 数量 | 比例 | 数量 | 比例 | 数量 | 比例 |
| 羁押性审讯 | 58 | 56.9% | 44 | 43.1% | 102 | 100.0% |
| 非羁押性审讯 | 15 | 30.0% | 35 | 70.0% | 50 | 100.0% |
| 合计 | 73 | 47.7% | 79 | 51.6% | 152 | 100.0% |

一个有意思的补充说明是，一些侦查人员使用的快速非羁押性审讯技巧，在我们的样本中，有6起案件的侦查人员只是简单地在电话中对犯罪嫌疑人进行了审讯——这显然是一种非羁押性审讯。撇开其中1起较为不合常规的，对无辜嫌疑人的审讯外[23]，其他5起案件中有2起，侦查人员成功地获得了犯罪嫌疑人的口头供述。事实上，在1起案件中，侦查人员不仅通过电话审讯获得了犯罪嫌疑人的供述，甚至说服了身在俄勒冈的犯罪嫌疑人回到犹他州自首。所有这些电话审讯都是对财产犯罪嫌疑人进行的，特别是轻微盗窃和偷窃犯罪。为什么侦查人员会通过电话的方式审讯犯罪嫌疑人？访谈中一位侦查人员表示："因为电话审讯可以随时进行，我太忙，没时间与他们面谈。"

从我们的数据中可以得出一个结论，即警察通过某种程度的转向非羁押性审讯适应了米兰达规则。但是，这一策略的价值似乎因非羁押性审讯较低的成功率被打了折扣。警察转向非羁押性审讯策略的事实说明，审讯人员也认为米兰达规则影响了他们获得犯罪嫌疑人供述的效果，而不是像米兰达规则的拥护者们所认为的那样[24]，毫无影响。

---

㉑ 参见 Thomas，前引注⑤，第832—833页（提出了类似假设）。
㉒ 102名财产犯罪嫌疑人中有74名在羁押状态下接受了审讯；71名暴力犯罪嫌疑人中，有47名在羁押状态下接受了审讯。
㉓ 对本次审讯的描述可参见下引注㉔。
㉔ 参见 Tamar Jacoby, "Fighting Crime by the Rules: Why Cops Like Miranda", *Newsweek*, July 18, 1988, 第53页；Schulhofer，前引注㊺，第12页注释32（认为"现在警察已经完全理解了米兰达规则，并且学会了如何运用它，也许在成功审讯率方面实际上创造了新的净增长"）。

## （二）基于公共安全例外的审讯

自 1966 年起，联邦最高法院通过一系列判决为米兰达规则创设了一些例外。对这些判决的批评表明，每一个例外都相应地缩减了米兰达规则的适用空间。[22] 例如，在 1984 年联邦最高法院通过纽约州诉夸尔斯（New York v. Quarles）一案创设了米兰达规则的"公共安全"例外[23]，对此有学者声称这一判决标志着米兰达规则的"死亡"[24]，因为这一例外"在米兰达规则上切割开了一个大洞"[25]。

我们试图确定"公共安全"例外对警察审讯工作的影响情况。共有 173 名犯罪嫌疑人在未受到米兰达警告的情形下接受过审讯，但是对这 173 人的审讯并非都应受米兰达规则的约束[26]，联邦最高法院最近即认为在进行犯罪嫌疑人信息常规登记时的审讯不要求进行米兰达警告。[27] 我们的样本中没有通过类似审讯方式获得供述的情形。米兰达规则的例外在实践中很少发现有得到运用的[28]，这印证了我们在其他文章中表达过的观点，即米兰达规则在实践中并未被警察以能够显著提高警察审讯成功率的方式篡改。[29]

## （三）自愿供述

另一种从米兰达规则规制之外获得犯罪嫌疑人供述的途径是犯罪嫌疑人自愿提供的归罪性信息。在米兰达案判决中，联邦最高法院认为，"任何类型的自

---

[22] 参见 Matthew Lippman, "A Commentary on Inbau and Manak's 'Miranda v. Arizona—Is It Worth the Costs?'," *The Prosecutor*, Spring 1989, at 35, 37（"联邦最高法院已经将该案判决切除得几近于无了"）。

[23] 纽约州诉夸尔斯（New York v. Quarles, 467 U.S. 649 [1984]）。

[24] 参见 Mary M. Keating, "Note, New York v. Quarles: The Dissolution of Miranda", 30 *Vill. L. Rev.* 441 (1985)。

[25] Irene M. Rosenberg & Yale L. Rosenberg, "A Modest Proposal for the Abolition of Custodial Confessions", 68 *N.C.L. Rev.* 69, 82 (1989).

[26] 本案警察在接近一名持枪抢劫犯罪的女性共犯时，问是否同意对其钱包进行搜查以查找作案所使用的武器。在获得该女性共犯的同意后，警察对其钱包进行了搜查，发现了被盗支票，促使该女性共犯自愿作出了归罪性陈述。本案不会被法院认为存在某种公共安全例外，因为本案没有激发米兰达规则的"审讯"发生。参见罗德岛诉英尼斯案（Rhode Island v. Innis, 446 U.S. 291 [1980]）（只有在"审讯"时才要求进行米兰达警告）。

[27] 宾夕法尼亚州诉穆尼兹案（Pennsylvania v. Muniz, 496 U.S. 582, 600-02 [1990]）。

[28] 当然，即使这些例外会有小部分影响，对其自身价值而言仍然是正当的，参见 William T. Pizzi, "The Privilege Against Self-Incrimination in a Rescue Situation", 76 *J. Crim. L. & Criminology* 567 (1985)（大力维护公共安全例外）。

[29] 参见 Cassell, 前引注③, 第 460—462 页。

愿性供述都不被联邦宪法第五修正案禁止……"㉙,自愿供述的犯罪嫌疑人,即使没有米兰达警告或者弃权带来的收益,那些供述在法庭上也会被用来作为指控他们的证据。㉚

在217个样本犯罪嫌疑人中有19名(8.8%)在未受警察诱使或审讯的情况下进行了陈述。其中13名自愿给出了归罪性信息(4人口头供述,5人归罪性陈述),其他6名自愿陈述的犯罪嫌疑人否认了某些问题。也许这些自愿性陈述中最有意思的一面是,在前13名自愿陈述的犯罪嫌疑人中,有9人的陈述是警方唯一掌握的归罪性信息。例如,在一起案件中,警察看见有人朝窗户扔石块,于是警察在后边追他,在追逐过程中,警察看见此人将某物扔进了路边的灌木丛。警察抓住此人后在灌木丛中发现了一把手枪。在回警察局的路上,警察对犯罪嫌疑人进行了米兰达警告,犯罪嫌疑人也明确主张自己的权利。后来犯罪嫌疑人自愿告诉警察他在街上购买了这支枪用来防身。后来该犯罪嫌疑人据此被控隐藏携带武器的罪名。

那么,是什么因素促使这13名犯罪嫌疑人自愿向警察作出归罪性陈述的?虽然要使用我们有限的样本进行统计学意义上的显著性检验不太可能,但这些样本显示,自愿性陈述也许与三个因素有关:强有力的证据,暴力犯罪和先前的犯罪记录。首先是证据的力度,在13名作出自愿性陈述的犯罪嫌疑人中,我们掌握了其中9名涉嫌犯罪的证据力度数据。㉛ 在这9名犯罪嫌疑人中,警方掌握了8名犯罪嫌疑人涉嫌犯罪的强有力证据或者压倒性优势的证据——表明犯罪嫌疑人或许认为即使他们什么都说了也没有任何关系(因为警察什么都知道了)。其次是案件性质,是暴力犯罪还是财产犯罪,在13名自愿陈述的犯罪嫌疑人中有10名涉嫌暴力犯罪(76.9%,在我们的所有样本中41.6%涉嫌暴力犯罪)。㉜ 最后是前科问题,在13名自愿陈述的犯罪嫌疑人中有10人(76.9%)有过前科(在所有样本中,有前科的比例为69.1%)。㉝

自愿性陈述有趣的一面是,一些主张了沉默权的犯罪嫌疑人好不容易才能保持安静。在我们的样本中,我发现有6名主张了沉默权的犯罪嫌疑人在审讯过程的不同阶段向警察作出了自愿性陈述。其中有3人是在警察向其宣读和解

---

㉙ 参见米兰达诉亚利桑那州案(Miranda v. Arizona, 384 U.S. 436, 478 [196])。
㉚ 参见美国诉冈萨雷斯案(U.S. v. Gonzalez, 875 F.2d 875, 881 [D.C. Cir. 1989])(认为在逮捕时的自发性陈述具有可采性,即使没有对其进行米兰达警告)。
㉛ 有关如何评估这些证据的证明力问题,可以参见下引注㉝及相关文献。
㉜ 91/219,参见上文表1-1。
㉝ 114/165,参见下文表1-9。

释了米兰达规则之后即主张其沉默权,后来为了解释自己的行为,向警察作了简短的自愿性陈述。[25] 有一个案件是,犯罪嫌疑人在警察宣读米兰达规则之前即通过自愿性陈述向警察进行了解释性否认,在警察进行米兰达警告之后,又进行了简短的解释性否认,然后主张了沉默权。另外2起案件是,犯罪嫌疑人在警察审讯过程中主张了沉默权,随后为了印证其在主张沉默权之前向警察提供的信息,自愿作了陈述。

那些警察最初未能成功审讯,但后来却自愿向警察提供了归罪性陈述的犯罪嫌疑人为我们提出了一个分类方面的问题:即从结果的角度来看,他们是应被视为警察"成功",还是"不成功"审讯的结果?因为我们的研究目的旨在回答警察审讯的问题,因此我们根据审讯的后续发展,以及审讯过程中发生了什么,而不是犯罪嫌疑人自愿作了什么选择对其进行了类型化处理。事实上,在9起自愿性陈述案件中,有7起案件的犯罪嫌疑人陈述被认为是要么没有必要,要么相对不重要[26],这一事实进一步强化了这样一种观点:即犯罪嫌疑人的自愿性陈述在案件处理过程中并不重要。因为其他人也许并不同意这一分类,我们将样本中涉及自愿性陈述及其相关重要因素作为附录C放在本文后边。这可以使那些对我们的分类持不同意见者对不同类型之间的差异进行评估。我们还强调了这一分类在一些似乎特别突出的地方所形成的差异。[27]

### 三、警察对米兰达规则的遵守情况

米兰达规则的一个关键问题是,警察是否遵守它。20世纪60年代以来的经验性证据表明,至少在米兰达案判决后全美警察对米兰达规则的遵守程度差异很大。[28] 虽然与此相关的研究一直很少,但是主流的观点似乎认为警察能够遵守米兰达规则的要求。[29] 本节将阐述我们收集到的支持这一结论的证据。

---

[25] 在这些陈述中,1个本应被归为口头供述,1个是归罪性陈述,1个是与犯罪无关的"其他陈述"。
[26] 参见下引注⑫—⑬及相关文献(介绍了评估这些陈述的重要性之方法)。
[27] 参见前引注⑭及相关文献(论述了这一类型化对于计算本项研究样本中"成功"审讯的数据带来的差异)。
[28] 请比较 Seeburger & Wettick, 前引注㉛,第8页(该项研究认为,匹兹堡的警察遵守了米兰达规则的要求)与 Medalie et al., 前引注㉜, 第1362—1370页(该项研究认为华盛顿特区的警察没有遵守米兰达规则的要求)。
[29] 参见 LaFave & Israel, 前引注⑦, § 6.5,第484页(认为警察"例行公事"地对犯罪嫌疑人进行权利告知);Stephen J. Schulhofer, "Reconsidering Miranda", 54 *U. Chi. L. Rev.* 435, 456 & n.56 (1987) (认为警察遵守米兰达规则的程度"被高估了")。

## （一）研究者对警察遵守米兰达情况的印象

研究者们的定性印象是，警察几乎总能遵守米兰达规则的要求。[20] 其表现为警察通常会向犯罪嫌疑人宣读一张包括米兰达警告和弃权声明的卡片。[21] 例如，盐湖城的警察总是随身携带着一张薄薄的卡片，上面印着：

| 正面 |
|---|
| **米兰达警告** |

| | |
|---|---|
| 1. 你有权保持沉默。 | You have the right to remain silent. |
| 2. 你所说的一切都可能在将来的法庭上用作指控你的证据。 | Anything you say can and will be used against you in a court of law. |
| 3. 你有权与律师交谈，并在接受审讯时让律师在场。 | You have the right to talk to a lawyer and have him present with you while you are being questioned. |
| 4. 如果你无力聘请律师，如果你愿意的话，在你回答任何问题之前可以为你指定一名律师。 | If you cannot afford to hire a lawyer, one will be appointed to represent you before you answer any questions, if you wish. |
| 5. 如果你与律师联系之前，或者没有律师在场的情况下你想回答警察的任何问题，你有权在接受审讯的过程中随时终止回答任何问题。[22] | If you wish to answer questions now without contacting a lawyer or without a lawyer present, you have the right to stop answering questions at any time. |

---

[20] 试比较 Dallin H. Oaks, "Studying the Exclusionary Rule in Search and Seizure", 37 U. Chi. L. Rev. 665, 722 (1970)（警察审讯的主导性激励是获得审判中可以使用的证据，因此警察在这一领域的行为可能应受证据可采性的司法规则的调整）。

[21] 根据对米兰达警告的这些描述，研究者们发现不存在"参与式"米兰达警告的情形。参见 Peter W. Lewis & Harry E. Allen, "'Participating Miranda': An Attempt to Subvert Certain Constitutional Safeguards", 23 Crime & Delinquency 75 (1977)（该项研究描述了警察将米兰达警告和与犯罪嫌疑人讨论交错进行的现象），也没有被告人据此提出非法证据排除动议的情形。

[22] 这就是所谓的"第五项警告"，但其并非米兰达规则严格要求的内容，参见 Inbau, 前引注[169], 第221—222页。因此，主流的警察审讯手册都不鼓励警察这样做，参见 Inbau, 前引注[169], 第222页。

|  |
|---|
| <div align="center">反面</div><div align="center">**弃权**</div> 在米兰达警告之后，为了确保弃权的有效性，下列问题必须提问，并且每个问题的回答都必须明确。<br>1. 你是否理解我刚才向你解释过的每一项权利？<br>2. 你已经知晓了这些权利，你是否愿意与我们交谈？<br><br>After the warning and in order to secure a waiver, the following questions should be asked and an affirmative reply secured to each question.<br>1. Do you understand each of these rights I have explained to you?<br>2. Having these rights in mind, do you wish to talk to us now? |

虽然有人建议我们应该将更多的注意力放在识别可能存在的警察违反米兰达规则的行为上，但在我们收集到的173起警察审讯样本中，最多有3起存在争议的警察不遵守米兰达规则的情况，其中1起有明显的不遵守米兰达规则的情形。

唯一一起明显不遵守米兰达规则的案件涉及盗窃一辆价值300美元的拖车，犯罪嫌疑人被一名没有经验的警察逮捕了，警察在没有向其宣读米兰达规则的情况下，在逮捕现场审讯了犯罪嫌疑人。犯罪嫌疑人否认其盗窃了该车，声称该车系其购买来的。这一结果使得这一可能违反米兰达规则的行为陷入了争议，因为这次审讯并未获得能够为控方所用的归罪性陈述。犯罪嫌疑人随后作了有罪答辩，换取了轻罪盗窃指控。

另外2起有争议的不遵守米兰达规则的案件是，一名犯罪嫌疑人在弃权之前支吾了几句，后来提出了证据排除动议，但法庭认为其弃权有效。在另一起案件中，犯罪嫌疑人说他不想主张其米兰达规则上的权利，但也不想与警察进行"公事公办"的交谈。警察继续与其交谈（大概以一种"不拘形式的"方式），随后犯罪嫌疑人承认其与一桩盗窃社会福利支票案有关。因为政府已经追回了该笔款项，所以未对该犯罪嫌疑人提起任何指控。因此我们的实证资料支持形成中的共识，即警察在审讯过程中能够遵守米兰达规则。

（二）非法证据排除动议

因为我们的研究是建立在从警察——检察官预审程序中收集来的信息基础

之上，因此也许有人会认为我们的研究方法会无意识地漏过警察不当行为方面的信息。毕竟警察和检察官都不大可能爽快地承认自己的错误，特别是在有作为外部人的研究者在场的情况下。但是，我们对警察遵守米兰达规则的初步印象，得到了后续程序的印证：针对警察审讯所获得的供述提出的非法证据排除动议数量很少。此前的研究也发现，犯罪嫌疑人根据米兰达规则提起的非法证据排除动议很少，而动议成功的则更少。㉓

在我们的样本中，在警察获得了犯罪嫌疑人归罪性陈述，而后被起诉的案件中，被告人提出非法（供述）证据排除动议的比例为 4.8%。㉔ 3 件非法证据排除动议都只是针对警察犯下的技术性违反米兰达规则的错误，而不是说警察违反了联邦宪法第五修正案下更为一般性的原则，强制性获取了犯罪嫌疑人的"非自愿性"供述。㉕ 这些动议中的争议包括根据米兰达规则所要求的"羁押性"审讯之羁押始于何时㉖、弃权的有效性等。㉗ 这3起动议都被法官驳回。因此我们的数据也印证了此前研究者的发现：基于米兰达规则的非法证据排除动议很少成功。㉘

（三）审讯的时长和时间

考察警察审讯行为的另一个方面是审讯的时长。从理论上说，警察要获得

---

㉓ 参见 Comptroller Gen. of The U. S., *Impact of The Exclusionary Rule on Federal Criminal Prosecutions* 8 (1979)（发现4.4%的联邦刑事案件被告人提出了排除非法供述的动议）；Feeney et al., 前引注㊴，第 144 页（发现在两个城市的研究中，1.0%的被逮捕者提出了排除非法供述的动议，其中50.0%的动议被法官采纳。换句话说，在所有被逮捕的犯罪嫌疑人中，排除非法供述动议的成功率为0.5%）；Peter F. Nardulli, "The Societal Cost of the Exclusionary Rule：An Empirical Assessment", 1983 *Am. B. Found. Res. J.* 585, 595, 597, 598（对9个县进行调查后发现，所有案件中，提出排除非法供述的动议率为6.6%，其中2.3%的动议被法官采纳，动议成功率为0.16%）；Peter F. Nardulli, "The Societal Costs of the Exclusionary Rule Revisited", 1987 *U. Ill. L. Rev.* 223, 228, 231, 232（在芝加哥的调查显示，排除非法供述的动议率为1.1%，其中6.1%被法官采纳，动议成功率为0.04%）；还可参见 Michael Zander & Paul Henderson, "Royal Comm'n on Criminal Justice", *Crown Court Study* (1993)（发现在英国的样本案件中，有5%的被告人对供述的可采性问题提出了质疑）。

㉔ 在63个审讯成功的案件中有3个提出了排除非法供述的动议，换算成所有起诉案件的比例，排除非法供述的动议率为1.7%（即在173件起诉案件中，有3起提出了排除非法供述的动议）。理论上而言，其可能性之一是，一些被告人在获得提出排除非法供述的动议机会之前已经进行了有罪答辩。虽然我们未能就我们的样本案件中是否存在此类情形对辩护律师进行访谈，但与检察官的讨论表明，此类情形极为罕见。

㉕ 参见前引注⑨及相关文献（讨论了米兰达规则的要求和第五修正案下供述自愿性要求之间的区别）。

㉖ 所有3项要求排除的供述都来自犯罪现场的审讯，而不是警察局审讯室内的成果。

㉗ 有意思的是，所有这些审讯都没有录音录像。试比较 Cassell, 前引注③，第 488 页（该项研究认为，对审讯进行录音录像可以消除控辩双方就审讯室内究竟发生了什么的"宣誓竞赛"）。

㉘ 这一发现不应与支持米兰达规则对执法效果没有什么负面影响的观点混淆。参见上引注，第 391—394 页（解释了为什么分析排除非法供述动议是衡量米兰达规则整体效果的错误方式）。

犯罪嫌疑人供述，只有延长审讯时间。㉔但关于警察审讯时长方面的数据非常有限。20 世纪 60 年代对加州两个城市警察审讯的研究发现，大部分警察审讯持续的时间不到 1 个小时。㉕ 1967 年维拉研究所在曼哈顿的研究发现，(所有记录案件中)95% 的审讯时长不到 20 分钟。㉖ 1993 年湾区的研究发现，大部分审讯持续的时间不超过 1 小时。㉗

为了收集审讯时长方面的数据，我们请负责预审的警察对审讯一名犯罪嫌疑人需要多长时间进行了估算。因为审讯的时长是来自于警察的估算，因此这一数据也许会被认为特别"软"。㉘尽管如此，但是如表 1-7 所示，大部分犯罪嫌疑人被审讯的时间只有或不到 30 分钟。表 1-7 还揭示了审讯时长和审讯结果（成功）之间的一种非常细微的联系(不具有统计学意义上的显著性)。㉙但是，获得了供述或者归罪性陈述的审讯多半都比那些犯罪嫌疑人什么都说的要耗时更长。即使具有统计学意义上的显著性联系，也很难说冗长的审讯就可以获得犯罪嫌疑人供述。事实上，因果关系也许是以另一种方式表现出来——犯罪嫌疑人的供述会导致冗长的审讯。

表 1-7　审讯时长与审讯结果的关系

($N$=173;87 起案件关系不明)

| 审讯时长（分钟） | 审讯成功 | | 审讯不成功 | | 合计 | |
| --- | --- | --- | --- | --- | --- | --- |
| | 数量 | 比例 | 数量 | 比例 | 数量 | 比例 |
| ≤5 | 6 | 33.3% | 12 | 66.7% | 18 | 100.0% |
| 6—10 | 11 | 40.7% | 16 | 59.3% | 27 | 100.0% |
| 11—15 | 5 | 62.5% | 3 | 37.5% | 8 | 100.0% |
| 16—30 | 15 | 68.2% | 7 | 31.8% | 22 | 100.0% |
| 31—60 | 4 | 40.0% | 6 | 60.0% | 10 | 100.0% |
| >60 | 1 | 100.0% | 0 | 0.0% | 1 | 100.0% |
| 合计 | 42 | 48.8% | 44 | 51.2% | 86 | 100.0% |

---

㉔ 参见 George C. Thomas III, "An Assault on the Temple of Miranda", 85 *J. Crim. L. & Criminology* 807, 821 (1995) (注意到了 Yale Kamisar 教授提出的审讯实践中存在"持续性审讯"的观点)。

㉕ Barrett，前引注⑭，第 42—43 页。

㉖ Vera Inst., *Taping Police*，前引注㊶，第 49 页。

㉗ Leo，前引注㊾，第 267 页。

㉘ 我们还有大量数据无法获取的案例。

㉙ 在 0.05 水平上卡方检验结果显示并不具有统计学意义上的显著性，但在 0.10 水平上有。我们在这一问题上的发现也许可以更好地阐明托马斯教授提出的警察的兴趣是能否获取犯罪嫌疑人供述的重要影响因素之一的观点。参见 Thomas，前引注⑤，注释 43—44。审讯的时长可以作为衡量警察对获取犯罪嫌疑人供述的兴趣程度的指标。

但是,这一数据有一点是不容置疑的,绝大多数审讯持续的时间都不长。在86份数据样本中,只有11起案件的审讯时长超过了30分钟,其中只有1起案件的审讯时长超过了1个小时。这一数据表明,将犯罪嫌疑人长时间控制在通信隔绝的环境下进行审讯的情况,即使有,也非常之少。

为了从另一个方面来分析警察审讯的强制性,我们还收集了警察审讯犯罪嫌疑人的时间方面的数据。根据我们掌握的数据情况显示[53],大部分审讯都是在白天进行的。在深夜审讯和审讯成功之间没有明显的规律。

### 四、与审讯成功相关的几个因素

虽然那些研究犯罪嫌疑人供述的文献中不乏关于哪些变量可能与警察审讯是否成功相关的论述,但几乎都缺乏坚实的数据根据。本小节我们将对一些可能影响警察审讯结果的因素进行讨论。

(一)证据的力度

有人假设警察掌握了较多的指控犯罪嫌疑人的证据时,获得犯罪嫌疑人供述的可能性也就更大。警察掌握证据的程度与审讯成功之间的相关性已经有人进行过研究。[54]犯罪嫌疑人在面对大量指控证据时,大概没什么理由来否认对其的指控。[55]

在我们的研究中也发现了警察掌握的证据力度与审讯成功之间的关系。我们收集了警察审讯时掌握的指控证据力度情况方面的数据。我们根据对案件整体情况的评估,将证据力度分为"确凿的""难以辩驳的""适中的""无说服力的""无"五个等级。警察掌握的指控证据力度越强,审讯成功的可能性也就越高(参

---

[53] 要获得这一方面的数据非常困难,因为许多警察都不能确定每次审讯的确切时长。

[54] 参见《耶鲁法律杂志》的研究,前引注[29],第1646—1647页。来自英国的更为粗略的数据证明了相同的结论。参见 Irving & McKenzie, 前引注[13], 第95页; McConville, 前引注[13], 第29页; 试比较 Michael McConville & Jacqueline Hodgson, *Custodial Legal Advice and the Right to Silence* 182 (Royal Comm'n Criminal Justice Research Study No. 16, 1993) (提出了在收集这一方面的数据时面临的问题); Stephen Moston et al., "The Effects of Case Characteristics on Suspect Behaviour During Police Questioning", 32 *Brit. J. Criminology* 23, 34-36 (1992)。

[55] 参见 Uviller, 前引注④, 第200—201页(提出了类似的假设); Gisli H. Gudjonsson & Hannes Petursson, "Custodial Interrogation: Why Do Suspects Confess and How Does It Relate to Their Crime, Attitude and Personality?", 12 *Personality & Individual Differences* 295, 303 (1991) (研究了冰岛的囚犯,发现"最为常见的供述原因与犯罪嫌疑人对刑事诉讼证明的理解,以及由此看不到充分否认罪行的辩点相关")。

见表 1-8）。⑱ 这可以解释为什么警察在审讯时经常向犯罪嫌疑人出示证据。1993 年在湾区进行的研究发现，在大约 85% 的案件中，向犯罪嫌疑人出示证据是警察最为常用的审讯策略（超过了诉诸犯罪嫌疑人个人利益，即利益诱惑）。⑲ 1967 年维拉刑事司法研究所在曼哈顿进行的研究发现，警察在审讯时向犯罪嫌疑人出示已经掌握的证据的情况"非常频繁"。⑳ 我们的数据也表明，这种审讯策略（出示证据）是一种成功的选择。㉑

表 1-8 证据力度与审讯结果的关系

($N=173$；30 起案件关系不明)

| 证据力度 | 主张权利 | | 审讯成功 | | 审讯不成功 | | 合计 | |
|---|---|---|---|---|---|---|---|---|
| | 数量 | 比例 | 数量 | 比例 | 数量 | 比例 | 数量 | 比例 |
| 确凿的 | 3 | 33.3% | 5 | 55.6% | 1 | 11.1% | 9 | 100% |
| 难以辩驳的 | 12 | 16.7% | 34 | 47.2% | 26 | 36.1% | 72 | 100% |
| 适中的 | 4 | 9.3% | 18 | 41.9% | 21 | 48.8% | 43 | 100% |
| 无说服力的 | 0 | 0.0% | 5 | 26.3% | 14 | 73.7% | 19 | 100% |
| 合计 | 19 | 13.3% | 62 | 43.4% | 62 | 43.4% | 143 | 100% |

我们的数据还为托马斯教授提出的"警察对供述的需求欲望"是解释能否获取供述的重要因素这一假设提出了一个难题。㉒ 即使存在警察对供述的需求欲望影响供述获取的情况，也会因为警察掌握了确凿的指控证据时犯罪嫌疑人更经常供述的事实，而使其假设难以获得经验性确证。因此，要把警察对供述的需要欲望与所掌握的指控证据力度对获取犯罪嫌疑人供述的影响二者分开，将是件相当困难的事。

(二) 前科

通常认为，了解刑事诉讼体系运行方式的犯罪嫌疑人供述的可能性更低。㉓

---

⑱ 卡方检验结果在 0.01 水平上具有显著性。
⑲ Leo，前引注㊾，第 265 页表 5。
⑳ Era Inst.，*Taping Police*，前引注㊶，第 53 页。
㉑ 对我们的发现的另一种替代性解释是，在"无说服力"证据类相对于其他类的犯罪嫌疑人中包括了更多的实际上无辜者，因为无辜者明显更不可能供述有罪，这一效应可能在证据的证明力度与供述率之间形成一种虚假的相关关系。然而，因为本项研究所使用的方法，样本案件中无辜者的数量可能非常少。参见下引注㉔及相关文献（样本选自预审前和被移送起诉的案件）。
㉒ 参见 Thomas，前引注⑤，第 823—824 页。
㉓ 参见 Philip B. Heymann, "The Defendant's Rights vs. Police Efficiency: An Important Symbol of Fairness", *N.Y. Times*, Jan. 25, 1987, at E5（每个顽固的罪犯都知道自己的权利，也没打算供述）。

现有一些主要来自20世纪60年代的经验性证据印证了这一假设。㉞

为了验证这一假设,我们收集了犯罪嫌疑人前科方面的数据。因为我们的研究目的,我们将前科定义为犯罪嫌疑人成年之后的被逮捕(包括因为轻罪被逮捕)记录。虽然并不确定,但先前的被逮捕经历通常意味着犯罪嫌疑人此前已经接受过米兰达警告。犯罪记录的另一种替代性标准——先前定罪,因为数据收集方面的困难而缺乏可行性。㉟

我们的调研发现,有前科的犯罪嫌疑人更有可能主张其米兰达规则上的权利(参见表1-9),虽然由于样本数量较少而缺乏统计学意义上的显著性。㊱ 和那些未主张米兰达规则权利的犯罪嫌疑人相比,警察审讯成功与否实质上没有什么差异。我们的研究未能发现犯罪嫌疑人的前科对审讯结果的影响,一种可能的解释是,我们对前科的界定问题,即我们将那些也许并不需要进行米兰达警告的轻罪逮捕情形也包括了进去,因此可能由于对前科的界定过宽而未能反映出严重犯罪前科对审讯结果的影响。㊲

表1-9 前科与审讯结果的关系

($N=173$;8起案件关系不明)

| 前科 | 主张权利 | | 审讯成功 | | 审讯不成功 | | 合计 | |
|---|---|---|---|---|---|---|---|---|
| | 数量 | 比例 | 数量 | 比例 | 数量 | 比例 | 数量 | 比例 |
| 有前科 | 16 | 14.0% | 49 | 43.0% | 49 | 43.0% | 114 | 100.0% |
| 无前科 | 5 | 9.8% | 22 | 43.1% | 24 | 47.1% | 51 | 100.0% |
| 合计 | 21 | 12.7% | 71 | 43.0% | 73 | 44.2% | 165 | 100.0% |

---

㉞ 参见 Neubauer,前引注㊸,第105页表2(发现先前有重罪记录的犯罪嫌疑人中只有36%供述,而没有重罪记录的犯罪嫌疑人的供述率为59%);参见 Leiken,前引注㊹,第21页表4(发现有9个或更多先前逮捕记录的犯罪嫌疑人供述可能性更低);参见 Leo,前引注㊾,第277页(发现有4次以上重罪记录的犯罪嫌疑人更有可能主张米兰达规则上的权利);参见《耶鲁法律杂志》的研究,前引注㉙,第1644页表A(发现审讯有逮捕记录的犯罪嫌疑人的成功率为29%,没有逮捕者的成功率为60%)。英国的数据表明,有犯罪记录的嫌疑人更不可能与警察交谈。参见 Royal Comm'n on Criminal Justice, *Report* 51 (1993) (该项研究报告发现有经验的罪犯更不可能回答警察的提问);参见 Softley,前引注㊳,第69、75页(发现有犯罪记录的嫌疑人明显更有可能行使沉默权和要求律师帮助);Moston et al.,前引注㊶,第38页表4(发现21%有犯罪记录的嫌疑人保持沉默,而没有犯罪记录的嫌疑人只有11%保持沉默)。但是,请比较上引注,第39页表7(发现对有犯罪历史的嫌疑人提供法律建议对认罪率有明显的影响)。

㉟ 在初次预审的时候,警察通常都会从全美犯罪信息中心(National Criminal Information Center, NCIC)获得每个犯罪嫌疑人的"犯罪档案记录"。犯罪档案记录很少列入那些没有处理标记的逮捕情况。

㊱ 卡方检验值为0.387,不具有显著性。

㊲ 参见 Leo,前引注㊾,第276—277页(发现在无犯罪记录和仅有轻罪记录的犯罪嫌疑人之间,在主张米兰达规则权利问题上差异很小,但在无犯罪记录与有重罪记录者之间差异很大)。

## (三）对审讯过程进行录音录像

在米兰达规则的争论中，一个迫切的问题是，对审讯过程进行录音录像是否影响了供述率。一些学者曾经认为，应该以对警察审讯过程进行录音或者录像来取代米兰达规则。[68] 对此也有人反对，但认为可以通过对审讯过程进行录音录像来弥补米兰达规则的不足。[69] 然而，因为来自执法机关对录音录像可能抑制犯罪嫌疑人供述率的担心，类似的建议所受到的注意相对很少。[70]

对审讯过程进行录音录像是否影响了犯罪嫌疑人的供述，这一方面的经验性证据非常有限。1993年由国家司法研究所进行的一项大规模研究也只对这一问题进行了定性评价。[71] 在其调查的一些对审讯进行有选择地录音、录像的警察机关中，8.6%认为在对审讯进行录音、录像的情况下，犯罪嫌疑人更愿意与警察进行交谈，63.1%认为没什么差别，28.3%认为犯罪嫌疑人更不愿意与警察交谈。[72] 虽然这些数字表明，对审讯过程进行录音、录像并不会对审讯效果产生影响，但是这项研究并未就犯罪嫌疑人的交谈意愿提供有力的数据。

唯一一份关于犯罪嫌疑人在审讯录音、录像过程中相当"健谈"（volubility）的公开数据来源于1967年维拉司法研究所在曼哈顿进行的研究报告。该项研究将纽约城区有录音、录像的警察审讯与其他可比较地区警察的标准审讯过程进行比较后发现，在录音、录像情况下，警察获得的犯罪嫌疑人供述更多。[73] 英国和加拿大的研究也表明，对审讯过程进行录音、录像并不会降低犯罪嫌疑人的供述率。[74] 但

---

[68] 参见 OLP *Pre-Trial Interrogation Report*，前引注⑩，第 105 页；Cassell，前引注③，第 486—492 页；Phillip E. Johnson, "A Statutory Replacement for the Miranda Doctrine", 24 *Am. Crim. L. Rev.* 303, 306, 313 (1987)。

[69] 参见 Bradley，前引注⑬，第 85 页；Yale Kamisar, "Foreword: Brewer v. Williams—A Hard Look at a Discomfiting Record", 66 *Geo. L. J.* 209, 236-43 (1977); Schulhofer，前引注㊺，第 66—67 页；George Dix, "Putting Suspects'Confessions on Videotape", *Manhattan Law.*, Apr. 25, 1989, at 12。

[70] 参见 Paul G. Cassell & Stephen J. Markman, "Miranda's Hidden Costs", *Nat'l Rev.*, Dec. 25, 1995, at 30, 33 (指出执法人员不愿意接受对审讯进行录音录像的方案)。

[71] William A. Geller, "Police Videotaping of Suspect Interrogations and Confessions: A Preliminary Examination of Issues and Practices"—*A Report to the National Institute of Justice* (1993)。

[72] 同上引注，第 107 页。

[73] Vera Inst., *Monitored Interrogations*, 前引注㊶，第 53 页。

[74] 参见 Carole F. Willis et al., *The Tape-Recording of Police Interviews with Suspects: A Second Interim Report* 34-35, 73 (1988)（英国的研究发现，对审讯过程进行录音录像使警察获得了更多的供述）；Alan Grant, The Audio-Visual Taping of Police Interviews with Suspects and Accused Persons by Halton Regional Police Force, Ontario, Canada—An Evaluation Final Report 80 (1987) (加拿大法律改革委员会完成的未公开出版的研究成果) (on file with author) （实证研究显示："对审讯过程进行录音录像并不妨碍犯罪嫌疑人作出有罪供述"）；试比较 Cassell，前引注③，第 491 页注释 602（指出了 Grant 研究中的统计问题）。

是一项在澳大利亚的塔斯马尼亚(Tasmania)进行的研究认为,录音、录像是"审讯犯罪嫌疑人过程中的妨碍因素"。㊄ 根据塔斯马尼亚的研究,美国主流的警察审讯手册对审讯过程进行录音、录像持反对意见。㊅

为了厘清对审讯过程录音、录像问题的争议,我们收集了审讯过程是否录音、录像的数据。虽然什么时候进行录音、录像由警察个人自由裁量,但是盐湖城的一些警察局还是对审讯过程进行了录音、录像。㊆

我们的数据表明,对审讯过程进行录音录像并没有影响犯罪嫌疑人供述。表 1-10 显示,在对审讯进行录音、录像时,要比没有录音、录像时警察获取犯罪嫌疑人供述的情况更多。㊇ 需要注意的是,我们关于审讯录音、录像的数据并非来自"对照样本"——也就是说,进行了录音、录像的案件并非随机分配的。通常警察更经常对某些特定类型的犯罪案件㊈,或者特定类型被害人的案件进行录音、录像㊉。因此可能导致我们观察到的,被录音、录像了的审讯种类中,警察审讯成功的比例会出现偏差。特别是,在录音、录像的案件中,警察可能非常想要获得犯罪嫌疑人的供述。如果警察认真地进行审讯,其成功的可能性也就更高。正如托马斯教授所认为的那样㊊,如果警察在认真对待审讯时更经常采取录音、录像措施的话,那么,我们的研究方法就有可能导致在录音、录像与成功审讯之间形成一种虚假的联系。然而,至少我们的数据没有为那些认为对审讯过程进行录音、录像会抑制犯罪嫌疑人供述的观点提供支撑。

---

㊄ Lupo Prins, *Special Study Grant's Scheme for Members of Australasian Police Forces: Scientific and Technical Aids to Police Interrogation* 145 (1983).

㊅ 参见 Inbau,前引注㊈,第 176—178 页。

㊆ 犹他州最高法院曾经鼓励对羁押性审讯进行录音录像,State v. Carter, 776 P. 2d 886, 891 (Utah 1989)。在我们研究期间,有一个案件正在犹他州最高法院待审,该案被告认为,州最高法院应当鼓励对羁押性审讯进行录音录像并将之正式化。在我们的数据收集完成之后,犹他州最高法院驳回了被告人的这一请求。参见犹他州诉维拉里尔(State v. Villarreal, 889 P. 2d 419, 427 [Utah 1995])。

㊇ 认为对审讯进行录音录像有助于审讯的假设还未得到证明,卡方检验结果(pr=0.211)显示并无统计学意义上的显著性。

㊈ 在我们的样本中,对暴力(特别是性犯罪)犯罪嫌疑人审讯进行录音录像的比例要高于整体样本比例。

㊉ 在涉及儿童被害人的案件中,警察机关明显更经常对审讯进行录音录像,这也许是因为在特定类型的案件中,儿童陈述的录音录像具有作为证据的可采性,参见 Utah R. Crim. P. 15.5 (1995) (该规定赋予了询问儿童被害人或性犯罪、虐待案件的证人的录像在符合特定条件的情况下的可采性)。其结果是,在此类案件中,侦探更多使用录音录像设备。

㊊ 参见 Thomas,前引注⑤,第 832—833 页。

表 1-10　审讯结果与审讯录音录像的关系

（N＝173；31 起案件关系不明）

| 审讯是否录音录像 | 主张权利 | | 审讯成功 | | 审讯不成功 | | 合计 | |
|---|---|---|---|---|---|---|---|---|
| | 数量 | 比例 | 数量 | 比例 | 数量 | 比例 | 数量 | 比例 |
| 是 | 1 | 5.0% | 12 | 60.0% | 8 | 40.0% | 20 | 100.0% |
| 否 | 19 | 15.6% | 55 | 45.1% | 67 | 54.9% | 122 | 100.0% |
| 合计 | 20 | 14.1% | 67 | 47.2% | 75 | 52.8% | 142 | 100.0% |

根据我们的了解，没有人发布过对审讯过程进行录音、录像是否会增加犯罪嫌疑人主张其权利可能性方面的数据。似是而非的是，录音、录像设备本身就具有提醒犯罪嫌疑人，他所说的一切在后续的刑事诉讼程序中将成为指控他的证据，因此可能抑制犯罪嫌疑人与警察进行交谈的欲望，甚至一字不说。录音、录像对犯罪嫌疑人权利主张的影响情况请参见表 1-10。需要再次重申的是，我们没有发现任何表明录音、录像具有抑制犯罪嫌疑人供述效果的证据。㉒

有录音、录像和无录音、录像的审讯结果大致相同，对于警察伪证问题而言，这一事实具有重要的意义。如果说警察误导犯罪嫌疑人弃权然后获取供述的行为是种普遍现象的话，人们有理由期待在对警察审讯进行录音、录像之后会出现不同的结果。㉓因此，我们的数据表明，与其他一些研究者所认为的不同，在犯罪嫌疑人弃权或供述方面，警察并没有经常说谎。㉔

（四）性别和种族

还有一个需要讨论的问题是，性别或者种族对于供述率是否有影响。首先是性别问题，根据我们掌握的资料看，目前还没有关于犯罪嫌疑人性别对警察审讯结果的影响方面的数据。㉕虽然有一些警察曾经认为，审讯女性犯罪嫌疑人的

---

㉒ 在我们的数据中可能有一个问题需要注意：在我们的调查信息摘录表中没有针对犯罪嫌疑人拒绝录音录像的专门选项，参见下文附录 A。然而，我们确实想不起来在警察审讯报告中看到过任何类似的记录。

㉓ 在我们的样本中没有关于秘密录音录像或其他问题的控告。

㉔ 参见 Charles J. Ogletree, "Are Confessions Really Good for the Soul?: A Proposal to Mirandize Miranda", 100 *Harv. L. Rev.* 1826, 1843 (1987)；参见 Rosenberg & Rosenberg, 前引注㉒，第 98 页；试比较 Jerome H. Skolnick & James J. Fyfe, *Above the Law: Police and the Excessive Use of Force* 49, 62-64 (1993)（在更宏观的层面上讨论了警察伪证问题）；Myron W. Orfield, Jr., "Deterrence, Perjury, and the Heater Factor: An Exclusionary Rule in the Chicago Criminal Courts", 63 *U. Colo. L. Rev.* 75, 95-114 (1992)（讨论了警察在搜查和扣押中的伪证问题）。

㉕ 有一项英国的研究发现，女性犯罪嫌疑人在接受警察审讯时更少"行使沉默权"（男性 28.5% v. 女性 9.1%），但是样本数量规模较小，不具有统计学意义上的显著性。参见 McConville & Hodgson, 前引注㉖，第 177—178 页。

成功难度更大㉖，但是我们的研究却发现，女性犯罪嫌疑人供述的可能性更高（参见表 1-11），虽然在我们的样本中，女性犯罪嫌疑人的样本数量较小，使得分析结果在常规水平上并不具有统计学意义上的显著性。㉗

表 1-11  审讯结果与性别的关系

| 性别 | 主张权利 | | 审讯成功 | | 审讯不成功 | | 合计 | |
|---|---|---|---|---|---|---|---|---|
| | 数量 | 比例 | 数量 | 比例 | 数量 | 比例 | 数量 | 比例 |
| 男性 | 18 | 12.0% | 60 | 40.0% | 72 | 48.0% | 150 | 100.0% |
| 女性 | 3 | 13.0% | 13 | 56.5% | 7 | 30.4% | 23 | 100.0% |
| 合计 | 21 | 12.1% | 73 | 42.2% | 79 | 45.7% | 173 | 100.0% |

接着是种族问题，关于犯罪嫌疑人种族对审讯结果的影响的研究也很有限。1967 年《耶鲁法律杂志》编辑部在纽黑文组织的研究中曾经发现，白人和非裔美国人的供述可能性大体相当。㉘ 1969 年，在丹佛的研究发现，西班牙裔美国人比白人、非裔美国人更有可能供述。㉙ 一项英国方面的研究发现，在供述意愿方面，并不存在种族差异。㉚

我们调研样本中的种族数据情况参见表 1-12。因为样本中的大部分犯罪嫌疑人都是白人，我们没有充分的数据进行可行的变量检验。我们有限的数据表明，审讯结果没有显著的种族差异。㉛

---

㉖ 参见 William Hart，"The Subtle Art of Persuasion"，*Police Mag.*，Jan. 1981，at 17。

㉗ 卡方检验结果显示，在 0.05 水平上不具有显著性，但在 0.10 水平上具有显著性。对这一差异的可能解释之一是，相对于男性而言，女性更少从事暴力犯罪，参见 *1993 Uniform Crime Reports*，前引注⑦，第 222 页（因为暴力犯罪被逮捕的犯罪嫌疑人中，男女比例为 6：1）。同时，暴力犯罪的供述率也更低，参见前引注⑭及相关文献。为了进一步探究这一理由是否能够解释这种差异，我们比较了财产犯罪中犯罪嫌疑人供述率的性别差异。对这一可能性进行了控制后，女性犯罪嫌疑人的供述率要高于男性。因涉嫌财产犯罪的男性犯罪嫌疑人，警察审讯成功人数为 38，不成功人数为 37；女性财产犯罪嫌疑人中，审讯成功人数为 10，不成功人数为 5。卡方检验结果显示，在 0.05 水平上不具有统计学意义上的显著性，但在 0.10 水平上具有显著性。

㉘ 参见《耶鲁法律杂志》的研究，前引注㉙，第 1644—1645 页（发现在种族与审讯成功率之间没有统计学意义上的显著相关性）。

㉙ Leiken，前引注㊹，第 13 页；还可参见 Grisso，前引注⑩，第 34、37 页（发现黑人青少年犯罪人比白人更少被审讯）。

㉚ 参见 McConville ＆ Hodgson，前引注㊶，第 177—178 页（白人和加勒比黑人在"行使沉默权"方面没有大的差异）；试比较 Sanders et al.，前引注⑬，第 37 页表 3.22（在审讯期间"接受"律师帮助的情况：加勒比黑人为 32.8%，白人为 26.7%，亚裔为 18.1%）。

㉛ 卡方检验值为 0.921，不具有显著性。

**表 1-12　审讯结果与种族的关系**

（N=173；14 起案件关系不明）

| 种族 | 主张权利 | | 审讯成功 | | 审讯不成功 | | 合计 | |
|---|---|---|---|---|---|---|---|---|
| | 数量 | 比例 | 数量 | 比例 | 数量 | 比例 | 数量 | 比例 |
| 白人 | 14 | 13.0% | 51 | 47.2% | 43 | 39.8% | 108 | 100.0% |
| 非裔美国人 | 1 | 11.1% | 3 | 33.3% | 5 | 55.6% | 9 | 100.0% |
| 西班牙裔 | 6 | 15.8% | 15 | 39.5% | 17 | 44.7% | 38 | 100.0% |
| 其他 | 0 | 0.0% | 2 | 50.0% | 2 | 50.0% | 4 | 100.0% |
| 合计 | 21 | 13.2% | 71 | 44.7% | 67 | 42.1% | 159 | 100.0% |

（五）审讯人员：巡警和侦探

另一个可能与审讯成功与否相关的因素是审讯人员自身。从理论上来说，那些最熟悉审讯策略的警察审讯成功率更高。一些数据表明，这一结论来自国家司法研究所在佛罗里达州的杰克逊维尔、加利福尼亚州的圣迭戈等地的研究，该项研究结果显示，在审讯犯罪嫌疑人的过程中，侦探获得的供述的概率要高于巡警。㉒

在盐湖城，巡警和侦探都有权审讯犯罪嫌疑人。巡警通常负责审讯刚被逮捕的、犯罪性质较不严重的重罪犯罪嫌疑人。侦探通常负责审讯涉嫌较为严重的重罪和调查中的犯罪嫌疑人。在"羁押案件"（jail case，指犯罪嫌疑人被关押在拘留所的案件）中，侦探通常会在法官聆讯犯罪嫌疑人和指定律师之前迅速地审讯犯罪嫌疑人。而在其他情形下，侦探的行动通常要慢些。

我们发现，在获取犯罪嫌疑人供述方面，侦探的成功率要高于巡警（参见表 1-13）。㉓ 其主要原因可能是侦探的审讯技巧相对而言更为丰富，因此审讯的成功率也相对较高。另一种解释是，侦探与巡警审讯犯罪嫌疑人的时间点不同。通常而言，侦探更多的是在犯罪嫌疑人被羁押的状态下进行审讯，巡警的审讯则不然，而羁押审讯的成功率通常更高。㉔ 为了检验这一假设，我们对侦探与巡警所进行的羁押性审讯结果进行了比较。㉕ 结果显示，侦探的审讯成功率要高于巡

---

㉒ Feeney et al., 前引注㉚, 第 144 页表 15-3。
㉓ 卡方检验显示在 0.05 水平上具有显著性（不包括"其他"类审讯人员）。
㉔ 参见前引注㉔—㉗及相关文献。
㉕ 即使有这一限制，在巡警和侦探的审讯环境之间还是有所区别。巡警更经常是在大街上对"羁押中的"犯罪嫌疑人进行审讯，而侦探实施的羁押性审讯几乎都是在警察局内进行。

警,但这一结果并不具有统计学意义上的显著性(其原因可能是因为样本数量较小)。㉖

表 1-13 审讯结果与警察类型的关系

| 警察 | 主张权利 | | 审讯成功 | | 审讯不成功 | | 合计 | |
|---|---|---|---|---|---|---|---|---|
| | 数量 | 比例 | 数量 | 比例 | 数量 | 比例 | 数量 | 比例 |
| 巡警 | 11 | 13.8% | 25 | 31.3% | 44 | 55.0% | 80 | 100.0% |
| 侦探 | 10 | 11.0% | 47 | 51.6% | 34 | 37.4% | 91 | 100.0% |
| 其他 | 0 | 0.0% | 1 | 50.0% | 1 | 50.0% | 2 | 100.0% |
| 合计 | 21 | 12.1% | 73 | 42.2% | 79 | 45.7% | 173 | 100.0% |

(六) 多次审讯

另一个可能与警察审讯成功与否相关的因素是,是否多次审讯犯罪嫌疑人。虽然这也许看起来是种常见的审讯策略,但迄今没有人作过多次审讯频率方面的研究。㉗

在我们的样本中,警察大约对 9.2% 的犯罪嫌疑人(共 16 名)审讯了一次以上。㉘ 所有 16 名犯罪嫌疑人在审讯中都先后得到了米兰达警告,其中 15 名犯罪嫌疑人后来被指控的罪名与其接受审讯时的罪名一致。㉙

我们最关心的是,这 16 起多次审讯的效果如何。结果显示,其中 4 起,警察

---

㉖ 巡警审讯的犯罪嫌疑人中,有 11 人主张了米兰达规则上的权利,对 19 人成功进行了审讯,23 人未能成功审讯。侦探审讯的犯罪嫌疑人中,有 8 人主张了米兰达规则上的权利,对 37 人成功进行了审讯,20 人未能成功审讯。卡方检验(pr.=0.125)显示,审讯人员的身份与审讯效果之间不存在显著的相关性。

㉗ 英国的一项研究发现,有 40% 以上的被逮捕者接受了一次以上的审讯,参见 Irving,前引注㉖,第 103 页。英国的另一项研究发现,有 5% 的犯罪嫌疑人在羁押期间接受了 2 次审讯,参见 McConville & Hodgson,前引注㉙,第 174 页。

㉘ 173 名犯罪嫌疑人中有 16 名接受了一次以上的审讯。其中 10 名犯罪嫌疑人一开始是由巡警审讯的,后来又接受了侦探的审讯;有 5 名自始即是由侦探审讯。6 名犯罪嫌疑人都是在羁押状态下接受审讯的,10 名在第一次审讯中并未被羁押,但在第二次审讯时处于羁押状态,1 名犯罪嫌疑人两次审讯都处于非羁押状态之下(但第二次审讯中警察仍然对其进行了米兰达警告)。

只有 1 名犯罪嫌疑人接受了 2 次以上的审讯,该犯罪嫌疑人因涉嫌机动车盗窃被审讯了 3 次,这 3 次审讯都是由侦探实施的。前两次是在犯罪现场进行的单独的羁押审讯,第三次是在警察局内进行的羁押审讯。在第一次审讯中,犯罪嫌疑人向警察作出了归罪性陈述,但警察对其陈述的真实性存疑。但在随后的审讯中,犯罪嫌疑人只是对其涉案行为进行了简单的解释性否认。审讯持续的时间似乎最长只有 15 分钟。

㉙ 这一例外是一起家庭暴力案件,被害人拒绝与警方合作。

在第二次审讯中获得了更好的效果⑩,间接印证了托马斯教授提出的,警察对犯罪嫌疑人供述的需求欲望是决定犯罪嫌疑人供述率的一个重要变量的观点。我们认为,警察在后来的审讯中能够获得更好的结果的部分原因是换了审讯人员。从实践来看,初次审讯通常都由巡警进行,而第二次获得成功的审讯通常是由侦探实施的。⑪另外 7 起的第二次审讯则并没有改变第一次审讯的结果。⑫ 还有 1 起则是第二次审讯的结果甚至比第一次更差。在这一特例中,犯罪嫌疑人的第一次审讯是在非羁押状态下进行的,因此不需要对其进行米兰达警告,犯罪嫌疑人作了归罪陈述。第二次审讯是羁押性审讯,犯罪嫌疑人收到了米兰达警告,并对指控进行了解释性否认。还有 4 名犯罪嫌疑人则在第一次审讯后,第二次审讯时主张了其米兰达规则上的权利,因此第二次审讯未能进行。⑬

为了确认究竟哪些类型案件会促使警察实施第二次审讯,我们对这些多次审讯的案件类型进行了分析,看其是否更多的是涉及暴力犯罪,或者有前科的犯罪嫌疑人。结果显示,案件类型与审讯次数之间并无实质性联系,暴力犯罪、有前科的犯罪嫌疑人接受多次审讯的比例与整体比例之间几乎完全一样。

最后,我们也没有发现有警察以多次审讯的方式来规避米兰达规则要求的情形。因为联邦最高法院在俄勒冈州诉埃尔斯塔德案判决中(Oregon v. Elstad)⑭提出了理论上的这种可能性,即警察首先在违反米兰达规则的情况下获得了犯罪嫌疑人的供述,然后再根据米兰达规则的要求实施第二次审讯。尽管第一次审讯中获得的供述由于违反了米兰达规则而不可采,但并不影响第二次审讯结果的可采性。学者们对联邦最高法院的这一判决提出了批评,认为该判决给了警察"直至犯罪嫌疑人给出了他们(警察)所需要的信息之后才进行米

---

⑩ 2 名犯罪嫌疑人在第一次审讯中直接否认自己涉案,但在第二次审讯中作出了口头供述;1 名犯罪嫌疑人在第一次非羁押审讯中拒绝回答问题,但在第二次审讯中作出了归罪性陈述;1 名犯罪嫌疑人在第一次审讯中即作出了归罪性陈述,在第二次审讯中又作出了口头供述。

⑪ 4 名犯罪嫌疑人中有 3 名的第二次审讯是由侦探进行的,参见前引注㉙—㉚及相关文献(发现侦探比巡警更经常审讯成功)。

⑫ 在犯罪嫌疑人每次审讯都作了口头供述的案件中:1 名犯罪嫌疑人在两次审讯中都作了归罪性陈述;2 名犯罪嫌疑人在两次审讯中都作出了解释性否认;最后 1 名犯罪嫌疑人在两次审讯中都只是直接否认。

⑬ 在一起案件中,第一次和第二次审讯之间,犯罪嫌疑人获得了律师帮助。在另外一起案件中,犯罪嫌疑人只是简单地主张了其米兰达规则上的权利。这些案件中有 2 起案件的犯罪嫌疑人在第一次审讯时并未处于羁押状态,因此未收到米兰达警告。

⑭ 470 U. S. 298 (1985).

兰达警告,从而使米兰达规则实质上归于无效的权力"。[365]但在我们所掌握的样本案件中,没有一个警察利用过这种审讯策略。

五、供述与指控结果

关于米兰达规则争议的一个核心问题是,供述对于案件最后的结果是否重要。在米兰达案判决中联邦最高法院曾含糊其词地说,"(人们)高估了供述的必要性"。[366]此后,米兰达规则的批评者们认为,供述通常是定罪所必要的,而支持者们则认为,只有在很少的情况下,供述是定罪所必要的。[367]

为了澄清这一争议,我们收集了供述之于定罪之重要性的三方面数据。第一,我们请检察官对供述重要性进行了评估;第二,我们对供述是否影响了检察官的起诉决定进行了评估;第三,我们对供述之于起诉案件的最后结果的影响进行了量化。

(一)检察官对供述重要性的评估

关于供述重要性的有限的实证研究表明,在大约23%—26%的案件中,供述是定罪所必要的[368],但是也有人认为这一数据过高[369]。早期研究的可能缺陷是,这些研究通常是建立在对供述之于刑事指控的作用的理论评估基础之上的。也许有人会认为,教授们低估了在喧嚣的刑事诉讼现实中,一个案件从起诉到定罪对供述需要的频繁程度。有意思的是,两项关于警察与学者对供述重要性的评估比较研究报告指出,警察认为在大多数情况下,犯罪嫌疑人供述是必要的。[370]而且,关于供述重要性方面的数据,大多数现在看来已经相当陈旧了。从现在的

---

[365] 参见 Ogletree,前引注[284],第1840页;参见 Rosenberg & Rosenberg,前引注[235],第95页(认为 Elstad 案判决给了"警察一个尽管不是直接违反了米兰达规则的文本,也是规避了米兰达规则的精神所获得的归罪性陈述亦能经受法庭审查的蓝图")。

[366] Miranda v. Arizona, 384 U.S. 436, 481 (1966).

[367] 请比较 Inbau,前引注[169],第 xiv 页("许多刑事案件……唯一可行的解决方案就是真正有罪者……或者审讯其他犯罪嫌疑人所获得的认罪或供述"),以及 James Fyfe, "The Rule Is Rarely an Issue in Criminal Cases", *News Press* (Fort Myers, Fla.), Feb. 8, 1987, at A23 ("供述与定罪之间几乎没有什么关系,因为定罪所需证据通常在犯罪嫌疑人供述之前早就准备好了")。

[368] 参见 Cassell,前引注③,第422—437页(对既有研究进行了总结)。

[369] 参见 Schulhofer,前引注[45],第541—544页(认为必要性比例大约为19%)。但请参见 Cassell,前引注[45]对 Schulhofer 教授的回应。

[370] 参见 Feeney & Weir,前引注[59],第42页(发现警察比学术研究者更可能认为供述是非常重要的);《耶鲁法律杂志》的研究,前引注[29],第1591—1592页(发现侦查人员比《耶鲁法律杂志》的编辑们更可能认为供述是必要的)。

刑事司法体制对警察和检察官更多敌意的角度来看⑪,对供述在刑事诉讼中的作用问题进行研究更有其必要。

为了获得供述重要性评估方面的数据,我们决定直接询问检察官。毕竟,也许检察官最清楚供述对案件起诉有何影响。为了收集我们所需要的数据,在每一起有犯罪嫌疑人供述的案件预审结束时,我们都要问预审检察官:"你认为本案犯罪嫌疑人的供述在最后对其定罪方面有无作用?(如果有)有何作用?"⑫为了比较研究的需要,我们借用了《耶鲁法律杂志》编辑部在纽黑文研究⑬中使用过的供述重要性分析标准,即"关键的"(essential)、"重要的"(important)、"不重要的"(not important)、"不必要的"(not necessary)。跟《耶鲁法律杂志》编辑部在纽黑文的研究中一样,我们也将前两类归为"必要",后两类归为"不必要"。

我们收集的关于供述重要性的数据可参见表 1-14。⑭ 数据显示,在 61.0% 的有犯罪嫌疑人供述的案件中,检察官认为供述是定罪所必需的。也就是说,供述对于检察官获得有利的诉讼结果而言,或者是关键的,或者是重要的。这一数据比其他研究者的判断要高得多,从而印证了早期一些研究者的两个假设之一(或者全部):那些熟知刑事司法体制运作的特性者比纯粹的理论研究者认为供述更为重要;最近十年来在美国的刑事司法体制下对被告人定罪的难度增加了。

表 1-14 供述的重要性

($N=73$;14 起案件重要性不明)

|  | 数量 | 比例 |
| --- | --- | --- |
| 必要的 | 36 | 61.0% |
| 　关键的 | 13 | 22.0% |
| 　重要的 | 23 | 39.0% |
| 不必要的 | 23 | 39.0% |
| 　相对不重要的 | 21 | 35.6% |
| 　不必要的 | 2 | 3.4% |
| 合计 | 59 | 100.0% |

---

⑪ 参见 Cassell,前引注③,第 468—470 页。

⑫ 见下文附录 A。

⑬ 参见"Yale Project",前引注㉙,第 1582—1583 页。我们使用《耶鲁法律杂志》研究项目所使用的术语,而不是我们自己的术语以避免我们偏爱自己的研究结果而问一些具有倾向性的问题。威特的研究也采用了《耶鲁法律杂志》研究项目所使用的术语,参见前引注㉝,第 324 页。

⑭ 在这一主题上,我们的数据比其他人的少,因为研究者们不得不询问检察官们预审程序中的问题,而不是被动地记录他们提供的信息。有时候也没有便利的询问机会。

## (二）供述与起诉的关系

为了考察检察官关于供述重要性的整体评估是否准确，我们还收集了供述之于案件处理的影响方面的定量信息。供述对案件处理结果的影响首先表现为对检察官起诉决定的作用。虽然检察官的起诉决定被普遍认为是刑事诉讼程序中一个关键的联结点[⑮]，但是关于审讯结果与起诉关系的研究却非常有限[⑯]。

我们发现，检察官更可能起诉有犯罪嫌疑人归罪性陈述的案件。如表1-15所示，在有归罪性陈述的案件中，检察官起诉的比例为87.5%，而犯罪嫌疑人主张米兰达规则权利的案件，检察官起诉的比例为81.0%。那些犯罪嫌疑人未被审讯的案件，起诉的比例为78.3%，审讯不成功的案件起诉比例为74.0%。[⑰] 也许我们的研究还遗漏了归罪性陈述对起诉的影响的某些方面，因为我们只对供述之于检察官起诉决定的影响效果进行了评估，而未对检察官起诉罪名的决定产生了什么影响进行考察。从理论上来说，由于缺乏犯罪嫌疑人供述可能导致检察官对犯罪嫌疑人的降格指控。

**表 1-15 供述与提起指控的关系**

($N=219$；3 起案件关系不明）

| 审讯结果 | 是否提起指控 | | | | | |
|---|---|---|---|---|---|---|
| | 指控 | | 未指控 | | 合计 | |
| | 数量 | 比例 | 数量 | 比例 | 数量 | 比例 |
| 主张权利 | 17 | 81.0% | 4 | 19.0% | 21 | 100.0% |
| 审讯成功 | 63 | 87.5% | 9 | 12.5% | 72 | 100.0% |
| 审讯不成功 | 57 | 74.0% | 20 | 26.0% | 77 | 100.0% |
| 从未审讯 | 36 | 78.3% | 10 | 21.7% | 46 | 100.0% |
| 合计 | 173 | 80.1% | 43 | 19.9% | 216 | 100.0% |

---

[⑮] 参见 Brosi，前引注⑯，第12页（报告了对检察官预审程序的研究结果）。

[⑯] 对旧金山湾区警察局的研究发现，对犯罪嫌疑人的成功审讯相对于未成功而言更有可能起诉。参见 Leo，前引注㊽，第294页表16。该项研究还发现，放弃或主张米兰达规则权利的犯罪嫌疑人被起诉的可能性大致相当，同上引注，第278页表10。由洛杉矶地方检察官埃弗利·扬格较早完成的一项研究发现，在被告人作出了供述的案件中，65.3%签发了刑事控告书，而在没有类似供述的案件中，这一数据为49.9%。参见"Controlling Crime Hearings"，前引注㉞，第347页（数据来源于控告阶段安排工作表）。试比较 Cassell，前引注③，第426页（指出了扬格研究中的定义问题）。一项英国的研究发现，"作出供述的犯罪嫌疑人比否认罪行或保持沉默的犯罪嫌疑人更有可能被起诉"，参见前引注㉝，第148页。

[⑰] 通过对这些成功审讯的案件与其他案件的起诉情况进行对比，可以发现一个清楚的走势，那就是供述只是在0.05水平上没有显著性，但在0.10水平上具有显著性(pr=0.054)。成功审讯的与那些未成功审讯的相比较，卡方检验显示，在0.05水平上亦具有显著性。

我们发现，供述对检察官起诉决定的影响对于米兰达规则的争议具有重要的意义。一些学者曾经认为，米兰达规则对执法效果没有负面影响，因为，米兰达案判决之后定罪率并没有出现下降。[118] 反对者则认为，米兰达案判决后定罪率没有出现下降的原因是检察官在预审程序中筛选掉了那些因为米兰达规则而导致证据薄弱的案件，从而避免了供述率下降的结果。[119] 我们的发现印证了反对者的结论，表明检察官在预审程序中的起诉决定掩盖了米兰达规则对定罪率的负面影响。

（三）供述与案件最终处理结果之间的关系

人们可能直觉地认为供述对案件的处理会产生深远的影响。毕竟，供述是有罪的有力证据，可以使检察官在案件处理过程中占据有利的位置。此前有限的研究结果也得出了这一结论。[120]

我们的数据印证了这一直觉。与没有供述的被告人相比，有供述的被告人更有可能被定罪，而且更有可能被判决犯了更严重的罪。[121]

在回到我们的具体数据之前，对盐湖城的刑事案件的各种可能结果作一解释也许很重要。一个被提交审判的案件，被告人可能被定罪或者被宣告无罪。但是，因为也许在全美各司法管辖区内皆如此的是，在我们的样本案件中，大部分在提交审判之前即已经通过各种方式解决掉了。检察官可以在审判之前撤销指控——这是最有利于被告人的结果，其次是与被告人达成暂时中止诉讼程序的答辩——被告人认罪，但只有在特定时期内被告人未犯任何新罪，指控才能撤销。[122]

其他审前处理结果还包括辩诉交易，这取决于被告人涉嫌罪行的刑罚结构。

---

[118] 参见 Schulhofer，前引注[29]，第 456 页。

[119] 参见 Stephen J. Markman, "The Fifth Amendment and Custodial Questioning: A Response to 'Reconsidering Miranda'," 54 *U. Chi. L. Rev.* 938, 946-47 n. 20 (1987)。

[120] 参见 Peter F. Nardulli et al., *The Tenor of Justice: Criminal Courts and the Guilty Plea Process* 236, 254 表 8.13 (1988)（发现供述对辩诉交易有一些影响）；参见 Neubauer，前引注[43]，第 109—110 页（发现供述了的被告人在辩诉交易过程中得到更少的量刑减让）；参见《耶鲁法律杂志》的研究项目，前引注[29]，第 1608 页（发现供述了的被告人在控辩协商过程中更难获得降格指控）；还可参见 Leo，前引注[49]，第 293 页（发现供述了的被告人更难被撤销案件，而且更有可能通过辩诉交易来解决他们的案件）。

[121] 当然，这并不是说已经确切证明了供述产生了这一影响，也可能是其他与供述相关的因素发挥了作用。

[122] 参见 Utah Code Ann. §§ 77-2a-1 to -4 (1995)（规定了答辩中止的标准）。被告人也可能通过正式的转处协议在起诉后"被转处"了。参见 Utah Code Ann. §§ 77-2-2(2), 77-2-5 (1995)。在我们的样本中没有此类案件。

犹他州根据典型模式将重罪分为不同的等级：一级、二级和三级[23]，每一等级的犯罪都对应着特定的可能刑罚幅度[24]。犹他州实行一种实质性的不确定刑期制，在该制度下，在量刑幅度内的实际宣告刑取决于缓刑委员会。[25]那些被判多项罪名的被告人通常被合并量刑。

这一刑罚结构的结果是，定罪的等级，而非定罪的数量才是辩诉交易关注的首要问题。虽然地方检察官办公室没有严格的辩诉交易指南[26]，但是在普通案件中的有罪答辩通常都意味着能够获得降低一等级指控的优惠。例如，检察官可以许诺将被告人的入室夜盗（二级重罪）降格为进入普通建筑物夜盗（三级重罪）以换取被告人的有罪答辩。[27]

我们根据对被告人应该起诉的罪名等级和有罪答辩后起诉的罪名等级之间的关系，对辩诉交易的结果进行了分类。例如，有罪答辩后起诉的罪名等级由一级重罪变为二级重罪的，我们将它确定为"有罪答辩－1"，变为三级重罪的定为"有罪答辩－2"等。其他一些研究辩诉交易的学者也采取过类似的方法。[28]

根据这一方法，成功审讯对案件最终结果的影响情况如表1-16所示。警察成功审讯的被告人在辩诉交易中得到控方让步的可能性较低。在警察审讯成功的犯罪嫌疑人中，30.6％的被告人在有罪答辩之后被指控的罪名等级与此前指控的等级相同，而主张了米兰达规则权利的犯罪嫌疑人的相应数据为15.4％，审讯不成功的犯罪嫌疑人的相应数据为9.4％，未接受审讯的犯罪嫌疑人的相应数据为10.8％。[29]同样，警察审讯成功的犯罪嫌疑人在有罪答辩之后被降格指控

---

[23] Utah Code Ann. §76-3-103(1)(1995). 犹他州还有一个第四类死刑重罪，在我们的样本案件中没有死刑案件。轻罪被分为三个等级：A、B、C。参见 Utah Code Ann. §76-3-104 (1994)。

[24] Utah Code Ann. §76-3-203 (1995) （一般来说，第一级重罪的量刑为5年至终身监禁；第二级重罪的量刑为1—15年监禁；第三级重罪的量刑为缓刑至5年监禁）。犹他州还有一些强制最低刑的规定，主要适用于性犯罪和武器犯罪。

[25] 基于这一原因，我们没有收集供述是否影响了对被告人的最终量刑方面的数据。这样做会不适当地拖延我们的研究时间，因为直到对所有被告人的假释时间确定之前，我们都不可能获得完整的数据。我们也没有收集量刑建议方面的数据，有时候这是辩诉交易的主题。

[26] 但该办公室有一个禁止辩诉交易的政策，除非有正当理由。从实践来看，这一例外似乎至少与该规则本身一样重要。

[27] 参见 Utah Code Ann. §76-6-202 (1995) （定义了夜盗罪）。

[28] 参见 Hans Zeisel, "The Disposition of Felony Arrests", 1981 Am. B. Found. Res. J. 407, 437-40。

[29] 通过对成功审讯的犯罪嫌疑人和其他所有犯罪嫌疑人情况的比较，卡方检验结果显示，在0.01水平上审讯是否成功与案件的处理结果之间存在显著性；而与那些未成功审讯的犯罪嫌疑人相比较，卡方检验结果显示(pr=0.055)，在0.05水平上只具有非常细微的显著性。因为一个案件可以从不同的角度进行显著性统计分析，因此我们在此对两种统计分析结果都进行了讨论，在后续对表1-16、表1-17的分析中我们仍将对两种统计检验的结果进行讨论。

**表 1-16 供述与案件处理结果的关系**

(N=172;12 起案件结果不明)

| 审讯结果 | 撤销案件 | | 中止答辩 | | 有罪答辩—3级 | | 有罪答辩—2级 | | 有罪答辩—1级 | | 有罪答辩—0级 | | 审级定罪 | | 审判无罪 | | 合计 | |
|---|---|---|---|---|---|---|---|---|---|---|---|---|---|---|---|---|---|---|
| | 数量 | 比例(%) | 数量 | 比例(%) | 数量 | 比例(%) | 数量 | 比例(%) | 数量 | 比例(%) | 数量 | 比例(%) | 数量 | 比例(%) | 数量 | 比例(%) | 数量 | 比例(%) |
| 主张米兰达规则权利 | 1 | 7.7 | 0 | 0.0 | 0 | 0.0 | 1 | 7.7 | 9 | 69.2 | 2 | 15.4 | 0 | 0.0 | 0 | 0.0 | 13 | 100 |
| 成功审讯 | 3 | 4.8 | 3 | 4.8 | 0 | 0.0 | 5 | 8.1 | 30 | 48.4 | 19 | 30.6 | 2 | 3.2 | 0 | 0.0 | 62 | 100 |
| 不成功审讯 | 15 | 28.3 | 1 | 1.9 | 1 | 1.9 | 8 | 15.1 | 20 | 37.7 | 5 | 9.4 | 2 | 3.8 | 1 | 1.9 | 53 | 100 |
| 没有审讯 | 6 | 16.2 | 2 | 5.4 | 1 | 2.7 | 4 | 10.8 | 20 | 54.1 | 4 | 10.8 | 0 | 0.0 | 0 | 0.0 | 37 | 100 |
| 合计 | 25 | 15.2 | 6 | 3.6 | 2 | 1.2 | 18 | 10.9 | 79 | 47.9 | 30 | 18.2 | 4 | 2.4 | 1 | 0.6 | 165 | 100 |

的可能性也较低。数据显示,警察审讯成功的犯罪嫌疑人中,只有 9.6% 或者被撤销指控,或者达成暂缓起诉的协议,主张了米兰达规则权利的犯罪嫌疑人的相应数据为 7.7%,审讯不成功的犯罪嫌疑人的相应数据为 30.2%,未接受审讯的犯罪嫌疑人的相应数据为 21.6%。[330] 同样有意思的是,在我们样本中的 5 起最后开庭审理的案件中,有 3 起案件的被告人都是警察未能成功审讯的犯罪嫌疑人。[331]

最近对米兰达规则感兴趣的一个主题是主张了米兰达规则权利的犯罪嫌疑人,案件最终的处理结果如何。[332] 由于我们的样本中主张米兰达规则权利的犯罪嫌疑人数量较少,因此很难根据这些样本得出一般化的结论,或者进行有价值的统计学检验并与其他类型的犯罪嫌疑人的最终处理结果进行比较。[333] 主张了米兰达规则权利的犯罪嫌疑人被起诉后定罪的可能性看起来也要低于作出了归罪性陈述的犯罪嫌疑人(15.4% v. 30.0%),虽然这一结果并不具有统计学意义上的显著性。[334] 那些主张了米兰达规则权利的犯罪嫌疑人被撤销指控,或者达成暂缓起诉的答辩协议的可能性也低于未被成功审讯的犯罪嫌疑人,虽然这一结果同样并不具有统计学意义上的显著性。虽然这也许表明,那些主张了米兰达规则权利的犯罪嫌疑人并未从中受益,但这种结果可能有着另外的解释。虽然我们还没有关于那些主张米兰达规则权利的犯罪嫌疑人前科情况方面的数据,但是看起来有前科者不在少数。[335] 如果说检察官对那些有严重犯罪前科的犯罪嫌疑人的起诉力度更大(这种可能性似乎存在[336]),而且如果说主张米兰达规则权利

---

[330] 卡方检验结果显示,成功审讯的犯罪嫌疑人与其他所有犯罪嫌疑人相比较,在 0.05 水平上具有显著性;与未成功审讯的犯罪嫌疑人相比较,在 0.01 水平上具有显著性。

[331] 不止一个未成功审讯的犯罪嫌疑人最后进入了审判程序,在审判期间有一个被告人作了有罪答辩以换取降格(-1level)指控。

[332] 比较 Leo,前引注[49],第 394—395 页注释 4(认为衡量米兰达规则影响的合适方式是比较主张米兰达规则权利和弃权犯罪嫌疑人的最终处理结果)和 Cassell,前引注③,第 432 页注释 267(认为这一路径不可能把握米兰达规则的全部影响)。

[333] 在我们的"主张(米兰达规则)权利"类犯罪嫌疑人在那些看起来耗费了很长时间才侦破的案件中很少见。对此,我们认为,唯一的可能是,那些主张米兰达权利的犯罪嫌疑人所涉及的也许都是一些"疑难案件"(hard cases),犯罪嫌疑人在整个程序中都会更加有力地反抗针对其提出的刑事指控。

[334] 卡方检验结果(pr=0.189)显示不具有显著性。

[335] 关于收集犯罪嫌疑人先前(犯罪)记录数据方面困难的讨论可以参见前引注[269](指出了判断犯罪嫌疑人曾经被定罪方面信息的困难)。在 21 名主张了米兰达规则权利的犯罪嫌疑人中,16 名有犯罪记录。对其他 4 名犯罪嫌疑人我们没有更多的信息。12 名保持沉默的犯罪嫌疑人中 1 名有 5 次以上定罪记录,2 人有至少 2 次定罪记录,3 人有至少 10 次以上被逮捕记录,3 人有至少 2 次以上被逮捕记录,还有 3 人有至少 1 次的被逮捕记录(至少有 2 人最终被定罪)。这些人的犯罪记录情况似乎比我们样本案件的平均犯罪记录情况要严重得多。

[336] 参见 Neubauer,前引注[43],第 218 页。

的犯罪嫌疑人通常都有严重犯罪前科的话[337]，那么，只是简单地看这些案件的处理结果，而没有对前科情况进行控制对照，我们也就无法发现主张米兰达规则权利在降低起诉成功率方面的任何影响。[338] 因为我们掌握的犯罪嫌疑人前科严重性的数据并不完整，因此对这一问题无法继续分析。

检验供述对于案件处理结果的重要性的最后一种方法是看整体定罪率的差异，即对有供述和无供述犯罪嫌疑人最后的定罪情况。这种方法可以从整体考察供述对起诉和审判过程的影响。如表1-17所示，在我们的调查中，当警察成功审讯了一名犯罪嫌疑人时，该犯罪嫌疑人起诉后被定罪的可能性达到了78.9%。如果是未成功审讯的犯罪嫌疑人，其最后被定罪的可能性仅为49.3%。[339] 二者之间的差距达到了29.6%。[340] 将警察审讯成功的犯罪嫌疑人与其他所有犯罪嫌疑人（包括主张了米兰达规则权利、未接受审讯和未成功审讯的犯罪嫌疑人）相比较，定罪率的差距达22.2%（成功审讯的犯罪嫌疑人定罪率为78.9%，其他为56.7%），这一差距具有统计学意义上的显著性。[341]

表 1-17 供述与案件处理结果的关系
（包括指控效果）
（$N$=219；16 起案件关系不明）

| 审讯结果 | 结果（包括指控效果） | | | | | |
|---|---|---|---|---|---|---|
| | 未定罪 | | 一些指控被定罪 | | 合计 | |
| | 数量 | 比例 | 数量 | 比例 | 数量 | 比例 |
| 主张权利 | 5 | 29.4% | 12 | 70.6% | 17 | 100.0% |
| 审讯成功 | 15 | 21.1% | 56 | 78.9% | 71 | 100.0% |
| 审讯不成功 | 37 | 50.7% | 36 | 49.3% | 73 | 100.0% |
| 未审讯 | 18 | 38.3% | 29 | 61.7% | 47 | 100.0% |
| 合计 | 75 | 36.1% | 133 | 63.9% | 208 | 100.0% |

---

[337] 参见前引注[264]及相关文献（指出有研究表明，有前科记录的犯罪嫌疑人更有可能主张米兰达规则上的权利）。

[338] 例如，旧金山湾区的研究发现，对主张米兰达规则权利和弃权的犯罪嫌疑人在惩罚上没有区别。参见 Leo，前引注[49]，第281页。但是，同一研究又发现，主张米兰达规则权利的犯罪嫌疑人有重罪记录的情况是弃权犯罪嫌疑人的4倍。同上引注，第277页。由于对这一影响没有控制组对照，因此很难将量刑结果归咎于仅仅因为被告人曾经主张了米兰达规则的权利。

[339] 卡方检验结果显示，在0.01水平上具有显著性。

[340] 定罪差异很重要，因为这也许是衡量供述之于定罪必要性的重要措施，参见 Cassell，前引注③，第430页。

[341] 卡方检验结果显示，在0.01水平上具有显著性。

人们也许会问，是否可以认为所有这些定罪率的差异都是因为有些被告人事实上就是无罪的，而并非供述的作用所导致的结果。理论上可以认为，无罪的被告人在供述和被定罪的可能性上都更低。对供述的研究几乎总是忽视了这一问题，而是简单地假设所有的犯罪嫌疑人事实上都是有罪的。⑬

虽然不可能对犯罪嫌疑人中究竟多少是事实上有罪的进行确切量化，但是事实上无罪的犯罪嫌疑人对我们的分析结果也不太可能造成多大的影响。在我们的样本中，只有一个案件的犯罪嫌疑人是明确无罪的。⑭ 当犯罪嫌疑人明显无罪时，很显然，警察也不会去要求检察官对其起诉。事实上，我们的样本中事实上无罪的犯罪嫌疑人数可能要比其他研究样本中的无罪犯罪嫌疑人数更少，因为我们的样本是从警察"前预审"后认为有起诉价值的案件中抽取的。⑮ 至于其他的案件，可能足以解释已被普遍接受的认识：几乎所有被起诉的被告人事实上都是有罪的。⑯

总之，我们的数据表明，警察审讯在案件的最终处理中具有重要的作用。

## 第四节 米兰达规则争议不断的意义

虽然我们的调查呈现出了警察审讯几个方面的数据，但是仍然有许多问题没有得到回答。通过本文，我们突出了那些将来的研究者们能够进行有益探索

---

⑬ 唯一的例外是纽黑文研究项目，该项研究成果的作者们认为，在 90 名犯罪嫌疑人中有 2 人属于无辜者。参见《耶鲁法律杂志》研究，前引注㉙，第 1586 页。

⑭ 事实上，这个案件出现在我们样本中也是个意外。最初，一个男朋友是一起纵火案件的犯罪嫌疑人，在警察通过电话对其进行询问的过程中，其提供了其过去的女朋友涉嫌犯罪的信息（甚至还提供了其女朋友承认犯罪的对话录音——证明了"天堂里没有使爱转化为恨的那种震怒"[heaven has no rage like love to hatred turned]一说）。案件通过预审程序之后，研究者记录了警察审讯该男朋友和女朋友的结果。

⑮ 参见前引注⑭及相关文献（讨论了警察"前预审"的问题）。

⑯ 参见 Alan M. Dershowitz, *The Best Defense* xxi (1982)（认为"司法游戏"的"规则 I"是"几乎所有的刑事被告人，事实上都是有罪的"）；参见 Cassell，前引注③，第 480—481 页（认为无辜者被定罪的比例很小）。为了避免这一观点被误解，我们应该澄清，在法庭上被告人有权被推定为无罪，无辜者被卷入刑事司法程序之中本身就是个巨大的灾难。我们还必须承认，一些无辜者事实上被定罪，更多的无辜者被指控，甚至更多的无辜者被警察怀疑。在此，我们只是认为最终进入盐湖城郡法院的事实上的无辜者比例很低而已。

的问题。在我们探讨过的所有主题上,可能盐湖城不能与其他司法管辖区的情况相比较。另外,我们的样本规模意味着在各种各样的因素都可能影响警察审讯效果的情况下,我们只能对那些最为显著的变量进行考察。我们研究所得出的大部分结论都与此前有限的一些研究发现相一致,但也有一些结论相左。[346] 对问题的进一步厘清有待于对警察审讯领域的更多研究。

虽然我们的研究有一些局限,但是我们的研究(以及其他学者的一些研究)发现,就米兰达规则对现实执法效果的影响所产生的不断争议,概括出更具一般性的结论也许还是有一定意义的。[347] 在最近的一个案件中,联邦最高法院试图通过成本—收益的计算对米兰达规则进行重新定位。[348] 从实用主义的立场来看[349],当人们试图质疑联邦最高法院在米兰达规则上的成本—收益权衡举动是对是错的时候,对这个问题的公正回答则需要关于米兰达规则对执法效果的影响方面的经验性证据——这正是我们的研究所能提供的。

首先看社会利益,大部分人关心的是米兰达规则严重妨碍了对犯罪嫌疑人的起诉和对被告人的定罪。在我们 1994 年抽样的案件中,犯罪嫌疑人的供述率要比米兰达案件判决之前低得多,作出归罪性陈述的只有全体样本犯罪嫌疑人的 33.3%、实际接受审讯犯罪嫌疑人数的 42.2%。[350] 在被问及是否同意放弃米兰达规则权利的犯罪嫌疑人中,有 16.3% 的犯罪嫌疑人拒绝放弃,因此完全阻止了警察的审讯活动,无论多么克制都是合理的。[351] 警察真正担心犯罪嫌疑人可能主张米兰达规则权利的表现是,他们在一些案件中向非羁押性审讯的转向,这种转向在规避了米兰达规则的约束的同时,似乎也降低了警察审讯的成功率。[352]

我们的数据还表明,因为米兰达规则的约束失去的犯罪嫌疑人供述,虽不能为那些证据扎实足以起诉的案件锦上添花,但是在刑事案件处理实践中,有无犯

---

㊻ 参见前引注㊁—㊆及相关文献(认为前科记录与审讯成功率之间没有关系)。

㊼ 类似的一般化推论在与犯罪嫌疑人供述相关的研究中有一个古老的传统。参见《耶鲁法律杂志》的研究,前引注㉙,第 1533 页(从纽黑文的 100 个案件推及全郡的情况)。

㊽ 参见 Moran v. Burbine, 475 U. S. 412, 427 (1986) (否定了当律师试图与犯罪嫌疑人进行联系时警察必须通知犯罪嫌疑人的规则,因为"微小的利益……可能对确保犯罪嫌疑人认罪所具有的合法的实质性利益的实现带来巨大的社会成本");Oregon v. Elstad, 470 U. S. 298, 312 (1985) (否定了禁止警察违反米兰达规则获得犯罪嫌疑人供述之后继续审讯的规则,因为"这一豁免会对合法的警察执法行为带来巨大的社会成本,然而却对任何人不受强迫自证其罪特权几乎不会增加什么有价值的保护")。

㊾ 试比较 Grano, 前引注⑨, 第 202 页(认为除了实用主义的考虑之外,米兰达规则非常脆弱)。

㊿ 参见前引注⑫—㉑及相关文献(报告了警察审讯成功的频率,并与米兰达案判决之前的数据进行了比较)。当然,认为米兰达案判决后的供述率比之前更低的观点与供述率低不同。我们可说 33.3% 的供述率是"高"的,同时也接受其比米兰达案判决之前更低的观点。

[51] 参见前引注⑮—⑲及相关文献(报告了有关犯罪嫌疑人主张米兰达规则权利的情况)。

[52] 参见前引注⑭—㉑及相关文献(报告了非羁押性审讯的情况)。

罪嫌疑人供述还是会带来重大的差异。我们的调查印证了如果警察获得了犯罪嫌疑人的归罪性陈述，在更为严重的指控中，被告人被定罪的可能性也更高的判断。另外，如果警察未能成功审讯，犯罪嫌疑人就更有可能"走人"(walk)。[53]

对米兰达规则成本的进一步研究毫无疑问有其价值。也许最为迫切需要解决的是犯罪嫌疑人的供述频率问题。在这一点上，我们的研究受限于缺乏盐湖城郡在米兰达案判决之前的相关数据。我们只能从其他司法管辖区，以及国内外的相关研究中提取一些间接的数据作参照。结果显示，33.3%的供述率比米兰达案判决之前要低。为了澄清这一问题，也许需要找一个能够提供米兰达案判决之前的相应数据的司法管辖区，然后与现在的供述率进行比较。但是，我们研究的整体主旨是，根据对相关数据的分析[54]，米兰达规则因为减少了犯罪嫌疑人的供述数量，相应地降低了控方刑事起诉成功的数量，因此增加了社会成本。

既然米兰达规则为社会带来了这些显见的成本，那么，它又为我们带来了哪些补偿性收益呢？托马斯教授在这一问题上的分析进路值得注意。他认为，善恶互见，任何对米兰达规则降低了供述率的证明，都是米兰达规则或者是预防违宪的强制审讯，或者是平等对待犯罪嫌疑人所必需的证据。[55] 在他看来，因为米兰达规则而导致供述率下降仅仅意味着强制审讯的消失，或者是那些在米兰达案判决之前不了解自己权利的犯罪嫌疑人，现在知道了这些信息。但是，抱歉，这种观点过于简单了。

首先是审讯的强制性——唯一适合于真正的经验检验的问题[56]，供述率的下降似乎是米兰达规则降低了审讯室内的压力的证据。但是，米兰达规则争议的关键问题是，供述率的降低是不是因为消除了宪法所禁止的强制，或者其所允许的压力。联邦最高法院现在认为，作为"预防性的"米兰达规则涵盖的范围要比联邦宪法第五修正案宽得多[57]，而且"在运用米兰达规则来排除一些在事实上并不具有强制性的羁押审讯中获得的陈述时过于宽泛"[58]。在逃避供述问题上，犯

---

[53] 参见前引注[36]—[45]及相关文献(报告了供述与案件最终处理结果的情况)。

[54] 参见前引注[45]—[56]及相关文献(提到了米兰达案判决前后的研究，犯罪破案率下降，警察都认为米兰达规则减少了供述)。

[55] 参见 Thomas，前引注⑤，第821—823页。

[56] 在我们看来，米兰达规则的"平等性"原理有效地反驳了约瑟夫·格拉诺(Joseph Grano)教授的观点。参见 Grano，前引注⑨，第32—36页。在对格拉诺教授著作的评论中，托马斯教授承认，如果经验证据证明自米兰达案判决后犯罪嫌疑人供述出现了大幅下降，那么米兰达规则的社会成本"可能超过了其平等性目标"。参见 Thomas，前引注[24]，第826页。

[57] 俄勒冈州诉埃尔斯塔德案(Oregon v. Elstad, 470 U.S. 298, 306 [1985])。

[58] 纽约州诉夸尔斯案(New York v. Quarles, 467 U.S. 649, 684 n.7 [1984])(马歇尔大法官的反对意见)。

罪嫌疑人并不具有宪法上的正当利益,其只是有权免于受到违反宪法的强制审讯。因此,根据托马斯教授的观点,米兰达规则实证研究的关键问题不应仅限于米兰达案判决后供述率是否下降,而应是其为什么下降。换句话说,供述率的下降,在多大程度上应该归咎于违反宪法的强制审讯方式的消除,或者是这一预防性规则的过度杀伤力对合法审讯技巧的限制。

我们的研究表明,米兰达规则对警察审讯的限制已经超出了防止非法强制审讯的必要。最初,我们发现,有大量犯罪嫌疑人因为主张了米兰达规则权利而不能被审讯,也就是说,他们轻易地便可以拒绝警察的提问。似乎很难认为,任何未获得犯罪嫌疑人弃权的审讯都具有强制性,除非认为羁押性审讯本身即是一种强制。米兰达案判决时的联邦最高法院正是这样认为。但是,这一结论,正如托马斯教授在另一篇文章中所说的那样:

> (将羁押性审讯本身视为一种强制)的结论一直是米兰达规则的阿喀琉斯之踵。怀特大法官很快就发现了最难解释的这一点:警察问一个简单的问题,'你有什么要说的吗?'要从这句话里发现强制性,怀特大法官认为,是与人们的常识相悖的,而且是'显然不合理的……'怀特大法官对(羁押性审讯)固有强制性的常识性否认似乎与任何试图证明(羁押性审讯)固有强制性的努力一样合理……[59]

对怀特大法官这一假设的一种可能回应是,"这并不是一个真实的案件,在真实的案件中会对犯罪嫌疑人持续审讯。"[60]这是一个适合于经验性证明的经验性辩护。我们的证据表明其实不然,在我们的样本中,犯罪嫌疑人的归罪性陈述中,大约一半是在15分钟,甚至更短时间的审讯中获得的,有不少则是在5分钟以内获得的。[61]而且,很难说所有这些陈述都是羁押性审讯固有强制的结果。

我们的研究发现,另外一个可以证明米兰达规则在防止警察审讯中的非法行为方面走得太远的证据是,警察似乎在遵守联邦最高法院的要求方面非常谨慎。[62]在我们的样本中,除了一起案件以外,没有任何一起案件的警察违背

---

[59] 参见 Thomas,前引注[24],第819、821页;还可参见上引注,第826—827页。
[60] 同上引注,第821页、注释21(提到了耶鲁·卡米萨教授的观点)。
[61] 参见上文表1-7。这一数据包括羁押性审讯和非羁押性审讯的情况。有关数据的其他局限的讨论请参见前引注[253]—[255]及相关文献。
[62] 如果将没有违宪审讯的结果归功于米兰达规则,则要证明在米兰达案之前违宪审讯的行为经常发生,而米兰达规则帮助消灭了这一现象。然而,无论是前者还是后者,我们的经验性证据都非常薄弱。参见 Cassell,前引注③,第473—478页(讨论了米兰达规则是否消灭了强制审讯的现象)。

了米兰达规则的要求㊹,很少有人进行可能违反联邦宪法第五修正案中狭义的"自愿性"要求的强制性审讯。相反,警察似乎对米兰达规则要求的"命令"(toe the line)非常谨慎。一个有意思的例子是,一名警察在给犯罪嫌疑人贝希勒式警告时,还引用了联邦最高法院的判决来作为其行为的授权根据。㊽还有些警察甚至要求得比米兰达规则的还更严格。㊾另外,米兰达规则的新的原则性例外和限制,被一些学者认为为米兰达规则留下了"裂口"(gaping holes)。事实上,这些例外与限制几乎没给警察审讯实践带来什么差异。警察并未通过在先不进行米兰达警告的情况下审讯犯罪嫌疑人的方式来弱化米兰达规则的约束。㊿也没有经常地诉诸"公共安全"和"登记性提问"例外来压缩米兰达规则适用的范围。㊺基于警察对米兰达规则的遵守情况,那些在 20 世纪 60 年代所设想的米兰达规则预防性"缓冲区"在 20 世纪 90 年代以后也许已经没有必要。

在我们看来,米兰达规则的社会收益微小,而其社会成本则相当巨大。我们乐意承认,我们的研究结论也许并不成熟。但是,在我们分析的每一点上,继续深入研究都将相当有益。因此,我们也乐意认同托马斯教授对更多实证研究的呼吁。我们将加入他提出的探索一条米兰达规则的合理替代——即可以在防止警察违法强制审讯的同时提升犯罪嫌疑人供述的研究方案列表中。在那一点上,值得注意的是,我们没有发现,米兰达规则的最为可欲的替代性方案——对审讯过程进行录音、录像㊽,会妨碍警察审讯的证据。

但是研究的持续性需要突出了一个更为普遍的问题,托马斯教授惊讶"为什么一项几近三十年之久的宪法性解释还需要经验性证据来证明其正当性"㊾。问题的答案在于联邦最高法院曾经是如何来论证(或者至少曾经有意论证)其正当性的。联邦最高法院现在告诉我们说,米兰达规则是一条"精心设计的充分保护被告人权利和社会利益的平衡装置"⑩。这不是一个保守的联邦最高法院设计用来削弱米兰达案判决的修辞手法:正如耶鲁·卡米萨教授曾经提醒我们的那样:"打破平衡的是米兰达规则的拥护者们,而不是其批评者们,在过去的二十年间

---

㊹ 参见前引注㉔及相关文献(发现在 173 个案件中,只有 1 个没有遵守米兰达规则)。
㊽ 参见前引注⑳—㉑及相关文献(描述了使用贝希勒警告的情况)。
㊾ 参见前引注㉑—㉒及相关文献(描述了在没有这样做的情况下,警察对犯罪嫌疑人进行米兰达警告的情况)。
㊿ 参见前引注㉔—㉕及相关文献(讨论了在不同审讯环境下对米兰达规则的遵守情况)。
㊺ 参见前引注㉒—㉓及相关文献(讨论了很少运用米兰达规则的这些例外的情况)。
㊽ 参见前引注㉘及相关文献。
㊾ 参见 Thomas,前引注⑫,第 935 页。
⑩ Moran v. Burbine, 475 U. S. 412, 433 n. 4 (1986).

讨论米兰达规则的方式。"㉑虽然没有实证基础,但是联邦最高法院所谓的利益平衡之说纯属蛊惑人心的修辞。㉒ 如果在究竟有多少犯罪分子因为米兰达规则而获得自由这一问题上没有一个可靠的经验性回答,那么,联邦最高法院如何敢如此轻松地说——正如其在其他案件中所为一样——米兰达规则所带来的社会利益将超过其可能带来的社会成本,尽管这一收益和成本究竟有多少,联邦最高法院并不知道。㉓ 在米兰达规则的发展过程中,联邦最高法院自始即没有经验性数据的支持,本文对少量的实证研究的回顾清楚地展示了这一点。㉔ 哈伦大法官在其异议中指出了这一不足,认为联邦最高法院对米兰达案判决的匆忙作出,排除了其他"本应有经验性数据和综合性研究支持的巨大优势"的立法行动。㉕ 在此后的米兰达规则适用过程中,联邦最高法院对米兰达规则究竟为犯罪嫌疑人带来了什么知之甚少,甚至比执法人员知道的还少。尽管联邦最高法院承诺它曾经"慎重地"考虑了社会利益,事实上,无论是联邦最高法院还是米兰达规则在学术界的支持者们都没有对米兰达规则,以及可能的替代性措施进行过实质性的、建立在成本—收益分析基础之上的经验性评估。㉖ 事实上,由于相关研究的缺乏已经在一些州妨碍了对警察审讯规制方式的研究,对米兰达规则的社会成本、优先性影响等进行量化似乎非常必要。㉗

随着米兰达案判决三十周年的临近,米兰达规则经验性支持的不足必须引

---

㉑ Yale Kamisar, "The 'Police Practice' Phases of the Criminal Process and the Three Phases of the Burger Court", in *The Burger Years* 143, 150 (Herman Schwartz ed., 1987).

㉒ 试比较 Thomas Y. Davies, "A Hard Look at What We Know (and Still Need to Learn) About the 'Costs' of the Exclusionary Rule: The NIJ Study and Other Studies of 'Lost' Arrests", 1983 *Am. B. Found. Res. J.* 611, 626 (认为在"分析搜查扣押的非法证据排除规则之成本和收益的'平衡'模式中没有经验性内容"); James B. Mitcel, "Forgotten Points in the 'Exclusionary Rule' Debate", 81 *Mich. L. Rev.* 1273, 1282 (1983) "Forgotten Points in the 'Exclusionary Rule' Debate", 81 *Mich. L. Rev.* 1273, 1282 (1983) (认为在缺乏真正的经验性证据的情况下,对非法证据排除规则成本和收益的评估"不是建立在那些基础之上,而是根据永远无法正当化的前见或者无法言传的直觉")。

㉓ 参见 Minnick v. Mississippi, 498 U.S. 146, 151 (1990) (认为爱德华兹预防规则之"具体性""通过排除可靠的、具有高度证明力的证据,即使在传统的第五修正案分析模式下供述也许是自愿,所带来的收益已经被认为超过了米兰达规则给执法机关和法院施加的负担") (引用 Fare v. Michael C., 442 U.S. 707, 718 [1979])。

㉔ 参见前引注⑬—㉓ (讨论了在米兰达案判决之时有关警察审讯的经验性信息高度缺乏的情况)。

㉕ Miranda v. Arizona, 384 U.S. 436, 524 (1966) (哈伦大法官的反对意见)。哈伦大法官还指出, "乔治城法律研究中心和其他一些已经准备好从事实践研究的人也正在进行这些方面的研究"。同上引注, 第523页。

㉖ 舒尔霍夫(Schulhofer)教授的文章是在本文的初稿形成之后才完成的,是这方面最著名的研究成果。参见 Schulhofer, 前引注㊺。然而,他的分析也有问题。参见 Cassell, 前引注㊺。

㉗ 参见前引注⑱。托马斯教授存在局限性的研究方案说明了这一点。参见 Thomas, 前引注⑤,第833—837页(特别强调了研究方案问题)。他未能提出真正的比较方案(如对警察要求或不要求犯罪嫌疑人弃权时发生的情况进行比较),而是推荐了最多能够就米兰达规则实践情况提供一些推测性信息的方案(例如初次聆讯时的司法警告是否对供述结果产生了影响)。

起重视。米兰达规则并非源于宪法命令,而是来自预防性措施的成本收益分析。然而,尽管案件判决已经近三十年了,米兰达规则的拥护者们仍然没有为联邦最高法院判决中的"社会收益超过其社会成本"的观点提供研究支持。经验性证据的缺乏使得米兰达规则的正当性更多地建立在个体的直觉,或者联邦最高法院关于米兰达规则在现实世界中是如何运作的含糊表达之上。也许米兰达规则的拥护者们只是在行使他们保持沉默的权利。但是,在他们的沉默面前,我们可以得出合理的推论:他们没有对米兰达规则进行过实证研究。

# 附录 A 问卷调查表

日期:＿＿/＿＿/＿＿ 案件调查表
(一名嫌疑人一份)

嫌疑人姓名:＿＿＿＿＿＿＿＿＿＿＿＿＿＿＿＿＿＿＿＿
(准确拼写)  姓  名  中间名

年龄:＿＿＿＿ 性别:□男 □女

种族:□白人 □黑人 □拉美裔 □太平洋地区 □其他

犯罪类型(最严重的):

[010]□谋杀　　　　　[070]□性犯罪　　　　[110]□盗窃

[020]□谋杀未遂　　　[071]□受害人成年　　[120]□夜盗

[030]□抢劫　　　　　[072]□受害人未成年　[130]□盗用汽车

[040]□绑架　　　　　[080]□贩毒　　　　　[140]□欺诈

[050]□重攻击　　　　[090]□脱逃　　　　　[150]□偷盗/伪造文书

[060]□非法持有武器　[100]□纵火　　　　　[160]□其他:＿＿＿＿

欲提出的指控:＿＿＿＿＿＿＿＿＿＿＿＿＿＿＿＿＿＿＿＿

案情简述(如是财产犯罪,标明涉案金额):＿＿＿＿＿＿＿＿＿＿＿＿＿＿＿

受害人事前是否认识嫌疑人？　　　　　　□是　□否　□无法确定
检察官姓名：_____
审讯人员姓名：_____　电话号码：_____
审讯人员所在单位：_____　小队编号：_____

嫌疑人是如何被抓捕的？_____
是否有犯罪前科？　　　　　　　　　　　　　　　□是　□否
　　先前因犯重罪的逮捕次数：□1　□2—4　□5—9　□10及以上
　　先前因犯重罪的定罪次数：□1　□2—4　□5及以上

本案中，县检察官是否提起公诉？　　　　　　　□是　□否
　　若没有，原因是？_____　□需要进一步调查

警察是否试图审讯嫌疑人？　　　　　　　　　　□是　□否
若警察没有尝试审讯嫌疑人，原因是：
　　[010]□没有必要——案情清晰明了
　　[020]□相信嫌疑人会提出行使米兰达权利
　　[030]□认为审讯效果不佳
　　[040]□被逮捕时嫌疑人处于醉酒或麻醉状态
　　[050]□嫌疑人精神状态不稳定/身体受到损伤
　　[060]□因其他事务压力而没有机会进行审讯
　　[070]□行为人已有律师
　　[080]□其他：_____

在所有审讯开始之前，对嫌疑人不利的证据是：
□确凿的　□难以辩驳的　□适中的　□无说服力的　□无
□若进行过多次审讯，在此方框内打钩；每次审讯都须填写一份表格：
□第一次　□第二次　□第三次

若调查人员尝试审讯嫌疑人：
　　该调查人员是：□街头警察　□侦探　□其他：_____
　　嫌疑人被审讯时：□正被拘留　□未被拘留——在警察局　□未被拘留，其他

| | | | | |
|---|---|---|---|---|
| 未被拘留则 | ☐在犯罪现场 | ☐在勘查现场 | | ☐安排的审讯场所 |
| 被拘留则 | ☐已被逮捕 | ☐押送途中 | | ☐在警察局 |

审讯嫌疑人的地点为：_____

是否向嫌疑人宣读米兰达规则：　　　　　　　　　　☐是　☐否

审讯是：　　☐当面进行　　　☐通过电话进行

审讯：　　　☐有进行记录　　☐无进行记录

嫌疑人是否被要求放弃米兰达权利？　　　　　　　　☐是　☐否

　如果要求，嫌疑人是否同意放弃？　　　　　　　　☐是　☐否

　　如果同意，则放弃是　　　　　　☐口述作出　☐书面作出

　如果嫌疑人不同意放弃其米兰达权利，审讯是否停止？☐是　☐否

　　如果没有，原因是：_____

　是否有未经审讯的自愿陈述？　　　　　　　　　　☐是　☐否

　　如果有，描述：_____

　在"登记"时是否有自愿陈述？描述：_____☐是　☐否

　是否有公共安全提问？描述：_____☐是　☐否

嫌疑人是否在某时要求律师在场？　　　　　　　　　☐是　☐否

　如果有，该要求是　　　☐在一开始就提出　☐在审讯期间提出

　如果有，审讯是否当即停止？　　　　　　　　　　☐是　☐否

　　若没有停止，原因是：_____

　　☐嫌疑人在被审讯时带律师到场

嫌疑人是否在某时主张其保持沉默的权利？　　　　　☐是　☐否

　如果有，嫌疑人是　　　☐在一开始就提出　☐在审讯时提出

　如果有，审讯是否当即停止？　　　　　　　　　　☐是　☐否

　　若没有停止，原因是：_____

嫌疑人是否回答了关于犯罪的问题？　　　　　　　　☐是　☐否

　如果是，描述：

　　☐书面供认　　　　　　　　☐锁定虚假不在场证据

　　☐口头供认　　　　　　　　☐完全否认

　　☐有罪陈述：_____　　　☐否认/辩解

　　_____　　　　　☐其他：_____

☐ 其他有用的信息:(共同被告人,被盗财产所在等。)_____

审讯持续了多长时间(按分钟计)_____

审讯何时开始(军用时间)_____

如果嫌疑人认罪/作出陈述,你认为此认罪/陈述对定罪有何作用(如果有)?
☐ 非常重要　　☐ 重要　　☐ 相对不重要　　☐ 不需要

后续案件调查表

日期:＿＿/＿＿/＿＿　(一名嫌疑人一份)

嫌疑人姓名:_____

(准确拼写)　　　姓　　　　　　名　　　　　　中间名

地区法院案卷号_____

巡回法庭案卷号(如果可知)_____

县检察官编号(如果可知)_____

1. 提出的控告为:　　　　　　　　　　　　备案号_____
_____

等级:☐ 一级重罪　☐ 二级重罪　☐ 三级重罪　☐ A级轻罪　☐ B级轻罪
☐ 降格指控

2. 嫌疑人是否提出申请否认陈述/供认?　　　　　　☐ 是　☐ 否
简述:_____
_____

3. 如果有,则该申请:　☐ 只主张违背了米兰达规则
　　　　　　　　　　☐ 只主张逼供
　　　　　　　　　　☐ 以上二者均有主张
　　　　　　　　　　☐ 其他:_____

4. 嫌疑人的否认申请是否被批准?　☐ 全部被批准　☐ 部分被批准
　　　　　　　　　　　　　　　　☐ 未被批准　　☐ 先前已解决

若全部或部分批准,描述:_____

> 5. 案件最后是否被驳回？ □是 □否 □审前撤诉 □其他
>
> 6. 嫌疑人是否承认有罪或不作辩护？ □是 □否
>    如果是，则其承认： □被指控的最严重等级
>    □被指控的第一等级
>    □被指控的第二等级
>    □被指控的第三等级
>    □其他：_____
>
> 7. 如果嫌疑人受审，
>    如果有多次审判，在方框内打钩：□第一次 □第二次 □第三次
>    嫌疑人：□宣判无罪 □宣判有罪 □无效审判 □陪审团悬而未决
>    如果嫌疑人被宣判有罪，则被宣判： □被指控的最严重等级
>    □被指控的第一等级
>    □被指控的第二等级
>    □被指控的第三等级
>    □其他：_____
>
> 8. 如果嫌疑人被宣判有罪，被宣判了（指出罪名的数量）_____

## 附录B　利奥教授的研究与卡塞尔/海曼研究的比较

在对我们文章的回应中，托马斯教授特别引用了理查德·利奥教授对供述问题的研究。1993年利奥教授在加州湾区通过在场式观察或者观看录像的方式，观察了182起警察审讯过程。⑩ 他发现，大约64.3%的犯罪嫌疑人给出了某

---

⑩ Leo，前引注㊾。

种类型的归罪性陈述。[79] 利奥教授谨慎地认为,这一供述率不能与此前一些研究的相关数据进行直接比较。[80] 但是,托马斯教授和其他一些[81]研究者却得出了这样大胆的推论。托马斯教授还认为利奥教授的数据本应与我们的研究结果一致。因此,对利奥教授的数据与米兰达案判决之前的研究,以及我们的研究进行比较也许会对我们有所帮助。

为了比较,需要说明的是,米兰达案判决之前的研究和我们的研究样本都包括了实际未接受审讯的犯罪嫌疑人在内[82],而利奥教授的样本被人为地限定在警察实际审讯了的犯罪嫌疑人范围内。[83] 因此,利奥教授的数据必须加以调整才能反映出警察未审讯犯罪嫌疑人,因此未获得供述的情况。根据我们的研究发现,大约21%的犯罪嫌疑人从未接受警察审讯[84],这一数据与最近唯一的其他数据相当接近。[85] 如果根据这一系数对利奥教授的数据进行调整后,湾区的供述率则降低为50.8%。[86]

第二个需要说明的是,利奥教授的研究局限于羁押性审讯,而米兰达案判决之前的研究和我们的研究都既包括了羁押性审讯,也包括了非羁押性审讯在内。[87] 对非羁押性审讯的关注非常重要(利奥教授也注意到了这一点),因为警察可能为了避免米兰达规则恼人的约束而对犯罪嫌疑人转向非羁押性审讯。[88]

非羁押性审讯在获得犯罪嫌疑人供述方面似乎更低效,我们的数据是与此相关的唯一研究。结果显示,羁押性审讯的成功率是56.9%,而非羁押性审讯的成功率只有30.1%。[89] 我们还发现,大约30.1%的审讯是非羁押性审讯,如果将

---

[79] 同上引注,第268页表7。
[80] 同上引注,第269页注释5(对米兰达案判决后的供述率进行了比较,但也指出对此必须保持"一些谨慎")。
[81] 参见Schulhofer,前引注[45](认为利奥教授得出的64%的供述率"比米兰达案判决之前的大部分估算都要高")。
[82] 参见前引注[176]。
[83] 参见Leo,前引注[49],第255页(该项研究包括182个审讯);还可参见上引注第455—469页(描述了在警察局内等待侦探审讯的过程)。
[84] 参见前引注[91]—[104]及相关文献。
[85] 参见Feeney et al.,前引注[59],第143页表15-2(发现在佛罗里达州的杰克逊维尔,18.5%被逮捕的夜盗犯罪嫌疑人都没有被审讯,加利福尼亚州的圣迭戈,这一数据为20.1%)。
[86] 利奥的研究显示,在182名被审讯的犯罪嫌疑人中,有117名作出了归罪性陈述。参见Leo,前引注[49],第268页表1.7。如果加上另外48名从未审讯的犯罪嫌疑人(占总数的21%),那么犯罪嫌疑人作出归罪性供述的比例将下降到50.9%。
[87] 参见前引注[159]—[167]。
[88] 参见前引注[170](引用了利奥教授的合作者对这一问题的研究);还可参见前引注[169]—[172]及相关文献(收集了有关警察开始转向非羁押性审讯的证据)。
[89] 参见前引注[216]—[217]及相关文献。

30.1%的非羁押性审讯系数适用于利奥教授的数据[36]，并且同样假设湾区的非羁押性审讯成功率与盐湖城的情况一样[37]，那么利奥教授在湾区发现的供述率就降低为44.8%了。[38]

最后一个需要说明的是，利奥教授只研究了由经验丰富的侦探进行的审讯行为，而没有研究由巡逻警察或其他审讯经验欠缺的警察实施的审讯情况。米兰达案判决之前的研究数据大多包括了所有类型警察的审讯情况。[39] 我们的研究也包括了大部分类型的警察所实施的审讯活动。[40] 我们发现，侦探和巡逻警察审讯在获得犯罪嫌疑人供述方面存在着统计学意义上的显著差异[41]，这一结论与最近一项数据相一致。[42] 即使对侦探更多在羁押状态下审讯犯罪嫌疑人这一变

---

[36] 利奥教授的研究提到了182起审讯。参见前引注[30]。30.1%的非羁押性审讯比例可能意味着，基于比较的目的，有55起审讯应该被视为在非羁押状态下进行。

[37] 衡量其有效性的方法之一是将我们研究中的非羁押性审讯成功率除以羁押审讯的成功率。基于这一目的，犯罪嫌疑人主张了米兰达权利即可视为是"非成功审讯"。为了确定有效性比例，可以加上我们表1-6中的数据（羁押性审讯 v.非羁押性审讯成功率），羁押状态下犯罪嫌疑人主张米兰达规则权利的数据，参见前文表1-3;前引注[26]。由此得出羁押性审讯成功58人次，不成功63人次（44人次审讯不成功＋19人次主张了米兰达规则权利），审讯成功率为47.9%的结果。非羁押性审讯成功15人次，不成功37人次（35人次否认指控＋2人次主张米兰达规则权利），审讯成功率为28.8%。这意味着从有效角度看，非羁押性审讯只有羁押性审讯的60%（28.8% v. 47.9%）。

[38] 将利奥教授的64.2%的审讯成功率根据羁押性审讯较低的有效性进行调整之后，参见前引注[37]，得出了非羁押性审讯的成功率为38.6%（[即审讯成功率]64.2%×[非羁押性审讯的有效性]60.1%）。在55名非羁押性审讯对象中，参见前引注[36]，应该可以获得21名犯罪嫌疑人的归罪性陈述（即55×38.6%），而127名羁押性审讯对象中（182名审讯对象－55名非羁押性审讯对象），应该可以获得82名犯罪嫌疑人归罪性陈述（127×64.2%）。将这103份（82＋21）归罪性陈述除以接受与未接受过审讯的所有230名犯罪嫌疑人，参见前引注⑨，得到的归罪陈述率是44.8%（103/230）。

[39] 参见"Controlling Crime Hearings"，前引注[34]，第1120页（纽约郡的研究评估了"几乎所有重罪案件"）；同上引注，第223、224页（金斯县的研究包括了各类犯罪的所有犯罪嫌疑人，提供了治安警察在拦下机动车后的审讯实例）；Brief of National District Attorneys Association，前引注[22]，第6a-7a页（根据"起诉"提供的供述情况收集了来自8个城市的数据，但未对侦探和治安警察进行区分）；参见 Barrett，前引注[14]，第41页（报告了加利福尼亚州B市"所有审讯，包括执行逮捕的警察实施的审讯"的情况）；Medalie et al.，前引注[32]，第1362页（该项研究评估了华盛顿特区警察局的反应）；试比较"Controlling Crime Hearings"，前引注[34]，第200页（讨论了费城"警察"和"警察局"的统计情况，但指出了这些统计数据是由"费城警察局侦查分局"汇编的）；Witt，前引注[33]，第324、325页（该项研究以"海城警察局"的档案为基础，但只涉及海城"侦探"进行的程序）。但请参见 Barrett，前引注[14]，第41页（报告了加利福尼亚州A市"侦查分局成员"的审讯情况）；参见 Seeburger & Wettick，前引注[31]，第7页（该项研究只包括了"侦查分局的调查活动"）；参见 Souris，前引注[20]，第264页（底特律的数据以"刑事犯罪调查特别分局实施的追诉活动"为基础）；参见"Yale Project"，前引注[29]，第1527页（由学生们在"侦查分局"实施的观察）。我们这些所引文献的数据来源于11个城市各类警察实施的审讯活动，但只有4个城市的审讯是由侦探进行的，2个城市无法分辨是由治安警察还是侦探进行的。

[40] 参见前引注[29]及相关文献。

[41] 同上引注。

[42] 参见 Feeney et al.，前引注[9]，第144页表15-3（在杰克逊维尔和圣迭戈，侦探审讯的供述率要高于巡回警察）。

量进行控制后,我们的数据仍然存在侦探的审讯成功率高于巡逻警察的明显趋向,只是这一结果不再具有统计学意义上的显著性。㊳我们还发现,大约一半以上的羁押性审讯是由侦探进行的㊴,这一数据比最近一项研究发现的数据略高一些㊵。如果再将审讯人员是侦探与巡逻警察之比,以及巡逻警察审讯成功率更低的系数适用于利奥教授的研究㊶,那么,利奥教授在湾区所获得的犯罪嫌疑人供述率则下降为38.7%了。㊷

经过这样调整后,利奥教授的供述率数据变为38.7%,与我们的33.3%之间的差距就很小了。但是,如果对利奥教授的数据进一步调整,供述率数据还将进一步降低,甚至弥合我们之间的数据差距。首先,利奥教授发现,湾区一些警察在犯罪嫌疑人主张了米兰达规则权利之后还继续审讯。㊸在3起案件中,警察

---

㊳ 巡逻警察的羁押审讯成功率为35.8%。参见前引注㉞(53名犯罪嫌疑人中,审讯成功19名)。侦探的羁押审讯成功率为56.9%,同上引注(65名犯罪嫌疑人中,审讯成功37名)。这种差异在0.10水平上只有微弱的统计显著性,同上引注。因为我们已经对利奥教授的数据进行了调整,以反映非羁押性审讯中较低的供述水平,有人也许会认为任何因为巡逻警察审讯有效性较低而进行的数据调整都是"重复计算"(double counting)。尽管如此,我们仍然认为,由于以下几个方面的原因,这种调整是合适的:(1)当将统计对象限于巡逻警察进行的羁押性审讯时,会导致样本数量过少而使统计结果缺乏显著性。参见前引注㉛(指出了样本数量较少的困难)。事实上,当20%的审讯成功率差异(35.8% vs. 56.9%)反馈为不具有统计学意义上的显著性时,显然,样本规模要求最大规模的变量在统计中才能被发现具有显著性。(2)常识表明,有经验的侦探更有可能成功地获得犯罪嫌疑人的供述。在利奥的样本中,大部分侦探都有10—20年治安警察的工作经验。参见Leo,前引注㊾,第259页。假设这些警察也许是更好的审讯人员看起来是合理的,无论从经验还是从训练情况来看,都比一般的巡逻警察更好。事实上,利奥对"警察侦探作为对某些特殊知识享有专属控制进行职业化认证"的警察审讯培训研讨问题进行了讨论。同上引注,第108页。(3)在我们的研究中,巡逻警察经常在实施逮捕后"在大街上"对犯罪嫌疑人进行"羁押性"审讯,相对于警察局的审讯室——侦探经常进行羁押性审讯的场所——这并非一个适合"生产(审讯)"的环境。(4)托马斯教授曾经质疑我们对Leo教授研究的调适,例如关于羁押性审讯与非羁押性审讯的有效性调适就是一例。然而,作为对"重复计算"担忧的一种回应,我们只对羁押性审讯的数据进行了调适,而在非羁押性审讯中,仍然假设侦探和巡逻警察审讯的有效性一样。
㊴ 参见前引注㉞(侦探实施的羁押性审讯为65人次,巡逻警察为53人次,侦探的审讯比例为55.1%)。
㊵ 参见Feeney et al.,前引注㊾,第144页表15-3(在杰克逊维尔和圣迭戈,巡逻警察审讯的情形占一半以上)。
㊶ 衡量审讯人员身份对审讯成功影响的方法之一是将巡逻警察的审讯成功率除以侦探的审讯成功率。就羁押性审讯数据而言,参见前引注㊳,巡逻警察的审讯成功率只有侦探的62.9%(35.8%/56.9%)。
㊷ 将230名犯罪嫌疑人总数减去82名在羁押审讯中作出了归罪性陈述的犯罪嫌疑人数,正如此前已经计算过的那样,参见前引注㉞;然后乘以55.1%的侦探审讯与巡逻警察审讯之比,参见前引注㊴,可以得出由侦探审讯可以获得45份归罪性陈述,由巡逻警察审讯获得37份归罪性陈述。再根据62.9%的巡逻警察审讯成功率进行调整的话,参见前引注㊶,意味着37份归罪性陈述将减少至23份(37×62.9%)。因此,整体的审讯成功率变成了38.7%([45+23羁押审讯成功数+21非羁押审讯成功数]/230名犯罪嫌疑人总数)。
㊸ 参见Leo,前引注㊾,第263页。

在获得犯罪嫌疑人供述时违反了米兰达规则。⁴⁰³ 当然,米兰达案判决之前的研究并没有将违反米兰达规则的情形排除在外(因为那时还没有米兰达规则)。我们的研究中不包括因为违反米兰达规则而排除归罪性陈述的情况。⁴⁰⁴ 因此,从比较的角度看,由于警察违反米兰达规则的情况,利奥教授的供述率数据还可以向下进行微调。其次,利奥教授对归罪性陈述的定义更广,在利奥教授的分类中,"某种归罪性信息"的界定包括"侦查人员认为辅以其他证据即可指向犯罪嫌疑人有罪,或者成功用来弹劾犯罪嫌疑人可信性的,令人难以相信的,或者自相矛盾的否认",这显然过于宽泛。⁴⁰⁵ 犯罪嫌疑人所说的很多事情都有可能被侦查人员认为是对犯罪嫌疑人可信性的一种潜在的"弹劾"信息,尽管这些信息并非真正的归罪性信息。⁴⁰⁶ 利奥教授样本中31%以上的犯罪嫌疑人甚至未被起诉⁴⁰⁷,以及检察官更有可能对那些作出了有力的归罪性陈述的犯罪嫌疑人提起指控的事实,印证了一些犯罪嫌疑人的陈述并非归罪性陈述这一解释。⁴⁰⁸利奥教授获得的供述率数据调整为 24.2% 后与其他研究者所发现的较低的归罪性陈述率数据之间大体一致的事实,也印证了这一解释。⁴⁰⁹ 最后,该项研究的抽样方法也夸大了归罪性陈述的数量。⁴¹⁰

综上,利奥教授的研究表明,犯罪嫌疑人的归罪性陈述率大约在 38.7% 以下,相当接近我们的研究发现——33.3%,这一数据低于米兰达案判决前研究所揭示的供述率情况。

---

⁴⁰³ 互联网数据来源于 Richard A. Leo to Paul G. Cassell, Nov. 8, 1995 (on file with Cassell)。
⁴⁰⁴ 参见前引注㉔—㉗及相关文献。
⁴⁰⁵ 参见 Leo,前引注㊾,第 268 页注释 4。
⁴⁰⁶ 将这一问题混在一起是因为利奥教授未和我们的研究一样设定"解释性否认"类陈述。参见前引注⃝—⃝(解释了这一分类的重要性)。其结果是,利奥教授可能将一些否认性陈述归入了归罪性陈述当中。
⁴⁰⁷ 参见 Leo,前引注㊾,第 273 页。
⁴⁰⁸ 参见前引注㉛及相关文献(只有 12.5% 的成功审讯了的犯罪嫌疑人未被指控)。
⁴⁰⁹ 比较前引注⃝—⃝及相关文献(得出了 27.2% 供述率),以及 Feeney et al.,前引注㊾,第 142 页表 15-1(得出了在杰克逊维尔的供述率为 32.9%,圣迭戈的供述率为 20.3%),以及 Leo,前引注㊾,第 268 页表 7(24.2% 的犯罪嫌疑人作出供述,17.6%的犯罪嫌疑人部分认罪,22.5%的犯罪嫌疑人作出了"归罪性陈述")。
⁴¹⁰ 在利奥的研究样本中,湾区警察局在将近 1/3 的(60/182)即决案件中都对"审讯行为"进行了录音录像,参见 Leo,前引注㊾,第 452 页、第 474 页注释 10。两个警察局都没有必须对审讯录音录像进行保存的规定。同上引注,第 474 页注释 10。因此,很可能研究者分析的这些审讯录音录像只包括了那些"进展顺利"(get off the ground)的情形,而不包括那些犯罪嫌疑人及时主张了米兰达规则权利,或者整体上不合作的情形。因此,这有可能人为地提升了利奥教授在其研究样本中发现的归罪性陈述比例。

## 附录C 自愿性陈述

表格显示的是9起犯罪嫌疑人自愿归罪信息的情况,在这9起案件中,犯罪嫌疑人的自愿性归罪陈述是警方获得的唯一归罪性陈述。

| 犯罪嫌疑人编号 | 审讯结果 | 自愿性陈述 | 陈述的作用 | 犯罪类型 | 有无犯罪记录 | 证据力度 | 指控情况 | 指控结果 |
|---|---|---|---|---|---|---|---|---|
| H29a | 未审讯 | 归罪性陈述 | 相对不重要 | 暴力犯罪 | 无 | 不明 | 起诉 | 有罪答辩-1 |
| H33 | 未审讯 | 归罪性陈述 | 相对不重要 | 暴力犯罪 | 有 | 确凿的 | 起诉 | 有罪答辩-1 |
| H36 | 未审讯 | 供述 | 相对不重要 | 暴力犯罪 | 有 | 确凿的 | 起诉 | 有罪答辩-1 |
| H115 | 未审讯 | 供述 | 不必要 | 财产犯罪 | 有 | 确凿的 | 起诉 | 不明 |
| H160 | 未审讯 | 供述 | 相对不重要 | 财产犯罪 | 无 | 难以辩驳的 | 起诉 | 有罪答辩-1 |
| M2 | 未审讯 | 归罪性陈述 | 很关键 | 暴力犯罪 | 有 | 不明 | 起诉 | 撤销指控 |
| M11 | 未审讯 | 归罪性陈述 | 不必要 | 暴力犯罪 | 有 | 难以辩驳的 | 起诉 | 不明 |
| H137 | 主张了米兰达权利 | 供述 | 不明 | 财产犯罪 | 有 | 难以辩驳的 | 起诉 | 有罪答辩-1 |
| H152 | 主张了米兰达权利 | 归罪性陈述 | 相对不重要 | 暴力犯罪 | 有 | 不明 | 起诉 | 不明 |

# 第二章 米兰达规则的社会成本
## ——一个经验性重估[*]

保罗·G.卡塞尔

概述
第一节 计算米兰达规则成本的方法论
第二节 米兰达规则和供述的经验性证据
第三节 米兰达规则成本的计算
第四节 普遍化问题
第五节 "成本"视角下的米兰达规则正当性
第六节 米兰达规则成本的评价

---

[*] Paul G Cassell, "Miranda's Social Costs: An Empirical Reassessment", 90 *Northwestern University Law Review* 387(1996).

李·泰特尔鲍姆(Lee Teitelbaum)院长,阿希尔·里德·阿马尔(Ahkil Reed Amar)、克雷格·布拉德利(Craig Bradley)、金斯利·布朗(Kingsley Browne)、莱昂内尔·弗兰克尔(Lionel Frankel)、约瑟夫·格拉诺(Joseph Grano)、理查德·利奥(Richard Leo)、威廉·皮齐(William Pizzi)、威廉·斯顿茨(William Stuntz)、戈登·范凯塞尔(Gordon Van Kessel)、韦尔什·怀特(Welsh White)等人为本文初稿提出过有益的评论。衷心地感谢犹他州立大学研究委员会和法律职业发展委员会对本项研究的支持,以及法学院图书馆的研究馆员及其助手们,他们耐心地帮助我从众多文献中找到了研究所需要的资料。

## 概述

怀特大法官在米兰达案判决的反对意见中认为:"本院的这一判决将使大量被告人,也许是杀人犯、强奸犯或者其他犯罪分子重新回到大街上,回到那个培育了他们的环境中去,随心所欲地重复着他们的犯罪行为。"①

常识告诉我们:如果警察必须警告犯罪嫌疑人,他们有保持沉默的权利,从犯罪嫌疑人处获得明确的弃权声明,并且在犯罪嫌疑人要求获得律师帮助或停止审讯时即结束审讯的话,肯定没有什么人会愿意供述。然而,今天,在米兰达规则实施大约 1/4 个世纪之后,法学界的主流观点却认为——米兰达规则对执法效果的影响"微乎其微"。② 例如全美主流的刑事诉讼法学入门教科书即认为"自米兰达规则实施以来几乎没有发生什么改变"。③ 各种法学评论上刊载的以米兰达规则为研究主题的论文同样声称,米兰达案判决对于警察有效地获得犯罪嫌疑人的供述并未产生显著的负面影响,而且在指出这一点时,似乎一切都是经验证之后的事实。④ 许多主流刑事诉讼法学教科书同样包含着类似

---

① 米兰达诉亚利桑那州案(Miranda v. Arizona, 384 U. S. 436, 542 [1966])(怀特大法官的反对意见)。

② Welsh S. White, "Defending Miranda: A Reply to Professor Caplan", 39 *Vand. L. Rev.* 1, 20 (1986)(指出"广泛的共识是米兰达规则对执法效果的影响被忽视了")。

③ Wayne R. LaFave & Jerold H. Israel, *Criminal Procedure* 484 (1984 & Supp. 1991).

④ 参见 Janet E. Ainsworth, "In a Different Register: The Pragmatics of Powerlessness in Police Interrogation", 103 *Yale L. J.* 259, 299 n. 200 (1993) ("大部分后来的评论者们一致同意早期研究的结论,认为米兰达规则对刑事起诉几乎没有什么负面影响"); Lawrence Herman, "The Supreme Court, the Attorney General, and the Good Old Days of Police Interrogation", 48 *Ohio St. L. J.* 733, 737 n. 31 (1987) ("大部分研究倾向于显示米兰达规则没有明显影响犯罪嫌疑人的供述率"); Yale Kamisar, "Remembering the 'Old World' of Criminal Procedure: A Reply to Professor Grano", 23 *U. Mich. J. L. Ref.* 537, 585 (1990) ("然而,正如米兰达规则 25 年的存在所证明的那样,米兰达规则的反对者们的恐惧[对执法的危害]并未证明其正当性"); Irene M. Rosenberg & Yale L. Rosenberg, "A Modest Proposal for the Abolition of Custodial Confessions", 68 *N. C. L. Rev.* 69, 114 n. 259 (1989) ("相当清楚的是,大量重要的经验证据证明米兰达规则对警察获取犯罪嫌疑人供述能力的影响并不显著");还可参见 ABA Special Committee. on Criminal Justice in a Free Society, *Criminal Justice in Crisis* 27 (1988) ("米兰达规则对警察破案和成功起诉犯罪的能力并无显著的影响")。

的明确观点。⑤

　　基于米兰达规则对执法效果的影响微乎其微这一被广泛接受的共识，奇怪的是很少有人对米兰达规则之于美国刑事司法体系运行的影响进行过定量研究。曾经有学者对第四修正案下与搜查、扣押相关的证据排除规则带来的社会成本（就导致的无效逮捕而言）问题进行过量化分析⑥，但是对米兰达规则却没人愿意来解释其"微乎其微"的效果是什么，以及这样一种"微乎其微"的效果又对多少危险犯罪分子产生了影响。

　　本文认为，学界关于米兰达规则对执法效果有何影响的主流观点存在着严重的错误。正如常识所告诉我们的那样，米兰达规则显著地影响了美国警察的执法效果。在对这一论点进行论证的过程中，本文首先（当然也只是初步的）对米兰达规则之于警察执法效果影响的定性争论进行了回顾。⑦ 当然，大法官怀特关于"我们永远无法确切地知道有多少犯罪分子因为米兰达规则的要求而逃脱了定罪"的论断毫无疑问是正确的。⑧ 但是，"从政策制定的角度来看，我们需要的并不是确切的数据，最多是对米兰达规则的一般影响效果进行合理评估。"⑨

　　从联邦最高法院最近对米兰达规则的描述来看，对米兰达规则可能带来的社会成本进行一丝不苟的分析同样重要。联邦最高法院曾经将米兰达规则描述

---

　　⑤　参见 Frank W. Miller et al., *Cases and Materials on Criminal Justice Administration* 519 (4th ed. 1991)（"既有证据表明，米兰达规则的影响相当轻微"）；Stephen A. Saltzburg & Daniel J. Capra, *American Criminal Procedure: Cases and Commentary* 523 (4th ed. 1992)（"在许多司法管辖区，米兰达规则的影响微乎其微"）；Christopher Slobogin, *Criminal Procedure: Regulation of Police Investigation—Legal, Historical, Empirical and Comparative Materials* 346 (1993)（"米兰达规则对警察审讯的改变……可能只有一点点"）。

　　⑥　参见 National Inst. of Justice, U. S. Dep't of Justice, *Criminal Justice Research Report—The Effects of the Exclusionary Rule: A Study in California* (1982); Thomas Y. Davies, "A Hard Look at What We Know (and Still Need to Learn) About the 'Costs' of the Exclusionary Rule: The NIJ Study and Other Studies of 'Lost' Arrests", 1983 *Am. B. Found. Res. J.* 611; Peter F. Nardulli, "The Societal Costs of the Exclusionary Rule: An Empirical Assessment", 1983 *Am. B. Found. Res. J.* 585。

　　⑦　参见 Gordon Van Kessel, "The Suspect as a Source of Testimonial Evidence: A Comparison of the English and American Approaches", 38 *Hastings L. J.* 1, 6-7 (1986)（认为对警察审讯问题的争论"通常反映的是个人的情感或体验而不是对经验证据和逻辑的信赖"）。

　　⑧　《哈佛法律评论》的编辑们认为这样的问题"既是没有答案的，也可能是回答不了的"。"Developments in the Law—Confessions", 79 *Harv. L. Rev.* 938, 945 (1966)。《耶鲁法律杂志》的编辑们将这一评价称为《哈佛法律评论》编辑们的"特征"。"Project, Interrogations in New Haven: The Impact of Miranda", 76 *Yale L. J.* 1519, 1521 n. 4 (1967)（以下简称"Yale Project"）。

　　⑨　Davies，前引注⑥，第 622 页（讨论了第四修正案与非法证据排除规则）。

为"一个精心设计的,用来在全面保护被告人权益与社会利益之间保持平衡的装置"。⑩ 即使那些米兰达规则最为热诚的拥护者们也会选择以"成本—收益"衡量模式来分析米兰达案判决。⑪ 但是,任何利益平衡的假设都要求对米兰达规则可能带来的社会成本规模进行确切的计算。⑫ 本文为此提供了一个评估米兰达规则的社会成本,以及米兰达规则的替代性方案——如对警察审讯进行录音录像——的社会成本的评估体系。

本文分为 6 个部分,第一部分简要地描述了评估米兰达规则成本的方法问题。米兰达规则对执法效果的影响不仅可以通过被告人针对警察获得的供述提出的非法证据排除动议来评估,而且可以通过米兰达警告导致的警察无法获得的供述数量来进行评估。第二部分回顾了米兰达规则对供述率影响的经验性证据。对这些研究的综合分析发现,米兰达规则导致了大约 1/6 的案件中未能获得犯罪嫌疑人供述,以及大约 1/4 案件需要犯罪嫌疑人供述才能对其进行定罪。第三部分通过米兰达规则导致的未能定罪的案件和被告人因此在交易中获利的案件数量对米兰达规则的成本进行了定量分析。结果表明,因为米兰达规则,每年大约 28 000 名严重暴力犯罪、79 000 名财产犯罪的被告人未被定罪,以及大致相同数量案件的被告人因此在辩诉交易中获得了降格指控。第四部分则对可能针对我们的分析推断的反驳进行了回应。第五部分我们对米兰达规则成本概念是否"正当"的问题进行了研究。最后,第六部分根据这些成本对米兰达规则之于执法效果的影响进行了评估。我们认为,特别是在可以通过录音录像来防止警察审讯中的强制情况,从而减少米兰达规则可能给社会带来的危害时,米兰达警告是一种难以让人接受的高成本规则。

---

⑩ 莫兰诉伯拜恩案(Moran v. Burbine, 475 U. S. 412, 433 n. 4 [1986])。

⑪ 参见 Yale Kamisar, "The 'Police Practice' Phases of the Criminal Process and the Three Phases of the Burger Court: Rights and Wrongs in the Supreme Court", 1969-86, in *The Burger Years* 143, 150 (Herman Schwartz ed., 1987)(不断地寻求平衡"是米兰达规则的拥护者们——而不是反对者们——过去 20 年间讨论这一案件的方式)。

⑫ 试比较 Davies,前引注⑥,第 626 页(指出在讨论搜查扣押和非法证据排除规则"成本和收益的'平衡'模式时没有经验性内容")。

## 第一节 计算米兰达规则成本的方法论

### 一、错误的分析——非法（供述）证据排除率

评估米兰达规则成本的可能方法之一是，看有多少供述因为警察违反了米兰达规则而被排除。在一些案件中，被告人以警察违反米兰达规则为由而提出的非法证据排除动议被采纳，直接导致了一些危险犯罪分子被开释。例如，在得克萨斯州，一名邦迪多斯摩托帮的成员杀害了一名曾经指证过该帮派的年轻妇女，其供述了这起谋杀，但是该供述却被排除了，理由是在其作出供述之前本应得到律师的帮助（而没有得到）。⑬ 被告人从容地走出法庭的大门，脸上充满着得意的笑容，只留下被害人的父母在那诉说着他们已经对这个刑事司法体制失去了信心。⑭

从现有的经验数据来看，虽然这些案例有点戏剧性，一些米兰达规则的拥护者们的回应是——供述被排除而导致的对被告人的开释，更不用说是对危险性被告人的开释，其实相当之少。彼得·纳尔杜利（Peter Nardulli）等人在 20 世纪 70 年代后期对伊利诺伊、密歇根、宾夕法尼亚等州的 9 个中等规模的城市进行了细致的研究后发现，在 7035 起样本案件中，只有 5* 起定罪因为被告人成功的基于米兰达规则提出的非法证据排除动议被撤销，仅占样本案件数的 0.071%。⑮ 纳尔杜利此后于 1983 年在芝加哥的研究则发现在 3626 起样本案件中，只有 1 起因

---

⑬ Office of Legal Policy, U. S. Dep't of Justice, "Report to the Attorney General on the Law of Pre-Trial Interrogation", 126 (1986)（以下简称 OLP Pre-Trial Interrogation Report）。该报告再版发表在 22 U. Mich. J. L. Ref. 437 (1989)。

⑭ 参见 OLP Pre-Trial Interrogation Report，前引注⑬，第 127 页。其他米兰达规则排除供述之后导致正义流产方面的论述可以参见下引注⑫—⑰；Richard H. Uviller & Tempered Zeal：A Columbia Law Professor's Year on the Streets with the New York City Police 206-07 (1988)。

\* 原文数据为"1"，但结合上下文内容，此处数据疑为有误，译者查阅纳尔杜利的文章后认为此处应为卡塞尔教授的笔误，故在翻译时予以更正。——译者注

⑮ 参见 Nardulli，前引注⑥，第 601 页表 12。

为供述被排除而被撤销定罪,占样本案件数的0.028%。[16]弗洛伊德·菲尼(Floyd Feene)、福里斯特·迪尔(Forrest Dill)、阿德里安娜·韦尔(Adrianne Weir)等人根据佛罗里达州杰克逊维尔市、加利福尼亚州圣迭戈的数据所进行的研究也得出了类似的结论。在619起样本案件中,最多只有2起因为非法供述被排除未能定罪,占样本案件数的0.3%。[17] 其他一些研究也得出了基于米兰达规则提出的非法证据排除动议对定罪的影响很小的类似结论。[18] 为数不少的研究发现,初审法院定罪的案件,在上诉审中很少因为违反米兰达规则的非法证据排除动议被推翻。[19]

基于这种情形(因为违反米兰达规则而被撤销定罪的百分比很小),有人认为米兰达规则对警察执法的负面影响微乎其微。例如,马修·李普曼(Matthew Lippman)教授援引纳尔杜利的研究结论(只有0.071%的案件因为违反米兰达规则被撤销定罪)认为,"基于米兰达规则的证据排除规则对警察获得犯罪嫌疑人供述的能力几乎没有什么影响"。[20]保罗·马库斯(Paul Marcus)教授曾经认为

---

[16] Peter F. Nardulli, "The Societal Costs of the Exclusionary Rule Revisited", 1987 U. Ill. L. Rev. 223, 233 (表8)。

[17] Floyd Feeney et al., Arrests Without Conviction: How Often They Occur and Why 144 (1983). 在619名被逮捕夜盗罪和抢劫罪犯罪嫌疑人中,他们发现只在16个案件中"有一些非法证据排除问题涉及供述或认罪",只在6个案件中提出了非法证据排除动议,只有3个动议被法庭采纳,没有一个因此导致指控失败。同上引注。另有2个案件因为供述问题检方放弃了指控。同上引注。根据本文提供的数据可以认为只有两个案件的失败可以归咎于米兰达规则(一个案件的供述可以认为是非法街头拘留的结果)。

[18] 参见 Bureau of Justice Statistics, U.S. Dep't of Justice, Prosecutors in State Courts, 1992, at 6 (1993), tbl.9(发现15%的检察官办公室经历过因为侵犯了犯罪嫌疑人不被强迫自我归罪特权而撤销案件的问题); Comptroller General of the U.S., Impact of the Exclusionary Rule on Federal Criminal Prosecutions 8 (1979) (4.4%的联邦案件被告人提出了排除非法供述的动议); Floyd Feeney & Adrianne Weir, The Prevention and Control of Robbery: A Summary 56 (1974) (在抢劫案件中发现供述可采性不存在问题); Peter W. Greenwood et al., Prosecution of Adult Felony Defendants: A Policy Perspective 67 (表44), 74 (表9)(1976)(在非法持有毒品的重罪案件中没有发现因为"非法获取犯罪嫌疑人陈述"而被检察官撤回指控的情形;在所有案件中,在预审听证程序中只有不到1%的案件因为"权利告知不当"而被驳回指控);还可参见 Michael Zander & Paul Henderson, Royal Comm'n on Criminal Justice, Crown Court Study (1993) (英国的研究发现,所有案件中,只有5%的案件存在对供述进行抗辩的问题)。

[19] 参见 Thomas Y. Davies, "Affirmed: A Study of Criminal Appeals and Decision-Making Norms in a California Court of Appeal", 1982 Am. B. Found. Res. J. 543, 616 (发现在刑事上诉案件中,20.4%涉及供述问题,但只有1.8%获得了成功); Karen L. Guy & Robert G. Huckabee, "Going Free on a Technicality: Another Look at the Effect of the Miranda Decision on the Criminal Justice Process", 4 Crim. J. Res. Bull. 1, 2 (1988) (发现在9%的上诉案件中提出了米兰达规则相关问题,但只有5%成功,占所有上诉案件的0.51%)。

[20] Matthew Lippman, "A Commentary on Inbau and Manak's 'Miranda v. Arizona—Is It Worth the Cost?'" (A Sample Survey, with Commentary, of the Expenditure of Court Time and Effort), Prosecutor, Spring 1989, at 37. 李普曼通过将成本估算从0.071%变为0.017%不经意间进一步缩小了米兰达规则的成本,同上引注。

基于米兰达规则提出的非法证据排除动议很少被法官采纳，在某种程度上使得人们对米兰达规则可能为警察执法带来妨碍的担心失去了意义。[21]纳尔杜利则将其研究所获得的数据作为支持其"就供述而言，非法证据排除规则对刑事司法体制的影响其实很小"观点的根据。[22]

这些观点未能意识到米兰达规则给警察执法带来的问题的真实程度，对被排除供述的数据分析只能告诉我们那些警察已经获得了供述的案件后来发生了些什么。这些数据并未告诉我们那些警察因为米兰达规则而未能获得供述的案件后来如何了。正如约瑟夫·格拉诺教授曾经认为的那样，这些简单的计算并未考虑到"那些因为米兰达规则而未能获得的犯罪嫌疑人供述所带来的损失，而犯罪嫌疑人的自愿性陈述本是查明事实真相的检验器"[23]。对基于米兰达规则的非法证据排除动议的简单分析忽视了那些"损失了的案件"。事实上，对非法证据排除动议分析所显示出的影响如何都无法替代失去供述所带来的社会成本——这是首先必须考虑的成本分析。[24]无论如何，警察执法几乎未受非法供述排除影响的证据本身并不能否认警察执法经常受到无法获得犯罪嫌疑人供述的影响。对极少数违反了米兰达规则但诉讼程序仍然得以进行，直至最后因此被撤销定罪的个案之关注，则混淆了规则本身带来的额外社会成本和具体个案的成本。[25]

---

[21] Paul Marcus, "A Return to the 'Bright Line Rule' of Miranda", 35 *Wm. & Mary L. Rev.* 93, 143 (1993)（纳尔杜利的交叉引用研究）；还可参见 Peter D. Baird, "Critics Must Confess, Miranda Was the Right Decision", *Wall St. J.*, June 13, 1991, at A17（引用了纳尔杜利的数据，认为在审判中很少有供述被排除）。

[22] Nardulli, 前引注[6], 第 606 页；参见 Feeney & Weir, 前引注[13], 第 56 页；Charles E. Silberman, *Criminal Violence, Criminal Justice* 262-65 (1978)；Guy & Huckabee, 前引注[19], 第 2 页。

[23] Joseph D. Grano, *Confessions, Truth, and the Law* 202 (1993)（引用了 Stephen J. Markman, "The Fifth Amendment and Custodial Questioning: A Response to 'Reconsidering Miranda'", 54 *U. Chi. L. Rev.* 938, 945-47 [1987]）。

[24] 为了增加这一数据作为米兰达规则的成本，假设所有被排除的供述都是违反米兰达规则的结果，而不是违反第五修正案之供述自愿性要求的结果。参见下引注[49]—[49]及相关文献（讨论了违反米兰达规则和违反第五修正案之间的区别）。这一假设看似合理，因为真正的强制性供述相当少。参见下引注[49]—[53]及相关文献，还可参见 Feeney et al., 前引注[17], 第 145 页表 15-4（发现在 619 份供述中，16 份存在可采性问题，但只有 3 份涉及供述自愿性问题）；Vear Inst. of Justice, *Taping Police Interrogations in the 20th Precinct*, N.Y.P.D. (1967)（发现在 275 份审讯录音录像的陈述中，没有一份可以被认为是"非自愿的"）。

[25] 参见下引注[28]—[32]及相关文献（认为根据败诉的案件数量，米兰达规则的成本是 3.8%，比纳尔杜利估算的 0.71% 高 50 倍）。

## 二、 正确的分析——失去的犯罪嫌疑人供述

为了从未能获得犯罪嫌疑人供述导致案件未能侦破的角度对米兰达规则的社会成本进行量化,我们必须对米兰达规则所要求的权利警告、犯罪嫌疑人的弃权声明,以及犯罪嫌疑人有权随时中止审讯等规则结合在一起是否导致了犯罪嫌疑人供述的损失进行分析。就目前而言,基本的共识是,米兰达规则所要求的程式性权利警告至少阻止了一些犯罪嫌疑人供述的愿望。这就是米兰达规则的拥护者们谨慎声称米兰达规则的社会成本微乎其微,而不是根本不存在的原因所在。

因为米兰达规则而未能获得犯罪嫌疑人供述并不必然意味着是一种社会成本。即使因为米兰达规则而未能获得犯罪嫌疑人供述,检察官也许还是会有足够的证据成功地对被告人定罪。因此,要说米兰达规则有社会成本,我们不仅必须量化米兰达规则导致的犯罪嫌疑人供述率的变化,而且还要对那些供述系定罪必需的案件数量情况进行考察。例如,如果米兰达规则导致了供述率下降20%,而且在这些案件中有20%的被告人定罪必须依赖供述,那么,米兰达的社会成本即为所有案件的4%(20%×20%=4%)。米兰达规则拥护者中的那些见多识广者们也承认,这是一种评价米兰达规则社会成本的较为合适的方法。㉖ 类似的方法同样被用于评价第四修正案下的非法证据排除规则的社会成本问题。㉗

## 第二节 米兰达规则和供述的经验性证据

在论证米兰达规则之于案件侦破的负面作用时,我们既可以采取定性,也可

---

㉖ 参见 Charles H. Whitebread & Christopher Slobogin, *Criminal Procedure: An Analysis of Cases and Concepts* 382 (3d ed. 1993)。

㉗ 参见 Davies,前引注⑥,第634页("非法证据排除规则的影响可以通过非法搜查问题导致的逮捕比例[或者特定类型案件的总体逮捕比例]下降来计算")。

以选择定量的方式。虽然一些学者在这一问题上多采取定性评价的方式[28]，但是客观地说,定量的方式也许更可能给我们提供一幅米兰达规则对警察执法效果影响的完整图画。本文采取定量方式,并根据评价米兰达规则之于警察执法效果影响的需要对掌握的统计数据证据进行了调查。本节将首先对米兰达规则导致的供述率变化这一定量数据信息进行分析,然后对目前掌握的成功起诉对供述的需要方面的定量信息进行分析。

一、供述率下降分析

对米兰达规则之于供述率的影响进行量化研究确实相当困难,因为我们不能将警察机关的公告或者法院的诉讼事件表中公布的"无供述"数量信息简单地相加就认为已经掌握了米兰达规则对供述率的影响情况。相反,我们需要的是对受米兰达规则规制的警察审讯中获得的供述情况,与未受米兰达规则规制的警察审讯中获得的供述情况进行对比。[29] 因此,我们可以使用的数据大致包括两个方面。第一,我们可以对米兰达规则实施前后的羁押性审讯研究情况进行分析,以获取可资纵向对比的数据；第二,我们还可以对受米兰达规则规制的美国警察审讯中获得的供述率与那些通过其他方式对警察审讯进行规制的国家的情况进行比较,以获取可资横向对比的数据。

（一）前后比较研究（Before-and-After Studies）

如果将供述率的变化归咎于米兰达规则的影响,那么,最好的证据,如果可能的话,就是在米兰达规则实施后进行的,对美国各城市警察审讯获得的供述率进行的前后对比评价。[30] 对单个司法管辖区的研究自动保持了各种常数,而如果不保持这些常数则有可能使比较研究根本无法进行。[31] 其他一些研究虽然在性质上各有不同,但还是能够据此得出供述率的变化系受米兰达规则实施影响的

---

　　[28] 参见 Jerold H. Israel,"Criminal Procedure, the Burger Court, and the Legacy of the Warren Court", 75 *Mich. L. Rev.* 1319, 1383 (1977)（根据与警察的讨论对米兰达规则之于执法效果的影响进行了评估）。

　　[29] 本文笼统地用"供述"一词,不仅包括全面承认罪行的陈述也包括一般的归罪性陈述。参见 George C. Thomas III, "Is Miranda a Real-World Failure?: A Plea for More (and Better) Empirical Evidence", 43 *Ucla L. Rev.* (forthcoming 1996)（使用了相同的术语）。在介绍特定的实证研究时,有时也会使用所引研究中使用的术语。

　　[30] 试比较 Yale Kamisar, "On the Tactics of Police-Prosecution Oriented Critics of the Courts", 49 *Cornell L.Q.* 436, 462-69 (1964)（讨论了法庭判决前后的影响评估问题）。

　　[31] 参见下引注[42]（指出了逮捕做法导致的供述率差异）。

初步结论。

1. 匹兹堡研究(The Pittsburgh Study)

就米兰达规则对供述率的影响这一主题而言，理查德 H. 西伯格(Richard H. Seeburger)、小 R. 斯坦顿·韦蒂克(R. Stanton Wettick, Jr)等的研究成果也许是最好的一项。他们对匹兹堡警察局从 1964 年起至 1967 年夏的谋杀、强奸、抢劫、夜盗、机动车盗窃等类型的案件进行了调查。㉜ 甚至在米兰达案判决之前，匹兹堡警方即已在实践中采取了最高法院后来在判决中要求的一些措施，如告知犯罪嫌疑人有沉默权、律师帮助权(虽然没有法律援助)。但是，这些权利告知措施并非在审讯开始时单独进行，更多的是作为警察与犯罪嫌疑人之间对话的组成部分，交织其间。㉝

匹兹堡研究认为米兰达规则确实降低了警察审讯中犯罪嫌疑人的供述率。㉞ 在米兰达规则实施之前，该局警察审讯犯罪嫌疑人的供述率为 48.5%，而在米兰达规则实施之后，这一数据下降了 16.2 个百分点㉟，仅为 32.3%㊱。在 1967 年夏选取的第二组样本中，同样得出了类似的结论，犯罪嫌疑人的供述率甚至更低，仅为 27.1%㊲，较米兰达规则实施之前下降了 21.4 个百分点。㊳ 综合这两组样本数据发现，米兰达规则实施后匹兹堡警方审讯所获得的供述率仅为 29.9%，较之米兰达规则实施之前下降了 18.6 个百分点。

米兰达规则在学术界的拥护者们在谈到匹兹堡研究的数据时通常都会提到：虽然该项研究发现警察审讯所获得的供述率出现了下降，但是该项研究同样发现定罪率和破案率并没有同时下降。㊴ 但是，我们认为，定罪率和破案率是衡量米兰达规则对警察执法效果影响的间接指标，在具有直接指标的情况下，我们

---

㉜　Richard H. Seeburger & R. Stanton Wettick, Jr., "Miranda in Pittsburgh—A Statistical Study", 29 *U. Pitt. L. Rev.* 1, 6-7, 11, 13 (1967).

㉝　同上引注，第 8 页。

㉞　该项研究将"供述"界定为"所有向警察作出的自我归罪和不包括可以实质上减轻罪行的有利于己的陈述，以及所有即使包含了有利于己的内容但有助于警方的认罪"。同上引注，第 10 页。

㉟　出于计算米兰达规则成本对供述率变化分析的需要，本文对供述比例的使用采取了一种新的方式。参见前引注㉖—㉗及相关文献。其结果是，作者将米兰达案前后 30% 和 20% 的供述率进行比较之后，得出了供述率"下降"或者"减少"了 10 个百分点的结论，而不是说供述减少了 33%。这一较少使用的术语的净效应也许是误导人们低估米兰达规则的影响，就像这一例子那样。

㊱　参见 Seeburger & Wettick，前引注㉜，第 12 页表 2。

㊲　同上引注，第 13 页表 3。

㊳　有关 1967 年供述率甚至更大幅度下跌原因的讨论可以参见下引注㊴—㊽及相关文献。

㊴　参见 Yale Kamisar et al., *Modern Criminal Procedure: Cases, Comments and Questions* 599 n. c (8th ed. 1994); Stephen J. Schulhofer, "Reconsidering Miranda", 54 *U. Chi. L. Rev.* 435, 457(1987); White，前引注②，第 18 页。

没有理由不通过直接指标(即供述率)而选择间接指标(如定罪率和破案率)来衡量米兰达规则对警察执法效果的负面影响。

首先是定罪率问题。我们认为根据定罪率来评价米兰达规则对警察执法效果的影响是有问题的,定罪率通常受诸多与供述毫无关系的因素影响。⑩ 更重要的是,定罪率不能涵盖所有受米兰达规则的影响而"未能定罪的案件"情况。⑪ 如果警察局或者检察官在犯罪嫌疑人被正式指控之前即放弃某个案件,那么,这个案件就永远无法在定罪率统计数据中显示出来。⑫ 米兰达规则削弱了警方在正式起诉之前的调查程序中的案件处理能力(如妨碍了警察获取口供的能力),因此定罪率数据并不能全面地反映米兰达规则对警察执法效果的负面影响。

如果我们的前述观点是正确的,那么,我们可以发现,在1966年6月之后,被提起正式指控的案件数量将更少。⑬ 不幸的是,匹兹堡的研究对大陪审团起诉,或正式指控之前撤案等方面的数据收集不够充分,因此无法验证我们的假设。但是,该研究成果的作者还是认为,这些并不充分的数据同样可以"为这一解释提供一些支持"⑭,特别是,在米兰达规则实施之前,大陪审团拒绝正式起诉的案件仅占全部案件的13.6%,而在米兰达规则实施之后,1966年,这一数据上升为15.9%;1967年的前三季度这一数据进一步上升为16.3%。⑮ 米兰达规则实施之前(13.6%)与1967年(16.3%)前三季度的这一数据差值为2.7%——与

---

⑩ 参见 Kathleen B. Brosi, *A Cross-City Comparison of Felony Case Processing* 52 (1979) (发现在不同的司法管辖区,定罪率在21%—62%之间变化);还可参见 Isaac Ehrlich & George D. Brower, "On the Issue of Causality in the Economic Model of Crime and Law Enforcement: Some Theoretical Considerations and Experimental Evidence", 77 *Am. Econ. Rev.* 99, 104 (1987) (发现定罪率数据质量很差)。

⑪ 试比较 Markman,前引注㉓,第946页注释20(指出了根据定罪率数据来评估米兰达规则影响存在的问题);参见 Ian McKenzie & Barrie Irving, "The Right to Silence", 4 *Policing* 88, 102-03 (1988) (在关于英国的警察审讯与定罪之间的关系问题上存在类似的瑕疵)。

⑫ 在搜查和扣押问题上,Oaks教授提出了类似的观点。参见 Dallin H. Oaks, "Studying the Exclusionary Rule in Search and Seizure", 37 *U. Chi. L. Rev.* 665, 688-89 (1970) (认为对非法证据排除规则影响的评估不仅要考虑对已经起诉了的案件产生了什么影响,还应考虑那些检察官根本"没有形成书面文件"[no-papered]的案件)。

⑬ 参见 Seeburger & Wettick,前引注㉜,第24页(指出"调和"供述率下降和定罪率稳定之间的矛盾的方法之一是考察那些在聆讯和大陪审团审查起诉阶段即被排除在外的案件情况)。

⑭ 同上引注,第24页。

⑮ 同上引注。我能够确定的另外唯一一项米兰达案后的起诉数据也表明起诉率出现了下降。在弗吉尼亚州的奇蒙德,埃斯科贝多案之后起诉率下降了10个百分点,在米兰达案后下降了20个百分点。参见 "Controlling Crime Through More Effective Law Enforcement: Hearings Before the Subcomm. on Criminal Laws and Procedures of the Senate Comm. on the Judiciary", 90th Cong., 1st Sess. 249 (1967)(以下简称控制犯罪听证会["controlling Crime Hearings"])(弗吉尼亚州里士满市联邦律师协会詹姆斯·T. 威尔金森[James T. Wilkinson]的陈述)。

本文所使用的分析模型下的可预期结果较为接近。[46] 除了大陪审团拒绝起诉率上升之外,相关研究还发现了米兰达规则削弱警察执法效果的其他方面。[47] 刑事司法研究认为审查起诉环节在刑事诉讼过程中具有重要的作用[48],而这些研究却未能解释审查起诉的作用越来越低。[49] 如果我们能够确定米兰达规则实施后被匹兹堡检察官剔出起诉程序的案件数量变化情况的话,我们也许就能发现构成本文所指的米兰达规则的社会成本之"败诉案件"数量。

接着我们再来看看匹兹堡研究所发现的破案率可能稳定的问题。[50] 就衡量米兰达规则对警察执法效果的影响而言,破案率同样并非完全合适的标准。和非法供述排除率,以及定罪率一样,破案率并不能完全涵盖米兰达规则可能导致的"败诉案件"情况。在此必须注意的是,如果从统计的目的看,警察可以将那些具有明确的犯罪行为人,并已经将行为人逮捕的案件视为已经破获的案件。[51] 至于被告人是否被最后定罪,或者甚至只是起诉都不是破案的标准要求。当然,警察可以在"合理根据"的证据标准[52]——一条低于审判定罪所要求的"排除一切合理怀疑"标准下即宣告案件已经破获。米兰达规则导致了警察从被逮捕后的犯罪嫌疑人处获得的供述数量减少,而这些供述也许正是检察官对被告人定罪所需。但是,这些损失并不能在破案率数据中得到反映。[53] 大陪审团起诉率下降

---

[46] 参见下引注㉙—㉜及相关文献(以"败诉的案件"来评估米兰达规则的成本大约为 3.8%)。这一百分比并非准确的参照物,因为他们所使用的分母不同:前者的分母是被审讯的人,后者是试图起诉的人。

[47] 参见 Paul G. Cassell & Bret S. Hayman, "Police Interrogation in the 1990s: An Empirical Study of the Effects of Miranda", 43 *UCLA L. Rev.* (forthcoming 1996)(记录了被检察官过滤掉的不成比例的无供述案件数量)。

[48] 参见 Brosi,前引注㊵,第 12 页(注意到在 5 个城市中,检察官拒绝起诉的案件比例在 9%—57%之间);参见 Feeney et al.,前引注⑰,第 21 页(注意到在加州如果从警察逮捕开始计算的话,案件的损耗率为 43%;但是,如果从检察官提起诉讼开始计算的话,损耗率只有 26%;如果从案件移交到法庭开始计算的话,损耗率则只有 14%);Brian Forst et al., *What Happens After Arrest?: A Court Perspective of Police Operations in the District of Columbia* 67 (1977) (发现在哥伦比亚特区,检察官不起诉率为 21%)。

[49] 参见 Feeney et al.,前引注⑰,第 21—22 页。

[50] 匹兹堡研究项目的作者们认为:"这些数据涵盖了匹兹堡1965年1月1日至1967年7月31日的破案率,其间1966年上半年开始,破案率出现了下降,但这并不一定就可以得出米兰达规则影响了匹兹堡警察破案能力的结论。只能说在诸种可能的解释之中,米兰达规则实施的影响是其中之一。" Seeburger & Wettick, 前引注㉜,第 24 页。

[51] 参见 Federal Bureau of Investigation, U.S. Dep't of Justice, *Uniform Crime Reporting Handbook* 41-42 (1984)(解释了统一犯罪报告[*Uniform Crime Report*, UCR]中"破案"的含义)。

[52] 参见达纳韦诉纽约州案(Dunaway v. New York, 442 U.S. 200 [1979])。

[53] 卡米萨教授后来问过西伯格教授该项研究是不是为"米兰达规则影响了执法"的观点提供了支持。Yale Kamisar, "Landmark Ruling's Had No Detrimental Effect", *Boston Globe*, Feb. 1, 1987,第 A27 版。西伯格回答称:"绝对没有。"同上引注。在得出这个结论过程中,西伯格教授明显被其关于定罪率和破案率的研究发现误导了,因为此处解释的定罪率和破案率作为衡量米兰达规则对执法效果负面影响的指标都不准确。

2.7个百分点这一结果,即是破案率数据未能反映出来的,在美国刑事司法的过滤机制实践中,米兰达规则对警察执法效果的负面影响。㊴

韦尔什·怀特(Welsh White)教授曾经就其为什么不相信匹兹堡研究得出的米兰达规则实施后警察审讯犯罪嫌疑人供述率下降的结论,提出了一个最差的解释,他认为匹兹堡研究的"抽样偏误"(sampling bias)影响了研究结论的可靠性,因为这项研究"关注的是由高度职业化了的——在遵守米兰达规则方面也许特别认真的官员组成的侦查分局"。㊵ 在谈到米兰达规则对警察执法效果的负面影响时,对为什么某一司法管辖区单独抽样是一种可能影响研究结论的"抽样偏误",韦尔什·怀特教授并没有说清楚。㊶ 无论如何,当前主流的观点是执法人员一般都会遵守米兰达规则。㊷ 总之,匹兹堡研究发现警察审讯供述率下降了18.6个百分点应当归咎于米兰达规则,而定罪率和破案率的稳定并没有削弱该结论的说服力。㊸

2. 纽约郡研究(The New York County Study)

纽约州纽约郡地方检察官弗兰克·霍根(Frank Hogan)在他的研究中收集了一些涉及米兰达规则实施效果的统计数据。在米兰达案判决之前6个月内,该检察官办公室记录了几乎所有向大陪审团提出起诉审的重罪案件(不包括杀人罪)被告人认罪的运用情况。㊹ 在纽约郡,被提交大陪审团审查起诉的案件通常都是一些证据较为扎实、性质较为严重的刑事案件。㊺ 从1965年12月到1966年5月,大约有49.0%的重罪案件被告人作了归罪性陈述。㊻ 而在米兰达案判决之后(1966年7月至1966年12月),重罪案件被告人的归罪性陈

---

㊴ 关于匹兹堡研究项目还有一点必须指出的是,他们似乎只研究了那些已经侦破案件的档案材料。参见 Seeburger & Wettick, 前引注㉜, 第6页。因此, 我们不清楚该项研究是否本应对那些未破案件的材料也进行分析, 包括未破案件中那些受米兰达规则的影响而未被侦破的案件的材料。

㊵ 参见 White, 前引注②, 第19页。

㊶ 参见 American Law Inst., A Model Code of Pre-Arraignment Procedure: Study Draft NO.1 134 (1968) [以下简称 ALI Report] (将供述率下降归咎于"全面遵守米兰达规则")。

㊷ 参见 Schulhofer, 前引注㊴, 第456页注释56("许多研究表明, 警察遵守米兰达要求的程度一直很高")。

㊸ 本项研究的作者们给出了一个质性的结论, 认为他们已经证明了"米兰达规则没有明显削弱警察对罪犯的逮捕和定罪能力"。Seeburger & Wettick, 前引注㉜, 第26页。然而, 这一观点可能展示的并不比其"对米兰达案判决意识形态层面的赞美"更多。Markman, 前引注㉓, 第947页, 无论如何, 这与我们对米兰达规则影响的定量研究问题毫不相关。

㊹ "Controlling Crime Hearings", 前引注㊺, 第1120页(地方检察官弗兰克·霍根的声明)。

㊺ 同上引注。

㊻ 同上引注(2610名被告人中有1280名作了归罪性陈述)。

述数据下降为 14.5%。㊶ 因此，在纽约郡，米兰达规则导致供述率下降了 34.5 个百分点。

斯蒂芬·舒尔霍夫教授对纽约郡检察官办公室的这一结论提出了质疑。他认为，纽约郡的研究涉及的是检察官向大陪审团提交的供述情况，而不是警察实际获取的供述数量。㊷ 舒尔霍夫教授认为，纽约郡检察官办公室的研究所发现的供述率下降应该归咎于"米兰达规则的部分溯及力，在米兰达案判决后的那段时间里，几乎所有该案判决之前的犯罪嫌疑人供述都被禁止使用"。㊸ 然而，该项研究在将 1966 年 7 月至 12 月的数据汇总成表时，本应考虑到米兰达案判决之前的供述被提交给大陪审团审查起诉程序时的部分耗散效应。㊹ 更重要的是，霍根认为，"在米兰达案判决之后的 6 个月内只有 15% 的犯罪嫌疑人作出了供述，而此前犯罪嫌疑人供述率为 49%。"㊺ 因此，正如当时的司法部部长助理斯蒂芬·马克曼（Stephen Markman）所认为的那样："除了受该研究报告的误导之外，这一报告意味着米兰达案判决之前的犯罪嫌疑人供述都被提交到大陪审团审查起诉程序，而未考虑其在审判中不具有可采性；或者是受米兰达规则溯及力影响的案件数量并不具有统计学意义上的显著性。"㊻ 这一解释得到了霍根的定

---

㊶ 同上引注（从原始数据中得出的数字是在 2448 名被告人中只有 354 名作出了归罪性陈述）。德里普斯教授可能错误地将这一研究描述为"只包括犯罪嫌疑人任何类型频率"，不一定包括"对证明被告人有罪有帮助的陈述"。Donald A. Dripps, "Foreword: Against Police Interrogation—And the Privilege Against Self-Incrimination", 78 *J. Crim. L. & Criminology* 699, 722-23 n.91 (1988). 霍根清楚地将本项研究描述为包括了"归罪性陈述"——一个其经常与"认罪""供述"交互使用的概念。"Controlling Crime Hearings"，前引注㊹，第 1120 页。

㊷ 舒尔霍夫教授也承认，"米兰达案前后的数据不符合比较方法的要求……"。Schulhofer, 前引注㊴，第 457 页。也许他将纽约市的研究与另一项研究混在一起了，因为其观点的根据并不清楚。参见"Controlling Crime Hearings"，前引注㊹，第 1120 页（指出为本项研究收集了米兰达案之前和之后各 6 个月的统计数据）。

㊸ 参见 Stephen J. Schulhofer, "The Fifth Amendment at Justice: A Reply", 54 *U. Chi. L. Rev.* 950, 955 (1987)。

㊹ 但试比较 Vera Inst. of Justice, *Felony Arrests: Their Prosecution and Disposition in New York City's Courts* 17 (1977)（提到了纽约市的聆讯和大陪审团起诉之间"有时候延期"的问题）。

㊺ 参见"Controlling Crime Hearings"，前引注㊹，第 1120 页。

㊻ 参见 Markman, 前引注㉓，第 946 页注释 19。舒尔霍夫教授并不认为纽约市的检察官们本应将那些不具可采性的证据亦提交给大陪审团，因为纽约州刑事诉讼法规定"大陪审团除了合法证据之外不可以接受任何东西"。N.Y. Crim. Proc. Law § 249 (1958)（被 N.Y. Crim. Proc. Law § 190.30[1]取代，1971 年 9 月 1 日起生效），转引自 Schulhofer, 前引注㊸，第 955 页注释 21。但是，看起来很清楚，纽约的检察官们至少在一些案件中遵守米兰达规则的情形非常好，参见 F. David Anderson, "Confessed Killer of Six Goes Free—Judge in Brooklyn Conforms Reluctantly with High Court Ruling", *N.Y. Times*, Feb. 21, 1967, 第 41 页（大陪审团在 1966 年 11 月 4 日对 Jose Suarez 提起了起诉，但一个星期之后，检察官却撤销了这一起诉，认为除了这些不具可采性的供述外，"本案没有其他证据"）。

性评价的完全肯定,霍根认为:"米兰达警告明显阻止了犯罪嫌疑人向警方陈述的愿望。"⑱此外,霍根对杀人案件犯罪嫌疑人的单独分析对此也形成了支持,在对杀人案件犯罪嫌疑人的分析中,霍根的研究主要涉及的是米兰达案判决之后对杀人案件犯罪嫌疑人的审讯情况。⑲ 数据显示,在米兰达案之后,接受审讯的杀人案件犯罪嫌疑人中有30%拒绝陈述——这一数据明显高于米兰达案判决之前的情况。⑳

无论人们如何解读霍根的研究报告,另一项由几名耶鲁大学学生进行的研究削弱了舒尔霍夫教授对纽约郡检察官办公室研究结论的质疑能力。舒尔霍夫教授将纽约郡检察官办公室研究中发现的供述率下降归咎于米兰达规则的部分溯及能力,而不是对警察成功获取犯罪嫌疑人供述能力的削弱。1967年,维拉刑事司法研究所在纽约开展了一项以供述为主题的综合研究,但是这项研究事实上被学术界米兰达规则的支持者们所忽视。这项研究从两个方面着手收集纽约警方审讯中获得供述的数据情况。一方面,在1967年的8月至9月,维拉刑事司法研究所从曼哈顿区的22个警察分局收集了1460份重罪案件和"可要求捺印指纹的轻罪"的犯罪嫌疑人的审讯报告。㉑另一方面,从1967年4月至10月,在纽约州第20区收集了806盒审讯犯罪嫌疑人录像。㉒ 这些调查显示,警察审讯获得的供述率之低,已经接近于霍根报告中所得出的,米兰达规则实施后14.5%的犯罪嫌疑人供述率,也远低于米兰达规则实施前的49.0%。㉓ 曼哈顿的研究发现只有3.1%的犯罪嫌疑人作出了供述,13.7%的犯罪嫌疑人表示了认罪,作出归罪性陈述的犯罪嫌疑人仅为样本总数16.8%。㉔ 第20区的调查结果

---

⑱ "Controlling Crime Hearings",前引注㊺,第1120页。当时也存在解释霍根报告的那种方式。参见 Peter Kihss,"Hogan Calls Ruling Curbing Confession a Shield for Crime",*N.Y. Times*,July 13,1967,at 1。

⑲ "Controlling Crime Hearings",前引注㊺,第1121页(提供了一个记录了自米兰达案以来,1966年6月13日至1967年6月13日期间,谋杀案中所有被审讯犯罪嫌疑人情况的表格)。

⑳ 同上引注,第1122页("这代表着自米兰达案以来发生了显著变化,……那时很少有犯罪嫌疑人拒绝作出任何陈述,即使只是为自己的无辜表示抗议")。

㉑ 参见 Vera Inst. of Justice,*Monitored Interrogations Project Final Report:Statistical Analysis* 2,7 (1967);还可参见 Vear Inst. of Justice,前引注㉔。

㉒ Vera Inst. of Justice,前引注㉑,第2,39页。

㉓ 这两项研究似乎是建立在大体相似的归罪性陈述概念之上。请比较同上引注,第8页(该项研究收集了"供述"或"承认"的信息)和"Controlling Crime Hearings",前引注㊺,第1120页(该项研究收集了"供述或承认罪责"的信息)。

㉔ Vera Inst. of Justice,前引注㉑,第11页。该项研究显示,68.3%的犯罪嫌疑人拒绝作出任何陈述。同上引注。

显示,作出归罪性陈述的犯罪嫌疑人仅占样本总数的 23.7%。⁷⁵ 不幸的是,维拉刑事司法研究所并未收集米兰达规则实施前的犯罪嫌疑人供述率数据,因此其研究结果并不能对米兰达规则实施后犯罪嫌疑人供述率是否发生了变化提供一种量化的解释。⁷⁶ 但是,维拉刑事司法研究所的研究所揭示的超低供述率,与霍根在纽约检察官办公室研究报告中的数据大体相近,从而有力地证明了霍根研究报告所提出的,在米兰达规则实施后警察审讯获得的供述率下降到了 14.5% 这一结论的准确性。

3. 费城研究(The Philadelphia Study)

费城地方检察官阿伦·斯佩克特(Arlen Specter)调查了 1964—1967 年间费城地方检察官办公室起诉的最为严重的刑事犯罪,如杀人、抢劫、夜盗、加重恐吓、殴打、偷窃等。⁷⁷ 根据其与"警察和富有经验的地方检察官们"的讨论,斯佩克特估计在 1964 年 6 月以前,被逮捕的犯罪嫌疑人中有 90% 的犯罪嫌疑人作出了某种陈述(或者是供述,或者是认罪)⁷⁸,在 1964 年 6 月联邦最高法院对埃斯科贝多诉伊利诺伊州案⁷⁹作出判决之后,费城警方开始在审讯中给予犯罪嫌疑人一定的权利警告,如告诉犯罪嫌疑人有什么都不说的权利,或者其所说的一切都将用来作为不利于其的证据等。⁸⁰斯佩克特估计,犯罪嫌疑人作出某种陈述的比例将因此下降至 80% 左右。⁸¹ 1965 年 10 月,美国联邦第三巡回上诉法庭判决,在犯罪嫌疑人作出某种陈述之前,其有权被告知有得到律师帮助的权利。⁸² 在 1965

---

⑦⑤ 同上引注,第 40 页。该项研究显示,58.9%的犯罪嫌疑人拒绝作出任何陈述。同上引注。
⑦⑥ 同样地,维拉研究所的数据也许不可以直接与霍根的数据进行比较,因为前者包括了警察获得了供述或认罪的所有案件百分比,而不是被提交给大陪审团审查起诉的,犯罪嫌疑人作出了供述或认罪的案件百分比。即使假设检察官和大陪审团的过滤不适当地剔除了那些没有供述的、证据力度较弱的案件,也似乎很难想象是什么导致了霍根报告的米兰达案之前曾经取得过的 49%和维拉研究所报告的如此之低的供述率。
⑦⑦ "Controlling Crime Hearings",前引注㊺,第 200—201 页。
⑦⑧ 同上引注,第 200 页。
⑦⑨ 378 U.S. 478 (1964)。
⑧⑩ 参见 Kamisar et al.,前引注㊴,第 436 页注释 i(讨论了执法机关对埃斯科贝多案的解释)。斯佩克特将其描述为只是"后埃斯科贝多警告"(post-Escobedo warnings),"Controlling Crime Hearings",前引注㊺,第 200 页。最初,这些警告包括提供指定律师帮助的内容。在警察问"你是否需要一名律师?",4/5 的犯罪嫌疑人回答"需要"之后,费城警方迅速改变了警告内容,限缩了权利建议内容。同上引注。
⑧① 参见"Controlling Crime Hearings",前引注㊺,第 200 页。
⑧② 参见 United States ex rel. Russo v. New Jersey, 351 F.2d 429 (3d Cir. 1965)。第三巡回法院拒绝了在 1965 年 10 月 13 日对该案进行复审的申请。同上引注。费城警方看起来开始遵守数天之后的判决。参见"Controlling Crime Hearings",前引注㊺,第 200 页。

年10月17日与1966年6月，米兰达案判决之间，费城警察局的侦查分局开始编制与犯罪嫌疑人陈述相关的统计资料。在此期间，大约有68.3%被逮捕的犯罪嫌疑人作出了某种陈述。[83] 1966年6月，米兰达案判决宣布，自此直至1967年1月，只有40.7%被逮捕的犯罪嫌疑人作出了某种陈述。[84]

费城研究分析的是犯罪嫌疑人向警察作"陈述"，而不是"归罪性陈述"的情况。[85] 为了将这一数据与本文中使用的其他数据进行比较，我们需要对犯罪嫌疑人的"陈述"和"归罪性陈述"之间的关系进行界定。斯佩克特在研究报告中指出，警察在90%的案件中获得了犯罪嫌疑人的陈述，"通常这些陈述并未构成认罪或者供述，但是这些陈述对于警察后期的调查还是有着很大的帮助"[86]。更具体的证据来源于匹兹堡的研究，在该项研究中发现，在犯罪嫌疑人愿意交谈的情况下（即犯罪嫌疑人作出某种"陈述"），其中大约有一半犯罪嫌疑人作出了供述[87]；而维拉刑事司法研究所的调查则发现，愿意与警方交谈的犯罪嫌疑人中有60%作出了供述或者是归罪性陈述（认罪）。[88] 其他一些研究也得出了类似的结论。[89] 因此，保守地估计，在作出某种陈述的犯罪嫌疑人中大约有50%最后作出了供述或者归罪性陈述。假设这一估计成立，并且在1964年至1967年间保持

---

[83] 参见"Controlling Crime Hearings"，前引注[45]，第200页（在4891名被逮捕的犯罪嫌疑人中有1550名拒绝任何陈述）。这里的陈述数量是用被逮捕人员的数量减去拒绝陈述人员的数量得出的。

[84] 同上引注，第201页表（5520名被逮捕的犯罪嫌疑人中，有3095名在米兰达警告后拒绝陈述）。看起来费城警察遵守了米兰达规则的要求。参见上引注，第206页。

[85] 参见 Dripps，前引注[62]，第722—723页注释91。

[86] "Controlling Crime Hearings"，前引注[45]，第200页。

[87] 参见 Seeburger & Wettick，前引注[32]，第13页，表3（表明有99名犯罪嫌疑人愿意与警察交谈，46名作出供述）。

[88] Vera Inst. of Justice，前引注[71]，第40页。

[89] 参见 Feeney et al.，前引注[17]，第143页表15-2（指出在杰克逊维尔，148名与警察交谈的犯罪嫌疑人中81名[55%]作出了供述；在圣迭戈，136名与警察交谈的犯罪嫌疑人中，51名[38%]作出了供述）；Cassell & Hayman，前引注[47]（指出在152名作出了陈述的犯罪嫌疑人中73名[48.0%]作出了归罪性陈述）；Richard J. Medalie et al.，"Custodial Police Interrogation in Our Nation's Capital: The Attempt to Implement Miranda"，66 *Mich. L. Rev.* 1347，1369（1968）（研究表明，在78份犯罪嫌疑人作出的与指控相关的陈述中，37份可以归类为"归罪性"[inculpatory]陈述）；James W. Witt，"Non-Coercive Interrogation and the Administration of Criminal Justice: The Impact of Miranda on Police Effectuality"，64 *J. Crim. L. & Criminology* 320，325（1973），tbl. 3（指出，在米兰达案判决后211名开口说话的犯罪嫌疑人中，105[50%]名作了供述或承认有罪，60名[28%]给出了归罪性证据）；"Yale Project"，前引注[8]，第1566页表12（指出在91名接受审讯的犯罪嫌疑人中，50名[54.9%]作出了供述或给出了归罪性证据）。

稳定⑨,就费城而言,可以推出这样一些数据:在埃斯科贝多案⑨之前,大约有45%的犯罪嫌疑人在审讯中作出供述;在埃斯科贝多案后至联邦第三巡回上诉法庭作出判决之前,在审讯中供述的犯罪嫌疑人大约为40%;而在联邦第三巡回上诉法庭判决之后,米兰达案判决之前,大约有34.2%的犯罪嫌疑人供述;在米兰达案判决之后,大约只有20.4%的犯罪嫌疑人供述。因此,在联邦法院前述一系列判决作出之后,费城警方审讯中获得的供述率大致从45%下降到了20.4%,其下降幅度达24.6个百分点。

基于这样几点理由,费城研究曾经被人质疑。首先,哈罗德·佩平斯基(Harold Pepinsky)教授认为,地方检察官斯佩克特"为了证明米兰达规则的负效应","在选取米兰达规则实施后的样本过程中必须存在偏取样(taken a biased sample)的可能"。⑫ 然而,这种从个人偏好出发的批评显然是没有说服力的。因为进行偏取样的抽样者必须具有相当精巧的统计学技术,而斯佩克特的知识体系中并不具备这些内容,但有两个独立样本有必要进行一定的纠偏:埃斯科贝多后、米兰达前的样本,以及后米兰达时期的样本。假设斯佩克特有意通过有偏取样来攻击最高法院创设的此类程序性要求,那么,在其抽样第一组样本时就会有这样的动机。斯佩克特因此不仅要对第一组样本数据进行编造,还要寻找能够进一步向第二组样本倾斜的其他方法。

佩平斯基教授还认为,因为斯佩克特评估的是犯罪嫌疑人拒绝陈述的情况,而不是犯罪嫌疑人的供述率,"在米兰达案判决之后,在很多案件中警察可以例行公事式地向犯罪嫌疑人进行简单的米兰达警告,然后获取其弃权,从而获得犯罪嫌疑人的供述。而在米兰达案之前,警察在启动审讯程序时几乎没有任何程序上的障碍"⑬。但是,这一观点同样忽视了两组样本数据均涉及对犯罪嫌疑人进行权利警告的事实。在样本(1)中,根据埃斯科贝多案判决,样本(2)的米兰达

---

⑨ 这一假设可能低估了米兰达规则的影响,因为很可能米兰达规则对供述的影响要远胜于对其他类型陈述的影响。参见 Thomas,前引注㉙。

⑨ 这一数字与埃斯科贝多案之前费城的供述率大致相符:在被告人被定罪并处至少两年监禁的案件中有50%的被告人作出了供述。全美地方检察官协会法庭之友摘要(Brief of National District Atty's Ass'n, Amicus Curiae) app. at 3, Miranda v. Arizona, 384 U.S. 436 (1966) (No. 759) [以下简称 Brief of National District Atty's Ass'n]。

⑫ Harold E. Pepinsky, "A Theory of Police Reaction to Miranda v. Arizona", 16 *Crime & Delinq.*, 379, 382 (1970). 虽然斯佩克特肯定是米兰达案判决意见的批评者,但他也客观充分地证明了自己反对通过修正案来推翻该判决的立场。"Controlling Crime Hearings",前引注㊺,第 202 页。而且斯佩克特后来还表达了其警察已经适应了米兰达规则及发现没有必要推翻该判决的观点。Kamisar,前引注㉝,第 A27 版。

⑬ 参见 Pepinsky,前引注⑫,第 382 页;还可参见 Schulhofer,前引注㊹,第 955 页,注释 23(提出了同样的观点)。

案判决均要求警察在审讯时必须对犯罪嫌疑人进行权利警告。这一推测还忽视了这样一个事实，即在本项研究中的大部分严重刑事案件中，警察很可能都对犯罪嫌疑人进行了审讯。最后，为了获得预期的结果，数以百计的警察曾经不得不为了刑事司法研究的目的秘密地聚在一起——这显然是不太可能的事情。(94)

最后，基于“过去数年间逮捕率稳定持续上升”是因为社会要求加大犯罪打击力度所带来的压力这一前提，佩平斯基教授认为，费城研究的样本“也许包含了日益增多的、证据不足的案件”。(95) 因为在这些证据不足的案件中，警察获取供述的难度显然更大，因此逮捕率的“单方”上升必将导致犯罪嫌疑人拒绝陈述率的相应下降。(96) 退一步讲，逮捕模式的变化竟会导致一两年内犯罪嫌疑人供述率下降 24.6 个百分点的变化，同样令人吃惊。此外，佩平斯基也并未就费城或者其他地方，在这几年内的逮捕率出现急剧上升提出过权威的资料来源。(97) 总之，对费城研究的结论——米兰达案判决之后，由于犯罪嫌疑人陈述意愿的显著下降，导致了供述率下降——的批评也没有提出很好的质疑理由。

4. 海城研究(The “Seaside City” Study)

詹姆斯 · W. 威特(James W. Witt)在海城进行了米兰达规则对警察执法效果影响的调查。海城是洛杉矶一个人口约 83 000 的飞地。(98) 威特查阅了海城警方 1964 年至 1968 年间办理的谋杀、强奸、抢劫和夜盗案件的档案。(99) 他发现在米兰达规则实施之后，犯罪嫌疑人的供述率只有 2.0 个百分点的下降，即从米兰达案判决前的 68.9%下降到米兰达案判决之后的 66.9%。(100) 对此的一种可能解释是，威特研究的“仅仅是那些犯罪嫌疑人实际上已经被逮捕，并已被海城警方

---

(94) 参见“Controlling Crime Hearings”，前引注㊺，第 201 页(样本规模超过 5000 名被逮捕者)。

(95) 参见 Pepinsky，前引注(92)，第 382—383 页；还可参见 Schulhofer，前引注(64)，第 955 页(接受了这一观点)。

(96) 参见 Pepinsky，前引注(92)，第 383 页。

(97) 虽然无法获得费城单独的逮捕数据，但在费城项目研究的同一时期，FBI 统计的全美严重刑事犯罪的逮捕率明显下降。(全美逮捕数/全美犯罪数)为：1965＝0.298；1966＝0.268；1967＝0.261。参见 Federal Bureau of Investigation, *Crime in the United States: Uniform Crime Reports 1965-67* (*1966-68*)(逮捕数据表和犯罪数据表)。

还应注意的是，佩平斯基教授认为，在回顾了费城、洛杉矶和华盛顿特区研究项目之后，虽然犯罪嫌疑人通常还会供述，但“米兰达案后，供述率在某种程度上可能出现了下降，这种下降可能应归咎于米兰达警告”。参见 Pepinsky，前引注(92)，第 385 页。

(98) 参见 Witt，前引注(89)，第 322 页。

(99) 参见上引注，第 323 页。

(100) 参见上引注，第 325 页。威特对警察在审讯中是否取得了“成功”进行了分析。在此，其将审讯“成功”界定为通过审讯获得了犯罪嫌疑人签字之后的供述、口头承认有罪、签字后的归罪性陈述或某种类型的口头归罪证据或其他对定罪有关的材料。同上引注，第 325 页注释 43。

关押起来了的案件。这一局限将那些犯罪嫌疑人只是被短时间阻留,但并未被关押起来的案件排除在外”[101]。而那些犯罪嫌疑人“从未被关押”的案件中也许就包括了那些米兰达规则真正发挥了负面作用的情形在内。这一推测如果与其他事实结合在一起,则显得更具可信性,与威特提供的统计结果不同,大部分海城警察认为“他们获得的犯罪嫌疑人供述、认罪和陈述越来越少”[102]。威特也未能提供海城警察是如何执行米兰达规则的任何信息。因此,也可能海城警察并未完全遵守米兰达规则的要求。[103] 最后,是在米兰达案判决之前,海城警方即已经根据加利福尼亚州高级法院在 1965 年判决中的要求[104],在审讯之前对犯罪嫌疑人进行权利警告。因此,从这一意义上来说,威特的“前后对比”研究并未抓住米兰达规则对犯罪嫌疑人供述意愿影响的任何方面。[105] 总之,海城研究所发现的只是最低度的供述率下降,从而可能严重低估了米兰达规则对警察执法效果的负面影响。

5. 纽黑文研究(The New Haven Study)

虽然前述四项研究均发现米兰达规则对犯罪嫌疑人的供述率有负面影响,但是《耶鲁法律杂志》的编辑们在纽黑文进行的一项研究却表明米兰达规则对警察审讯并不具有负面影响。[106] 这一研究结论在认为米兰达规则对警察执法没有负面影响的主流学术观点中发挥了核心作用。但是,通过对这一研究的细致分

---

[101] 参见上引注,第 323 页。

[102] 参见上引注,第 325 页。

[103] 威特没有给出单独的犯罪嫌疑人要求律师帮助或者拒绝弃权的数据。除非类似情形涵盖在“犯罪嫌疑人拒绝交谈”或“审讯没有成果”大类之中。参见上引注,第 325 页表 3,可能海城警察只是违反了米兰达规则对这些方面的要求。

[104] 参见上引注,第 325 页注释 41(讨论了人民诉多拉多案[People v. Dorado],米兰达案之前加利福尼亚州的判例);还可参见下引注(170)—(171)及相关文献(讨论了多拉多案)。

[105] 这一事实削弱了乔治·托马斯(George Thomas)对海城研究数据的解读——认为米兰达警告具有同时鼓励犯罪嫌疑人与警察交谈与抑制其认罪的“双重影响”。海城数据显示,在米兰达案后犯罪嫌疑人更少作出全面认罪,但更有可能作出归罪性陈述。对此,托马斯教授认为,米兰达规则鼓励犯罪嫌疑人陈述。因为,一方面,还有其他因素,犯罪嫌疑人“也许认为其在警告之后仍愿意与警察交谈的行为证明自己无辜”;另一方面,米兰达警告抑制其认罪意愿是因为“对米兰达警告即使最肤浅的理解也知道其陈述将有可能在法庭被用作不利于自己的证据”。Thomas,前引注㉙。然而,海城警方自 1965 年 1 月起(多拉多案判决之后)即已经开始对犯罪嫌疑人进行类似警告,因此海城的数据不能支持托马斯教授的假设。参见 Witt,前引注(89),第 325 页表 3(指出 1965 年犯罪嫌疑人口头归罪证据数量急剧下降)。托马斯教授的假设还与来自纽约郡、费城、堪萨斯城、布鲁克林表明所有类型的陈述在米兰达警告和程序实施同时都出现了下降的数据相冲突。参见 Cassell & Hayman,前引注㊼(对托马斯教授的观点进行了批评)。请参见 George C. Thomas III,“Plain Talk about the Miranda Empirical Debate: A ‘Steady-State’ Theory of Confessions”, 43 *UCLA L. Rev.* (forthcoming 1996)(对卡塞尔和海曼的批评进行了回应)。

[106] 参见“Yale Project”,前引注⑧,第 1613 页。

析,我们发现其所得出的结论其实是对一些基础数据误读的结果。

《耶鲁法律杂志》的编辑们在1966年夏天米兰达案判决之后立即对纽黑文警察局的审讯活动进行了研究,他们安排了2名学生整个夏天都待在纽黑文警察局内,对警察审讯活动进行全面的观察与记录。[107] 在此期间,学生们观察了纽黑文警察局这段时间内对127名犯罪嫌疑人进行的审讯活动。[108] 为了获取米兰达案判决之前的数据以供比较,编辑们查阅了纽黑文警察局1960—1965年间的大约200起案件档案,以资与1966年夏天的观察样本进行比较。[109] 虽然在分析早期文件时"方法论上的困难"使他们"对自己的结论保持相当的谨慎",但是他们还是发现"(警察的侦查)自1960至1965年间出现了下降,而在1965年至1966年间可能下降得更为明显。数据显示,在1960—1966年间,向警方提供某种归罪性证据的犯罪嫌疑人数量大致下降了10—15个百分点"。[110] 根据1966年纽黑文警察局侦查人员48.2%的审讯"成功"率[111],我们大致可以推断米兰达规则实施前纽黑文警察局审讯中的供述率大约在58%—63%。

《耶鲁法律杂志》的编辑们认为,犯罪嫌疑人供述率的下降可能是米兰达规则之外的其他因素导致的,特别是在1960—1965年样本中包含了"更严重的犯罪,更多的在逮捕时警察已经掌握了大量证据的案件,以及更多的未成年犯罪嫌疑人"——所有这些因素都与审讯是否成功之间有着密切的关系。[112] 他们还认为,米兰达规则为警察们提供了一个避免"在他们认为没有必要对犯罪嫌疑人定罪时仍去获取供述的费力过程"的借口。[113] 而且,他们还认为,自1960年至1966年间,联邦最高法院的一系列相关判决,以及警察局管理方式的革新,使纽黑文警察局的审讯过程变得"敌意显著下降"。[114] 最后,这些编辑还指出,犯罪嫌疑人也许确实变得更不愿意与警方合作了,但"这并不是因为米兰达警告,而是因为大众传媒和小道消息对联邦最高法院致力于扩大犯罪嫌疑人权利保护的宣传,使得一般民众的权利意识都有了一定的提高"。[115]

---

[107] 同上引注,第1527页。
[108] 同上引注,第1532页。
[109] 同上引注,第1573页。
[110] 同上引注。
[111] 同上引注,第1644页(53/110)(结果来源于表A数据)。
[112] 同上引注,第1574页。
[113] 同上引注。
[114] 同上引注。
[115] 同上引注。在评估米兰达规则是否导致了供述数量减少时,为什么这一因素(以及也许是警察审讯已经变得"更少敌意"这一因素,参见前引注[114]及相关文献)应被忽略还不清楚。

同时,这些编辑还轻率地得出了"米兰达案判决之后警察审讯并没有发生太多变化"的结论。[116] 如果仅指 1966 年夏天的纽黑文警察局,这一结论肯定是正确的,因为其时纽黑文警察局并未遵守米兰达案判决的要求。他们在研究中发现,纽黑文的警察们在审讯中大约只对 1/4 的犯罪嫌疑人进行过完整的米兰达警告。[117] 此外,警察似乎并未遵守米兰达规则中对警察执法效果危害最大的部分[118],特别是,纽黑文的警察们没有遵守米兰达规则关于在对犯罪嫌疑人审讯之前必须获得其明确弃权声明的要求。直到两个学生的观察结束之前,纽黑文的警察才采用了犯罪嫌疑人弃权卡的做法。[119] 但是,即使有了弃权卡,可能也并不满足米兰达规则的要求,因为其中并未包括犯罪嫌疑人弃权的用语。[120] 而且,据他们的观察,纽黑文警察审讯的典型方式通常并不包括获得犯罪嫌疑人弃权的内容。[121] 事实上,也许不只是纽黑文的警察并未关注过米兰达规则中关于审讯前必须获得犯罪嫌疑人明确弃权的要求[122],也许也因为《耶鲁法律杂志》的这些编辑的研究方案是在米兰达案判决之前就已经设计好了的[123],但在案件判决之后却并未作相应的调整。在犯罪嫌疑人提出要见律师,或者试图行使其沉默权的时候,纽黑文的警察都没有遵守其在米兰达规则上的义务——立即停止审讯。[124] 所有这些不遵守米兰达规则的情形都会导致非法供述证据排除的后果。但是,有意思的是,我们注意到这项研究并不包括检察官是否成功地将前述情形下的犯

---

[116] "Yale Project",前引注⑧,第 1613 页。

[117] 同上引注,第 1550 页(在 118 名被审讯的犯罪嫌疑人中有 25 名获得了完整的米兰达警告)。

[118] 参见下引注⑫—⑳及相关文献(发现米兰达规则的成本大部分要归咎于弃权和随时中止审讯规则)。

[119] "Yale Project",前引注⑧,第 1551 页。

[120] 同上引注,第 1551 页注释 84(提供了"弃权声明"卡的文本)。

[121] 同上引注,第 1552 页(发现警察通常会宣读犯罪嫌疑人的权利"然后迅速转换成对话的口气问'现在你愿意告诉我究竟发生了什么吗?'")。

[122] 同上引注,第 1617—1625 页(附录 A,由学生观察者完成的调查表,包含了 69 个问题,但是没有特别针对弃权的问题)。

[123] 同上引注,第 1527 页(作者承认,"由于该研究项目是在米兰达案判决之前构思的,在该案判决宣告前两个星期就开始了尝试性观察");还可参见"Liberty and Security: A Contemporary Perspective on the 'Criminal Justice Revolution' of the 1960s", Proceedings of the Third Annual Symposium of the Constitutional Law Resource Center 117 (Const. L. Resource Center, Drake U. L. Sch. ed., Apr. 4, 1992)(研究者说"福特基金会资助我们对埃斯科贝多案的影响进行研究,就在研究过程中,米兰达案判决了")。

[124] 参见"Yale Project",前引注⑧,第 1552 页(发现当犯罪嫌疑人表示对律师帮助感兴趣时,警察"通常想方设法转移话题,不帮助犯罪嫌疑人确定一名律师);同上引注,第 1555 页(发现"许多不是非常坚定地想终止审讯的犯罪嫌疑人最后都在警察劝诱下继续与其交谈")。

罪嫌疑人供述运用到庭审中的内容。

那么,这项研究也就并非真正意义上的"前后对比"(before-and-after),而是一项"前前对比"(before-and-before)研究。其揭示的只是警察执行米兰达规则之前的审讯情形。[15] 正如本项目的研究者们自己指出的那样:"我们的研究是在米兰达案判决之后立即开展的,很可能我们的一些结论,特别是对米兰达警告的实践以及米兰达警告对犯罪嫌疑人产生的影响,也许在我们的研究开始6个月之后,都已经发生了变化。"[16]

但是,如果仔细分析,我们可以发现,该项研究还是包括了一些与本文研究中所引用的,证明米兰达规则导致了供述率下降的结论相一致的数据。《耶鲁法律杂志》的编辑们认为米兰达警告的影响"在81名被审讯的犯罪嫌疑人中,只有8名可资作为分析的对象"[17],而在这8名犯罪嫌疑人中,有3名拒绝作出供述。[18] 但是,另一项前后对照分析表明,另有10名犯罪嫌疑人表示,他们"试图终止接受审讯,但是警察违反了米兰达规则,继续对其进行审讯,并最终获得了归罪性证据"。[19] 因为这些供述都具可禁止性,或者说如果警察真正地遵守米兰达规则的话(就像通常看起来的那样)[19],这些供述根本就无法获得,确切地说,这10个案件也应当视为是米兰达案判决的社会成本。将编辑们认为受米兰达警告的影响而拒绝供述的3个案件加上这10个案件,结果表明因为米兰达规则的影响,纽黑文警察局审讯中的供述率下降了16%。[20] 因此,可以认为《耶鲁法律杂志》编辑们的这一研究与本文此前讨论过的认为米兰达规则实施后供述率出现了下

---

[15] 参见 OLP Pre-Trial Interrogation Report,前引注[13],第63页注释91(认为"在评估米兰达规则的影响问题上"该项研究几乎没有价值)。
[16] "Yale Project",前引注[8],第1533页。
[17] 同上引注,第1571页。
[18] 同上引注,8名犯罪嫌疑人之一在得到律师建议之后向警察作出了供述。
[19] 同上引注,第1578页。
[19] 同上引注,第1578页。
[20] (3+10)/81=16.0%。这也低估了米兰达规则的影响,因为可能还有根据米兰达规则排除其他一些供述的根据。参见"Yale Project",前引注[8],第1558页、注释97。
该项研究还发现米兰达规则有一种比较吊诡的影响,相对于那些没有受到米兰达警告的犯罪嫌疑人,那些受到部分米兰达警告的犯罪嫌疑人,警察更有可能审讯成功。同上引注,第1565页。然而,这一发现可能毫无意义,因为侦探"只是以一种漫不经心的态度"审讯"许多"未受到米兰达警告的犯罪嫌疑人,而对那些受到了米兰达警告的犯罪嫌疑人,也许警察更有兴趣从他们嘴里获得些什么。同上引注,第1565—1566页。

降的研究结论是相一致的。⑫

### 6. 华盛顿特区研究(The Washington, D.C. Study)

另一项实证研究是由米兰达规则在学术界的拥护者们理查德 J. 梅达利(Richard J. Medalie)、莱纳德·蔡茨(Leonard Zeitz)、保罗·亚历山大(Paul Alexander)等人在华盛顿特区进行的,他们收集了米兰达规则影响首都警察审讯情况的数据。⑬ 就本文的目的而言,该项研究的重要数据来自对 260 名"于 1965—1966 年间被华盛顿特区警察逮捕过的"犯罪嫌疑人的访谈⑭——其中 175 名系于米兰达案判决前被逮捕,85 名于米兰达案判决后被逮捕。⑮ 这些数据来自被告人提交的在他身上发生了什么的报告。⑯ 研究认为,犯罪嫌疑人的陈述率只下降了 3 个百分点,即由米兰达案判决前的 43% 下降为米兰达规则在华盛顿亚特区无计划实施后的 40%。⑰ 如果说犯罪嫌疑人陈述中的 50% 属于供述的话,正如前文所设定的那样⑱,华盛顿特区警察审讯犯罪嫌疑人的供述率在米兰达案判决之后仅仅从 21.5% 下降为 20%,也就是说米兰达规则带来的供述率跌幅仅为 1.5 个百分点。

虽然米兰达规则的拥护者们很快就从这项研究中找到了他们想要的结论⑲,

---

⑫ 一份稍后刊发的纽黑文研究项目"后记"亦未否定这一结论。《耶鲁法律杂志》的编辑手记报道了 FBI 特工在耶鲁成功审讯那些将自己的征兵卡存放在司法部作为其反对越战行动方式之一的征兵抗议者。John Griffiths & Richard E. Ayres, Faculty Note, "A Postscript to the Miranda Project: Interrogation of Draft Protestors", 77 *Yale L. J.* 300, 301 (1967). 该手记报道称,最初大部分由 FBI 特工审讯的抗议者们都作出了归罪性陈述,但后来,在一场全校范围内的"你有保持沉默的权利"的宣传之后,大部分抗议者都不再说话了。同上引注,第 312 页。这项研究几乎没有涉及米兰达规则的整体影响问题。而且当时 FBI 特工进行的也只是"非羁押性审讯",因此不受米兰达规则的约束。同上引注。更为重要的是,很难将那些"涉嫌以公开、故意实施'犯罪'作为公民不服从行动之一"者的情况一般化地推及,同上引注,第 300 页,更为典型的是试图规避侦查的犯罪分子的世界。参见 *Ali Report*,前引注⑯,第 125 页(认为"这些嫌疑人的特殊性和那些涉嫌犯罪者的特殊性,意味着将本案情形普遍化并不合适")。

⑬ Richard J. Medalie et al., "Custodial Police Interrogation in Our Nation's Capital: The Attempt to Implement Miranda", 66 *Mich. L. Rev.* 1347 (1968).

⑭ 同上引注,第 1351 页。

⑮ 同上引注,第 1354 页。该项研究似乎并未报告所指控犯罪的性质是针对个人的。然而,该项研究确实声称该犯罪嫌疑人"从人口统计特征角度而言,代表了被告人所在地区的犯罪嫌疑人形象"。同上引注,第 1357 页。

⑯ 同上引注,第 1359 页。

⑰ 同上引注,第 1414 页表-1(对米兰达案之前与之后所有被告人的比较)。对供述率下降的可能解释之一是,在米兰达案后,华盛顿特区警察审讯犯罪嫌疑人的比例也下降了,同上引注,第 1364—1365 页(在米兰达案之前,审讯比例为 55%,米兰达案后的审讯比例为 48%)。

⑱ 参见前引注㉖—㉛及相关文献。华盛顿特区的研究本身发现,如果将犯罪嫌疑人与指控相关的陈述分成"可归罪的"(inculpatory)和"开脱罪责的"(exculpatory),在 78 份陈述中,有 37 份(占 46%)是"可归罪的"。Medalie et al., 前引注⑬,第 1369 页表 5。

⑲ 参见 White,前引注②,第 19 页注释 99(认为该项研究表明米兰达规则对执法没有危害性影响)。

但是，本项研究几乎不能反映米兰达规则对华盛顿特区警察执法工作的真正影响。因为和纽黑文研究中的情况一样，在研究的那一段时间，华盛顿特区的警察并未遵守米兰达规则的程序要求。许多犯罪嫌疑人显然并未得到警察适当的米兰达警告。梅达利等人的研究表明，只有30%左右的犯罪嫌疑人得到警察完整的包括四项主要内容的米兰达警告。⑩ 在对本项研究的评论中，英国皇家刑事司法委员会认为，本项研究的价值"不能根据表面数字来判断，因为还存在犯罪嫌疑人是否得到过警察恰当的米兰达警告的不确定性"。⑪ 而且，看起来警察并未能遵守米兰达规则对一些重要程序，如弃权等的要求。本项研究发现在米兰达案判决后被逮捕的85名被告人中，只有7名被要求签署书面的"同意说话"的弃权声明，最终只有4名被告人真正签署。⑫ 另外，警察也不遵守米兰达规则中关于犯罪嫌疑人有权停止接受审讯的要求。在犯罪嫌疑人表明其不愿意与警察交谈时，警察经常要求他们是不是再考虑一下，或者仍然继续对犯罪嫌疑人进行审讯。⑬ 在犯罪嫌疑人要求律师帮助时，警察也未停止对犯罪嫌疑人的审讯，通常都是继续审讯直至律师到场。⑭

本项研究还有一点值得质疑，因为其使用的数据似乎具有明显的倾向性，如果不说研究者不诚信，至少也可以认为其在数据的使用方式上有问题。理查德·利奥曾经指出，这一项目的研究者们深陷在一个"组织粗糙的研究附录"之中。在附录中，研究者指出，在米兰达案判决后被逮捕的犯罪嫌疑人中有52%，米兰达案判决前被逮捕的犯罪嫌疑人中有44%，甚至从未被审讯过。⑮梅达利等人据此批评华盛顿特区的警察未对被告人进行权利警告。但是，正如利奥指出

---

⑩ 参见 Medalie et al., 前引注⑬, 第1364页。
⑪ Royal Comm'n on Criminal Procedure, *Report* 98 (1981).
⑫ 参见 Medalie et al., 前引注⑬, 第1351页表1、第1361页注释55。
⑬ 同上引注, 第1366页注释68（在26起案件中，警察在13起案件中根据犯罪嫌疑人的要求停止了审讯，而在另外13起案件中或者无视犯罪嫌疑人的心愿，要求犯罪嫌疑人再考虑考虑，或者对犯罪嫌疑人进行威胁）。
⑭ 同上引注, 第1365页（发现一半以上的被告人坚持在其律师到达警察局之前曾经被审讯。实际上，甚至警察自己都向律师承认，他们曾经在律师到来之前对1/4[由该项目志愿者律师代理的]犯罪嫌疑人进行了审讯）。
⑮ Richard Angelo Leo, Police Interrogation in America: A Study of Violence, Civility and Social Change 321 n. 17 (1994)（未出版的博士论文，加州大学伯克利分校）(citing Medalie et al., 前引注⑬, 第1418页表E-7)。利奥富有洞见的博士论文中的部分内容将以 "Inside the Interrogation Room: A Qualitative and Quantitative Analysis of Contemporary American Police Practices", 86 *J. Crim. L. & Criminology* (Winter 1996); The Impact of Miranda Revisited, 86 *J. Crim. L. & Criminology* (Spring 1996) 公开发表。

的那样:"在没有法律要求警察对犯罪嫌疑人进行权利警告的情况下,对警察未能对犯罪嫌疑人进行米兰达警告进行批评,是一种完完全全的误导。"⑯除此之外,还有其他研究者也对此项研究中数据使用的倾向性问题提出了类似的批评。⑰

因为研究者所持的米兰达规则是犯罪嫌疑人权利的"恰当保护",警察应当更好地贯彻联邦最高法院判决的立场。⑱因此,毫不奇怪的是,这项研究的结果也就丝毫未提米兰达规则对警察审讯中犯罪嫌疑人供述率的负面影响。但是,如果我们仔细地研读,我们还是可以从中发现一些相关的信息,至少在警察遵守米兰达规则的情况下,供述率出现了下降。例如,在米兰达案判决后,55%未得到律师帮助,或者保持沉默的权利警告的犯罪嫌疑人作出了陈述,而那些得到了沉默权警告的犯罪嫌疑人中只有40%作出陈述⑲——在供述率上有15个百分点的差异;在得到了有律师帮助权警告的犯罪嫌疑人中,有46%作出陈述⑳——与未得到任何权利警告的犯罪嫌疑人55%的供述率相比,同样存在着9个百分点的差异。将这两个数据平均后可以发现,在受到两项权利(律师帮助权、沉默权)之一警告的犯罪嫌疑人中41%作出了供述,与未得到任何权利警告的犯罪嫌疑人55%的供述率相比,存在着14个百分点的差异。㉑虽然就这一数据来建立某类精确的供述率变化模型存在着一些困难㉒,但是必须承认的是,本项研究所包含的米兰达警告数据与米兰达案判决之后犯罪嫌疑人供述率的下降之间仍然

---

⑯ 参见 Leo,前引注⑭,第321页注释17。这一问题意味着警察不服从米兰达规则的比例将被人为地夸大至接近100%。假设米兰达后52%的未被审讯的犯罪嫌疑人包括所有未受到米兰达警告者在内,那么,所有犯罪嫌疑人中的30%事实上得到了米兰达规则全部四项内容的警告。参见前引注⑭及相关文献,占所有被审讯犯罪嫌疑人的62.5%(30%/48%)。相应地,在85名犯罪嫌疑人中,只有7名(8.2%)被要求放弃其权利,占被审讯犯罪嫌疑人的17.1%。

⑰ 例如,利奥注意到,该项研究在犯罪嫌疑人对律师帮助权的理解问题上,将犯罪人对"意如所言"(that means just what it says)的反应归入了对米兰达规则权利的"误解"之中。参见 Leo,前引注⑭,第337页注释25(引自 Medalie et al.,前引注⑬,第1374页注释102)。很难反驳利奥"人们应该对该项分析的完整性提出质疑"的判断。同上引注。

⑱ 参见 Medalie et al.,前引注⑬,第1347、1394—1396页。

⑲ 同上引注,第1373页表9(所有米兰达案后的被告人)。

⑳ 同上引注。

㉑ 同上引注,表9(55% 这一数字来源于"未给予沉默权和律师帮助权警告"类的犯罪嫌疑人陈述比例;41%的数字来源于"沉默权"和"仅律师帮助权"两类犯罪嫌疑人的陈述情况,在两类56名犯罪嫌疑人中,有23名作出了陈述)。

㉒ 米兰达案前后数据的其他部分在一些方面不协调。例如,米兰达之前未得到类似警告的犯罪嫌疑人供述率为39%,远低于米兰达后55%的供述率,同上引注,表9(米兰达案之前"未给予沉默权和律师帮助警告"类的被告人)。

保持着一致。

与之前的研究得出的结论一样，这项研究发现，米兰达案判决之后，更多的犯罪嫌疑人提出了获得律师帮助的要求。在被告知其有权获得驻警察局律师帮助的犯罪嫌疑人中有64%提出了相应的要求，而在被告知其有权获得非驻警察局律师帮助的嫌疑人中只有17%提出了获得律师帮助的要求。在那些被告知有权保持沉默的犯罪嫌疑人中有23%提出了获得律师帮助的要求，那些既未被告知律师帮助权，也未被告知沉默权的犯罪嫌疑人中只有12%提出了获得律师帮助的要求。⑬ 根据米兰达规则的要求，在律师到来之前，这些犯罪嫌疑人本不应被警察审讯。当然，在律师到来之后，通常警察的审讯也就毫无结果。⑭

虽然这些事实也许表明，华盛顿特区的研究可以作为支持米兰达规则降低了警察审讯获得犯罪嫌疑人供述率的证据，也许据此可以得出的更为妥当的结论是，针对米兰达规则在华盛顿特区警察局的效果我们无话可说——一方面是因为华盛顿特区的警察根本就未按米兰达规则要求从事，另一方面也因为该项目的研究者们在提出论证证据的过程中带着明显的价值偏向。

7. 新奥尔良研究(The New Orleans Study)

新奥尔良研究也可以为米兰达规则对警察执法效果的影响提供有限的比较数据。西伯格教授、韦蒂克教授(也是匹兹堡研究的作者们)收集了由新奥尔良警方提供的数据。新奥尔良警方提供的数据表明，在米兰达规则实施之后，"3506名被逮捕的犯罪嫌疑人中有988名放弃了他们的权利(28.2%)，并作了归罪性陈述"。⑮ 在米兰达案判决的两年之前，新奥尔良警方估计，在被逮捕的犯罪

---

⑬ 同上引注，第1372页表8。这些数据也许都被人为降低，因为这些犯罪嫌疑人中有很多从未被审讯过。参见前引注⑯—⑰及相关文献，因此其也许从未有机会向警察提出要求律师帮助。

⑭ "律师代理"项目的参与者之一在三个多月实际体验之后说"在绝大多数(95%以上)案件中，在犯罪嫌疑人与律师取得联系之后，警察就未再继续审讯了。"Medalie et al.，前引注⑬，第1390页。转引自 J. Hennessey & L. Bernard, "Comments Addressed to Those Participating in the Miranda Project", in *Junior Bar Section*, Supplement No. 2 to Miranda Kit, Sept. 30, 1966, at 2. 对这些参与律师的访谈揭示，律师在场的审讯中，只有12%的犯罪嫌疑人作出了陈述，有10%的犯罪嫌疑人甚至是在律师建议其保持沉默之后陈述的。同上引注，第1391页。甚至在这些案件中，有很多是在律师到达之前就已经陈述了的。同上引注，第1391页注释162 (59%的犯罪嫌疑人说他们此前已经作出陈述了)。

⑮ Seeburger & Wettick, 前引注㉜，第26页注释51。对这一数据的一些间接印证来自新奥尔良警长加鲁索(Giarruso)写给美国法律协会(American Law Institute)的信，在信中，他说自1966年9月7日开始使用"弃权声明卡"至1967年8月31日止，在5098名被羁押的犯罪嫌疑人中，有1173名(占总数的23%左右)放弃了他们的权利。*ALI Report*，前引注㊼，第140页；还可参见 Wayne E. Green, "Police vs. 'Miranda': Has the Supreme Court Really Hampered Law Enforcement?", *Wall St. J.*, Dec. 15, 1966, at 16 (根据加鲁索的说法，在米兰达案后40%的犯罪嫌疑人作出了陈述，虽然这些陈述并非都是归罪性的)。

嫌疑人中大约有40%作了归罪性陈述⑮,这一估计看起来是合理的⑯。这些数据表明,在新奥尔良,米兰达规则的实施导致了犯罪嫌疑人作归罪性陈述的比例下降了大约11.8个百分点。

8. 堪萨斯城研究(The Kansas City Study.)

堪萨斯城研究也可以为米兰达规则对警察执法效果的影响提供一些粗略的比较数据。在米兰达案判决后几个月,堪萨斯城警察局长克拉伦斯·M. 凯利(Clarence M. Kelley)声称,愿意"陈述"的犯罪嫌疑人数下降了12%。⑱ 如果说凯利在此所说的"陈述"并不仅指"归罪性陈述"⑲,进而我们假设其中50%为归罪性陈述⑯,那么,可以据此认为堪萨斯城警察审讯犯罪嫌疑人的供述率下降了6个百分点。

9. 金斯郡研究(The Kings County Study.)

纽约州金斯郡地方检察官阿伦·库塔(Aaron Koota)声称,在米兰达案判决之前,谋杀、抢劫、强奸、重罪攻击案件的犯罪嫌疑人大约90%都会陈述。⑯ 而在米兰达案判决之后(大约在1966年6月至9月间),只有59%犯罪嫌疑人陈述。⑫ 根据此前这些陈述中的50%为供述的假设⑬,意味着金斯郡的警察审讯所获得的供述率由45%⑭下降到了29.5%——比米兰达案判决之前下降了15.5个百分点。

---

⑮ 参见Seeburger & Wettick,前引注㉜,第26页注释51。

⑯ 根据重罪案件中的有罪答辩样本,1961年新奥尔良700件有罪答辩案件中大约78%有被告人的供述,即大约有546名被告人供述。参见Brief of the National District Atty's Ass'n,前引注㉛,第19a页。另外,在法庭审理的案件中,有22件有被告人供述。同上引注。假设所有移交法庭审判的案件被告人供述率为50%,参见前引注⑱—㉚及相关文献,那么,整体供述率大约为76.3%([546+22]/[700+44])。得出这一数据的根据是所有移送法庭审判或被告人作出有罪答辩的样本案件总和。在警察逮捕阶段,供述率可能较低,因为控方证据力度较弱的案件(通常而言,这些案件都没有供述)在后续程序中将被不断过滤掉。参见前引注⑩—㊾及相关文献。尽管如此,76.3%的整体供述率表明在米兰达案判决之前警察逮捕阶段40%左右的供述率是完全合理的。参见下文表2-3(收集了米兰达案判决前的一些供述率数据,大部分都比40%略高)。

⑱ Green,前引注⑮,第16页。可能凯利指的不是供述率下降了12个百分点(例如供述率从60%下降到48%)而是指供述的数量下降了12%(例如,供述从60%下降到52.8%,但是供述数量少了12%)。

⑲ 我对凯利这项研究概要的理解是,凯利指的应该是归罪性陈述下降了12%。因为在这一段泛泛讨论与供述率相关的内容之后,紧接着一句介绍的是另一项与犯罪嫌疑人陈述相关的研究,该项研究在注释中说明并非所有陈述都包括犯罪嫌疑人供述。但在凯利对该项研究的介绍中没有附加这一说明。

⑯ 参见前引注㊱—㊳及相关文献。

⑯ "Controlling Crime Hearings",前引注㊺,第223页(地方检察官阿伦·库塔的声明)。

⑫ 同上引注,第223页。

⑬ 参见前引注㊱—㊳及相关文献。

⑭ 考虑到其他一些原因,45%的数据看起来是合理的。1961年金斯郡3107起"重罪处理"案件(包括2695起有罪答辩加412起无罪答辩后移送法庭审判的案件)抽取的125起样本中,53起案件中有被告人供述——供述率为42.4%。参见Brief of the National District Atty's Ass'n,前引注㉛,第29a页。这些数据还是低估了当时的被告人供述率,因为供述情况不明的案件都被简单地归入"无供述"案件类型当中去了,同上引注。与此类似,1965年11月,库塔分析了1971份起诉书记录后发现,在1105份上盖有"供述"的印章,换句话说,在该项研究中的供述率大约为56%。参见ALI Report,前引注㊶,第144页。

## 10. 芝加哥谋杀案研究(The Chicago Homicide Study)

另一项统计数据来自芝加哥。1967年7月,其时的西北大学法学院教授詹姆斯 R. 汤普森(James R. Thompson)声称,针对芝加哥检察官办公室的一项研究发现,自1964年埃斯科贝多案判决以来,被逮捕的谋杀案件犯罪嫌疑人的供述减少了50%。[165] 为了将这一数据与本文其他部分讨论的数据进行比较,我们必须将其所说的供述数转换为供述率。我们大致假设在埃斯科贝多案之前,芝加哥警方在谋杀案件中获得的供述率为53%左右(这一数据参照了另一项在芝加哥相邻城市进行的研究结果[166]),那么,供述减少了50%即意味着米兰达规则实施之后,芝加哥警方在谋杀案件审讯中的犯罪嫌疑人供述率为26.5%,供述率下降的幅度亦为26.5个百分点。就此项研究而言,我们无法从中获得更多的信息。[167]

## 11. 洛杉矶研究(The Los Angeles Study)

洛杉矶地方检察官埃弗利·J.扬格(Evelle J. Younger)就米兰达案判决对洛杉矶的影响进行了一项为期三周(自1966年6月21日起,持续到1966年7月15日)的调查[168],调查结果显示,在调查期间,警察局要求进行重罪指控的犯罪嫌疑人中有50.2%作出了供述或认罪。[169]

这项研究的数据可以与前些年洛杉矶地方检察官办公室的另一项研究所获得的数据进行对比,从而衡量米兰达规则对供述率的影响。1965年1月29日,加州最高法院就人民诉多拉多案(People v. Dorado)[170]作出判决,要求加州执法人员对被羁押的犯罪嫌疑人进行权利警告,告知其有获得律师帮助权和沉默权。[171] 大约在多拉多案判决11个月之后,洛杉矶地方检察官办公室在12月13—17日这一周进行了案件抽样调查[172],调查发现,在此期间,警方要求以重罪指控的犯罪嫌疑人中有40.4%作出了供述或认罪。[173] 因此,将这两项研

---

[165] Donald Janson, "Homicides Increase in Chicago, But Confessions Drop by 50%", *N.Y. Times*, July 24, 1967, at 24(西北大学法学院召开的全美辩护律师会议上的评论)。

[166] 参见 Theodore Souris, "Stop and Frisk or Arrest and Search—The Use and Misuse of Euphemisms", 57 *J. Crim. L.*, *Criminology & Police Sci.* 251, 263 (1966) (data from Detroit)。

[167] 市长汤普森(Thompson)办公室回复称就本项研究而言,他没有更多的信息可以提供。市长詹姆斯 R. 汤普森(James R. Thompson)的秘书电话信息(Feb. 10, 1995)。

[168] "Controlling Crime Hearings", 前引注[45], 第344页。

[169] 同上引注, 第344页(721/1437)。

[170] 398 P. 2d 361 (Cal.) (en banc, 全院庭审), 拒绝调卷令, 381 U.S. 937 (1965)。

[171] 同上引注, 第366—372页。

[172] "Controlling Crime Hearings", 前引注[45], 第349页。

[173] 同上引注(原始数据在40%左右)。

究中的数据进行对比,在米兰达案判决之后,洛杉矶警方在审讯那些被要求以重罪指控的犯罪嫌疑人时获得的供述率上升了大约10个百分点,即由40.4%上升到了50.2%。

认为米兰达规则会带来犯罪嫌疑人供述率直接的、大幅增长的观点听起来似乎有点怪诞,每个人如果要从洛杉矶研究的数据中得出这一结论显然都会犹豫。⑭ 最为重要的是,不可能将多拉多案后的供述率数据与米兰达案后的供述率数据进行直接比较,因为这两个调查的问卷至少存在着一点重大的区别。地方检察官办公室曾经对多拉多案后的调研数据的精确性提出过质疑。⑮ 因此,在米兰达案判决后的研究中,地方检察官办公室对问卷进行了重新设计。⑯ 作为重新设计问卷的一个方面,问题"供述和认罪"被改变为"供述,认罪或其他陈述"。⑰ 因为许多犯罪嫌疑人作出的是"其他陈述"⑱,正是这一模糊类型与"供述和认罪"合在一起,膨胀了米兰达案后犯罪嫌疑人的供述率。

另外,还有一些需要注意的问题。因为米兰达案后的调查其实都是在案件判决后不久展开的,一些所谓的米兰达案后的数据其实也许是米兰达案前的数据。⑲ 此外,因为这一调查涉及警察提出的指控申请,那些警察无法获得关键

---

⑭ 对这两项研究的这一解读是由扬格自己作出的,同上引注,第343页。还有学术界一些米兰达规则的拥护者们也是这样解读的,参见 Yale Kamisar, "A Dissent from the Miranda Dissents: Some Comments on the 'New' Fifth Amendment and the Old 'Voluntariness' Test", 65 *Mich. L. Rev.* 59, 68 n. 47 (1966); White, 前引注②, 第19页注释99。然而,扬格确实说过,在警察要求控告的案件中有1%因为根据米兰达规则的要求导致犯罪嫌疑人的陈述不可采且其他证据不够充分而被撤销。参见"Controlling Crime Hearings", 前引注㊺, 第345页。

⑮ Evelle J. Younger, "Miranda", 35 *Fordham L. Rev.* 255, 256 n. 7 (1966) ("根据这项调查无法得出确定的结论。因为样本数量……相对较小而且回收的很多答案不完整或者不一致"); 参见"Controlling Crime Hearings", 前引注㊺, 第349页("填写这些表格的代表们似乎有一些误解,从而将他们期待的东西填入了表格之中。许多表格不完整,不一致。特罗特[Trott]先生试图通过找到填写代表来解决这些问题。但这几乎不可能,因为并未要求填表人在其所完成的表格上留下他们的姓名")。

⑯ 前引注⑮提到的数据准确性问题在1966年1月4日的备忘录中也有提到。参见"Controlling Crime Hearings", 前引注㊺, 第349页(厄尔·奥萨德希[Earl Osadchey]给助理地方检察官林恩·D.康普顿[Lynn D. Compton]关于多拉多案后调查的备忘录)。因此,看起来1966年6月地方检察官办公室本应在发放问卷以评估米兰达规则的影响之前,对其问卷进行重新设计。负责米兰达案后调查的检察官明显与多拉多案后的调查完全相同。同上引注,第344页(1966年7月28日,厄尔·奥萨德希给助理地方检察官林恩·D.康普顿关于米兰达案后调查的备忘录)。同样没有提到米兰达案后调查数据中的准确性问题。

⑰ 比较"Controlling Crime Hearings", 前引注㊺, 第350页(多拉多案后的工作表),以及上引注,第347页(米兰达案后的工作表)。

⑱ 参见前引注㉖—㉙及相关文献(大约所有陈述中的一半都不是供述)。

⑲ "Controlling Crime Hearings", 前引注㊺, 第344页; 还可参见 Younger, 前引注⑮, 第260页注释14 ("因为这项调查是紧随着米兰达案判决进行的,许多处在预审阶段的被告人都是在米兰达判决之前被逮捕的,因此当时给他们的只是多拉多式的警告")。

供述,因此无法提出指控申请的案件也就无法进入地方检察官办公室的视野。地方检察官办公室也承认"我们无法从本次调查中辨别出其中有多少案件我们从未听警察局说起过"⑱。最后,地方检察官办公室似乎认为米兰达规则的要求和多拉多案的要求本质上没有太大的差异。⑱ 因此,本项研究也并非真正意义上的"前后比较研究",而是一项"后后比较研究"(after-and-after study)。⑱基于这些问题,从本项研究的数据中很难得出某种比较性结论。

12. "前后比较研究"小结

所有这些关于米兰达规则对羁押审讯中供述率影响的定量研究结果都汇总在表 2-1 当中。⑱ 正如表 2-1 所显示的那样,除了两项洛杉矶的调查由于缺乏可信性而被排除外,其他研究大致都得出了相同的结论,即米兰达案判决后犯罪嫌疑人的供述率出现了下降,而且大多认为这种下降幅度在两位数以上。这些数据直接反驳了当前法学界在米兰达规则是否影响了警察执法效果问题上的观点。⑱ 供述率下降的幅度从纽约郡的 34.5% 至海城的 2.0% 不等。这些

---

⑱ "Controlling Crime Hearings",前引注⑮,第 345 页。

⑱ Younger,前引注⑯,第 259 页("多拉多案判决提出的要求与美国联邦最高法院一年后在米兰达案判决中确立的[米兰达规则]非常接近。因此,加利福尼亚州检察官们要作的调整也相应地很小")。不清楚的是,扬格是否认为多拉多案确立的弃权要求与米兰达案确立的要求不同。

⑱ 参见 Seeburger & Wettick,前引注㉜,第 25 页(认为"前米兰达时期的案件[情形]就是后多拉多时期的[情形]")。

⑱ 这一综述没有包括赖斯(Reiss)和布莱克(Black)在 1966 年夏天对现场审讯(不是羁押性审讯)进行的研究,该项研究发现,警察在此类审讯中获得供述的概率非常低(14%)。参见 Albert J. Reiss, Jr. & Donald J. Black, "Interrogation and the Criminal Process", 374 *Annals Am. Acad. Pol. & Soc. Sci.* 47, 54 (1967)。然而这一 14% 的现场审讯成功率"远低于警察局内所有被审讯犯罪嫌疑人 50% 左右的认罪率",同上引注。(明显引自前引注⑬—⑭及相关文献讨论过的在华盛顿特区进行的研究)。同样地,这一现场审讯成功率在评估米兰达规则的影响方面也几乎没什么作用,因为此类审讯不属于米兰达规则调整的范围。Donald J. Black & Albert J. Reiss, Jr., President's Comm'n on Law Enforcement and the Admin. of Justice, *Studies in Crime and Law Enforcement in Major Metropolitan Areas*: *Field Surveys* III 124 (1967) (发现外派执勤的警察与犯罪嫌疑人遭遇时至少对其进行一项权利警告的警察的比例只有 3%,而监控情形下抓获的犯罪嫌疑人的这一数据只有 2%)。

⑱ 参见 Charles J. Ogletree, "Are Confessions Really Good for the Soul?: A Proposal to Mirandize Miranda", 100 *Harv. L. Rev.* 1826, 1827 (1987) ("该判决后不久进行的许多研究认为,犯罪嫌疑人供述没有显著下降");参见 White,前引注②,第 18—19 页("在米兰达案后的所有研究中……匹兹堡研究是唯一一个发现米兰达规则导致犯罪嫌疑人供述率显著下降的研究")。但是,参见 Gerald M. Caplan, Questioning Miranda, 38 *Vand. L. Rev.* 1417, 1464-67 (1985) (该项研究认为,虽然与米兰达规则相关的实证研究结论"经常被引用来论证米兰达规则对警察执法效果几乎没有影响的观点,但是这种描述是不准确的")。

⑱ 证明主流神话错误的定量方法之一是,对 4 个有可用可靠信息的城市的供述率与米兰达规则的关系进行比例关系验证,结果显示,在米兰达案判决后,3 个城市(分别为匹兹堡、纽约郡、费城,但不包括海城)的供述/陈述率下降与米兰达规则之间在 0.05 水平上存在统计学意义上的显著相关性。

值得信赖的研究⑱——从匹兹堡、纽约郡、费城、海城、纽黑文、堪萨斯城、金斯郡,到新奥尔良——显示出犯罪嫌疑人供述率分别下降了18.6个百分点、34.5个百分点、24.6个百分点、2.0个百分点、16.0个百分点、6个百分点、15.5个百分点、11.8个百分点,平均下降幅度为16.1个百分点。换句话说,基于这些研究的比较,大致可以认为,米兰达规则导致了每6名犯罪嫌疑人中就有1名犯罪嫌疑人没有供述。

表 2-1　供述变化评估

| 米兰达规则与供述率变化 | | | | |
| --- | --- | --- | --- | --- |
| 城市 | 供述率<br>米兰达案前 | 米兰达案前供述率<br>米兰达案后 | 变化 | 重大问题 |
| 匹兹堡 | 48.5% | 29.9% | −18.6个百分点 | |
| 纽约郡 | 49.0% | 14.5% | −34.5个百分点 | |
| 费城 | 45%(估算/推算) | 20.4%(推算) | −24.6个百分点 | |
| 海城 | 68.9% | 66.9% | −2.0个百分点 | ? |
| 纽黑文(1960—1966) | 58%—63%(估算) | 48.2% | −10—15个百分点 | 有 |
| 纽黑文(总体情况) | ? | ? | −16.0个百分点 | |
| 华盛顿特区 | 21.5%(推算) | 20.0%(推算) | −1.5个百分点 | 有 |
| 堪萨斯城 | ? | ? | −6个百分点(推算) | ? |
| 金斯郡 | 45%(估算/推算) | 29.5%(推算) | −15.5个百分点 | |
| 新奥尔良 | 40%(估算) | 28.2% | −11.8个百分点 | ? |
| 芝加哥(谋杀案) | 53%(推算) | 26.5%(推算) | −26.5个百分点 | ? |
| 洛杉矶 | 40.4% | 50.2% | +9.8个百分点 | 有 |
| 不存在重大问题的研究项目平均数据情况 | | | −16.1个百分点* | |

\* 之所以将芝加哥谋杀案件的研究结果排除在外的原因参见注⑱。

(二) 国际比较

衡量米兰达规则是否导致了供述率下降的另一种选择是,对受米兰达规则

---

⑱ 也就是说,这些研究没有具体的、确定的"重大问题"。特别是,因为前文所述内容,我基于数据可靠性问题排除了纽黑文(1960—1966)、哥伦比亚特区和洛杉矶等城市供述率变化的评估。此外,我还排除了对芝加哥谋杀案件供述率的研究,因为该项研究只针对谋杀案件,而且其细节几乎不为人知。虽然我对海城2%的供述率下降这一数据的可靠性高度怀疑,但我还是将其纳入了分析,以致我的成本评估比实际情况更低。

规制的国家与那些没有类米兰达规则要求的国家的警察审讯供述率进行比较。[186]首席大法官沃伦在米兰达案的判决中即作了某种比较,他说:"其他一些国家的经验同样表明,对警察审讯活动进行规制的危害性被人为地夸大了。"[187]然后,沃伦法官考察了英格兰、苏格兰和其他一些国家,对这些国家警察审讯的制度特征进行了描述,接着认为"这些限制性规则并未对这些国家的刑事执法效果产生什么明显的危害"。[188]虽然首席大法官对这些国家警察审讯实践描述的精确性十分可疑[189],但是我们在此关心的是这些国家的供述率是否能够说明本文提出的"米兰达规则导致了美国警方审讯的供述率下降了大约16个百分点的判断"存在什么问题。[190]下面我将主要通过对英国和加拿大的相关数据分析,对米兰达规则之于警察执法效果的负面影响进行横向比较。

1. 英国

英国是一个很好的比较对象,英国历史上通行的警察审讯模式下,警察都会给予犯罪嫌疑人相当于米兰达规则中前两项内容的权利警告,但并不包括米兰达规则体系中的其他内容——例如,在审讯中获得律师帮助的权利和弃权声明的要求。[191]既有研究表明,在这一模式下,英国警方审讯犯罪嫌疑人时获得的供述率很高。一项在伍斯特(Worcester)进行的研究发现,在所有案件的犯罪嫌疑人中,有86%作出了供述或其他类型的归罪性陈述。[192]另一项在老贝利(Old Bailey)进行的个案研究则发现,归罪性陈述的比例高达76%。[193]而一项在布赖顿(Brighton)进行的观察性研究发现,观察样本中65%的犯罪嫌

---

[186] 参见 William T. Pizzi, Reflections on Confessions, Truth and the Law (Jan. 23, 1995)(未刊稿,作者本人存档稿)(呼吁将米兰达与其他国家的类似制度进行比较)。

[187] 米兰达诉亚利桑那州案(Miranda v. Arizona, 384 U. S. 436, 486 [1966])。

[188] 同上引注,第489页。

[189] 参见 OLP Pre-Trial Interrogation Report, 前引注[13],第87—95页;还可参见米兰达诉亚利桑那州案(384 U. S. at 521-22)(哈伦大法官的反对意见); Ronald J. Allen et al., Constitutional Criminal Procedure: An Examination of the Fourth, Fifth, and Sixth Amendments and Related Areas 1222 (3d ed. 1995)("不幸的是,[联邦最高法院对英国实践的描述]看起来要么是错误的,要么是误导性的")。

[190] 试比较 Craig M. Bradley, "The Emerging International Consensus as to Criminal Procedure Rules", 14 Mich. J. Int'l L. 171, 175 (1993)(认为可以将其他国家视为可以对类似制度进行检验的"实验室")。

[191] 参见 Van Kessel, 前引注⑦,第35—72页;还可参见 OLP Pre-Trial Interrogation Report, 前引注[13],第88—89页。

[192] 参见 Barry Mitchell, "Confessions and Police Interrogation of Suspects", 1983 Crim. L. Rev. 596, 598。

[193] 参见 Michael Zander, "The Investigation of Crime: A Study of Cases Tried at the Old Bailey", 1979 Crim. L. Rev. 203, 213 (数据来源于表4)。

疑人作出了归罪陈述。[194] 还有一项对西约克郡（West Yorkshire）、诺丁汉郡（Nottinghamshire）、艾文和萨默塞特郡（Avon and Somerset）、伦敦大都会区（Metropolitan Police District, London）等四个警察局的观察性调查也发现，警察在61%的审讯中获得了犯罪嫌疑人的供述。[195] 一项对伦敦七个皇家法庭聆讯案件的研究发现，在聆讯中71.2%的被告人提供了归罪性信息。[196] 最后，一些从谢菲尔德法庭记录中随机抽样的被告人的访谈显示，94%的被告人向警察承认过自己有罪。[197] 虽然最近曝光了数起因为强制审讯导致了"正义流产"（错案）结果的案例[198]，但是似乎不太可能将英国警方审讯中如此之高的供述率归功于类似的审讯技巧（强迫审讯）[199]。

虽然概念界定和研究方法方面的差异使得对英美两国警察审讯供述率进行精确比较相当困难，但是就数据而言，英国警察审讯获得供述的概率确实要远高于米兰达案判决后的美国同行的数据。正如戈登·范凯塞尔（Gordon Van Kessell）教授在对相关文献进行回顾之后所说的那样："通常认为，相对于美国而言，在英国，于警察审讯中作出不利于己陈述的犯罪嫌疑人比例明显更高。"[200] 如果将英国警方审讯中获得的供述率（大致为61%—84.5%）与米兰达案后美国警方审讯中获得的供述率（大致为30%—50%）[201]对比，那么我们在本文中所估测

---

[194] Barrie Irving, Royal Comm'n on Crim. Proc., "Police Interrogation: A Case Study of Current Practice" 75, 149 (1980) (Research Study No. 2) (60名犯罪嫌疑人中有39人供述)。

[195] Paul Softley, Royal Comm'n on Crim. Proc., "Police Interrogation: An Observational Study in Four Police Stations" 49, 85 (1980) (Research Study No. 4) (研究发现47%的犯罪嫌疑人作出了供述，13.4%的犯罪嫌疑人作出了认罪)。

[196] Michael McConville & John Baldwin, "The Role of Interrogation in Crime Discovery and Conviction", 22 *Brit. J. Criminology* 165, 166 (1982) (数据来源于表1[b])。71.2%的数据来源于100%减去6.5%没有作出任何陈述，再减去22.3%作出"非归罪性陈述"的犯罪嫌疑人。如果再减去2.7%的提供了"书面非供述性陈述"的犯罪嫌疑人，那么，71.2%的归罪性陈述比例将下降为68.5%。还可参见John Baldwin & Michael McConville, Royal Comm'n on Crim. Proc., "Confessions in Crown Court Trials" 13-14 (1980) (Research Study No. 5) (同样的信息请参见该文表3.1[b])。在这份信息源中，22.3%的"非归罪性陈述"数据并未出现，而是被进一步细分为"只口头否认的被追诉者"(18.7%)和"作出了其他类陈述的被追诉者"(3.6%)。

[197] A. E. Bottoms & J. D. McClean, Defendants in the Criminal Process 115-17 (1976)。因为这一统计结果来源于那些有罪答辩的被告人，因此很可能比本文提到的，包括不认罪被告人在内的所有被告人的其他统计结果要高些。

[198] 参见 Royal Comm'n on Criminal Justice, *Report* 6 (1993) (对"近年来发生的广为人知的一些刑事错案"进行了评论)。

[199] 参见下引注[203] (报告了即使有外部监督者在场或者对审讯进行录像，供述率仍然较高的现象)。

[200] 参见 Van Kessell, 前引注⑦, 第128页；还可参见 Baldwin & McConville, 前引注[196], 第3页 (认为英国认罪的犯罪嫌疑人比美国更多)。

[201] 参见下引注[206]—[211]及相关文献。

的"米兰达规则导致美国警方与审讯相关的供述率下降了 16 个百分点的判断"也就相当合理了。

英国的经验不仅使我们可以对没有米兰达规则约束的国家,警察审讯获得的供述率情况进行估测,而且还使我们可以对一个正在走向"米兰达式"规范的国家发生了什么进行审视。在 20 世纪 80 年代,英国对警察审讯采取了一种更为全面规制的结构,其中许多方面就有参照米兰达规则的痕迹。1984 年,国会通过了《警察与刑事证据法》(Police and Criminal Evidence Act,PACE),对羁押性审讯犯罪嫌疑人的过程进行了规范。根据 PACE 的要求,内政部随后于 1985 年制定了《警察拘留、处置、询问嫌疑人实施规程》(Code of Practice for the Detention,Treatment and Questioning of Persons by Police Officers),1988 年制定了《审讯录音实施规程》(Code of Practice on Tape Recording)。[202] 这些规定为犯罪嫌疑人提供了一系列的保护,包括审讯过程中的律师帮助和对审讯过程的录音。

在采用"米兰达式"的审讯规范后,英国警察审讯的供述率最近也逐渐下降,向美国警察的水平靠拢。综合 1992 年的一些研究情况,如吉斯利·古德永松(Gisli Gudjonsson)指出:"近年来英国犯罪嫌疑人供述的比例已经从过去的 60% 左右逐渐下降到 40%—50% 之间,这似乎与 PACE 的制定与 1986 年 1 月的实施有关。供述率下降的原因似乎与被拘留人对律师的使用,羁押审讯的变化,以及限制程序有关。"[203] 有意思的是,在 PACE 颁布实施后英国警察审讯供述率的下降(60% 左右逐渐下降到 40%—50% 之间)与本文所提出的米兰达案后美国警察审讯供述率的下降幅度大致相当。出于对执法利益的考虑,英国议会最近对审讯时权利警告的模式作了一定的修改,并对规范警察审讯的其他制度作了一定的变化,以期获得更多的犯罪嫌疑人供述。[204]

2. 加拿大

另一个很好的比较国家是邻国加拿大。直到最近,加拿大警察才开始在审

---

[202] 参见 Michael Zander, *The Police and Criminal Evidence Act 1984* (2d ed. 1990)(对《警察审讯录音录像法》《警察拘留法》和《警察审讯和犯罪嫌疑人处遇法》等相关规定进行了介绍);Bradley, 前引注[190], 第 183—186 页(介绍了英国的 PACE 审讯规则和对违反该规则的救济)。

[203] Gisli H. Gudjonsson, *The Psychology of Interrogations, Confessions and Testimony* 324 (1992).

[204] Criminal Justice and Public Order Act, 1994, ch. 33 (Eng.). 给犯罪嫌疑人的新警告内容是:"你不是一定要说些什么,但如果你现在未提到的东西在后续诉讼程序中被用作辩护的理由,法官可以就你今天没有提出这一理由的事实作不利于你的决定。你现在所说的一切都将被记录在案并在你被移送法庭审判时作为证据使用。"William E. Schmidt, "Silence May Speak Against the Accused in Britain", *N.Y. Times*, Nov. 11, 1994, at 10. 相关变化赋予陪审团以犯罪嫌疑人在审讯中未提出相关辩事由为由作出不利的推定的权利。参见 Criminal Justice and Public Order Act, 1994, ch. 33, s 34 (Eng.)。

讯中向犯罪嫌疑人提供包括沉默权在内的"米兰达式"的权利警告，但是在犯罪嫌疑人弃权、停止审讯等方面并未严格参照米兰达规则的要求。[205] 自1982年起，根据《加拿大公民权利和自由宪章》第10条(b)项的规定，加拿大有关审讯的法律已经开始走向米兰达规则要求的模式。[206]

从我们掌握的唯一数据来看，加拿大警察审讯犯罪嫌疑人获得的供述率明显要高于美国同行的数据。1985年加拿大安大略省的荷顿(Halton)地方警察局在伯灵顿(Burlington)进行了一项为期两年的小规模实验性研究，在该项实验研究中，他们对该警察局管辖的，严重程度在交通事故、醉酒驾车犯罪以上的犯罪嫌疑人审讯过程都进行录音录像，然后将所得到的供述率数据与奥克维尔(Oakville)警察局的正常审讯结果进行对比。尽管录像设备防止了警察在审讯过程中的不当行为，但是伯灵顿警察局的警察在审讯中还是获得了68%的供述或归罪性陈述率。[207] 如果排除4.8%的拒绝录像的犯罪嫌疑人，供述率还要更高，在那些愿意对审讯过程进行录音录像的犯罪嫌疑人中，有71.6%作了归罪性陈述。[208] 而作为研究项目的"控制对照组"奥克维尔，在此期间警察在审讯犯罪嫌疑人过程中获得归罪性信息的比例高达87.0%。[209] 加拿大警察审讯中获得的供述率远高于本项研究所掌握的任何一项数据中的美国警察，从而表明，米兰达规则也许制约了美国警察审讯犯罪嫌疑人的能力。[210]

---

[205] 参见 Mark Schrager, "Recent Developments in the Law Relating to Confessions: England, Canada and Australia", 26 *McGill L. J.* 435, 437, 442-43 (1981); 参见 A. Kenneth Pye, "The Rights of Persons Accused of Crime Under the Canadian Constitution: A Comparative Perspective", *Law & Contemp. Probs.*, Autumn, 1982, at 221, 234-36 (1982) (对加拿大警察的相关做法进行了讨论)。

[206] 参见 Peter B. Michalyshyn, "The Charter Right to Counsel: Beyond Miranda", 25 *Alberta L. Rev.* 190, 190 (1987); 参见 David M. Paciocco, "The Development of Miranda-Like Doctrines Under the Charter", 19 *Ottawa L. Rev.* 49 (1987). 参见 Don Stuart, *Charter Justice in Canadian Criminal Law* 183-216 (1991) (对加拿大警察审讯规则进行了介绍)。

[207] 参见 Alan Grant, *The Audio-Visual Taping of Police Interviews with Suspects and Accused Persons by Halton Regional Police Force*, Ontario, Canada—An Evaluation 28 (1987); 参见 Joyce Miller, Law Reform Comm'n of Can., *The Audio-Visual Taping of Police Interviews with Suspects and Accused Persons by Halton Regional Police Force: An Evaluation* 11 (1988) (前引 Grant 的评估报告摘要)。

[208] Grant, 前引注[207], 第28页。

[209] 同上引注, 第32页 (数据来源于表1)。

[210] 要从荷顿的数据中得出确切结论的困难之一是，这些数据来源于郊区警察机关，在美国学者的研究中，郊区警察机关的供述率通常高于城市地区。参见下引注[250]—[253]及相关文献 (认为米兰达规则在城市地区的影响更大)。另外一个困难是，警察也许更为全面地遵守了米兰达规则的要求。该项研究报告说，犯罪嫌疑人被告知警察正在对审讯过程进行录像，而且"告知犯罪嫌疑人他们没有陈述的义务，有获得律师帮助的权利"。参见 Grant, 前引注[207], 第11页。如果犯罪嫌疑人拒绝被录音录像的话，录音设备将立即关闭，同上引注。然而，似乎至少在研究的时段内 (1985年6月至1987年6月)，荷顿的审讯规则并没有米兰达规则要求的那么严格，参见 Regina v. Anderson, 45 O. R. 2d 225 (Ct. App. 1984) (Ont. C. A.) (对律师帮助权的限制); 参见 Paciocco, 前引注[206], 第51页 (指出在1987年对犯罪嫌疑人有权随时停止接受审讯这一规则正处于"发展之中")。

总之，与米兰达案判决中所预期的相反，我们对英国、加拿大警察审讯供述率情况的简单比较，至少在某种程度上可以说明米兰达规则降低了犯罪嫌疑人的供述率。虽然对此还值得作进一步细致的分析，但是这一（横向）评价米兰达规则对警察执法效果的负面影响的替代性方式进一步确证了前文"前后比较研究"的结论。

二、供述必要性分析

> 警察看起来略带歉意地对犯罪嫌疑人说：
> （犯罪嫌疑人）身处的恶劣条件，
> "现在的情形，我没有把握
> 也难以真正地解决
> 除了确实、真正地承认。"[21]

当然，如果供述并非定罪所必须，那么，对米兰达规则的争议也就没有什么意义。然而，似乎众所周知的是，至少在一些案件中，供述是成功起诉必不可少的证据。因此，争议的问题也就转换为究竟在多大程度上供述是起诉或者定罪所必须。正如在供述率变化问题上的争议一样，对于供述必要性问题的争议同样只是一种定性上的分歧。米兰达规则的批评者们认为供述通常是成功起诉或定罪所必须，而米兰达规则的拥护者们则认为只有在极少数的案件中，供述才是一种必要。[22] 就如供述率问题一样，也许只有通过对经验性数据的分析才能将问题看得更清。

在进入各项统计数据分析之前，有三个简要的方法论问题需要先予说明。

第一，对供述"必要"程度的估测在某种程度上更多地是一种主观性判断，而不如前文对供述率统计数据的分析那样客观。[23]

第二，基于本文对米兰达规则社会成本计算的目的，我们意欲通过对因为米兰达规则而失去的供述进行统计来分析其"必要性"。例如，对于匹兹堡研究中

---

[21] 参见 Uviller，前引注[14]，第181页。

[22] 比较 Fred E. Inbau et al., *Criminal Interrogation and Confessions* at xiv (3d ed. 1986)（"许多刑事案件……只有获得真正有罪者的认罪或者供述或者……对其他犯罪嫌疑人的审讯才能解决"）和 James Fyfe, "No, the Ruling is Rarely an Issue in Criminal Cases", *News Press* (Fort Myers, Fla.), Feb. 8, 1987, at A23（"供述很少与定罪有什么关系，因为定罪所需的证据通常在犯罪嫌疑人供述之前就已经在案了"）。

[23] 参见 Van Kessel，前引注[7]，第112页（"当然，判断被告人陈述与其他指控证据之间关系的重要性，是一个远比确定其频率困难得多的任务"）。

发现的供述率下降了 18 个百分点,我们想知道的是,在所失去的 18 个百分点供述中,有多少是对被告人定罪所必需的。显而易见的是,通常都没有此类统计。即使整体统计能够表明受米兰达规则的影响供述率发生了何种变化,通常也不太可能知道哪些案件是没有供述的,以及如果没有米兰达规则影响的话,这起案件的犯罪嫌疑人原本是否会作出供述。因此,我们必须使用某种整体必要性统计,并且假设这一统计适用于因为米兰达规则失去的供述情况分析。

使用集合统计分析可能会低估米兰达规则的成本。目前已有的经验证据表明,在控方掌握的指控证据有力,而且犯罪嫌疑人知道"鱼儿上钩"(意指犯罪嫌疑人知道自己已经无法脱罪)时通常更有可能供述。因此,当犯罪嫌疑人相信——正确地——在没有其供述控方即无法对其提起指控时,其即具有了更为强烈的拒绝供述的内在动力。[214] 其结果是,没有供述的案件很有可能通常都是警察证据掌握较弱的案件,因此在这些案件中,通常意味着供述是定罪所必须。

第三,大部分关于"供述必要性"的研究也许都存在着瑕疵,因为他们未能考虑到犯罪嫌疑人的供述可以帮助警察找到其他归罪性证据(即供述在侦查中的线索功能)。[215] 如果这样来看,也许根据犯罪嫌疑人的口供找到的证据证明力强大,足以使供述本身看起来"没有必要"——如果没有犯罪嫌疑人供述的话,这些证据可能永远也找不到。而这些研究通常都未能考虑到这种可能性,研究者也许因此低估了供述之于定罪的真正重要性之所在。[216] 在说明对这些存疑之后,我们再转向现有那些供述重要性的量化数据。

---

[214] 参见 Nathan R. Sobel, The New Confession Standards: Miranda v. Arizona 137 (1966) ("大部分供述都是准确获得的,因为被告人已经被'其他证据',例如被害人辨认或其身上发现犯罪的'赃物'给'钩住了'");参见 Cassell & Hayman, 前引注㊼ (当证据有力时,警察更有可能审讯成功); Gisli H. Gudjonsson & Hannes Petursson, "Custodial Interrogation: Why Do Suspects Confess and How Does It Relate to Their Crime, Attitude and Personality?", 12 *Personality & Individual Differences* 295, 303 (1991) (对监狱囚犯的研究发现,"最为常见的供述原因与对证明的理解和因此产生的在否认罪行时的不得要领有关"); Stephen Moston et al., "The Effect of Case Characteristics on Suspect Behaviour During Police Questioning", 32 *Brit. J. Criminology* 23, 34 (1992) (发现证据力度对犯罪嫌疑人认罪具有"明显的影响"); Reiss & Black, 前引注⑬,第 55 页 ("当其发现控方掌握了'不利于自己的证据时'就会认罪或供述"); "Yale Project", 前引注⑧,第 1574 页 (认为审讯成功与逮捕时警察掌握了大量证据相关)。

[215] 参见 Yale Kamisar, "On the 'Fruits' of Miranda Violations, Coerced Confessions, and Compelled Testimony", 68 *Mich. L. Rev.* 929, 1000 (1995) ("审讯的一个主要目的——如果说不是根本目的的话——是获得物证的下落之类的信息");参见 Witt, 前引注㊾,第 327—328 页 (对供述与查获被盗赃物之间的关系)。

[216] 但是,请比较 Cassell & Hayman, 前引注㊼ (发现 1994 年盐湖城的警察"很少"获得犯罪嫌疑人的归罪性陈述)。

## （一）匹兹堡研究

西伯格教授、韦蒂克教授在匹兹堡研究进行的统计项目不仅包括了供述率，而且还包括了供述之于定罪的必要性。他们认为，根据他们的判断，"没有供述和通过供述获得的其他证据将很有可能无法对被告人定罪"即可视为供述是必要的。[217] 在作出这一判断时，他们"假设控辩双方均有能力收集一切可能收集到的证据，双方均有律师参与，案件最后的决定取决于聆讯和审判时案件的证据质量，以及向警察提供证据的证人（除了被告人及其家庭成员外）的合作"[218]。

他们发现，20％的案件在定罪时需要犯罪嫌疑人的供述。[219] 同时，他们还发现，在有犯罪嫌疑人供述的案件中（包括米兰达案判决前后的所有案件），大约25％的案件中供述是对犯罪嫌疑人定罪所必需的。[220]

## （二）纽约郡研究

纽约郡地方检察官办公室的弗兰克·霍根曾就供述在起诉中的重要性在国会作过证。对1965年该检察官办公室办理和候审的91起谋杀案件的调查发现，其中25起案件（占样本数的27.5％）"如果没有被告人供述，将缺乏合法充分的证据将其提交审判"[221]。虽然霍根并未就在缺乏被告人供述的情况下，是否可以通过其他替代性调查措施来保障指控的成功问题进行过任何估测。[222] 但是，我们可以合理地假设，通常而言，在谋杀案件中，警察不会放过任何具有调查价值

---

[217] 参见 Seeburger & Wettick，前引注[32]，第14页。

[218] 同上引注。证人合作假设可能明显低估了其实际需求率，因为在现实生活中，缺乏证人合作是检察官面临的主要问题之一。参见 Forst et al.，前引注[48]，第24—25页（发现1974年华盛顿特区警察局逮捕的1745名抢劫犯罪嫌疑人中，205名犯罪嫌疑人被驳回或撤销指控都可以归咎于存在某种类型的证人问题）。

[219] 参见 Seeburger & Wettick，前引注[32]，第15页表4（整体供述需要率＝156/771，即20.2％）。

[220] 同上引注，第16页表5（在有供述的案件中，供述需要率＝101/390，即25.9％）。在米兰达案判决之后，供述的重要性进一步上涨，供述需要率从此前的24.7％上涨到32.8％。对供述必要性的估计得到了针对抢劫、夜盗案件的研究结果的印证，有供述的犯罪嫌疑人被定罪率为78.7％，而无供述犯罪嫌疑人的定罪率为54.5％，同上引注，第20页。24.2个百分点的差异也许就是供述必要性数值。

[221] 参见"Controlling Crime Hearings"，前引注[45]，第1121页。这一数字低估了供述的重要性，因为其未能抓住哪些供述是破案所"必需"，但随后又通过供述找到了其他补强证据的谋杀案件。霍根还引用了前警察局长墨菲（Murphy）对纽约1963—1964年间谋杀案件的评论，后者认为在此期间被逮捕的谋杀案件犯罪嫌疑人中，供述对50％的案件都非常重要。Steven V. Roberts, Confessions Held Crucial by Hogan, N. Y. Times, Dec. 2, 1965, at 1.

[222] 参见 Dorsey D. Ellis, Jr., "Vox Populi v. Suprema Lex: A Comment on the Testimonial Privilege of the Fifth Amendment", 55 *Iowa L. Rev.* 829, 855 (1970)。

的线索。㉓

(三) 洛杉矶研究

洛杉矶地方检察官办公室在研究报告中提到了在 1965 年和 1966 年起诉的案件中,说明供述重要性的数据。1965 年的调查发现,26.2% 的刑事指控都有犯罪嫌疑人供述或认罪,负责起草研究报告的副检察官认为,犯罪嫌疑人供述或认罪对于确保定罪很有必要。㉔

1966 年(米兰达案判决后)的调查报告中没有提到供述在指控中的重要程度方面的数据,相反,报告提到了在 1966 年夏天三个星期内审判或作有罪答辩的 649 名被告人中㉕,检察官认为有 67 名(约 10%)被告人的归罪性陈述或认罪是定罪所必需的。㉖ 由于调查只涉及那些已经被提交审判或者被告人作有罪答辩的案件,而未能反映那些因为控方证据薄弱而在此前程序中已经被撤销的案件情况。㉗ 另外,10% 的数字还未能反映出调查样本中另有 103 人在审判程序中被判无罪的情形。公平地说,这 103 名被判无罪的被告人中大部分都可以认为,供述是对其定罪所"必要"的。㉘ 如果将这些无罪的数量再加上前述 67 名,都可算作是定罪必须要有供述的被告人,那么可以大致推断,在 26.2%(170/649) 的被告人中,供述对于定罪具有其必要性,这一结论与 1965 年的调查结论基本相当。另外,1965 年和 1966 年的调查,在那些他们没有考虑过是否可以通过其他的调查性措施来获得证据以确保对被告人定罪的案件中,也许稍微夸大了供述的重要性。㉙

(四) 纽黑文研究

《耶鲁法律杂志》的编辑们为纽黑文警察局的研究项目设计了一个精细的代

---

㉓ 请比较 Yale Kamisar, "Has the Court Left the Attorney General Behind? —The Bazelon-Katzenbach Letters on Poverty, Equality and the Administration of Criminal Justice", 54 *Ky. L. J.* 464, 479 n. 37 (1966)(复述了底特律首席侦探皮耶尔桑特[Piersante]的电话采访,后者认为在谋杀案件的侦查中,因为有全面有效的逮捕前侦查程序,审讯并不重要)。

㉔ 参见 "Controlling Crime Hearings",前引注㊺,第 349、350 页。

㉕ 这些数据中的大部分都是米兰达案判决之前的审讯,参见前引注⑲。

㉖ "Controlling Crime Hearings",前引注㊺,第 346 页。这些归罪性陈述在审判中更为重要,助理检察官们认为,在 40% 的案件中,归罪性陈述或者认罪都是定罪所必需,同上引注。

㉗ 参见 "Yale Project",前引注⑧,第 1643 页。

㉘ 当然,这些被无罪释放者中可能有些人是因为其本身无辜,而不是因为检察官未能证明其有罪。试比较下引注㉞—㊱及相关文献(讨论了米兰达规则在保护无辜者中的作用)。

㉙ 参见 "Yale Project",前引注⑧,第 1642—1643 页。由于地方检察官办公室并未"说明其在进行此项评估时所根据的标准",这些有关归罪性陈述或认罪必要性数据同样受到了批评,同上引注,第 1642 页。

码系统,以记录他们对犯罪嫌疑人供述对其定罪是否必要进行的观察判断,他们将这一代码系统称之为"证据调查等级"(Evidence-Investigation Scale),因为这个系统主要关注的是两个关键性问题:在没有供述时警察所掌握的不利于犯罪嫌疑人的证据数量和警察可以采取的替代性调查措施。㉙ 根据这两个因素,他们对审讯之于对被告人定罪的重要性进行了模型化处理,将对审讯的需要分为四类,"关键性""重要""不重要""不必要"。㉚

在这一分类模型下,研究者们估计,在他们观察的 90 起案件中,审讯具有"关键性"意义的占 3.3%,"重要"的占 10.0%㉜,进而他们将这两类归为审讯具有"必要性"的类型,即在他们观察的样本案件中,大约 13.3% 的案件审讯具有必要性。㉝ 这一数据只可以用来推断有犯罪嫌疑人供述的案件中,供述的必要性数据。他们观察了 49 起成功审讯的案件,但这其中只有 4 起(8.2%)审讯被认为是侦破案件所必要的。㉞

《耶鲁法律杂志》的编辑们在纽黑文警察局的研究所得出的供述必要性程度远低于本文此前讨论过的其他研究者得出的结论。其原因也许在于研究者在研究过程中使用了一些令人奇怪的分类,因此似乎明显地低估了供述的重要性。这些编辑即使在没有潜在的替代性调查措施,(除了供述之外)证据仅足以提起诉讼,但无法确保定罪时,也认为审讯"不重要"。㉟ 他们也没有提供任何使我们

---

㉙ 同上引注,第 1582—1583 页。
㉚ 该矩阵模型如下:

| 调查性替代措施 | | 证据数量 | | | |
|---|---|---|---|---|---|
| | | 无证据 | 有一些证据 | 审判 | 定罪 |
| | 无 | 关键 | | 不重要 | 不必要 |
| | 有,但可能不够 | 重要 | | | |
| | 有,而且可能足够 | | | | |
| | 不必要继续深入调查 | | | | |

同上引注,第 1583 页表 19。
㉜ 同上引注,第 1585 页表 20(关键=3/90;重要=9/90)。
㉝ 同上引注。
㉞ 同上引注,第 1590 页表 21。
㉟ 同上引注,第 1583 页表 19(证据充分移送审判的纵列与调查性替代措施"没有""不够"的横列交叉);前引注㉚。另外,《耶鲁法律杂志》的编辑们可能将一些事实上没有必要审讯的案件错误地归入了"有必要审讯"的类型。他们将 4 个警察审讯不成功,未能获得嫌疑人供述但最后仍部分定罪的案件归为(归罪性陈述/认罪)"必要"类。参见"Yale Project",前引注⑧,第 1587 页。编辑们没有注意到这 4 个案件最后的定罪是控方指控之罪还是比指控更轻的罪名。然而,这一问题并非必要性数据向上偏误的确切证据,因为编辑们并未给出在其认为审讯"不重要"的案件中最终逃脱定罪的被告人的数量。

可以对为什么对案件结果这样分类进行评估的数据。因此,我们认为纽黑文研究可能低估了供述的必要性。

（五）海城研究

在海城研究中,詹姆斯·W. 威特借用了纽黑文研究中的“证据调查等级”标准对本项研究中审讯的重要性进行了分析。威特教授认为,就其研究样本而言,在16%的案件中,审讯是“关键性”的;8%的案件中审讯是“重要”的。如果将“关键性”的、“重要”的都视为“必要”的,那么,在海城研究中,在23.6%的案件中,审讯都是“必要”的。[236] 海城研究的数据也许有点保守,因为该项研究借用了纽黑文研究中那些令人奇怪的分类。威特教授承认,因为法庭判决扩大了被告人的权利,因此可能存在“高估了某些案件对被告人定罪所需证据数量”的倾向。[237]

（六）底特律研究

底特律警察局侦查局长文森特·W. 皮耶尔桑特(Vincent W. Piersante)对1961年全年、1965年9个月内起诉的严重犯罪案件中供述的重要性进行了列表统计。不幸的是,对这项研究的解释很困难,因为我们无法找到其原始数据的出处。相反,我们倒是发现了其中某项数据有过3个不同的版本。第一,密歇根州最高法院的法官西奥多·索尔里斯(Theodore 苏里)曾经发表过一篇文章,其附录中似乎是皮耶尔桑特的本项研究数据[238],其中指出某个检察官的调查显示,在1961年1445起样本案件中,供述在13.1%的案件是“关键性”,在1965年的1358件样本案件中,供述在11.3%的案件中是“关键性”的。[239] 第二,纽黑文研究引证了出版日期稍后的同一研究,在这个版本中同一研究的信息为,在1961年的一项样本数为总共2620件起诉案件的调查中,供述在23.6%的案件中是“关键性”的,在1965年的一项样本数为2234件起诉案件的调查中,供述在18.8%的案件中是“关键性”的。[240] 第三,皮耶尔桑特参加了一次有关米兰达规则的小组讨论会,在会上其介绍了1961年和1965年的两项研究,声称在1961年全部2630

---

[236] 参见威特,前引注(89),第324页表2。

[237] 同上引注,第324页注释39。

[238] 参见Souris,前引注(166),第263—264页(reprinting Criminal Investigation Div., Detroit Police Dept., “Confessions in Felony Prosecutions for the Year of 1961 as Compared to January 20, 1965 through October 31, 1965” [Dec. 13, 1965])。

[239] 同上引注,第255页、第264页总表。

[240] 参见“Yale Project”,前引注⑧,第1640—1641页(转引自Piersante, Confessions in Felony Prosecutions for the Year of 1961 as Compared to January 20, 1965 through December 31, 1965 [July 27, 1966], [未出版的报告])。

件起诉案件中(与纽黑文研究引证的数据相同),在23.6%的案件中供述是"关键性"的;而在1965年的全部2769件起诉案件中,在15.2%的案件中供述是"关键性"的。㉑

不管底特律研究采用的是哪一版本的数据,皮耶尔桑特的数据可能都低估了供述的重要性。因为在这项研究中,他们所涉及的只是"重罪起诉",这显然只意味着供述之于程序的后期(即起诉)的意义,而并不包括供述之于刑事诉讼程序最开始时的关键时刻(即侦查)的重要性。其结果是,皮耶尔桑特的数据并不包括因为证据不充分——缺乏供述而无法起诉,从而被排除出起诉程序之外的那些案件。㉒ 鉴于起诉审查在刑事诉讼程序中的过滤作用(即将不符合起诉条件的案件剔除出诉讼程序),皮耶尔桑特的最终数据令人生疑。另外,在该项研究中,皮耶尔桑特使用的"关键性"一词的含义同样并不清楚。㉓

(七)金斯郡研究

纽约州金斯郡地方检察官办公室的阿伦·库塔在研究中声称,从1966年6月至1966年9月底,共有316名犯罪嫌疑人因涉嫌谋杀、抢劫、强奸和重罪殴打受到审讯。㉔ 这其中有130名犯罪嫌疑人拒绝作任何陈述。库塔估计,在这些案件中,有30件虽然没有供述,但仍有充分的证据起诉。㉕ 因此意味着另100起案件中犯罪嫌疑人的供述都是必要的,换句话说,供述在76.9%的无供述案件中都是必要的。

但是,这样计算存在着几个问题。其一,库塔所说的只有30个案件在没有供述的情况下仍然有充分的证据起诉,只是一种大致的估计。㉖ 他的这一判断除了就其计算方法加以说明之外,并无其他意义。其二,库塔是否考虑过除了审讯之外,通过其他调查手段获取证据的可能也不清楚。㉗

---

㉑ Vincent W. Piersante, "Panel Evaluation", in *A New Look at Confessions: Escobedo—The Second Round* 145, 161 (B. James George, Jr. ed., 1967); accord Miranda Decision Said to End the Effective Use of Confessions, *N. Y. Times*, Aug. 21, 1966, at 52 (皮耶尔桑特在科罗拉多州波尔德市[Boulder]的演讲中对同一数据进行了重新计算)。

㉒ 参见"Yale Project",前引注⑧,第1643页注释16;还可参见 ALI Report,前引注㊱,第142页。

㉓ 参见"Yale Project",前引注⑧,第1642页。

㉔ 参见"Controlling Crime Hearings",前引注㊺,第223页。

㉕ 同上引注。

㉖ 同上引注,第223页("我对这些拒绝接受审讯的情况进行了估算……")。

㉗ 然而,库塔将100名拒绝陈述的犯罪嫌疑人归入了"待定",同上引注,第223页,从而意味着其他调查路径并不成功。

### (八) 索贝尔研究

位于金斯郡的纽约州最高法院大法官内森·R. 索贝尔(Nathan R. Sobel)调查了其所在司法管辖区内 1962—1964 年间审结的因供述问题提起上诉的案件，在 47 起案件中，索贝尔认为供述在其中 10 起案件中(占总数的 21.3%)是"关键性"的，或者"有帮助"的。[248] 除了样本数量过少外，索贝尔还提醒读者[249]，从已经审结的上诉案件中提取样本是否具有代表性同样值得考虑。例如，索贝尔未调查那些因为初审法院判决无罪，被告人并未上诉的案件(而在这些被判无罪的案件中，供述的重要性显然不言而喻)。[250] 因此，本项研究对我们的分析帮助有限。

### (九) 杰克逊维尔和圣迭戈研究

弗洛伊德·菲尼、福里斯特·迪尔和阿德里安娜·韦尔等就佛罗里达州的杰克逊维尔、加利福尼亚州的圣迭戈两市 1978 年、1979 年的抢劫、夜盗、陌生人之间的重罪殴打等类案件的处理进行过一个细致的调查研究。[251] 虽然他们没有直接指出供述的必要性比例，但是他们发现，两个城市的前三类案件(除了杰克逊维尔的重罪殴打案件)中，有供述的案件定罪比例要远高于无供述的案件。在这一数据中，我们可以通过比较有供述的案件和无供述案件的定罪比例来推断供述必要性的比例。例如，在圣迭戈市的夜盗案件中，有供述的案件定罪率为 73%，而无供述的案件定罪率为 47%，因此意味着供述必要性的比例为 26%(即有无

---

[248] 参见 Sobel，前引注[214]，第 146 页。

[249] 同上引注；还可参见 Roberts，前引注[220]，第 1 页(将 Sobel 的数据称之为是一个"小样本")。

[250] 参见 Sobel，前引注[214]，第 146 页。
索贝尔还对 1965 年 9 月至 1966 年 2 月(埃斯科贝多案后，米兰达案之前)2000 起被提交给大陪审团调查的案件进行了研究。同上引注，第 141 页。他发现，只在 275(13.7%)起案件中有犯罪嫌疑人供述，导致这一结果的原因很显然在于纽约警察不经常审讯的事实。同上引注，第 142 页表 1、第 143 页。不幸的是，这一数据对于供述必要性的分析几乎没什么用处，因为索贝尔并未尝试对最终审判定罪时有多少比例的案件需要供述进行判断。参见"Yale Project"，前引注[8]，第 1642 页。而且，正如拉菲弗(LaFave)教授和伊斯雷尔(Israel)教授曾经指出的那样，该项调查"'很难证明在现代执法过程中供述并不重要'这一结论，因为其并未告诉我们有多少通过认罪辩护处理的案件因为被告人的供述而未形成明确的对抗"，参见 LaFave & Israel，前引注③，§ 6.1(a)，第 435 页(引自"Developments in the Law—Confessions"，79 Harv. L. Rev. 938, 943 [1966])。最后，索贝尔有关供述必要性的数据似乎是根据检察官意图使用供述的通知来确定的，以致大大少计了供述的实际数量。参见"Controlling Crime Hearings"，前引注[45]，第 687—688 页(来自纽约州最高法院迈尔斯·F. 麦克唐纳[Miles F. McDonald]法官的信)；还可参见 ALI Report，前引注[56]，第 143—144 页。

[251] 参见 Feeney et al.，前引注[17]。

供述的案件在定罪率上的差异)。㉜ 根据这一方法得出,在杰克逊维尔市,供述必要性的平均比例为18.7%,在圣迭戈市,这一数据为28.3%,即意味着在三种不同类型的案件中,供述必要性存在差异。然而,我们必须对这一推断保持谨慎,正如本项研究多次强调的那样,被告人未能定罪的原因有很多,如警察释放了犯罪嫌疑人,地方检察官驳回了指控,审前程序对案件进行了分流,对被告人进行了转处,等等。㉝ 我们知道,所有案件,无论是有被告人供述,还是无被告人供述的案件处理过程都不可能完全相同,因此也就无法肯定地说我们前述对供述必要性比例的推断就完全可靠。㉞

(十)奥克兰抢劫案研究

弗洛伊德·菲尼和阿德里安娜·韦尔在奥克兰就抢劫案件的侦查作了一个研究,他们认为,至少对抢劫案件的侦查而言,"供述相对并不重要,对我们的研究而言,大约只有5%—10%被指控的犯罪嫌疑人的供述是'关键性'的"。㉟ 这一统计容易使人被误导,因为他们的供述"关键性"比例是有犯罪嫌疑人供述,并且供述具有"关键性"的案件与所有案件之比——但是作者从未对那些没有供述的案件的供述是否具有"关键性"进行过评估。㊱

如果仅看有供述的案件,可以发现"关键性"供述的比例要高得多。在35起有供述和认罪的案件中,归罪性陈述在6起案件中都被认为是"案件的关键"㊲——其比例为17.1%。甚至这一比例太低,也许是因为作者的判断标准要高于真正的侦查人员。根据后者的判断,在这35起有供述的案件中,至少在10起案件中,供述都是"关键性"的——其比例为28.5%。㊳ 尽管研究者解释说他

---

㉜ 同上引注,第142页表15-1。
㉝ 同上引注,第88页表10-2(列举了对各种指控进行不同处置的原因)。
㉞ 例如,当被告人通过供述犯罪表现出其悔罪之意时,法院更可能允许被告人进入某个审前分流项目(不会带来被定罪的结果)。如果是这样,因为供述被定罪的比例就会更低,进而由这一外来因素导致的供述必要性比例将被人为降低。
㉟ 参见 Floyd Feeney & Adrianne Weir, The Prevention and Control of Robbery 7 (1973).
㊱ 在成年被告人中,作者发现83起案件中,35起有供述或认罪,其中只有6起的供述或认罪属于"关键",因此"关键性"比例为7.2%(6/83)。同上引注,第39页表17、第43页表19)。但他们从未计算过48起没有供述或认罪的案件中,供述或认罪对于多少案件是"关键"的。当我们发现其中有13名犯罪嫌疑人甚至未受到任何指控就被释放时,这一疏忽就变得重要起来了,同上引注,第39页表17。同时,还有一些没有供述或认罪的犯罪嫌疑人最终被无罪释放,同上引注,第80页。因为在那些证据不足导致被告人被释放或者被宣告无罪的案件中,供述或认罪也许通常都是"关键"的,因此作者对所有案件中供述必要性为5%—10%的估算存在重大的瑕疵。
㊲ 同上引注,第43页表19。
㊳ 同上引注,第38页。

们采用了一种"单一的统一标准",但是他们始终没有解释他们的标准是什么。[259] 他们的统一标准可能与警察的逮捕或拘留能力有关,而与起诉或定罪能力无关。[260] 特别是,作者甚至在因为缺乏证据而被迫释放犯罪嫌疑人,或者被告人在庭审中被判无罪的情形下,都显然没有把归罪性陈述视为是"关键性"的。[261] 基于以上分析,我们认为根据该项研究提供的数据,可以推断至少有17.1%的抢劫案件中,犯罪嫌疑人的归罪性陈述都是"关键性"的。除此之外,该项研究提供的数据无法就供述的必要性问题进行更多的分析。[262]

(十一)美国中部和芝加哥研究

彼得·纳尔杜利进行的两项证据排除规则研究中的一些数据可以用来分析供述的必要性比例问题。其研究了美国中部三个州(伊利诺伊、密歇根和宾夕法尼亚)的9个郡,发现在被告人提出的非法供述排除动议被拒绝的情形下,有87.6%的被告人被定罪。而在此类动议被接受的情形下,被定罪率仅为58.3%。[263] 芝加哥研究发现,排除非法供述的动议被拒绝时,定罪率高达94.1%,在动议被接受时,定罪率为66.7%。[264] 这两组定罪率数据之间的差距也许可以被认为就是供述的必要性比例,即在美国中部9郡的供述必要性比例为29.3%,芝加哥的供述必要性比例为27.4%。但是,正如前文所指出的那样,对本文的这一解释必须持谨慎态度。

(十二)湾区研究

理查德·利奥于1993年在加利福尼亚州(旧金山)湾区的3个城市对警察审讯进行过细致的研究。[265] 其研究并未直接提供供述必要性的数据,但是他的研究发现,那些向警察作出归罪性陈述的犯罪嫌疑人被定罪的可能性也更高。根据利奥的研究,69%向警察提供了归罪性信息的犯罪嫌疑人都被定罪,

---

[259] 同上引注,第42页。

[260] 同上引注,第42页(提及以一个"单一的统一标准"来替代对"起诉犯罪嫌疑人的决策"评估)。

[261] 参见上引注,第43页表19(10名在犯罪现场认罪的犯罪嫌疑人在起诉之前即被释放;供述或认罪"对这些案件并非关键")。

[262] 作者确实报告说一些警察认为自从米兰达案判决以来,抢劫犯罪嫌疑人开始变得"闭口不言",审讯中的律师帮助权也经常是个问题,同上引注第112页。

[263] 参见Nardulli,前引注⑥,第601页表12。

[264] Peter F. Nardulli, "The Societal Costs of the Exclusionary Rule Revisited", 1987 U. Ill. L. Rev. 223, 233 (tbl. 8)。

[265] 参见Leo,前引注⑭。

而那些未作出归罪性陈述的犯罪嫌疑人只有 43% 被定罪。[266] 我们可以从定罪率数据的差异来推断供述必要性比例,在该项研究中,供述必要性比例为 26%。[267] 但是,基于前文多次解释过的原因,我们同样要对这一推断保持谨慎。[268]

(十三) 盐湖城研究

最近一项关于供述之于定罪重要性的数据是我于 1994 年在犹他州盐湖城进行的研究。[269] 在 59 起警察审讯"成功"的(获得了供述、归罪性陈述或其他有用的信息)案件中,我们要求检察官就这些供述的重要性进行评价。根据纽黑文研究对供述重要性的分析,我的研究发现,检察官认为 22.0% 的归罪性陈述是"关键性"的,39.0% 是"重要的",从而表明在所有警察审讯中获得了归罪性陈述的案件中,供述在其中 61.0% 的案件中都是"必要的"。[270] 同时,我的研究还发现,在警察成功审讯的案件中,有 78.3% 的犯罪嫌疑人被定罪,而警察审讯不成功的案件中,只有 49.3% 的犯罪嫌疑人被定罪,二者之间差值为 29.0%。[271]

(十四) 供述必要性研究小结

有关供述之于定罪的重要性的研究小结参见表 2-2。如果以所有的案件为参照,研究结论认为 10.3% 至 29.3% 不等的案件中(排除金斯郡和奥克兰的计

---

[266] 同上引注,第 294 页表 16(在 0.001 水平上具有统计学意义上的显著性)。

[267] 基于类似的推理,利奥认为米兰达规则的所有危害后果,如果有的话,可以通过对比那些主张了米兰达规则的犯罪嫌疑人的定罪率和未主张者的定罪率来衡量。同上引注,第 394—395 页、注释 4。根据定罪率来衡量米兰达规则对警察执法的负面效果,除了赖以分析的定罪率数据本身的缺陷之外,参见前引注 ⑩—⑬ 及相关文献,这一分析进路还必须假设米兰达规则对供述率的唯一影响源于犯罪嫌疑人实际上主张了其权利。然而,在那些犯罪嫌疑人实际上从未主张权利的案件中,仅仅是其提出权利主张的可能也会导致供述率的下降。参见 Richard A. Leo, Police Interrogation and Social Control, 3 Soc. & Legal Stud. 93, 99 (1994) ("警察强烈地意识到犯罪嫌疑人可以在审讯过程中随时终止接受审讯")。因此,米兰达规则对警察执法效果影响的评估用本文的方法更合适。

无论如何,有意思的是,在这一点上利奥收集的唯一数据表明,主张了米兰达规则权利的犯罪嫌疑人被定罪的可能性更低(53.1% vs. 62.8%)。参见 Leo,前引注 ⑭,第 279 页表 11。虽然这一关系并不具有统计学意义上的显著性,同上引注。但是,这可能应咎于主张米兰达规则权利的犯罪嫌疑人样本太小而难以进行统计分析(总共只有 32 名犯罪嫌疑人,又被分成两类)。另外,利奥的数据也许人为低估了犯罪嫌疑人主张了米兰达规则权利并最终未被定罪的案件数量。在利奥结束其数据收集时,可能还有 10% 的案件未处理。同上引注,第 279 页(表 11)(在 182 起案件中,只有 162 起有处理结果)。处理耗时最长的案件(因此不成比例而不能代表该样本群的情况)被宣告无罪的可能性最大;那些被告人未供述的案件,需要审判,并耗费大量的时间进行辩护准备。

[268] 参见前引注 ㉓—㉔ 及相关文献。

[269] 参见 Cassell & Hayman,前引注 ㊼。

[270] 同上引注。

[271] 同上引注。基于前引注 ㉓—㉔ 及相关文献提到的原因,我们在使用供述必要数据的时候必须保持谨慎。

算结果[72])供述是必要的；如果以有犯罪嫌疑人供述为参照，研究者对供述必要性的结论差异较大，在8.2%至61.0%之间。除了我最近完成的研究[73]以及对匹兹堡、纽约郡、洛杉矶、海城等研究项目的可信度评估[74]后可以得出，以所有案件为参照的话，供述在23.8%的案件中都是定罪所必要的；以有供述的案件为参照的话，供述在其中26.1%的案件中都是定罪所必要的。

**表2-2 供述之于定罪的重要性评估**

| 城市 | 供述必要性 所有案件 | 供述必要性 有供述的案件 | 有没有重大问题？ |
|---|---|---|---|
| 匹兹堡 | 20.2% | 25.9% | |
| 纽约郡 | 27.5% | | |
| 洛杉矶（多拉多案后） | | 26.2% | |
| 洛杉矶（米兰达案后） | 10.3% | | 有 |
| 纽黑文 | 13.3% | 8.2% | 有 |
| 海城 | 23.6% | | ? |
| 底特律（1961年，索尔里斯） | 13.1% | | 有 |
| 底特律（1965年，索尔里斯） | 11.3% | | 有 |
| 底特律（1961年，《耶鲁法律杂志》）| 23.6% | | 有 |
| 底特律（1965年，《耶鲁法律杂志》）| 18.8% | | 有 |
| 底特律（1965年，皮耶尔桑特） | 15.2% | | 有 |
| 金斯郡 | 76.9%（推算） | | 有 |
| 索贝尔 | | 21.3% | 有 |
| 杰克逊维尔 | 18.7%（推算） | | 有 |
| 圣迭戈 | 28.3%（推算） | | 有 |
| 奥克兰 | 17.1+% | | 有 |
| 美国中部 | 29.3% | | 有 |
| 芝加哥 | 27.4% | | 有 |

---

[72] 我还排除了一项根据新奥尔良警察局的数据所作的估算。该数据认为，在米兰达案判决之前，75%的供述是定罪所必须，参见Seeburger & Wettick，前引注[32]，第26页注释51，因为这一数据与其他研究看起来不协调。

[73] 基于这些目的，我排除了我自己的数据，因为如果将这些数据包括进去可能会带来对我的定量研究是"私房菜（home cooking）"的质疑，而且我的数据也还没有公开发表。

[74] 也就是说，这些估算没有可以指出来的具体的"重大问题"。特别是，由于上文讨论过的原因，我排除了那些在洛杉矶（米兰达案判决之后）、纽约（索贝尔）、底特律、金斯郡（库塔）、杰克逊维尔、圣迭戈、奥克兰、旧金山湾区、芝加哥和美国中部的研究。

（续表）

| 城市 | 供述必要性 所有案件 | 供述必要性 有供述的案件 | 大问题 |
|---|---|---|---|
| 新奥尔良 | 75%（估算） | | 有 |
| 旧金山湾区 | 26%（推算） | | 有 |
| 盐湖城 | | 61.0% | * |
| 无重大问题研究的平均值 | 23.8% | 26.1% | |

\* 虽然没有重大问题，但因为其他原因而被排除的研究情况参见前引注㉗。

对这些表明它们是，或者更可能是对供述"必要性"的保守评估判断可以进行两种交互检验。㉕ 同时，最近在英国的研究也得出了类似的结论。关于英国刑事司法中供述"必要性"的研究最为详细的信息也许得归功于鲍德温和麦康维尔（Baldwin & McConville）二人，他们将 1000 起案件样本（包括 500 起作有罪答辩，500 起未作有罪答辩的案件）交给了两名声望极高的评估专家，对每个被告人的供述在成功起诉中的重要性进行独立的评估。㉖ 第一位评估专家估测，如果没有被告人供述，21.2% 的案件将无法达到表面上证据确凿的水平，另有 3.3% 的案件也许可能被判无罪。㉗ 将这 2 项数据相加即意味着在 24.5% 的案件中，供述具有"必要性"。第二位评估专家估测，如果没有被告人供述，21.0% 的案件将无法达到表面上证据确凿的水平，另有 10.8% 的案件也许可能被判无罪㉘，估计在 31.8% 的案件中供述是必要的㉙。评估专家还从总体上对被告人供述之于起诉案件的重要性进行了评估，在 500 起未作有罪答辩的案件中，第一位评估专家认为 29.5% 的案件中，被告人供述具有使"案件成立或不成立"的意义；第二位评

---

㉕ 这些估算可能都低估了定罪对供述的需求程度，因为这些研究大部分都是由学者完成的，而不是对定罪问题的"现实世界"更为熟悉的刑事司法制度的实践者们得出的。参见 Feeney & Weir，前引注㉕，第 42 页（警长们比研究者们更多地认为供述很关键）；"Yale Project"，前引注⑧，第 1591—1592 页（侦探们比《耶鲁法律杂志》的编辑们更多地认为供述是必要的）；请比较，Cassell & Hayman，前引注㊼（从检察官处获得的供述重要性评估看，我们的研究发现更多的检察官认为供述是必要的）。

㉖ 参见 Baldwin & McConville，前引注⑯，第 8 页。

㉗ 同上引注，第 31 页数据 4.1。

㉘ 同上引注，数据 4.1。

㉙ 可能认为这一数据可以支持甚至更高的供述必要性比例。因为英国的陪审员们在有罪判决上必须获得几近一致的投票结果，参见 Juries Act, 1974, §17(3)（英国），人们也许会认为，陪审员们的分歧会反映在无罪判决之中。鲍德温和麦康维尔的研究发现，在没有供述的案件中，有 2 名陪审员认为 13.3% 的案件都无法达到表见证明的标准，4.4% 的案件会宣告无罪，在另外 19.3% 的案件中，2 名陪审员中的 1 人认为会宣告无罪。参见 Baldwin & McConville，前引注⑯，第 32 页数据 4.2。综合这些数据可以得出一个更高的 37.0% 供述必要性比例数据。

估专家的相应评价数据为 31.8%。[280] 在 500 起被告人作有罪答辩的案件中,第一个评估专家认为,被告人供述在 32.4% 的案件中改变了一切,第二位评估专家的相应数据为 27.5%。[281] 假设将案件成立与不成立之间的差异视为决定供述是否具有"必要性",那么,这一评估意味着在英国,被告人供述的必要性大致介于 27.5% 和 32.4% 之间。

朱莉·文纳德(Julie Vennard)对英国治安法院开放审判的简单殴打和小额财产犯罪案件的研究得出了类似的结论。[282] 尽管其未直接提出供述必要性的数据,但该项研究确实提出了供述对于定罪具有何种程度上的意义的证据。在具有直接证据的案件中,如果有被告人供述,定罪率为 100%;如果没有被告人供述,定罪率为 76.6%。[283] 也许可以认为,定罪率的这一差异——24.4 个百分点反映了定罪对供述的依赖程度。与此类似,在只具有间接证据(circumstantial evidence)的案件中,如果有被告人供述,定罪率为 85.7%;如果没有被告人供述,定罪率为 51.5%。[284] 意味着在只有间接证据的案件中,供述"必要性"的比例为 34.2%。总之,英国的数据充分地确证了本文关于供述之于定罪的"必要性"比例处于 23% 至 26% 左右的判断。

对本文研究关于供述"必要性"推断的第二项验证是众多关于犯罪嫌疑人逮捕后刑事案件"耗损率"的研究,这些研究发现,(犯罪嫌疑人被逮捕后)25% 以上的案件因为缺乏证据(如缺乏供述)被损耗掉。一项在哥伦比亚特区进行的研究发现,34% 的案件因为证据不充分在审查起诉程序中被撤销。[285] 另外一项在 5 个城市进行的研究发现,审查起诉中,很多被撤销的重罪案件都是因为证据问题,案件被撤销的比例从柯布郡(Cobb County)的 17%,到犹他州盐湖城的 56% 不等。[286] 以前述研究和其他一些研究为基础,布雷恩·福斯特(Brain Forst)估计,

---

[280] 参见 Baldwin & McConville, 前引注[19], 第 28 页表 4:1[a]。

[281] 同上引注,(表 4:1[b])。

[282] Julie Vennard, *Royal Comm'n on Criminal Procedure*, *Contested Trials in Magistrates' Courts: The Case for the Prosecution* 3 (1980).

[283] 同上引注, 第 13 页表 3:1。

[284] 同上引注, 表 3:1。

[285] Forst et al., 前引注[48], 第 67 页。另外 25% 的案件因为证人问题被驳回起诉,同上引注;这也许可以认为是因为案件的证据基础薄弱。

[286] Brosi, 前引注[40], 第 16 页; 还可参见 Brian Forst et al., *National Inst. of Justice*, *U.S. Dep't of Justice, Arrest Convictability as a Measure of Police Performance* 6 (1982)(重复了这些发现结果)。

全美被逮捕的成年重罪案件犯罪嫌疑人中大约有 38% 被检察官撤销指控。[287] 最终未能定罪的成年重罪案件中大约有 3/4 在检察官审查起诉中就被过滤掉了。[288] 福斯特指出："大多数被检察官撤销指控的重罪案件都应归咎于证据不够充分。"[289] 考虑到因为证据不够充分而被撤销的案件比例之高,加上那些仅仅因为有了供述而使证据变得充分的案件数,对供述之于定罪"必要性"的比例在 23% 至 26% 之间的估计似乎还是有些低。从更一般的意义上说,这些案件损耗的数据表明,米兰达规则的确通过降低供述率降低了起诉案件的证据强度,从而将其成本施加给了刑事司法体制最脆弱的部分[290]。

## 第三节　米兰达规则成本的计算

通过上一节对相关数据的回顾,我们可以根据"损失了的案件"(lost cases)数对米兰达规则的成本进行大致的估计。诚然,基于研究数据的局限性,我们在满怀热情的同时也必须保持必要的谨慎。但是,尽管如此,据此对米兰达规则之于美国刑事司法体制的影响进行大致的评估也许还是具有不可忽视的启发意义。[291]

### 一、米兰达规则的直接成本——"损失了的案件"

正如本文第一部分所说的那样,评估米兰达规则对警察执法负面效果的最好办法是看因为米兰达规则而"损失了的案件"数。[292] 如果以方程来表示,米兰达

---

[287] Brian Forst,"Prosecution and Sentencing", in *Crime and Public Policy* 165,166 (James Q. Wilson ed.,1983)(通过排除未成年人案件得出了数据 1);还可参见 Silberman,前引注㉒,第 259 页(在 27% 的被逮捕成年人案件中,出现了降格指控)。

[288] Forst,前引注[287],第 168 页。

[289] 同上引注。

[290] 请比较 Davies,前引注⑥,第 679 页(考虑到"各种原因导致未能逮捕带来的大得多的影响",基于第四修正案的非法证据排除规则影响要小得多)。

[291] 请比较,同上引注,第 654 页(同样认为支持对搜查和扣押非法证据排除规则成本的粗略估算)。

[292] 该文未对可能因为米兰达规则败诉的案件进行单独的成本评估。关于其他可能成本的讨论(例如,警察和司法资源的耗费,以及对公众对刑事司法制度的信心的破坏),参见 Van Kessell,前引注⑦,第 129 页。

规则的直接成本(每年因未能对被告人定罪而损失的案件数)可以根据下列方程来确定:

(1)米兰达规则导致的供述率变化(供述犯罪嫌疑人数/被审讯犯罪嫌疑人数)

×

(2)供述是定罪所必要的案件数(供述必要数/供述犯罪嫌疑人数)㉓

因米兰达规则而逃脱定罪的被告人绝对数可以通过被审讯犯罪嫌疑人的绝对数乘以每年因米兰达规则而未能定罪的百分比获得。

上一节我们曾经提出了一些对米兰达规则的社会成本进行初步评估的尝试性方案。例如对供述率下降的估测,假设我使用米兰达规则实施前后相关研究结论的平均数16%;对供述重要性的估测,假设我使用前述供述"必要性"研究结论的平均值24%。㉔ 两值相乘,得到如下结果:

$$16\% \times 24\% = 3.8\%$$

换句话说,根据现有的经验性数据我们至少可以保守地估计,米兰达规则导致全美"损失"了大约所有被审讯犯罪嫌疑人中的4%者所涉及的案件。

除了本文多次提到的,应对相关数据和推断保持必要的谨慎外,还有一个概念性问题需要强调。这些"损失了的案件"并不等同于"失去的供述"。这些数字估测的是因为米兰达规则,被告人没有供述,以及供述是定罪所必要的额外案件数。也许一些被提交给检察官的刑事案件也可能因其他与米兰达规则无关的原因被撤销或交易(plea down)。虽然如此,本文讨论的大部分案件却是一些比较"扎实"(stick)的案件,也就是说,这些案件都会以对被告人定罪而告终。㉕ 虽然这些研究表明,许多案件在正常的刑事诉讼程序流转中因为损耗而"失去",但是损耗的主要原因还是在于案件证据方面的薄弱。㉖ 和其他单个证据不同,供述通常能够给一个看起来脆弱的案件形成有力的支撑㉗,而且在有被告人供述的情况

---

㉓ 这一相乘因式假设两个变量相互独立,但这一假设也许大大低估了米兰达规则的影响,因为其似乎认为那些没有供述的案件可能就是检察官指控力度最弱的案件。参见前引注㉔及相关文献(收集了当指控证据有力时,犯罪嫌疑人更有可能供述的证据)。换句话说,那些没有供述的犯罪嫌疑人也许在需要供述的案件构成中比例失当。

㉔ 参见前引注⑱—⑮、㉗—㉔及相关文献。我使用了在有供述的案件中必要性为23.8%这个数据,而不是在所有案件中的26.1%,因为根据前者算出来的米兰达规则成本更低。

㉕ 请比较Davies,前引注⑥,第621页(认为非法搜查和扣押导致证据排除而败诉的案件也许不应包括那些被逮捕的犯罪嫌疑人中的非常顽固者[intended to "stick"])。

㉖ 参见前引注㉕—㉙及相关文献。

㉗ 参见下引注㉛—㉞及相关文献。

下,检察官可能也特别不愿意交易案件。[28]

虽然米兰达规则的拥护者也许会认为,对于米兰达规则带来的收益而言,3.8%(的失案比例)是个可以接受的成本。但是,看起来很小的百分比如果乘以源源不断的刑事案件数,逃脱了法律制裁的犯罪嫌疑人人数就是一个巨大的数目。虽然我想将米兰达规则的成本高低问题放到本文的第六部分再进行充分的讨论,但是在此指出因为米兰达规则而逃脱定罪的犯罪嫌疑人的绝对数还是相当重要。将前面提到的失案百分比(3.8%)乘以被审讯犯罪嫌疑人数即可得出这一绝对数。由于缺乏被审讯犯罪嫌疑人数的全美统计数据,我们选择了特定类型案件中的被逮捕犯罪嫌疑人作为替代数据。FBI每年发布的"统一犯罪报告"(Uniform Crime Reports)统计了每年"被逮捕人"数。[29]

被逮捕人数似乎是一个用来推断被审讯人数的很好的基础数据。[30] 虽然在不同的警察局,"逮捕"的界定存在差异[31],但是从报道来看,"逮捕"的功能性定义基本都是围绕着"到案"(brought to the station)[32]或"登记"(booking)[33]来界定的。这些界定似乎都与警察进行"羁押性审讯"的机会之间存在着一定的对应关系。[34] 事实上,前述逮捕的定义也许掩盖了被羁押犯罪嫌疑人的数量,不仅因为一些逮捕未上报 FBI[35],而且还经常有一些警察局在并不认为是逮捕的情形下,在警察局审讯犯罪嫌疑人。[36]

---

[28] 参见下引注[221]—[330]及相关文献。

[29] 参见 Fed. Bureau of Investigation, U. S. Dep't of Justice, *Uniform Crime Reports*, *Crime in the United States* 1993, at 217 (1994) (tbl. 29)。

[30] 请比较,Feeney et al.,前引注[17],第 21 页(认为逮捕是评估刑事司法制度中案件损耗的替代性措施之"明确的选择")。

[31] "逮捕"明显被界定为:(1) 与犯罪嫌疑人在大街上接触;(2) 将犯罪嫌疑人带到警察局去;(3) 将犯罪嫌疑人留在警察局;(4) 在警察局对犯罪嫌疑人进行登记;(5) 向检察官申请对犯罪嫌疑人提起指控。Lawrence W. Sherman, "Defining Arrest: Practical Consequences of Agency Differences" (Part I), 16 *Crim. L. Bull.* 376, 376 (1980).

[32] 参见 Malcolm W. Klein et al., "The Ambiguous Juvenile Arrest", 13 *Criminology* 78, 85 (1975) (对 45 个警察局的调查发现,在报告未成年人逮捕的行动标准时,36 个警察局使用了"带到警察局";6 个以上的警察局使用了"登记";1 个警察局使用了"现场接触"的表述)。这一调查所涵盖的被逮捕未成年人所涉嫌的犯罪也许比成年人的犯罪界定更模糊些。参见 Feeney et al.,前引注[17],第 39 页。

[33] 参见 Feeney et al.,前引注[17],第 40—41 页("在文献和本项研究中所看到的,用来描述成年人逮捕事件的更多的是登记一词")。

[34] 然而,警察并不总是能够让自己有机会对犯罪嫌疑人进行审讯。参见 Cassell & Hayman,前引注[47](对警察从未审讯犯罪嫌疑人的情形进行了讨论)。

[35] 参见 Feeney et al.,前引注[17],第 40 页。

[36] 参见 Edward L. Barrett, Jr., "Police Practices and the Law—From Arrest to Release or Charge", 50 *Cal. L. Rev.* 11, 32 (1962); Sherman,前引注[31],第 471 页。

使用逮捕数作为被审讯人数的替代性数据的另一优点是,可以与供述率计算统计形成大致的对应关系。例如,匹兹堡研究考察了侦查分局侦破的案件的档案材料[307],发现很多案件都是通过"逮捕"破获的。纽约郡的研究使用了稍有不同的供述数据,即"被提交给大陪审团审查起诉的案件"中的供述情况。但是,向大陪审团提请审查起诉通常都是"逮捕后"的事情。[308] 费城研究使用的是"被逮捕个人"作为估测的基础数据。[309] 海城研究涉及的是那些"犯罪嫌疑人实际上已经被海城警察局逮捕和羁押"的案件。[310] 使用逮捕数,我们可以计算出所有因为米兰达规则而"损失的案件"数。以1993年为例,根据FBI的"统一犯罪报告"公布的数据,全年逮捕了暴力犯罪嫌疑人754 110名,财产犯罪嫌疑人2 094 300名。[311] 将这两个数据乘以"失案比例"3.8%,可以得知,因为米兰达规则的负面影响,1993年全美大约有28 000名暴力犯罪嫌疑人、79 000名财产犯罪嫌疑人未被定罪。如果再对暴力犯罪作进一步的细分,可以发现,其中有880名谋杀和疏忽大意的过失致人死亡犯罪嫌疑人,1400名强奸犯罪嫌疑人,6500名抢劫犯罪嫌疑人,21 000名加重攻击殴打犯罪嫌疑人逃脱了法律的制裁。

这里所反映的仅仅是FBI犯罪目录中罗列的案件类型中的"损失的案件"数,FBI还编制了每年逮捕犯罪嫌疑人的大致估约数。[312] 使用同样的方法,我们可以得知,除了FBI犯罪目录表中列明的案件类型外,因为米兰达规则对警察执法效果的负面影响,1993年还导致了500 000余名其他类型犯罪嫌疑人未被定罪,其中包括57 000名酒后驾车犯罪嫌疑人,44 000名殴打犯罪嫌疑人,42 000名涉毒犯罪嫌疑人,19 000名伪造和诈骗犯罪嫌疑人,12 000名恣意破坏公共财物犯罪嫌疑人和9000名非法持有武器的犯罪嫌疑人。

二、米兰达规则的间接成本——更为宽大的辩诉交易

根据这些经验性证据,我们不仅可以大致推断米兰达规则的直接成本("损失了的案件"数),而且可以大致推断其间接成本(在辩诉交易过程中对案件处理

---

[307] 参见 Seeburger & Wettick,前引注[32],第6页。
[308] 参见"Controlling Crime Hearings",前引注[45],1120页。
[309] 同上引注,第200—201页。
[310] 参见 Witt,前引注[89],第323页。
[311] 参见 Fed. Bureau of Investigation,前引注[299],第217页。构成统一犯罪报告犯罪指数的案件类型包括:谋杀、非疏忽大意的过失杀人、强奸、抢劫、加重型攻击等犯罪,夜盗、轻微盗窃、机动车盗窃等财产犯罪以及纵火。同上引注,第5页。
[312] 同上引注,第217页表29。

的变化）。如果未将辩诉交易考虑在内，任何对米兰达规则之于刑事司法体制影响的评价也许都不够完整。因为，就美国而言，绝大多数的案件都是通过辩诉交易而不是法庭审判来处理的。⑬ 相关文献表明，在大部分司法管辖区，70%—90%的重罪案件都是通过有罪答辩或其他功能相当的方式来处理。⑭ 尽管不是全部⑮，但大部分有罪答辩都是辩诉协商（plea negotiations）或辩诉交易（plea bargaining）的结果。

辩诉交易取决于控方对案件证据的掌握程度，甚至在表面上看起来控方有对被告人定罪的充分证据的情况下，难以掌控的陪审团也可能对被告人作出指控罪名不成立的裁定。为了避免这一风险，检察官通常选择"掌中鸟"（the bird in the hand）式策略，以降格指控的代价换取被告人的有罪答辩。因为随着控方对案件证据掌握能力的增强，被陪审团作裁定指控罪名不成立的风险也随之降低。因此，检察官以降格指控的代价换取被告人的有罪答辩的动机也就相应减弱。

实证研究表明，控方对案件证据的掌握情况在辩诉交易中是一个重要的因素。例如，戴维·纽鲍尔（David Neubauer）在"大草原城"（Prairie City）的研究发现，检察官对案件的证据掌握程序是辩诉交易中发挥重要作用的三个因素之一，并且认为案件事实是辩诉交易"首先考虑"的因素。⑯

而犯罪嫌疑人的供述可以显明地增强控方对案件证据的掌握能力，因为供

---

⑬ 参见 Herbert S. Miller et al., National Inst. of Law Enforcement and Criminal Justice, U. S. Dep't of Justice, *Plea Bargaining in the United States* (1978)（讨论了辩诉交易在美国的广泛性）。

⑭ 参见 Bureau of Justice Statistics, *Sourcebook of Criminal Justice Statistics—1993*, at 536 (1994)（估算认为 1990 年全美各州法院 91% 的重罪案件定罪都是有罪答辩的结果）；参见 Barbara Boland et al., *Prosecution of Felony Arrests, 1988*, at 24-29 (1988)（10 个重罪法院 1988 件样本中，有罪答辩的比例介于 83% 到 95% 之间）；参见 David A. Jones, *Crime Without Punishment* 192 (1979)（在 24 个州和华盛顿特区，只有 6 个州的审判比例超过了 10%）。但请比较 Stephen J. Schulhofer, "Is Plea Bargaining Inevitable?", 97 *Harv. L. Rev.* 1037, 1047-50 (1984)（提出有证据表明，辩诉交易并无人们通常认为的那样普遍）。

⑮ 参见 Peter F. Nardulli et al., *The Tenor of Justice: Criminal Courts and the Guilty Plea Process* 205 (1988)。

⑯ 参见 David W. Neubauer, *Criminal Justice in Middle America* 218-19, 241 (1974)；参见 Miller et al., 前引注⑬，第 81 页；参见 Albert W. Alschuler, "The Prosecutor's Role in Plea Bargaining", 36 *U. Chi. L. Rev.* 50, 58 (1968)；参见 Henry H. Rossman et al., "Some Patterns and Determinants of Plea-Bargaining Decisions: A Simulation and Quasi Experiment", in *Plea-Bargaining* 77, 78, 82-83 (William F. McDonald & James A. Cramer eds., 1980); Note, "Guilty Plea Bargaining: Compromises by Prosecutors to Secure Guilty Pleas", 112 *U. Pa. L. Rev.* 865, 901 (1964)。但请比较，Peter F. Nardulli, *The Courtroom Elite: An Organizational Perspective on Criminal Justice* 193 (1978)（对芝加哥样本的回归分析显示，在指控证据力度与检察官是否将案件移送审判之间并无相关性）。

述本身即是证明被告人有罪的"直接证据",因此通常而言优于其他间接证据或旁证。[317]事实上,最高法院也承认:"被告人的供述也许是可以用来指控被告人的,最具证明力和杀伤力的证据。因为被告人的认罪系其本人作出,是关于其过去(犯罪)行为最具说服力和最不容怀疑的信息来源。"[318]因此,我们可以假设,警察获取供述能力的任何减损都会增强被告人在辩诉交易中获得优势的可能性。[319]这也是联邦最高法院怀特大法官在米兰达案判决中早已提出过的假设。[320]

一些轶事趣闻也在某种程度上证明了前一假设的正确性,正如一位警察所说的那样:"可以这样认为,……获取供述可以将一个案件纳入完全不同的程序轨道。如果有犯罪嫌疑人的供述,地方检察官通常都会对其提起指控,也更不可能接受被告人的有罪答辩,或主动提出降格指控,从而与被告人进行辩诉交易。"[321]此外,如果没有供述,有时结果就是众所周知(贬义的)的辩诉交易。[322]

已有的实证研究证据同样支持这一假设。有关辩诉交易和供述之间关系的详细信息来自戴维·纽鲍尔在"大草原城"的研究,在该项研究中,戴维·纽鲍尔认为:"有无供述对辩诉交易的结果有显著的影响,那些作出过供述的被告人在

---

[317] 参见 Jones,前引注[314],第95—96页;参见 Neubauer,前引注[316],第199页。

[318] Arizona v. Fulminante, 111 S. Ct. 1246, 1257 (1991);参见 Saul M. Kassin & Lawrence S. Wrightman, "Confession Evidence", in *The Psychology of Evidence and Trial Procedure* 67, 83-87 (Saul M. Kassin & Lawrence S. Wrightman eds., 1985)(模拟陪审团研究所获得的证据表明具有同样的影响);参见 Gerald R. Miller & F. Joseph Boster, "Three Images of the Trial: Their Implications for Psychological Research", in *Psychology in the Legal Process* 19, 21-22 (Bruce D. Sales ed., 1977)(模拟陪审团审判显示,在供述证据和有罪判决之间存在很强的相关性);请比较 David Simon, *Homicide: A Year on the Killing Streets* 454 (1991)(解释说陪审团有时会怀疑警察关于犯罪嫌疑人供述所提供的证言);参见 Uviller,前引注[14],第185页(结论相同)。

[319] 一些数据也表明,那些供述了的犯罪嫌疑人更不可能选择法庭审判(即更多选择有罪答辩)。参见 David W. Neubauer, "Confessions in Prairie City: Some Causes and Effects", 65 *J. Crim. L. & Criminology* 103, 110 (1974)(表4发现在暴力犯罪中,供述了的犯罪嫌疑人中只有3%选择了法庭审判,而未供述者中这一比例为32%);还可参见 Baldwin & McConville,前引注[196],第19页(英国的数据亦显示,供述了的犯罪嫌疑人更有可能选择有罪答辩);参见 Softley,前引注[195],第87、91页(结论相同);参见 Michael Zander & Paul Henderson, *Royal Comm'n on Criminal Justice*, *Crown Court Study* 4 (1993)(结论相同)。从这一事实来说,人们也许会不禁认为,米兰达降低了供述率,可能会增加移送重审的案件数量而导致法庭案件积压。在我看来,这一结果不可能是辩诉交易动力机制的结果。米兰达规则更有可能改变的是促成有罪答辩的供述必要性,而不是导致法院案件积压——因此,法院的庭审率保持在一种大致稳定的状态。

[320] Miranda, 384 U.S. at 541 n.5 (怀特大法官的反对意见)("在有罪答辩案件中,有多少是因为供述或因为供述所发现的物证促成的这一问题上没有可靠的统计数据可供使用。毫无疑问,这类案件数量确实巨大")。

[321] 参见 Leo,前引注[267],第99页。

[322] 参见 Markman,前引注[23],第948页(在爱德华兹诉亚利桑那州案[Edwards v. Arizona]中,供述被排除之后,爱德华兹获得有利的辩诉交易结果);参见 Miranda v. Jogger, Wall St. J., Feb. 1, 1991, at A10 (在著名的中央公园慢跑者案中,未供述的被告人获得了有利的答辩结果)。

作有罪答辩时从检察官处所得到的让步要少得多。"㉓纽鲍尔特别对财产犯罪和暴力犯罪进行了研究,并提出了相关的数据。㉔根据他的研究,在作有罪答辩的财产犯罪嫌疑人中,作出供述的犯罪嫌疑人中有69%,而那些未供述的犯罪嫌疑人中只有45%承认了最初对其提出的指控——其间存在24个百分点的差异。㉕在作有罪答辩的暴力犯罪嫌疑人中,作出供述的犯罪嫌疑人中有24%,而未供述的犯罪嫌疑人中只有18%承认了最初对其提出的指控——其间存在6个百分点的差异。㉖

彼得·纳尔杜利、詹姆斯·艾森斯坦(James Eisenstein)和罗伊·B. 弗莱明(Roy B. Flemming)的研究同样发现,犯罪嫌疑人的供述影响了有罪答辩的过程。他们在3个州开展了一项涉及数千样本的有罪答辩实证研究,对相关数据进行了精细的回归分析,在他们的回归分析方程中,有一变量即被用来测量供述在其中的作用。㉗他们发现,供述了的犯罪嫌疑人得到控方降格指控的可能性更低。㉘同时,纳尔杜利和他们的同事们还发现供述与减少对被告人的指控罪名数、降低指控规格,或者降低量刑基准等之间没有关系。㉙当这些数据根据辩诉交易实践的范围,以县为范围被分解到四个小组时,供述的影响效果变得更为显著。在其中3个组中,供述对指控规格或罪数的影响表现出一定的影响。㉚

---

㉓ 参见 Neubauer,前引注㉙,第109页。
㉔ 纽鲍尔将非财产类犯罪归为"针对人身的犯罪",同上引注,第106页。而"针对人身的犯罪"被界定为"加重型殴打、死亡、强奸、武装或非武装抢劫、毒品和猥亵未成年人",同上引注,第104页注释***。出于讨论的需要,我将使用"暴力犯罪"这一表述。
㉕ 同上引注,第110页表4。那些未供述的被告人中获得降格指控的比例比供述被告人稍高一些——13% vs. 9%,同上引注。
㉖ 同上引注,表5。另外,45%的供述被告人请求降格指控,而未供述者的这一数据为32%——存在13%的差异。同上引注。
㉗ 参见 Nardulli et al.,前引注㉙,第226页。
㉘ 同上引注,第237页表8.3(在0.01水平上具有统计学意义上的显著性)。本项研究发现,总的来说,作出了供述的被告人获得减少指控罪名的可能性要低4%。同上引注,第236页。
㉙ 同上引注,第237页表8.3。
㉚ 同上引注,第254页表8.13。因为多重共线性问题,在所有的回归方程中,犯罪嫌疑人供述对辩诉交易中的显性影响也许被低估了。这些方程倾向于显示物证与指控减让之间重大的、具有统计学意义上相关性的关系。同上引注,第237页表8.3,第254页表8.13。物证与供述可能密切相关,参见前引注㉔及相关文献(当指控的物证力度较强时,犯罪嫌疑人更有可能供述,供述可以引导发现物证),从而意味着多重共线性也许降低了报告指出的供述影响程度。参见 Peter Kennedy, *A Guide to Econometrics* 146-49 (1985) (讨论了多重共线性的后果)。因为这些研究的作者们对单独的供述影响定量化并不感兴趣,因此也不清楚他们采取了哪些步骤来评估这一潜在问题。然而,在无法再获得回归分析的实际输出结果的同时,纳尔杜利教授也无法回忆起任何具体的多重共线性问题。Letter from Peter F. Nardulli, Professor, Univ. of Illinois at Urbana-Champaign, to Paul G. Cassell, Professor, Univ. of Utah College of Law (Jan. 30, 1995) (on file with author).

纽黑文研究所提供的数据也表明供述对辩诉交易具有重要的影响。在9起被告人作出了供述但在辩诉交易过程中未获得降格指控的案件中,被告人的律师即将这一结果归咎于被告人的供述。[31] 在另外16起被告人供述的案件中,检察官根本就不愿意与被告人进行辩诉交易。[32] 在49起被告人供述的案件中,只有15起被告人获得了降格指控的结果(占总数的30.6%),而在26起被告人一声未吭的案件中,有16起案件的被告人得到了降格指控或诉讼被迫中止的结果。[33]

理查德·利奥最近在加利福尼亚州湾区进行的研究获得的数据也表明,犯罪嫌疑人的归罪性陈述对辩诉交易的过程有着显著的影响,他发现"那些向警察提供了归罪性信息的犯罪嫌疑人在随后展开的刑事诉讼程序的每个阶段上都更有可能受到不同的对待……"。[34] 虽然利奥并未特意收集案件指控处理的数据,但是他发现那些自我归罪的犯罪嫌疑人"不到24%可能被撤销案件","25%以上通过辩诉交易解决了他们的案件"。[35]

最后,我于1994年在盐湖城的研究发现,供述的犯罪嫌疑人在辩诉交易中获得控方让步的可能性更低。例如,警察成功审讯的犯罪嫌疑人中30.6%在有罪答辩后仍然被以最初提起的规格指控,而那些主张了米兰达权利的犯罪嫌疑人、警察审讯未获成功的犯罪嫌疑人、未被警察审讯的犯罪嫌疑人的同一数据只有15.4%。[36]

---

[31] "Yale Project",前引注⑧,第1608页。

[32] 同上引注。

[33] 同上引注。

[34] 参见Leo,前引注⑯,第293页。

[35] 同上引注,第293页。

[36] 参见Cassell & Hayman,前引注㊼(发现这一结果与显著性统计检验一致)。还发现供述对辩诉交易结果的其他类似影响。同上引注。

不幸的是,匹兹堡的研究只包括了有罪答辩率方面的信息。因此,就本项研究目的而言,信息并不完整。本项研究发现,米兰达案后一年,所有起诉的犯罪案件中,有罪答辩率从米兰达案前的22.1%上升到了25.0%。参见Seeburger & Wettick,前引注㉜,第22页表11。然而,就辩诉交易问题的整体而言,这一数据几乎没有告诉我们什么,因为我们不知道米兰达案其他75%的案件结果究竟如何。例如,我们不知道米兰达案后犯罪嫌疑人请求减轻指控或者将重罪降格为轻罪指控的情形是否增加。此外,70%的有罪答辩数是所有匹兹堡警察局(不只是实施了米兰达规则的匹兹堡警察局侦查分局)和阿勒格尼(Allegheny)郡其他警察局的整体情况。而作为一个整体,在米兰达案判决后一年这些警察局也许并未完全实施米兰达规则。参见ALI Report,前引注㊱,第134页;参见Markman,前引注㉓,第947页。最后,这些有罪答辩数据与定罪率数据存在同样的问题。参见前引注㊴~㊼及相关文献。

与供述在辩诉交易中的作用相关的额外信息来自尼尔·A.米尔纳(Neil A. Milner)在威斯康星州两个城市的研究发现。在拉辛(Racine),米兰达案判决后减轻指控定罪的情况急剧上升,而在麦迪逊(Madison)则出现了一定程度的下降。参见Neil A. Milner, *The Court and Local Law Enforcement: The Impact of Miranda* 218-19 (1971)。但是,米尔纳的数据并未对通过审判定罪和通过有罪答辩定罪进行区别,因此就本文研究目的而言,这一数据基本上没什么作用。

应该注意,米兰达规则有一种可能使(有罪的)犯罪嫌疑人得到从轻处理的倾向。一些研究辩诉交易的文献认为,那些向警察作出供述的被告人可以得到从轻量刑。[37] 这一理论也许认为,那些向警察作出了供述的被告人"相对于那些不加忏悔者而言,在从善之路上也许走得更进一步",因此值得在量刑时对其褒奖。[38] 虽然这一理论看起来站得住脚,但是有限的经验性证据却表明或许事实并非如此。[39]

虽然供述似乎只会影响辩诉交易案件中的一小部分,但是美国通过辩诉交易解决了绝大多数的刑事案件,因此这一小部分的基数更值得我们关注。基于前文讨论过的计算,米兰达规则大约导致供述率下降了 16 个百分点,在所有这些案件中,检察官在辩诉交易过程中都处于一种弱势的地位。事实上,正如前文指出的那样,在这些没有供述的案件中,由于检察官没有充分的定罪证据,大约 1/4(24%)可能面临"失去(案件)"的境地。[40] 而其他 3/4 案件的被告人则有可能通过辩诉交易获得更为有利的处理。

虽然相对于前文对供述率的研究而言,在供述与辩诉交易的关系问题上我们掌握的实证性数据更为有限,但是这些有限的数据仍然可能为我们就米兰达规则对辩诉交易的影响作出一个大致的定量估测。为此,假设纽鲍尔在大草原城的研究结论同样适用于全美[41],那么,我们可以从其在财产犯罪和暴力犯罪中

---

[37] 参见 Vera Inst. of Justice,前引注㉔,第 15 页;参见"Yale Project",前引注⑧,第 1609 页。

[38] 参见 Arthur I. Rosett & Donald R. Cressey, *Justice by Consent*: *Plea Bargains in the American Courthouse* 147, 149-50 (1976);还可参见 U.S. Sentencing Commission, Guidelines Manual § 3E1.1 (1994) (确认了"认罚"可以作为减刑情节,并列明了被告何以被"认定为自愿且如实向有关机关供述犯罪及相关行为的情形");请比较,Miranda, 384 U.S. at 538 (怀特大法官的反对意见) (供述可以"增强矫正的希望")。

[39] 参见 Nardulli et al.,前引注⑮,第 242 页表 8.6(对有罪答辩案件的回归分析没有发现供述和较低量刑之间存在相关性);参见 Gary D. LaFree,"Adversarial and Nonadversarial Justice: A Comparison of Guilty Pleas and Trials", 23 *Criminology* 289, 302 (1985) (tbl.4), 303 (tbl.5), 305 (tbl.6) (对有罪答辩和量刑严厉性的回归分析没有发现供述导致较低量刑的迹象);参见 Leo,前引注⑯,第 293 页(自我归罪的犯罪嫌疑人在定罪后更有可能受到惩罚,弃权的犯罪嫌疑人更有可能受到惩罚,虽然这一影响没有统计学意义上的显著性);参见 Neubauer,前引注⑲,第 110—111 页(在对一些相关因素进行控制之后,没有证据表明供述了的犯罪嫌疑人得到了更轻的量刑);还可参见"Yale Project",前引注⑧,第 1609 页(辩护律师普遍认为,在被告人供述了的情况下,进行量刑协商更为困难)。

[40] 就辩诉交易而言,也许可以认为将 24% 都归为"损失了"的案件有点不公平。因为,尽管如此,其中一些案件的被告人也许会被诱导作出有罪答辩。但是,一种相互抵消的可能性是,在 76% 可能"胜诉"的案件中,控方也有可能被诱导着通过协商来解决整个案件。我假设这两种影响相互抵消,特别是,考虑到"胜"了要败的案件,比"败"了要胜的案件的情况要多得多这一事实。

[41] 我选择使用纽鲍尔的研究而不是纳尔杜利等人的研究数据是因为(就本项研究目的而言)纳尔杜利的回归分析中可能存在问题。参见前引注㊴。使用我的和《耶鲁法律杂志》研究项目的较大数据,可以得出比本文计算结果更大的影响。

的发现(未供述的财产犯罪嫌疑人在作有罪答辩后,仍被以最初罪名指控的比例要比作出供述的犯罪嫌疑人低 19 个百分点[94];未供述的暴力犯罪嫌疑人在作有罪答辩后,仍被以最初罪名指控的比例要比作出供述的犯罪嫌疑人低 6 个百分点,减少罪名数指控的比例低 13 个百分点)中得出一般化的结论[95]。这些数据,加以前文指出的供述率下降 16 个百分点的结果,我们发现因为米兰达规则,只有大约不到 3.0% 的财产犯罪嫌疑人在有罪答辩之后仍被以最初提起的罪名指控,不到 1.0% 的暴力犯罪嫌疑人在有罪答辩之后仍被以最初提起的罪名指控,不到 2.1% 的暴力犯罪嫌疑人在有罪答辩之后被减少指控罪名数指控。[94] 根据 FBI 公布的 1993 年逮捕数据[95](1993 年全美警方逮捕了 754 110 名暴力犯罪嫌疑人和 2 094 300 名财产犯罪嫌疑人),我们大致可以得出一个米兰达规则影响辩诉交易情况的全美数据——因为米兰达规则的影响,1993 年全美共有 67 000 名财产犯罪嫌疑人、24 000 名暴力犯罪嫌疑人在作有罪答辩后被减少指控罪名数结案。[96]

## 第四节 普遍化问题

前文运用的方法论要求我们从有限的数据来源得出几个普遍化的结论。首

---

[94] 纽鲍尔发现有 23 个百分点的差异。但是,考虑到在有罪答辩换取降格指控的被告人中,无供述者比有供述者多 4 个百分点(13% vs. 9%)的事实,我扣除了 4 个百分点。参见 Neubauer,前引注[19],第 110 页表 4。

[95] 同上引注,表 5。我曾经使用过表 5 的数据,因为纽鲍尔说他们是关于差异性答辩的"最好计量器",而且可以就被告人供述对辩诉交易的影响得出更为保守的估计。试比较同上引注,表 4。

[94] 这些数据是"米兰达规则的供述率下降(16.1 个百分点)"乘以"观察到的供述对辩诉交易的影响"的结果。

[95] 逮捕数似乎是推断的合适数据,因为纽鲍尔的研究似乎是对被告人"从逮捕开始"的跟踪。参见 Neubauer,前引注[19],第 103 页。

[96] 降格指控的有罪答辩并不必然意味着刑期更短的结果。因为关于定罪起诉与实际量刑之间关系上,既有研究已经形成了各种不同的结论。请比较,William F. McDonald & James A. Cramer, *Plea-Bargaining* 126 (1980)(认为对有罪答辩的被告人很少给予量刑减让的回报)和 Stephen J. Schulhofer, "Due Process of Sentencing", 128 *U. Pa. L. Rev.* 733, 757 n. 97 (1980)(提出了降格指控对最终量刑几乎没有影响的证据),以及 Hyun J. Shin, Analysis of Charge Reduction and Its Outcomes 58-91 (1972)(未出版的博士论文,纽约州立大学奥尔巴尼分校)(发现有罪答辩的被告人所获得的量刑减让在某种程度上被假释措施所抵销)和 Nardulli et al.,前引注[19],第 244 页表 8.7(发现降格指控影响了量刑处置)。

先，供述率变化和供述之于定罪必要性比例数据仅源于数个司法管辖区，这些数据在平均之后被普遍化推论全美的情况；其次，20世纪60年代末期的研究被视同于20世纪90年代的研究，而忽视了条件的变化；最后，警察对某类特定案件犯罪嫌疑人审讯的成功，被普遍化为其在审讯FBI犯罪目录中所有案件类型的犯罪嫌疑人的成功。这三个普遍化推断，在我的米兰达成本计算方程中通过两个变量——米兰达案判决后的供述率变化和供述的重要性加以检验——得出了一般化推断的六种组合。本节将对这六种组合的妥当性进行考察。

在考察这些一般化推论的有效性之前，简短地回顾一下米兰达案判决拥趸们的主要观点也许对我们有所帮助。他们曾经根据有限的几个研究，即毫不犹豫地将米兰达规则对警察执法效果几乎没有影响的结论推及全美。[547] 正如我们将会看到的那样，本文提出的一些推断也许更经得起推敲。

一、供述率的普遍化

（一）跨地域的普遍化

对本文关于米兰达规则导致了警察审讯中获得的供述率下降16%，并将这一根据局部数据得出的结论推及全美的一个可能的批评是，能否将基于某一地区数据分析得出的结论推及其他地区，即将局部的结论普遍化为所有地区都适用的结论。本文所进行的"前后比较研究"数据来源仅局限于8个地区，即匹兹堡、纽约郡、费城、海城、纽黑文、堪萨斯城、金斯郡和新奥尔良。那么，米兰达规则在这8个地区实施的经验能否代表美国其他地方的情况呢？

那些具有不可知论者倾向的批评也许会认为我们并不了解美国其他地区的任何情况，毕竟"不同地区之间的执法活动事实上存在着无尽的差异，或大或小，或明或暗"[548]。从公共政策的角度来看，类似的批评似乎并不具有说服力。可以肯定的是，在全美其他地区开展的，更多、更好的研究将增加我们对米兰达规则效果的认识。但是，在缺乏这些研究的情况下，政策制定者们必须认真对待他们掌握的数据。

不同地区，至少城市地区数据之间整体上的协调性也对我们将局部结论予

---

[547] 参见 Seeburger & Wettick，前引注32，第26页（将匹兹堡的数据普遍化为全美的情况）；"Yale Project"，前引注⑧，第1533页（认为纽黑文的数据应该是该郡的典型）。参见前引注②—⑤及相关文献（收集了认为米兰达规则没有妨碍执法效果的一些一般性断言）。

[548] 参见 Otis H. Stephens, Jr., *The Supreme Court and Confessions of Guilt* 174 (1973)；参见 Barrett，前引注⑳，第25页。

以一般化的合理性形成了支撑。那些在城市地区开展的，值得信赖的研究都发现，在米兰达规则实施后警察审讯犯罪嫌疑人获得的供述率出现了相当显著的下降——匹兹堡下降了 16.9 个百分点，纽约郡下降了 34.5 个百分点，费城下降了 24.6 个百分点，纽黑文下降了 16.0 个百分点，堪萨斯城下降了 6 个百分点，金斯郡下降了 15.5 个百分点，新奥尔良下降了 11.8 个百分点。这些数据之间在证明方向的一致性倾向表明，这些研究能够代表其他城市的情况。(349)

但是，我们只看到了 7 个城市地区的研究数据之间的协调，而第 8 项研究，即在加利福尼亚州的海城进行的研究发现，米兰达规则实施后警察审讯犯罪嫌疑人获得的供述率只下降了 2.0 个百分点。海城是洛杉矶市区的一个居民社区，因此这里的警察"不像此类大都市其他地区的同行那样，面对着同样的犯罪问题"(350)。可能的假设之一是，米兰达规则对城市警察审讯的供述率影响更为显著，而这种影响在城市之外逐渐减弱。

这一假设（即米兰达规则对城市地区的警察审讯影响更为显著）可以从西里尔·鲁滨逊（Cyril Robinson）在 1968 年进行的一项调查研究中得到佐证。(351)鲁滨逊曾经对全美不同地区的警察局进行过调查，试图对米兰达案判决的影响进行评估。结果发现，虽然"大城市警察"和"小城市警察"都认为米兰达案判决减少了他们在审讯中获得的供述，但是大城市警察认为这种改变是巨大的。(352)

米兰达规则对城市警察的影响更为显著大致可以从几个方面得到解释。首先，大城市警察经常处在巨大的案件压力之下，其结果是，他们也许无法采取那些在避免米兰达规则的负面影响上效果更好，但更费时的审讯策略或手段。(353) 例如，他们也许没有那么"奢侈"，有时间对犯罪嫌疑人进行非羁押性审讯，从而免

(349) 在评估与非法搜查和扣押相关的非法证据排队规则的成本时，一个更为复杂的问题是，各城市之间在第四修正案遵守程度方面差异很大。参见 Bradley C. Cannon, "Is the Exclusionary Rule in Failing Health? Some New Data and Plea Against a Precipitous Conclusion", 62 *Ky. L. J.* 681, 703-25 (1974)。在某种程度上，各城市之间在遵守米兰达规则方面同样存在差异，因此可能导致对米兰达规则成本的低估。如果警察不遵守米兰达规则，其所获得的供述将在后续程序中被排除。但是"失去的供述"并不会在交代的供述记录当中，因此永远不会进入米兰达规则成本评估方程之中。

(350) 参见 Witt，前引注(89)，第 324 页注释 40。

(351) 参见 Cyril D. Robinson, "Police and Prosecutor Practices and Attitudes Relating to Interrogation as Revealed by Pre- and Post-Miranda Questionnaires: A Construct of Police Capacity to Comply", 1968 *Duke L. J.* 425。

(352) 同上引注，第 466 页。

(353) 参见 Van Kessell，前引注⑦，第 118 页（此外，将对海城供述率的影响程度较低归功于"事实上，其所面对的犯罪形势没有其城市那么严重，因此可以对审讯过程投入更多的资源"）。

受米兰达案判决“苛刻要求”的约束。(354) 其次，另外一种可能是，如果米兰达规则对严重影响犯罪的影响更为显著，正如下文所表明的那样(355)，城市警察所处理的此类案件比例要远高于非城市地区的同行，因此其所受的影响也就更为显著。最后，也许正如鲁滨逊所说的那样，在大城市之外的地区，警察与律师、法官之间有着“更为密切的关系”，从而意味着法庭的判决对警察实践的影响更不显著。(356)

为了检验米兰达规则对大城市警察审讯犯罪嫌疑人获得的供述率影响更大这一假设，我们可以对米兰达案判决后的供述率变化与不同地区的人口数量之间的关系进行回归分析。回归分析的数据包括海城、纽黑文、新奥尔良、堪萨斯城、匹兹堡、费城、芝加哥、纽约的供述率。(357) 正如图 2-1 所显示的那样，回归分析表明，供述率变化与城市人口数量两个变量之间存在着明显的、统计学意义上的显著相关性。(358)

虽然前文分析表明，米兰达规则对供述率的影响在不同规模城市之间存在着差异，但问题是，在评估米兰达规则之于全美所带来的社会成本问题上，这一差异并不如起初看来那么显著。全美大部分的犯罪行为都发生在主要的城市地区，相应地，大部分的警察审讯也发生在城市地区的警察局里。这一事实可以从 FBI 提供的“统一犯罪报告”中的相关数据得到印证。根据统一犯罪报告提供的数据，1993 年全美 63 个最大城市（人口超过 250 000）中，虽然只居住了全美 19.2%的人口，但发生的犯罪数占全美的 31.6%，其中暴力犯罪数占全美同类犯

---

(354) 参见下引注(367)—(373)及相关文献（对以非羁押性“询问”作为规避米兰达规则对“审讯”限制的一种方法问题进行了讨论）。但请比较，Cassell & Hayman，前引注㊼（谈到了警察曾经通过非羁押性的电话询问方式以节约时间）。在其他一些文献中也提到了类似案件压力增加了大城市的执法人员通过辩诉交易来解决问题的动机。参见 Jones，前引注(314)，第 192 页（在人口数量更多的州，有罪答辩的比例更高）；参见 LaFave & Israel，前引注③，第 559 页（在繁忙的城市法院，严重犯罪的有罪答辩压力最大）。请参见 Miller et al.，前引注(313)，第 65 页（乡村地区检察官更快与被告人达成答辩协议）。

(355) 参见下引注(439)—(448)及相关文献。

(356) 参见 Robinson，前引注(351)，第 441 页。

(357) 参见前引注(183)—(185)及相关文献（表 2-1）。基于本文第二部分讨论的原因，我们认为来自哥伦比亚特区和洛杉矶的数据不可靠，因此未将这些数据包括在内。1967 年的人口数据，除了海城的数据系根据作者对该市的介绍外，其他的人口数据来源于美国商务部 1969 年统计摘要，U. S. Dep't of Commerce, *Statistical Abstract of the United States* 1969, at 19-20 [1969]（标准大都市区域统计），参见威特，前引注(89)，第 322 页。对于纽约郡和金斯郡，我们使用了纽约市的人口数据，因为这样能够更为准确地反映出纽约市警察所感受的压力，而且将纽约市的整体人口数据细分到各郡也没有太大的意义。芝加哥的数据被纳入，从而能够提供一个更大的数据库。请比较前引注(185)（对芝加哥研究项目的评价）。

(358) 在 0.02 水平上具有显著相关性。调整后的 R 值为 0.54。

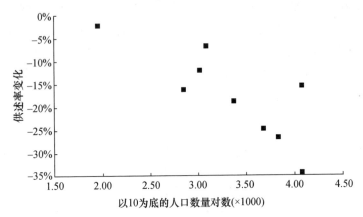

图 2-1 人口规模与供述率变化关系图

罪数的 43.1%。㊾因此,即使本文使用的数据只代表了大城市的情况,也能够反映出全美 1/3 的犯罪、接近 1/2 的暴力犯罪侦查中米兰达规则的影响情况。而且将海城——只相当于平均数的 1/8 水平(2%/16%)的数据包括进去,使我们的结论更具有代表性。

(二) 跨时段的普通化

我们基于有限样本进行的关于米兰达规则的成本评估结论具有普遍化意义的另一个根据是时间问题:20 世纪 60 年代的供述率数据是 20 世纪 90 年代该数据的反射。可能自 20 世纪 60 年代以来,全美警方审讯犯罪嫌疑人获得的供述率经历了一个"下降—反弹"的过程,至 20 世纪 90 年代,供述率可能已经反弹到了米兰达案判决前的水平。一些米兰达规则的拥护者们即持这一观点。㊿

也许应该让那些持上述观点者就此举证。毕竟,前文列举的数据表明在米兰达案判决后供述率出现了显著的下降,而且这种下降在此后的一两年内并未消失。如果说其负面效果在此后逐渐消失的话,其支持者应当就此加以证明。

为什么此后犯罪嫌疑人的供述率会出现反弹,我们也许可以称之为"(米兰达规则的)众所周知性假设"。这一假设最初是由堪萨斯城警察局长(后来成为 FBI 局长)的克拉伦斯·凯利提出的。他认为"随着米兰达案在(犯罪嫌疑人的

---

㊾ 参见 Fed. Bureau of Investigation,前引注㊳,第 190 页(数据来源于表 12)。

㊿ 参见 Liva Baker, *Miranda: Crime, Law and Politics* 405 (1983); Schulhofer,前引注㊴,第 456 页。

心理)变得日渐遥远",供述率的下降趋势将逐渐得到扭转。㊳

米兰达规则的众所周知性假设也许忽视了另一种解释,即随着时间的流逝,米兰达规则将为众所周知,而不是被逐渐遗忘。例如,拉费弗(La Fave)和伊斯雷尔(Israel)教授即认为,在米兰达案后迅速开展的那些相关研究表明,米兰达规则对供述率仅具有微弱的影响,并且"在米兰达规则成为我们文化的一个组成部分之后,警察审讯之前的权利警告也将逐渐被广大公众所知晓",那么,供述率也许将因此下降。㊶ 有证据证明,现在的人们已经"米兰达化了"(Mirandized)。一份 1991 年进行的民意调查显示,80% 的美国人知道其有保持沉默的权利。㊷ 假设现在的犯罪嫌疑人的知识状况与大部分的普通民众一样㊸,那么其在审讯过程中的权利意识必将上升㊹。如果权利意识的上升与供述率下降之间存在着相关性㊺,那么自米兰达案判决之后,供述率也许将因此下降。基于这两种关于米兰达规则的众所周知性可能的假设相互矛盾,我们不能据此推断米兰达规则的众所周知性是增加,还是减少了其危害后果。也许诉诸经验性数据才是我们唯一的选择。

在回到这些数据之前,另一个被称为"调整性假设"的理论也应该得到重视。该理论认为现在警察通过"调整(审讯)技巧来消除米兰达规则的负面效果",已

---

㊳ 参见 Green,前引注⑮,第 16 页。

㊶ 参见 LaFave & Israel,前引注③,§6.5(c),第 484 页注释 30;参见 Samuel Walker, *Sense and Nonsense About Crime: A Policy Guide* 131 (3d ed. 1994) ("[跟 20 世纪 60 年代相比]犯罪嫌疑人可能[对米兰达规则上的权利]更为识广,但是还未看到最近的研究成果");请比较 David Dixon et al., "Safeguarding the Rights of Suspects in Police Custody", 1 *Policing & Soc'y* 115, 122 (1990)(发现 1984—1987 年间,在新的审讯制度下,英国的未成年犯罪嫌疑人要求律师帮助的情况迅速增长,这一现象部分可以归因于信息传播的速度)。

㊷ 参见"Poll Finds Only 33% Can Identify Bill of Rights", *N. Y. Times*, Dec. 15, 1991, at 33;参见 Walker,前引注㊶,第 30 页("街上的大部分孩子都知道"米兰达规则)。

㊸ 一方面,犯罪嫌疑人有着特别的动力(避免进监狱)和信息来源(同案犯)的事实也许意味着其至少和一般大众一样消息灵通。另一方面犯罪嫌疑人也许又比一般大众更不明智。参见 James Q. Wilson & Richard J. Herrnstein, *Crime and Human Nature* 148-72 (1985)。

㊹ 参见 Walker,前引注㊶,第 131 页(转引自 Medalie et al.,前引注⑬);还可参见 Lawrence S. Leiken, "Police Interrogation in Colorado: The Implementation of Miranda", 47 *Denv. U. L. Rev.* 1, 14-16 (1970)(发现在 1969 年的被监禁犯罪嫌疑人样本对米兰达规则上的权利认知程度较为有限。但请比较 William Hart, "The Subtle Art of Persuasion", *Police Mag.*, Jan. 1981, at 14 (认为有经验的审讯人员发现"没有迹象表明今天的犯罪嫌疑人比过去那些年的更复杂")。

㊺ 参见 Griffiths & Ayers,前引注⑬,第 312 页(发现反征兵游行者在被告知其权利之后,拒绝作出归罪性陈述的情况增多)。

经"适应"了米兰达规则(之下开展审讯)。⑯ 其结果是,其中舒尔霍夫教授即认为,这些"(米兰达规则实施)前后比较研究""在评估米兰达规则对警察审讯的现行影响时并不相关,因为,这些研究记录的是米兰达规则最初的效果,是警察有机会根据米兰达规则的要求调整他们的审讯方法和侦查实践之前的情况。"⑱ 经常被用来论证警察已经适应了米兰达规则的根据是,米兰达规则只适用于羁押性"审讯"(interrogation),而不适用于警察对犯罪嫌疑人的"询问"(interview)。因为米兰达规则适用范围的这一局限,警察行为的细心观察者即认为"那些致力于获取犯罪嫌疑人认罪的警察已经学会了如何'询问'而不是'审讯'",从而避开了米兰达规则的限制。⑲ 另一个被经常引以论证警察已经适应了米兰达规则的根据是,警察在进行米兰达警告时,经常有意以一种使人泄气的方式进行,从而使犯罪嫌疑人无意主张他们的权利。⑳

"调整性假设"只有在这些有关米兰达规则影响的"前后比较研究"完成之后,并运用了这些新的审讯技巧的情况下,才能证明犯罪嫌疑人的供述率重新反弹的结论。假如警察是在这些"前后比较研究"完成之后很久才发现这些新的审讯技巧,仍然不能证明供述率重新反弹的结论。许多警察局在米兰案判决之后就得到了相关的操作建议,可能因此能够相对迅速地对米兰案规则作出回应。㉑ 例如,米兰达案判决意见明确说明,其适用局限于羁押性审讯㉒,因此当时

---

⑯ 参见 Kevin N. Wright, *The Great American Crime Myth* 140 (1985);还可参见 Van Kessell,前引注⑦,第 105—106 页。据说在英国也出现了同样的情况,参见 Andrew Sanders et al., *Advice and Assistance at Police Stations and the 24 Hour Duty Solicitor Scheme* 56-66 (1989)(记录了警察在新的审讯规则下用来抑制犯罪嫌疑人要求律师帮助的策略)。

⑱ 参见 Schulhofer,前引注㊴,第 457 页;参见 Simon,前引注⑩,第 193—207 页(讨论了警察适应米兰达规则的方法);参见 Jerome H. Skolnick & James J. Fyfe, *Above the Law*: *Police and the Excessive Use of Force* 58-59 (1993)(同前);请比较 David Dixon, "Politics, Research and Symbolism in Criminal Justice: The Right of Silence and the Police and Criminal Evidence Act", 20 *Anglo-Am. L. Rev.* 27, 39-40 (1991)(讨论了英国警察学习在新审讯规则下工作的情况)。

⑲ 参见 Skolnick & Fyfe,前引注⑱,第 58 页;参见 Jerome H. Skolnick & Richard A. Leo, "The Ethics of Deceptive Interrogation", *Crim. Just. Ethics*, Winter/Spring 1992,第 5 页;参见 Uviller,前引注⑭,第 52 页(以纽约市为例,讨论了警察以"询问"的方式来规避米兰达规则的问题)。

⑳ 参见 Wright,前引注⑯,第 140 页。

㉑ 参见 Robinson,前引注㊱,第 474 页(调查显示,全美 86% 的警察局在米兰案判决后一个月之内收到了有关米兰达规则的建议)。

㉒ 参见米兰达诉亚利桑那州案(Miranda v. Arizona, 384 U.S. 436, 444 [1966])。在本案判决之后,关于"焦点"是否也是米兰达规则的击发事件仍然存在一些混乱。参见 Kenneth W. Graham, Jr., "What Is 'Custodial Interrogation'?: California's Anticipatory Application of Miranda v. Arizona", 14 *UCLA L. Rev.* 59, 114 (1966)(讨论了米兰达案)。

警察可能就已经意识到了可以以"询问"的方式来避免米兰达规则的约束㉝。正如另外一个例子那样,纽黑文的警察们在米兰达案判决后一两个月内即试图以一种"官僚式"的权利警告方式,或者其他类似的策略来降低米兰达规则对警察执法可能带来的负面影响。㉞ 另外,在米兰达案判决之前,联邦最高法院和其他法院的相关判决,使得警察在回应米兰达判决时其实可能已经具备了相当数量的"前米兰达经验"。㉟

即使这些适应性技巧得以在较大范围内传播,并且随着时间的流逝不断得以改善,充其量也只能改变而不能彻底消灭米兰达规则对警察执法效果的负面影响。例如,在警察的实践工作中,特别是必须立即羁押犯罪嫌疑人,或者犯罪嫌疑人具有重大社会危险或逃跑风险的情况下,以非正式的"询问"来取代"审讯"的可能性在大多数情形下都难以奏效。而且,即使警察可以非正式"询问"犯罪嫌疑人,也很难说这种"询问"就能够成功地获取犯罪嫌疑人的供述。㊱ 我曾经就此做过一项实证研究,结果发现,羁押性审讯更有可能获取犯罪嫌疑人的供述(羁押性审讯中获取供述的比例为 56.9%,非羁押性审讯获取供述的比例为 30.0%,从而表明二者具有统计学意义上的显著性差异)。㊲

即使警察应对米兰达规则的技巧随着时间的流逝不断得以改善,同样重要的是,我们还必须认识到另一种被称为"服从"(米兰达规则)的假设:即警察对米兰达规则的服从状况同样可能随着时间的流逝而得到改善,从而增加了米兰达规则的成本。正如前文所提到的那样,早期一些有关米兰达规则影响的研究可

---

㉝ 参见 Black & Reiss,前引注⑬(只有 3% 的现场审讯警察对犯罪嫌疑人进行了权利告知);Yale Kamisar,"'Custodial Interrogation' Within the Meaning of Miranda", in *Criminal Law and the Constitution—Sources and Commentaries* 335, 341 (Jerold H. Israel & Yale Kamisar eds., 1968) ("我认为将米兰达规则理解为鼓励警察广泛地进行逮捕前、羁押前审讯是非常合理的")(1966 年夏天关于米兰达规则的 CLE 会议上的评论);参见 Medalie et al.,前引注㉝,第 1361 页(在米兰达案判决一个月后给华盛顿特区警察的指导手册即指出"关键之处是逮捕或限制公民人身自由的执行时间");参见 James R. Thompson, "What Miranda Requires", *Public Mgmt*, July 1967, at 191, 196-97 (1966 年 9 月 23 日,发给芝加哥警察局的训练公告中提出了进行非羁押性审讯的可能性);还可参见 Yale Kamisar, "On the Tactics of Police-Prosecution Oriented Critics of the Courts", 49 *Cornell L. Rev.* 436, 452 (1964) (讨论了 1958 年对警察逮捕前"询问"策略的训练)。

㉞ 参见"Yale Project",前引注⑧,第 1552 页。

㉟ 参见前引注㉙—㉜及相关文献(介绍了前米兰达时期费城的审讯规则);参见前引注⑩—⑰及相关文献(与洛杉矶一样);还可参见 Neal Milner, "Comparative Analysis of Patterns of Compliance with Supreme Court Decisions", 5 *Law & Soc'y Rev.* 119, 128 (1970) (指出了米兰达规则可以带来更职业化的警察职业组织之"预期")。

㊱ 参见 Inbau et al.,前引注㉔,第 24 页。

㊲ 参见 Cassell & Hayman,前引注㊼。

能并没有完全把握住米兰达规则对警察执法效果的负面影响，因为，在这些研究开展之时，一些警察并未真正地遵守米兰达规则的要求。⑦ 后来，警察也许更为严格地遵守了米兰达规则的要求⑱，也许警察们得到了更多关于米兰达规则的训练⑳，得到了更好的关于服从米兰达规则的教育㉛。警察的职业化发展也许同样促进了这一趋势。㉜ 人们也许因此认为，因为警察更为严格地遵守了米兰达规则，警察审讯犯罪嫌疑人所获得的供述率也许因此要比早期研究所揭示的下降情况更甚。㉝ 对此已有一些证据可以证明。㉞ 如果这一假设成立，那么本文所提出的3.8%成本估测也许太低，因为这一估测数据仅仅是根据米兰达案判决后一两年内的研究得出的结论，就时间而言，其尚不足以充分地把握后期供述率下降的情况。

此外，没有哪种推理方法可以确定前述假设——"调整性假设"或"服从假设"，何者占优。我们认为获知答案的唯一希望还是实证性数据。

1. 来自"前后比较研究"的实证性数据

有限的来自米兰达案判决（1966年6月13日）前后的实证性数据无法为供述率反弹论提供支撑。唯一对米兰达案判决前较长时间段内犯罪嫌疑人供述率进行过回溯性研究的是"海城研究"项目。㉟ 虽然该项研究发现米兰达案判决后

---

⑦ 参见前引注⑬—⑭及相关文献（对华盛顿特区没有完全实施米兰达规则的问题进行了讨论）；参见前引注⑯—㉕及相关文献（对纽黑文没有完全实施米兰达规则的问题进行了讨论）；还可参见前引注㉖，第30页（发现1969年在丹佛有人投诉警察无视犯罪嫌疑人要求律师帮助的请求）。

⑱ 参见 Van Kessell，前引注⑦，第102页注释532（收集了这一方面的证据）；还可参见 Cassell & Hayman，前引注㊼（发现1994年盐湖城的警察始终如一地遵守米兰达规则）；请比较 Roger C. Schaefer，"Patrolman Perspectives on Miranda"，1971 Law & Soc. Ord. 81, 88（发现1968年明尼苏达的警察既存在不够遵守，又过度遵守米兰达规则的情况）。

⑳ 参见 Baker，前引注㉚，第404—405页（介绍了对警察执行米兰达规则的训练情况）。

㉛ 参见 Leiken，前引注㉟，第10页（指出，1969年的丹佛比1966年的纽黑文对米兰达规则的了解和训练方面都更好）。

㉜ 参见 Milner，前引注㊱，第224—232页（讨论了警察职业化和米兰达规则之间的关系问题）。

㉝ 参见 Markman，前引注㉓，第947页；还可参见 Gerald M. Caplan，"Miranda Revisited"，93 Yale L. J. 1375, 1466-67 (1984)（对 Liva Baker，Miranda: Crime, Law and Politics [1983]一书的评论）。

㉞ 例如，《耶鲁法律杂志》的编辑们在纽黑文的研究发现，很多旨在"适应"米兰达规则的警察实践事实上都是不被允许的。例如，不违反米兰达规则有关弃权的要求；侦查人员通常在对犯罪嫌疑人进行权利告知之后迅速转移话题，"然后转向以对话的口气问犯罪嫌疑人'现在，你愿意告诉我们发生了什么吗？'"。参见"Yale Project"，前引注⑧，第1552页。违反米兰达规则关于律师帮助权的要求：当犯罪嫌疑人表示出需要律师帮助的意思时，"警察通常只要不帮助犯罪嫌疑人落实律师就可以阻止其获得律师帮助权的行使"，同前引注。警察还违反米兰达规则关于犯罪嫌疑人有权随时终止审讯的要求，当犯罪嫌疑人试图终止审讯时，侦查人员总会"哄骗"犯罪嫌疑人继续与其交谈，同前引注，第1555页。与此类似，在纽约，警察并不总是会同意犯罪嫌疑人保持沉默，参见 Vera Inst. of Justice，前引注㉔，第43页。

㉟ 一项对底特律前米兰达时期的研究发现，犯罪嫌疑人供述率从1961年的60.8%下降到了1965年的58.0%。参见 Souris，前引注⑯，第255页。

供述率只出现了轻微的下降（确切地说是 2 个百分点），但是它为我们提供了一份说明性数据，即连续 5 年的供述率数据：1964 年，67%；1965 年，70%；1966 年，77%；1967 年，71%；1968 年，61%。㊱ 这些数据显示，在 1966 年之前，犯罪嫌疑人供述率一直都是持续上升的趋势，但在 1966 年，即米兰达案判决之后，持续上升的趋势被逆转成了连续下降，并在 1968 年——该项研究的最后一年达到了一个显著较低的点。虽然威特提醒我们不要将 1966 年之后供述率的下降仅归咎于米兰达案判决㊲，但是这一数据至少没有为那些试图论证此后犯罪嫌疑人供述率出现了反弹的观点提供什么支撑㊳。

　　匹兹堡研究的一些短期数据同样支持米兰达规则对警察执法效果的影响并未消除的结论。该项研究以 2 个序列的数据为基础：一是米兰达案判决后很短时间内的数据（具体时间在文中未能说明），二是米兰达案判决一年之后，即 1967 年 6 月 20 日至 9 月 5 日的数据。㊴ 虽然第一组数据显示米兰达案判决后供述率下降了 16.2 个百分点，第二组数据显示下降的幅度更大，达到了 21.4 个百分点。㊵ 但是，作者指出第二组数据"考虑到最近作出的一些判决，供述率的下降也许是因为犯罪嫌疑人的权利意识日益增强"㊶。虽然还可说匹兹堡的研究样本数据较小，只有 173 名犯罪嫌疑人，因此不具有代表性。㊷ 但是，至少匹兹堡研究所获得的供述率数据没有为供述率反弹论提供什么支持。㊸

　　另一项提供了跨年度的供述率数据的研究是《耶鲁法律杂志》的编辑们在纽黑文进行的研究。他们发现，1960 年至 1966 年间，供述率出现了大约 10—15 个百分点的下降。㊹ 糟糕的是，该项研究的数据止于 1966 年，因此不能为考察米兰达规则的长时效果提供任何帮助。综上，有关米兰达规则对警察执法效果影响的"前后比较研究"并未随着时间的推移为犯罪嫌疑人的供述率出现了反弹的观

---

㊱　参见 Witt，前引注㉙，第 325 页表 3。
㊲　同上引注，第 326 页（指出 1968 年被审讯的犯罪嫌疑人比前些年更少）。
㊳　范凯塞尔曾经判断，与其他城市相比，海城的犯罪嫌疑人供述率下降较低（只跌了 2 个百分点）应当"归功于海城研究项目进行时，警察已经能够根据米兰达规则调整其审讯技术这一事实"。参见 Van Kessell，前引注⑦，第 118 页。然而从数据的时间维度发展情况看，这一观点并不成立。
㊴　参见 Seeburger & Wettick，前引注㉜，第 13 页注释 36。
㊵　同上引注。
㊶　同上引注，第 13 页注释 36。
㊷　同上引注，另一种解释是，第一个样本只包括了"已经破获"的案件，而第二份样本包括了未破获的案件。参见 ALI Report，前引注㊽，第 133 页。
㊸　费城研究项目从 1966 年 6 月 19 日至 1967 年 2 月 19 日的每周数据分析同样显示没有可识别的模式，参见"Controlling Crime Hearing"，前引注㊺，第 201 页。
㊹　参见前引注⑩—⑮及相关文献（讨论了"Yale Project"，前引注⑧，第 1573 页）。

点提供任何支撑。

2. 稍后一段时期的证据

为了回应"前后比较研究"数据，供述率反弹论者也许会说需要较长时间的观察，不能期待警察在米兰达案判决后几个月或几年内就适应了米兰达规则。这一观点也许是对的。然而，我们必须从米兰达案判决以来的 25 年历史中去看犯罪嫌疑人供述率反弹效果如何。

即使从更长的时间段看，我们也很难找到任何可以证明供述率已经反弹至米兰达案判决前水平的实证性数据。㉟ 后来的一些研究发现，犯罪嫌疑人供述率的平均水平似乎并未达到米兰达案判决前的水平，整体上跌至了 50% 以下。例如，戴维·纽鲍尔的研究发现，1968 年，"大草原城"（一个位于伊利诺伊州中部的中等城市），大约 46% 的犯罪嫌疑人作出了不利于己的陈述。㊱ 劳伦斯·莱肯（Lawrence Leiken）于 1969 年在丹佛监狱对 50 名犯罪嫌疑人进行了访谈，其中有 16 名（占 32.0%）作出了不利于己的陈述。㊲ 加里·拉弗利（Gary LaFree）在 1976 年至 1977 年间在得克萨斯州的埃尔帕索（El Paso）、路易斯安那州的新奥尔良、华盛顿州的西雅图、宾夕法尼亚州的特拉华、亚利桑那州的图森（Tucson），以及弗吉尼亚州的诺福克（Norfolk）等 6 个城市的抽样研究表明，平均大约 40.3% 的案件中有犯罪嫌疑人的供述。㊳ 弗洛伊德·菲尼、福里斯特·迪尔和阿德里安娜·韦尔等人在 1979 年在佛罗里达州的杰克逊维尔对抢劫、夜盗和重罪殴打案件的研究发现，32.9% 的犯罪嫌疑人供述，另有 18.4% 的犯罪嫌疑人承认案发时在犯罪现场。㊴ 即使我们将所有"在犯罪现场"的承认都视为是归罪性陈述㊵，杰克逊维尔的研究中归罪性陈述的最高比例也就是 51.3%㊶。另一项在加利福尼亚州的圣迭戈市就相同类型案件的研究则发现，只有 20.3% 的犯

---

㉟ 参见 Markman，前引注㉓，第 947 页（认为"声称对[执法]效果的损害已经通过调整警察实践以适应米兰达规则的要求得以弱化的观点没有任何经验性证据的支撑"）。

㊱ 参见 Neubauer，前引注㉚，第 105 页表 2。这一数据也许有点高估了所获得的归罪性陈述数量，因为在这些案件中，有些陈述并非归罪性的，同前引注，第 105 页注释 10。

㊲ 参见 Leiken，前引注㊱，第 19 页表 2。Leiken 将"供述"界定为"在意识到（陈述）可能为其带来损害的情况下作出的陈述"，同前引注，第 12 页。

㊳ 参见 LaFree，前引注㊳，第 298 页。

㊴ 参见 Feeney et al.，前引注⑰，第 142 页表 15-1。

㊵ 本项研究的作者们没有对他们研究中的"承认在犯罪现场"类进行界定。事实上，大量此类陈述都不一定是归罪性的，因为对那些"承认在犯罪现场"的犯罪嫌疑人的定罪率，整体上看，与那些根本不作任何陈述的犯罪嫌疑人没有显著的差异。同前引注，第 142 页表 15-1。在一个使用类似方法的早期研究中，作者们发现，只有 15%（3/20）的"承认在犯罪现场"的陈述对于所涉案件是"关键的"。参见 Feeney & Weir，前引注⑱，第 38 页。

㊶ 参见 Feeney et al.，前引注⑰，第 142 页（数据来源于表 15-1）。

罪嫌疑人作出了供述,16.2%的犯罪嫌疑人承认案发时在犯罪现场⑫,该项研究中的归罪性陈述最高比例也仅为36.6%。

有关供述率的2项研究最近刚刚完成。理查德·利奥于1993年通过观察(现场观察或观看录像)加利福尼亚州湾区警察的182次审讯发现⑬,在一些类型案件中,大约有64.3%的犯罪嫌疑人作出了归罪性陈述。⑭ 但是,其对归罪性陈述的界定非常宽泛⑮,并将这一数据与其他将归罪性陈述限定为供述或部分认罪的研究得出的归罪性供述率为41.8%的数据进行比较。⑯ 由于该项研究仅针对警察局内由侦查人员进行的审讯⑰,以及抽样方法方面的局限⑱,作为警察整体

---

⑫ 同上引注。
⑬ 参见 Leo,前引注⑮。
⑭ 同上引注,第268页表7(117/182)。
⑮ 利奥研究中的"一些归罪性信息"类陈述明显是一种包括了"侦查人员认为其间接证据指向犯罪嫌疑人有罪或者可以成功用来弹劾其可信性的、令人难以置信的或者矛盾的辩解在内的"广义界定。同上引注,第268页注4。犯罪嫌疑人说的很多东西在侦查人员看来都可以作为针对犯罪嫌疑人可信性的潜在的"弹劾"信息。利奥的样本中31%犯罪嫌疑人甚至都未被起诉的事实印证了一些犯罪嫌疑人陈述没有明显的归罪性这一解释。同上引注,第273页,而且检察官特别可能起诉那些有强有力的归罪性陈述的犯罪嫌疑人。参见前引注㊶—㊾及相关文献。利奥样本中较低的(相对而言也是更为客观的)24.2%的"供述"数据,与其他研究者发现的归罪性陈述率整体较低的情况大体一致的事实也印证了这一解释。参见 Feeney et al.,前引注⑰,第142页;参见 Cassell & Hayman,前引注㊼。利奥得出的在所有陈述中归罪性陈述占76%的比例也明显高于其他大部分研究者观察到的情况。参见利奥,前引注⑮(发现所有犯罪嫌疑人陈述中,归罪性陈述占76%)。参见前引注㊱—㊿及相关文献(对认为归罪性陈述比例达50%以上的研究进行了梳理)。
⑯ 参见 Leo,前引注⑮,第268页表7(24.2%的犯罪嫌疑人作出了供述,17.6%的犯罪嫌疑人部分认罪)。
⑰ 利奥似乎并没有说他的统计对整体的警察审讯成功率情况进行了评估。同上引注,第295—297页(只是从其统计中得出结论但并未说他得出的审讯成功率与其他研究者得出的整体的警察审讯成功率一致)。但是,其他研究者对利奥的这一研究并未作出这样的限制性解读,参见 Slobogin,前引注⑤,第6页(1995年增补版)(认为利奥的研究提出的供述率与"米兰达案判决之前的供述率具有可比性")。
⑱ 首先,利奥的样本是由那些警察事实上审讯了犯罪嫌疑人的案件构成的,参见 Leo,前引注⑮,第262页。因此,其样本可能排除了很大一部分警察实际上因为未审讯犯罪嫌疑人而未获得任何供述的案件。参见 Feeney et al.,前引注⑰,第143页表15-2(发现在被逮捕的夜盗犯罪嫌疑人中,佛罗里达的杰克逊维尔有18.5%未被审讯,加利福尼亚的圣迭戈的这一数据为20.1%);参见 Cassell & Hayman,前引注㊼(发现在盐湖城,有21.0%的犯罪嫌疑人未被审讯)。其次,利奥的研究只包括了羁押性审讯。然而,在某种程度上而言,警察已经转向通过非羁押性审讯来规避米兰达规则的约束。参见 Jerome A. Skolnick & Richard A. Leo, "The Ethics of Deceptive Interrogation", Crim. Justice Ethics, Winter/Spring 1992, at 5。似乎非羁押性审讯在供述生产能力方面要低于羁押性审讯。参见 Cassell & Hayman,前引注㊼(发现非羁押审讯更少获得成功)。再次,利奥只研究了侦探进行的审讯。参见 Leo,前引注⑮,第256—257、456—457页。似乎侦探比其他普通警察的审讯成功率更高。参见 Feeney et al.,前引注⑰,第144页表15-3;参见 Cassell & Hayman,前引注㊼(发现侦探审讯成功率更高)。最后,作为对可采性供述的评估,利奥的数据还必须减去那些因为警察违反米兰达规则,在犯罪嫌疑人主张其权利之后仍然审讯所获得的不具有可采性的供述比例。参见 Leo,前引注⑮,第263页。只有对这四个因素进行调整,利奥的研究才可与其他相关研究得出的稍低于38.7%的供述率进行比较。参见 Cassell & Hayman,前引注㊼,附录B(对这些调整进行了更为细致的解释和论证)。

审讯情况的衡量标准,实际上这一(归罪性供述率)数据可能被显著夸大。⑲ 1994年,我与研究助手收集了犯罪嫌疑人的供述及归罪性陈述的数据,并将其提交给了盐湖城地方检察官办公室。⑩ 大约只有33.3%的犯罪嫌疑人作出了供述和归罪性陈述,或者被证明其不在犯罪现场的辩解不实。⑪

虽然这些研究得出了不同的结论,但很难从中得到能够证明犯罪嫌疑人供述率已经反弹到了米兰达案判决前的水平的数据。如果说,这些研究有所发现,那就是它们对米兰达案后犯罪嫌疑人供述率继续下降结论的支持。⑫ 为了比较的需要,我将能够收集到的米兰达案判决前后的供述率数据制成表2-3。⑬ 因为不同司法管辖区对"供述"的定义界定不同,且警察实践中存在的差异,要对不同司法管辖区的供述率数据进行比较非常困难。但是,有一点可以肯定的是,我们

---

⑲ 利奥样本接近1/3(60/182)是由旧金山湾区两个警察局的那些不再待审案件的审讯录像构成的。参见Leo,前引注⑭,第452页、第474页注释10。两个警察局都没有对审讯录像必须保存的规定。同上引注,第474页注释10。因此,相当可能的是,这些供利奥学术研究所用的录像只包括了那些"进展顺利"的审讯,而不包括那些犯罪嫌疑人很快便主张了其权利,或者就是不合作的情形。这将人为提高利奥从其样本中发现的供述率。

⑩ 参见Cassell & Hayman,前引注㊼。

⑪ 同上引注。实际被审讯的犯罪嫌疑人中42.2%作出了归罪性陈述。同上引注。大约4%多一点自愿提供了相对并不重要的归罪性信息。在回应我们的研究所得出的供述率时,托马斯教授认为基于各种原因可以调整提高到54%。参见Thomas,前引注⑯。我们认为,其所提出的调整理由没有说服力。参见Cassell & Hayman,前引注㊼。

⑫ 除了前引注⑬—⑲及相关文献讨论过的旧金山湾区研究项目外,最近唯——项得出供述率在50%以上的是对佛罗里达州杰克逊维尔的研究(51.3%),其中18.4%的犯罪嫌疑人只承认在犯罪现场。另外,杰克逊维尔的陈述率也比同时用同一方法从圣迭戈获得的数据要高得多。这一差异的原因似乎是:"杰克逊维尔的逮捕和起诉的证据标准明显更高"。参见Feeney et al.,前引注⑰,第225页。杰克逊维尔警察明显只逮捕那些有"明显根据"的犯罪嫌疑人,而圣迭戈警察也许会逮捕那些指控证据力度并不太强者。如果说指控证据力度更强时犯罪嫌疑人更有可能供述的话,正如一些经验性证据所表明的那样,参见前引注㉔及相关文献,我们有理由期待杰克逊维尔的警察可以获得更多的供述。如果对杰克逊维尔更高供述率的这一解释是正确的,那么,杰克逊维尔的结果只有在那些指控证据相当有力才逮捕犯罪嫌疑人并进行审讯的司法管辖区具有一般性意义。从这一角度看,也许圣迭戈较低的供述率更为典型。参见Simon,前引注㉛,第448页(发现巴尔的摩的侦查人员太经常"在没有真凭实据的情况下拦下某人并将其带到审讯室内")。

⑬ 本文此前讨论的所有数据不含加利福尼亚州的A市、B市,参见Barrett,前引注⑳,第43—44页;萨克拉门托的金斯郡,参见Brief of the National District Atty's Ass'n,前引注㉛,第6a-7a页("供述/起诉"栏)外。萨克拉门托金斯郡的数据可能没有本文引用的其他数据扎实,因为全美地方检察官协会所使用的研究方法并不明确。

为了保证数据的一致性,表2-3只包括了那些对一系列犯罪的供述率进行了分析的研究成果,因此没有包括奥克兰的抢劫案件研究,参见Feeney & Weir,前引注⑰,第38页(18%的供述率和36%的承认在犯罪现场率);芝加哥的谋杀案件研究,参见前引注⑯—⑯及相关文献;由纽斯迪(Newsday)等人最近针对谋杀案件进行的一项研究,参见Thomas J. Maier & Rex Smith,"Reliance on Getting Confessions Tied to Abuses",*Weakened Cases*,Dec. 7, 1986, at 5, 27(该研究发现,在萨福克[Suffolk]和六个其他较大郊县的谋杀案件犯罪嫌疑人陈述率较高)。纽斯迪的数据同样存在是否涵盖了全部供述而不只是归罪性陈述不清的问题。同上引注,第27、28页(数据描述了两种方法)。

无法从这些数据中为那些认为犯罪嫌疑人供述率已经回到了米兰达案判决前水平的观点找到任何支撑。[⑭]

表 2-3  米兰达案判决前后的供述率情况

| 米兰达案判决前 | | | 米兰达案判决后 | | |
|---|---|---|---|---|---|
| 城市 | 年份 | 供述率 | 城市 | 年份 | 供述率 |
| 匹兹堡 | 1966 | 48.5% | 匹兹堡 | 1967 | 29.9% |
| 纽约郡 | 1966 | 49.0% | 纽约郡 | 1966 | 14.5% |
| 费城 | 1964 | 45%（估算/推算） | 费城 | 1967 | 20.4%（推算） |
| 海城 | 1964 | 68.9% | 海城 | 1968 | 66.9% |
| 纽黑文 | 1960 | 58%—63%（估算） | 纽黑文 | 1966 | 48.2% |
| 华盛顿特区 | 1966 | 21.5% | 华盛顿特区 | 1967 | 20.0% |
| 金斯郡 | 1966 | 45%（估算/推算） | 金斯郡 | 1966 | 29.5%（推算） |
| 新奥尔良 | 1966 | 40%（估算） | 新奥尔良 | 1967 | 28.2% |
| 洛杉矶 | 1965 | 40.4% | 洛杉矶 | 1966 | 50.2% |
| 加州A市 | 1960 | 58.1% | 纽约曼哈顿 | 1967 | 16.8% |
| 加州B市 | 1960 | 88.1% | 纽约曼哈顿 | 1967 | 23.7% |
| 底特律 | 1961 | 60.8% | 大草原城 | 1968 | 46.0% |
| 底特律 | 1965 | 58.0% | 丹佛 | 1969 | 32.0% |
| 萨克拉门托 | 1961 | 46.9% | 六样本城市 | 1977 | 40.3% |
| 巴尔的摩 | 1961 | 30.9% | 杰克逊维尔 | 1979 | 32.9% |
| 白原市 | 1961 | 84.7% | 杰克逊维尔（包括现场审讯） | 1979 | 51.3% |
| 戴顿 | 1961 | 73.8% | 圣迭戈 | 1979 | 20.3% |
| 亚特兰大 | 1961 | 47.0% | 圣迭戈（包括现场审讯） | 1979 | 36.6% |
| 纽瓦克 | 1961 | 77.0% | 湾区（整体） | 1993 | 63.8% |
| 金斯郡 | 1961 | 42.4% | 湾区（归罪性陈述） | 1993 | 41.8% |
| | | | 湾区（调整后的数据） | 1993 | 38.7% |
| | | | 盐湖城郡 | 1994 | 33.3% |

---

⑭ 参见 Cassell & Hayman，前引注㊼（认为这一数据事实上印证了米兰达案后供述下降的结论）。但是请比较 Thomas，前引注⑯（在对卡塞尔和海曼的回应中认为，没有充分的证据证明自米兰达案后供述率出现了根本的变化）。即使该经验性证据表明现在供述率回复到了米兰达案判决之前的水平，反弹假设论的支持者们还必须证明供述率的任何增长都是警察使米兰达规则影响最小化的能力提升结果，而不是一般性的供述技巧改善或其他因素的结果。换句话说，如果自1967年以来更好的审讯技巧促进了供述率的提升，也不能因此证伪本文提出的观点；如果没有米兰达规则的限制性要求，供述率仍将继续提升。

### 3. 最高法院在米兰达规则理解方面的变化可能带来的影响

米兰达规则的拥护者们偶尔尝试的另一个话题是，米兰达规则已经被更为保守的伯格法院和伦奎斯特法院大加限制。⑮ 这一分析路径可以避开有关犯罪嫌疑人供述率的实证研究，从而转向对伯格法院和伦奎斯特法院时期联邦最高法院相关判决意见的分析，从而得出米兰达规则在这一时期已经转向为有利于警察执法的结论。

这一观点的前提——米兰达规则已经被明显限制——很容易被质疑。虽然联邦最高法院在最近一些有关米兰达规则问题的判决中更多地站在警察，而不是犯罪嫌疑人的利益一边，但是这些判决所限制的经常是一些边缘性的问题。⑯ 米兰达规则体系的核心问题与 1966 年 6 月 13 日——判决宣告时完全一样。伯格大法官 1980 年在罗德岛诉英尼斯案（Rhode Island v. Innis）判决中的立场也许是这一观点的最佳表达。在该案中，伯格指出："米兰达规则的含义已经变得合理清晰，警察的执法实践也已经适应了规则的约束，我既不会去推翻它，轻视它，也不会在今后的判决中扩展它。"⑰ 一些受人的尊敬的评论者似乎也认为，总体上而言，米兰达规则的核心要求自其宣告以来并未受到实质性的削弱。⑱

唯一可能明显有利于警察的理论变化是对羁押的界定。在一些判决中，法庭对"羁押性审讯"——米兰达规则适用的击发器——的情形进行了限定。⑲

我们无法确切地知道，联邦最高法院后来这些判决对"羁押"的界定之改变会带来多大的变化。但是，我们同样注意到的是，最高法院的其他一些改变则可能抵销最高法院前述理念变化可能带来的效果。这一方面最好的例子是联邦最

---

⑮ 参见 Lippman，前引注⑳，第 37 页。

⑯ 参见 Pennsylvania v. Muniz，496 U. S. 582（1990）（对"登记审讯"是否需要进行米兰达警告的问题进行了裁决）。

⑰ 参见 Rhode Island v. Innis，446 U. S. 291，304（1980）。

⑱ 参见 Kamisar et al.，前引注㊴，第 507 页（"几乎每个人都希望伯格法院对米兰达规则不要那么仁慈。而且事实上在开始时也确实如此。但也必须说，新的联邦最高法院[即伯格法院]在一些重要方面对米兰达规则的解释还是相当宽容的"）；参见 Uviller，前引注⑭，第 207—208 页（发现"虽然对米兰达规则有一些担忧，但大部分法院还是坚定地实施，甚至扩大适用"至其他情形）；参见 Louis Michael Seidman，Brown and Miranda，80 Cal. L. Rev. 673，676 & n. 11（1992）（指出，伯格法院将米兰达规则扩大适用于几个重要方面）。参见 Stephen A. Saltzburg，"Foreword: The Flow and Ebb of Constitutional Criminal Procedure in the Warren and Burger Courts，69 Geo. L. J. 151，153（1980）（"沃伦法院和伯格法院时期判决的差异表现为前者对宪法原则的核心问题念念不忘，后者则倾向于更关注一些边缘性问题"）。

⑲ 参见 Stansbury v. California 114 S. Ct. 1526，1528-31（1994）（全体一致的判决）；California v. Beheler，463 U. S. 1121，1123-26（1983）；Oregon v. Mathiason，429 U. S. 492，494-96（1977）（全体一致的判决）。

高法院对爱德华兹诉亚利桑那州案⑳的判决,该判决"使米兰达规则重新受到人们的尊重"㉑。在爱德华兹案中,联邦最高法院重申了对犯罪嫌疑人主张了律师帮助权之后警察再次启动审讯程序的全面禁止。㉒ 在最近几年,联邦最高法院"不仅重申,而且实际上扩大了米兰达规则的保护范围……"㉓。就本文的讨论而言,爱德华兹案确立的规则显得特别重要,因为其对犯罪嫌疑人主张律师帮助权之后警察再次启动审讯程序的禁止,就是一种对犯罪嫌疑人供述率最具负面影响的规则。㉔ 另外,与本案具有相似效果的是,联邦最高法院"罗德岛诉英尼斯案中对米兰达规则的核心术语'审讯'的相当广义的解读"㉕。

面对最高法院相关判决在理论两端之间的摇摆,没有谁又能够拿出有力的、能够证明最高法院在理论上的这些变化对供述率有着显著影响的实证性证据。然而,在我的印象中,最高法院在相关判决中所表现出来的这些理论上的变化对警察日常审讯行为的影响相当有限。1984 年,在纽约州诉夸尔斯案中(New York v. Quarles)㉖,最高法院确立了米兰达规则的公共安全例外,认为警察在公共安全受到直接威胁的时候可以不对犯罪嫌疑人进行米兰达警告。在本案判决之后不久,即有评论者指出该判决意味着警察审讯将发生显著的改变。㉗ 然而,在本案判决 4 年之后的一项研究发现,在已公布的所有联邦和州上诉法院判决中,4 年之内仅有 27 起上诉案件涉及公共安全例外问题。㉘ 相对于就米兰达规则提起上诉的案件量而言,27 起显然只是很小的一部分。而且在这 27 起上诉案件中,也仅有 8 起案件是明确以公共安全例外作为证据采用的唯一

---

㉑ 参见 451 U. S. 477 (1981)。
㉑ 参见 Kamisar et al.,前引注㊴,第 508 页。
㉒ 参见 Edwards,451 U. S. 第 484—485 页。
㉓ 参见 Ainsworth,前引注④,第 103 页;参见 Minnick v. Mississippi, 498 U. S. 146 (1990); Arizona v. Roberson, 486 U. S. 675 (1988)。
㉔ 参见前引注㉓—㉕及相关文献。
㉕ 参见 Kamisar et al.,前引注㊴,第 508 页(转引自 Rhode Island v. Innis, 446 U. S. 291 [1980])。
㉖ 参见 467 U. S. 649 (1984)。
㉗ 参见 The Supreme Court, "1983 Term", 98 Harv. L. Rev. 87, 140-51 (1984);参见 Marla Belson, "'Public Safety' Exception to Miranda: The Supreme Court Writes Away Rights", 61 Chi.-Kent L. Rev. 577 (1985);参见 Mary M. Keating, "New York v. Quarles: The Dissolution of Miranda", 30 Vill. L. Rev. 441 (1985)。
㉘ 参见 Daniel Brian Yeager, "The Public Safety Exception to Miranda Careening Through the Lower Courts", 40 U. Fla. L. Rev. 989, 991 (1988)。

根据。⑱ 这 8 起案件大多涉及的是警察在逮捕现场对犯罪嫌疑人进行的应急反应审讯（通常涉及的是武器的下落），而不是有意试图通过公共安全例外来规避米兰达规则的要求。我在盐湖城的研究中获得的数据表明，基于公共安全的审讯很少。⑲ 现有资料无法向我们证明，警察的审讯实践已经发生了为了提高犯罪嫌疑人的供述率，而利用公共安全例外规避米兰达规则约束的调整。⑳

综上，没有令人信服的证据表明，警察审讯中获得的犯罪嫌疑人供述率已经反弹至米兰达案前的水平。可以确定的是，这一问题还值得进行更为深入的研究。令人吃惊的是，我们发现在供述率——这样一个相当重要的问题上可资利用的数据相当有限㉑，希望学者们此后能够更多致力于这一领域的研究。

（三）跨犯罪类型的普遍化

文中所引的数据不仅涉及其在不同区域、不同时间的普遍化问题，还涉及其在不同案件类型之间普遍化的有效性问题。这些"前后比较研究"出于推断的需要，收集了不同类型犯罪的数据，并且推论认为这些数据即代表了 FBI 犯罪目录中所有犯罪的情形。那么，这一假设是否有效？

对我们的推论所根据的这 8 项"前后比较研究"中涉及的具体犯罪类型首先进行考察也许对下一步的分析会有所帮助。匹兹堡研究项目中涉及了谋杀、强奸、抢劫、夜盗（包括收赃）和机动车盗窃案件。㉒ 费城涉及了"最为严重的犯罪，例如谋杀、强奸和夜盗，以及其他一些犯罪，例如加重攻击和殴打，以及偷窃犯

---

⑱ 参见 United States v. Ochoa-Victoria, 852 F. 2d 573 (9th Cir. 1988)；United States v. Brady, 819 F. 2d 884 (9th Cir. 1987)；United States v. Eaton, 676 F. Supp. 362 (D. Maine 1988)；People v. Gilliard, 234 Cal. Rptr. 401 (Cal. Ct. App. 1987)；People v. Cole, 211 Cal. Rptr. 242 (Cal. Ct. App. 1985)；State v. Turner, 716 S. W. 2d 462 (Mo. Ct. App. 1986)；Ohio v. Moore, 1987 WL 16872 (Ohio Ct. App. 1987)（未公开发表的判决意见）；State v. Kunkel, 404 N. W. 2d 69 (Wis. Ct. App. 1987)。

⑲ 参见 Cassell & Hayman，前引注㊼（在 173 例样本中，只有 1 个案件存在疑似公共安全例外的审讯例子）。

⑳ 比较 Craig D. Uchida et al., Police Executive Research Found., The Effects of United States v. Leon on Police Search Warrant Practices (1987)（发现非法证据排除规则的善意诚信例外对刑事案件的日常处理实践几乎没有什么影响）。乌维莱（Uviller）提出了一个有意思的观点即警察倾向于高估米兰达规则对其权力的限制，参见 Uviller，前引注⑭，第 79 页，这也许可以解释为什么警察不愿意朝支持米兰达规则的判决所建议的方向发展。

㉑ 参见 Thomas，前引注㉙（令人遗憾的是，缺乏供述率的数据）；Cassell & Hayman，前引注㊼（在这一点上同意托马斯教授的观点）；参见 Thomas，前引注⑯（认为在我们有更多的经验性证据之前，我们必须接受"供述流"[constant stream of confession]的假设）。

㉒ 参见 Seeburger & Wettick，前引注㉜，第 6—7 页。样本中的性犯罪和机动车盗窃被人为地降低了比例，同上引注，第 7 页。

罪"㉞。纽约郡的研究分析了"纽约郡发生的,除了谋杀之外的所有重罪案件"㉟。海城研究分析了"谋杀、强奸、抢劫和夜盗罪"㊱。纽黑文研究涉及了所有明显构成重罪的案件。㊲ 堪萨斯城、金斯郡、新奥尔良的研究也明显包括了大部分的刑事案件。㊳ 这些研究因此包括了大部分的犯罪案件类型,为研究结论的一般化推断提供了基础。

研究结论在跨犯罪类型间进行推断也许事实上低估了米兰达规则的成本。有限的实证性数据表明,米兰达规则对大部分严重犯罪,特别是暴力犯罪案件的负面影响,要远甚于对其他类型案件的影响。唯一一项对不同类型案件数据加以区别的是匹兹堡研究。该项研究表明,虽然整体上供述率只下降了 16.9 个百分点,但是谋杀犯罪的供述率下降了 27.3 个百分点,抢劫案件的供述率下降了 25.7 个百分点。㊴ 而机动车盗窃案件的供述率下降稍低,只有 21.2 个百分点,夜盗罪和收赃罪的供述率则只下降了 13.7 个百分点,性犯罪案件的供述率下降最不明显,只有 0.5 个百分点。㊵ 从横向比较来看,在英国,当严格的警察审讯规则实施之后,对最严重犯罪案件的侦查影响也更大。㊶

虽然能够证明米兰达规则对严重刑事案件侦查的影响更甚的"前后比较研究"只有匹兹堡研究一项,但是我们还是可以从米兰达案判决后的供述率数据中为这一观点找到支撑。我 1994 年在盐湖城的研究发现,财产犯罪的嫌疑人的供述率要高于暴力犯罪案件的嫌疑人,虽然这种差异在 0.05 水平上并不具有统计学意义上的显著性。㊷ 纽鲍尔在"大草原城"的研究发现暴力犯罪案件嫌疑人的

---

㉞ 参见"Controlling Crime Hearings",前引注㊺,第 200 页。

㉟ 同上引注,第 1120 页。

㊱ 参见 Witt,前引注㉙,第 323 页。

㊲ 参见"Yale Project",前引注⑧,第 1537 页。

㊳ 参见"Controlling Crime Hearings",前引注㊺,第 223 页(金斯郡针对"类似于谋杀、抢劫、强奸和严重攻击"犯罪案件的研究);参见 Green,前引注㉝,第 16 页(堪萨斯城对"犯罪嫌疑人"的研究);参见 Seeburger & Wettick,前引注㉜,第 26 页注释 51(新奥尔良对"被逮捕者"的研究)。

㊴ 参见 Seeburger & Wettick,前引注㉜,第 11 页表 1。从 1967 年夏天之后的侦查人员档案文件中收集的独立数据(不是米兰达案前后的数据)表明,谋杀案件的供述率比其他犯罪的供述率更高(40% vs. 26.6%),但这可能是样本量太小——只有两起谋杀案件的供述,导致的一种反常现象。同上引注,第 13 页表 3。

㊵ 同上引注,第 11 页表 1。对性犯罪供述率轻微下降的解释也许是这类犯罪的供述率在米兰达案之前就是最低的(只有 21.9%),因此也许在米兰达规则实施后没有出现明显的下降。

㊶ 参见 Barrie L. Irving & Ian K. McKenzie, *Police Interrogation: The Effects of the Police and Criminal Evidence Act 1984*, at 95 (1989)。

㊷ 参见 Cassell & Hayman,前引注㊼(财产犯罪案件犯罪嫌疑人审讯成功率为 47.1%,暴力犯罪案件 35.2%;样本数量为 173;只在 0.10 水平上具有统计学意义上的显著性)。

供述率要低于财产犯罪案件。⑭ 华盛顿特区的研究发现针对人身的犯罪案件的嫌疑人供述率水平通常较低。⑮ 维拉刑事司法研究所于1967年在纽约市进行的研究发现,针对人身的犯罪案件的嫌疑人更多否认自己的犯罪行为。相反,针对财产的犯罪案件的嫌疑人,以及持有犯罪工具或赃物、毒品的嫌疑人认罪者要比否认者更多。⑯ 芝加哥1967年的数据也表明,暴力犯罪案件的嫌疑人更可能主张律师帮助权或者沉默权。⑰ 美国学者在这些研究中所发现的,犯罪案件性质越重犯罪嫌疑人供述率越低的结论,与英国同行所发现的严重犯罪案件的嫌疑人更少供述的结论相一致。⑱ 此外,纽黑文研究发现,由于在更为严重的犯罪案件中,警察审讯的力度更强,因此案件性质更重,警察审讯的成功率也更高(但是,这一差异并不具备统计学意义上的显著性)。⑲

笼统的分析可能掩盖另外一点差异,即米兰达规则对具有不同犯罪经历或者刑事司法经历的犯罪嫌疑人可能产生不同影响。米兰达规则对警察成功审讯的负面影响可能在那些累犯的身上最为明显。一些轶事趣闻证明,累犯最有可

---

⑭ 参见 Neubauer,前引注⑲,第105、111—112页。纽鲍尔发现在财产犯罪中,56％的犯罪嫌疑人供述,而非财产犯罪中,只有32％的犯罪嫌疑人供述。同上引注,第105页表2。"非财产犯罪"显然包括了一些非暴力犯罪,例如毒品犯罪和猥亵未成年人犯罪。同上引注,第104页;还可参见 Thomas Grisso, *Juveniles' Waiver of Rights: Legal and Psychological Competence* 37 (1981)(在未成年人犯罪中,涉及侵犯人身罪的未成年人比涉及财产或非法持有犯罪者拒绝与警察交谈率更高)。

⑮ 参见 Medalie et al.,前引注⑬,第1414页表 E-2。特定类型犯罪嫌疑人的陈述率分别为:机动车盗窃80％、扒窃—盗窃62％、非法入户58％、殴打他人57％、谋杀57％、毒品犯罪50％、抢劫35％、性犯罪33％、武器犯罪25％。同上引注,第1415页表 E-2。

⑯ 参见 Vera Inst. of Justice,前引注㉔,第33、43页。

⑰ 参见 Seeburger & Wettick,前引注㉜,第14页注释37。华盛顿特区的研究项目也发现,被指控涉嫌财产犯罪的嫌疑人要求律师帮助的可能性更低。参见 Medalie et al.,前引注⑬,第1416页表 E-3(2)。

⑱ 参见 Michael McConville, Royal Comm'n on Criminal Justice, *Corroboration and Confessions: The Impact of a Rule Requiring That No Conviction Can Be Sustained on the Basis of Confession Evidence Alone* 32 (1993)(发现警察成功获得供述的情况与犯罪类型之间密切相关,变化范围介于强行占有犯罪的68.0％、盗窃65.7％、夜盗64.8％、毒品犯罪62.5％之间,而涉及人身暴力的犯罪则急剧下降到39.0％,刑事损坏犯罪36.8％,以及破坏公共秩序犯罪的23.9％);参见 Barry Mitchell, "Confessions and Police Interrogation of Suspects", 1983 *Crim. L. Rev.* 596, 602(财产犯罪的供述率为76％,但是暴力犯罪的供述率只有64％);参见 Stephen Moston et al., "The Incidence, Antecedents and Consequences of the Use of the Right to Silence During Police Questioning", 3 *Crim. Behav. & Mental Health* 30, 37 (1993)(在23％的严重犯罪案件中,犯罪嫌疑人行使了沉默权,但在轻微刑事案件中只有8％的犯罪嫌疑人行使沉默权)。请参见 Baldwin & McConville,前引注⑯,第25—26页(认为在犯罪嫌疑人供述率与案件性质类型之间没有一致关系)。英国的数据还表明,要求律师帮助的犯罪嫌疑人更多出现在严重刑事犯罪案件中。参见 David Brown, *Detention at the Police Station under the Police and Criminal Evidence Act 1984*, at 22 (1989);参见 Andrew Sanders et al., *Advice and Assistance at Police Stations and the 24 Hour Duty Solicitor Scheme* 30 (1989)。

⑲ 参见"Yale Project",前引注⑧,第1647页。

能主张米兰达规则上的权利。一名新闻记者戴维在与巴尔的摩警察局侦查人员共处一年之后发现:

  那些职业犯罪分子什么都不说,不作不在犯罪现场的辩解,也不对指控作任何的解释,没有惊慌失措、矢口否认的表情……对于那些对刑事司法机器有过体验的犯罪嫌疑人而言,就等着由那些值得他付费的律师们驾车送他回家。对刑事司法体制的多次经历和熟悉,很快就使这些职业犯罪嫌疑人们处在了警察的审讯技巧无法触及的安全地带。[49]

  现有的实证性数据也支持这一结论。"大草原城"的研究发现,有过重罪定罪经历的犯罪嫌疑人中只有36%供述,而缺乏这一经历的犯罪嫌疑人的供述率是59%。[50] 特别是暴力犯罪,这一差异甚至更为明显:先前有过重罪定罪经历的犯罪嫌疑人只有15%供述,而缺乏这一经历的犯罪嫌疑人的供述率是45%。[51] 该项研究还发现,先前有过被定罪经历的犯罪嫌疑人放弃米兰达规则上各项权利的可能性要低于没有被定罪经历者,前者放弃权利的比例为68%,后者为80%。[52] 纽黑文研究同样发现,犯罪嫌疑人"先前的犯罪记录趋向于降低警察审讯成功的功能性"。[53] 纽黑文的研究发现,那些此前有过被逮捕记录的犯罪嫌疑人只有41%供述,而没有被逮捕记录的犯罪嫌疑人有60%供述。[54] 最近的湾区研究所提供的数据同样发现"有过重罪记录的犯罪嫌疑人……主张米兰达规则

---

[49] 参见 Simon,前引注[18],第198—199页。西蒙认为米兰达规则对职业犯罪人的影响有限。同上引注,第199页。为了证明其观点,西蒙讲述了下面这个故事:
在20世纪70年代晚期,两个名叫丹尼斯·怀斯(Dennis Wise)和弗农·柯林斯(Vernon Collins)的巴尔的摩的顶级杀手之间发生了互殴,但没有找到可以指控他们的目击证人,事情演变为侦查人员与犯罪嫌疑人之间都知道的套路练习:
侦查人员走进审讯室
宣读米兰达警告
"这次你有什么要说吗,丹尼斯?"
"没有,先生,我只想打电话给我的律师。"
"好的,丹尼斯。"
退出审讯室
同上引注,第198页。
[50] 参见 Neubauer,前引注[19],第105页表2。
[51] 同上引注,第105页表2。
[52] 同上引注,第104页表1。
[53] 参见"Yale Project",前引注⑧,第1644页。
[54] 同上引注(数据来源于表A)(在0.05水平上具有统计学意义上的显著性);参见 Grisso,前引注[43],第37页(认为未成年犯罪嫌疑人"随着审讯时提到的先前重罪数量的增加,拒绝与警察交谈的情形开始增多");Hart,前引注[36],第14、16页(成功的审讯人员发现"职业罪犯……很难审讯","即使是最为精心设计的审讯策略也经常失败";"如果对手是职业罪犯,他们完全知道……一个字都不要说")。

上的权利的可能性 4 倍于那些此前没有重罪记录的犯罪嫌疑人……"㊻英国的数据同样支持这一结论,即"惯犯"(hardened criminals)更有可能主张程序性权利,而更不可能供述。㊼ 但是,我在盐湖城的研究发现犯罪嫌疑人的犯罪记录与警察审讯成功之间没有关联。㊽

综上,如果说本文提到的既有研究能够说明什么问题的话,那就是他们所提出的,将所有类型的犯罪案件整体——将性质较为严重的暴力犯罪与相对不严重的财产犯罪混在一起计算败诉的案件数,所得出的结果可能具有误导,从而低估了米兰达规则对警察执法的危害性,并且遮蔽了米兰达规则在指控那些累犯时所可能产生的、更为严重的危害后果。从将暴力犯罪、职业犯罪分子送交法庭审判的困难程度来看,这一点特别令人担忧。㊾

二、供述必要性比例的普遍化

从供述率转向供述必要性比例问题,读者也许记得前文曾经估测过,在所有案件中,供述之于定罪具有必要性的比例大约为 24%。㊿ 与前文对供述率的分析一样,本文关于供述必要性比例的结论也是基于既有的相关研究推断所得。因此,要证成前文关于供述必要性比例的推断,必须证明以下三点:关于供述必要性比例的推断能够跨区域、跨时段、跨案件类型进行普遍化推广,在不同的空间、时间、案件类型上具有普遍适用性。

(一)跨地域的普遍化

本文关于供述必要性比例的估测数据来源于这样一些研究:匹兹堡、海

---

㊻ 参见 Leo,前引注⑭,第 277 页。

㊼ 参见 Royal Comm'n on Criminal Justice, *Report* 51 (1993)(警察发现富有经验的犯罪嫌疑人回答审讯提问的可能性更低);参见 Softley,前引注⑲,第 69、75 页(发现有前科的犯罪嫌疑人明显更有可能行使沉默权和要求律师帮助);参见 Moston et al.,前引注⑳,第 38 页表 4(发现 21%有前科的犯罪嫌疑人在审讯中保持沉默,而无前科犯罪嫌疑人的这一数据仅为 9%)。但请比较 Moston et al.,前引注⑳,第 39 页表 7(在对听取律师建议和有犯罪前科进行交互之后,关系变得复杂)。1968 年丹佛研究项目中发现犯罪嫌疑人前科对审讯的影响。参见 Leiken,前引注㉟,第 20—21 页(发现有 9 次或更多被逮捕记录的犯罪嫌疑人供述可能性较低,有 1 次以上重罪定罪记录的犯罪嫌疑人供述的可能性较低)。然而,达成这一结论的样本量太小,以致这一结论相当脆弱。

㊽ 参见 Cassell & Hayman,前引注㊼(没有发现差异,推测认为未能发现类似影响可能是因为对"前科"的广义界定)。

㊾ 参见 Vera Inst. of Justice,前引注㊺,第 138 页(发现"成熟的刑事司法体制也许无法将那些公众最为担心的罪犯——暴力的陌生人捕进其法网之内")。

㊿ 参见㉒—㉔及相关文献。

城、纽约郡、洛杉矶。正如前文表 2 所显示的那样,这几项在不同区域展开的研究所得出的供述必要性比例之间并不存在太大的差异。即使我们将那些存在问题的研究一起纳入,仍然可以发现大体一致性。如果以全体案件(无论是否有犯罪嫌疑人供述)为研究参照,供述必要性的比例大致在 10.3% 至 28.3% 的幅度之内。如果只考虑有犯罪嫌疑人供述的案件,供述必要性的比例大致在 8.2% 至 25.9% 之间。[60] 前文研究发现,米兰达规则在大城市中对警察执法人负面影响更大,但供述必要性比例似乎与城市规模没有什么关系。

(二) 跨时间段的普遍化

本文将对 20 世纪 60 年代供述之于定罪的必要性比例进行研究,并以之为基础对 20 世纪 90 年代供述必要性的比例进行估测。那么,这种估测是否成立,即供述之于定罪的重要性是否随着时间的推移而发生了变化?

值得注意的一点是,侦查技术的改善是否使得侦查不再依赖于供述,或者说降低了对供述的依赖。事实上,米兰达案和其他相关案件的判决中隐含的一个理论问题是,警察由于对供述的依赖,以致在使用其他更具科学性的侦查方法上不太积极。[61] 考虑到侦查技术的最新发展——如 DNA 分析,纤维和毛发比较,以及其他类似技术[62]——似乎可以认为与米兰达案判决时相比,供述的必要性已经降低了。另一个相关的观点是,自米兰达案判决以来,可投入警察机关收集物证的资源更多了。[63]

虽然科学技术在侦查中的运用取得了发展,但是我们还不清楚的是,这些科学技术的运用对供述之于定罪的意义会产生什么影响。[64] 那些在定罪时"必须供述"的案件可能几乎没有物证或其他证据,因此侦查技术或证据分析技术的改善对这些案件也就几乎毫无影响。

一些实证研究表明,科学技术的进步在大多数案件中并未改变检察官的举

---

⑥ 参见上文表 2-2(因为数据太高而排除了金斯郡和新奥尔良的估测结果,同时因为其他一些原因排除了盐湖城的估测结果)。

⑥ 参见下引注⑰。

⑥ 参见 Kenneth R. Kreiling, "DNA Technology in Forensic Science", 33 *Jurimetrics J*. 897 (1993);参见 M. A. Farber, "Key Fiber Evidence in Atlanta Case Could be Focus of Long Legal Battle", *N. Y. Times*, July 1, 1981, at A15。

⑥ 参见 Peter W. Greenwood et al., *The Criminal Investigation Process* 144 (1977)。

⑥ 请比较 Walker,前引注㉜,第 140—142 页(收集了表明侦查工作的改善并未改变破案率的经验性证据)。

证能力。例如,有研究即表明,破案很少是通过指纹比对来实现的。⑥⑤虽然同时还有些研究表明,其他一些证据适宜通过科学技术的分析,如涂料颗粒、血迹等,但是只有很少一部分案件中收集到了这些可供分析的物质。⑥⑥

在这一方面,英国同行作了比较广泛的实证研究,进行定量分析之后认为法庭科学技术对控方成功获得对被告人的定罪作用有限。其中最为细致的研究是由鲍德温和麦康维尔进行的。他们的研究认为,在1980年,"95%的样本案件中或者是没有科学证据,或者是科学证据并不重要。另有5%的案件中这些科学证据也得到了其他补充性归罪证据的补强"⑥⑦。同时,鲍德温和麦康维尔还指出,从案件最终的处理结果上看,供述非常重要。⑥⑧ 13年后,麦康维尔在收集了科学证据的作用方面的其他数据之后认为,科学证据具有较小的作用,"在认定犯罪嫌疑人身份方面,科学证据的作用似乎并不具有统计学意义上的显著性"⑥⑨。

当然,在此我并非要贬低警察调查技术的革新,而是说科学技术只对很小一部分的案件产生了影响。因此,技术的进步并不能用来解释一直以来定罪对供述的依赖。事实上,法庭科学技术的进步提高了警察确认可能犯罪嫌疑人身份的能力,同时也给了警察获取充分证据以排除合理怀疑地证明犯罪嫌疑人有罪的需要,从而在一定意义上增加了警察对供述的需求。⑦⑩ 总之,自20世纪60年代以来的科学技术进步并未明显地改变刑事诉讼,特别是侦查对供述的需求状况。

即使科学技术的进步削弱了刑事诉讼对供述的需求,可是,其他一些因素的

---

⑥⑤ 参见 Feeney et al., 前引注⑰,第155页(在400起抢劫案件中,3起有指纹;在419起夜盗案件中,8起有指纹;在66起殴打他人案件中,3起有指纹);参见 Greenwood et al., 前引注⑥③,第154页表10-3(不到2%的夜盗案件是通过指纹破获的);参见 Vera Inst. of Justice, 前引注⑥⑤,第82页(在20名被逮捕的夜盗罪被告人中,只有1起是通过指纹匹配实现的)。参见 Walker, 前引注⑥②,第142页("在现实中……很少通过指纹破案")。

⑥⑥ 参见 Floyd Feeney et al., *Arrests Without Conviction: How Often They Occur and Why—Final Report*—Appendix Volume C-45 (1983) (tbl. C-16-12)。

⑥⑦ 参见 Baldwin & McConville, 前引注⑭,第19页。

⑥⑧ 同上引注,第19页。

⑥⑨ 参见 Michael McConville, *Corroboration and Confessions: The Impact of a Rule Requiring That No Conviction Can Be Sustained on the Basis of Confession Evidence Alone* 14 (1993);还可参见 John Baldwin & Timothy Moloney, Royal Comm'n on Criminal Justice, *Supervision of Police Investigation in Serious Criminal Cases* 55 (1992)(发现很少运用特别的法庭科学技术);参见 Irving, 前引注⑭,第116—117页(警察认为很少能够通过法庭科学证据破案)。

⑦⑩ 参见"Yale Project",前引注⑧,第1588页、注释180。

存在也许同时冲抵了技术进步可能带来的收益。米兰达案判决中认为,没有犯罪嫌疑人的供述,案件同样可以侦破,显然这是以更多的警力资源成本为条件的。⑪ 20 世纪 60 年代中期联邦最高法院曾经在判决中乐观地估计警察在侦查中将更为勤勉(在某种程度上可以弥补警力资源的不足)。⑫ 但是,今天看来,这种观点似乎有点与不断增长的犯罪率和有限的警力资源之间的紧张格格不入。例如,最近联邦政府刑事司法预算审议中援引的一份广为引证的统计数据显示:在 1961 年全美每名警察每年只受理 1 起重罪案件,而在 1990 年,每名警察受理的重罪案件已经上升为 4.6 了。⑬

戴维·西蒙(David Simon)的《谋杀》一书很好地反映了警察,至少是主要城市地区警察的目前处境。其将哥伦比亚特区谋杀犯罪侦查小组的困境描述为"对暴力泛滥的清洗……没有时间进行进一步的侦查,没有时间做事前的准备,除了为被害者收尸外,就没有时间做任何事情"⑭。沉重的工作压力影响的不仅是街头犯罪的侦查,同样影响了法庭科学技术实验室。⑮ 因为在这样一种环境下,通过审讯迅速地侦破案件也许具有更为重要的意义。⑯ 在这一问题上,有意思的是,最近一项对警察审讯的实证研究发现:"实际上每一位接受访谈的警察都表示,通过询问或审讯犯罪嫌疑人所侦破的案件要远多于其他任何侦查方法。"⑰

---

⑪ 参见 Pauline Morris, Royal Comm'n on Criminal Procedure, *Police Interrogation: Review of Literature* 13 (1980) (Research Study No. 3);参见 Richard H. Kuh, "The 'Rest of Us' in the 'Policing the Police' Controversy", 57 *J. Crim. L., Criminology & Police Sci.* 244, 245 (1966);参见 Van Kessell,前引注⑦,第 129 页;还可参见 Leo,前引注㉖,第 99 页(警察解释说"获取犯罪嫌疑人的供述使得侦查人员的工作变得更为轻松,效率更高。如果获得了犯罪嫌疑人的供述,甚至只是较为有利的认罪,警察就不必要花费大量的时间去寻找证人、进行指纹比对、列队辨认等")。

⑫ 参见埃斯科贝多诉伊利诺伊州案(Escobedo v. Illinois, 378 U. S. 478, 488-89 [1964])("一个依赖于'供述'的刑事司法制度,从长远来看,相对于依靠充满技巧的侦查活动独立获得的外部证据的刑事司法制度而言,更不可靠,也更有可能被滥用")(转引自 Staff of Senate Comm. on Judiciary, 81st Cong., 1st Sess., *Report of Subcommittee to Investigate Administration of the Internal Security Act* [Comm. Print Feb. 25, 1956],同时指出了 20 世纪 30 年代苏联肃反运动中的虚假陈述)。

⑬ 参见 Jonathan Rubinstein, "Just Adding More Police Is a Cop-Out", *San Diego Union-Trib.*, Mar. 7, 1994, at B5。

⑭ 参见 Simon,前引注㉝,第 192 页。

⑮ 同上引注,第 75 页;还可参见 Irving,前引注㉞,第 116 页。

⑯ 请比较 Peter W. Greenwood, The New York City Rand Inst., *An Analysis of the Apprehension Activities of the New York City Police Dep't* 31 (1970)(重申了"工作负担影响破案成功率"这一假设中的数据矛盾)。

⑰ 参见 Leo,前引注⑭,第 373 页。

最后，随着时间的推移，检察官现在说服陪审团对被告人定罪时面临着更大的困难，也许因此提高了供述之于定罪的必要程度。戴维·西蒙1988年的一本有关巴尔的摩刑事司法的书中的相关描述也许可以算是这一方面的证据。在书中，西蒙发现55名接受陪审团审判的被告人中，有25名（45％）被告人被判无罪。㊻虽然西蒙将此部分归咎于种族仇恨，但是他认为使"巴尔的摩司法体制中的陪审团变得偏颇"的因素中，发挥了更为重要作用的却是电视。正是电视（对刑事司法过程的传播）显著增加了检察官在举证中的功能性负担。

电视使得刑事诉讼中的陪审团对审判过程充满着荒诞的期待，陪审员们想看看谋杀——通过电视录像以慢动作在他们的眼前重演一次，或者至少让有罪的一方跪在证人席前，乞求他们的宽恕。他们从不在意只有不到10％的刑事案件中才能提取到犯罪嫌疑人的指纹，他们想要的是枪支、刀把、门把、窗户和钥匙上的指纹。㊼西蒙指出："其结果是，城市里的陪审员们已经成为检察官们的阻击者，他们倾向于接受被告人虚弱的请求，能够容忍指控被撤销，宁可在那些指控证据明显优越，被告人明显有罪的案件中浪费市民的时间和金钱。"㊽

陪审员们从电视中获得的有关刑事司法的错误印象并非刑事司法体制日益变得糟糕的唯一弊病。例如，胁迫证人作证也成了一个严重的问题㊾，从而导致了供述在当下的刑事司法实践中变得更为重要㊿。另外，城市里的陪审员们可能变得更不信任警察的证言，或者出于其他原因，认定被告人有罪的可能性更低。㊷在这样一种环境下，认为在所有案件中，供述之于定罪具有必要性的比例仅为23.8％的估测似乎低得不合理。

与此结论完全一致的是我在盐湖城的研究所获得的——大约20年前就同一主题所收集的唯一数据——证明，供述在1994年比20年前更为重要。㊸

---

㊻ 参见 Simon，前引注㊵，第453页。
㊼ 同上引注，第456页。
㊽ 同上引注，第458页。
㊾ 参见"Witness Intimidation Called Growing Problem", *N.Y. Times*, Aug. 7, 1994, at A13。参见 Paul G. Cassell, "Balancing the Scales of Justice: The Case for and Effects of Utah's Victims' Rights Amendment", 1994 *Utah L. Rev.* 1373, 1410（对证人受胁迫问题的原因进行了梳理）。
㊿ 参见 Hart，前引注㊱，第15页（发现在阿尔布开克市[Albuquerque]富有经验的、专业的审讯人员相信"要求证人作证越来越难，因此审讯的重要性日益上升"）。
㊷ 参见 George P. Fletcher, *With Justice for Some* (1995)；参见 Skolnick & Leo，前引注㊾，第9页。
㊸ 参见上文表2-2（1994年盐湖城有犯罪嫌疑人供述的样本案件中，供述必要性比例为61.0％；20世纪60年代的研究发现，供述必要性比例为26％）。

## （三）跨案件类型的普遍化

对供述必要性估测结论进行普遍化的最后一方面是，不同类型犯罪案件中供述的必要性亦相同，这一估测结论所依据的案件类型前文已经阐述过。当然，可能不同类型的案件对供述的需要程度也许不同。[45]

现有证据表明，对夜盗罪、抢劫罪、暴力犯罪案件被告人的定罪经常需要供述。底特律研究发现抢劫罪和夜盗罪案件的定罪对供述的需求程度最高。[46] 匹兹堡研究提供了类似的数据，认为对抢劫罪和夜盗罪的指控最需要犯罪嫌疑人的供述。[47] 英国的一项研究发现，如果将犯罪嫌疑人供述从检察官的证据中排除，所有案件的指控力度都将削弱，但抢劫罪和夜盗罪指控力度因此受影响的程度要远甚于其他任何类型的案件。[48]

其他一些研究，我们得到的是研究者们对各类案件定罪中对供述必要性的解释和推测。戴维·纽鲍尔的解释是，之所以那些严重的、暴力犯罪案件定罪更需要犯罪嫌疑人供述，也许是因为在财产犯罪案件中警察掌握的物证更多。[49] 一些实证性证据也进一步印证了纽鲍尔提出的关于不同类型案件中警察掌握的证据程度不同的假设。[50] 威廉·斯顿茨在他的研究中得出过相同的结论，尽管其运用的方法完全不同。斯顿茨在他的研究指出，检察官撤销了更多针对暴力犯罪嫌疑人的指控，而且从最后的结果来看，暴力犯罪嫌疑人被定罪的比例也更低。[51] 其得出的结论是，暴力犯罪（重罪）"可能是从被告人处获得归罪性陈述最具重要性的案件类型"。[52]

总之，根据现有的实证性证据，以及本文的讨论，在夜盗罪、抢劫罪，以及暴力犯罪的起诉中，供述的重要性相对更为突出。无论如何，将供述必要性的平均

---

[45] 参见前引㊸—㊿及相关文献。

[46] 参见 Souris，前引⑯，第 263—264 页。

[47] 参见 Seeburger & Wettick，前引㉜，第 15 页表 4。

[48] 参见 Baldwin & McConville，前引⑲，第 33 页。

[49] 参见 Neubauer，前引㉛，第 106 页。

[50] 参见 Forst et al.，前引㊸，第 23 页表 3.3、第 25 页表 3.5（在 65% 的非暴力性财产犯罪、50% 的抢劫犯罪、32% 的其他暴力犯罪中有实物证据）。然而 Forst 及其同事也发现，相对于非暴力性财产犯罪而言，有 2 名以上普通证人的轻微抢劫犯罪和其他暴力犯罪案件比例更高，同上引注，第 23 页表 3.3（抢劫罪 48%，其他暴力犯罪案件 39%，非暴力性财产犯罪案件 36%）。

[51] 参见 William J. Stuntz，"Lawyers, Deception, and Evidence Gathering"，79 *Va. L. Rev.* 1903, 1932 (1993)（转引自 U. S. Dep't of Justice，*Sourcebook of Criminal Justice Statistics* 546 [tbl. 5.53] [Timothy J. Flanagan & Kathleen Maguire eds., 199]）。

[52] 同上引注。

数据推及其他类型的案件,似乎可以对米兰达规则成本得出一个合理、保守的估测。

## 第五节 "成本"视角下的米兰达规则正当性

前文已经假设米兰达规则导致警察审讯中未能获得犯罪嫌疑人的供述是一种成本,本节将针对可能对此提出的各种质疑作出回应。

### 一、米兰达规则的成本——因为执行了宪法第五修正案的要求?

在关于第四修正案上的(非法搜查扣押)证据排除规则的成本问题争论中,非法证据排除规则的拥护者们似是而非地认为,在该问题的分析中引入"成本"概念事实上不太合适。案件未破,无论是因为警察没有不合理地搜查,还是因为进行了不合理的搜查,但是因此获得的证据在后续刑事诉讼程序中被排除,都只是第四修正案上的逻辑结果。正如已经退休的大法官波特·斯图尔特(Potter Stewart)解释的那样:"在许多证据被排除的案件中,如果警察一开始就遵守第四修正案的要求的话,这些证据根本就不会被发现。"[63]类似的观点也可以用来反驳我对米兰达规则的成本评估:因为事实上,我计算的仅仅是第五修正案要求警察遵守有关反对强迫自证其罪特权要求所带来的成本。

无论前述主张在基于第四修正案的证据排除规则语境下的力度如何[64],在米兰达规则语境下都不具有相应的解释力。因为米兰达规则的成本问题与基于第四修正案的证据排除规则问题差异甚大。米兰达规则的成本是在显然存在其他合理的替代性措施的情况下,由联邦最高法院的判决,而不是宪法创设的限制警

---

[63] 参见 Potter Stewart,"The Road to Mapp v. Ohio and Beyond: The Origins, Development and Future of the Exclusionary Rule in Search-and-Seizure Cases", 83 *Colum. L. Rev.* 1365, 1394 (1983);参见 Davies,前引注⑥,第 630 页("非法证据排除规则本身并未产生除了第四修正案中打击犯罪与保障人权之间的潜在权衡之外的其他成本")。

[64] 请参见 Akhil R. Amar,"Fourth Amendment First Principles", 107 *Harv. L. Rev.* 757, 793-95 (1994)(对这一方面的困难进行了论述)。

察审讯的规则所带来的。

最高法院已经明确米兰达规则本身并非宪法性权利,或者宪法性要求。相反,米兰达规则只是"(最高法院的)建议性保障",其目的在于降低第五修正案关于禁止强迫自证其罪特权在羁押性审讯中不被警察侵犯的风险。这意味着实际上警察可以在并不违反第五修正案的情况下违反米兰达规则——也就是说,只要没有强迫被告人成为指控自己的证人。正如联邦最高法院在密歇根州诉塔克案(Michigan v. Tucker)[185]判决中解释的那样,米兰达案判决确立了"一系列建议性程序保障……(米兰达一案)判决承认这些程序性保障本身并非被告人的宪法性权利,而是确保被告人不被强迫自证其罪特权不被侵犯的替代性措施"[186]。因此,在塔克案中,联邦最高法院宽恕了警察未能遵守米兰达规则的行为,因为警察未能向犯罪嫌疑人提供完整的米兰达警告"并未克减被告人的宪法性权利……只是未能达到联邦最高法院在米兰达一案判决中所确立的、用来保障被告人的宪法权利不被侵犯的预防性标准"[187]。违反米兰达规则获得犯罪嫌疑人供述并不必然——或者甚至并非总是——等同于违反第五修正案来获得犯罪嫌疑人的供述。[188]

二、米兰达规则的成本——因为消除了审讯中的强制性因素?

米兰达规则的唯一成本涉及那些根据米兰达规则的要求无法获得,但在并不违反宪法第五修正案关于禁止强制审讯的传统要求时仍然可以获得的供述。根据这一观点,可能有人会认为,本文在此分析的米兰达规则的"成本",事实上是没有强制性供述的"收益"。特别是,人们可以认为,米兰达案后供述率确实下降了,但是供述率的下降是因为警察审讯中不合宪的强制审讯行为少了,而不是因为米兰达规则本身。毕竟,如果米兰达案之前警察经常采取暴力殴打(橡胶管[rubber hoses])之类的方式来获取犯罪嫌疑人的供述,那么,我们也许有必要撤回此前关于米兰达规则导致犯罪嫌疑人供述率下降,以及由此带来的成本问题

---

[185] 参见 417 U. S. 433 (1974)。
[186] 同上引注,第 443—444 页。
[187] 同上引注,第 446 页;参见威思罗诉威廉姆斯案(Withrow v. Williams, 113 S. Ct. 1745, 1752-53 [1993])(收集了大量认为米兰达规则上的权利只是一种"预防性"权利的案例)。
[188] 与此相关的更多论述可以参见 Grano, 前引注[23], 第 173—198 页; Paul G. Cassell, "The Costs of the Miranda Mandate: A Lesson in the Dangers of Inflexible, 'Prophylactic' Supreme Court Inventions", 28 *Ariz. St. L. J.* (forthcoming 1996)。

的估测结论。因为供述率的下降并非因为米兰达规则,而是因为警察审讯中暴力强制因素的减少。

毫无疑问,在米兰达案判决之前,确实存在警察通过强制审讯的方式从犯罪嫌疑人处获得供述的现象。同样可以肯定的是,在米兰达案判决之后,随着时间的推移,警察审讯中的暴力因素逐渐减少。虽然,我们在是否应当将这一下降归功于米兰达案判决的问题上争论不休。[49] 但是,为了评估米兰达规则的成本,我们只需要考虑一个限定性问题:"前后比较研究"中所发现的供述率显著下降是否都应归功于警察在米兰达案判决后的数月或一年内对那些不合宪的强制性审讯策略的弃用。然而,在我看来,至少从以下三个方面看,这一结论难以成立。

首先,在米兰达案判决之时,从统计学上讲,真正意义上的强制性供述已经非常少。[50] 因此,本文关心的供述率变化(供述率下降了16个百分点左右,或者大约每6起刑事案件中即减少了1起)似乎不太可能是米兰达案判决之后,警察审讯中的强制性因素消失的结果。必须明确的是,我们无法从 FBI 的年度报告中获悉警察每年获得的强制性供述情况,尽管一些争议不断的评估似乎告诉我们也许可以从中得出一个约略的估计。

为了更好地论证我们的估测,对强制性供述从历史视角审视一番也许对我们有所帮助。1931 年,由乔治·W.威克沙姆(George W. Wickersham)领导的"全美守法和执法委员会"(National Commission of Law Observance and Enforcement)指出,"三级审讯",即"为了从某人处获得有关犯罪的信息,对其施以肉体或精神上的痛苦"在全美相当普遍。[51] 在乔治·W.威克沙姆的报告发布之后,联邦最高法院以及其他一些组织对于防止警察暴力行为表现出了极大的热情。在布朗诉密西西比州案中(Brown v. Mississippi)[52],联邦最高法院第一次根据宪法第十四修正案排除了一份明显通过强制审讯获得的有罪供述。在此后一些案件的判决中,联邦最高法院继续表示,其将对犯罪嫌疑人认为属于强制性审讯所获得的供述进行审查——这一举动事实上相当于对警察强制性审讯方法

---

[49] 参见下引注[51]—[19]及相关文献。

[50] 当然,即使强制性供述只是孤例也同样应当受到强烈谴责。

[51] 参见 National Comm'n on Law Observance and Enforcement,*Report on Lawlessness in Law-Enforcement* 3 (1931);还可参见 Emanuel H. Lavine, *The Third Degree: A Detailed and Appalling Expose of Police Brutality* (1930); Note, "The Third Degree", 43 *Harv. L. Rev.* 617 (1930)。

[52] 参见 297 U.S. 278 (1936)。

的阻止。⁵⁶³

威克沙姆报告不仅提高了法院对警察审讯程序的司法规制,而且提高了警察的职业化程度。例如,联邦调查局局长胡佛(J. Edgar Hoover)随即启动了一场对警察进行刑事技术(scientific techniques of crime detection)培训的运动。⁵⁶⁴ 随着训练的开展和法律意识的提高,到20世纪40年代中期,全美很多警察局长已经公开谴责"三级审讯"技术的运用。⁵⁶⁵ 警察审讯手册也开始告诉警察野蛮审讯方法在获得犯罪嫌疑人供述方面并不有效。⁵⁶⁶ 警察的职业化因此在米兰达案之前即已经开始发端,并在1966年米兰达案判决之后取得了显著的发展。⁵⁶⁷

这一双重性限制(司法监督和警察职业化发展)的结果是强制性审讯方法在20世纪30年代至40年代间即开始减少⁵⁶⁸,直至20世纪50年代,根据警察审讯领域的权威学者的论述,这些强制性审讯方法"明显消失"。⁵⁶⁹ 例如,美国律师基金会的评论家们于1956年、1957年在观察了密歇根、威斯康星、堪萨斯警察局的审讯之后,发现羁押性审讯中强制性审讯方法(无论是生理还是心理方面的强制)已经很少。⁵⁷⁰ 在联邦最高法院于20世纪60年代开始就警察审讯发布一些更为详细的规则时,其实,其所处理的实际上是一个"已经消失在过去的问题"。⁵⁷¹ 首席大法官沃伦在米兰达案判决中的多数意见中援引威克沙姆报告和其他一些警察暴力的历史记录时也承认,警察暴力在当下"毫无疑问已经是一种例外",

---

⁵⁶³ 参见 Richard A. Leo, "From Coercion to Deception: The Changing Nature of Police Interrogation in America", 18 *Crime, Law & Soc. Change* 35, 52 (1992)("虽然米兰达案是与供述相关的最著名案件,但就强制性审讯实践而言,影响最大的还是布朗案……")。

⁵⁶⁴ 参见 Leo, 前引注⑤⁶⁷,第97页。

⁵⁶⁵ 参见 Leo, 前引注⑤⁶³,第49页。

⁵⁶⁶ 参见 Hart, 前引注⑤⁶⁵,第8页("'反讽的是……甚至[将审讯中的残暴性降低]更多地归功于警察审讯手册的作者们[而不是法院]。他们还是努力使警察相信暴力审讯不仅是恶的,而且也是不必要的'"。密歇根大学法学院耶鲁·卡米萨教授语)。

⁵⁶⁷ 参见 Thomas J. Deakin, *Police Professionalism: The Renaissance of American Law Enforcement* (1988)(讨论了美国警察的职业化问题); Robert M. Fogelson, Big-City Police 219 (1977)("自1931年威克沙姆委员会报告发布以来的三十年间,大部分警察局都实现了完美转型")。

⁵⁶⁸ 参见 Leo, 前引注⑤⁶⁷,第38页。

⁵⁶⁹ 同上引注,第51页。

⁵⁷⁰ 参见 Leo, 前引注⑮,第357页(American Bar Foundation Study Documents, Univ. of Wisconsin, Madison, Criminal Justice Library)。

⁵⁷¹ 参见 Fred P. Graham, *The Self-Inflicted Wound* 22 (1970);参见 Fred E. Inbau & James P. Manak, "Miranda v. Arizona—Is It Worth the Cost?", *Prosecutor*, Spring 1988, at 31, 36。

"羁押审讯的现代实践更多针对的是犯罪嫌疑人的心理,而不是生理"。⑫ 在米兰达案判决时,"执法和司法管理总统委员会"(President's Commission on Law Enforcement and the Administration of Justice)在一份报告中指出,"今天,三级审讯法已经几乎绝迹","实质上已经被警察抛弃"。⑬ 1966年1月,洛杉矶市地方检察官办公室在一份报告中认为,在他们拒绝起诉,或者提交预审的案件中,没有发现非自愿性供述的问题。⑭ 1966年夏天,在纽黑文,当警察们还是在米兰达案判决前的规则之下进行审讯时⑮,进行现场观察的学生们也没有看见侦查人员在审讯中使用过人身强制手段,并且对那些认为"许多警察将会使用暴力来撬开犯罪嫌疑人的嘴巴,获得其供述……很少有人是反对警察暴力的改革者,他们认为在获取犯罪嫌疑供述的过程中,身体暴力的使用是正当的"的观点提出了质疑。⑯ 实证调查因此为杰拉德·罗森伯格(Gerald Rosenberg)教授的"确实很难获得(能够证明供述率的下降并不是因为米兰达案判决的)证据,但现有证据表明,警察审讯中暴力程度的降低在米兰达案判决之前已经出现,与米兰达案判决没有什么关系"⑰的观点提供了有力的支撑。

当然,警察的强制性审讯不仅包括警察暴力,还包括其他审讯技巧。但是,似乎不太可能的是,米兰达案判决后不久其他强制形式的减少,可以解释供述率的大幅降低这一事实。在米兰达案判决之前一年,韦恩·R.拉费弗教授曾经指出:

在我们观察的绝大多数羁押审讯中,强制审讯的可能性似乎很小。在很多

---

⑫ 参见米兰达诉亚利桑那州案(Miranda v. Arizona, 384 U. S. 436, 447, 448 [1966]);还可参见同上引注第450、499页(克拉克大法官的反对意见)("联邦最高法院提及的警察暴力事例在年度法律报告所涉的数以千计的案件中只是很少的例外")。

⑬ President's Comm'n on Law Enforcement and Admin. of Justice, *The Challenge of Crime in a Free Society* 93 (1967);参见 James Q. Wilson, *Varieties of Police Behavior* 48 (1968); Leo,前引注⑱,第52页。

⑭ 参见"Controlling Crime Hearings",前引注㊺,第350、351页。

⑮ 参见前引注⑯—⑳及相关文献。

⑯ 参见"Yale Project",前引注⑧,第1549页。

⑰ Gerald N. Rosenberg, *The Hollow Hope: Can Courts Bring About Social Change?* 326 (1991). 杰拉德·M. 卡普兰(Gerald M. Caplan)教授认为:"在米兰达案之前,针对审讯过程中的身体暴力、接力审讯、长时间的隔离关押的指控非常普遍,但在米兰达案后此类指控日愈减少……米兰达规则抑制了警察的历史暴行……"参见 Caplan,前引注㊲,第1382—1383页。他承认,"这一观点不会被那些特别研究所记录",但他也认为这"似乎并无太大的争议",参见同上引注,第1383页注释38。就本文给出的理由而言,卡普兰教授的观点还是有争议的;事实上,根据我们在本项研究中收集的经验性证据,他的观点并不正确。警察审讯中暴力现象下降的时间与米兰达案判决本身并无太大关系,而是始于米兰达案之前的警察行为改变(也许这种改变一直持续到米兰达案之后较长一段时间)。

情况下,犯罪嫌疑人只是被迫与不利于其的证据,或者先前要求其对相关事实进行解释时给出的前后矛盾的陈述进行对质。通常情况下,犯罪嫌疑人只是获得了一个承认与其有关的其他犯罪行为的机会。长时间的持续审讯通常只是一种例外,而非常规。实践中,负责审讯的侦查人员通常是在法庭或其他地方对犯罪嫌疑人进行简短的审讯,或者对犯罪嫌疑人以前的陈述进行核对之后就结束了他们的审讯活动。[518] 与此类似,1966 年,耶鲁大学法学院的学生们在纽黑文警察局的观察也发现,警察审讯技巧的所有形式中,"强制程度都较低"。[519]

对与供述相关的非法证据排除动议方面的统计信息,间接印证了各种形式的强制审讯较少存在的事实。即使通过强制获得了供述,"这些供述通常在审前听证中受到自愿性方面的质疑,并最终被撤销"[520]。如果说米兰达案判决之前强制性审讯是一种普遍现象的话,我们应该可以经常看到与供述自愿性相关的证据排除动议。[521] 米兰达案判决前后的有限数据表明,此类动议相当之少。洛杉矶的研究发现,1965 年检察官以被告人供述不可采为由驳回的警方控告请求比例仅为 1%[522],而在法庭的初次聆讯阶段以相同理由驳回起诉的比例也不到 2%[523]。必须明确的是,这些数据并不意味着在这些被驳回控告请求或起诉的案件中,被告人都提出了其被强制性审讯的抗辩。从证明警察强制性审讯的难度来看,法庭对犯罪嫌疑人供述采用比例较高的事实,并非无可争议地证明了这些被采纳的供述都是犯罪嫌疑人自由意志的结果。虽然如此,这些数据仍未能为审讯中强制性因素的下降是解释米兰达案判决前后供述率下降的重要因素的观点提供

---

[518] Wayne R. LaFave, *Arrest: The Decision to Take a Suspect into Custody* 386 (1965);还可参见 Barrett,前引注[306],第 42 页(引用了加利福尼亚州的数据,认为在 20 世纪 60 年代警察审讯持续的时间大多不到 2 小时)。

[519] "Yale Project",前引注⑧,第 1558 页。

[520] 参见 Saul M. Kassin & Lawrence S. Wrightsman, "Confession Evidence", in *The Psychology of Evidence and Trial Procedure* 67, 77 (Saul M. Kassin & Lawrence S. Wrightsman eds., 1985)。

[521] 今天很少有被告人提出此类动议,即使有也更少被法庭支持,参见前引注⑮—⑲及相关文献(对很少有被告人提出非法证据排除动议问题进行了讨论)。

[522] 参见 Younger,前引注⑲,第 256 页表 I(在 202 起案件中,检察官驳回了 2 起指控请求,因为根据加利福尼亚州在"米兰达案之前作出的多拉多案判决,犯罪嫌疑人的陈述不具可采性")。

[523] 同上引注,第 257 页(139 份供述中有 2 份未被采纳)。这 2 份供述未被采纳的原因除了不符合多拉多案判决所确立的要求外,还存在自愿性方面的问题。另外,小哈利·卡尔文和汉斯·蔡塞尔完成的关于陪审团的著名研究提供的数据显示,在 20% 的已决案件中存在"争议性供述"问题,参见 Harry Kalven, Jr. & Hans Zeisel, *The American Jury* 173 (1966)。然而,本项研究包括了一些争议性案件,因此不能反映那些无可争议的供述导致被告人有罪答辩的案件数量情况。而且,"争议性"供述并不必然等同于强制性供述,同上引注。

支持。

　　除了强制审讯的相对较少之外,另一个可以用来解释供述率下降的因素并非来自强制性供述的消失,而是来自米兰达规则自身的性质,米兰达规则并非专门为防止强制性审讯而制定的。哈伦大法官在米兰达案判决意见中的异议——"这一新规则(米兰达规则)并非专为防止警察暴力或其他为法律明确禁止的强制审讯行为而设计。那些在审讯中使用'三级审讯'法,同时在法庭作证中却否认自己采取过这些手段的警察,在米兰达案判决之后,同样可以,而且必定会就是否以及如何进行米兰达警告,犯罪嫌疑人是在何种情形下放弃了自己权利等问题再次撒谎"仍未得到米兰达规则拥护者们有效的回答。㉞ 还不清楚的是,为什么警察在米兰达案判决之前的审讯中使用橡胶管(意指进行肉体暴力逼供),而后却将之束之高阁——至少米兰达案判决后整体较短的时间内㉟,研究者们发现,在这段时间内供述率出现了较为显著的下跌。米兰达案后很少有关于警察暴力审讯的报道。㊱ 但是那些较不极端的强制审讯形式也许仍然继续存在。㊲

　　米兰达案判决与审讯中强制性因素消失之间的关系仍然不清楚,也尚未得到证实。不可否认的是,根据米兰达规则,警察如要审讯犯罪嫌疑人就必须获得犯罪嫌疑人的弃权。但是,如果警察获得了犯罪嫌疑人的有效弃权,此后警察的审讯也就相对不受限制。在米兰达案判决后不久,尼尔·米尔纳(Neal Milner)在威斯康星州的研究发现:"整体上,大部分的警察审讯行为仍然是在米兰达案判决之前已经形成的规则之下进行。"㊳ 正如法律政策办公室(Office of Legal Policy)所指出的那样,在犯罪嫌疑人弃权之后,"在防范特定的(强制性)行为,如米兰达案判决中所描述的暴力性审讯行为上,米兰达规则

---

　　㉞ 参见米兰达诉亚利桑那州(Miranda v. Arizona, 384 U.S. 436, 505 [1966])(哈伦大法官的反对意见)。

　　㉟ 参见 Rosenberg & Rosenberg, 前引注④,第 78 页("警察粗暴审讯泛滥现象可以通过向犯罪嫌疑人发放打印好的卡片,并且要求警察向其宣读卡片上的内容来根除");参见 Evelle J. Younger, "Prosecution Problems", 53 *A.B.A.J.* 695, 698 (1967)("米兰达规则并不能解决警察暴力和伪证问题——警察仍将无视联邦最高法院在米兰达案件判决中确立的要旨从犯罪嫌疑人处获取供述;并在其作证时,简单地使其伪证与最新的基本规则保持一致")。

　　㊱ 参见 White, 前引注②,第 13 页。

　　㊲ 参见 Leiken, 前引注㉝,第 22 页(米兰达案后,发现被告人声称警察曾经为了供述对其进行引诱或威胁)。

　　㊳ 参见 Milner, 前引注㉞,第 227 页。

实际上毫无价值……”[529]。并非独此一家这样认为,“似乎大多数研究米兰达规则的学者大体上一致认为,作为一种保护犯罪嫌疑人权利的措施,米兰达规则并不恰当……”[530]。

反驳审讯中强制性因素的消除是导致供述率下降的因素的最后一点理由是,其他国家的一些研究者对设立审讯观察员或者要求对审讯过程录音录像来防止警察暴力的实证研究情况。正如前文所指出的那样,在这些国家,警察审讯犯罪嫌疑人所获得的供述率与米兰达案判决前美国的情况大致相同(大约在60%以上),而警察在审讯中并无违反宪法规范的强制性行为。[531]

基于以上三点——米兰达案判决前后,美国警察审讯中实际上并不存在“三级审讯”法,而且强制性程度很低。米兰达规则在防范警察审讯中的强制性行为方面效果并不好,而且其他国家同行的相关实证研究亦确认,审讯中的高供述率同样可以在没有强制的情况下获得[532]——似乎不太可能将审讯中强制性因素减弱导致了供述率下降来作为解释米兰达规则成本的基础。[533]

---

[529] 参见 *OLP Pre-Trial Interrogation Report*,前引注[13],第 98 页。

[530] 同上引注;请比较 George C. Thomas, III & Marshall D. Bilder, “Aristotle's Paradox and the Self-Incrimination Puzzle”, 82 *J. Crim. L. & Criminology* 243, 278 (1991)(指出了有关米兰达规则争议的吊诡性质,在这些争议中,米兰达案判决的支持者们经常认为该判决对改善警察审讯状况几乎没有效果)。

[531] 参见 Bottoms & McClean,前引注[197],第 115、116 页(在英国,有罪答辩的被告人认罪率达 94%;只有 4% 的被告人声称被警察强迫供述);参见 Irving,前引注[194],第 133、148 页(有观察者在场的情况下,英国的犯罪嫌疑人供述率为 65%;没有发现任何形式的身体暴力,也没有针对审讯过程中警察暴力的正式投诉);参见 Irving & McKenzie,前引注[44],第 93—94 页(有观察者在场的情况下,尽管根据改革后的新审讯规则,说服性审讯技巧“事实上已经消除了”,但犯罪嫌疑人的认罪率仍然达 64%);参见 Miller,前引注[207],第 38、65 页(在加拿大,在对审讯进行录音录像,而且审讯时间削短的情况下,犯罪嫌疑人供述率仍达 71.6%;从录音录像中看不出存在警察行为不当的情况,“如果有的话,就是警察审讯看起来过于谨慎以避免任何可能会被认为存在强迫、威胁、引诱或者制造压力氛围的嫌疑”;对录音录像之前警察不端行为的投诉也不是一个大问题);参见 Softley,前引注[195],第 80、85 页(有观察者在场的情况下,英国犯罪嫌疑人的供述率为 61%;在许多案件中,没有引起观察者注意的特别审讯技巧;警察从不诉诸使用或者威胁使用身体暴力,心理压力也不极端)。

[532] 对认为强制性审讯消失从而影响了供述率的观点存疑的另一个原因是,一些有关审讯的文献认为强制也许实际上妨碍了警察获得供述的努力。参见 Inbau et al.,前引注[212],第 5 页(认为对犯罪嫌疑人言语或身体上的暴力“都会严重妨碍一名称职的审讯人员后续的审讯努力”);参见 Hart,前引注[365],第 10 页(FBI 的审讯专家认为“当询问者开始变得具有攻击性,开始咆哮时,大部分人就会变得沉默不语……采取强硬、强迫的路线通常只会制造更多的障碍”);请比较 O. John Rogge, *Why Men Confess* 198 (1959)(“克格勃视直接的身体暴力为获得囚徒服从的低效方法,这一观点获得了世界上其他一些地区警察的认同”)。

[533] 注意,这一观点被局限于 1967 年前后的研究中发现的无法通过审讯的强制性下降来解释的供述率下降现象。人们可以认为在过去的数十年间,警察审讯整体上已经变得更不具强制性,但同时仍然接受这一观点。

## 三、米兰达规则的成本——因为保护了无罪者?

如果米兰达案判决之后供述率的下降不能通过审讯中强制性措施的减少得到解释,也许仍然可以说这一下降是刑事司法体制保护无罪者的结果。[34] 例如,如果米兰达规则防止了大量的虚假供述,这就是米兰达规则所带来的收益,是一种善而不是恶。更一般地说,如果米兰达规则保护了大量的无辜者不被定罪,那么,米兰达案判决就应当受到拥护,即使可能导致有罪者逃脱法律的制裁。[35]

但是,似乎不太可能以此为据来论证米兰达规则成本的合理性。我们先不论有比米兰达规则更好的规制警察审讯活动和保护无辜者的方式[36],以及米兰达规则已经阻碍了我们寻求一种更好的替代性规制方式的事实[37],米兰达规则的拥护者们还是没有证明米兰达案判决确实在很大程度上帮助了无辜的犯罪嫌疑人。

特别是虚假供述问题。心理学研究文献已经对虚假供述进行了类型化研究,除了强制性虚假供述外,还归纳了两种主要类型的虚假供述进行了讨论:内化强制型(coerced-internalized)虚假供述和自愿型(voluntary)虚假供述。[38] 米兰达规则在防止任何一种类型的虚假供述方面都毫无意义。

当"犯罪嫌疑人在接受警察审讯的过程中倾向于相信自己实施了指控的犯罪时,即使他们实际上并无实施犯罪的记忆"也会作出内化强制型虚假供述。[39] 虽然无法对此类虚假供述的程度进行精确的量化研究,但是为数不多的听起来颇显怪诞的此类虚假供述案例似乎不太可能解释米兰达案判决后供述率的大幅下降现象,即使是在最低限度上也不能解释。[40] 即使这些案件具有统计学意义上的显著性,那些作出内化强制型虚假供述者也不太可能受益于米兰达规则。因

---

[34] 参见 Ellis,前引注[22],第848页;cf. George C. Thomas III, An Assault on the Temple of Miranda, 85 *J. Crim. L. & Criminology* 807, 814 (1995) (呼吁对这一问题进行更为深入的研究)。

[35] 从有益于公共政策的目的来考虑,这一观点本应是米兰达规则对于预防无辜者被定罪具有一些特别的作用,而不只是之于所有被告人,因为使起诉更为困难通常可以帮助一些无辜者避免被定罪。参见 Sidney Hook, *Common Sense and the Fifth Amendment* 32-33 (1957);还可参见 Stephen J. Schulhofer, "Some Kind Words for the Privilege Against Self-Incrimination", 26 *Val. U. L. Rev.* 311, 331 (1991)。

[36] 参见前引注[27]—[30]及相关文献(讨论了审讯录音录像对保护无辜者的价值)。

[37] 参见下引注[60]—[64]及相关文献(对这一观点进行了阐述)。

[38] 参见 Gudjonsson,前引注[26]。

[39] 同上引注,第228页。

[40] 比较"Yale Project",前引注[8],第1611页(该项研究报告说"大部分侦查人员声称,在纽黑文无辜者几乎从不供述")。另外,这并不意味着任何此类案件除了是个巨大悲剧之外就没有任何意义。

为他们之所以作出虚假供述是因为他们相信警察[54],至少开始时,这些犯罪嫌疑人可能想放弃他们在米兰达规则上的权利,试图说服警察相信他们的无辜。[55]

自愿型虚假供述是"未受到任何来自警察的外部压力的影响"所作出的虚假供述,此类供述通常是由犯罪的公开性所致。[56] 例如,据说大约有 200 多人自愿向警察供述实施了著名的林德格(Lindergh)绑架案。[57] 米兰达规则似乎不太可能劝说犯罪嫌疑人作出此类虚假供述。

有人认为虚假供述重要程度的证明必须以其在导致无辜者被定罪中的作用为根据。例如,杰尔姆·H.斯科尔尼克(Jerome H. Skolnick)和理查德·A.利奥即认为,虚假供述"是对无辜者错误定罪的主要原因"[58]。但是,在已经发现的少量"错案"中,虚假供述似乎只起了微小的作用。斯科尔尼克和利奥援引了贝多-雷利雷特(Bedau-Ralelet)对死刑案件中无辜者被定罪的研究作为支持他们观点的根据[59],但是后者的研究已经被后来的研究者所推翻。[60] 即使采纳后者研究所具有的表面价值,其所得出的结论也仅仅是"强制或其他类型的虚假供述"应为 534 起错案中的 48 起——不到 10% 的比例负责。[61]

斯科尔尼克和利奥试图通过引证 C.罗纳德·赫夫(C. Ronald Huff)、阿里·拉特纳(Arye Rattner)和爱德华·萨加林(Edward Sagarin)等人的研究结论——"保守地估计"全美每年大约有 6000 起错案的观点[62],来证明错误定罪中

---

[54] 参见 Gudjonsson,前引注[203],第 232 页(指出了虚假供述者"轻信权威人物"的共同人格特征因素);参见 Gisli H. Gudjonsson, "One Hundred Alleged False Confession Cases: Some Normative Data", 29 *Brit. J. Clinical Psychol.* 249, 249 (1990)(发现虚假供述者具有很高的易受暗示性和服从性特征)。

[55] 参见 Gudjonsson,前引注[203],第 252 页(讨论了彼得·莱利[Peter Reilly]案,该案被告人彼得·莱利因为认为自己"未做任何错事"而未行使米兰达规则上的律师帮助权);参见 Roger Parloff, "1993: False Confessions", *Am. Law.*, Dec. 1994, at 33, 34(发现那些后来作出虚假供述的犯罪嫌疑人因为认为自己"没有什么需要隐藏的"而弃权)。参见 Corey J. Ayling, "Comment, Corroborating Confessions: An Empirical Analysis of Legal Safeguards Against False Confessions", 1984 *Wis. L. Rev.* 1121, 1194-98(认为米兰达规则在预防虚假供述方面作用有限)。

[56] 参见 Gudjonsson,前引注[203],第 226 页。

[57] 参见 Note, "Voluntary False Confessions: A Neglected Area in Criminal Administration", 28 *Ind. L. J.* 374, 380 n. 26 (1953)。

[58] 参见 Skolnick & Leo,前引注[80],第 3,8 页。

[59] 参见 Hugo A. Bedau & Michael L. Radelet, "Miscarriages of Justice in Potentially Capital Cases", 40 *Stan. L. Rev.* 21, 57 (1987) (tbl. 6)。

[60] 参见 Stephen J. Markman & Paul G. Cassell, "Protecting the Innocent: A Response to the Bedau-Radelet Study", 41 *Stan. L. Rev.* 121 (1988)。

[61] 参见 Bedau & Radelet,前引注[59],第 57 页。

[62] 参见 Skolnick & Leo,前引注[80],第 10 页(转引自 C. Ronald Huff et al., "Guilty Until Proven Innocent: Wrongful Conviction and Public Policy", 32 *Crime & Delinq.* 518, 523 [1986])。

的一个重大问题。然而,赫夫的研究在结论上是有瑕疵的。确切地说,赫夫等在研究中认为每年估计——特别是使用了"保守地"估计——有350起错案[59],错误率大约为0.02%(大约每5000起中有1起)[60],乘以贝多-雷利雷特提出的,在所有被错误定罪的案件中,大约10%是因为虚假供述的观点,最后得出大约每年有35起因为虚假供述被错误定罪的案件。甚至这一数字可能都太高了,因为哈夫及其同事在这些被错误定罪的案件中,都未发现虚假供述是导致错误定罪的主要因素。[61]虽然每起被错误定罪的案件不可否认都是起悲剧,但是这些研究显示,虚假供述在本文对米兰达规则成本估测中并没起到什么重要作用。[62]

米兰达规则不仅对虚假供述没什么影响,而且从更一般意义上来说,由于其

---

[59] 赫夫及其同事们的"保守"估计是建立在对法官、检察官和其他熟知俄亥俄州和美国刑事司法体制者的调查基础上的,在他们的调查中,大部分受访者均表示美国的刑事错案数量绝非"无",但也"不到1%"。参见 Huff,前引注[54],第523页表2。根据这些数据,赫夫及其同事们简单地按所有刑事案件的0.5%(即200起刑事案件中1起错案)估算出了美国的刑事错案数。当然,受访者们"不到1%"的回答也可以低到0.0001%(百万分之一)。事实上,唯一一个具体估算刑事错案总数者是俄亥俄州的一名法官,其根据自己对该州所有大城市刑事案件情况的了解,认为"强烈怀疑俄亥俄州每年至少有1至2打的无辜者被错误定罪"。同上引注,第522页。假设其"强烈怀疑"的标准并无不当,将其保守的估计俄亥俄州每年的刑事错案数量为"1打"与每年俄亥俄州的刑事案件总量约占全美3.6%这一事实结合在一起来考虑,参见 Fed. Bureau of Investigation,前引注[29],第60—62页表4,可以得出全美每年有刑事错案总量大约为333起的结论(全美刑事错案总量=12×[1/3.6%])。

[60] 运用赫夫及其同事们的方法可以计算出错误率,参见 Huff et al.,前引注[54],第523页,具体计算方式如下:1993年指数犯罪案件逮捕人数=2 848 400,参见 Fed. Bureau of Investigation,前引注[29],第217页;定罪率=50%;因此,整体被定罪人数=1 424 200。错误定罪数(350)除以整体定罪数(1 424 200)得出错案率=0.02%。由此得出的错案率要比根据整体逮捕数,而不是犯罪案件的整体逮捕数所计算出来的结果低4倍。

[61] 目击证人辨认被认为是导致错案的主要因素,在他们的数据库中大约60%错案都应归因于此。参见 Huff et al.,前引注[54],第524页。警察的错误是导致错案的次要因素,但他们未能提供与供述相应的警察错误例子。同上引注,第528—529页。在错误原因列表的最后简单地提了一下"虚假供述",认为"或者更不普遍或者更不为人知"。同上引注,第533页;还可参见 Arye Rattner, "Convicted but Innocent: Wrongful Conviction and the Criminal Justice System", 12 Law & Hum. Behav. 283, 286 (1988). 请参见 Ruth Brandon & Christie Davies, *Wrongful Imprisonment: Mistaken Convictions and Their Consequences* 47 (1973)(发现在英国,虚假供述是排在错误辨认之后导致错误监禁的最为主要的原因)。

[62] 例如,假设在米兰达案后减少的虚假供述的数量下降了10倍,意味着在因为米兰达规则而失去的100 000个案件中,大约减少了350份虚假供述(35份虚假供述×10倍的下降)。

另一个关于虚假供述出现频率相对较低的间接证据来自一项对229名冰岛囚犯的研究,该项研究发现,在229名囚犯中没有一个就其受刑之罪作过虚假供述。参见 Gisli H. Gudjonsson & Jon F. Sigurdsson, "How Frequently Do False Confessions Occur? An Empirical Study Among Prison Inmates", 1 *Psychol. Crime & Law* 21, 23 (1994). 在这些有更多的犯罪记录和"此前经常与警察打交道"的囚犯中,同上引注,第24,27页;有12%的人声称在其犯罪职业生涯中曾经有过在接受警察询问时作虚假供述的情况,同上引注,第23页。另一项在冰岛完成的研究显示,在74名囚犯中,没有人认为自己曾经作过虚假供述。参见 Gudjonsson & Petursson,前引注[24],第298页。这些虚假供述的小规模数据来自"纠问制"国家。参见 Gudjonsson & Sigurdsson,前引注,第25页。

增加了识别有罪被告人和无辜者的难度,事实上对无辜者造成了实际的损害。正如威廉·斯顿茨教授所认为的那样:"似乎可以认为,使政府调查犯罪变得更为容易也意味着对无辜被告人福利的改善。"㊾斯顿茨对检察官面对识别有罪被告人和无辜者的困难进行了更为细致的解释。基于检察官的起诉工作通常都是在信息不充分的背景下进行,他说:"如果在犯罪嫌疑人被确定或逮捕后,审判前,控方有一套成本低廉的识别有罪被告人与无辜者的机制,那么,真正无辜的被告人将从中获得更多的利益……警察实践中常用的各种审讯策略似乎就可以满足这一机制的要求。"㊿

本文认为,米兰达规则使得无辜的犯罪嫌疑人在提出不在犯罪现场的证明,以及对警察的其他提问进行解释时变得更为困难。假设无辜者在米兰达案判决后可以像从前一样放弃他们的权利并与警察进行交谈㊱,那些未能说服警察相信他们无辜的犯罪嫌疑人,米兰达规则可能会导致他们更有可能被定罪并受到不公正的惩罚。㊲

为了了解这一切是怎么发生的,我们先看一下一个检察官在米兰达案前后的案件负担情况。在米兰达案判决之前,假设检察官要办理 100 起案件,其中 60 起有犯罪嫌疑人供述,40 起没有。㊳ 而在米兰达案判决之后,供述率至少下降了 15 个百分点㊴,因此现在检察官处理的案件中只有 45 起有犯罪嫌疑人供述,而没有供述的案件为 55 起。进而我们假设在米兰达案判决前后,每 100 起案件中有 1 起有无辜的被告人㊵,检察官除了知道无辜的被告人没有供述之外,并不知道哪个被告人才是无辜的。从理论上来说,检察官要从 55 名未供述的被告人中找出无辜者的难度肯定要高于从 40 名无供述的被告人中找出无辜者。

---

㊾ 参见 Stuntz,前引注㊽,第 1931 页。

㊿ 同上引注。需要注意的是,斯顿茨认为一些米兰达规则,例如弃权规则同样有助于无辜的犯罪嫌疑人。同上引注,第 1948 页。

㊱ 参见 Witt,前引注㊸,第 328 页表 5(在米兰达案后,犯罪嫌疑人澄清自己嫌疑的能力并无显著变化)。

㊲ 参见 Van Kessell,前引注⑦,第 129 页(提出了类似的观点)。

㊳ 参见上文表 2-3(米兰达案前犯罪嫌疑人的供述率在 60% 左右)。

㊴ 参见前引注⑬—⑮及相关文献(一些较为可靠的研究认为米兰达案后犯罪嫌疑人供述大约下降了 16 个百分点)。

㊵ 比较"Yale Project",前引注⑧,第 1586 页(在 90 名犯罪嫌疑人中,研究者认为 有 2 名[2%]应该是无辜的)。

毕竟,"草垛越大,从里边找针的难度也就越高。"㊿不可否认的是,这些无辜的被告人也许可以在随后的审判程序中被判无罪。但是,我们在此关注的是,无论是米兰达案判决前后,无辜被告人被不公正地定罪的可能性。在其他因素都不变的情况下,米兰达规则也许使无辜的被告处境变得更加糟糕。

一个相关的可能性是,米兰达规则减少了无辜被告人可以用来澄清自己的信息。假设在米兰达规则之下失去的那些供述可以防止警察指控错误,或者如果提起了指控,但是所提供的信息能够为无辜被告人用来证明自己无辜的话,那么米兰达规则确实能够在保护无辜被告人方面有所收益。弗兰德利(Friendly)法官曾就反对强迫自证其罪特权的成本打过比喻,他认为:"一个身处可疑环境下,但并非事实上确实有罪者,(在反对强迫自证其罪特权下)免受警察就其知道的另一确实有罪者的情况进行的审讯……"㊾在犯罪嫌疑人主张其在米兰达规则上的权利时,损失的情形与此类似。总之,无论从个别预防,还是一般预防的层面来看,似乎很难论证米兰达规则在预防无辜者被定罪方面的作用,进而论证米兰达规则的正当性。

## 第六节 米兰达规则成本的评价

最后,我们将对米兰达成本的相对意义以及是否存在其他可以避免这些成本的、更为合理的替代性措施等问题进行讨论。

---

㊿ 米兰达规则导致3.8%的案件不再可诉从而可以帮助检察官节约时间这一事实并未证伪"更大草垛"问题。因为从一开始,检察官就必须花时间从所有案件中挑出不具可诉性的案件。另外,无供述的犯罪嫌疑人数从55缩小为51,相较于米兰达之前就有更多的无供述案件留给了检察官处理。最后,检察官可能需要耗费更多的时间来组织案件材料以起诉那些无供述的犯罪嫌疑人。参见前引注㊴(当无供述时,犯罪嫌疑人更有可能选择接受法庭审判)。

㊾ 参见 Henry J. Friendly,"The Fifth Amendment Tomorrow: The Case for Constitutional Change", 37 U. Cin. L. Rev. 671,680 (1968);参见 Akhil R. Amar & Renee B. Lettow,"Fifth Amendment First Principles: The Self-Incrimination Clause", 93 Mich. L. Rev. 857,861-62 (1995) (关于第五修正案现在的解释提出了这一观点);参见 Dripps,前引注㉜,第716页(关于第五修正案整体一般的解释提出了这一观点);参见 Erwin N. Griswold,"The Right to Be Let Alone", 55 Nw. U. L. Rev. 216,223 (1960) (承认试图根据其保护了无辜者为第五修正案辩护"是个错误")。但请参见 Schulhofer,前引注㊿,第330—333页(认为第五修正案有助于无辜者)。

## 一、米兰达规则成本透视

对本文所得出的米兰达规则的成本可能有人会认为,从整体上看,这一成本其实相当之小。也许可以讨论的是,毕竟因为米兰达规则而"损失"的案件"只有"3.8%。对于这类质疑,我深不以为然。我们应该考虑的不是这一百分比,而是这一百分比后的巨大的绝对数。㊿ 大约有28 000名暴力犯罪、79 000名财产犯罪被逮捕的嫌疑人因为米兰达规则而顺利地逃离了刑事司法程序,而且还有大致相同数量的案件,因为米兰达规则而使被告人在刑事诉讼过程中占据优势而不得不撤销。㊾

联邦最高法院在调整第四修正案上的证据排除规则过程中得出了同样的结论。在为非法证据排除规则创设善意诚信例外时,联邦最高法院援引的一项数据表明,非法证据排除规则导致大约0.6%—2.35%因重罪被逮捕的犯罪嫌疑人被释放。㊽ 联邦最高法院认为,这些"微小的百分比……掩盖了一个巨大的绝对数,大量被指控犯有重罪的犯罪嫌疑人部分地因为警察的非法搜查或扣押而被释放"。㊼ 相比较而言,因为米兰达规则而被释放者的数量是前者的1.6至6.3倍。㊻ 另外,第四修正案上的证据排除规则所带来的社会成本有时被认为只是遵守联邦宪法禁止非法搜查扣押的代价,而米兰达规则的成本,却是在有其他合理的替代性措施的情况下,对警察审讯活动所施加的非宪法性要求限制所带来的。这些情况表明,米兰达规则的改革相对于非法搜查扣押相关的非法证据排除规则的改革更值得优先考虑。

最近国会关于如何解决犯罪问题的争论,从另外一个方面证明了米兰达规则的社会成本需要公共政策层面的回应。从"午夜篮球联赛"(midnight basketball leagues)*到增加街面警力等各种方案也许都有其自身价值。然而,

---

㊿ 更低的百分比是以所有刑事案件为分母得出来的。人们可以合理地认为,从刑事司法改革的视角来看,合适的焦点不应该是所有刑事案件,而是那些不能成功起诉的案件,因为大约一半的案件都因为这样或那样的原因而"损失"了,参见 Forst et al.,前引注㊽,第167页图1,7.6%的损失了的案件应当归因于米兰达规则。

㊾ 参见前引注㉙—㉞及相关文献。

㊽ 参见 United States v. Leon, 468 U. S. 897, 908 n. 6 (1984)(转引自 Davies,前引注⑥,第621页)。

㊼ 同上引注。

㊻ 因为米兰达规则败诉的案件为3.8%,因为非法证据排除规则败诉的案件约0.6%—2.35%。

\* 由劳伦斯公益体育基金支持的一个街头另类体育干预项目,旨在通过在晚上10点到凌晨2点这段流氓行为和反社会行动高发的时间,把年轻人从大街上拉到篮球场上来抑制毒品和犯罪问题。——译者注

没有证据证明这些方案为犯罪预防，或者为被告人定罪带来了显著的影响——当然也没有任何东西可以证明，某种单一措施在处理几乎总数 4% 的犯罪问题上可以带来显见的重要改变。因此，减少米兰达规则的成本在某种意义上比任何一种热议的方案都更为重要。

我们还可以从犯罪被害人的角度来看米兰达规则社会成本的严重性。⑧ 出于对被害人利益的考虑，社会有义务避免让那些已经供述的杀人犯，因为所谓的米兰达规则上的技术性瑕疵而"满脸坏笑"地离开法庭等类似的正义流产现象发生。⑨ 虽然那些根据米兰达规则而供述被排除的案件让我们可以为米兰达规则的成本披上一件人道的外衣，但是米兰达规则更多意味着的是我们再也无法获得犯罪嫌疑人的供述，进而意味着犯罪案件无法侦破，犯罪者因此不会得到应有的惩罚。我们又怎能对那些犯罪行为的被害者说，他们的痛苦毫无意义。⑩ 对米兰达规则的成本进行量化非常重要。但是，由于缺乏究竟有多少谋杀者未受惩罚，有多少强奸犯还逍遥法外，还有多少金银财宝之类的被盗物品未能被找到的数据，本文对米兰达规则成本的计算只能就此打住。正如卡普兰所说的那样，统计学研究"减少犯罪有时似乎是遥远和抽象的事。一连串的数额、从报纸上读到的某起事件、在城市的另一边发生的某件事情，这些都无法使人联想到强奸的噩梦有一天会变成现实，抢劫会成为某种灾难性事件"。⑪

最后，不言自明的是，不必要的成本即意味着太高的成本。基于米兰达规则是对羁押性审讯进行结构性制约的唯一方式，意味着即使只有一名被告人的释放是不恰当的，也太多了（是一种过高的成本）。⑫ 如果米兰达规则的成本可以在不牺牲其他价值的情况下得到降低，那么，这些成本就应当尽可能快地、尽可能全面地降低。那些认为米兰达规则的成本很小，不需要改革的观点对我的打击，与那些认为相对于癌症来说，糖尿病只是种小毛病，不需要治疗的观点一样。然而，想必医学界还没有哪个人会因为这种病相对于其他的病痛而言相对微小，而且成本相对较高，就认为可以停止对某种疾病治疗方案的探索。相反，医学职业

---

⑧ 参见 Cassell，前引注㊵，第 1376—1385 页（考虑被害人的视角）。

⑨ 参见 *OLP Pre-Trial Interrogation Report*，前引注⑬，第 125—127 页（介绍 Ronnie Gaspard 案）。

⑩ 参见 David Clifton，"Unsolved Murders Reach 13 in 1994: Grief Goes on When Killers Go Unpunished"，*Salt Lake Trib.*，Jan. 2，1995，at D1。

⑪ 参见 Caplan，前引注㊳，第 1384—1385 页。

⑫ 请比较 Supplemental Brief for the United States as Amicus Curiae, Supporting Reversal [on reargument] at 3, Illinois v. Gates, 462 U. S. 213（1983）(No. 81-430)（"因为非理性的规则即使放纵一个罪犯所带来的巨大成本都超出了社会预期承受的范围"）。

者可以告诉法律职业者的是,他们一直都在探寻各种各样的医学问题的答案。而在法学界,在与供述问题相关的法学界,我们的法律职业者们能够说的只是,我们已经被冻结在这一问题在 20 世纪 60 年代的"最佳解决方案"当中。事实上,我们的研究自米兰达案判决以来就没有任何实质性变化,这种僵局不知应归功于米兰达案判决的先见之明,还是我们的研究缺乏进步——从本文对米兰达规则成本问题的论述来看,更多的是后者。

二、超越米兰达

目前的分析可能会给人一种不完整的印象,因为我只计算了米兰达规则的成本,而没有看到米兰达规则可能带来的任何收益。鉴于执行联邦宪法第五修正案禁止强迫供述规定的需要,如果实现联邦宪法第五修正案预设价值的其他措施运行良好的话,米兰达规则所带来的就是一种"不必要"的成本。限于篇幅,本文在此不再对米兰达规则的替代性措施作更为详细的讨论。㊼ 但是,为了论证米兰达规则所带来的成本大部分是一种不必要的成本,我想还是有必要简短地概括一下,有哪些同样可以保障米兰达规则所欲保障的价值,但同时却可以让米兰达规则的成本最小化的替代性途径。

米兰达规则的拥护者们曾经认为,对米兰达案判决要求的任何改变都会使时光倒转,回到(权力不受限制的)过去。但是,那些沃伦法院时期的战士们已经被时光抛在了身后。事实上,到了 20 世纪 90 年代,更好的解决(强制审讯)方案——通过对审讯过程录音录像——已经出现,他们极力倡导的还是 1966 年的解决方案(米兰达规则)。

(一)以录音录像替代米兰达规则

对所有羁押审讯过程进行记录,特别是通过录像的方式对羁押审讯进行全过程记录是一种替代米兰达规则制约模式的选择。在米兰达案判决前后,美国法律协会(ALI)即建议对审讯过程进行录音来避免警察审讯中的强制行为,同时还可消除控辩双方关于审讯过程中究竟发生了什么之类的争议。㊼ 另有一些

---

㊼ 本文也不想讨论第五修正案之反对自我归罪原则的解释问题,与此相关的富有洞见的讨论可以参见 Amar & Lettow,前引注㊽;*OLP Pre-Trial Interrogation Report*,前引注⑬,第 107—117 页。

㊼ 参见 *ALI Report*,前引注㊾,第 11—15 页;参见 American Law Inst.,*A Model Code of Pre-Arraignment Procedures* 130.4 (1975);参见 Yale Kamisar, "Equal Justice in the Gatehouses and Mansions of American Criminal Procedure", in *Criminal Justice in Our Times* 85-86 (A. E. Dick Howard ed., 1965)。

评论家则开始建议对审讯过程进行录像。⑮

在防止警察强制审讯方面,对审讯过程进行录音录像将与米兰达规则一样有效,甚至也许效果更好。对审讯中确实存在的警察不当行为而言,米兰达规则似乎毫无效果。⑯ 相比之下,通过对审讯过程录音录像,犯罪嫌疑人关于警察强制审讯的投诉更少了,也许就现实而言,强制审讯的情况依然如故。⑰ 不可否认的是,人们也许会认为,警察可以篡改录音录像带⑱,或者在摄像头监控不到的角落实施他们的暴力行径⑲。但如果你在面对一名手里拿着橡胶棒的警察时,你会选择一个要求警察心不在焉地咕哝着米兰达规则所要求的话语,然后让你放弃你的权利,在最后的法庭上又由警察来就审讯过程中究竟发生了什么向法官作

---

⑮ 参见 Craig M. Bradley, *The Failure of the Criminal Procedure Revolution* 85 (1993);参见 OLP *Pre-Trial Interrogation Report*,前引注⑬,第 105 页;参见 Phillip E. Johnson, "A Statutory Replacement for the Miranda Doctrine", 24 *Am. Crim. L. Rev.* 303 (1986);参见 George Dix, "Putting Suspects' Confessions on Videotape", *Manhattan Law.*, Apr. 25, 1989, at 12;参见 Leo,前引注⑯,第 401—414 页;还可参见 Jonathan I. Z. Agronsky, "Meese v. Miranda: The Final Countdown", *A. B. A. J.*, Nov. 1, 1987, at 86, 90 (认为"政治光谱两极的专家们对审讯录音录像报以极高的热情")。

⑯ 参见㉔—㉚及相关文献。

⑰ 参见 William A. Geller, U. S. Dept. of Justice, *Police Videotaping of Suspect Interrogations and Confessions: A Preliminary Examination of Issues and Practices—A Report to the National Institute of Justice* 115-19 (1992);参见 Ingrid Kane, Note, "No More Secrets: Proposed Minnesota State Due Process Requirement that Law Enforcement Officers Electronically Record Custodial Interrogation and Confessions", 77 *Minn. L. Rev.* 983, 1011 (1993) (呼吁对审讯进行录音录像,因为犯罪人由此"可以获得更多的保护,以免受精神或肉体暴力");参见 Comment, "Let's Go to the Videotape: A Proposal to Legislate Videotaping of Confessions", 3 *Alb. L. J. Sci. & Tech.* 165, 175-76 (1993) (收集了对审讯录音录像有助于控制警察暴力的证据);参见 Duncan Campbell, "Videos of Interviews 'Would Help Police'", *Guardian* (London), Dec. 9, 1991, at 8 (研究发现,审讯时被录音录像的犯罪嫌疑人认为警察使用暴力的机会减少了);还可参见 Frederick C. Foote, Note, "Self-Incrimination Issues in the Context of Videotaping Drunk Drivers: Focusing on the Fifth Amendment", 10 *Harv. J. L. & Pub. Pol'y* 631, 638 (1987) (描述了对着摄像头说"我想我不能指控你使用暴力了"的犯罪嫌疑人的审讯情况)。

⑱ 请参见 J. A. Barnes & N. Webster, *Police Interrogation: Tape Recording* 44 (1980) (研究报告说国际范围调查发现,"很少人质疑警察审讯录音录像的真实性,如果有的话,也是支持",而且还有防篡改安全设备);参见 Geller,前引注⑰,第 119 页("我们发现,在我们调查过的司法管辖区内没有一个人说过警察或检察官故意篡改审讯录音录像……");参见 Grant,前引注⑳,第 75 页(对加拿大警察审讯录音录像的两年研究没有发现对篡改录音录像的指控;参见 Comment,前引注⑰,第 179 页("大部分录音录像设备现在都配有时间/日期戳",另外"录音录像连续性的明显断裂会引起人们对断裂期间究竟发生了什么的疑问")。

⑲ 参见 Rosenberg & Rosenberg,前引注④,第 102 页注释 205 (声称没有经验性证据或其他可以证明"审讯录音录像要求容易被规避,允许在录制一份表面上自愿陈述的录音录像之前对犯罪嫌疑人进行强制")。请参见 Geller,前引注⑰,第 117 页(在堪萨斯城,只有"一些"犯罪嫌疑人声称在录音录像前后遭受过警察强制);Grant,前引注⑳,第 42,77 页(对加拿大警察审讯录音录像两年的研究发现,对录音录像之前警察不当行为的投诉"在今天的法庭并不是什么大问题",对一些认为警察在录音录像之前对犯罪嫌疑人进行"彩排"的投诉,法庭也未能从警察录制的犯罪嫌疑人供述中发现什么问题,很少有犯罪嫌疑人质疑所有供述问题)。

证的制度，还是选择一个全部的审讯过程都通过录音录像设备记录，包括录音录像制作的具体时间、地点，以及你在审讯中的行为是否完整，对记录中的任何怀疑都由控方承担举证责任的制度？显然更多的人都会倾向于后者。因为，那些对警察暴力行为最为关心的人们发现，录音录像是控制警察暴力的一种手段。⑩

对审讯过程进行录音录像同样不仅可以有效地防止审讯中的身体强制，而且还可以发现（如果不说防止的话）审讯中其他更为细微的强制现象。在这一点上，有意思的是，一些对口供自愿性的最为详细的评估，也是在对审讯全过程录音录像的情况下才得以完成的。因为对审讯过程的全程录音录像使得法官可以通过对警察审讯中用语的语法分析发现警察为了获得犯罪嫌疑人的认罪而对犯罪嫌疑人作出的承诺和威胁。⑪ 对审讯过程的全程录音录像还可以使枯燥的证言所无法揭示的警察的专横行为得以暴露。⑫ 因此，录音录像是消除关于审讯室内究竟发生了什么的"宣誓竞赛"的唯一措施。⑬

对审讯过程进行录音录像还被认为能够在警察试图通过非强制性审讯手段来获取犯罪嫌疑人的虚假供述时，为犯罪嫌疑人提供更为有效的保护。对审讯过程的完整录音录像被认为是确定犯罪嫌疑人的虚假供述是否系警察非强制性

---

⑩ 参见 Skolnick & Fyfe，前引注⑩，第266页（"从可能性的角度看，我们通常会在最有可能发生暴力倾向的情形下，例如……审讯时……进行录音录像"）；参见 Yale Kamisar, "Foreward: Brewer v. Williams—A Hard Look at a Discomfiting Record", 66 *Geo. L. J.* 209, 243 (1977)（认为没有录音录像的话，米兰达规则的"寺庙"就只是一座"空中楼阁"）；参见 Leo，前引注⑮，第410页（在对警察审讯进行田野调查和对有关警察暴力的文献进行全面梳理之后认为，"对羁押审讯进行录音录像可以减少审讯期间警察的不当行为"）；还可参见 Brandon & Davies，前引注㊿，第64页（建议对犯罪嫌疑人供述进行录音录像以避免错案发生）。

⑪ 参见 Miller v. Fenton, 796 F. 2d 598 (3d Cir. 1986)；还可参见 Caplan，前引注⑭，第1475页（对审讯录音录像"可以为法官评估警察对犯罪嫌疑人施加的压力提供准确的记录"）；比较 G. Daniel Lassiter & Audrey A. Irving, "Videotaped Confessions: The Impact of Camera Point of View on Judgments of Coercion", 16 *J. Applied Soc. Psychol.* 268 (1986)（认为在评估警察审讯的强制性时，摄像头所在的位置点非常重要）。

⑫ 参见 Arthur E. Sutherland, Jr., "Crime and Confession", 79 *Harv. L. Rev.* 21, 31-32 n. 28 (1965)（在一起因犯罪嫌疑人供述问题被撤销定罪的案件中，"面对两名警察持续的大声审讯，疲惫不堪的犯罪嫌疑人不断低声地辩解自己的无辜，最后不得不屈服，审讯录音泄露了这一切"）。

⑬ 参见 Kamisar，前引注⑩，第238—240页。在澳大利亚，因为投诉警察"说谎"（即警察编造口头供述），高等法院最近判决认为，警察必须对所有供述进行录音录像，否则法官将提醒陪审团警察的证言也许是不可靠的。参见 McKinney v. R., 65 A. L. R. 241 (Austl. 1991)。参见 Bradley，前引注㊿，第111页；参见 Royal Comm'n on Criminal Justice, *Report* 60-61 (1993)（对未进行录音录像的审讯结果的可采性问题进行了讨论）。

审讯活动结果的最为有效的手段。[58]《美国律师》最近刊载的一篇关于在泰传佛教寺庙里发生的九人谋杀案中的三份虚假供述为此提供了一个很好的例证。[59] 警察在表面上看起来完全遵守了米兰达规则的情况下对犯罪嫌疑人进行了长时间的审讯,结果获得了这些虚假供述,并且还进行了录音录像。在作了虚假供述的无辜者接受审判之前,真正的凶手被发现,《美国律师》感叹这些录音录像带也许是这几位无辜者唯一的希望:

> 只有这些录音录像带才能给这些无辜的犯罪嫌疑人在审判中进行自我辩护的机会;只有这些录音录像带才可靠地记录了在犯罪嫌疑人作出反馈之前警察究竟向他们传递了多少信息;只有这些录音录像带才记录了犯罪嫌疑人供述中的不准确性;只有这些录音录像带才记录了审讯人员是如何操纵犯罪嫌疑人理清其供述中的细节;也只有这些录音录像带才记录了警察审讯过程中每一句提问的暗示性和犯罪嫌疑人的供述在特定语境中的含糊其词。而这些信息,在警察的报告中是绝不会有的。[60]

对审讯过程进行录音录像在防止强制性审讯,以及预防虚假供述方面可能带来的收益,甚至在很多时候已经超越了米兰达规则,具有米兰达规则所不具备的、不明显妨碍警察执法效果的优势。[61] 1992年,国家司法研究所(National Institute of Justice, NIJ)发布了一份在全美一些典型警察局进行的,有关对审讯过程进行录音录像的调查报告。[62] 调查结果显示,全美大约1/6的警察及警察局

---

[58] 参见 Lawrence S. Wrightsman & Saul M. Kassin, *Confessions in the Courtroom* 134-35 (1993) (介绍了对审讯录音带进行鉴定以证明供述虚假性的尝试);参见 Gisli Gudjonsson, "The Psychology of False Confessions", *New L. J.*, Sept. 18, 1992, at 1277 ("随着程序的改进,包括审讯录音录像,警察的行为变得更好控制和监督,那么当对犯罪嫌疑人供述的可靠性发生争议时,更多的注意力可能就被放在对个体脆弱性的确定上了……")。

[59] 参见 Parloff,前引注[42]。我不会再讨论第四个人的虚假供述问题,该嫌疑人似乎受获得公众关注的动机驱使。

[60] 同上引注,第38页。具有类似效果的是 Philip Weiss, "Untrue Confessions", *Mother Jones*, Sept. 1989, at 20, 20 ("警察只犯了一个错误;他们在对索耶尔[Sawyer]持续审讯16小时的过程中打开了录音机。如果不是因为这份录音,索耶尔可能就是个无人知晓,人见人厌的家伙……看起来他肯定杀人了,而且也这样交代了")。

[61] 审讯录音录像还可以帮助检察官更有效地指控犯罪。参见 Uviller,前引注[14],第186—187页;参见 Ronald K. L. Collins & David A. Skover, Paratexts, 44 *Stan. L. Rev.* 509, 543 n.181 (1992)。

[62] 参见 Geller,前引注[57]。

(sheriffs' depart,又称治安署)至少对某些审讯进行过录音录像。(589) 调查还发现,59.8%的警察认为,他们因此(即以对审讯过程进行录音录像来替代米兰达规则警告)可以从犯罪嫌疑人处获得更多的归罪性信息。26.9%的警察认为结果可能一样,只有 13.2%的警察认为可能因此获得更少的归罪性信息。(590) 同时,还有 8.6%的警察认为犯罪嫌疑人因此更愿意与警察进行交谈,63.1%的警察认为没有差异,另有 28.3%的警察认为犯罪嫌疑人可能更不愿意与警察交谈。(591) 对审讯过程进行录像还有其他一些收益,例如,可以改善警察的审讯习惯,使犯罪嫌疑人的供述更具有可信性;在将其作为证据提交法庭时也更为简便;在检察官与犯罪嫌疑人及其辩护人进行辩诉交易,获取犯罪嫌疑人的有罪答辩过程中能够为检察官带来帮助;而在案件被移送庭审时,则有助于确保对被告人进行定罪。(592) 另外,也没有证据表明,对审讯过程进行录音录像会带来显著的财政负担。(593)

国家司法研究所的调查所得出的结论是:

97%对犯罪嫌疑人供述或者完整的审讯过程进行了录音录像的警察局认为,对审讯过程进行录音录像"非常有用(65.8%)"或者"有点用(31.3%)",另有 2.5%的警察局认为,在审讯过程中使用录音录像设备"既无害也无益",不到 1%的警察局认为对审讯过程进行录音录像"有点危害"。(594) 本项关于对审讯过程进行录音录像的研究之所以引人注目是因为许多警察局的侦查人员最初都反对对审讯过程进行录音录像的做法,只有在看到这样做所带来的利益之后,才有可能促使他们改变态度。(595)

应该注意到这一结论的某个局限,在我们调查过的许多司法管辖区内,是否对审讯过程进行录音录像基本上取决于审讯人员的自由裁量。(596) 从执法的角度来看,也许对审讯过程进行录音录像的强制性规定可能会带来更多的

---

(589) 同上引注,第 54 页(数据来自表 1)。

(590) 同上引注,第 108 页(图 21)。

(591) 同上引注,第 107 页(图 20)。

(592) 同上引注,第 109、110、119—123、125、148、149 页。

(593) 同上引注,第 82—83 页;还可参见 Barnes & Webster,前引注(578),第 45 页(发现在全英范围内进行审讯录音录像的成本通过避免提供常规性副本而最小化);Grant,前引注(207),第 76 页(发现只要减少警察机动车预算的 1%就足以负担所有审讯录音录像设备)。

(594) 参见 Geller,前引注(577),第 152 页;请比较 Barnes & Webster,前引注(578),第 42、47 页(介绍了对全美国警察局审讯录音录像的调查结果,得出对审讯录音录像利大于弊的印象,还有一些犯罪嫌疑人被禁止对谈话过程进行录音录像的迹象)。

(595) 参见 Geller,前引注(577),第 103 页。

(596) 同上引注,第 70 页;还可参见同上引注,第 99—103 页(讨论了自由决定是否对审讯录音录像向强制录音录像转变的担忧)。

问题。

　　最近来自英国的、对审讯过程强制录音录像的大量经验表明,对审讯过程强制录音录像并不会显著削弱对警察获取犯罪嫌疑人供述的能力。1988年,一份要求警察对审讯犯罪嫌疑人过程进行录音录像的工作守则生效实施。[58] 1993年,由英国皇家刑事司法委员会提出的一份有关该守则实施情况的回顾报告指出:"普遍认为,对警察审讯进行录音录像制度已经被证明是一项取得了显著成功的改革,为犯罪嫌疑人(的权利),也为警察(执法)提供了更好的保障。"[59]而与此相关的实证研究却未发现对审讯过程进行强制录音录像对于获取犯罪嫌疑人供述,以及其他犯罪的相关信息方面带来明显的负面效应。[60]一项调查表明,91%的警察认同对审讯过程进行强制录音录像的做法,其中大约65%的警察认为这一举措"非常好"(very favorable)。[61]

　　一项在加拿大进行的、得到了细致监督的,关于对审讯强制录音录像的研究得出了同样的结论。即使是在录音录像的情况下,警察审讯仍然获取了68%左右的供述,或认罪率。[62]该项研究还表明:"对审讯过程进行录音录像并不会明显地抑制犯罪嫌疑人供述或认罪的行为……"[63]

　　唯一在美国开展的、专门针对审讯过程录音录像的控制性实证研究亦表明,对审讯过程进行录音录像的要求并不会降低犯罪嫌疑人的供述率。1967

---

[58] 参见《审讯录音录像规则》(Code of Practice on Tape Recording [1988]),载 Zander,前引注[12],第429页。参见 Zander,前引注[12],第124—132页(讨论了《审讯录音录像规则》)。

[59] 参见 Royal Comm'n on Criminal Justice, *Report* 26 (1993)。

[60] 参见 Carole F. Willis et al., *The Tape-Recording of Police Interviews with Suspects: A Second Interim Report* 34-35, 73 (1988)(讨论了审讯录音录像对获取供述的影响)。

[61] 参见 David Dixon, "Politics, Research and Symbolism in Criminal Justice: The Right of Silence and the Police and Criminal Evidence Act", 20 *Anglo-Am. L. Rev.* 27, 46 (1991)。该项研究证明了其他研究者得出的英国近年来供述率的下降应归咎于其他审讯规则的结论。参见前引注[13]及相关文献。

[62] 参见 Grant,前引注[17],第28页。

[63] 同上引注,第80页。该项研究发现"只有小部分(4.8%)犯罪嫌疑人拒绝对审讯进行录音录像",同上引注,第73—74页。但在我们看来,4.8%的犯罪嫌疑人"拒绝录音录像"这一数据被人为缩小了,因为该数据是通过拒绝录音录像的犯罪嫌疑人数除以所有犯罪嫌疑人总数得出的,包括那些从未被问及是否愿意录音录像者在内。同上引注,第32页。计算这一数据的正确方式应该是拒绝对审讯进行录音录像的犯罪嫌疑人数除以被询问过是否愿意对审讯进行录音录像的人数。如果这样计算的话,这一数据就提升为更令人担忧的12.1%(69/569),同上引注,第32页(数据来源于表1)。尚不清楚的是,从该项研究看不出犯罪嫌疑人在拒绝对审讯进行录音录像之后是否还被审讯过。
对该项研究结论还须保持谨慎的另外一点是,作为"对照"的奥克维尔(Oakville)较高归罪性陈述率——87.0% vs.对审讯进行录音录像的伯灵顿(Burlington)的71.6%(数据来源于表1)。但是,对奥克维尔较高归罪性陈述率的另一种可能的解释是奥克维尔审讯的犯罪嫌疑人整体比例更低——59%对伯灵顿的71%。同上引注,第31页。也许奥克维尔的警察审讯的犯罪嫌疑人主要是那些指控证据更为有力者,因此其供述的可能性更高,参见前引注[24]及相关文献。

年，维拉研究所在纽约城司法区进行了一项对警察审讯过程进行录音录像的试点，并将试点结果与其他没有对审讯进行录音录像的司法管辖区的情况进行比较。结果发现，在对审讯过程进行录音录像的司法管辖区的警察审讯却获得了更多的犯罪嫌疑人供述。[63] 1994 年我们在盐湖城的研究发现了同样的结果。虽然该项研究不是以控制样本为根据，但是我们的研究发现，在对警察审讯过程进行录音录像时，犯罪嫌疑人的供述并未受到影响。[64]

最后一个表明对审讯过程进行强制录音像并不会妨碍犯罪嫌疑人供述的迹象是阿拉斯加州的相关实践。1985 年，阿拉斯加州最高法院要求对所有的羁押性审讯进行录音录像[65]，从我掌握的一些对阿拉斯加州的执法人员的访谈报告来看，该举措并未对犯罪嫌疑人供述率造成不良影响。最近一份阿拉斯加州上诉法院的判决即认为"我们没有发现这一要求（对羁押性审讯进行录音录像的要求）给执法人员带来麻烦或者说在实践中无法执行"[66]。该判决同样指出，执法人中现在经常使用便携式的卡式录音录像机来记录与犯罪嫌疑人的每次接触，而且录音录像也成为警察用来保全其他易受损坏的，不利于犯罪嫌疑人的证据的手段。[67]

根据我对既有的实证资料的研究情况看，对审讯过程进行强制录音录像的要求并未明显妨碍犯罪嫌疑人供述，相反，还将可能带来巨大的间接收益。然而，对这一问题值得进一步深入研究，因为已经有执法人员对这一要求表示担心。例如，对国家司法研究所的调查显示，大约 28.3％的警察认为，犯罪嫌疑人在面对摄像镜头时其供述愿望会受到影响。[68] 与此类似，英博（Fred Inbau）先生

---

[63] 参见 Vera Inst. of Justice，前引注[71]，第 53 页。
[64] 参见 Cassell & Hayman，前引注[47]（发现对审讯录音录像时成功率为 60％，未录音录像的审讯成功率为 45％）。
[65] 参见 Stephan v. State，711 P. 2d 1156，1158（Alaska 1985）；还可参见 Mallott v. State，608 P. 2d 737，743 n.5（Alaska 1980）。明尼苏达最近也要求对审讯进行录音录像。State v. Scales，518 N. W. 2d 587，591-93（Minn. 1994）。其他州已经拒绝了类似的宪法性要求。参见 State v. Kekona，886 P. 2d 740，746（Haw. 1994）；Jimenez v. State，775 P. 2d 694，695-97（Nev. 1989）；State v. Villareal，889 P. 2d 419，427（Utah 1995）。
[66] 参见 Parloff，前引注[62]，第 38 页（引自阿拉斯加州上诉法院首席法官亚历山大·布莱内尔[Alexander Bryner]的话）。
[67] 同上引注。
[68] 参见 Geller，前引注[57]，第 107 页图 20。

最新出版的《审讯手册》同样反对对审讯过程进行录音录像。⑩ 但是,从执法的角度来看,这并不能成为反对对审讯过程进行录音录像的有力证据,特别是考虑到录音录像可以秘密进行等因素时,其对犯罪嫌疑人供述意愿的影响就更为有限了。⑩ 但是,为了避开来自执法人员的反对,也许可以尝试一个合理的、过渡性的妥协方案:如果对审讯过程进行录音录像,则允许警察不受米兰达规则的约束;如果不对审讯过程进行录音录像,那么警察就必须继续在米兰达规则的约束之下进行审讯。这一过渡性妥协方案允许警察在他们认为对审讯进行录音录像比受米兰达规则约束对执法效果更为有利时,逐步实现从米兰达规则到录音录像规则的转变。这也能够为进一步提出面向未来的政策性建议形成较为完善的经验性证据体系。

(二) 米兰达规则成本的最小化

米兰达规则的拥护者们也许会承认对审讯过程进行录音录像有诸多的益处,但是会认为警察审讯既要受米兰达规则的约束,也要遵守对审讯过程进行录音录像的要求。这种一心只想着消除强制供述的想法却从未考虑过本文所分析的,米兰达规则所带来的执法成本。联邦最高法院曾经在判决中认为,米兰达规则是"一项精心设计的,在充分保护被告人权益和社会利益之间寻求平衡的装置"。⑪ 取得利益最大化、成本最小化之间合理平衡的路径则要求,通过对审讯过程的录音录像来防止强制审讯,同时,缓和米兰达规则约束模式所带来的、犯罪嫌疑人供述率降低所导致的巨大成本。既有的与此相关的实证研究使我们能够从中辨识出米兰达规则对执法利益所带来的巨大危害。这些危害可以在不克减对犯罪嫌疑人权利保护的情况下得以降低,特别是在不显著降低供述率的情况下,米兰达警告仍然得以保留,同时废除弃权规则和随时中止审讯规则,因为米兰达规则对执法利益的大部分危害大都是由这二者所导致的。

1. 警告

仅仅告诉犯罪嫌疑人他们有保持沉默的权利似乎并非米兰达案判决后供述

---

⑩ 参见 Inbau et al.,前引注⑫,第 176—178 页(转引自 Luppo Prins, *Special Study for the Members of the Australiasian Forces*: *Scientific and Technical Aids to Police Interview-Interrogation* [1983])。请参见 Arthur S. Aubry, Jr. & Rudolph R. Caputo, *Criminal Interrogation* (3d ed. 1980)(建议对审讯过程进行录音录像)。

⑪ 参见 Geller,前引注⑰,第 64—65 页(发现 4%的警察局对犯罪嫌疑人供述情况进行秘密录音像)。

⑪ 参见 Moran v. Burbine, 475 U. S. 412, 433 n. 4 (1986);还可参见 Kamisar,前引注⑪,第 150 页(认为平衡打破者"是米兰达规则的拥挤者——而不是批评者——在过去二十年间讨论该案的方式")。

率下降的关键因素。与此相关的最好证据来自埃斯科贝多案判决之后执法人员的经验,其时执法人员已经开始对犯罪嫌疑人进行各种权利警告⑫,但并未因此对犯罪嫌疑人的供述情况带来实质性影响。在1966年(埃斯科贝多案后,米兰达案判决前不久)召开的全美检察官协会(National Association of Attorneys General)年会上,"显见的共识"是,埃斯科贝多案对供述率几乎没有影响,即使是在那些已经将埃斯科贝多案判决所确立的规则扩展到要求警察对犯罪嫌疑人进行权利警告的州,犯罪嫌疑人的供述率也保持在稳定的水准之上。⑬例如,罗德岛的检察总长J.约瑟夫·纽金特(J. Joseph Nugent)即认为,告知犯罪嫌疑人有获得律师帮助、保持沉默的权利,以及要求获得犯罪嫌疑人的书面弃权对供述率并无影响。⑭ 1966年2月,新泽西州埃塞克斯郡(Essex)的检察官认为,虽然自1964年6月以来,警察已经开始告知犯罪嫌疑人有保持沉默的权利,但是犯罪嫌疑人的供述率仍然保持在稳定的状态。⑮另外一个同样表明对犯罪嫌疑人的权利警告实际上并不应为供述率变化负责的证据,来自FBI对犯罪嫌疑人进行沉默权警告却未带来明显负面效果之实践。⑯

既有的经验性证据证明,警察对犯罪嫌疑人的权利警告对供述率的影响相对有限。例如,底特律,自埃斯科贝多案起,警察开始对犯罪嫌疑人进行权利警告,供述率最多下降了2.8个百分点⑰,即自1961年的60.8%下降到1965年的

---

⑫ 参见 Robinson,前引注㉚,第482页(认为在埃斯科贝多案后,米兰达案之前,90%的警察和检察官们都认为他们告诉过犯罪嫌疑人有保持沉默的权利)。

⑬ 参见 Sidney E. Zion, "Prosecutors Say Confession Rule Has Not Harmed Enforcement", *N.Y. Times*, May 18, 1966, at 27。

⑭ 同上引注,告知犯罪嫌疑人有律师帮助权也许会使聆讯程序中出现聘用律师,但不会使审讯过程中出现指定律师。

⑮ 参见 Sidney E. Zion, "Advice to Suspect Found Police Aid", *N.Y. Times*, Feb. 28, 1966, at 18。

⑯ 参见 Miranda v. Arizona, 384 U.S. 436, 483 (1966)。米兰达一案中,联邦最高法院继续将FBI调查人员在审讯时对犯罪嫌疑人进行权利告知的有限实践等同于米兰达规则的要求——这是个明显错误的等式。参见 Graham,前引注㉛,第181—182页(指出"重要的差异"使得米兰达规则"宽宏大量得多");参见 OLP Pre-Trial Interrogation Report,前引注⑬,第39—40页(认为FBI的做法与米兰达规则存在"根本性差异");还可参见 Miranda, 384 U.S. at 521 (Harlan大法官的反对意见)。

⑰ 在埃斯科贝多案后,底特律的警察一旦锁定侦查目标,即会对被羁押犯罪嫌疑人进行下述内容的警告:"我是侦探XXX,我想告诉你的是,根据宪法规定你有拒绝作出任何陈述的权利。你不是一定要回答向你提出的任何问题,你所说的任何内容都有可能在未来针对你提起的诉讼审判中被用作对你不利的证据。此外,你还有获得律师帮助的权利",参见 Souris,前引注⑯,第255页注释15。

58%。⑲ 匹兹堡，直到米兰达案判决之后才开始出现显著下降，尽管在此前的审讯实践中，警察即已经开始告知犯罪嫌疑人有保持沉默的权利，在一些案件中也告知了犯罪嫌疑人有获得律师帮助的权利。⑲ 在纽黑文，《耶鲁法律杂志》编辑部的研究亦认为，从他们的研究中无法找到支持所谓权利警告将导致警察成功获取犯罪嫌疑人供述率下降的证据。⑳ 最后，在费城，埃斯科贝多案之前，被逮捕的犯罪嫌疑人中大约90％作了供述，而在埃斯科贝多案后，在警察对犯罪嫌疑人进行了有限的权利警告后，这一数据为大约80％，在第三巡回上诉法院要求警察作更多的权利警告之后，相应的数据下降为68.3％，直到警察完全遵照米兰达规则行事后，这一数据则大幅下降至40.7％。㉑ 综上，可以认为犯罪嫌疑人供述率的最大下降并非始于对犯罪嫌疑人的权利警告要求，而是米兰达规则要求之后。

最后一个关于对犯罪嫌疑人进行权利警告并不会明显地妨碍供述率下降的证据来自英国和加拿大。历史上，这两个国家都要求警察审讯时告知犯罪嫌疑人有保持沉默的权利，但是两国警察所获得的供述率却要远高于美国的同行的数据。㉒ 因此，在为米兰达规则寻求一条成本更低的替代性措施时，取消权利警告也许并非改革的焦点。

2. 弃权和随时终止审讯的要求

虽然权利警告也许是米兰达案判决中最为著名（其实也是危害最小）的部分内容，但是该判决在要求警察在进行任何羁押性审讯之前获得犯罪嫌疑人明确的弃权，以及在犯罪嫌疑人提出寻求律师帮助或者保持沉默等权利要求时，警察应当立即停止正在进行的审讯等方面发生了重要的改变。正如这些研究所表明的那样，因为米兰达规则的这些要求，根本无法对一些犯罪嫌疑人审讯。这些变化，似乎应当为犯罪嫌疑人供述率的显著下降负主要的责任。关于犯罪嫌疑人

---

⑲ 同上引注，第255页。"Yale Project"重述了这一研究成果，参见前引注㉓—㉔及相关文献（提出了与该项研究相冲突的观点），（"Yale Project"）发现在埃斯科贝多案之后犯罪嫌疑人供述率出现了上升，认为"1961年所有起诉的2620起案件中，有64.7%的犯罪嫌疑人作出供述，而在1965年该项调查完成时，起诉的2234起案件中，有65.6%的犯罪嫌疑人作出供述"，参见"Yale Project"，前引注⑧，第1641页。

⑳ 参见Seeburger & Wettick，前引注㉜，第8页；还可参见Commonwealth v. Negri, 213 A. 2d 670 (Pa. 1965)（判决认为除非告知了犯罪嫌疑人有沉默权和律师帮助权，否则所取得的供述不具有可采性）。

㉑ 参见"Yale Project"，前引注⑧，第1569页。

㉑ 同前引注㉞—㉟及相关文献。

㉒ 同前引注⑲—㉑及相关文献。

对米兰达案判决所确立的诸项权利之主张情况的历史数据可以参见本文脚注，根据这些权利对供述率的影响从大到小进行了排列。㊽ 这些权利对供述率的影响差异相当之大（从77％到4％，平均20％左右㊾）。除了这些历史数据外，最近进行的两项研究亦表明，因为米兰达规则的影响，有20％左右的犯罪嫌疑人无法接受审讯。1993年湾区（Bay area）的研究发现，大约有22％的犯罪嫌疑人主张了米兰达规则上的权利。㊿ 1994年，我们在盐湖城的研究发现，大约16.3％的犯罪嫌疑人在开始主张了他们的权利之后又弃权了。㊱

很高比例的犯罪嫌疑人主张其米兰达规则权利的事实，当然标志着米兰达

---

㊽ 参见 ALI Report，前引注㊱，第140页（从弃权犯罪嫌疑人数可以推论出在新奥尔良77％的犯罪嫌疑人都未弃权）；参见 Vera Inst. of Justice，前引注㊆，第76页（对纽约市22个不同警区的调查表明，68.3％的犯罪嫌疑人在审讯中行使了沉默权或米兰达规则下的律师帮助权）；参见 James Ridella，"Miranda One Year Later—The Effects"，Pub. Mgmt.，July 1967，第183、187页（从弃权犯罪嫌疑人数可以推论出在新奥尔良77％的犯罪嫌疑人都未弃权）；参见 Vera Inst. of Justice，前引注㊆，第40页（对纽约某警区为期6个月的调查发现，在审讯录音录像中，58.9％的犯罪嫌疑人行使了沉默权或律师帮助权）；参见 Seeburger & Wettick，前引注㉜，第13页注释37（在匹兹堡，42.8％的犯罪嫌疑人"拒绝交谈"，该项研究将这些犯罪嫌疑人归类为行使了其"保持沉默的宪法权利"者，这一数据包括了26.6％的"要求律师帮助"的犯罪嫌疑人）；参见"Controlling Crime Hearings"，前引注㊺，第201页（在费城，40.7％的犯罪嫌疑人"在米兰达警告后拒绝作出任何陈述"）；参见 Medalie et al.，前引注⑬，第1361页注释55、第1367页（在华盛顿特区，每7个犯罪嫌疑人中有3个[42.9％]拒绝签署米兰达规则弃权书）；同上引注，第1372页（在警察开始部分遵守米兰达规则之后，在华盛顿特区，85名被告人中有29名[34％]要求律师帮助）；同上引注，第1366页注释68（在华盛顿特区，30.6％的犯罪嫌疑人在审讯过程中都不同程度地在某个时间告诉过警察其不愿意与警察交谈，或者不愿意继续交谈）；参见 Leiken，前引注㊱，第19页（在丹佛，28％的犯罪嫌疑人未向警察作出任何陈述）（数据来源于表2）；参见"Yale Project"，前引注⑧，第1571页注释135（在纽黑文，81名犯罪嫌疑人中有18名[22.2％]提出要见律师或者朋友）；同上引注，第1566页（在纽黑文，127名被审讯的犯罪嫌疑人中有23名[19.5％]"拒绝交谈"[数据来源于表12，拒绝交谈的犯罪嫌疑人数除以被审讯的犯罪嫌疑人数——"拟审讯犯罪嫌疑人的总数减去未审讯的犯罪嫌疑人数"]；参见 Feeney et al.，前引注⑰，第143页（在圣迭戈，17.8％的夜盗犯罪嫌疑人拒绝回答警察的提问）；参见"Yale Project"，前引注⑧，同上引注，第1578页（在纽黑文，81名行为可供分析的犯罪嫌疑人中有10人[12％]行使了沉默权）；参见 Seeburger & Wettick，前引注㉜，第14页注释37（在芝加哥，17％的犯罪嫌疑人行使了沉默权或律师帮助权）（数据根据"既未行使沉默权亦未行使律师帮助权"的犯罪嫌疑人数量推断）；参见 Witt，前引注㊴，第325页（在海城，8.7％的犯罪嫌疑人拒绝与警察交谈）；参见 Neubauer，前引注㉛，第104页（在大草原城，4.4％的犯罪嫌疑人拒绝签署承认其理解了自己的权利并接受警察审讯的文件，在25.4％的案件中，缺乏更多的信息）；参见 Feeney & Weir，前引注⑱，第134页（71名抢劫犯罪嫌疑人中有3人[4.2％]拒绝回答警察的问题）；参见 Feeney et al.，前引注⑰，第143页（在佛罗里达州的杰克逊维尔，4.0％的夜盗犯罪嫌疑人拒绝回答警察的提问）；还可参见 Grisso，前引注㊸，第36页（9.4％的重罪未成年犯罪嫌疑人拒绝与警察交谈，拒绝率随着年龄的增长——15—16岁而从12％增长至14％）；同上引注，第185页（5.6％的父母建议其孩子在审讯中保持沉默，2.3％的父母建议其孩子要求律师帮助）。

㊾ 比例差异较大可能部分应归因于一些研究报告的是拒绝弃权的犯罪嫌疑人数据，而另一些研究报告的只是拒绝陈述的犯罪嫌疑人数据这一事实。当然，拒绝弃权与拒绝就犯罪事实进行交谈是两个完全相互独立的问题，但是很多研究经常未能注意到二者之间的区别。

㊿ 参见 Leo，前引注⑭，第262页。

㊱ 参见 Cassell & Hayman，前引注㊼。如果包括从未得到米兰达警告的，以及警察成功审讯之前主张了米兰达权利的犯罪嫌疑人的数量，那么该样本中主张了米兰达规则权利的犯罪嫌疑人比例为12.1％。

规则的这些要求是供述率下降的主要原因。在没有这些规则的情况下，警察也许可以期待成功说服一些犯罪嫌疑人作出归罪性陈述。(627) 同时，这些原始百分比也不能衡量出审讯有效性方面的任何下降，因为警察要避免给犯罪嫌疑人一个终止接受审讯的理由。(628) 必须记住的是，所有犯罪嫌疑人的 20%代表的是大量的刑事案件。根据上文使用的这一方法(629)，如果 20%的犯罪嫌疑人主张米兰达规则上的权利，每年大约有 550 000 名犯罪嫌疑人警察就不能对其进行任何审讯。那么，如果要对米兰达规则进行修正的话，弃权、随时终止审讯，以及预防性的律师在场权(630)等应该是改革的主要目标。

（三）米兰达规则的替代

基于对审讯过程进行录音录像的收益和米兰达规则的巨大成本，米兰达规则的替代者应该是什么样的呢？犯罪嫌疑人可以继续得到他们有什么权利的警告：

（1）你不必要说任何东西；

（2）你所说的一切都被用作证据；

（3）在我们将你带到法官面前时，你有权得到律师的帮助；

（4）如果你无力聘请律师，法官将为你免费指定一名律师；

（5）我们必须毫不迟延地将你带到法官面前。(631)

虽然增加了一个米兰达规则没有的、新的警告内容，即第五点，但是修正后的警告省却了为犯罪嫌疑人提供律师的内容(632)，而这一点已经被证明是米兰达规则中对犯罪嫌疑人供述率危害最大的部分。无论如何，在审讯中获得律师帮助的权利已经被实践证明纯粹是一种理论上的假设，因为很多警察宁愿终止审讯也不愿意为了审讯而给犯罪嫌疑人找一名律师。(633) 同时，该替代规则还将免除警

---

(627) 参见 Seeburger & Wettick，前引注㉜，第 13 页注释 37。

(628) 参见前引注(267)。

(629) 参见前引注(300)—(311)及相关文献。

(630) “律师帮助权是导致供述率下降的主要原因”这一结论的间接支持来自米兰达案后对田纳西州、佐治亚州警察的调查。该项调查显示，42%的警察认为，米兰达规则下的律师帮助权最有可能干扰其侦查——远高于其他权利警告。参见 Otis H. Stephens et al.，“Law Enforcement and the Supreme Court: Police Perceptions of the Miranda Requirements”，39 *Tenn. L. Rev.* 407，425 (1972) (tbl. 8)。与此类似，1967 年维拉研究所的警察审讯监督调查报告亦发现，犯罪嫌疑人更经常问有关律师帮助权的问题。参见 Vera Inst. of Justice，前引注㉔，第 29 页。

(631) 请比较 *OLP Pre-Trial Interrogation Report*，前引注⑬，第 107—110 页(建议对米兰达警告的内容进行调整)；参见 Johnson，前引注(575)，第 304 页(建议对米兰达警告的内容进行调整)。

(632) 还可参见 Johnson，前引注(575)，第 308—309 页(提出了类似的建议)。

(633) 参见 Milner，前引注(336)，第 228 页。

察为了审讯必须从犯罪嫌疑人处获得明确的弃权表示的要求——这是米兰达规则中对犯罪嫌疑人供述率影响最大的另一部分内容。不过,警察可以继续审讯犯罪嫌疑人,无论他们是否理解警察告知的权利内容,因为在既有实证研究文献中还没有证据表明,前述权利告知内容对警察审讯有何负面影响。同时,这一替代规则还删除了关于一旦犯罪嫌疑人提出停止接受审讯或者会见律师的要求,警察必须立即停止审讯的要求,这些要求都被证明严重影响了犯罪嫌疑人供述率。[34]

这些改变在消除米兰达规则所带来的大部分执法成本的同时,在既有那些未对犯罪嫌疑人供述率带来负面影响的要求的基础上增加了对审讯过程进行录音录像的额外保障。在警察局内进行的羁押性审讯都被要求进行录音录像,而在现场进行的羁押性审讯则要求进行录音(就如阿拉斯加现在做的那样)。这一要求对警察来说,也许更具可操作性。

对犯罪嫌疑人的羁押性审讯应该进行电子记录,录像也许是记录的更佳方式。但是如果录像设备没有准备好,或者审讯是在警察局外进行的话,录音同样是一种不错的选择。如果设备故障导致录音、录像都不可能的话,审讯也可以在没有电子记录的情况下进行。如果犯罪嫌疑人表示,其不愿意对审讯过程进行电子记录的话,审讯也可以在没有录音录像的情况下进行。记录的内容应当包括对犯罪嫌疑人进行权利警告的过程。

有利于这一改革建议的最后一点是,因为警察仍然要对犯罪嫌疑人进行修正后的权利警告,而且自权利警告起,审讯过程都将进行录音录像,因此警察也不会形成对审讯过程的所有司法监督已经终止了的错误印象。

### 三、米兰达规则的最大成本

毫无疑问,有人会认为我们所提出的米兰达规则之替代措施过于偏向警察,其他一些人也许会说,替代规则的限制仍然太多。[35] 但是,自 1966 年以来实质上并不存在的此类讨论恰恰证明了米兰规则最大的成本所在。除了将那些危险的犯罪分子释放之外,米兰达案判决所带来的另一不可否认的悲剧是排斥了我们

---

[34] 在某些时候,继续坚持说服犯罪嫌疑人改变其主意会导致该供述缺乏自愿性,因此根据第五修正案而不可采。解决警察持续施加压力问题的其他方法也可以考虑,参见 Johnson,前引注 [25],第 305、310 页(建议允许警察对不愿意供述的犯罪嫌疑人"打一个补丁"以寻求与之合作,但不应陷入"长时间的哄骗、劝诱、唠叨"之中)。

[35] 请比较 18 U.S.C. s 3501 (1988) (在联邦案件中对供述的可采性恢复米兰达案之前的自愿性标准)。

对羁押性审讯的其他监督方式——一种不仅可以更好地保护逮捕犯罪嫌疑人所获得的社会利益,也可以更好地防止强制性审讯,从而更好地保护犯罪嫌疑人利益的替代性方案的探求之路。㊱ 米兰达案判决本身似乎有意邀请大家共同探求一种替代性方案,在判决中解释说"我们的判决并非制作了一件阻挡人们寻求一种合理改革方案的宪法紧身衣"㊲。但是,法庭的邀请事实上非常空洞,因为其并未指出什么样的替代性措施是联邦最高法院可以接受的。㊳ 自米兰达案判决以来的1/4个世纪里,所谓的改革努力事实上就未曾存在过。正如法律政策办公室(Office of Legal Policy)所说的那样:

在过去的二十年间,米兰达案判决已经固化了审前审讯的法律,排除了发展和实行一些在保护公众免受犯罪行为侵害方面更为有效,也能够保证犯罪嫌疑人得到公平处理的替代性措施的可能……只要米兰达规则仍然有效,未来也不可能会发生什么改变,任何与米兰达规则相异的替代性体系因此都需要冒着被宣告无效的风险。㊴

与美国的这一段停滞期相反,其他一些国家在侦查审讯规则领域进行了,或者呼吁着进行各种各样的改革。㊵ 对"美国的警察审讯程序将从一种比较优势中受益"的判断似乎也很难挑剔。㊶

对于联邦最高法院而言,允许探求一种成本更为低廉的警察审讯规制方式的时间已经到来。正如米兰达案判决本身承认的那样,法庭宣告的规则并不必然是各种利益的最佳调和。㊷ 本文研究表明,1966 年联邦最高法院在米兰达案中的一纸判决所确立的这些要求,直到现在仍然存在因为案件无法侦破给社会

---

㊱ 参见 Gordon Van Kessel, "Adversary Excesses in the American Criminal Trial", 67 *Notre Dame L. Rev.* 403, 487-501 (1992) (指出联邦最高法院对"刚性的宪法性边界"之创制)。

㊲ 参见米兰达诉亚利桑那州案(Miranda v. Arizona, 384 U.S. 436, 467 [1966])。

㊳ 参见 Bradley, 前引注㊲, 第 29 页; 参照 OLP Pre-Trial Interrogation Report, 前引注⑬, 第 61 页。这可能是米兰达规则的创制者,首席大法官沃伦并非真正同意其他替代性措施,并因此对其他大法官建议的措施避而不答这一事实的结果。参见 OLP Pre-Trial Interrogation Report, supra, at 61 (转引自 Bernard Schwartz, *Super Chief: Earl Warren and His Supreme Court—A Judicial Biography* 53-57, 589-93 [1983])。

㊴ 参见 OLP Pre-Trial Interrogation Report, 前引注⑬, 第 99 页。

㊵ 参见前引注㊕—㊖及相关文献(英国的改革方案);参见前引注㊗及相关文献(加拿大的改革方案);参见 Law Reform Comm'n of Canada, *Working Paper 32: Questioning Suspects* (1984) (同前);参见前引注㊘(澳大利亚的改革方案)。

㊶ 参见 Mark Berger, "Legislating Confession Law in Great Britain: A Statutory Approach to Police Interrogations", 24 *U. Mich. J. L. Ref.* 1, 64 (1990)。

㊷ 参见 Miranda, 384 U.S. at 467 ("对我们来说,不可能预见到国会或州在实践其创造性的规则制定能力时可能提出的、保护个人不受强迫自证其罪特权的替代性方案")。

带来的巨大的——而原本通过其他合理的替代性规则是可以显著降低的代价。哈伦大法官在米兰达案判决的异议中曾经认识到这种可能性,虽然联邦最高法院通过司法命令对警察审讯规则进行的改变也许有迅速见效的收益,但是"在有了众多的实证性数据和全面研究之后,他们也许就会提出一些更好的方案"[63]。

本文试图对既有的关于米兰达规则所带来的执法成本的研究文献进行全面梳理,同时对那些提出以对审讯过程进行录音录像作为米兰达规则替代品的文献进行初步考察。如果说本文还有价值的话,即为这一领域未来的学术研究指出了一个方向。更重要的是,也许并非过于乐观而不能将本文视为是那些蒙受了米兰达规则所带来的社会成本者所提出的、重新审视米兰达规则的一种诉愿。怀特大法官在米兰达案判决的异议中承认这样的事实,即"在众多的案件中,本案的判决将把那些杀人犯、强奸者或其他的犯罪分子重新放回到大街上去……在他们高兴的时候继续重复他们的犯罪"[64]。他继续说道:"当然,这里还有一个保留因素:下一个被害人是不确定的,我们还不知道他们的名字,在本案中也无人为其代言。"[65]虽然本文不能确定哪些人是米兰达规则的受害者,但是本文至少可以证明,这些受害者的数量巨大,而且他们的受害本来可以通过其他合理的替代性方案得以避免。就在我们的刑事司法体系即将迈入下一世纪之际,我们希望,联邦最高法院可以利用这一新的知识,允许国会和各州设计一种更好的、规制警察审讯的制度模式。

---

[63] 同上引注,第 524 页(哈伦大法官的反对意见)。
[64] 同上引注,第 542 页(怀特大法官的反对意见)。
[65] 同上引注,第 542—543 页(怀特大法官的反对意见)。

# 第三章 铐上警察
## ——米兰达规则对执法活动的消极影响之三十年回顾[*]

保罗·G.卡塞尔[**] & 理查德·福尔斯[***]

概述
第一节 我们对米兰达规则的认识局限
第二节 米兰达规则实施后破案率的下降
第三节 破案率下降的回归分析
第四节 作为破案率下降原因的米兰达规则
第五节 作为社会成本的破案率下降
第六节 米兰达规则之外的行动
附录 回归分析的数据来源

---

[*] Paul G. Cassell & Richard Fowles,"Handcuffing the Cops: A Thirty-Year Perspective on Miranda's Harmful Effects on Law Enforcement",50 *Stanford Law Review* 1055(1998).
　　感谢罗恩·艾伦(Ron Allen)、阿希尔·阿马尔(Akhil Amar)、伊恩·爱丽丝(Ian Ayres)、罗恩·博伊斯(Ron Boyce)、克雷格·布拉德利(Craig Bradley)、乔治·布劳尔(George Brower)、莱昂内尔·弗兰克尔(Lionel Frankel)、威廉·甘吉(William Gangi)、乔·格拉诺(Joe Grano)、萨姆·格罗斯(Sam Gross)、耶鲁·卡米萨(Yale Kamisar)、理查德·利奥(Richard Leo)、埃里克·拉斯穆森(Eric Rasmusen)、摩根·雷诺兹(Morgan Reynolds)、斯蒂芬·舒尔霍夫(Stephen Schulhofer)、戴维·斯克兰斯基(David Sklansky)、威廉·斯顿茨(William Stuntz)、李·泰特尔鲍姆(Lee Teitelbaum)、乔治·托马斯三世(George Thomas III)、理查德·乌维莱(Richard Uviller)、劳埃德·温里布(Lloyd Weinrieb),1996年美国律师协会(ABA)全国大会、西北大学、斯坦福大学、加州大学洛杉矶分校及犹他大学的与会演讲者,以及刑法学教授电子邮件群"crim-prof@chicagokent.kentlaw.edu"内的与谈者对本文提出的有益建议。戴维·胡思(David Huth)为本研究研究中的初步回归方程问题提供了宝贵的帮助,卡塔齐娜·采林斯卡(Katarzyna Celinska)对几个数据序列的收集和相关统计分析提供了极具价值的协助。研究助理卡伦·科雷瓦(Karen Korevaar)和布雷特·海曼(Bret Hayman)对本项研究的顺利完成也至关重要。本文得到了犹他大学法学院研究基金和犹他大学研究委员会的支持。这篇文章是一项合作成果,卡塞尔教授主要负责数据收集和法律分析,福尔斯教授则负责统计分析。
[**] 犹他大学法学院教授。
[***] 犹他大学经济学助理教授。

1966年联邦最高法院米兰达案判决公布之后,即有批评者认为米兰达规则无异于给警察戴上了手铐(handcuff the cops)。在这篇文章中,保罗·G. 卡塞尔教授和理查德·福尔斯从FBI历年来公布的刑事案件破案率中为这一批评找到了根据。从FBI提供的破案率数据看,自米兰达案判决之后的两年,全美刑事案件破案率突然之间急剧下降,并在此后的数十年间一直保持在低水平的状态。对数据的回归分析结果显示,其他一些因素——例如急剧上升的犯罪率、生育高峰期出生的儿童已经成长到了犯罪高发的年龄等与米兰达案后破案率的下降之间并无关联。警察破案率下降的最大可能是联邦最高法院在米兰达案等相关判决中所确立的对警察审讯活动加以严格限制的规则。作者认为,米兰达规则事实上起到了限制警察执法能力的效果,社会应当共同寻求为警察松铐的可行方案。

> 　　我相信,本院的这一判决……将给这个国家带来巨大的危害后果,至于这种危害的严重程度如何,也许只有时间才能告诉我们。……犯罪行为所带来的巨大社会成本,使我们不得不将这一判决称之为一个危险的试验。
> 　　　　　　　　——哈伦大法官在米兰达案判决中的反对意见①

## 概述

　　1966年3月,联邦最高法院米兰达诉亚利桑那州案的判决点燃了一场争论之火,从而使之成为美国联邦最高法院历史上最为著名的判例。② 米兰达案判决

---

① 384 U. S. 436, 504, 517 (1966) (哈伦大法官的反对意见)。
② 1974年美国律师协会(ABA)的一项调查表明,米兰达诉亚利桑那州案判决位居美国法律史上的第三位,落后于马伯里诉麦迪逊案(Marbury v. Madison)、美国诉尼克松案(United States v. Nixon),领先于布朗诉教育委员会案(Brown v. Board of Education)。参见 Jethro K. Lieberman, *Milestones! 200 Years on American Law*, *Milestones in Our Legal History* at vii (1976)。

确立了警察审讯犯罪嫌疑人的新规则,其中要求之一就是现在为人耳熟能详的"米兰达警告",要求警察在进行任何羁押性审讯之前都必须获得犯罪嫌疑人放弃其宪法权利或与其律师进行交谈的表示。批评者立即预言,这一判决将无异于"给警察戴上了手铐"③,从而妨碍了对无数危险犯罪的指控。④ 哈伦大法官则在判决的异议中警告说该判决将"将给这个国家带来巨大的危害后果,至于这种危害的严重程度如何,也许只有时间才能告诉我们"⑤。怀特大法官也预言:"在大量的案件中,这一判决所确立的规则将把众多的杀手、强奸犯和其他的犯罪分子重新送回到大街上和培育他们的犯罪环境中去,然后在他们高兴的时候重复他们的犯罪行为。"⑥在广泛的听证之后,国会参议院司法委员会与米兰达案中持异议的大法官们达成了共识,认为"那些自愿供述了其犯罪行为的嫌疑人,仅仅因为警察审讯中的技术性瑕疵就被释放,将不利于实现对犯罪的有效控制"⑦。随后在1968年的总统竞选中,作为候选人之一的尼克松即指责米兰达案判决"严重妨碍了我们社会保持和平秩序的能力,却增强了犯罪分子的力量"⑧。

尽管这些预测都指出米兰达规则可能对执法活动带来严重的危害后果但是,很少有研究者试图通过收集和统计米兰达规则影响的数据来确证或反驳这些观点。⑨ 目前的研究确切地说,陷入了"实证的荒漠"⑩,我们对米兰达规则实施当时警察审讯的情形究竟如何,与今天我们所看到的是否一样,知之甚少。但

---

③ "More Criminals to Go Free? Effect of High Court's Ruling", *U. S. News & World Rep*, June 27, 1966, at 32, 33 (quoting Los Angeles Mayor Samuel W. Yorty).

④ 参见上引注。(另外,西北大学刑事法学教授弗雷德·英博[Fred Inbau]也认为米兰达规则的影响将导致执法官员作出不起诉一些案件的选择)。

⑤ Miranda, 384 U. S. at 504 (哈伦大法官的反对意见)。

⑥ 同上引注,第542页(怀特大法官的反对意见)。

⑦ S. Rep No. 90-1097, at 25 (1968), reprinted in 1968 U. S. C. C. A. N. 2112, 2123.

⑧ 114 Cong. Rec. 12,936, 12,937 (1968) (Mr. Mundt Reading into the Record Richard M. Nixon, Toward Freedom from Fear [1968]);参见 Liva Baker, *Miranda: Crime, Law and Politics* 248 (1983) (引自尼克松在竞选演讲中对米兰达规则的抨击)。

⑨ 参见 Gerald Caplan, Book Review, 40 *Wayne L. Rev.* 279, 281 (1993) (对 Joseph D. Grano, *Confessions, Truth, and the Law*[1993]一书的评论) (在该文中,作者指出"我们仍然缺乏关于米兰达规则对执法活动影响的充分数据");另参见 George C. Thomas Ⅲ, Is Miranda a Real-World Failure? A Plea for More (and Better) Empirical Evidence, 43 *UCLA L. Rev.* 821, 837 (1996) (在该文中,作者认为"我们需要更多有关米兰达规则影响的实证证据,就目前的研究而言,我们做的更多的是提出问题,而不是答案")。

⑩ H. Richard Uvillert, *Tempered Zeal: A Columbia Law Professor's Year on the Streets With the New York City Police* 198 (1988).

是,尽管缺乏相关的数据,仍然不妨碍一些研究者声称米兰达规则的影响有限[11],并且得出"实践证明,那些米兰达规则异议者们对警察执法效果的担心并无道理"的结论。[12] 全美主流刑事诉讼法教科书中关于"米兰达案判决之后(警察审讯)并没发生什么改变"的论断即是此类观点的典型。[13] 但是,通过对这些观点的认真审视,我们发现,其论证的根据主要是对一些非典型性研究的引证或者是精心筛选过的一些小道消息。在过去的三十年间,米兰达规则是否真如批评者们所说的那样,是戴在警察手上的手铐?事实上,即使是知识最为广博的米兰达规则的支持者在这一问题上也只能提供一些泛泛的猜想。但是,他们的成功之处在于将那些源于猜想的"稻草"论证成了大家所接受的"金条",从而从经验上证成了他们关于米兰达规则对警察执法效果并无影响的主张。[14]

对米兰达规则之于警察执法效果影响的关注,意义绝不仅在于学术。联邦最高法院将米兰达规则视为以实用主义哲学为基础的预防性规则,认为这是一个"经过精心设计的,用以平衡保护被告人与社会利益的程序装置"[15]。但是,如果这一程序装置所需要的社会成本过于巨大,联邦最高法院是否需要对其现在仍然遵循的这一规则进行反思?其实,在对米兰达规则的效果进行评价时,即使是规则最为坚定的支持者们也不得不承认,一些罪犯因此重获自由确实是个问题。[16]

米兰达规则对警察执法效果究竟会带来什么样的影响,"也许只有时间才能

---

[11] 参见 Welsh S. White, "Defending Miranda: A Reply to Professor Caplan", 39 *Vand. L. Rev.* 1, 20 (1986)(声称"米兰达规则对执法效果的影响甚微是一个普遍性共识"); Yale Kamisar, "30 Years Later: Miranda Does Not Look So Awesome Now", *Legal Times*, June 10, 1996, at 22, 50 (认为米兰达案判决后的研究表明"米兰达规则对定罪率的影响相当微弱")。

[12] Yale Kamisar, "Remembering the 'Old World' of Criminal Procedure: A Reply to Professor Grano", 23 *U. Mich. J. L. Reform* 537, 585 (1990).

[13] Wayne R. Lafave & Jerold H. Israel, *Criminal Procedure* 484 (1984 & Supp. 1991);还可参见 Paul G. Cassell, Miranda's Social Costs: An Empirical Reassessment, 90 *Nw. U. L. Rev.* 387, 389 & nn. 2-5 (1996)(对类似言论进行了梳理)。

[14] 参见 Richard A. Leo, "The Impact of Miranda Revisited", 86 *J. Crim. L. & Criminolony* 621, 645-46 (1996)(指出"习惯性智识"认为米兰达规则无害于执法,但同时警告说有限的研究并不支持前述认识)。

[15] 莫兰诉伯拜恩案(Moran v. Burbine, 475 U.S. 412, 433 n. 4 [1986])。

[16] Stephen J. Schulhofer, "Miranda's Practical Effect: Substantial Benefits and Vanishingly Small Social Costs", 90 *Nw. U. L. Rev.* 500, 505 (1996);还可参见 Yale Kamisar, "The 'Police Practice' Phases of the Criminal Process and the Three Phases of the Burger Court", in *The Burger Years: Rights and Wrongs in the Supreme Court* 1969-86, at 143, 150 (Herman Schwartz ed., 1987)(指出正在打破被告人与社会利益之间的平衡"是米兰达规则的拥护者们,而非其批评者们对这一判决的评价")。

告诉我们"⑰。在这一点上,哈伦大法官的异议无疑是对的。本文的目的在于对三十年来米兰达规则对警察破案能力的影响数据进行梳理,从而进行定量分析。⑱ 虽然,一些学者认为,对米兰达规则影响效果的评估"可能已经超出了社会科学方法能力的范畴"。⑲ 但是,我们对社会科学方法的能力并不怀疑。我们认为,社会科学同样有强有力的分析工具,能够也可以用来分析这一问题。

下面,我们简单介绍一下本文的分析结构。第一部分,我们简要地回顾了现有的有关米兰达规则影响的证据。第二部分,对目前唯一可以用来评价米兰达规则长期影响效果的工具——破案率进行分析;破案率是警方公布的其侦破的犯罪案件比例。以之衡量米兰达规则对执法效果所产生的负面影响是适当的,通常也被认为是保守的。然而,基于主流的传统知识,米兰达规则实施之后,警方破案率的急剧下降,即可表明其削弱了警察在大量案件中的侦破能力。

第三部分,对三十年的破案率进行了时间序列的多元回归分析。在讨论了以回归分析来评价米兰达规则对破案率影响的适当性之后,本文提出了一个以犯罪率、执法成本、犯罪适龄人口百分比,以及其他相关变量为基础的分析模式。我们发现,即使是控制其他变量进行分析,在米兰达规则实施之后,警察的破案能力还是下降了。破案率的下降,既表现在暴力犯罪、财产犯罪的组合结构中,也表现在抢劫、机动车盗窃、偷窃、夜盗等个罪数据上。只有谋杀、暴力攻击、强奸等个罪的破案率下降与米兰达规则之间未能表现出明显的相关性。在对米兰达规则对执法效果的即时性和长时性影响进行各类回归分析时,反复得出这一结论。

第四部分对为什么说米兰达规则是导致 1966—1968 年间破案率下降的重要原因进行了解释,这是当时 FBI 以及普通街头警察共同的看法。而且这是沃伦法院对警察调查技术进行的最为实质性的限制。在这三年间,除了米兰达规则之外,其他因素对于破案率的急剧下降影响相当微弱,这一结论与其他相关数据之间也能够保持一致。

---

⑰ Miranda, 384 U.S. at 504(哈伦大法官的反对意见)。
⑱ 我们将不再讨论米兰达规则其他可能更难量化的危害,参见 Grano,前引注⑨,第 199—222 页(1993)(认为米兰达案判决不考虑其对执法活动可能带来的社会成本,因此是个"不正当的"判决,应当将之推翻);参见 Gordon Van Kessel, "The Suspect As a Source of Testimonial Evidence: A Comparison of the English and American Approaches", 38 *Hastings L. J. I*, 129 (1986)(讨论了米兰达规则的其他成本问题,例如对警察和司法资源的消耗,以及对刑事司法体制内警察公信力的破坏)。
⑲ Caplan,前引注⑨,第 281 页。

第五部分阐述了为什么说米兰达规则带来的破案率下降是一种巨大的社会成本。我们首先反驳了那些认为此前警察在审讯中经常采用为宪法所禁止的强制性审讯手段,而米兰达案判决之后,这些禁止性手段已经不再为警察所用的观点,进一步反驳了卡米萨教授的后米兰达时期破案率的下降只是一种无害的"数字"下降的观点。

最后,文章的第六部分在争议未息的语境中讨论了我们的发现,提出了我们的结论,认为米兰达规则事实上给警察"戴上了手铐",我们应该寻求其他一些社会成本更低的约束警察审讯的措施。

## 第一节 我们对米兰达规则的认识局限

在米兰达案判决之后,立即就有不少研究者试图对米兰达规则实施可能带来的影响进行评估。总体上这些研究都认为该案判决之后犯罪嫌疑人供述将会减少。有一项研究收集了米兰达规则实施后的未破犯罪案件数,从而为评价米兰达规则的社会成本提供了有限的证据。[20] 通过对米兰达规则影响的直接表现——米兰达案判决前后的供述率的比较,该研究认为,米兰达规则的实施大大降低了犯罪嫌疑人的供述率。[21] 例如,1967 年一项针对匹兹堡警察审讯的研究即表明,当地警察审讯所获得的犯罪嫌疑人供述率由此前的 49% 下降为 30%。[22] 综合其他相关数据,研究者认为,在此后的一至两年内,米兰达规则的实施导致

---

[20] 参见 Cassell,前引注[13]。有关对这一评估的讨论,可比较舒尔霍夫(Schulhofer)对本项研究的批评,参见前引注[16],对这一评估的辩护可以参见 Paul G. Cassell,"All Benefits, No Costs: The Grand Illusion of Miranda's Defenders",90 *Nw. U. L. Rev.* 1084 (1996)。

[21] 在这里使用的供述率一词不仅包括犯罪嫌疑人供述,也包括其作出的为控方所用的归罪性陈述表示。参见前引注⑨,第 825 页。

[22] 参见 Cassell,前引注[13],第 396 页(指出其结果来源和对《米兰达规则在匹兹堡——一项显著性研究》[Richard H. Seeburger & R. Stanton Wettick, Jr., "Miranda in Pittsburgh—A Statistical Study", 29 *U. Pitt. L. Rev. 1*, 12 tbl. 1 & 13 tbl. 3(1967)]一文的讨论)。

犯罪嫌疑人在警察审讯中的供述率下降了大约 16 个百分点。㉓ 在某种意义上即意味着,每 6 起案件中就有一起无法破获。因为每 4 起案件中,至少有一起案件的定罪口供是必须的,进而意味着米兰达规则的实施导致了所有刑事案件中的 3.8％无法对被告人定罪(供述率差值 16％乘以 24％的定罪口供必须率)。㉔

这些对米兰达规则影响效果的初步估计主要源于规则实施后不久所做的有限研究,其精确性上尚未为大家所接受。就我的了解而言,至少有一位学者对此提出了这样的质疑,认为这一研究"方案不成熟,实施不适当,方法充满缺陷"。㉕ 而且这些研究仅局限于米兰达规则实施后数个月内的数据,因此未能把握规则的长期影响效果。㉖ 因此,米兰达规则的支持者们认为,这些研究高估了米兰达规则的负面效果,因为研究者们没有了解米兰达规则实施之后警察机构为了降低规则的负面效果而采取的调整行动。㉗ 另外一方面,米兰达规则的批评者们则认为,这些研究低估了米兰达规则的负面效果,因为,在该案判决之后米兰达规则并未得到全面实施和遵守。换句话说,规则实施之后数个月之内的数据并不能真正反映出米兰达规则的负面效果。㉘

为了对米兰达规则实施的负面效果进行更好的评价,我们需要一个更为长期的视角。因此,我们需要一个自 1967 年始至 20 世纪 90 年代的,可以用来确切地评估米兰达规则的负面效果的可靠数据。理论上说,理想的研究是对米兰达规则实施后警察机关所获得的犯罪嫌疑人供述率进行审查,从而分析自 1967 年米兰达实施后最初的供述率下降是否在后来重新获得了反弹。换句话说,我们应当对米兰达规则实施前后数十年,而不是数个月之内的供述率加以研究。因为米兰达规则直接影响了警察获得犯罪嫌疑人供述的能力,因此供述率是衡量规则负面效果的首选指标。但是,由于米兰达规则实施前后都缺乏一个常规的全美犯罪嫌疑人供述率统计数据,我们所能掌握的只是个别研究者在特定

---

㉓ 参见 Cassell,前引注⑬,第 417 页、第 418 页表 1。换句话说,如果在米兰达案判决之前供述率为 60％,在米兰达案判决之后则为 44％(60％－16％),但请比较 Schulhofer,前引注⑯,第 538 页、第 539 页表 1(对一些不同系列的研究进行了分析,对米兰达案判决前后的数据进行比较,发现米兰达案判决之后,供述率下降了 9.7 个百分点。

㉔ 参见 Cassell,前引注⑬,第 437—438 页。但请比较 Schulhofer,前引注⑯,第 545 页表 2(如果将米兰达案判决后的制度与不需要对犯罪嫌疑人进行米兰达警告的情形相比,将会导致 1.1％的案件无法定罪[9.7％×19％])。

㉕ Leo,前引注⑭,第 676 页注释 243。

㉖ 参见 Cassell,前引注⑬,第 450—451 页。

㉗ 参见,Schulhofer,前引注⑯,第 507—510 页。

㉘ 参见 Cassell,前引注⑳,第 1088—1089 页(提出了这一可能性)。

时间内对某个城市警察局所做的研究。虽然据此即对全美在米兰达规则实施之前的犯罪嫌疑人供述做一个一般化的估计也许是个危险的举动，但是我们认为，规则实施之前全美犯罪嫌疑人供述率大致还是处于55％—60％的水平。㉙而在米兰达规则实施后，现有的一些研究则揭示供述率要低于这一数据，最近的一个研究是卡塞尔和海曼1994年对盐湖城警察局的研究，该研究揭示，在盐湖城警察局，警察所获得的供述率大约为33％。㉚而利奥对加州伯克利的研究则发现，侦查人员进行的羁押审讯成功率为64％。㉛利奥所获得的审讯成功率如果根据未审讯人数，以及侦查人员在羁押审讯中的更高功效等因素进行加权计算的话，结合早期的相关研究，该审讯成功率大致相当于39％的供述率。㉜另外，此前一项针对六城市警察局的研究亦揭示，犯罪人的供述率大致为40％。㉝

综上，这些有限的数据揭示，米兰达规则实施后，美国警察审讯中所获得的供述率要低于规则实施之前，进而意味着，米兰达规则的实施妨碍了警察的执法效果。㉞但是，这一研究因为仅局限于有限的几个城市，而不是针对全美进行普遍研究而受到了米兰达规则的支持者们的批评。㉟现有的数据有限，因此对这些批评很难进行有力的回应。总之，现有的实证研究，还远未解决在过去的数十年间米兰达规则的实施是否真正影响了警察执法效果的问题，特别是对米兰达规则的支持者们来说，不能让他们满意。只有进行一个全美范围内的、长时段的研究，才有可能对各种质疑作出回应，并洞悉米兰达规则对警察执法效果的真正影响。

---

㉙ 参见 Paul G. Cassell & Bret S. Hayman, "Police Interrogation in the 1990's: An Empirical Study of the Effects of Miranda", 43 UCLA L. Rev. 839, 871 (1996); 还可参见 Christopher Slobogin, Criminal Procedure: Regulation of Police Investigation: Legal, Historical Empirical and Comparativ Meaterials 6 (Supp. 1995) (64％的供述率"与米兰达案判决之前可以比较")。但请比较 George C. Thomas III, "Plain Talk About the Miranda Empirical Debate: A 'Steady-State' Theory of Confessions", 43 UCLA L. Rev. 933, 935-36 (1996) (从其比较的研究对象数据中得出了一个较低的估值)。

㉚ 参见 Cassell & Hayman, 前引注㉙, 第869页表4。一个有趣但不具有最终说服力的观点是, 盐湖城在米兰达案判决后的供述率实际上更高了。参见 Thomas, 前引注㉙, 第944—953页。

㉛ 参见 Richard A. Leo, Police Interrogation in America: A Study of Violence, Civility and Social Change 255-68 (1994) (以下简称 Leo, Police Interrogation in America, 未出版的博士论文, 加州大学伯克利分校) (Stanford Law Review 待刊)。利奥的信息量巨大的毕业论文部分内容曾经发表, Richard A. Leo, "Inside the Interrogation Room", 86 J. Crim. L. & Criminology 266 (1996) (以下简称 Leo, "Inside the Interrogation Room"), 以及 Leo, 前引注⑭。

㉜ 参见 Cassell & Hayman, 前引注㉙, 第926—930页 (discussing Leo, Police Interrogation in America, 前引注㉛, 第255—268页)。针对利奥对相关数据下调问题的批评可以参见 Thomas, 前引注㉙, 第953—954页。

㉝ 参见 Gary D. LaFree, "Adversarial and Nonadversarial Justice: A Comparison of Guilty Pleas and Trials", 23 Criminology 289 tbl. 2 (1985)。

㉞ 参见 Cassell & Hayman, 前引注㉙, 第871—876页。

㉟ 参见 Thomas, 前引注㉙, 第954—956页 (提升了这种可能性)。

## 第二节 米兰达规则实施后破案率的下降

### 一、作为衡量米兰达规则实施效果标准的破案率

由于很难收集到长时段的、完整的供述率数据,我们必须选择一个次优的替代性标准。我们认为,破案率——警察侦破或者解决犯罪问题的百分比,就是这一次优选择。至少从1950年以来,FBI就全面收集了全美警察机关的破案率,并且每年以统一犯罪报告(Uniform Crime Report,UCR)的形式公布。㊱ 因为这一数据的广泛性,也许可以将之作为衡量米兰达规则影响警察执法效果的一个替代性标准。

破案率也许是衡量米兰达规则效果的一个合适的替代标准。㊲ 警察有时在没有证据破案的情况下,会将一个犯罪嫌疑人带到警察局,然后对其进行米兰达警告,而后接着审讯。如果审讯未果,则释放犯罪嫌疑人,在没有充分证据破案的情况下让其离开。㊳ 如果米兰达规则抑制犯罪嫌疑人交谈或者其他之类的,从而导致其不供述,犯罪则可能永远也无法侦破。正如全美主流的警察审讯手册

---

㊱ 参见, e.g., Federal Bureau of Investigation, U. S. Dep't of Justice, Uniform Crime Reports, Crime in the United States 1995 (1996)(以下简称UCR-[year])。在1958年之前,UCR每年出版两卷,每年度的第一卷都会命名为"半年公报",包括每年前6个月的数据。第二卷则命名为"年度公报",包括全年数据。文中所引数据除了特别说明来自"半年公报"之外,均来自"年度公报"。1950—1974年破案率的数据得益于James Alan Fox, Forecasting Crime Data: An Econometric Analysis 83-86 tbl. A-l [1978])。

㊲ 参见 Gerald N. Rosenberg, The Hollow Hope: Can Courts Bring About Social Change? 328 (1991)("评估警察工作情况的方式之一是'破案'率……而供述则是警察破案的主要方法之一")。关于破案率是如何低估了供述对警察执法效果的影响方面的解释,可以参见下引注㊼—㊾及相关文献。

㊳ 要获得有关这类审讯发生频率的统计数据很难。1967年一项在匹兹堡进行的研究发现,侦查人员在审讯了74名犯罪嫌疑人之后逮捕了其中的73名,参见 Seeburger & Wettick, 前引注㉒,第24页。但是这项研究似乎只分析了那些已经侦破了的案件档案,同前引注,第6页,因此可能错过所有那些犯罪嫌疑人的拒绝供述,而供述是破案所必需的情形。1967年,在纽约市只有4%的犯罪嫌疑人在审讯之后被释放,而这些被释放者当中绝大多数在审讯时什么都没说。参见 Vera Inst. of Justice. Taping Police Interrogations in the 20th Precinct, N.Y. P. D. 68 & n. 27 (1967),以下简称 Taping Police Interrogations。该项研究似乎涉及的主要是那些犯罪嫌疑人已经被逮捕的案件,因此对未逮捕犯罪嫌疑人的情形几乎没有关注。

中所说的那样:"许多刑事案件,即使是由最为称职的警察部门来侦查,也只能通过犯罪嫌疑人的认罪或供述,或者是通过从其他犯罪嫌疑人处获得的信息来侦破。"[39] 而最近一项针对警察审讯的研究则表明:"实际上,每一名侦查人员都认为,通过询问或审讯,比通过其他任何侦查手段所破获的案件都要多。"[40] 供述有时候也是破获由同一名犯罪嫌疑人所实施的其他犯罪所必需的。例如,警察逮捕了一名犯罪嫌疑人,并认定其犯有抢劫罪。但是,如果没有犯罪嫌疑人的供述,警察则可能无法侦破该犯罪嫌疑人实施的其他四项同样的罪行。[41]

破案率也被许多人,特别是米兰达规则的支持者认为是一种可以用来揭示米兰达规则效果的统计学数据。[42] 例如斯蒂芬·舒尔霍夫教授在1987年一篇广为引证的赞美米兰达规则的文章中即认为,虽然一些针对米兰达规则实施前后犯罪嫌疑人供述率的研究认为,米兰达规则实施后犯罪嫌疑人供述率出现了下降,但是"在规则实施后的一至两年内,破案率应该又恢复到了米兰达规则实施前的水平"。[43] 其他一些米兰达规则的支持者同样认为可以以破案率来作为衡量米兰达规则良好效果的适当指标。[44] 与此同时,一些米兰达案判决时在职的执法官员也认为,米兰达规则将降低他们的破案率。[45] 目前为止,我们尚未发现认为

---

[39] Fred E. Inbau, John E. Reid & Joseph P. Buckley, *Criminal Interrogation and Confession* at xiv (3d ed. 1986).

[40] Leo, Police Interrogation in America,前引注[31],第373页。

[41] 参见 Michael Wald, Richard Ayres, David W. Hess, Mark Schantz, Charles H. Whitebread II, "Interrogations in New Haven: The Impact of Miranda", 76 *Yale L. J.* 1519, 1595 (1967)(给出了类似破案方式的一些例子)。关于通过逮捕某个犯罪嫌疑人而侦破多起案件的更为详细的讨论可以参见下引注[35]—[38]及相关文献。

[42] 参见 Seeburger & Wettick,前引注[22],第20页(讨论了以破案率作为衡量米兰达规则对警察执法效果的影响指标问题);还可参见 James W. Witt, "Non-Coercive Interrogation and the Administration of Criminal Justice: The Impact of Miranda on Police Effectuality", 64 *J. Crim. L. & Criminology* 320, 330-31 (1973)(同前)。

[43] Stephen J. Schulhofer, "Reconsidering Miranda", 54 *U. Cm. L. Rev.* 435, 456 (1987)(以下简称 Schulhofer, "Reconsidering Miranda",将可能的破案率反弹与米兰达规则"没有妨碍警察执法效果"的观念联系在一起);还可参见 Stephen J. Schulhofer, "The Fifth Amendment at Justice: A Reply", 54 *U. Chi. L. Rev.* 950, 954 n.17 (1987)(以下简称 Schulhofer, "Fifth Amendment",认为明显稳定的破案率以及其他证据一起对那些认为米兰达规则妨碍了警察执法效果的观点形成了有力的反驳)。

[44] 参见, e.g., Special Comm. on Criminal Julstice a Free Soc'y, American Bar Ass'n, *Criminal Justice Crisis* 63 n.53 (1988)(收集了米兰达规则并未妨碍警察执法效果的数据,包括破案率);White,前引注[11],第18页注释93、第19页注释99(通过引用破案率和供述率数据来说明米兰达规则并未妨碍警察的执法效果);Leo,前引注[14],第645页(认为米兰达规则并未显著影响警方的破案率,虽然"在某些情形下"破案率也许出现了下跌)。

[45] 参见下引注[22]—[25]及相关文献(收集了执法人员如何看待米兰达规则及破案率的情况)。

破案率根本不能用以衡量米兰达规则任何影响的文献。⁴⁶

虽然在破案率可以用来衡量米兰达规则对警察执法效果的影响这一问题上基本达成了共识,但是有一点必须提醒的是,警察通常会将那些确定并逮捕了犯罪嫌疑人的案件认为是已经侦破了的,尽管有时这些案件的证据并不足以保证最后对被告人定罪,甚至起诉。在这种情况下,破案率即不能衡量米兰达规则对犯罪嫌疑人到案后的影响效果。因此,很大可能是警察破案了,但是由于米兰达规则的影响,无法获得犯罪嫌疑人的供述,最后却无法对其定罪。⁴⁷ 因此,破案率只是一个相当保守的衡量米兰达规则对执法效果影响的标准。

从理论上说,我们可以通过衡量破案后的起诉率来评估米兰达规则对执法效果的负面影响。如果米兰达规则实施后,犯罪嫌疑人的供述率下降,进而导致检察官在起诉中面临更多的困难,如起诉的被告人数下降。⁴⁸ 因此,口供的减少,会导致对已破案件的起诉率下降。但是,由于数据收集方面的现实困难,这一可能性其实并无多大的实际意义。从统计分析的角度来看,FBI 每年提供的起诉数据很不充分,在 20 世纪 60 年代,年度之间的差异相当之大。⁴⁹ 而且从 1970 年开始,FBI 即停止了向公众提供每年的起诉数据。

理论上说,另一个可以用来衡量米兰达规则对执法效果负面影响的指标是定罪率。该数据相对确定,其优点是可以以法庭最后作出的有罪或无罪判

---

⁴⁶ 奥蒂斯·斯蒂芬斯(Otis Stephens)显然认为以破案率、定罪率、供述的关联性来衡量米兰达规则对警察执法效果的影响在效用问题上存在疑问。参见 Otis H. Stephens Jr., *The Supreme Court and Confessions of Guilt* 181 n.55 (1973)。但是,他似乎主要关心的是每个警察局在数据记录方面的区别,而这一点,对于以全美破案率数据作为分析样本的研究而言,其实并没多大的影响。参见下引注⑱,以及相关的文献。舒尔霍夫教授最近也认为,可以通过对破案数的整体考察来评估米兰达规则对执法效果的影响(他的意思是,除了警察机关侦破的案件外,还应当包括其他侦查机构的破案情况)。参见 Stephen J. Schulhofer, "Bashing Miranda Is Unjustified-And Harmful", 20 *Harv. J.L. & Pub. Pol'y* 347, 361-64 (1997); Stephen J. Schulhofer, "Miranda and Clearance Rates", 91 *Nw. U. L. Rev.* 278, 285 (1996)。另外还可参见 Paul G. Cassell, "Miranda's 'Negligible' Effect on Law Enforcement: Some Skeptical Observations", 20 *Harv. J.L. & Pub. Pol'y* 327, 336-38 (1997) (在该文中,我解释了为什么应该以破案率,而不是破案数来衡量执法效率的理由)。

⁴⁷ 参见 Cassell, 前引注⑬, 第 398—399 页(在该文中,我认为以破案率来衡量米兰达规则对执法效果的负面影响仍然有所保守)。

⁴⁸ 参见 Cassell & Hayman, 前引注㉙, 第 908 页表 15 (在该项研究中,我们发现检察官在对那些成功审讯和未获得供述的犯罪嫌疑人作出起诉决定的过程中,存在着统计学意义上的显著性差异)。

⁴⁹ Compare, e.g., *UCR-1965*, 前引注㊱, 第 103 页表 12 (通过对四类暴力犯罪人数进行累加,得出共 50 980 人被控暴力犯罪),以及 *UCR-1966*, 前引注㊱, 第 104 页表 16 (通过对四类暴力犯罪人数进行累加,得出共 44 641 人被控暴力犯罪),以及 *UCR-1967*, 前引注㊱, 第 109 页表 16 (通过对四类暴力犯罪人数进行累加,得出共 50 515 被控暴力犯罪)。

决为依据。㊾但是,在我们看来,以法庭定罪率来作为衡量标准的话,也许会忽视米兰达规则在很多方面的负面影响。㊿特别是在定罪率数据的可靠性本身存在严重问题的美国㊼,作为 FBI 数据来源的各级警察机关却很难得到法庭反馈给他们的定罪数据。或许正是因为如此,FBI 自 1978 年起即停止了公布定罪率数据。㊽

正是基于以上这些考虑,我们认为对三十年来破案率的评估,也许是衡量米兰达规则对执法效果的负面影响的最好根据。

二、全美的破案率发展趋势

米兰达规则实施后,破案率是上升还是下降了?一些主流的学者认为,米兰达规则对破案率并没有显著的影响。㊴这一观点在舒尔霍夫教授 1987 年的《米兰达规则反思》(*Reconsidering Miranda*)一文中表现得最为突出。在该文中,舒尔霍夫教授认为,"众多的研究表明",在米兰达规则实施后不久,警察的破案率就恢复到了此前的水平。㊵尽管舒尔霍夫教授此后对自己的这一观点进行了否定㊶,但是其在这篇文章中的观点却被广为引证,以支持那些认为米兰达规则并未对警察执法效果产生负面影响的观点。例如,也许是米兰达规则支持者中最杰出的学界代表——卡米萨教授——即认为舒尔霍夫教授的研究"有效地驳斥

---

㊾ 参见 Monica A. Walker, "Do We Need a Clear-Up Rate?", 2 *Policing & Soc'y* 293, 304 (1992) (在该文中,作者即认为,就英国而言,因为定罪数据来源于确定的被告人被定罪的情况,而不是相对不确定的犯罪嫌疑人数量,因此法庭最后对被告人定罪的数据要优于破案率数据)。

㊿ 参见 Cassell,前引注⑬,第 396—398 页(讨论了定罪率为什么不能准确地反映出米兰达规则对侦查过程的妨碍问题)。

㊼ 参见 Isaac Ehrlich & George D. Brower, "On the Issue of Causality in the Economic Model of Crime and Law Enforcement: Some Theoretical Considerations and Experimental Evidence", 77 *Am. Econ. Rev.*, May 1987, Papers & Proceedings, at 99, 104 (发现定罪率数据"非常成问题")。

㊽ 参见 Letter from Bennie F. Brewer, Chief, Programs Support Section, Criminal Justice Information Services Division, F.B.I., to Paul G. Cassell, Associate Professor of Law, University of Utah College of Law 1 (Feb. 7, 1995, *Stanford Law Review* 待刊发[以下简称 Brewer Letter],注意到了 FBI 提供的定罪率数据存在非连续性问题)。

㊴ 参见 Leo,前引注⑭,第 645—646 页(认为米兰达规则"对警察获取犯罪嫌疑人供述和破案能力的影响微乎其微"已经"成为大多数学者的普遍共识")。

㊵ Schulhofer, "Reconsidering Miranda",前引注㊸,第 456 页。

㊶ 参见下引注㉘及相关文献。

了那些认为米兰达规则妨碍了执法效果的观点"⑤⑦。

  那些认为米兰达规则对破案率没有影响的观点的论证根据其实非常脆弱。对舒尔霍夫教授论证所依据的主要权威数据进行概括之后即有人发现,其对破案率的研究其实只涉及了两个城市。⑤⑧ 而且这些研究都不能证明破案率已经恢复到了米兰达规则实施之前的水平。⑤⑨ 事实上,我们掌握的一些统计数据均表明,米兰达规则实施后,破案率出现了下降。例如,1967 年 2 月,纽约市警察局局长即宣称,1966 年该市的破案率下降了 10 个百分点左右⑥⑩,并将原因归咎于"联邦最高法院近期一些关于限制供述可采性的判决"⑥①。而在加利福尼亚州的"海城",米兰达规则实施之后破案率同样下降了 3 个百分点左右。⑥②

---

  ⑤⑦ Kamisar,前引注⑫,第 586 页注释 164;还可参见 Janet E. Ainsworth,"In a Different Register: The Pragmatics of Powerlessness in Police Interrogation",103 Yale L. J. 259, 299 n. 200 (1993) (作者认为,大部分论者相信"米兰达规则对刑事指控的消极影响非常有限",转引自 Schulhofer,"Reconsidering Miranda",前引注㊸,第 455—458 页;Louis Michael Seidman, Brown and Miranda, 80 Cal. L. Rev. 673, 743 (1992) (认为米兰达规则"并未导致供述数量大幅度减少的结果",转引自 Schulhofer,"Reconsidering Miranda",前引注㊸,第 455—461 页);Marcy Strauss,"Reinterrogation", 22 Hastings Const. L. Q. 359, 379 (1995) (认为"最近的数据相当一致"地表明在米兰达案后不久"破案率被认为又回到了米兰达案之前的水平",转引自 Schulhofer,"Reconsidering Miranda",前引注㊸,第 456 页))。

  ⑤⑧ 参见 Schulhofer,"Fifth Amendment",前引注㊸,第 954 页注释 17;Schulhofer,"Reconsidering Miranda",前引注㊸,第 456 页注释 52。

  ⑤⑨ 有一项研究发现了与舒尔霍夫教授的观点完全相反的结果。参见 Neal A. Milner, The Court and Local Law Enforcement: The Impact of Miranda 217 (1971)。在该项研究中,他们发现 1967 年威斯康星州 4 个城市中有 3 个城市的破案率出现了显著下降。另外一项针对匹兹堡的研究则得出了一个比较中庸的结论,该项研究发现,"1966 年上半年破案率即出现了下降,可能的解释之一是米兰达规则对匹兹堡警方的限制"。参见 Seeburger & Wettick,前引注㉒,第 24 页。

  ⑥⑩ 参见 Bernard Weinraub,"Crime Reports up 72% Here in 1966; Actual Rise Is 6.5%", N.Y. Times, Feb. 21, 1967, at Al。

  ⑥① 同上引注,但请比较 Daniel Nagin,"General Deterrence: A Review of Empirical Evidence", in Panel on Research on Deterrent and Incapacitative Effects, National Research Council, Deterrence and Incapacitation: Estimating the Effects of Criminal Sanctions on Crime Rates 95, 114-15 (Alfred Blumstein, Jacqueline Cohen & Daniel Nagin eds., 1978)。该文认为,更多精确的现行政策记录可以用来解释纽约警方破案率下降现象;Taping Police Interrogations,前引注㊳,第 79—80 页(该文对米兰达规则是否导致了纽约州警方破案率下降提出了质疑)。

  ⑥② 参见 Witt,前引注㊷,第 330—331 页。威特提醒说破案率在 1966 年实际上上升了,然后在随后的几年中出现了下降。参见上引注,第 331 页。米兰达规则实施后的数据同样来源于其他司法管辖区,如内布拉斯加州的奥马哈市(Omaha)在米兰达案判决之后破案率出现了些微上升。参见 Cyril D. Robinson, "Police and Prosecutor Practices and Attitudes Relating to Interrogation As Revealed by Pre-and Post-Miranda Questionnaires: A Construct of Police Capacity to Comply", 1968 Duke L. J. 425, at 465 n. 90 (引用奥马哈市警察局侦探长向参议院司法委员会宪法修正案小组[Senate Judiciary Subcommittee on Constitutional Amendments]所作的陈述),得克萨斯州的奥斯汀市在米兰达案之后破案率似乎出现了下跌,这一下跌部分可以归因于米兰达案判决,参见"Controlling Crime Through More Effective Law Enforcement: Hearings Before the Subcomm. on Criminal Laws and Procedures of the Senate Comm. on the Judiciary", 90th Cong. 726 (1967,以下简称"Controlling Crime Hearings"),奥斯汀市警察局局长 R. A. 迈尔斯(R. A. Miles)的陈述。

这些关于米兰达规则实施之后破案率出现了下降趋势的研究表明，主流观点至少在某些方面存在问题。但是，由于这些数据仅仅局限于少数城市，如果据此即对主流观点进行质疑，难免有些武断。为了对此有一个全面的评估，我们必须对全美的情况进行一个广泛的研究。令人兴奋的是，在米兰达规则实施三十年之后，FBI 提供的全美破案率数据还保持着相当的系统性，从而为我们的全面研究提供了可靠的基础。其实，这一数据清楚地表明，在米兰达规则实施之后，全美的破案率即出现了急剧下降，并且此后一直保持在较低水平状态下运行。在米兰达规则实施之前的 1965 年，FBI 在 UCR 中即指出，自 1964 年起，全美"大要案破案率"⑬事实上一直没有什么变化。⑭ 次年 6 月，联邦最高法院作出了米兰达案判决，1966 年底，UCR 在对警察工作进行总结时，以一种断然确定的口气指出，警察的破案率出现了显著下降。⑮ 事实上，UCR 即认为，1965—1966 年间破案率的下降相当于 1961—1965 年间下降之和。⑯ 而且是"全美各地，各个群体的人们都在报告破案率下降的消息"⑰。1967 年，UCR 继续宣布着同样的坏消息⑱，其表述同样是"全美各地，各个群体的人们都在报告破案率下降的消息"⑲。1968 年，UCR 继续宣告着破案率下降的情况。⑳ 1969 年，UCR 的表达则是，"绝大多数的破案率出现了些微的下降"㉑。1970 年 UCR 的报告终于认为，破案率在过去的一年间没有什么变化。㉒ 自此，全美破案率保持在相对稳定的水平。㉓

关于全美较长时期内的破案率数据来源于 FBI 提供的年度报告。图 3-1 展示的是美国 1950—1995 年度暴力犯罪的破案率（包括非过失谋杀、强奸、重伤

---

⑬ 参见下引注㉞及描述所有犯罪破案率情况的相关文献。在此我们并未将纵火罪纳入其中，因为该罪直至 20 世纪 70 年代才被纳入 UCR 的指数犯罪目录之中。

⑭ UCR-1965，前引注㊱，第 18 页（所有犯罪的破案率为 24.6%，指数犯罪的破案率为 26.3%）。关于本文附录 A.1 所引的原因，本文仅涉及 7 种指数犯罪类型，还可参见 UCR-1964，前引注㊱，第 2 页（列举了 7 种指数犯罪类型，并对 FBI 将这 7 类犯罪类型作为"判断美国犯罪走势"的原因进行了解释）。

⑮ 参见 UCR-1966，前引注㊱，第 27 页（"从全美范围来看，1965 年全美警察针对指数犯罪的破案率为 26.3%，而在 1966 年这一数据下降为 24.3%。除了抢劫罪的破案率急剧下降了 14 个百分点之外，其他指数犯罪类型的破案率下降情况大致相当"）。

⑯ 同上引注。

⑰ 同上引注。

⑱ 参见 UCR-1967，前引注㊱，第 30 页（"1966 年全美警察针对这些犯罪的破案率为 24.3%，1967 年除了机动车盗窃的破案率急剧下降外，其他指数犯罪的破案率下降为 22.4%……"）。

⑲ 同上引注。

⑳ 参见 UCR-1968，前引注㊱，第 30 页（"1967 年全美警察针对这些犯罪的破案率为 22.4%，1968 年下降为 20.9%，而且每一种指数犯罪的破案率下降的幅度大致差不多"）。

㉑ 参见 UCR-1969，前引注㊱，第 28 页。

㉒ 参见 UCR-1970，前引注㊱，第 30 页。

㉓ 参见 UCR-1975，前引注㊱，第 37 页；UCR-1980，前引注㊱，第 180 页；UCR-1985，前引注㊱，第 154 页。

害、抢劫等罪),我们可以看到在 1950—1965 年间,暴力犯罪的破案率保持相当稳定,为 60% 左右,甚至在 1962—1965 年间还出现了些微的上升。然后在米兰达规则实施后的三年间,出现了急剧的下降,1966 年为 55%,1967 年为 51%,1968 年仅为 47%。[74] 此后暴力犯罪的破案率就一直徘徊在 45% 左右。因为米兰达规则对警察执法效果的影响也许要到规则实施几年后才会表现出来——在这期间,警察与犯罪嫌疑人都在调整自己的行为以适应新的规则。[75] 因此,仅仅通过对图 3-1 的直观感觉,我们就可以发现米兰达规则对警察处理犯罪问题能力的负面影响。而且,与舒尔霍夫教授认为的破案率迅速回复到米兰达规则实施前水平的观点[76]相矛盾的是,图 3-1 展示给我们的是,自米兰达案判决之后,暴力犯罪的破案率长期以来就处在一种令人沮丧的状态。

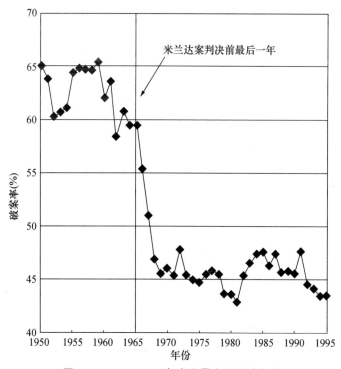

图 3-1　1950—1995 年全美暴力犯罪破案率

---

[74]　需要澄清的是米兰达案前的数据截止点,表格中标记为"米兰达案前最后一年"是指 1965 年。因为 FBI 的数据是按年度统计的,1966 年的数据是第一份反映米兰达规则影响的数据。但是请比较 George C. Thomas 111, "Telling Half-Truths", *Legal Tmes*, Aug. 12, 1996, at 20, 24 (在认为米兰达案判决之前破案率已经出现明显下跌时可能误读了这一时间点)。

[75]　参见下引注[165]—[170]及相关文献。

[76]　参见 Schulhofer, "Reconsidering Miranda", 前引注[43],第 456 页。

图 3-2 展示的是 1950—1995 年全美财产犯罪,包括夜盗、机动车盗窃、偷窃罪的破案率情况,结果与图 3-1 类似。在 1950—1960 年间,该类犯罪的破案率呈现出一定的波动,在 1961—1965 年间则出现了下降趋势,1966—1968 年间开始加速下降,此后整体上保持相对稳定。从而再次揭示了米兰达规则实施之后破案率急剧下降的趋势,尽管相对于暴力犯罪而言,下降的幅度要小。

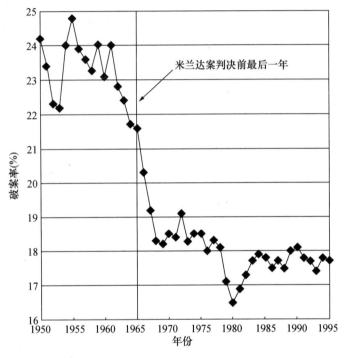

图 3-2 1950—1995 年全美财产犯罪破案率

## 第三节 破案率下降的回归分析

一、利用回归分析对相关因素的分类

要对米兰达规则导致了破案率下降这一假设进行更为全面的分析,必须充分考虑其他相关因素。如果是其他因素——在此我们姑且称之为 X 因素——导致了破案率的下降,那么,米兰达规则将不再背此"罪名"。例如,舒尔霍夫教授在最近的两篇短文中即勉强承认,并对其早期的研究结论进行了修正,认为米兰达规则实施之后,破案率确实出现了下降。[77]但是,他认为,并不能因此归咎于米兰达规则,破案率的下降是其他因素,如 20 世纪 60 年代犯罪率上升的结果。[78]

对其他相关因素进行分类的标准技术是统计学上的多元回归分析。在本节,我们将运用间断时间序列方案对破案率数据进行多元回归分析[79],并得出相应的结论。特别是,我们通过对相关变量的控制分析发现,在米兰达规则实施时,破案率出现了明显的变化。在对多元回归方程的复杂性进行探讨之前,有一点必须强调的是,虽然可以通过复杂的计量经济学技术对相关数据进行分析,但是简单的图表示意在研究中仍然有其重要的意义。[80]图 3-2 揭示了米兰达规则实施后破案率下降的大致趋势,很好地证明了批评者们提出的、米兰达规则铐上了警察双手的观点。即使图表所展示的仅仅是破案率下降趋势,也是米兰达规则对警察执法效果产生了负面影响的重要证据。我们怀疑那些认为米兰达规则对警察执法效果并无负面影响的支持者们,以米兰达规则实施之后破案率相对稳定[81]的假设为其论证根据,与其分析的方法路径是否能够协调,至此他们是否要对自己的立场进行反思,并承认米兰达规则确实妨碍了警察的执法效果。

在此我们必须指出的是,时间序列分析对本研究而言具有特别的必要性。对一项社会政策进行评估的理想方法是进行试点,随机抽取一个实行了新政策的地

---

[77] 参见 Schulhofer, "Bashing Miranda", 前引注[46], 第 356 页; Schulhofer, "Clearance Rates", 前引注[46], 第 279 页。

[78] 参见 Schulhofer, "Bashing Miranda", 前引注[46], 第 364—372 页; Schulhofer, "Clearance Rates", 前引注[46], 第 280—285 页。

[79] 参见 David McDowall, Richard McCleary, Errol E. Meidinger & Richard A. Hay, Jr., *Interrupted Times Series Analysis*(1980). 时间序列的设计可以"分析介入因素对单个时间序列数据的影响", 同上引注, 第 5 页。

[80] 参见 Gary A. Mauser & Richard A. Holmes, "An Evaluation of the 1977 Canadian Firearms Legislation", 16 *Evaluation Rev*. 603, 604 (1992)("虽然并不复杂, 但是图示检验具有可以评估时间趋势、从而确定相关因素之间可能存在的联系等优势")。参见 William S. Clevelandv, *Visualizing Data*(1993)(讨论了数据分析可视化的重要性和对各种可视化工具的运用)。有关这一技术的介绍可以参见 David McDowall, Colin Loftin & Brian Wiersema, "Using Quasi-Experiments to Evaluate Firearm Laws: Comment on Britt et al. ,s Reassessment of the DC Gun Law", 30 *L. & Soc'y Rev*. 381, 390 (1996), 以及 Franklin E. Zimring, "Firearms and Federal Law: The Gun Control Act of 1968", 4 *J. Legal Stud*. 133, 170-94 (1975)。

[81] 参见前引注[54]—[57]及相关文献。

区,并将另外一个未实行该政策的地区作为研究中的控制参照对象。㉜ 但是,对于米兰达规则的研究而言,显然这一方法缺乏适用的可能性。1966 年 6 月 13 日,联邦最高法院即要求全美警察机关一体遵循米兰达案判决中确立的审讯规则,自此,全美各地各级警察机关都不得不接受该判决中确立的审讯规则,并在实践中一以贯之。㉝ 因此,要选择一个相对于目标对象的控制对象,并对二者进行比较也就没有可能。㉞

我们之所以特别强调时间序列分析还因为统计学上非常重要和普遍的分析技术——横断面分析(cross-sectional analysis)——对我们而言同样不太可能。横断面分析技术要求对那些实行了与那些未实行这一规则的州的数据进行"横断面"比较,从而分析法律规则的影响情况。舒尔霍夫教授即认为应当采用这一分析技术来评估米兰达规则的影响效果,他认为:"专业的计量经济学对法律规则影响的研究几乎不可避免地要采用横断面分析技术,而不是仅仅根据总体数据。"㉟但是,其在研究中所引证的一个其认为是"不可避免的"横断面分析的证据,其实与我们的研究类似,同样使用的是全美范围内的时间序列数据分析。㊱ 其他的一些引证则涉及的并非那些要求在全美统一实施的法律规范,而是允许在不同的司法管辖区内有所差异的规则,从而才有进行横向比较的可能。㊲ 而这

---

㉜ 参见 Simon I. Singer & David McDowall, "Criminalizing Delinquency: The Deterrent Effects of the New York Juvenile Offender Law", 22 L. & Soc'y Rev. 521, 527 (1988)(讨论了其在个案研究中对控制组的运用)。

㉝ 参见 Paul G. Cassell, "The Costs of the Miranda Mandate: A Lesson in the Dangers of Inflexible, 'Prophylactic' Supreme Court Inventions", 28 Ariz. St. L. J. 299, 311 (1996)(文章指出,警察不愿意寻找米兰达规则的替代性措施)。

㉞ 将该案判断对这一领域控制性实验研究的妨碍纳入米兰达规则的成本似乎也是合理的。参见 Cassell & Hayman, 前引注㉙,第 922 页(认为米兰达规则妨碍了对与警察审讯相关的一些重要问题的研究)。

㉟ Schulhofer, Clearance Rates, 前引注㊻,第 291 页。

㊱ 同上引注,第 291 页注释 31(错误地引用了 Isaac Ehrlichdd, "The Deterrent Effect of Capital Punishment: A Question of Life and Death", 65 Am. Econ. Rev. 397, 406 [1975]一文中完成的对全美数据的横截面研究。在该项研究中,作者对 1933—1969 年间"与美国相关的所有犯罪统计"进行了一项全国性的时间序列分析)。还可参见 Ehrlich & Brower, 前引注㊾,第 100、104—106 页(描述了与本文讨论类似问题的全国范围内的时间序列分析,并且得出了类似的结论)。另外,舒尔霍夫分析的破案率数据实际上都来自詹姆斯·阿兰·福克斯(James Alan Fox)教授的一本书,因此事实上这是项全国范围内的时间序列分析。参见 Schulhofer, "Clearance Rates", 前引注㊻,第 281 页注释 12(作者指出,该项研究的所有图表数据都"提取自福克斯教授的著作"),前引注㊱(提出了一个全国时间序列的犯罪预测计量经济学方程)。

㊲ 参见 Schulhofer, "Clearance Rates", 前引注㊻,第 291 页注释 31(转引自 Raymond Atkins & Paul H. Rubin, The Impact of Changing Criminal Procedure on Crime Rates [Oct. 28, 1995, 未刊稿, Stanford Law Review 待刊][报告了对联邦最高法院就马普诉俄亥俄州案(Mapp v. Ohio)判决前后那些实施和未实施非法证据排除规则的州的犯罪率的横截面分析结果];John R. Lott, Jr. & David B. Mustard, Crime, "Deterrence, and Right-to-Carry Concealed Handguns", 26 J. Legal Stud. 1[1997][报告了对那些允许和不允许秘密持枪司法管辖区犯罪率的横截面分析结果])。

一方法在米兰达规则的研究中毫无意义。因为我们无法找到那些未受米兰达规则影响的司法管辖区⑱，至少我们在美国无法找到。⑱ 而且从实践看，为我们的回归方程获取合适的横断面数据似乎也不可能。⑲ 退一步说，即使可以获取这样的数据，很可能也已经被其他因素所污染。⑳

不管如何，间断时间序列分析是评价一项法律规范实施效果的合适方法。㉒ 这

---

⑱ 从理论上说，如果一些司法管辖区在米兰达案判决之前就已经实施了类似于米兰达规则之类的要求，而另外一些司法管辖区没有的话，这样的研究也许是可能的，就可以对这些不同的司法管辖区的情况进行比较。参见 Atkins & Rubin，前引注㉗，第 2 页；请比较：Abraham N. Tennenbaum, "The Influence of the Gamer Decision on Police Use of Deadly Force", 85 *J. Crim. L. & Criminology* 241, 247-48, 255-56 (1994)（用州的相应数据弥补了全美数据在时间序列方面的断裂）。然而，在埃斯科贝多诉伊利诺伊州案 (378 U.S. 478 [1964])案判决之前，没有一个州采用了与完整的米兰达规则较为接近的规则，即使是在 1964—1966 年间，也只有一些州朝米兰达规则的方向发展，但也并未强行实施完整的米兰达规则要求。参见米兰达诉亚利桑那州案 (384 U.S. 436, 519 11.17, 521)（哈伦大法官的反对意见，在收集了相关案例后认为，"没有哪个州……会自己选择走那么远"）；还可参见 Cassell, 前引注⑬, 第 493—496 页（埃斯科贝多案判决后，在对警察审讯时对犯罪嫌疑人进行权利警告所带来的影响问题进行讨论之后，作者认为供述率的最大下跌主要来自米兰达规则中新增加的弃权要求）。

⑲ 也许可以将美国的供述率与其他一些国家的供述率进行比较。既有的一些其他国家的数据支持本文提出的结论。参见 Cassell, 前引注⑬, 第 418—422 页（指出在米兰达案判决之后，美国的供述率比英国和加拿大的都要低）。但请比较 Thomas, 前引注㉙, 第 942—943 页（对供述率比其他一些国家更低并无争议，但认为不能简单地将英国、加拿大的数据和美国进行比较，因此美国的供述率低于英国、加拿大并不能对与米兰达规则相关的争议提供有力的支持）。

⑳ 例如，1966 年 FBI 披露的破案率数据就只有全美的和不同区域的（例如新英格兰地区，中大西洋地区，等等）。参见 *UCR-1966*, 前引注㊱, 第 102 页表 13, 相关时间段内的分州破案率数据似乎并未公开发布。参见 Brewer Letter, 前引注㊳, 第 1 页 (1979 年至今的分州破案率数据可以购买)。其结果是，唯一可得的破案率横截面分析数据是以这些相当虚假的局部数据为根据得出的，而这些局部数据很有可能几乎没有注意到米兰达规则问题。另外，即使可以获得破案率数据，其他数据的局限仍然会妨碍数据的有效分析。参见 James Alan Fox, "Reexamining Some Perils of Quantification in the Econometric Study of Crime: A Reply to Decker and Kohfeld", 19 *J. Res. Crime & Delinq.* 122, 123 (1982)（注意到很多犯罪学研究者都曾经用过全美的整体数据，因为"绝大多数外生变量的年度数据，例如人口构成和经济指标数据，只有很有限的单位才能获得"）。

㉑ 参见 Nagin, 前引注㊶, 第 113 页（认为那些记录的案件数少于实际报案数的警察局会出现更高的破案率，从而在横截面分析中形成一种虚假的联系）。即使转向较小的数据来源，也不可避免地会将大量"噪点"带到数据之中，参见下引注⑩—⑯及相关文献（指出了全美破案率数据的优点）。

㉒ 参见 Donald T. Campbell, "Reforms As Experiments", 24 *Am. Psychologist* 409, 417 (1969)（"间断时间序列设计……可以用于没有控制组的情形，在这些情形下，所有政府机构都适用同样的实验性方案和社会改革措施"）；D. J. Pyle & D. F. Deadman, "Assessing the Impact of Legal Reform by Intervention Analysis", 13 *Int'l Rev. L. & Econ.* 193, 213 (1993)（"法律改革领域是一个广泛运用介入式分析的研究领域"）；H. Laurence Ross, Donald T. Campbell & Gene V. Glass, "Determining the Social Effects of a Legal Reform: The British 'Breathalyzer' Crackdown of 1967", 13 *Am. Behav. Scientist* 493, 495 (1970)（"法律变迁是一个非常适合做间断时间序列方案的研究主题"）。

一统计技术通常被用来评价法律变迁效果。⑬标准的统计学教材即认为这一技术非常适合于此类问题的分析,可以关照那些在回归分析中未能包括的数据和其他因素。⑭

二、 破案率模型

建立回归分析模型的第一步是确定方程的相关变量。我们决定将FBI公布的全美破案率作为回归分析的因变量。虽然这一数据因为各种原因而被人们批评,但是它仍然是目前唯一可用来评价米兰达规则影响效果的数据。⑮ 不管如何,本文总体上认为,至少在过去的数十年间,FBI公布的破案率数据足以对其进行时间序列分析。⑯

FBI的破案率数据有一点一直饱受批评,即警察衡量破案的标准并不需要真正地对犯罪嫌疑人定罪,而是根据他们自己的感觉——这起案件是否已经

---

⑬ 参见,e.g., H. Laurence Ross, Richard McCleary & Gary LaFree, "Can Mandatoty Jail Laws Deter Drunk Driving? The Arizona Case", 81 J. Crim. L. & Criminology 156, 161 (1990); Singer & McDowall,前引注㉜,第526—532页; Zimring,前引注㉚,第171—194页。

⑭ 参见,e.g., Donald T. Campbel & Julian C. Stanley, Experimental and Quasi-Experimental Designs for Research 37-42 (1966); Thomas D. Cook & Donald T. Campbell, Quasi-Experimentation: Design and Analysis: Issues for Field Settings 207-32 (1979)。个别研究者指出,在使用间断时间序列分析方法时应当慎重,例如,Chester L. Britt, Gary Kleck & David J. Bordua, "A Reassessment of the D. C. Gun Law: Some Cautionary, Notes on the Use of Interrupted Time Series Designs for Policy Impact Assessment", 30 L. & Soc'y Rev. 361, 362-64 (1996) (承认间断时间序列分析法的作用,但也指出了这一研究方法可能存在的问题),以及McDowall et al.,前引注㉚,第381—390页(对Britt等人前述研究的结论进行了讨论)。

⑮ 参见 Charles R. Tittle, "Crime Rates and Legal Sanctions", 16 Soc. Probs. 409, 41 1-12 (1969) ("犯罪统计数据的不可靠性众所周知,但是由于缺乏其他数据来源,因此排除了替代性方案的可能")。在其他一些研究中,人们曾经倾向于使用被害人调查数据,而不是FBI提供的犯罪统计数据,但在本项研究中不可能这样选择,因为大规模的被害人调查数据直至20世纪70年代,也就是米兰达案判决之后才开始有的。

⑯ 参见 Fox,前引注㉟,第8页("就研究目的而言,虽然使用UCR数据存在一些固有的问题,但这些问题在运用整体时间序列数据分析时被最小化了"); Scott H. Decker & Carol W. Kohfeld, "Certain &, Severity, and the Probability of Crime: A Logistic Analysis", 19 Pol'y Stud. J. 2, 6 (1990) (认为对"官方犯罪统计数据"的统计学分析通常可以报以"足够的信心"); Ehrlich & Brower,前引注㉜,第104页(认为在进行时间系列分析时"没有明确的技术性理由"来排斥对FBI数据的运用); Walter R. Gove, Michael Hughes & Michael Geerken, "Are Uniform Crime Reports a Valid Indicator of the Index Crimes? An Affirmative Answer with Minor Qualifications", 23 Criminology (1985) (为UCR数据进行了笼统的辩护); James A. Inciardi, The Uniform Crime Reports: Some Considerations on Their Shortcomings and Utility, 6 Rev. Pub. Data Use 3, 14 (1978) (认为UCR的破案率趋势是有用的); Wesley G. Skogan, "The Validity of Official Crime Statistics: An Empirical Investigation", 55 Soc. Scl. Q. 25, 37-38 (1974) (认为官方的犯罪统计数据在不同城市之间的分布会更精确); George D. Brower, The Supreme Court and the Growth of Crime 170 (1985) (未出版的博士论文,纽约州大学水牛城分校,Stanford Law Review 待刊) (认为"基于研究者在选择和预处理数据时的适当谨慎",FBI的年度数据"适合用于实证研究")。

解决。(97) 因此，有人即攻击警察为了使得“数据好看些”(98)，或者仅仅对哪些案件应当被视为已经破获表示不同的看法而随意操纵破案率数据(99)，也就一点也不奇怪了。例如，一项针对纽约市警察局的研究即表明，该市不同警察分局的夜盗罪破案率差距甚大，这或许与每个警察局领导对破案标准的认识的差异有着重要的关系。(100) 而另外一项研究则发现，不同警察局之间在破案率的记录方式上存在着较大的差异。(101)

尽管这些差异也许代表着我们在根据破案率来分析不同警察局的工作效率时会有很多的问题，但是我们在此关注的是一项联邦最高法院针对全美警察机关适用的判例的影响。因此，我们在本项研究中使用 FBI 公布的、来自数以千计的警察机关提供的各种破案报告中的数据汇总而成的全美破案率是确当的。(102) 即使某个城市提供的破案率数据有问题，只要该数据在米兰达规则实施前后数年之内没有明显的变化，或者说其人为操纵的情况相对于全美数据而言影响不大的话，则其对我们研究的整体结论并不会产生太大的影响。(103) 另外，我们还对

---

(97) 参见 James Q. Wilson & Barbara Boland, “The Effect of the Police on Crime”, 12 *L. & Soc'y Rev.* 367,368 (1978)。

(98) 参见，e. g. , Jerome H. Skolnick, *Justice Without Trial: Law Enforcement in Democratic Society* 167-81 (2d ed. 1975)(提到了一些人为操纵破案率数据的例子)；Wald et al. , 前引注㊶，第 1580 页注释 161 (也注意到了人为操纵破案率数据的情况)；Yale Kamisar, “How to Use, Abuse—and Fight Back With—Crime Statistics”, 25 *Okla. L. Rev.* , 239, 252-53 (1972)(讨论了破案率数据问题)；David Seidman & Michael Couzens, “Getting the Crime Rate Down: Political Pressure and Crime Reporting”, 8 *L. & Soc'y Rev.* 457, 476 (1974)(对基于政治考量而修改犯罪数据的问题进行了讨论)。

(99) 参见“Controlling Crime Hearings”, 前引注(62)(statement of Robert W. Johnson, County Attorney, Anoka County, Minnesota)(“破案对不同的领导来说意味着不同的事情”)；请比较 Keith Bottomley & Clive Coleman, “The Police”, in *Interpreting Crime Statistics* 44, 54-55 (Monica A. Walker ed. , Royal Statistical Soc'y Lecture Note Series No. 1, 1995)(根据不同司法管辖区对“破案”一词的解释不同对英国的破案统计进行了批判)；“Lawrence W. Sherman, Defining Arrest: Practical Consequences of Agency Differences (Part Ⅰ)”, 16 *Crim. L. Bull.* 376, 380 [1980])(“因为与客观上是否忙碌毫无关系，在不同警察局之间破案率数据会存在很大的差异”，转引自 Wilson & Boland, 前引注(97)，第 368 页)。

(100) 参见 Peter W. Greenwood, *An Analysis of the Apprehension Activities of the New York City Police Department* 18 (1970)。

(101) 参见 Bernard Greenberg Oliver S. Yu & Karen I. Lang, *Enhancement of the Investigative Function* 10 (1972)。

(102) Cf Yehuda Grunfeld & Zvi Griliches, “Is Aggregation Necessarily Bad?”, 42 *Rev. Econ. & Stat.* 1, 10 (1960)(“如果人们的兴趣就在聚合数据的话，聚合数据并不一定就是不好的”)。

(103) 参见 FOX, 前引注㊱，第 7 页(认为我们不必对数据被人为操纵的问题“过于操心”，因为时间序列分析“不会涉及横截面数据，而只涉及同一群体在同一时间序列中的情况”)；Charles R. Tittle & Alan R. Rowe, “Certainty of Arrest and Crime Rates: A Further Test of the Deterrence Hypothesis”, 52 *Soc. Forces* 455,456 (1974)(认为虽然存在操纵数据的可能性，但是也“有对这些操纵行为是否严重污染了数据进行质疑的理由……另外，这一偏差似乎普遍存在于所有警察局，因此对数据整体的内部变化分析的有效性应该不会受到影响”)。

整体数据中不同司法管辖区之间的差异最小的暴力犯罪、财产犯罪破案率进行了单独考察。[104]

另外一个可能的问题是，FBI 的数据因为每个城市警察局报告的数据变化而在不同年度之间有些变化。但是，从全美范围来说，这一变化对研究的影响同样可以忽略。[105] 另外，关于数据的一些问题我们将在本文的附录中进一步讨论。[106]

从文献检索的情况看，讨论影响破案率因素的文章，特别是从时间维度来讨论的文章很少[107]，仅有一些对个别司法管辖区的研究。这些研究表明，现有的关于破案率的研究模式还很不完善，他们未能提出一个能够用来很好地解释破案率的分析框架。[108] 但是，有一点必须肯定的是，这些研究已经提出了一些可控变量。

犯罪率是最经常被研究者们认为影响破案率的因素，最为标准的解释是，由于警察有太多的案件需要去侦破，而他们只能破获其中的一小部分[109]——有人称之为"超载理论"[110]"过载理论"[111]，或者是"系统疲劳理论"[112]。虽然这一理论具有

---

[104] 参见 Gene Swimmer, "The Relationship of Police and Crime: Some Methodological and Empirical Results", 12 *Criminology* 29 3, 304 (1974)（认为数据年技术的变异性对数据的影响，通过将所有案件类型化为"财产犯罪"和"暴力犯罪"而最小化了）；还可参见 Fox，前引注⑩，第 124 页注释 4（注意到大部分计量经济学研究运用的都是整合后的犯罪指标）。

[105] 参见 FOX，前引注㊱，第 127 页注释 11（"虽然 FBI 数据表中包括的城市组并不会每年都发生变化，但因为这些变化导致的错误程度相对于整体数据而言微乎其微"）。UCR 报告中的司法管辖区变化所带来的问题，就像刚才讨论过的另一个问题一样，再次强化了我们将注意力集中在全美性数据上的意愿。全美性的数据可以平衡这些异动带来的影响，使我们看到一片"森林"而不是一棵"树"。

[106] 参见 Appendix。

[107] 参见 Peggy S. Sullivan, Determinants of Crime and Clearance Rates for Seven Index Crimes 28 (1985)（未出版的博士论文，凡德比特大学）(*Stanford Law Review* 待刊)（"社会科学研究通常不会将破案率作为研究主题予以高度关注"）。

[108] 参见 e.g., Thomas F. Pogue, "Effect of Police Expenditures on Crime Rates: Some Evidence" 3 *Pub Fin Q.* 14, 24 (1975)（发现"破案率情况无法通过回归方程中的变量得到很好的解释"）；Sullivan，前引注⑩，第 174 页（在研究大量的样本后得出结论"这些曾经预测出通常情况下的破案率的样本并不详尽"）。

[109] 参见 FOX，前引注㊱，第 26 页（推进这一假设）；Llad Phillips & Harold L. Votey, Jr., "An Economic Analysis of the Deterrent Effect of Law Enforcement on Criminal Activity", 63 *J. Crim. L. Criminology & Police Scl* 330, 335 (1972)（同前）；cf: Dale O. Cloninger & Lester C. Sartorius, "Crime Rates, Clearance Rates and Enforcement Effort: The Case of HoustonTexas", 38 *Am. J. Econ. & Soc.* 389, 396-97 (1979)（发现 1960 年至 1975 年休斯敦、得克萨斯的破案率与犯罪率成反比）；Pogue，前引注⑩，第 21 页（表明破案的数量可能与犯罪的数量成正比，即潜在的破案数量）。

[110] Michael Geerken & Walter R. Gove, "Deterrence, Overload, and Incapacitation: An Empirical Evaluation", 56 *Soc. Forces* 424, 429-31 (1977)。

[111] Nagin，前引注㊿，第 119 页。

[112] Charles H. Logan, Arrest Rates and Deterrence, 56 *Soc. Sci. Q.* 376, 384 (1975)。

直觉上的吸引力,但是在经验支持方面还是比较含糊。[113] 而且20世纪60年代及此后犯罪率的上升,也未能与破案率在1966—1968年间急剧下降之间形成一个对应的分析模式。[114] 为了控制犯罪数,我们收集了FBI犯罪列表中所罗列罪名的全美1960—1994年的犯罪数据。由于1960年以前缺乏与此相对应的数据,我们估计FBI的数据可以向前延伸至1950年左右,这一点我们将在附录中作出进一步的解释。[115] 然后我们根据FBI的犯罪列表中规定的罪名,以及每个年度的人口情况,将相关数据转换成犯罪率,从而便于进行进一步的比较。

除了犯罪率之外,最经常被提到的影响破案率的因素还包括执法人员,以及执法成本的投入。[116] 通常认为,投入的警力与物质成本越多,破获的案件也就相应越多。在此必须再次提醒的是,尽管直觉上认为这些假设具有一定的吸引力,但是相关的研究却告诉我们,现实要远比假设更为复杂。[117] 为了对相关因素可能对破案率产生的影响加以控制,我们收集了对应时期内全美的执法人员数量数据(警力,police personel)[118],以及通货膨胀对物价指数影响之下,州以及地方政

---

[113] Pogue,前引注[109],第27页表4(在强奸、盗窃以及机动车盗窃而非其他犯罪中发现了一个明显具有统计学意义的过载效应),以及Sullivan,前引注[107],第171页(发现了以横断式研究支持过载假说),比较Richard R. Bennett, "The Effect of Police Personnel Levels on Crime Clearance Rates: A Cross-National Analysis", 6 *Int'l J. Comp. & Applied Crim. Just.* 177, 186 (1982) (在横断式研究中发现犯罪数量的增加使得警察的破案能力增强); David F. Greenberg, Charles H. Logan & Ronald C. Kessler, "A Panel Model of Crime Rates and Arrest Rates", 44 *Am. Soc. Rev.* 843, 849 (1979) (发现犯罪率对逮捕率的瞬时效应与滞后效应之间没有一致的统计学意义);以及Eric Rasmusen, Stigma and Self-Fullfiling Expectations of Criminality, 39 *J.L. & Econ.* 519, 520 (1996) (总结道:"过载理论……无法解释美国的犯罪模式")。

[114] 参见Cassell,前引注[33],第307—308页(注明,虽然20世纪60年代至20世纪70年代早期,犯罪率是上升的,但破案率在一个较短的时间内有所下降);Cassell,前引注[46],第334—335页(注明,1962年至1965年,此时破案率上升,而破案能力开始下降,破案能力的下降持续到20世纪70年代,其间破案率稳定)。

[115] 参见下引注[239]—[408]及相关文献。

[116] 参见,例如Fox,前引注[35],第26页(假设破案例取决于警察的规模);Bennett,前引注[113],第179页(假设"人员数量水平和警察支出与警察的破案能力直接相关")。

[117] 参见,e.g., Bennett,前引注[113],第187页(指出跨国分析显示警察变量对破案率只有极小的影响); Pogue,前引注[109],第24页(指出横向分析发现没有证据证明警察支出或警察的人力对破案率有影响); Charles R. Wellford, "Crime and the Police: A Multivariate Analysis", 12 *Criminology* 195, 205-06 (1974) (指出警察变量在影响破案率的变量中不占多数); Thomas F. Pogue, The Crime Prevention Effects of Arrest and Imprisonment: Evidence from Multiple Cross-Section Analysis 31-35 (1983) (未刊稿, *Stanford Law Review* 待刊) (发现刑事司法支出与破案率之间没有明显统计学意义上的关系); Sullivan,前引注[90],第169页(指出横向分析显示警察变量对暴力犯罪的破案率没有影响,但其对财产犯罪的破案率有积极影响); cf. Dale O. Cloninger, "Enforcement Risk and Deterrence: A Re-examination", 23 *J. Socio-Econ.* 273, 281 (1994) (发现在威慑实验中,警力优于破案率)。

[118] 理论上,我们应该控制街上的警察人数。参见Witt & Boland,前引注[97],第377页(指出街上警官的数量与巡逻队数量之间的相关性很低)。不幸的是,在这一论题下的国家数据无法得到。

府对警察部门的投入情况(police dollars)。

舒尔霍夫教授曾经认为,破案率不仅仅会对警力以及政府执法成本投入情况作出回应,而且还是这些因素与犯罪总数之间的互动的反应——他将此称为司法体制的"能力"(capacity)。[119] 为了验证这一理论,我们增加了"警民能力"(personnel capacity)、"警财能力"(dollar capacity)变量项。"警民能力"指的是根据犯罪率对警民比例的评价,而"警财能力"则是根据犯罪率情况对政府对每名警察的财政投入情况的评价。[120]

刑事司法变量并非唯一可能影响破案率的因素,在一些刑事司法研究文献中,其他变量也被认为可能会对破案率,或者说犯罪率的变化产生影响。其中最为突出的是犯罪适龄人数。[121] 从现实的情况看,大部分的犯罪都是些处于青春期,或者刚迈入成年期的人所为。[122] 青年人数量的增加,特别是第二次世界大战后生育高峰期出生的人已经到了犯罪适龄期,被认为也许与美国犯罪率的变化有着一定的关系。[123] 犯罪适龄段通常被界定在15—24岁之间[124],这一点很容易与既有的人口普查数据形成对应。由于犯罪适龄人数情况会影响破案率,为此,我们增加了另一项变量,即"未成年人"。[125] 另外,在其他一些刑事司法研究中,已经

---

[119] 参见 Schulhofer, "Clearance Rates", 前引注㊻, 第291页。

[120] 特别是,我们将先前定义的变量警察数量(police personnel)与警察财政投入(police dollars)各自除以犯罪数(给定年份内犯罪指数的总和)。因为分子与分母构成比率,则该结果表达关于警察数量/犯罪数以及警察财政投入/犯罪数的容量变量。例如(警察数量÷人口数量)÷(犯罪数量÷人口数量)=警察数量÷犯罪数量。这与舒尔霍夫的猜测一致。参见 Schulhofer, "Bashing Miranda", 前引注㊻, 第365页。
早些时候,在关于我们的发现的初步报告里,我们用执法人员的比率除以犯罪数量并用财力除以使用的名义货币得出了人力。连同一个延续到1994年的数据集,这些差别产生了与此处那些报告轻微不同的系数。参见 Cassell, 前引注㊻, 第339页表1.1 (关于初步回归结果)。

[121] 另一个常被引用的人口统计变量是人口的种族构成。我们并没有控制这一因素,因为在这些原因中,长期的种族变化未必能解释短期的破案率的波动,且佐证人口的种族构成与破案率有联系的实证支持是薄弱的。参见 Sullivan, 前引注㊿, 第30、163—164页(从现有文献可得出少数群体对破案率的影响是"未知的",从而提出她发现少数群体对犯罪率没有影响的横向分析)。

[122] 参见 Travis Hirschi & Michael Gottfredson, "Age and the Explanation of Crime", 89 *Am. J. Soc.* 552 (1983); Darrell Steffensmeier, Cathy Streifel & Miles D. Harer, "Relative Cohort Size and Youth Crime in the United States, 1953—1984", 52 *Am. Soc. Rev.* 702 (1987)。

[123] 参见,例如:Task Force on Assessment, President's Comm'n on Law Enforcement and Admin. of Justice, *Task Force Report: Crime and Its Impact-An Assessment* app. D (1967)(以下简称 *Crime and Its Impact*); Darrel Steffensmeier & Miles D. Harer, "Did Crime Rise or Fall During the Reagan Presidency? The Effects of an 'Aging' U. S. Population on the Nation's Crime Rate", 28 *J. Res. Crime & Delinq.* 330, 343 (1991)。

[124] 参见 Kamisar, 前引注㊳, 第246页(确定15岁至24岁的人群对犯罪率产生的影响最大); Steffensmeier & Harer, 前引注[122], 第331页(同前)。

[125] 可以作出一个只适用于男性的结论,因为犯罪的人大多数为男性。然而,这样提炼出的结论可能与我们的结果几乎没有不同之处,因为在这个年龄段男性与女性之间的比例是相对稳定的。

有研究者将"未成年人"作为一种控制变量。⑱

社会经济条件的变化同样也被认为是影响破案率的因素,一些研究认为失业率也许可以用来解释美国犯罪率的起伏。⑲ 与此类似,经济收入水平、劳动力就业充分程度等都被认为与犯罪率⑳、破案率相关,特别是,这些因素也许被认为是有潜在犯罪可能者衡量犯罪的机会成本时的重要参考。因此,我们将劳动力就业充分程度(labor force participation)、失业情况(unemployment)、人均可支配收入(per capita real income)也作为可能影响破案率的变量因素加以考虑。

另外一个可以用来衡量社会环境变化的,也许与犯罪率相关的因素是未婚女性生育情况㉑,即根据人口情况测算出来的未婚女性生育率(births to unmarried woman)。

还有人认为,20世纪60年代迅速推进的城市化过程也是导致美国犯罪率急剧上升的重要因素。㉒ 确实,城市化也许会对破案率产生一些影响。㉓ 例如,通

---

⑯ 参见, e. g., Isaac Ehrlich, "Participation in Illegitimate Activities: A Theoretical and Empirical Investigation", 81 *J. Pol. Econ.* 521, 544 (1973)(将年龄段在14至24岁的女性的比例作为变量);Tittle & Rowe, 前引注⑯,第457页(在一个威慑研究中将人口控制在15至24岁)。但是参见 D. Wayne Osgood, Patrick M. O'Malley, Jerald G. Bachman & Lloyd D. Johnston, "Time Trends and Age Trends in Arrests and Self-Reported Illegal Behavior", 27 *Criminology* 389, 412 (1989)(对某些类型的刑事审判研究中适用宽泛年龄层人群发出警告);Steffensmeier & Harer, 前引注⑬,第336页(同前)。

⑰ Compare M. Harvey Brenner, Subcomm. on Economic Goals and Intergovernmental Policy of the Joint Economic Comm., 98th Cong., *Estimating the Effects of Economic Change on National Health and Social Well-Being*, S. Prt. 98—198, at 54-56 (Comm. Print 1984) (以下简称 *Effects of Economic Change*, 指出失业率与犯罪率之间的联系);M. Harvey Brenner, Book Review, 70 *J. Crim. L. & Criminology* 273, 274 (1979)(见 Brenner, Book Review)(reviewing Fox, 前引注㊱,指出福克斯不适当地将失业率从犯罪预测模型中排除了);Wilson & Boland, 前引注㊲,第374—375页(在一个抢劫率的研究中将失业率作为一个控制变量包括在内);M. Harvey Brenner, Economy, Society & Health 6 (Oct. 16, 1992)(未刊稿,发表于 The Conference on Society & Health, Stanford Law Review 待刊)(同前);Pogue, 前引注⑰,第41页(发现失业与犯罪之间的联系);Fox, 前引注㊱,第29页(综述文献并作出总结:"此时失业率对犯罪率不存在影响是明确的");Ehrlich, 前引注⑯,第555页(发现失业率与犯罪率之间并无联系,但对此结论持怀疑态度);Kenneth C. Land & Marcus Felson, "A General Framework for Building Dynamic Macro Social Indicator Models: Including an Analysis of Changes in Crime Rates and Police Expenditures", 82 *Am. J. Soc.* 565, 566 (1976)(发现犯罪率与失业率之间并无联系);Swimmer, 前引注⑭,第309页(指出失业率在刑事审判模型中几乎没有解释力)。

⑱ 参见 *Effects of Economic Change*,前引注⑰,第54、57页(指出人均收入的减少对大多数严重犯罪有负效应,出人意料的是,对于16岁至17岁年龄段的人,劳动力市场的参与和逮捕之间呈正相关);Swimmer, 前引注⑭,第309页(发现"平均收入与少数暴力犯罪而不是财产犯罪之间存在显著联系")。

⑲ 参见 Sullivan, 前引注㉚,第165页(发现谋杀的破案率与单亲母亲家庭的比例之间存在联系)。

⑳ 参见 Kamisar, 前引注㉘,第247页。

㉑ 参见 Schulhofer, "Bashing Miranda", 前引注㊻,第366—368页(指出"破案率在更大的城市中始终更低"并猜测更大的城市有更多的人口[和更多的犯罪行为],国家的破案率将因此受到影响)。

常而言,小城市的破案率总是要高一些[132],一些针对破案率的研究也发现了其与城市化之间的细微联系。[133] 为了对城市化可能对破案率产生的影响加以控制,我们增加了一项"城市化"(urbanization)变量,即居住在城市地区的居民比例。

在回应我们早期提出的一个分析模式时,舒尔霍夫教授认为我们应当对发生在大城市和小城市的犯罪单独进行研究,或者说作为控制变量加以考虑。[134] 因为小城市的破案率通常要高于大城市,舒尔霍夫教授认为,城市规模不同而导致的破案率上的差异,可能会影响我们研究结果的准确性。[135] 为了验证这一假设,我们将 UCR 提供的小城市的暴力犯罪率(crime in small cities)作为一个控制变量纳入了验证方程。[136]

我们增加了一个时间趋势变量(trend over time)作为最后一个控制变量,尽管已经有人对此提出了质疑[137],但是我们认为,这样也许有助于我们对米兰达规则之外的其他长期性的、与时间相关的趋势性因素对破案率的影响进行衡量。

最后,为了更为准确地评估米兰达规则的影响,我们在方程式中设计了一个虚拟变量"米兰达规则"(米兰达),在米兰达规则实施之前对其赋值 0,米兰达规则实施之后对其赋值 1。由于我们所分析的数据都是年度数据,而米兰达案系 1966 年 6 月 13 日判决,因此如何为 1966 年的数据赋值就成了问题。由于米兰达案的判决恰处于 1966 年中期,因此我们对 1966 年的虚拟变量"米兰达规则"赋值 0.5,1967 年之后的赋值为 1。这是一种最简单的模型,通常被作为时间序列研究的起点。[138] 接着我们讨论了米兰达规则从什么时候开始在较长时间内影

---

[132] 参见 *UCR-1995*,前引注[36],第 199 页表 25(指出国内七大城市[居民数 1 000 000 以上]严重犯罪的破案率是 16.9%,中型城市[居民数 100 000 至 249 999]严重犯罪的破案率为 21.3%,小型城市[居民数 10 000 至 24 999]严重犯罪的破案率是 25.9%)。

[133] 参见 Pogue,前引注[111],第 33 页表 5(发现城市化在解释犯罪率时不具有统计上的显著性,且人口密度只与抢劫的破案率有关);Sullivan,前引注[90],第 161—162 页(发现城市变量在解释大多数破案率时几乎微不足道);参见 Pogue,前引注[108],第 27 页表 4(发现人口密度对几乎所有犯罪案件破案率的削弱作用都具有统计学意义上的显著程度,包括谋杀和机动车盗窃,但不包括强奸、抢劫、严重伤害罪、夜盗罪和偷窃罪)。

[134] 参见 Schulhofer,"Bashing Miranda",前引注[46],第 366—367 页(猜测这是作为暴力犯罪的控制变量)。

[135] 参见上引注,第 367 页。

[136] 理论上,我们应考虑小城市的所有犯罪的比例,而不只是暴力犯罪。然而使用大量的严重犯罪的数据可能倾向于消除一些不稳定性,这些不稳定性能够为米兰达效应作出解释。因此,为了最大限度地发挥舒尔霍夫理论的作用,我们使用(正如他建议我们应该的那样)暴力犯罪的比例。

[137] 参见 Charles R. Nelson & Heejoon Kang,"Pitfalls in the Use of Time As an Explanatory Variable in Regression",2 *J. Bus. & Econ. Stat.* 73 (1984)。

[138] 参见 McDowall et al.,前引注[80],第 387—388 页(为在枪支控制时间序列研究中使用间断的、永久性变化的模型以及法律有效期进行了辩护)。

响破案率的选择性假设。[13]

我们认为,前列变量已经包括了自米兰达规则实施以来数十年间可能对破案率产生影响的所有最为重要的因素,虽然也许还有一些变量应当包括在内,但是从统计方面来考虑,一个变量尽可能少的方程有其统计学上的优势。[14] 下文我们将讨论这些被忽略的变量是否会对本文的研究结论产生影响[15],从本文的目的来说,只要有可能,我们都会尽量选择一个最不复杂的统计模式来分析问题,我们诉诸数量统计只是想更好地理清哪些因素对破案率产生了影响,而不是使这个问题变得更为模糊不清。

使用标准普通最小平方回归分析技术,我们可以得出这样一个用来解释全美破案率变化的方程:

(暴力犯罪、财产犯罪和各指数犯罪的)破案率

$= \beta_{0i} + \beta_1(米兰达)_i + \beta_2(破案率)_i + \beta_3(警察数量)_i + \beta_4(财政投入)_i$
$+ \beta_5(警民能力)_i + \beta_6(警财能力)_i + \beta_7(未成年数量)_i$
$+ \beta_8(劳动力就业充分程度)_i + \beta_9(失业率)_i + \beta_{10}(人均收入)_i$
$+ \beta_{11}(未婚女性生育率)_i + \beta_{12}(城市化程度)_i$
$+ \beta_{13}(小城市的犯罪率)_i + \beta_{14}(时间趋势)_i + \varepsilon_i$

$i$ 介于 1950 到 1995 年之间,自变量如上所列。在这个简化方程式中,我们假设不存在共时性问题(即因变量"破案率"的变化对上述自变量并不会产生任何影响),对此我们将在下文详述。[16]

### 三、 整体破案率与各类案件破案率

表 3-1 显示的是我们对暴力犯罪与财产犯罪的整体破案率的研究结果,两个方程都反映出破案率与米兰达规则之间在统计学上的某种显著系数。[17] 对那些不熟悉回归分析方程者而言,表 3-1 显示,米兰达规则实施对破案率产生了

---

[13] 参见下引注[15]—[19]及相关文献。
[14] 参见 Richard A. Hay, Jr. & Richard McCleary, "Box-Tiao Time Series Models for Impact Assessment: A Comment on the Recent Work of Deutsch and Alt", 3 *Evaluation Q.* 277, 304-05 (1979)(谨防"过度建模")。
[15] 参见下引注[20]—[30]及相关文献。
[16] 参见下引注[20]—[25]及相关文献。
[17] 尽管一个论据可由单尾检测作出,本文的所有统计显示性检测都是双尾。我们使用 95% 的置信度以阐释我们的成果。我们也指出在 90% 的置信度内我们的成果是显著的,以方便那些使用更下置信区间的人。

统计学意义上的显著影响。在暴力犯罪分析方程中,米兰达规则的影响系数是－6.731,表明如果没有米兰达规则影响的话,破案率还将提升6.73个百分点。例如,1995年FBI公布的暴力犯罪破案率为45.4%⑭,回归分析方程表明,如果没有米兰达规则的影响的话,该年度暴力犯罪的破案率将达到52.1%（即45.4%＋6.7%）。与此类似,在财产犯罪分析方程中,米兰达规则的影响系数是－2.272,从而表明,1995年财产犯罪的破案率应当为19.9%（即17.6%＋2.3%）⑮。

表3-1的数据系将暴力犯罪、财产犯罪分别作为一个整体进行分析所得出的结果。当然,如此笼统地计算可能会产生一些误导性结果⑯,特别是某类犯罪中的特定类别个案因为米兰达规则的影响特别之大,而其他类别的案件则对米兰达规则的实施并无反映,从而造成了一种该类案件整体上受到了米兰达规则影响的假象。

表3-1　1950—1995年全美暴力犯罪与财产犯罪破案率情况

城市破案率的OLS回归分析(括号中为$t$检验值)

| 变量 | 暴力犯罪 | 财产犯罪 |
| --- | --- | --- |
| 米兰达规则 | －6.731<br>（－3.936）** | －2.272<br>（－4.080）** |
| 犯罪率 | －0.226<br>（－1.096） | 0.005 80<br>（0.086） |
| 警察数量 | －9.940<br>（－1.540） | 1.633<br>（0.777） |
| 财政投入 | 0.162<br>（0.662） | －0.0422<br>（－0.530） |
| 警民能力 | 2.509<br>（1.445） | 0.572<br>（1.012） |
| 警财能力 | －6.806<br>（－0.609） | 0.602<br>（0.166） |
| 未成年人数量 | －0.388<br>（－0.691） | －0.0923<br>（－0.504） |

⑭　参见 UCR-1995,前引注㊱,第199页表25。
⑮　参见上引注,第页(列出财产犯罪的破案率为17.6%)。
⑯　参见 Lott & Mustard,前引注㊲,第7页(在一个枪支控制研究中引起了类似的关注)。

(续表)

| 变量 | 暴力犯罪 | 财产犯罪 |
|---|---|---|
| 劳动力就业充分程度 | 0.634<br>(1.561) | 0.0453<br>(0.342) |
| 失业率 | 0.970<br>(2.992)** | 0.458<br>(4.340)** |
| 人均收入 | 0.00451<br>(2.698)* | 0.00288<br>(3.448)** |
| 未婚女性生育率 | 0.0213<br>(0.099) | 0.0926<br>(1.326) |
| 城市化水平 | 2.509<br>(2.067)* | 0.460<br>(1.166) |
| 小城市的犯罪率 | 0.166<br>(1.496) | −0.0366<br>(−1.013) |
| 时间趋势 | −1.250<br>(−3.041)** | −0.508<br>(−3.800)** |
| 顶距差 | 2267.9<br>(3.068)** | 962.9<br>(3.999)** |
| 调整后的 $R^2$ | 0.983 | 0.980 |
| 均方根误差 | 1.114 | 0.362 |
| 德宾-沃森(Durbin-Watson)检验 | 2.065 | 2.102 |

** 在 0.01 水平上具有显著性；* 在 0.05 水平上具有显著性；† 在 0.10 水平上具有显著性。

这一问题可以通过简单地分离暴力犯罪与财产犯罪，然后对一些类型的案件进行单独的回归分析解决。图 3-3 显示的即是暴力犯罪中的非过失谋杀罪、强奸罪，以及故意伤害罪的破案率情况。

图 3-3 显示，三类案件的破案率都呈现出一种长期向下的趋势。与其他类型的暴力犯罪不同的是，抢劫罪的破案率在 1966—1968 年间出现了急剧下跌，由于抢劫罪的破案率相当之低，我们对抢劫罪的破案率情况进行了单独考察（参见图 3-4）。

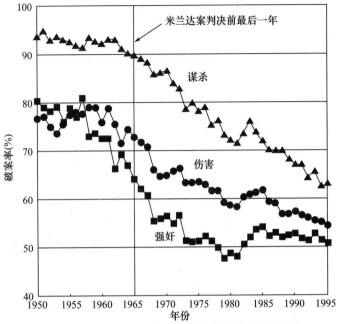

图 3-3　1950—1995 年个别类型暴力犯罪破案率情况

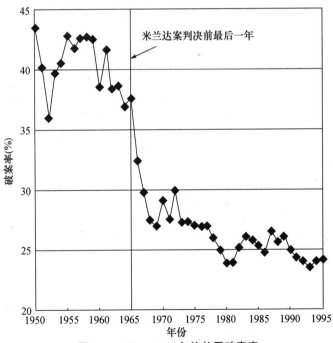

图 3-4　1950—1995 年抢劫罪破案率

正如图 3-4 所显示的那样，抢劫罪的破案率在 1966—1968 年间出现了明显的急剧下降，从而在某种程度上可以认为这一下降系米兰达规则实施的结果。而表 3-2 的回归分析数据也证明了这一猜测。⑭

表 3-2　1950—1995 年暴力犯罪的整体与类罪破案率回归分析情况

城市破案率的 OLS 回归分析（括号中为 $t$ 检验值）

| 变量 | 暴力犯罪 | 谋杀犯罪 | 强奸犯罪 | 抢劫犯罪 | 伤害犯罪 |
| --- | --- | --- | --- | --- | --- |
| 米兰达 | −6.731<br>(−3.936)** | −2.078<br>(−1.097) | 0.374<br>(0.148) | −5.306<br>(−2.858)** | −0.629<br>(−0.356) |
| 犯罪率 | −0.226<br>(−1.096) | −0.546<br>(−2.384)* | 0.0350<br>(0.115) | 0.213<br>(1.017) | −0.286<br>(−1.341) |
| 警察数量 | −9.940<br>(−1.540) | −3.734<br>(−0.522) | −4.551<br>(−0.477) | 5.342<br>(0.814) | −7.053<br>(−1.057) |
| 财政投入 | 0.162<br>(0.662) | 0.203<br>(0.750) | 0.0491<br>(0.136) | −0.341<br>(−1.369) | −0.161<br>(0.639) |
| 警民能力 | 2.509<br>(1.445) | 1.266<br>(0.658) | −1.153<br>(−0.449) | −1.195<br>(−0.677) | 2.718<br>(1.514) |
| 警财能力 | −6.806<br>(−0.609) | −12.28<br>(−0.992) | 12.47<br>(0.755) | 18.46<br>(1.624) | −10.370<br>(−0.898) |
| 未成年人数量 | −0.388<br>(−0.691) | 1.057<br>(1.700)† | −1.757<br>(−2.115)* | −0.259<br>(−0.454) | −0.304<br>(−0.525) |
| 劳动力就业充分程度 | 0.634<br>(1.561) | 0.314<br>(0.699) | 0.256<br>(0.427) | 0.174<br>(0.422) | 0.381<br>(0.909) |
| 失业率 | 0.970<br>(2.992)** | 0.569<br>(1.585) | −0.121<br>(−0.253) | 0.785<br>(2.379)* | 1.131<br>(3.372)** |
| 人均收入 | 0.004 51<br>(2.698)* | 0.000 573<br>(0.309) | −0.001 00<br>(−0.487) | 0.003 29<br>(1.935)† | 0.003 62<br>(2.093)* |
| 未婚女性生育率 | 0.0213<br>(0.099) | 0.009 53<br>(0.040) | 0.055 4<br>(0.175) | 0.216<br>(0.994) | −0.064<br>(−0.293) |
| 城市化水平 | 2.509<br>(2.067)* | 1.245<br>(0.927) | −1.237<br>(−0.689) | −0.134<br>(−0.109) | 2.964<br>(2.363)* |
| 小城市的犯罪率 | 0.166<br>(1.496) | −0.361<br>(−2.940)** | 0.176<br>(1.076) | 0.0451<br>(0.399) | 0.0500<br>(0.435) |

---

⑭　在分类方程中，我们继续将所有严重犯罪而不是特定严重犯罪的犯罪率作为自变量。我们认为这是最优模型，因为警察超负荷工作的情况很可能存在于警察的所有工作中，而不是只存在于针对特定犯罪的工作中。

(续表)

| 变量 | 暴力犯罪 | 谋杀犯罪 | 强奸犯罪 | 抢劫犯罪 | 伤害犯罪 |
|---|---|---|---|---|---|
| 时间趋势 | −1.250<br>(−3.041)** | −0.530<br>(−1.165) | −0.506<br>(−0.833) | −1.103<br>(−2.637)* | −1.230<br>(−2.895)** |
| 顶跟差 | 2267.9<br>(3.068)** | 1035.7<br>(1.265) | 1158.1<br>(1.059) | 2149.550<br>(2.858)** | 2235.2<br>(2.924)** |
| 调整后的 $R^2$ | 0.983 | 0.986 | 0.978 | 0.983 | 0.981 |
| 均方根误差 | 1.114 | 1.234 | 1.647 | 1.133 | 1.151 |
| 德宾-沃森检验 | 2.065 | 2.078 | 2.199 | 2.185 | 2.019 |

** 在 0.01 水平上具有显著性；* 在 0.05 水平上具有显著性；† 在 0.10 水平上具有显著性。

暴力犯罪中破案率受米兰达规则影响，唯一有着统计显著性的是抢劫罪。

而图 3-5 显示，自米兰达规则实施以来，财产犯罪（如夜盗、偷窃、机动车盗窃）的破案率均出现了下跌趋势。机动车盗窃案件的破案率在 1966—1968 年间出现了特别明显的下跌，而夜盗和偷窃案的破案率则在 1961—1968 年间出现了下跌，即其下跌之势自 1961 年开始。

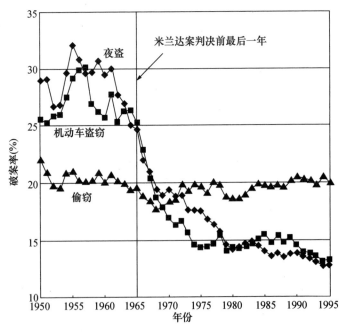

图 3-5 1950—1995 年全美财产犯罪各类案件破案率情况

回归分析的结果(参见表3-3)也验证了我们对数据的表面观察印象,即米兰达规则对各类财产犯罪案件破案率的下降具有统计学意义上的显著影响。

表3-3　1950—1995年财产犯罪的整体与类罪破案率回归分析情况

城市破案率的OLS回归分析(括号中为$t$检验值)

| 变量 | 财产犯罪 | 夜盗罪 | 偷窃罪 | 机动车盗窃罪 |
| --- | --- | --- | --- | --- |
| 米兰达 | −2.272<br>(−4.080)** | −2.549<br>(−2.840)** | −2.360<br>(−3.314)** | −4.148<br>(−3.424)** |
| 犯罪率 | 0.005 80<br>(0.086) | −0.009 15<br>(−0.084) | −0.062 7<br>(−0.728) | 0.001 81<br>(0.012) |
| 警察数量 | 1.633<br>(0.777) | 3.187<br>(0.941) | −0.312<br>(−0.116) | −2.328<br>(−0.509) |
| 财政投入 | −0.0422<br>(−0.530) | 0.0232<br>(0.181) | 0.0387<br>(0.380) | −0.0772<br>(−0.445) |
| 警民能力 | 0.572<br>(1.012) | 1.762<br>(1.934)† | 1.320<br>(1.825)† | −0.787<br>(−0.640) |
| 警财能力 | 0.602<br>(0.166) | −4.042<br>(−0.689) | −6.525<br>(−1.401) | 3.968<br>(0.501) |
| 未成年人数量 | −0.0923<br>(−0.504) | −0.610<br>(−2.072)* | 0.0455<br>(0.195) | −1.078<br>(−2.709)* |
| 劳动力就业充分程度 | 0.0453<br>(0.342) | 0.294<br>(1.383) | 0.0639<br>(0.378) | 0.523<br>(1.820)† |
| 失业率 | 0.458<br>(4.340)** | 0.706<br>(4.150)** | 0.561<br>(4.156)** | 0.108<br>(0.472) |
| 人均收入 | 0.002 88<br>(3.448)** | 0.002 19<br>(2.491)* | 0.002 49<br>(3.579)** | 0.001 80<br>(1.522) |
| 未婚女性生育率 | 0.0926<br>(1.326) | 0.0809<br>(0.718) | 0.009 25<br>(0.103) | −0.0820<br>(−0.540) |
| 城市化水平 | 0.460<br>(1.166) | 2.190<br>(3.440)** | 0.415<br>(0.822) | 0.745<br>(0.867) |
| 小城市的犯罪率 | −0.0366<br>(−1.013) | −0.0136<br>(−0.234) | −0.0621<br>(−1.343) | 0.0640<br>(0.814) |
| 时间趋势 | −0.508<br>(−3.800)** | −1.204<br>(−5.580)** | −0.274<br>(−1.600) | −0.682<br>(−2.343)* |
| 顶跟差 | 962.9<br>(3.999)** | 2190.1<br>(5.645)** | 504.6<br>(1.638) | 1290.2<br>(2.463)* |
| 调整后的$R^2$ | 0.980 | 0.992 | 0.789 | 0.983 |
| 均方根误差 | 0.362 | 0.584 | 0.464 | 0.789 |
| 德宾—沃森检验 | 2.102 | 1.944 | 2.078 | 1.687 |

　　** 在0.01水平上具有显著性;* 在0.05水平上具有显著性;† 在0.10水平上具有显著性。

## 四、解释模式

我们的分析方程表明，米兰达规则对抢劫、偷窃、机动车盗窃、夜盗案件的破案率有影响，而对谋杀、强奸、故意伤害等类案件的破案率没有影响。⑭ 如何解释？⑭ 毫无疑问，影响破案率的因素非常复杂，但是我们还是斗胆对此作一初步的解释。

初看起来，我们也许可以对此作一个简单的说明，部分将之归结为激情犯罪（包括谋杀、强奸、伤害）的破案率不受米兰达规则的影响，而那些多发性的故意犯罪（包括抢劫、偷窃、机动车盗窃、夜盗）则受到了米兰达规则的影响。当然，这一分类过于简单，显然有些杀人犯沉稳冷静，而有些机动车盗窃犯则性格冲动。但是，如果从普遍性，而不是正确性的角度来看待这一分类，那么，这也许与警察的一些经验性认识——米兰达规则对那些重复性、职业性犯罪案件的成功侦破具有实质性影响——相一致。⑮ 而且那些职业犯罪分子，更多地从事抢劫、夜盗和机动车盗窃犯罪。

对此的另一种解释是，警察对某些类型案件的侦破更多依靠犯罪嫌疑人的供述，一项针对纽约市警察局在米兰达规则实施前后的破案率研究对纽约警方通过逮捕所获得的破案率进行了分类统计。⑯ 结果表明，警方在某些类型的案件中，通过逮捕所获得的破案率要高于其他类型，特别是夜盗、偷窃、机动车盗窃，以及抢劫等类型的犯罪。⑰ 例如，夜盗罪，通过逮捕破案的比率是3.778，这意味着警察每逮捕一个夜盗犯罪嫌疑人即可由此破获3起以上的夜盗案件。很显然的是，警察所多破获的这些案件就是被逮捕者供述的结果。⑱ 此外，其他一些类型的案件，如谋杀、强奸、故意伤害，通过逮捕破案的比率基本上保持为1，意味着谋杀、强奸案件的犯罪嫌疑人很少供述超过1起以上的案件。这一对比表明，犯罪嫌疑人供述在夜盗、机动车盗窃、偷窃、抢劫罪的侦查中起着更为重要的作用。

---

⑭ 在下面的第四部分，我们将对为何将结果归因于米兰达效应，而不是其他原因进行详细论述。

⑮ 因为我们的重点在于米兰达效应，我们不会论述我们在具体的方程中发现或未发现的其他效应。例如，警力和经济变量对破案率所产生的影响。不同于米兰达效应，其他影响在某种意义上是"脆弱"的，因为他们依赖于模型设定而产生。参见下注㉖—㉒及相关文献（提出了方程的极限分析）。

⑯ 参见 Cassell，前引注⑬，第464—466页（引用的研究表明，累犯与没有犯罪记录的罪犯相比认罪的可能性小）。

⑰ 参见 Greenwood 前引注⑩，第24页表3。

⑱ 参见上引注。以下破案率与逮捕率的比例可以从相应的数据得来：杀人为1.045；强奸为1.063；抢劫为1.660；殴击为1.073；盗窃为3.778；重大盗窃罪为2.564；重大盗窃车辆犯罪为2.416。

⑲ 更多关于此事项的论述，参见下引注㉙—㉚及相关文献。

因此，这些类型案件的破案率也就易受犯罪嫌疑人供述的影响。

另外一种可能的解释是，警方更有可能将更多的资源集中于侦查那些性质、危害最为严重，而且发生数量较少的案件（如谋杀、强奸），而将更少的成本用于对付那些危害相对较小、破案率本身较低、数量众多的多发性案件（如偷窃和机动车盗窃）。对于警方而言，侦破重大案件（特别是谋杀案件）的能力如何是衡量其工作绩效的重要参考[153]，在这一评价机制之下，最大数量的警力就被用于侦查谋杀案件[154]。如果米兰达规则的实施对警方破案率产生了整体性影响，即对各类案件的侦破都产生了影响的话，警察肯定会作出相应的反应。如果说警察资源的配置对破案率有影响的话[155]，警察本应通过增加资源投入来保持或者提高对谋杀之类的重大案件的破案率，而对那些破案率低的案件投入，则低至公众几乎感受不到的程度。[156]

如果说警察资源分配影响了破案率的假设成立的话，那么，这也许就为唯一一项针对米兰达规则实施前后个案破案率的研究提供了一个有趣的注脚。匹兹堡的研究者发现，在米兰达规则实施后，谋杀案件的犯罪嫌疑人供述率下降了 27.3 个百分点，抢劫案件的犯罪嫌疑人供述率下降了 25.3 个百分点，机动车案件的犯罪嫌疑人供述率下降了 21.2 个百分点，夜盗和收赃案件的犯罪嫌疑人供述率下降了 13.7 个百分点，影响最小的是强迫性行为案件的犯罪嫌疑人的供述率，仅下降了 0.5 个百分点。[157] 有意思的是，他们的研究同时发现，米兰达规则实施之后，谋杀案件的破案率并没有下降，而抢劫罪的破案率却出现了大幅下降。[158] 在米兰达规则实施前 18 个月，匹兹堡谋杀案件的破案率为 94.3%（53 起破获 50 起），在米兰达规则实施 13 个月后，警方谋杀案件的破案率仍然为 94.4%（36 起破获 34 起）[159]，尽管在此期间犯罪嫌疑人的供述率出现了较大幅度的下降。也就是说，从匹兹堡的情况看，在犯罪嫌疑人供述率下降的情况下，通过警力资源投

---

[153] 参见 David Simon，*Homicide*：*A Year on the Killing Streets* 17-19（1991）（为此举了巴尔的摩警方的例子）。

[154] 参见 Kamisar，前引注[98]，第 252 页；请比较 Joan Petersilia，Allan Abrahamse & James Q. Wilson，*Police Performance and Case Attrition* 40（Rand No. R-3515-NIJ 1987）（指出警力"都集中于最有前途的案件中……在某种程度上，集中于最重要的那些案件中"）。

[155] 参见前引注[17]（对在此问题上相互矛盾的证据进行了梳理）；请比较表 3-1、表 3-2（发现警力对破案产生间歇性的影响）。

[156] 参见 Sullivan，前引注[107]，第 8 页（猜测此种可能性）。

[157] 这些数字是用 Seeburger & Wettick 记载的米兰达规则之后的比例减去米兰达之前的比例所得出的，前引注[22]，第 11 页表 1。

[158] 参见上引注，第 20 页（发现匹兹堡整体的破案率相比于米兰达案判决之前更高）。

[159] 参见上引注，第 21 页表 1.9。

入的增加,警方仍然可以破获 36 起谋杀案件中的 34 件。但是,在抢劫案件的侦查中却无法达到同样的效果,警力资源的增加并不能解决供述率大幅度下降对抢劫案件侦查的影响。在米兰达规则实施之前,匹兹堡警方对抢劫案件的破案率是 45.1%(2152 起案件中破获了 970 起),而在米兰达规则实施后,抢劫案件的破案率仅为 30.8%(1805 起案件破获 556 起)。[161] 如果说匹兹堡的情况能够代表全美情况的话,那么,也许就会在全国范围内出现一个警察资源分配的转移运动,警方将不得不把那些原来用于对付多发性案件(如抢劫、夜盗、偷窃、机动车盗窃)的资源,转移到谋杀、强奸等严重犯罪案件中去。这或许可以用来解释为什么我们的研究没有发现谋杀、强奸等严重案件的破案率下降的现象。

为什么在谋杀案件的侦查中未能发现米兰达规则的影响的另外一个原因可能是我们未考虑谋杀犯罪模式的变化。相对于其他暴力犯罪而言,谋杀犯罪的破案率表现出持续下降的趋势。这一下降很可能,或者至少部分应当归咎于重罪型谋杀犯罪数量的上升,以及那些发生在家庭成员之间的,或者发生在被 FBI 描述为"罗曼蒂克的三角关系以及恋人"间的谋杀案件数量的下降。[162] 从理论上看,那些发生在家庭成员或者恋人之间的谋杀案件通常容易侦破,而重罪型谋杀案件由于犯罪嫌疑人与被害人之间通常都是陌生人关系,侦破的难度也更大。我们之所以对谋杀案件类型的变化未加考虑,主要原因是获取相关数据的困难。[163] 因此,存在着谋杀案件类型的变化与米兰达规则的影响对该类案件破案率的影响相混杂的可能。

如果说谋杀案件类型的变化可能影响该类案件的破案率,并因此与米兰达

---

[161] 参见上引注。然而,对于匹兹堡研究的解读并不能解释为何机动车盗窃犯罪和偷窃罪的破案率轻微上升,见 id.,即使是在拒绝认罪的情况下。

[162] *UCR-1993*,前引注㊱,第 285 页。最新版本的 *UCR* 包含了杀人犯罪的数据,估计了每个受害者死因类别的比例:

| 类型 | 1965 年 | 1970 年 | 1975 年 | 1980 年 | 1985 年 | 1992 年 |
|---|---|---|---|---|---|---|
| 被害者系家庭成员 | 31% | 25% | 25% | 16% | 17% | 12% |
| 情人之间的争吵 | 10.1% | 7.1% | 7.3% | 5.4% | 6.2% | 4.9% |
| 重罪型杀人 | 16% | 29% | 32% | 24% | 20% | 23% |

参见上引注,第 285 页表 5.3—表 5.5。

[163] 1965 年之前 FBI 有关谋杀案件中罪犯—受害者关系的数据似乎并没有以一致的形式定期出版。参见 Letter from Bennie F. Brewer, Chief, Programs Support Section, Criminal Justice Information Services Division, FBI, to Paul G. Cassell, Professor of Law, University of Utah College of Law 1 (Jan. 28, 1997) (on file with the *Stanford Law Review*)。

规则实施对破案率的影响混杂在一起的话,那么,其他案件类型的变化是否会带来同样的结果?但是,似乎不可能出现案件类型突然变化,并且足以据之解释1966—1968年间破案率的突然下降,例如抢劫罪。无论如何,在20世纪60年代,全美的抢劫、偷窃犯罪都保持在一个相对稳定的状态。⑭ 基于我们对米兰达规则对这两类犯罪破案率的影响,我们认为,米兰达规则对破案率的影响并非犯罪模式变化的结果。

### 五、方程的说明

本节将对那些可能针对我们的回归分析方程提出的各种质疑加以说明。

（一）米兰达规则影响的时间

基本方程(basic equations)假设米兰达规则对1966年下半年警察执法产生了全面、及时的影响。然而这些影响并非自1966年6月13日最高法院宣布其判决之日起就能够被立即感受到,相反,这种影响也许是在判决数年之后才可能被人们所发现。⑮ 警察并不是在该判决宣布之后即完全以此作为他们进行羁押审讯时的法律指南,并在全美范围内一致遵行。正如我们所看到的那样,警察对米兰达案判决要求的执行"在许多司法管辖区内总是缓慢,而且毫不彻底"⑯。

在米兰达案判决之后进行的4项实证研究均表明,警察的审讯实践与判决的要求之间存在着实质性的背离。1966年夏天,耶鲁大学法学院的学生们在纽黑文警察局进行的一项观察性研究发现,警察对米兰达规则中的重要部分都未能遵守,例如从犯罪嫌疑人处获得明确的弃权声明才能进行下一步的审讯,或者在犯罪嫌疑人提出面见律师的要求时应当停止审讯等。⑰ 但是,他们同时发现,在这个夏天过去之后,警察对米兰达规则的遵守情况有了提高,他们在一小部分审讯中观察到了警察对米兰达规则的全面执行。⑱ 与此类似,一项同样在1966年夏天之后进行的、以对犯罪嫌疑人的访谈为研究方法的实证研究则表明,哥伦

---

⑭ 参见 Lawrence E. Cohen & Marcus Felson, "Social Change and Crime Rate Trends: A Routine Activity Approach", 44 *Am. Soc. Rev.* 588, 600 表5 (1979)。作者只提供了四种犯罪的趋势:抢劫、夜盗、偷窃和谋杀。虽然他们的分析似乎根据的是 UCR 计划收集的部分数据,但是这些数据并未刊载在年度犯罪报告上,且这些数据是否便于获取也不清楚。
⑮ 参见 McDowall et al.,前引注㉙,第75页(认为许多社会科学的影响都是渐进的)。
⑯ Schulhofer,前引注⑯,第513页。
⑰ 参见 Wald et al.,前引注㊶,第1550—1556页(discussed in Cassell,前引注⑬,第407—408页)。
⑱ 参见上引注,第1550页表3(数据显示从6月至8月警察审讯越来越遵循米兰达规则的要求,但并不是在每次审讯中都能遵循)。

比亚特区的警察们"更多地是只看到了米兰达规则的表达,而未能掌握米兰达规则的精神"。⑯ 另一项研究则发现华盛顿特区的警察们在米兰达案判决之后并未立即以此作为他们的审讯法律指南。⑰ 1967 年,维拉刑事司法研究所在纽约进行的"警察审讯过程录音录像"研究结果认为,警察是否遵守米兰达规则是个"难以回答的问题"(open to serious question)。⑱ 最后,1969 年,在丹佛进行的一项研究则表明,总体而言,警察在审讯时都能遵守米兰达规则的要求,但也有一些例外。⑲ 对犯罪嫌疑人的访谈则表明,有一些警察在审讯中仍然并不遵守米兰达规则。⑳ 就目前所掌握的文献情况看,这四项研究是仅有的、在米兰达案判决之后迅即开展的关于米兰达规则可能对警察执法效果有何影响的实证研究,他们的研究方法既包括对警察审讯过程的观察,也包括对那些接受过警察审讯的犯罪嫌疑人的访谈。㉑ 有意思的是,这四项研究都表明,米兰达规则在实践中并未得到警察的全面遵守。

当然,对 1966 年后警察执法过程中未实质性遵守米兰达规则的证明并未完全回答我们提出的问题,即米兰达规则何时开始影响警察的执法效果。警察整体上是否,以及从什么时候开始实质性地遵守米兰达规则的问题仍然没有得到

---

⑯ Richard J. Medalie, Leonard Zeitz & Paul Alexander, "Custodial Police Interrogation in Our Nation's Capital: The Attempt to Implement Miranda", 66 *Mich. L. Rev.* 1347, 1394 (1968). 在利奥的研究中,这一数据受到了利奥的批判,前引注⑭,第 639 页。

⑰ 见 Albert J. Reiss, Jr. & Donald J. Black, "Interrogation and the Criminal Process", 374 *Annals Am. Acad. Pol. & Soc. Sci.* 47, 55 n.6 (1967) (研究显示很少有犯罪嫌疑人在现场讯问时得到了完整的米兰达警告)。对雷斯和布莱克的研究结论还没有清晰的解释,因为他们并未具体说明哪些现场审讯涉及羁押性审讯情形,就断言应适用米兰达规则。

⑱ *Taping Police Interrogations*,前引注㊳,第 75—76 页。

⑲ 见 Lawrence S. Leiken, "Police Interrogation in Colorado: The Implementation of Miranda", 47 *Denv. L. J.* 1, 10, 14, 47 (1970) (发现严格"遵循米兰达规则的形式性要求")。该研究猜测,警察有时会忽略犯罪嫌疑人拒绝放弃权利的诉求。参见上引注,第 30 页。

⑳ 参见上引注,第 30 页 (指出,犯罪嫌疑人宣称警察在其提出要求律师帮助后仍然继续审讯)。

㉑ 一项在威斯康星州进行的研究可能也是通过准观察法完成的,但是几乎没有什么警察实践的具体信息。参见 Neal Milner, "Comparative Analysis of Patterns of Compliance with Supreme Court Decisions: 'Miranda' and the Police in Four Communities", 5 *L. & Soc'y Rev.* 119 (1970)。一个 1969 年至 1970 年的关于田纳西州和佐治亚州的警察的调查发现 36%(50 名中的 18 名)的警察说如果嫌疑人首先放弃了会见律师的权利,他们会继续讯问嫌疑人,之后嫌疑人会改变主意要求行使其米兰达权利。参见 Stephens,前引注㊻,第 196 页表 10。然而这一发现有明显的局限性,因为这一设想(即嫌疑人一开始放弃后又要求其米兰达权利的情形)不常发生。见 Cassell & Hayman,前引注㉙,第 860 页 (发现在样本中嫌疑人放弃后又请求其权利的情形只发生于 3.9% 的讯问中);Leo,"Inside the Interrogation Room",前引注㉛,第 275 页表 2 (发现这一比例为 1.1%)。其他从米兰达规则开始后的研究只包含关于警察遵守判决的隐秘信息。参见 Cassell,前引注⑳,第 1088 页注释 26 (对相关引证情况进行了梳理)。

回答。20世纪70年代起与警察审讯相关的研究相当缺乏⑮,因此也就缺乏能够证明警察是否遵守了米兰达规则的确切证据。然而,主流的观点是,现在的警察都能够遵守米兰达规则的要求⑯,而且他们大约自1969年起就已经这样做了。根据一位学者针对既有信息的分析所得出的结论,警察对米兰达规则的遵守情况表现出一种"变迁"的特征,大约在20世纪60年代末期,米兰达规则已经被警察所接受,并成为他们审讯工作的一个部分。⑰这一结论意味着可以合理地假设米兰达规则对警察执法效果的影响大约在判决作出的数年之后开始表现出来。

从犯罪嫌疑人的角度展开的研究同样表明,米兰达规则的影响大致在判决作出的数年之后才得以表现,可以假设犯罪嫌疑人直接或者间接具备利用警察审讯新规则(即米兰达规则)的经验也需要数年之久。当然,与此相关的精确的实证研究相当难以操作,但还是有一些零星的研究表明,数年之后犯罪嫌疑人开始适应了米兰达规则要求之下的审讯模式。⑱

最后一个问题是,1966年之前犯罪嫌疑人供述率的下降是否因为沃伦法院此前的一些判决,特别是联邦最高法院1964年6月作出的埃斯科贝多诉伊利诺伊州案判决。⑲在这个案件中,因为警察拒绝了犯罪嫌疑人埃斯科贝多在警方对其采取侦查行动之后提出的面见律师的要求,最高法院因此排除了埃斯科贝多的供述,该案判决所确立的规则被人形象地比喻为"手风琴"式的,既可以"松"也可以"紧"。⑳ 显然,该案判决所确立的意义以及适用范围的不确定引起了强烈而

---

⑮ 见 Cassell & Hayman, 前引注㉙, 第 848—849 页(发现自 1970 年起几乎已没有关于警察讯问的研究); Thomas, 前引注⑨, 第 822 页(同前)。

⑯ 见 Cassell & Hayman, 前引注㉙, 第 887—892 页(对这一影响的参考和证据进行了梳理)。

⑰ Van Kessel, 前引注⑬, 第 102—103 页; 还可参见 Leo, 前引注⑭, 第 645 页(在全面审查这些研究后得出结论,即"在经过了一段初始调整期后的 1966 年至 1969 年里,美国的警察开始按部就班地遵守新的米兰达规则"); Thomas, 前引注㉙, 第 953 页(提出米兰达规则的研究的"起始点"应在"论战已经消退且警察已经适应其约束下……的 20 世纪 70 年代的十年间")。

⑱ 参见 David Dixon, Keith Bottomley, Clive Coleman, Martin Gill & David Wall, "Safeguarding the Rights of Suspects in Police Custody", 1 *Policing & Soc'y* 115, 122 (1990) (作者认为,在新的审讯制度下,1984 年至 1987 年间英国城市中青少年要求律师帮助的数量激增在某种程度上是信息传播的结果)。该观点并不是指犯罪嫌疑人通过改变他们所犯下的罪的种类来回应米兰达规则。请比较 Philip J. Cook, "The Clearance Rate As a Measure of Criminal Justice System Effectiveness", 2 *Criminology Rev. Y. B.* 669 (1980) (在威慑研究中讨论这个问题)。相反,该主张是指一些嫌疑人通过作出更少的有罪陈述来回应米兰达规则,从而使得破案更加困难。参见 Cassell, 前引注⑬, 第 450—451 页("能够支持这一假设的是,现在人们实际上变得'米兰达化'了")。

⑲ 378 U. S. 478 (1964).

⑳ Yale Kamisar, Wayne R. LaFave & Jerold H. Israel, *Modern Criminal Procedure* 465 (8th ed. 1994).

广泛的异议。⑱ 就目前而言,很少有证据表明该案判决对犯罪嫌疑人的供述率有何影响,即使有,也是微乎其微。⑲ 然而,仍然有这样的可能,即埃斯科贝多案或此后一些下级法院对该案的解释⑳将对米兰达案判决之前的犯罪嫌疑人供述率形成有限的影响,但这一问题可以通过一些方式来验证。

虽然米兰达规则的影响似乎并未在案件判决之后就立即显现出来,但就现有的信息而言还是无法精确地确立一个适合米兰达规则影响的结构。在这一点上必须注意,因为从理论上来说,影响结构的选择不同将导致回归分析结果出现差异。㉑

我们认为,最为确切的看法是,米兰达规则大约经过 1966—1968 年之后,其效果才逐渐显现出来。但是,为了对各种相互排斥的可能性进行评估,我们对米兰达规则变量不同的影响结构进行了检验。需要进一步强调的是,我们对这些可能变量的检验仅仅是为了反驳那些对我们的评估模式的潜在批判。因为,在那些曾经告诫我们不要试图仅依据一个影响结构模式即得出预期结果者中不乏相当的智慧。㉒ 然而,我们在此的尝试并非为了得出某种结论,而是为了分析不同的假设可能带来什么差异,从而对我们的研究结论的说服力进行验证。

我们假设米兰达规则的影响在下列情形之一中能够得到忠实的反映:

1966 年 7 月,我们将此作为基本模式的起点。根据我们此前讨论的米兰达影响结构,我们假设自 1966 年 7 月 1 日起米兰达规则即对警察的执法效果产生了影响,即米兰达规则的影响值从 1966 年之前的 0,到 1966 年的 0.5,1967 年及其后为 1。此即统计学中的"突变永久模式"(abrupt permanent model)。㉓

---

⑱ 同上引注。

⑲ 证据收集来自 Cassell,前引注⑬,第 493—494 页。例如,全国总检察长协会 1996 年 5 月的年会出席者所达成的"共识"是埃斯科贝多案判决对供述率没有太大的影响。参见 Sidney E. Zion, "Prosecutors Say Confession Rule Has Not Harmed Enforcement", *N. Y. Times*, May 18, 1966, at 27。

⑳ 参见 United States ex rel. Russo v. New Jersey, 351 F. 2d 429 (3d Cir. 1965) (要求警察告诉犯罪嫌疑人有权获得律师帮助),后被撤销, 384 U. S. 889 (1966); 人民诉多拉多案(People v. Dorado, 398 P. 2d 361 [Cal. 1965])(全席庭审,要求加利福尼亚州的警察提醒犯罪嫌疑人有聘请律师以及保持沉默的权利)。

㉑ 参见 Schulhofer, "Clearance Rates",前引注㊻,第 291—292 页(指出回归分析中时间段选择的不适当可能产生的影响);还可参见 Britt et al.,前引注㊾,第 368—370 页(对枪支管制法影响的回归分析模型选择对结论的有效性具有重大影响问题进行了了解释); McDowall et al.,前引注㊿,第 385—386 页(同前)。

㉒ 参见 McDowall et al.,前引注㊿,第 386 页。

㉓ 参见 Sir Maurice Kendall & J. Keith Ord, *Time Series* 222 (3rd ed. 1990)。

1966—1968年，假设1966年之前米兰达规则对警察执法效果的影响值为0,1966年为0.333,1967年为0.666,1968年及其后为1。目前所掌握的证据表明，警察在米兰达案判决之后，短期内并未根据米兰达规则的要求调整他们的审讯行为，因此这一模式也许是用来检验米兰达规则对警察执法效果影响的最佳模式，这一模式即统计学上的"渐进永久模式"（gradual permanent model）。[⑰]

1966年，假设1966年之前米兰达规则对警察执法效果的影响值为0,1966年及其后的影响值为1。

1967年，假设1967年之前米兰达规则对警察执法效果的影响值为0,1966年及其后的影响值为1。

1964—1968年，假设米兰达案之前的埃斯科贝多案判决已经开始对警察的执法效果发生影响，而米兰达的影响直到1968年才显现出来，假设米兰达规则对警察执法效果的影响值在1964年之前为0,1964年为0.100,1965年为0.333,1966年为0.666,1967年为0.900,1968年及其后为1。这一模式则将包括埃斯科贝多案至米兰达案期间所有的其他因素，或者警察对米兰达判决的"预期"所带来的影响。[⑱]

1964—1969年，假设米兰达案之前的埃斯科贝多案判决已经开始对警察的执法效果发生影响，而米兰达的影响直到1969年才显现出来，假设米兰达规则对警察执法效果的影响值在1964年之前为0,1964年为0.166,1965年为0.333,1966年为0.500,1967年为0.666,1968年为0.832,1969年及其后为1,这一模型将米兰达规则对警察执法效果的影响时间前后延展为5年。

正如表3-4所显示的那样，米兰达规则变量指标总体上对这些米兰达规则影响的选择性规格（alternative specifications）反应并不是非常敏锐。[⑲]

---

[⑰] 同前引注。
[⑱] 如果警察在收到预期合法命令前变更程序，将会产生预期效应。其他时间序列分析考虑的是此类在实际合法变更实施前产生预期或"预告"效应的可能性。参见 e.g., Glenn L. Pierce & William J. Bowers, "The Bartley-Fox Gun Law's Short-Term Impact on Crime in Boston", 455 *Annals Am. Acad. Pol. & Soc. Sci.* 120, 124 (1981) (在枪支管制法实际生效日的一个月前发现了预期效应)。在米兰达规则的语境下，有可能出现执法机构在调整了他们的执法程序后"预见"了关于米兰达案的判决，参见 Milner, 前引注⑭,第128页 (指出警察可能在预见到这一判决之前已经"调整了他们的教育和审讯程序")，警察似乎并没有因为先行遵循类似于米兰达规则的审讯规范而预见到米兰达规则最具危害后果的特性，尤其是要求犯罪嫌疑人在接受审讯之前必须放弃其权利和随时停止接受审讯的要求。参见 Cassell, 前引注⑬,第494—496页。
[⑲] 我们还进行了一个多年数据的复杂多项式分布滞后模型运算。结果通常都与表3-4显示的一致。

### 表 3-4 米兰达变量影响的开始和渐进之选择性结构(1950—1995 年)
### 米兰达变量的系数
城市破案率的 OLS 回归分析(括号中为 $t$ 检验值)

| 犯罪类型 | 1966 年 7 月 | 1966—1968 年 | 1966 年 | 1967 年 | 1964—1968 年 | 1964—1969 年 |
|---|---|---|---|---|---|---|
| 暴力犯罪 | −6.731 (−3.936)** | −9.057 (−4.633)** | −3.987 (−2.545)* | −5.213 (−3.561)** | −7.978 (−3.653)** | −8.810 (−3.115)** |
| 谋杀犯罪 | −2.078 (1.097) | −3.084 (−1.354) | −1.021 (−0.648) | −1.822 (−1.162) | −2.143 (−0.902) | −1.714 (−0.577) |
| 强奸犯罪 | 0.374 (0.148) | −0.879 (−0.287) | 0.601 (0.290) | −0.097 (−0.046) | 0.0678 (0.021) | 0.673 (0.172) |
| 抢劫犯罪 | −5.306 (−2.858)** | −6.383 (−3.013)** | −3.971 (−2.707)** | −3.267 (−2.125)* | −5.601 (−2.478)* | −5.121 (−1.749)† |
| 伤害犯罪 | −0.629 (−0.356) | −2.842 (−1.360) | 0.149 (0.097) | −1.010 (−0.693) | −0.477 (−0.216) | −0.912 (−0.333) |
| 财产犯罪 | −2.272 (−4.080)** | −3.030 (−4.752)** | −1.522 (−3.059)** | −1.579 (−3.174)** | −2.748 (−3.894)** | −3.104 (−3.406)** |
| 夜盗犯罪 | −2.549 (2.840)** | −3.337 (−3.129)** | −2.253 (−3.117)** | −1.217 (−1.508) | −3.180 (−2.841)** | −3.649 (−2.580)* |
| 偷窃犯罪 | −2.360 (−3.314)** | −3.319 (−4.092)** | −1.580 (−2.548)* | −1.643 (−2.644)* | −3.173 (−3.678)** | −3.990 (−3.751)** |
| 机动车盗窃 | −4.148 (−3.424)** | −5.231 (−3.609)* | −2.462 (−2.273)* | −5.231 (−3.609)** | −2.462 (−2.273)* | −4.758 (−2.346)* |

\*\* 在 0.01 水平上具有显著性;\* 在 0.05 水平上具有显著性;† 在 0.10 水平上具有显著性。

米兰达规则对暴力犯罪、财产犯罪、偷窃、机动车盗窃案件警察执法效果的影响,在所有的假设中都具有统计学意义上的显著性,同时对抢劫、夜盗案件而言,在几乎所有的假设中同样具有显著性。因此,米兰达规则对警察执法效果影响的时间问题,在这一最佳模式(1966—1968 年)的所有类型中都具有统计学意义上的显著性。唯一的问题是米兰达规则影响系数在所有类型中的波动。从整体上看,随着时间的推移,米兰达规则影响的系数逐渐增大,这也与那些认为米兰达规则对警察执法效果的负面影响需要数年时间才能得以充分显现的观点相一致。⑲ 总之,我们的结论并不依赖于米兰达规则的影响效果随着时间渐进显现的假设。

为了对米兰达规则的拥护者可能提出的"随着时间的流逝,警察已经适应了米兰达规则对审讯的要求,因此其负面影响也将迅速消散"⑳的假设力度进行检验,我们决定对数种可能的影响结构进行模型化。如果米兰达规则确实影响了警方的破案率,即使只是短时期的影响,而且其影响确实迅速地消散,那么这种影响也将在下列情形中得到真实的反映。

短时渐进。作为米兰达规则拥护者们所提出的基本理论模型的起点,我们对米兰达规则的影响将在 1966 年初步体现,在 1967 年得到完全显现,并在 1968 年进入半衰期,而后于 1969 年完全消散的假设进行了检验,即 1966 年之前米兰达规则对警察执法效果的影响值为 0,1966 年为 0.5,1967 年为 1,1968 年为 0.5,1969 年及其后为 0,这一模型,我们称之为短时渐进模型。㉑

延展后的短期渐进。这一模型同样假设米兰达规则对警察执法效果具有一种短期渐进的影响,但是进一步假设米兰达规则(以及埃斯科贝多案判决等)的影响效果将在更长的一段时间才会得以显现和消散。在此可以假设 1964 年之前米兰达规则对警察执法效果的影响值为 0,1964 年为 0.25,1965 年为 0.5,1966 年为 0.75,1967 年为 1,1968 年为 0.75,1969 年为 0.5,1970 年为 0.25,其后为 0,这一模型,我们称之为延展后的短期渐进模型。

短时突变。这一模型假设米兰达规则对警察执法效果的影响立即得到体现,然后消散。在这一模型之下,可以将 1966 年之前米兰达规则对警察执法效果的影响值假定为 0,1966 年为 1,1967 年为 0.75,1968 年为 0.5,1969 年为 0.25,1970 年及其后为 0,这一模型我们称之为短时突变模型。㉒

正如我们在表 3-5 中所看到的那样,这些模型与相关数据之间的匹配度并不太好。

在惯常的 0.05 信度水平上,没有一个模型所得出的米兰达规则影响系数具有统计学意义上的显著性,从而表明,那些认为米兰达规则给警察执法效果带来

---

⑲ 请比较 McDowall et al., 前引注㉚,第 385—386 页(作者指出,一项法律变更生效日的错误确定可能导致低估该变更造成的影响)。
⑳ Schulhofer, 前引注⑯,第 507 页。
㉑ 参见 Kendall & Ord, 前引注⑱,第 222 页。
㉒ 参见上引注。

的负面影响只是短时的,并将迅速消散的理论假设与事实并不吻合。[194]

**表 3-5 米兰达变量影响渐进之结构:短时模式(1950—1995 年)**

**米兰达变量的系数**

城市破案率的 OLS 回归分析(括号中为 $t$ 检验值)

| 犯罪类型 | 短时渐进 | 延展后短时渐进 | 短时突变 |
|---|---|---|---|
| 暴力犯罪 | -2.201<br>(-1.411) | -2.182<br>(-0.951) | -1.342<br>(-0.870) |
| 谋杀犯罪 | -1.074<br>(-0.730) | -0.934<br>(-0.436) | -0.662<br>(-0.462) |
| 强奸犯罪 | 0.426<br>(0.219) | 1.173<br>(0.418) | 0.374<br>(0.844) |
| 抢劫犯罪 | -2.481<br>(-1.703)† | -1.374<br>(-0.627) | -2.367<br>(-0.105) |
| 伤害犯罪 | 1.219<br>(0.908) | 1.787<br>(0.919) | 0.879<br>(0.670) |
| 财产犯罪 | -0.757<br>(-1.477) | -0.882<br>(-1.175) | -0.626<br>(-1.245) |
| 夜盗犯罪 | -0.896<br>(-1.183) | -1.171<br>(-1.064) | -1.314<br>(-1.841)† |
| 偷窃犯罪 | 0.201<br>(0.118) | -0.304<br>(-0.123) | 0.307<br>(0.186) |
| 机动车盗窃 | -1.596<br>(-1.513) | -1.485<br>(-0.952) | -0.906<br>(-0.864) |

** 在 0.01 水平上具有显著性;* 在 0.05 水平上具有显著性;† 在 0.10 水平上具有显著性。

(二)时间序列的持续性

在使用间断时间序列模式问题上曾经有人提醒过,数据起讫点的选择可能会影响最终的研究结果。[195] 通常而言,研究者对某一问题的分析最好使用全部现有数据。[196] 然而,检验结论是否在不同的时期内发生改变是有益的。因为正如有

---

[194] 请比较 Britt et al., 前引注[94],第 369 页(认为应对一项法律变更的假设影响进行检验,如果模型并不符合,则应该驳回此假设)。

[195] 参见同上引注,第 370—371 页;David Cantor & Lawrence E. Cohen, "Comparing Measures of Homicide Trends: Methodological and Substantive Differences in the Vital Statistics and Uniform Crime Report Time Series" (1933-1975), 9 *Soc. Sci. Res.* 121, 135 (1980); McDowall et al., 前引注[80],第 389—390 页。

[196] 参见, e.g., McDowall et al., 前引注[80],第 389 页。

人指出的那样:"如果时间序列的回归分析真实地表征了潜在的因果关系,那么预设系数即相对独立于分析所选择的特定时间。"⑲

在我们的方程中,两个时间段因为充满争议,似乎可以排除在分析之外。首先,我们本可以从 1960 年之前开始,上溯至 20 世纪 50 年代,这样就可以更为清楚地看到 20 世纪 60 年代美国警方在破案率方面的显著下降,因为 FBI 已经持续发布了此前的犯罪率数据。如果我们试图将 1960 年以前的数据包括进去,这一时间段就必须考虑在内。⑱ 同时,FBI 在 1958 年修正了一些犯罪的定义,这意味着其早期公布的一些数据也许并不具有严格的可比性。⑲ 将方程分析数据扩展到 1960 年之前同时可以消除 1959 年才将夏威夷和阿拉斯加纳入全美国数据中可能引起的问题。⑳ 为了回答这些问题,我们对 1960—1995 年的数据重新进行了回归分析。其次,舒尔霍夫教授曾经认为,如果将分析的时间扩展到 20 世纪 80 年代和 90 年代,将 1980 后数据引入分析,将大大降低米兰达规则变量在关键的 20 世纪 60—70 年代所表现出来的显著性(很多人认为,20 世纪 40 年代末期的生育高峰期出生的孩子,到 20 世纪 60—70 年代进入了犯罪高峰期,从而大大提高了美国的犯罪率,并因此降低了警方的破案率,所以舒尔霍夫教授等认为,这一时期破案率的下降不应归因于米兰达规则的实施)。㉑ 这一点的原因也许难以解释,但是我们还是通过对 20 世纪 50 年代至 80 年代的数据进行回归分析而对这一可能性进行了考虑。

表 3-6 显示的是通过使用米兰达规则影响基本结构来对相应时间段数据进行分析所得出的重复检验结果。正如我们所看到的那样,我们的结果对数次重复检验都表现出了在时间维度上的免疫性。米兰达规则变量在暴力犯罪、抢劫犯罪、财产犯罪、偷窃犯罪和机动车盗窃犯罪上都显现出统计学意义上的显著性。唯一的差异是,米兰达规则变量在 1950—1980 年间的夜盗罪在 0.05 信度水平上不具有统计学意义上的显著性。

---

⑰ William J. Bowers & Glenn L. Pierce, "The Illusion of Deterrence in Isaac Ehrlich's Research on Capital Punishment", 85 *Yale L. J.* 187, 197 (1975). 但请参见 Isaac Ehrlich, "Deterrence: Evidence and Inference", 85 *Yale L. J.* 209, 214-17 (1975) (就此结论进行了讨论)。

⑱ 参见下引注㊱—㊵及相关文献。

⑲ 参见"Crime and Its Impact", 前引注⑫, 第 20 页 ("在 1958 年之前的数据…必须注意其既非完全可比,也没有之后的数据那么可靠"); UCR-1958, 前引注㊱, 第 2—3 页 (指出 UCR 的改变)。就目前来说, 最显著的变化似乎是将强奸的数据限制在暴力强奸上。参见 UCR-1958, 前引注㊱, 第 2 页。它也提到了 1960 年盗窃罪定义的改变。见 Cohen & Felson, 前引注⑭, 第 601 页。

⑳ 参见下引注㊳及相关文献 (提出了这一问题)。

㉑ Schulhofer, "Clearance Rates", 前引注㊶, 第 292 页。

### 表 3-6 米兰达变量序列系数的替代性时代
### 米兰达变量的系数
城市破案率的 OLS 回归分析(括号中为 $t$ 检验值)

| 犯罪类型 | 1950—1995 年 | 1960—1995 年 | 1950—1980 年 |
|---|---|---|---|
| 暴力犯罪 | −6.731 (−3.936)** | −7.232 (−3.682)** | −5.224 (−2.842)* |
| 谋杀犯罪 | −2.078 (−1.097) | −2.644 (−1.328) | −0.973 (−0.584) |
| 强奸犯罪 | 0.374 (0.148) | −1.886 (−0.766) | 1.213 (0.345) |
| 抢劫犯罪 | −5.306 (−2.858)** | −7.237 (−4.410)** | −6.614 (−3.346)** |
| 伤害犯罪 | −0.629 (−0.356) | −0.672 (−0.302) | 0.844 (0.355) |
| 财产犯罪 | −2.272 (−4.080)** | −1.984 (−3.919)** | −2.205 (−2.687)* |
| 夜盗犯罪 | −2.549 (−2.840)** | −1.996 (−3.056)** | −2.616 (−1.888)† |
| 偷窃犯罪 | −2.360 (−3.314)** | −2.012 (−2.297)* | −1.923 (−2.144)* |
| 机动车盗窃犯罪 | −4.148 (−3.424)** | −5.371 (−5.435)** | −5.179 (−2.620)* |

** 在 0.01 水平上具有显著性；* 在 0.05 水平上具有显著性；† 在 0.10 水平上具有显著性。

### (三) 线性模型的适当性

在一篇针对我们的研究结果进行预测的短文中,舒尔霍夫教授认为,我们的线性模型不能准确地评估持续上升的犯罪率对刑事司法体系的影响。他认为,自 20 世纪 60 年代以来持续上升的犯罪潮有点类似于"不断积累的(犯罪)压力最终使之(刑事司法体系)付出代价——(刑事司法)溃坝"[202]。为了论证这一可能,舒尔霍夫教授认为,回归方程必须考虑"(刑事司法体系的)承受能力,(对犯罪的)延迟反应,以及等等类似的因素"[203]。

我们对舒尔霍夫等关于破案率下降的类似解释持怀疑态度。在我们的回归分析方程中没有任何信息可以表明线性模型有何不适当之处,因为所有的概要统计均表明线性模型为分析米兰达规则对警察执法效果的影响(破案率)提供了

---

[202] 同上引注。
[203] 同上引注,第 293 页。

一个相当合适的模型。[204] 相反,非线性的、定量变化模型不可能很好地运作,取决于全美数以千计刑事司法机关行为的全美整体犯罪统计预测器。即使其中某个刑事司法机构的破案率受到了舒尔霍夫教授等所说的某个"转换点"的影响,我们仍然不清楚为什么所有的其他刑事司法机构的破案率同时也受到了这一"转换点"的影响。刑事司法研究者们过去也经常使用线性模型来解释类似于犯罪和破案率等变量之间的关系,特别是在对全国范围内的数据进行模型化处理时。[205] 最后,也许最为重要的是,非米兰达规则导致的破案率变化的非特定化定量变化模型假设,几乎相当于认为,就像一种信条一样,米兰达规则对警察的执法效果没有任何影响。而对类似假设的检验实际上不可能,因为它要求对那些不可能被感知、观察和进行经验研究的数量变化性质进行一系列的假设。例如,舒尔霍夫教授建议我们对警察机关的"备用能力"(reserve capacity)加以模型化。[206] 但是,根据可得的客观数据,根本没有什么所谓的警察"备用能力"。例如,1965 年记录的犯罪案件中,大约有 75% 未能侦破[207],这些案件使警察陷入了忙乱之中。那么,我们应当为 1965 年的警察增加什么样的"备用能力"? 为什么我们可以假设这种"备用能力"会在 1966 年,而不是 1967 年,或者 1968 年,或者 1969 年,或者其他年份消失? 为什么我们设计的模型中各类影响结构要素不能用来解释类似的"备用能力"? 可观察的现象(例如犯罪数量和警察人数)转向不可观察的现象(例如"备用能力")在米兰达问题的讨论上只能激发人们本能的倾向,而不是给人们带来真正的经验结论。你可以将我们对米兰达规则效果的发现概括为"(警察)备用能力量变化的影响"。但是,我们认为除了那些忠实于人们固有智慧的观点外,其他任何的怀疑都必须深思。

(四) 共时性问题

我们的所有方程曾经是一种简约模型,也就是说,我们确定的只是单一因果关系方程。这要求我们假设犯罪破案率应当通过多种变量来解释,而不是反之

---

[204] 适当模型算法源自德宾-沃森统计原理(Durbin-Watson statistic),是一种自相关的算法。简言之,自相关违反了回归模型中的误差项不显示出一定格式这一假设。不正确的模型设定(例如,将线性函数拟合成非线性函数)会导致自相关。参见 Damodar N. Gujarati, *Basic Econometrics* 353-59 (2d ed. 1988) (对这一点进行了说明)。在我们的一些方程中,当存在自相关时,德宾-沃森统计表现为"不确定的"。然而,我们的方程式中没有一个显示出确切的德宾-沃森统计自相关。而且,在我们的许多方程中,尤其是抢劫案的方程中,德宾-沃森统计确定地排除了自相关的存在,这意味着我们的线性模型是适当的。

[205] 参见 e.g., Fox, 前引注[36]; 还可参见 Peter Passell & John B. Taylor, "The Deterrent Effect of Capital Punishment: Another View", 67 *Am. Econ. Rev.* 445, 448 (1977)(分析了非线性刑事司法模型,并指出"通常选择在参数上是线性的模式,以便更容易解释估计值的统计特性")。

[206] 参见 Schulhofer, Clearance Rates, 前引注[46], 第 293 页。

[207] 参见 *UCR-1965*, 前引注[36], 第 18 页。

亦然。当然,也有可能的是,破案率也会对一些解释变量带来影响。特别是,破案率的下降可能带来犯罪率的上升,因为被抓获的可能性降低后为犯罪行为带来了更高的回报预期。[208] 这样的可能性即"共时性"。我们的破案率回归分析方程是建立在简约模型的基础之上的,因此对破案率与犯罪率之间可能存在的互动关系未能把握。已经有不少的文献对此提出了质疑,他们认为对共时性的忽视可能导致在犯罪率预测与警察预防犯罪效果评估方面存在问题。[209] 然而,本文在此提出的是一个与此稍有不同的问题:未能有效地控制可能的共时性是否会影响我们关于米兰达规则变量得出的结论。

我们认为,我们的结果可能并不因此受到实质性的影响,理由是:第一,可能根本不存在所谓的共时性问题,即警方的破案率也许根本不会影响犯罪率。虽然我们没必要接受这一违反直觉的假设,但有意思的是,那些关于警察执法效果影响犯罪率的文献之间本身即存在冲突。[210] 第二,即使共时性是个问题,我们仍

---

[208] 参见 generally Gary S. Becker, "Crime and Punishment: An Economic Approach", 78 *J. Pol. Econ.* 169 (1968); cf. Atkins & Rubin, 前引注[57], 第 20 页(发现 1961 年开始确立的非法证据排除规则对犯罪率有影响)。

[209] 对此问题更为全面的介绍可以参见 Nagin, 前引注[61], 第 117—129 页, 以及 Swimmer, 前引注[104], 第 293—303 页。

[210] 与此相关的巨量文献之示例,请比较 Morgan O. Reynolds, "*Crime and Punishment in America*" 23 (National Center for Policy Analysis, Policy Report No. 193, June 1995) (研究显示存在威慑效应); Cloninger & Sartorius, 前引注[109], 第 398—399 页(在逐步回归方程的条件下,发现一些犯罪类型的犯罪率受到破案率的影响); Decker & Kohfeld, 前引注[96], 第 15—18 页(发现破案率提升能够对抢劫罪形成威慑效应,但对夜盗或偷窃犯罪则无此效应); Ehrlich & Brower, 前引注[52], 第 104—106 页(发现共时性模型分析结果整体上与威慑效应一致); Steven D. Levitt, "Why Do Increased Arrest Rates Appear to Reduce Crime: Deterrence, Incapacitation, or Measurement Error?", 35 *Econ. Inquiry* (forthcoming 1998) (发现逮捕率提升具有一般威慑效应); Lott & Mustard, 前引注[57], 第 57 页(发现高定罪率导致低犯罪率); Stephen J. Markman & Paul G. Cassell, "Protecting the Innocent: A Response to the Bedau-Radelet Study", 41 *Stan. L. Rev.* 121, 154-56 (1988) (对死刑的威慑效应证据进行了梳理); Wilson & Boland, 前引注[57], 第 367—368, 375—376 页(对警力增加能够减少犯罪的证据进行了梳理,并且宣称警察的攻击性巡逻能够减少抢劫犯罪率); Ann Dryden Witte, "Estimating the Economic Model of Crime with Individual Data", 94 *Q. J. Econ.* 57, 74-78 (1980) (在单个数据项中发现,对特定犯罪的高定罪率对该类犯罪具有威慑效应); 以及 Kenneth I. Wolpin, "A Time Series-Cross Section Analysis of International Variation in Crime and Punishment", 62 *Rev. Econ. & Stat.* 417, 421 (1980) (发现破案率提升与抢劫犯罪率下降之间存在联系), 以及例如, David H. Bayley, *Police for the Future* 7 (1994) ("这一联系很可能并不是破案率导致犯罪率的变化,而是犯罪率导致了破案率的变化"); David F. Greenberg & Ronald C. Kessler, "The Effect of Arrests on Crime: A Multivariate Panel Analysis", 60 *Soc. Forces* 771, 784 (1982) (使用多波面板模型对共时性问题进行处理之后,没有发现"逮捕破案率的提高带来了指数犯罪率降低这一观点的证据"); Greenberg et al., 前引注[113], 第 849 页(使用面板模型对共时性问题进行处理之后,发现"FBI 指数犯罪的整体情况并未受到我们的美国样本城市的通过逮捕破案率的边际变化的显著影响"); Herbert Jacob & Michael J. Rich, "The Effects of the Police on Crime: A Second Look", 15 *L. & Soc'y. Rev.* 109, 110, 120 (1980—1981) (对警力与其他因素交织在一起影响犯罪的证据进行了梳理,认为在一些城市中,警察活动会使抢劫犯罪率上升); Thomas F. Pogue, "Offender Expectations and Identification of Crime Supply Functions", 10 *Evaluation Rev.* 455, 478-79 (1986) (发现逮捕率对犯罪率几乎没有影响); 以及 Pogue, 前引注[110], 第 40 页(发现破案率是导致犯罪率横截面变化的次要原因)。还可参见 John J. Donohue III & Peter Siegelman, Is the United States at the Optimal Rate of Crime? (ABF Working Paper Preliminary Draft, Feb. 13, 1995) (对警力之于犯罪的影响文献进行了梳理,并认为这些文献"并不权威")。

然可以在此发现与此相一致的结果。共时性的偏差不仅可能导致正向的，也可以导致负向，或者根本丝毫不受其影响的结果。我们并不认为共时性可以解释我们研究中所发现的破案率急剧变化的现象。目前唯一对最高法院判决对犯罪率的影响的联立方程分析得出的结果也与我们的结论基本相近。[⑪] 此外，我们的结论对是否将共时性变量纳入回归分析方程的反应并不显著。[⑫] 第三，我们也不认为共时性问题会对我们得出的一般性结论有何影响，即使不能解决这些变量之间的特定关系问题，简约模型方程仍然可以得出警察的破案率与政策相关的结论。[⑬]

我们承认，在理论上，就我们的破案率分析模型而言，联立方程也许是最佳的选择，然而从实践而言，对这一方程模型的确定通常高度依赖基础假设。事实上，已经有一些人提出过，对共时性效果进行有效的模型化处理几乎不太可能。[⑭] 因此，至少就目前的研究目的而言，这是一个我们希望避开的泥潭。[⑮]

（五）极限分析

虽然 OLS 回归分析（即最小二乘法回归分析）是一种在确定序列变量之间的数量关系时常用的统计方法，但是回归评估则取决于分析模型的设定（即是否将某些变量纳入或排除出分析模型）。如果分析的结论取决于是否将某些特定的变量纳入分析模型，那么，模型设定就会在"（结论的）脆弱性"上带来严重的运用问题。[⑯] 例如，如果某些其他解释变量被从我们的回归分析方程中抽走，我们的米兰达规则影响效果分析的结论将因此变得脆弱，而不具有解释力。

---

⑪ 参见 Ehrlich & Brower，前引注㊶，第 104—106 页。

⑫ 参见下引注⑯—⑳及相关文献。

⑬ 请比较 Philip J. Cook, "The Clearance Rate As a Measure of Criminal Justice System Effectiveness", in 2 *Criminology Review Yearbook* 669, 676 (Egon Bittner & Sheldon L. Messinger eds., 1980)（作者指出，在威慑研究中，即使简式方程无法辨别两个假设之间的差异，但它仍然与政策分析相关）；Sullivan，前引注㊿，第 171 页（提出了"即使它们无法被用于证明因果关系，但可以用于预测"的具体模型）。

⑭ 参见例如 Cook，前引注⑬，第 676 页；Nagin，前引注㊿，第 129 页（希望这些用于解决威慑问题中的共时性问题的信息能够得到进一步的挖掘）。

⑮ 在卡塔奇娜·采林斯卡的大力协助下，我们已经建立了一些基本的共时性方程。例如，我们已经构造了三级模型，除了本文的破案率方程，还有犯罪率受破案率影响的方程，以及警力配置水平受滞后犯罪率影响的方程。到目前为止，我们验证过的所有模型都持续显示出与我们的简式方程模型中一样稳健有力的米兰达规则效应。我们希望以后能够发表一篇与这一问题相关的论文。

⑯ 在更多语境下对此问题的技术性说明请参见 Richard Fowles & Peter D. Loeb, "Speeding, Coordination, and the 55-MPH Limit: Comment", 79 *Am. Econ. Rev.* 916, 920 (1989); Richard Fowles & Mary Merva, "Wage Inequality and Criminal Activity: An Extreme Bounds Analysis for the United States, 1975—1990", 34 *Criminology* 163, 168 (1996); Edward E. Leamer, "Let's Take the Con Out of Econometrics", 73 *Am. Econ. Rev.* 31, 41-42 (1983)。

标准的统计学显著性检验并不能检验结论的脆弱性,习惯上对回归分析结论的表述通常只提供一种"最佳适配"的结果,或者是能够确认研究者前设的结论。因此,研究者设定模型的方法与过程通常都不会与其最后选择的模型结果一起公开,读者也许会认为,研究者所公布的统计结果就是一个简单的评估过程。传统的推论统计研究中根据研究类型对结果的选择性公布也许是种误导,因为由评估者随机确定的抽样性质导致的所公布的统计结论的性质,并非一种众所周知的事实。

解决这一问题的简单的理论方案是通过对多种变量组合的检验来验证分析结论是否受到影响,其实践方案可以借用计量经济学中用来分析无限阵列模型的极限分析法(EBA)。[21] EBA运用所有解释变量的可能线性组合的最大似然估计(maximum likelihood estimation)来计算最大和最小系数。最高和最低估值分别被称为上限和下限。从回归分析中能否得出正向或负向系数取决于所包括的变量,临界边界的设定;这些边界即"紧张边界"(fragile)或"松弛边界"(loose)。如果这些变量的所有可能组合导致了利益系数的模糊,那么其上限或下限就不会跨越临界限值的两侧,这样的边界被称为"非脆弱"或"紧密"边界。举例说明,我们曾经列举了数个表明米兰达规则带有负号的方程,从而说明米兰达规则对警察的破案率有负面影响。如果为了生成该负号必须将某些特定的变量纳入回归分析方程,则说明米兰达规则对警察执法效果的影响是脆弱的。此外,如果所有的方程(无须考虑特定变量)都得出类似的负面影响效果评价,则说明我们得出的关于米兰达规则对警察执法效果具有负面影响的结论是可靠的(非脆弱的)。

为了对我们关于米兰达规则对警察执法效果的影响结论进行极限分析[22],我们将所有的解释变量分为两个子集:焦点和怀疑变量。焦点变量子集由犯罪学上通常使用的那些重要变量组成,包括"米兰达规则""犯罪率""警察财政投入"(police dollars)、"警民能力"(Personnel Capacity)、"警财能力"(Dollar Capacity),以及常数项。怀疑变量子集由那些对是否纳入每个回归分析方程处于两可之间的变量构成,包括"劳动力就业情况"(labor force participation)、"失

---

[21] 更多关于 EBA 的技术性解释和例子请参见 Richard Fowles, "Micro EBA: Extreme Bounds Analysis on Microcomputers", 42 *Am. Statistician* 274 (1985); Edward E. Leamer, "Sets of Posterior Means with Bounded Variance Priors", 50 *Econometrica* 725 (1982).

[22] 此方法的另一个例子请参见 Fowles & Merva, 前引注[21],第 168 页。

业情况"(unemployment),"人均收入情况"(Per capital income),"未婚女性生育情况"(Births to unmarried mothers),"城市化情况"(Urbanization),"未成年人口数量"(Juvenile population),"小城市犯罪情况"(crime in small cities)和"时间趋势"(Trend over time)。[19]

表 3-7 显示的是对作为因变量的破案率的焦点系数进行极限分析的结果,在分析过程中,我们将 1966 年 7 月作为米兰达规则变量影响警察执法效果的起点。

结果证明,就模型设定而言,米兰达规则的影响是有力的。正如表 3-7 数据所显示的那样,在暴力犯罪、抢劫犯罪、财产犯罪、偷窃犯罪和机动车盗窃犯罪中,极限边界并未出现 0 的情况。换句话说,无论选择什么样的分析模型,以及无论将哪些变量纳入分析方程,都会发现米兰达规则变量对警察的破案率产生了负面影响的效果。就夜盗罪来看,极限分析表明,米兰达规则更有可能对此类犯罪破案率造成负面的影响。[20] 就刑事司法体制的其他所有变量来看,针对各类犯罪所得出的结论是脆弱的——即人们可以通过人为操控分析方程的变量构成情况,得出正向或负向的结论。如果单列米兰达规则能够得出非脆弱的结论,那么我们的结论就不是一个纯粹的来自分析模型的结果。另外,非脆弱结论是个令人意外的结果,因为极限分析是用来揭示对共线数据模型化后进行回归分析的基本脆弱性的。[21] 因此,米兰达规则影响警察执法效果的证据就不仅具有统计学意义上的显著性,而且从模型设定的角度而言,其同样是非常有力的。

## 六、 米兰达规则影响效果的范围小结

考虑米兰达规则影响效果的各种分析模型,对我们的结论及米兰达规则可能的影响效果范围作一小结也许是有益的。表 3-8 显示的即是相关的数据。

---

[19] 我们在我们的"疑问"中集中总结了相关时间段收集的所有数据的变量。

[20] 在此,我们需要作出一个技术性说明。虽然夜盗罪的极值边界跨 0(从+0.999 到−4.413),但被数据所"支持"的极值边界并非如此。在贝叶斯预测(Bayesian estimation)中,后验期望值介于原点(0)和最大似然估计值之间(数据所支持的点)。教条先验以原点位置正确的高先验精度为特征。例如,通过从回归方程中删除一个变量,研究者表达的意思是,相关参数为 0 的概率为 1。扩散先验对先验均值设定的精度为 0,以使数据得到完全的支持。随着完全的扩散先验,后验均值和极大似然估计值完全相同。夜盗罪的后验界限与介于−0.875 到−3.752 的先验精度一起,说明这是一个稳健的结论。

[21] 参见 Fowles & Merva, 前引注[19],第 167—168 页。

表 3-7 焦点变量的极限边界分析
变量参数取自对城市破案率的 OLS 回归分析(1950—1995 年)

| | 暴力 | 谋杀 | 强奸 | 抢劫 | 伤害 | 财产 | 夜盗 | 偷窃 | 机动车盗窃 |
|---|---|---|---|---|---|---|---|---|---|
| 米兰达 | −3.763<br>−8.921 | 5.293<br>−4.127 | 2.394<br>−3.501 | −1.663<br>−7.205 | 3.885<br>−3.157 | −0.767<br>−2.964 | 0.944[†]<br>−4.413 | −0.085<br>−2.403 | −1.755<br>−6.079 |
| 犯罪率 | 0.387<br>−0.392 | 0.323<br>−1.100 | 0.419<br>−0.471 | 0.689<br>−0.148 | 0.525<br>−0.538 | 0.221<br>−0.111 | 0.555<br>−0.254 | 0.240<br>−0.110 | 0.356<br>−0.297 |
| 警察数量 | 0.346<br>−22.674 | 18.192<br>−23.840 | 3.239<br>−23.063 | 12.021<br>−12.707 | 9.472<br>−21.948 | 5.035<br>−4.770 | 14.825<br>−9.082 | 5.060<br>−5.286 | 5.000<br>−14.294 |
| 警察财政投入 | 0.577<br>−0.465 | 0.838<br>−1.065 | 0.744<br>−0.447 | 0.279<br>−0.841 | 0.578<br>−0.845 | 0.171<br>−0.273 | 0.342<br>−0.740 | 0.216<br>−0.252 | 0.355<br>−0.518 |
| 警察能力 | 5.567<br>−2.195 | 6.889<br>−7.283 | 5.536<br>−3.332 | 3.882<br>−4.455 | 6.458<br>−4.136 | 2.140<br>−1.166 | 5.006<br>−3.055 | 2.093<br>−1.395 | 2.788<br>−3.718 |
| 财政能力 | 13.077<br>−21.214 | 41.546<br>−46.549 | 33.230<br>−21.831 | 42.666<br>−9.161 | 37.387<br>−28.468 | 13.077<br>−7.471 | 31.247<br>−18.857 | 13.215<br>−8.470 | 26.732<br>−13.707 |

[†] 参见引注⑳(对这一问题进行了讨论)。

**表 3-8　米兰达变量影响的范围与大小概括**

（数据来源于 UCR）

| 犯罪类型 | 1995年的破案率 | 米兰达变量影响范围 | 没有米兰达规则时破案率的提升幅度 | 没有米兰达规则时1995年增加的破案数 |
|---|---|---|---|---|
| 暴力犯罪 | 43.5% | 3.7%—8.9% | 8.5%—20.4% | 56 000—136 000 |
| 谋杀 | 63.2% | 0% * | 0% | 0 |
| 强奸 | 50.8% | 0% * | 0% | 0 |
| 抢劫 | 24.2% | 1.6%—7.2% | 6.6%—29.7% | 8000—36 000 |
| 伤害 | 54.4% | 0% * | 0% | 0 |
| 财产犯罪 | 17.7% | 0.7%—2.9% | 3.9%—16.3% | 72 000—299 000 |
| 夜盗 | 12.8% | 0.8%—3.7%† | 6.2%—28.9% | 17 000—82 000 |
| 偷窃 | 20.1% | 0.1%—2.4% | 0.4%—11.9% | 6000—163 000 |
| 机动车盗窃 | 13.2% | 1.7%—6.0% | 12.8%—45.4% | 23 000—78 000 |

\* 未发现有力的、具有统计显著性的米兰达变量影响。

† 有关认为夜盗案件中米兰达变量影响结果较有力的理由可以参见前文引注⑳。

在表 3-8 的第一列，我们列出了各类犯罪在 1995 年的破案率，例如，抢劫罪的破案率为 24.2%㉒，然后我们列出了在极限分析中发现的米兰达规则对破案率的影响范围。例如，根据模型设定，米兰达规则使破案率大致降低了 1.6%—7.2%。㉓ 为了给这些数据提供一个背景，我们接着列出了在未受到米兰达规则影响的情况下，破案率的增长情况。例如，基于 1995 年抢劫罪 24.2% 的破案率情况，如果增长 1.6%—7.2%，那么抢劫罪的破案率将增加 6.6 至 29.7 个百分点。㉔ 因为每个受影响的犯罪绝对数后面都意味着一定数量的利益受损㉕，因此在最后一列中，我们对如果未受米兰达规则影响，1995 年将会多破获多少抢劫罪案进行了估测。㉖ 我们的分析方程表明，如果未受米兰达规则影响，1995 年全美警方将多破获 8000—36 000 起抢劫罪案。值得再次强调的是，这一估测还是相当保守的，因为我们只是根据米兰达规则对破案率的影响进行分析得出的结论，

---

㉒ 基于前引注⑯及相关文献阐述的理由，我们对直接引用暴力犯罪案件中得出的确定结论持谨慎的态度。

㉓ 参见表 3-6。

㉔ 增长后的破案率为 25.8%（24.2%＋1.6%/24.2%）至 31.4%（24.2%＋7.2%/24.2%）。原文破案率增长值为"10.1%—22.2%"，但结合表格及上下文内容，此处数据疑为有误，译者查阅卡塞尔教授同期文章后，认为此处应与表格数据一致，故作此修改。——译者注

㉕ 参见下引注㉚及相关文献（文章指出了联邦最高法院在受非法证据排除规则影响的犯罪绝对数上的利益）。

㉖ 这一数字是通过将米兰达效应的范围乘以 1995 年可知的犯罪数得出的。我们已将所有执法机构已知的犯罪（而不是城市执法机构已知的犯罪）用于得出一个全国性的预测。参见下引注㉙及相关文献（文章指出，全国性数据和城市数据之间的整体上相似）。

而未将因为米兰达规则对后续的起诉和定罪程序的影响,而未能起诉或定罪的情况包括进去。[227] 之所以说保守,还因为这一结论仅仅根据的是对全美数据的回归分析,而这只能检测全美警方的侦查行为受米兰达规则影响的显著性和共时性变化。

## 第四节 作为破案率下降原因的米兰达规则

至此,我们已经在控制刑事司法体制、社会经济因素等可能影响警方破案率的相关变量之后提出了证明米兰达规则实施之后抢劫、偷窃、机动车盗窃、夜盗罪破案率显著下降的证据。那么,随之而来的问题是,破案率的下降是不是米兰达规则实施所致?回归分析永远不能用来确定变量之间的因果关系。相反,只能结合回归分析所提供的信息和假设,以及其他信息才能确定所作出的因果关系解释是否合理。[228] 认为全美警方1966—1968年间破案率的下降系米兰达规则实施所致的潜在障碍是交错因果关系问题——也许我们未纳入回归方程分析的、社会变迁的其他方面也是破案率下降的原因。

间断时间序列分析,特别是在没有控制组的情况下,对交错因果关系的考虑就显得特别重要。[229] 我们曾经积极努力地去识别那些可能影响我们的结论,但却可能被"忽略"的变量。[230] 并在此节中对这一"忽略"的种种可能进行讨论。[231] 在

---

[227] 参见前引注[47]—[49]及相关文献。

[228] 参见 Edward R. Tufte, *Data Analysis for Politics and Policy* 139 (1974) ("这是否确实存在某种因果关系……取决于是否存在一个连接这些变量,并且与这些数据相一致的假设")。

[229] 参见 Britt et al., 前引注[94],第362—363页(详细解释了这一点);请比较 McDowall et al., 前引注[80],第382—384页(文章解释道,相关变量的控制组确实有用,但时间序列推论并不要求有控制组)。

[230] 本文作者之一(卡塞尔)曾经向美国律师协会年会(ABA's Annual National Conference)提交过本文的初稿,并且向年会参与者征求意见。参见"Miranda Decision's Legitimacy, Effects on Law Enforcement Debated at ABA Meeting", 59 *Crim. L. Rep.* (BNA) 1465, 1465-66 (1996), at Chicago-Kent, Loyola, Northwestern, San Diego, Stanford, UCLA, and Utah law schools, at the Goldwater Institute, the Heritage Foundation, and elsewhere. 此外,他还在各类会议论坛上广泛征求与会者的意见建议。参见 Cassell, 前引注[20], 同上引注, 第 1091 页注释 33 (寻求类似于在回归分析中"其他哪些变量应被包括在内"的建议); Paul Cassell, "Harmful Effects of Miranda on Law Enforcement" (June 19, 1996) <crimprof@chicagokent.kentlaw.edu>(详细介绍了作者的回归分析情况,并就"是否忽略了什么"征求与会者的意见)。当然,对此我们仍然保持开放的态度,继续接受其他的建议。

[231] 参见 Ross et al., 前引注[92],第504页(当一系列假设无法通过设计被机械性地排除,研究者有责任寻找包括这些在内的更合理假设,并将其各自排除或者保留")。

正式讨论这些可能被我们"忽略"、远未被考虑到的"X因素"变量之前,我们还是先简短地说说我们想要发现些什么。作为一种可能对警察的执法效果产生影响的 X 因素,其必须与全美破案率一样,在 1966—1968 年出现了某种急剧的变化。例如,图 3-4 显示,抢劫罪的破案率从 1965 年的 37.6% 到 1968 年下降为 26.9%,而此后则一直保持在相对稳定的水平。我们的回归分析表明,对刑事司法体系变量,如犯罪率和警力,社会经济变量,如失业率和国民收入情况进行控制之后,其下降可以从米兰达规则实施所导致的结构性变化进行解释。既然我们已经通过回归分析排除了前述因素对全美警方破案率的影响,那么,下一步我们将通过相关的理论、趣闻、逻辑来解释,究竟还有哪些因素导致了全美警方破案率在此期间的下降:是米兰达规则还是其他?

一、执法机关对破案率下降原因的解释

在评估可能导致破案率下降的因素时,有必要首先关注 FBI 对破案率下降的解释,因为 FBI 有充分的理由寻找当时破案率明显下降的原因。在关键的 1966—1968 年间,UCR 将破案率的下降归于这样一些原因:"法院的判决对警察的侦查和执法行为形成了制约,明显增加了警察的工作负担,未能有效地限制犯罪率的上升,而警察与人口的静态比例却未随着犯罪率急剧上升而提高,并且持续不断地提高了犯罪的机动性。"[㉒]我们的回归分析方程对其提到的两个变量进行了控制,即警察工作负担和警察与人口数量的静态比例。其所提到的最后一个因素——持续不断提高的犯罪机动性——也许有一些长期解释功效[㉓],但是未必可以解释破案率的相对突然变化[㉔],因为持续不断提高的犯罪机动性只会在长时段中影响破案率。其提到的第一个因素——"法院判决对警察的侦查和执法行为形成了制约"——就成了解释后米兰达时期破案率下降的合乎逻辑的选择。

对 FBI 在 UCR 中关于破案率下降原因分析的证据来自那些掌握了一手资料的人:那些在米兰达规则实施前后都审讯过犯罪嫌疑人的执法人员,他们才能真正地感受米兰达规则是否对审讯行为产生了负面的影响。就目前而言,做得

---

㉒ UCR-1967,前引注㊱,第 30 页。
㉓ 请比较 Sullivan,前引注⑩,第 161 页(发现工作路途时间与机动车盗窃的破案率呈负相关)。
㉔ 参见 Bureau of the Census, U. S. Dep't of Commerce, *Historical Statistics of the United States: Colonial Times to 1970*, at 717 ser. Q:175-86 (1975)(文章指出,从 1960 年至 1970 年家庭拥有汽车的比率缓慢上升)。

最好的街头警察访谈是奥蒂斯·斯蒂芬斯和他的同事们于 1969—1970 年间在田纳西州的诺克斯维尔(Knoxville)、佐治亚州的梅肯(Macon)等地做的访谈。㉟事实上,所有这些接受访谈的警察都认为联邦最高法院的判决对他们的工作产生了负面的影响,而这些负面影响首先,并且最为主要地来自米兰达案的判决。㊱与此类似,1966 年夏天耶鲁大学法学院学生们在康涅狄克州纽黑文警察局的观察式研究中,对在他们观察期间审讯了犯罪嫌疑人的大部分警察,以及另外 25 名警察进行了访谈。㊲他们发现:"侦查人员一致认为米兰达规则将毫无道理地帮助犯罪嫌疑人。"㊳他们还说:"侦查人员不断地告诉我们,这一判决(米兰达案)将使破案率下降,并且使我们(警察)的工作看起来毫无效率。"㊴另外,法学院学生加里·L. 沃尔夫斯通(Gary L. Wolfstone)于 1970 年给每个州和哥伦比亚特区的警察局长、总检察长就米兰达案判决的影响问题写了封信,大部分回信同意米兰达规则至少会增加执法的障碍。㊵另外,在海城,詹姆斯·威特在 1973 年前访谈了 43 名侦查人员。㊶威特的研究发现:"几乎所有的侦查人员都赞同米兰达规则将对正式审讯结果产生影响的说法,大部分人认为他们获得的犯罪嫌疑人供述、认罪和陈述将减少。"㊷威特还发现,侦查人员"在谈到米兰达案判决可能的问题时,他们很快就提出会导致他们的破案率下降"㊸。

---

㉟ 见 Otis H. Stephens, Jr., Robert L. Flanders & J. Lewis Cannon, "Law Enforcement and the Supreme Court: Police Perceptions of the Miranda Requirements", 39 *Tenn. L. Rev.* 407 (1972)[以下简称 Stephens et al., "Police Perceptions"];还可参见 Stephens,前引注㊻,第 179—199 页(详细解释了第一次发表于前引注 Stephens et al., "Police Perceptions"一文的调查结果)。

㊱ 参见 Stephens et al., "Police Perceptions",前引注㉟,第 420 页表 IV(发现 92%的警察认为联邦最高法院的判决带来了消极影响,58%的警察认为米兰达案判决是第一位的、最重要的)。要不是在访谈之前,一个关于搜查和扣押法律规制的法律备忘录的流传,认为米兰达案判决应对此负责的警察比例可能还要更高。参见上引注,第 421 页。74%的警察认为,对被告人进行权利警告对侦查有负面影响。参见上引注,第 424 页表 VIII。在个别访谈中,接受访谈的警察普遍对米兰达案判决持负面评价。参见上引注,第 426—429 页。基于这些发现,斯蒂芬斯认为,他的调查显示,米兰达案判决对警察执法几乎没有什么影响的结论令人不解。参见上引注,第 430—431 页。

㊲ 参见 Wald et al.,前引注㊶,第 1528 页。

㊳ 同上引注,第 1611 页。

㊴ 同上引注,第 1612 页注释 265。

㊵ 参见 Gary L. Wolfstone, "Miranda—A Survey of Its Impact", 7 *Prosecutor* 26, 27 (1971)。

㊶ 威特的文章发表于 1973 年。参见 Witt,前引注㊷,第 334 页。他似乎从 1968 年后的某个时间开始收集他的数据。

㊷ 同上引注,第 325 页。

㊸ 同上引注,第 330 页。

米兰达规则受到了执法人员的持续关注㉔,正如一位经验丰富的侦查人员最近解释的那样:"大部分警察并非真正地喜欢米兰达规则,因为它(米兰达规则)总是特别鼓励犯罪嫌疑人什么都不要说。"㉕但是更多的有效证据是,在警察掌握了有和没有新规则的经验之后,在米兰达案判决刚刚通过时的想法也流传下来了。那些一手资料,与全美警方破案率急剧下降同一时期的研究和报告是证明米兰达规则系该时期全美破案率下降原因的有力证据。

二、最高法院的其他判决

虽然其时的警察认为米兰达规则是执法的一大障碍,但是米兰达规则的拥护者们认为不可能将米兰达案判决作为孤立的个案,并从沃伦法院时期的诸多相关判决中单列出来,作为对警察执法危害最为严重的一例判决。㉖这一主张意味着我们回归分析方程中的米兰达变量也许应当命名为"沃伦法院"变量更为恰当。即使这一主张是正确的,我们的结论仍然有其重要性,因为法学家们通常否认沃伦法院的判决妨碍了执法。㉗虽然如此,我们认为还是有充分的理由认为米兰达案是沃伦法院判决中主要的——尽管也许不是唯一——应对破案率下降负责的判决。

同一时期法院的其他判决似乎不可能对全美警方的破案率产生过多的影响。埃利希(Ehrlich)和布劳尔(Brower)将沃伦法院时期作出的可能影响执法效果的判决进行了编目㉘,在关键的 1966—1968 年间,除了米兰达案外,他们认为还有两个案件可能对警察的执法效果产生负面影响。第一个案件是美国诉韦德

---

㉔ 参见 Cassell,前引注㉑,第 1108—1110 页(对 1987 和 1988 年的从警察视角看米兰达规则的研究进行了讨论);还可参见 Stephen J. Schulhofer,"Confessions and the Court",79 *Mich. L. Rev.* 865,873 (1981)("执法机关为拒绝米兰达规则而持续施压……")但请参见 Peter Arenella,"Miranda Stories",20 *Harv. J.L. & Pub. Pol'y* 375,381 (1996) (在执法一线的警察似乎并不急于抛弃米兰达规则);Schulhofer,前引注⑯,第 507 页(声称自 20 世纪 70 年代中期以来,关于米兰达规则并没有任何长期的负面影响的警察证言非常"普遍和一致")。

㉕ Marco Leavitt,"Law Professor Says It Is Time to Throw Off Shackles of Miranda Ruling",*Ogden Standard Examiner*,June 12,1996,at 1 (摘自 Salt Lake City Police Detective Mike Welch)。

㉖ 参见 Schulhofer,"Bashing Miranda",前引注㊻,第 369—370 页(提出还应考虑沃伦法院作出的其他判决)。

㉗ 参见 Kamisar,前引注㊳,第 245—257 页(对沃伦法院的判决是造成 20 世纪 60 年代破案率下降的原因进行了否定)。但是,参见 Reynolds,前引注㉑,第 8 页(作者认为,在沃伦法院时期,"惩罚哲学是如此的温和"以至于犯罪控制变得更加困难)。参见 Robert Weisberg,"Supreme Court Review Foreword: Criminal Procedure Doctrine: Some Versions of the Skeptical",76 *J. Crim. L. & Criminology* 832 (1985) (对联邦最高法院的判决是否对刑事司法实践产生了重大影响的怀疑论进行了讨论)。

㉘ 参见 Ehrlich & Brower,前引注㊾,第 103 页表 2。

案(United States v. Wade)。[29] 在该案判决中,沃伦法院将犯罪人的律师帮助权扩展到警方对犯罪嫌疑人进行的列队辨认程序中。[30] 但是,从数量来看,列队辨认相对于审讯而言要少得多,而且 1972 年最高法院还降低了在韦德案中确立的规则的适用性[31],其结果是"到现在基本不起作用"[32]。因此,如果说前述与列队辨认相关的判决导致了破案率下降的话,那么此后破案率应当反弹,然而事实上破案率并没反弹。[33] 埃利希和布劳尔认定的另一个可能导致破案率下降的判决是美国诉卡茨案(United States v. Katz)[34],该案判决涉及在犯罪嫌疑人经常使用的电话线上安装电子监听设备的侦查技术问题。虽然因为该案判决明确联邦宪法第四修正案"保护的是人,而不是地方"[35],而在理论上非常重要,但是其对警察的日常行动的影响相对较小,而且判决中还特别指出,只要事先获取了搜查令状,警察还是可以做同样的事情(监听)。[36]

1966—1968 年间的其他重要判决并未对警察的侦查行为施加什么限制,而是对司法裁判过程——案件破获之后的限制,例如霍法诉美国案(Hoffa v. United States)[37],涉及的是提出指控之前的律师帮助权。[38] 而在高尔特案(In re Gault)[39]中则是将各种正当程序保护扩大到青少年法庭。[40] 查普曼诉加利福尼亚州案(Chapman v. California)[41]确立的是上诉审的新规则,以审查在审判程序中拒绝被告人的某些宪法权利是不是一种"无害的错误"。[42] 这些重要判决中没有哪个会对警察的破案率有什么负面影响。

如果说 1966—1968 年间的那些判决影响了全美警方的破案率的话,人们也

---

㉙　388 U. S. 218 (1967).
㉚　参见斯托瓦尔诉丹诺案(Stovall v. Denno, 388 U. S. 293, 296 [1967]);吉尔伯特诉加利福尼亚州案(Gilbert v. California, 388 U. S. 263, 272 [1967]);韦德案(Wade, 388 U. S. at 235)。
㉛　参见柯比诉伊利诺伊州案(Kirby v. Illinois, 406 U. S. 682, 690-91 [1972])(拒绝将请求律师帮助的权利扩大到"某人尚未被正式指控实施了某起犯罪案件"的辨认情形中)。
㉜　Joshua Dressler, *Understanding Criminal Procedure* 166[B][2], at 352 (1991).
㉝　参见图 3-1—图 3-5 (发现 1973 年至 1974 年间的破案率并未显著上升)。
㉞　389 U. S. 347 (1967).
㉟　同上引注,第 351 页。
㊱　同上引注,第 354 页。
㊲　385 U. S. 293 (1966).
㊳　同上引注,第 309-310 页。
㊴　387 U. S. 1 (1967).
㊵　同上引注,第 58 页。
㊶　386 U. S. 18 (1967).
㊷　同上引注,第 24 页。

有理由相信此前的一些判决同样会有同样的效果。㉝舒尔霍夫教授就曾认为马普诉俄亥俄州案（Mapp v. Ohio）㉞和吉迪恩诉温赖特案（Gideon v. Wainwright）㉟可能妨碍了警察的执法效果。㊱但是，这些判决作出的时间使其在解释后米兰达时期破案率下降问题上只能作为一个勉强的备选因素。马普案和吉迪恩案分别于1961年、1963年判决，这就似乎很难解释为什么抢劫案的破案率在1966—1968年才出现突然下降，而不是更早。㊲如果这些判决对警察的执法效果有什么影响㊳，马普案的影响也应当是在20世纪60年代的初期。㊴因此，很难理解马普案对警察执法效果的影响会积累到5—7年之后才显现出来。同样，吉迪恩案判决更难用来解释破案率下降，因为其所规制的并非警察的侦查行为，而是此后的法庭裁决。

也有人可能会认为联邦最高法院与流浪者及相关问题的判决也许会对破案率产生影响。斯顿茨教授就曾认为警察曾经在针对无业游民和流浪者，以及其他类似情形者的责令停止、逮捕上有着重大的权力。㊵但是，现在这些权力受到

---

㉝ 但请比较 Kamisar，前引注㉘，第242页注释5（作者认为，沃伦法院的判决"直到适用于20世纪60年代美国刑事司法程序的'警察侦查阶段'几乎没引起什么抗议"）。

㉞ 367 U. S. 643, 655-56 (1961)（在州刑事审判中排除通过非法搜查所获得的证据）。

㉟ 372 U. S. 335, 343-45 (1963)（确立了为贫困被告人提供律师帮助的权利）。

㊱ 参见 Schulhofer，前引注⑯，第512页。

㊲ 指出，即使1964年至1965年间抢劫犯罪的破案率有些微上升，但在1962年至1965年间，抢劫犯罪的破案率几乎没有什么变化。参见图3-4。

㊳ 参见 James D. Cameron & Richard Lustiger, "The Exclusionary Rule: A Cost-Benefit Analysis", 101 F. R. D. 109, 128 (1984)（文章指出，非法证据排除规则"并未威慑警察的不当行为"）；Dallin H. Oaks, "Studying the Exclusionary Rule in Search and Seizure", 37 U. Chi. L. Rev. 665, 755 (1970)（作者认为，就"威慑警察的非法搜查和扣押行为"而言，"非法证据排除规则失败了"）；还可参见 Paul G. Cassell, "The Mysterious Creation of Search and Seizure Exclusionary Rules Under State Constitutions: The Utah Example", 1993 Utah L. Rev. 751, 842-46（对证明州的非法证据排除规则不太可能比联邦规则更具威慑效应的证据进行了梳理）。联邦最高法院在美国诉莱昂案判决（United States v. Leon, 468 U. S. 897 [1984]）（确立了令状要求的善意例外规则），似乎有"很小的""日常实践影响"。Craig D. Uchida, Timothy S. Bynum, Dennis Rogan & Donna M. Murasky, The Effects of United States v. Leon on Police Search Warrant-Policies and Practices 39 (1986)。

㊴ 参见 Stuart S. Nagel, "Testing the Effects of Excluding Illegally Seized Evidence", 1965 Wis. L. Rev. 283, 285-88（发现自1960年至1963年间，非法证据排除规则对警察搜查和扣押实践带来的变化）；Atkins & Rubin, 前引注㊲，第10页（发现自1961年起，马普案判决对犯罪率开始产生影响）；参见 Bradley C. Canon, "Is the Exclusionary Rule in Failing Health? Some New Data and a Plea Against a Precipitous Conclusion", 62 Ky. L. J. 681, 711-16 (1974)（作者认为，联邦最高法院在1969年的基梅尔诉加利福尼亚州案[Chimel v. California, 395 U. S. 752]判决中对非法证据排除规则的改良，导致了1968年至1973年间搜查令使用情形的增多）。

㊵ 参见 William J. Stuntz, "Implicit Bargains, Government Power, and the Fourth Amendment", 44 Stan. L. Rev. 553, 559 (1992)（文章指出，在20世纪60年代后期之前，"警察可以并且事实上也是那样做，即随心所欲地截停或者逮捕任何他们想截停或者逮捕的人来保持公共区域的'干净'"）；William J. Stuntz, "Privacy's Problem and the Law of Criminal Procedure", 93 Mich. L. Rev. 1016, 1076 (1995)（指出20世纪60年代之前，"管制流浪者和四处游荡者的法律几乎适用于任何在公共场所所实施的行为"）。

了限制。㉑虽然警察在逮捕方面权力的削弱也许会使警察审讯犯罪嫌疑人的机会减少,因此使警察获得犯罪嫌疑人供述的机会下降,但是1966—1968年破案率的下降并不能归咎于此——因为时机不对。联邦最高法院推翻有关流浪者法案的著名判决,是于1972年作出的帕帕克里斯托诉杰克逊维尔市案(Papachristou v. City of Jacksonville)㉒判决。而且,对流浪者、"嫌疑人"、妨碍治安行为者、酗酒者的逮捕率在米兰达案判决前后很长一段时间以来已经下降,在20世纪60年代后期均未出现大幅变化。㉓最后,对警察逮捕流浪者权力的限制只会间接影响抢劫罪等特定类型犯罪案件的侦破。

### 三、其他可能原因

除了法院判决之外,有人认为还有其他一些原因可能导致1966—1968年间破案率的下降,但这些因素没有一个具备类似于米兰达规则一样的说服力。

还有一个可能因素是变化中的毒品使用方式。如果米兰达规则开始实施时期吸毒人数急剧上升,而且因此导致了犯罪率的显著上升,并且与毒品相关的犯罪侦破更为困难,那么,也许可以认为毒品问题导致了破案率的下降。然而,前述假设本身即充满疑问,更重要的是美国毒品问题的凸显时间与米兰达规则的

---

㉑ 参见 Robert C. Ellickson, "Controlling Chronic Misconduct in City Spaces: Of Panhandlers, Skid Rows, and Public-Space Zoning", 105 *Yale L. J.* 1165, 1209-14 (1996)(详细介绍了法院在20世纪60年代至70年代作出的,推翻允许警察逮捕轻微违反公共秩序者的法律的那些判决)。

㉒ 405 U. S. 156, 171 (1972).

㉓ 1960年至1975年每100 000居民的逮捕率如下:

| 年度 | 流浪 | 犯罪嫌疑 | 扰乱秩序的行为 | 酗酒行为 |
| --- | --- | --- | --- | --- |
| 1960 | 140.8 | 125.3 | 437.1 | 1298.2 |
| 1965 | 89.8 | 56.9 | 425.2 | 1144.7 |
| 1966 | 75.3 | 64 | 376.9 | 1076.6 |
| 1967 | 73.2 | 65.6 | 377.2 | 1040.1 |
| 1968 | 68.2 | 61.9 | 408.2 | 974.5 |
| 1969 | 73.9 | 61.4 | 398.8 | 987.5 |
| 1970 | 66.7 | 46.3 | 388.9 | 997.8 |
| 1975 | 33.1 | 16.2 | 353.0 | 656.3 |

参见 *UCR-1960*,前引注㊱,第90页表15(根据人口群体分类的逮捕率表);*UCR-1965*,第108页表18(同前);*UCR-1966*,第110页表22(同前);*UCR-1967*,第116页表23(同前);*UCR-1968*,第110页表22(同前);*UCR-1969*,第108页表23(同前);*UCR-1970*,第120页表23(同前);*UCR-1975*,第180页表29(同前)。

实施时间之间并不一致。从时间上看,美国的非法毒品问题似乎从 20 世纪 60 年代的早期即开始迅速增长,并且一直延伸至 20 世纪七八十年代。[㉔] 同时,非法使用毒品的数据本身即非常不可靠,其数据来源通常是警方逮捕非法使用毒品人数的结果。就目前的数据来源看,全美非法使用毒品的人数在 1965 年突然暴涨,并且这种趋势一直持续到 1974 年,然后有一段相对平稳时期,后来在 1980—1989 年间出现了另一个高峰。[㉕] 因此,就非法使用毒品的数据来看,在我们研究的时间段内并非只有 1966—1968 年间的一个高峰。即使说在这一时间段内有过一个非法使用毒品的高峰时期,非法使用毒品与犯罪之间的联系仍然并不清晰。[㉖] 最后,必须记住的是,我们的驾照分析方程已经将犯罪数量作为控制变量进行了处理。因此,如果说非法使用毒品是导致全美警方破案率下降的 X 因素,那么在米兰达规则开始实施的初期与毒品相关的犯罪不仅要求在数量上猛增,而且还要求此类犯罪是难以侦破的。比如说,没有理由怀疑受吸食海洛因影响而实施的抢劫犯罪就比其他原因的抢劫犯罪更难侦破。

另外一个可能性是 20 世纪 60 年代警民关系的恶化导致了米兰达规则实施初期破案率的下降。例如警察与反越战人士、反种族司法游行者之间的冲突也许使民众更不愿意与警方合作,因此使愿意充当目击证人的人士减少,从而导致了破案率的降低。[㉗]

虽然人们可能会认为 20 世纪 60 年代美国警方糟糕的公共关系会在某种程度上导致破案率的下降,但是我们认为这种负效应不太可能是导致 1966—1968 年破案率下降的原因。虽然对公众的态度进行定量评价相当困难,但是警民关系的恶化不可能在短时间内波及全美。事实上,盖洛普民意测验(Gallup Poll)结果表明,在米兰达案判决前后民众对警察的尊敬程度还处于一种上升的过程

---

[㉔] 参见 Steven B. Duke & Albert C. Gross, *America's Longest War*:*Rethinking Our Tragic Crusade Against Drugs* 100-02 (1993)(1964 年至 1978 年被称作是"水瓶座时代"[the Age of Aquarius],毒品吸食行为在一些文化群体中蔓延,1978 年至今被称作"毒品浮华时代"[the Age of Narco Glitz],可卡因交易对社会秩序带来威胁)。

[㉕] 参见 Bureau of Justice Statistics,U. S. Dep't of Justice,*Sourcebook of Criminal Justice Statistics-1994*,at 413 表 4.33 (1995)[以下简称 *Sourcebook*](重印了 FBI 对 1993 年 UCR 数据的选编)。

[㉖] 参见 John Kaplan,*The Hardest Drug*:*Heroin and Public Policy* 57 (1983)(作者认为,专家无法"将海洛因成瘾与美国的财产犯罪数量联系在一起……除了说这远没有通俗文学中所描写的那般严重之外")。

[㉗] 参见 W. S. Wilson Huang & Michael S. Vaughn, "Support and Confidence:Public Attitudes Toward the Police", in *Americans View Crime and Justice*:*A National Public Opinion Survey* 31, 31 (Timothy J. Flanagan & Dennis R. Longmire eds., 1996)(文章指出,如果警力想要有效果,则需要公民的合作)。

当中。在 1965 年的 4 月，全美 70％的受访者表示对警察相当尊敬，这一比例在 1967 年 8 月上升到 77％。[28] 虽然我们不能就这十年间民众对警察的信心情况提供相应的数据，但是我们发现还是有不少的民意调查显示公众对警察具有高度信任。[29] 任何对警察信任程度的下降都是相对时间较长的现象，就美国而言，民众对警察信任程度的降低大致经历了 20 世纪 50 年代末期至 20 世纪 70 年代中期这么一段相对较长的时间，从早期的民权运动，至反越战运动，直至水门事件。这样一个对警察信心的下降过程因此很难用来解释 20 世纪 60 年代破案率的急剧下跌。同样，在 20 世纪 60 年代末期，以及其前后数年是公众对犯罪问题的关注度逐渐上升的时期。[30] 对犯罪问题的关注势必带来民众更高，而不是更低的与警方合作的意愿。最后，民众对警察信任程度的降低也可能只集中在全美的某个城市，而不是其他城市，或者是城市的某个区域，而不是其他区域。而 1966 年和 1967 年破案率的下降是以全美人口和领土为参照基数的。[31]

即使公众帮助警察的意愿在 20 世纪 60 年代有所下降，可从某些方面看，此后这种合作意愿又得到了改善。从公众对死刑的支持，以及对犯罪问题的关注等方面看，公众支持警察执法的意愿在 20 世纪 60 年代以来已经得到了提升[32]，同时犯罪破案率也保持在相对稳定的水平。与此同时，盖洛普民意测验同样发现，认为警察是诚实的、道德的民众也从 1977 年的 37％上升到了 1996 年的 49％。[33]

最后，在某些特定类型的犯罪中，民众对警察的态度很可能对案件的侦破并

---

[28] 参见 George H. Gallup, *Gallup Poll: Public Opinion 1935-1971*, at 1935, 2077 (1972)。

[29] 参见 National Ctr. on Police and Community Relations, *Michigan St. Univ.*, *A National Survey of Police and Community Relations* 10 (1967)（再版的一份哈里斯全美民意调查发现，1967 年前后联邦法律实施率达到了"十分卓越的"76％，州法律的实施率达到 70％，地方法律实施率达到 65％）；参见前引注[28]及相关文献。民意调查数据还表明，少数种族对警察的信任度更低。见 *A National Survey of Police and Community Relations*，前引注，第 11—13 页。然而，这一低信任度在 1966 年前就已经存在了。参见上引注，第 16 页[引自 California Advisory Comm. to the U. S. Commission on Civil Rights, *Report on California: Police-Minority Group Relations* [1963]，描述了非裔美国人与警察之间的恶劣关系]。

[30] 参见 *Sourcebook*，前引注[25]，第 166 页表 2.31（哈里斯民意调查中 49％的受访者表示，1966 年时走在街上感觉比之前不自在。这一数据在 1968 年上升至 53％，1969 年上升至 55％）。

[31] 参见前引注[15]—[19]及相关文献。

[32] 参见 Dennis R. Longmire, "America's Attitudes About the Ultimate Weapon", in *Americans View Crime and Justice*，前引注[27]，第 93、99 页（民意调查显示，公众对死刑的支持态度从 1966 年开始整体上升）；请比较 *Sourcebook*，前引注[25]，第 140 页表 2.1（民意调查显示，20 世纪 90 年代中期，公众对犯罪的关注度急剧上升）。

[33] 参见 Leslie McAneny, "The Gallup Poll: Pharmacists Again Most Trusted; Police, Federal Lawmakers Images Improve" (visited Aug. 26, 1997), http://www.gallup.com/poll/news/9713.html。

不会发生影响。例如,机动车盗窃案件,由于需要向保险公司索赔,一直以来被盗者通常都会向警察机关报告。[284] 我们关于米兰达规则对机动车盗窃案件破案率的研究结果因此不可能受公众是否愿意与警方合作因素的影响。

舒尔霍夫教授曾经提出过一个似乎能够从另一个方面解释糟糕的警民关系如何导致破案率下降的解释。他认为,米兰达案判决之后迅速上升的报案数因此将更多难以侦破的案件输入了刑事司法系统,因此相应地降低了破案率。[285] 事实上,这一主张隐含的是警民关系的改善而不是恶化,因为民众积极报案更多地意味着民众对警察的信任,而不是相反。[286] 然而,舒尔霍夫关于报案数迅速上升的观点同样缺乏证据支持,没有经验性证据显示这种报案数的上升是一种持续,至少自1973年起一直保持着一种持续的状态。[287] 而且,舒尔霍夫教授将此作为警民关系恶化的假设存在着同样的瑕疵,在这一假设中,其运用的是一种长期的趋向来解释短期的破案率急剧下降现象。同样,关于报案率急剧上升的理论不能解释为什么米兰达规则实施后机动车盗窃类犯罪破案率的下降,而此类犯罪由于需要向保险公司索赔,被盗窃者一直以来都能如实报案。[288]

对破案率下降的另一种可能解释是"破案"的定义改变。[289] 但是FBI数据统

---

[284] 参见 Caroline Wolf Harlow, Bureau of Justice Statistics, *Special Report*:*Motor Vehicle Theft* 4 tbl. 10 (1988)(机动车盗窃犯罪既遂案件中,有87％向警察报案,未遂的有36％向警察报案,机动车盗窃案件的整体报案率为68％);Cloninger & Sartorius, 前引注[109], 第392页(在全国调查中,机动车盗窃案件的报案错误并不显著)(引自 Morris Silver, Punishment, Deterrence, and Police Effectiveness:A Survey and Critical Interpretation of the Recent Econometric Literature [关于犯罪威慑与犯罪人职业生涯项目的未出版报告,纽约,1974]);Scott H. Decker, "Alternate Measures of Police Output", 1 *Am. J. Police* 23, 27, 30 (1981)(在被害人调查所获得的数据和警察接到的机动车盗窃案件报案数据之间几乎没有什么区别);Samuel Nunn, "Computers in the Cop Car:Impact of the Mobile Digital Terminal Technology on Motor Vehicle Theft Clearance and Recovery Rates in a Texas City", 17 *Evaluation Rev.* 182, 187 (1993)("和夜盗、抢劫、伤害[这些犯罪的被害人不一定会报案或者有时不报案,且犯罪定义常有变化]不同,机动车盗窃通常都会报案,并且机动车盗窃的定义基本没有什么变化")。

[285] 参见 Schulhofer, "Bashing Miranda", 前引注[45], 第369页。

[286] 参见 Anthony V. Bouza, *The Police Mystique*:*An Insider's Look at Cops, Crime, and the Criminal Justice System* 134 (1990)(作者认为,当民众对警察的信任度高时,便会更如实地报案)。

[287] 参见 Alfred Blumstein, Jacqueline Cohen & Richard Rosenfeld, "Trend and Deviation in Crime Rates:A Comparison of UCR and NCS Data for Burglary and Robbery", 29 *Criminology* 237, 246-48 (1991)(发现在1973年至1985年间,根据 *UCR* 得出的报案数和根据全美犯罪被害人调查[National Crime Victimization Survey]报告得出的被害人数之间高度一致)。

[288] 参见前引注[284]。机动车盗窃的报案动机很可能是基于保险公司的要求。

[289] 参见 Ross et al., 前引注[29], 第494页(作者指出,在间断时间序列分析中,测量变量方式的变化会为解释该变量的前后条件差异带来困难);请比较 Campbell, 前引注[29], 第415页(文章指出,一个富有改革精神的警察局长改进犯罪登记制度之后,芝加哥就出现了偷窃"犯罪浪潮");Walker, 前引注[50], 第295页(文章指出,1980年英格兰对"破案"率定义的改变,意味着"基于1980年以前的数据记录而进行的研究可能需要之后的研究对此进行不同的解释")。

计标准似乎一直以来都没有改变㉙,与此相关的假设是,警察职业化程度的提高排除了警察在报告破案率数据时弄虚作假的可能,导致了破案率的下降。例如,舒尔霍夫曾经认为:"警察职业化运动的全面推进几乎与米兰达规则实施的时间相一致,无论这是不是一种巧合。"㉚事实上,这也许是此前导致破案率显著下降,而一直未被认可为罪案登记程序的急剧、显著的变化的"巧合"。职业化是一种典型的长期趋向,不太可能在一段较短的时间里发生突变。这一点是警察学研究中的一个周期性主题,众多的研究都认为"作为官僚机构的警察机关总是拒绝来自外界的变革压力"。㉛同样,我们也可以从米兰达规则实施时期的一些警察机关改革建议中找到支撑㉜,这些改革的努力,无论是罪案登记程序还是其他问题的改革,都不仅限于20世纪60年代末期。㉝

所有这些解释,无论是整体还是个别都无法否认米兰达规则的实施是破案率下降的原因。但是,作为一种最后阐释,值得注意的是米兰达规则的拥护者们曾经就破案率问题提出了一大堆相互混杂的理论。舒尔霍夫教授的那些漂移不定的主张就是一个例证。其最初的立场被米兰达规则的拥护者们广为接受㉞,但其立场在面对FBI公布的与其观点相左的数据时立即坍塌。㉟随后,舒尔霍夫教授继而声称:"我们只需回到1965年后犯罪发展趋势和警力资源状况"就可以理

---

㉙ 1962年的 UCR 手册对"破案"进行了界定并举例。见 Federal Bureau of Investigation, U. S. Dep't of Justice, *Uniform Crime Reporting Handbook*: *How to Prepare Uniform Crime Reports* 48-49 (1962)(对"通过逮捕侦破的案件"和"通过其他方式侦破的案件"进行了界定)。1965年和1966年的手册包括了几乎相同的定义。参见 Federal Bureau of Investigation, U. S. Dep't of Justice, *Uniform Crime Reporting Handbook*: *How to Prepare Uniform Crime Reports* 50 (1966)(以下简称 *1966 UCR handbook*)。之后的版本似乎没有什么实质性的区别。参见 Federal Bureau of Investigation, U. S. Dep't of Justice, *Uniform Crime Reporting Handbook* 41-42 (1984)。20世纪60年代之前,由于允许警察将那些罪犯已被移交法院起诉而不要求实际已经起诉的案件确认为"破案","破案"的定义在某些时候似乎稍微变宽了。参见 Sherman, 前引注⑲,第380页。

㉚ Schulhofer, "Bashing Miranda", 前引注㊻,第369页。

㉛ 参见 Bouza, 前引注㉘; Skolnick, 前引注㊳; Jerome H. Skolnick & James J. Fyfe, *Above the Law*: *Police and the Excessive Use of Force* (1993)。

㉜ 参见 Schulhofer, Bashing Miranda, 前引注㊻,第368页(引自 President's Comm'n on Law Enforcement and Admin. of Justice, *The Challenge of Crime in a Free Society* 106-15 [1967])。

㉝ 参见 Robert Fogelson, *Big-City Police* 219-42 (1977)(讨论了20世纪30年代至70年代的警察改革浪潮); Richard A. Leo, "From Coercion to Deception: The Changing Nature of Police Interrogation in America", 18 *Crime L. & Soc. Change* 35, 49-52 (1992)(讨论了自20世纪30年代至60年代中期警察职业主义的萌芽与确立)。

㉞ 参见前引注㊸ & ㊺ 及相关文献(注意到了舒尔霍夫在这一效应上的观点)。

㉟ 参见前引注㊵—㊼及相关文献。

解为什么破案率会下降了。㉘ 但是,经验证据证明,1966—1968 年破案率的下降与 20 世纪 60 年代和 70 年代早期犯罪率上升的模式并不一致。㉙ 舒尔霍夫教授随后修正了自己的观点,认为"诸多力量一起影响了破案率的发展趋势,……没有理由认为任何单个因素——米兰达规则——是导致破案率下降的唯一原因"㉙。除了犯罪率上升和警力资源减少之外,他还指出了刑事司法体制能力的局限、城市化、小城市的犯罪比例以及其他一些难以量化的因素。㉚ 在这一意义上,其主张是可以通过实证研究来检验的,但结果是,这些主张被证伪了。我们的回归分析表明,即使对前述这些可以定量的变量进行控制处理,米兰达规则仍然表现出对破案率的负面影响,这一发现,比舒尔霍夫教授那些相互矛盾的观点更为前后一致。㉛ 与那些无法经受验证的、相互矛盾的解释相比,我们关于米兰达规则导致了破案率下降的解释力度本身即是"米兰达规则铐上了警察的双手"这一主张的有力证据。

四、米兰达规则作为破案率下降原因的逻辑

除了米兰达规则之外,我们无法确认还有哪个因素能够有力地解释后米兰达时期破案率的下降。因为,我们前边一直关注的都是一些具体的、局部的问题。因此,在此思考一些宏观的问题——将米兰达规则视为导致全美警方破案率下降的原因是否合乎逻辑——也许有所帮助。

众多信息可以支持米兰达规则的实施明显地导致了 1966—1968 年间全美破案率下降的结论。首先,在 1966—1968 年间全美破案率出现了明显的下降。如果米兰达规则影响了警方的执法效果,基于规则实施的时间,二者之间有着密切的关系。㉜ 其次,回归分析表明,抢劫罪、机动车盗窃罪、偷窃罪、夜盗罪破案率

---

㉘ Schulhofer, "Clearance Rates",前引注㊻,第 280 页;参见上引注("急剧上升的暴力犯罪率和低迷的警力配置水平很容易地解释了我们所观察到的破案率趋势");Stephen J. Schulhofer, "Pointing in the Wrong Direction", *Legal Times*, Aug. 12, 1996, at 24("没有理由——一点都没有——怪罪于米兰达规则,警力资源的急剧萎缩才是导致 20 世纪 60 年代后期破案率下降的原因")。

㉙ 参见 Cassell,前引注㉝,第 307 页、第 308 页图 2("犯罪率在米兰达案判决之前就在上升,且在之后还在持续攀升")。

㉚ 参 Schulhofer, "Bashing Miranda",前引注㊻,第 357—358 页。

㉛ 参见上引注,第 365—367 页;Schulhofer, "Clearance Rates",前引注㊻,第 291—292 页。

㉜ 参见表 3-2—表 3-4(发现在暴力犯罪和财产犯罪的破案率上,米兰达规则的影响存在统计学意义上的显著性,而犯罪率、警察变量、能力变量或者在小城市犯罪率等变量对前述两类犯罪案件破案率的影响不具有统计学意义上的显著性——城市化变量只对暴力犯罪破案率的影响具有统计学意义上的显著性)。

㉝ 参见前引注㊴—㉕及相关文献。

的下降不能从刑事司法体制或社会经济变量角度得到解释。[303] 事实上,即使通过其他一些分析模式进行验证,仍然可以发现米兰达规则的实施与破案率下降之间存在着统计学意义上的显著相关性。[304] 再次,无论是FBI的官员还是路面巡逻警察都认为米兰达规则妨碍了警方对犯罪的侦破。[305] 这些执法人员的观点得到了关于米兰达规则影响的前后比较研究所发现的供述率下降结果的印证[306],米兰达规则实施后美国的供述率更低[307],而那些没有类似米兰达规则的国家的犯罪嫌疑人供述率更高[308]。最后,人们朴素的常识也精确地指向这一点。其实,我们的结论非常简单,即最高法院的米兰达案判决为警方重要的侦查措施——审讯施加了一项前所未有的限制,警察的侦查活动因此变得低效。这是米兰达案判决的异议法官早已预料到了的[309],多数意见者却未能反驳的结果。[310] 总之,我们所提出的并非什么常人未见的结果,恰恰相反的是,我们只是通过自己的研究使这一点更为明确。米兰达规则的实施妨碍了执法效果这一点本应毫无争议,相反,正是不同的学术智慧接受了我们的怀疑。

## 第五节　作为社会成本的破案率下降

本文的第四部分表明,米兰达规则导致了破案率的显著下降。这一节我们将进一步论证应将破案率的下降视为一种社会成本。

---

[303] 参见前引注[77]—[227]及相关文献。
[304] 参见上引注。
[305] 参见前引注[232]—[245]。
[306] 参见前引注[20]—[24]及相关文献。
[307] 参见前引注[29]—[33]及相关文献。
[308] 参见 Cassell & Hayman,前引注[29],第876—878页(指出英国和加拿大犯罪嫌疑人的供述率超过60%);请比较 Richard S. Frase, "Comparative Criminal Justices As a Guide to American Law Reform: How Do the French Do It, How Can We Find Out, and Why Should We Care?", 78 *Cal. L. Rev.* 542, 590-94 (1990) (文章指出,法国这四类犯罪的破案率比美国的高一些,但作者认为这一差异并不算太大)。
[309] 参见米兰达诉亚利桑那州案(Miranda v. Arizona, 384 U.S. 436, 516)(哈伦大法官的反对意见) ("毫无疑问,联邦最高法院的新规将使犯罪嫌疑人供述数量显著下降");同上引注,第541页(怀特大法官的反对意见)(对破案率问题进行了讨论,并认为"今天这一判决将明显削弱刑法实现这些任务的能力")。
[310] 参见上引注,第481页(认为该判决"不应成为一个适当司法制度的不当干预")。

一、似是而非的审讯强制程度下降

有人认为米兰达规则实施后破案率的下降是因为警察不得不放弃一些不为宪法所允许的强制性审讯技巧。[311] 从这一角度来看,破案率的下降并非犯罪嫌疑人不公平地逃脱的社会成本,而是警察放弃了宪法所不允许的、本身即充满问题的非法审讯技艺所带来的社会收益必然要支付的代价。必须注意的是,这一主张隐含的是,破案率下降的原因确实在于米兰达规则的实施。但是,这一主张对为什么米兰达导致了破案率的下降的解释相当牵强。

第一,在米兰达规则实施之时有关强制性供述的真实统计相当缺乏。[312] 当然,我们也无法强求研究者向 FBI 咨询获得警方每年通过强制审讯所获得的供述数据。但是,众所周知的是,随着司法审查监督和警察职业化程度的提升,在 20 世纪三四十年代强制性审讯已经大为减少。[313] 大约至 20 世纪 50 年代,这一领域的权威专家研究表明,"强制性审讯已经几近消失"[314]。因此,最高法院限制警察强制审讯的判决实际上处理的是一个"早已经消失在历史中的问题"[315]。首席大法官沃伦在米兰达案判决中的多数意见尽管提到了警察在过去的暴力行为,承认类似的暴力"在当下毫无疑问已经是一种例外",并且"现代警察审讯更多的是利用心理而非生理(压力)进行的"。[316] 另外,实证调查[317]亦对杰拉德·罗森伯格教授"很难有证据能够证明警察审讯中暴力程度的降低与最高法院的米兰达案判决有何关系,但是有证据表明审讯中的暴力与法庭的判决无关,而且早在米兰达案之前即已发生"[318]的观点给予了支持。

---

[311] 参见"Transcript: The Goldwater Institute and the Federalist Society: Federalism and Judicial Mandates", 28 *Ariz. St. L. J.* 17, 160 (1996)(戴维·鲁道夫斯基[David Rudovsky]教授的评论[以下简称 Rudovsky])(提高了这一可能性)。

[312] 必须明确的是,我们认为即使刑讯逼供只是孤立的个案也应受到强烈谴责。

[313] Cassell,前引注⑬,第 473—475 页(描述了 20 世纪警察改革所进行的尝试);Leo,前引注㉔,第 47—53 页(同前)。

[314] Leo,前引注㉔,第 51 页。

[315] Fred P. Graham, *The Self-Inflicted Wound* 22 (1969);还可参见 Fred E. Inbau & James P. Manak, "Miranda v. Arizona—Is It Worth the Cost?", *Prosecutor*, Spring 1988, at 31, 36 ("在米兰达判决之前,该运动旨在改善警察审讯实践的质量")。

[316] 米兰达诉亚利桑那州案(Miranda v. Arizona, 384 U. S. 436, 447-48);还可参见上引注,第 499—500 页(克拉克大法官的反对意见)。然而,多数意见继续坚称警察滥权行为"(仍然)非常普遍,应该引起我们的关注。"同上引注,第 447—448 页。

[317] 关于这一经验性证据的讨论,参见 Cassell,前引注⑬,第 474—475 页。

[318] Gerald N. Rosenberg, *The Hollow Hope: Can Courts Bring About Social Change?* 326 (1991).

第二，警察的强制性审讯并不仅限于身体强制，还包括其他类似的审讯技巧。但是，似乎不太可能的是，类似的强制审讯曾经广泛到一旦不再存在即巨大地影响了破案率的程度。[119] 此外，对排除犯罪嫌疑人供述的动议统计亦表明，在米兰达规则实施时，以强制性审讯为由提出的排除动议并不常见。如果说强制性审讯是一种普遍现象的话，我们本应因此发现常有被告人因供述的自愿性问题而提起的抗辩。[120] 然而，从现实看，在米兰达规则实施之时，此类动议相当之少。[121]

第三，除了警察在审讯中较少强制之外，还有一个理由可以让我们相信破案率的下降并非因为更少的强制审讯：米兰达规则性质本身。米兰达规则本身并非专为防止强制审讯而设计的，正如哈伦大法官在判决异议中指出的那样："那些使用三级审讯手段，但却在法庭询问过程中一口否认的警察，（在米兰达案判决之后）同样能够，而且必定会就其在进行米兰达警告时的情况以及犯罪嫌疑人的弃权问题撒谎。"[122]换句话说，那些惯于使用强制性审讯手段获取犯罪嫌疑人供述的警察并不一定因为米兰达规则而感到有何不适，并因此改变他们一直以来的不适当做法。[123] 而且，即使这些警察真的改变了他们的做法，也不可能如此之快地导致了供述率的下降。在米兰达规则实施之前警察审讯的强制性程度已经较低，而且米兰达规则在防止强制审讯方面本身也没有什么效果，因此很难将

---

　　[119]　韦恩·R. 拉费弗教授在米兰达判决作出的前一年就指出"在观察到的绝大多数羁押审讯中，刑讯逼供的可能性似乎很小"。Wayne R. LaFave, *Arrest: The Decision to Take a Suspect into Custody* 386 (1965); 还可参见 Edward L. Barrett, Jr., "Police Practices and the Law—From Arrest to Release or Charge", 50 *Cal. L. Rev.* 11, 42 (1962)（文章指出，1960 年加利福尼亚州的数据显示大多数审讯持续的时间都在两个小时以内）。类似地，1966 年的纽黑文学生观察者们，在对所有警察的"策略"评估后发现，"在大多数审讯中，强制程度都很低"。Wald et al., 前引注[41]，第 1558 页。

　　[120]　这类抗辩在今天已经很少提了，被法官采纳的就更少了。见 Cassell, 前引注[13]，第 392—393 页（对这一问题的研究状况进行了梳理）。

　　[121]　参见上引注，第 476 页（引用了一些证明在预审程序中检察官或法官很少拒绝被告人陈述的研究）。

　　[122]　米兰达诉亚利桑那州案（Miranda v. Arizona, 384 U. S. 436, 505）（哈伦大法官的反对意见）。

　　[123]　参见 Evelle J. Younger, "Prosecution Problems", 53 *A. B. A. J.* 695, 698 (1967)（"米兰达规则不会对野蛮的或者作伪证的警察产生影响——他会继续无视联邦最高法院的要求来获取犯罪嫌疑人的供述；在他作证时，他只是使自己的伪证符合最新的基本规则"）；请比较 Leiken, 前引注[17]，第 22 页（发现在米兰达案判决之后，被告人声称警察为了获得其认罪供述而对其进行过承诺或者恐吓）。在米兰达案判决后不久，尼尔·米尔纳（Neal Milner）对威斯康星州警察的反应进行了研究，结果发现"大部分讯问整体上还是根据米兰达案判决之前确定的规则进行的"。参见 Milner, 前引注[59]，第 228 页；请比较 George C. Thomas III & Marshall D. Bilder, Aristotle's Paradox and the Self-Incrimination Puzzle, 82 *J. Crim. L. & Criminology* 243, 278 (1991)（作者指出，有关米兰达规则的争议悖论性，判决的拥护者们经常声称其对警察几乎没有什么影响）。

1966—1968年破案率的下降视为审讯方式从强制性向非强制性转变的表征。㉞

二、破案率变化的构成

即使米兰达规则实施后破案率出现了下降,那些米兰达规则的拥护者们还是认为警察的执法效果并未受到真正的影响。相反,他们认为,改变的只是警察抓获犯罪嫌疑人然后通过其供述破获"积案"的能力。例如,卡米萨教授即持这种观点。作为对我们此前观点的回应,卡米萨教授认为:"破案率是个非常容易误导的指标,因为在米兰达案之前,即有证据表明,警察过去经常通过犯罪嫌疑人的口供来侦破那些从来没有被起诉的犯罪。"㉟换句话说,为什么在米兰达规则实施之前破案率看起来较高,是因为警察可以抓获一个犯罪嫌疑人,然后根据其供述破获一系列的案件,即使从来没有充分的证据可以确认犯罪嫌疑人实施了其所供述的所有罪行。㊱

认识到卡米萨教授论证的小前提是米兰达规则实施之后供述率确实下降了,这一点很重要。例如,对夜盗罪的破案率只有在警察审讯成功率下降之后才会下降。因此,卡米萨教授似乎默认米兰达规则妨碍了警察的侦查效果。

卡米萨教授在认为破案率下降系因为警察在获取供述破获"积案"的能力受到了影响这一点上的分析是正确的。为了对这一可能性进行更为精确的分析,理解破案率的两个构成部分很重要:(1) 犯罪数与逮捕数之比;(2) 逮捕数与破案数之比。㊲卡米萨教授最终所说的是破案率的第二个构成部分——逮捕数与

---

㉞ 注意,我们只是认为1966年至1968年的破案率下降无法通过警察审讯强制性的突然、同时降低得到解释。"人们可能会认为过去几十年间警察审讯的强制性整体上越来越低,但仍然会接受这一观点。"Cassell,前引注⑬,第478页注释533。

㉟ Joe Costanzo, "Has Miranda Handcuffed the Cops?", *Deseret News*, June 12-13, 1996, at A1(引自Kamisar)。卡米萨从更深的层次探讨了破案率的可靠性问题,前引注㊳,第252—253页(引自Skolnick,前引注㊳,第178—179页,并且认为破案率统计数据不可靠);Yale Kamisar, "On the Tactics of Police-Prosecution Oriented Critics of the Courts", 49 *Cornell L. Q.* 436, 466 n. 173(1964)(对通过供述破获多起犯罪案件的问题进行了讨论)。

㊱ 参见Skolnick,前引注㊳,第178—179页(对一个夜盗犯罪嫌疑人帮助警察破获了多起犯罪案件的情况进行了介绍);Wald et al.,前引注㊶,第1593页注释197、第1595—1596页(研究发现,侦破其他犯罪而不是为审判收集证据是最为重要的警察审讯的原因,文章还给出了通过审讯侦破其他犯罪案件的例子);Rudovsky,前引注㉛,第160页(文章指出,供述其他罪行对被告人的影响很小,然而对警察利益的影响却非常重大,因为这可帮助他们"清账"许多未破案件);Weinraub,前引注㊵(对警察通过审讯侦破其他案件的情况进行了描述);请比较Pauline Morris, "Royal Comm'n on Criminal Procedure", *Police Interrogation: Review of Literature* 11(1980)(文章认为,在英国,审讯可以带来侦破更多案件的结果,而不仅仅是侦破导致犯罪嫌疑人被审讯的调查中的案件);Bottomley & Coleman,前引注㊴,第50—52页(将英国破案率的下降部分归咎于新供述程序法的引入减少了供述数量,进而减少了通过审讯侦破的犯罪案件)。

㊲ 请比较Greenwood,前引注⑩,第24页(讨论了破案率和逮捕率之间的区别)。

破案数之比——应对其所观察到的破案率下降负主要责任。㉘ 显然,这种变化并非警察主要关心的问题。因此,其前述主张都值得疑问。

米兰达案判决后只是破案/逮捕率(即破案率的第二个构成部分)下降这一假设本身过于简单。实际上,这一假设只是对米兰达案判决后破案率下降的一种可能解释的简单猜测。没有确实的证据表明,在米兰达案判决时,供述多起犯罪案件的口供数量充足,足以解释我们提出的破案率变化现象。㉙ 特别需要说明的是,现有数据表明,米兰达案判决后破案率的立即下降不仅因为获得犯罪嫌疑人的供述少了,而且因为逮捕与犯罪数之比同样下降。换句话说,米兰达规则实施之后,无论逮捕数与犯罪数之比,还是破案数与逮捕数之比都出现了下降。(FBI提供的1965—1991年间暴力犯罪破案率情况可以参见图3-6)。㉚

从图3-6我们可以看到,从米兰达规则实施之时每起暴力犯罪的逮捕人数出现了显著的下降。事实上,从我们对现有数据的分析中可以发现,1966—1968年间暴力犯罪破案率的下降大约一半以上都是逮捕数与犯罪数之比下降的结果。1965—1972年间逮捕数与犯罪数之比突然下降,而且此后一直保持在较低的水平上。此外,破案数与逮捕数之比在过去数十年间曾经有所反弹。虽然这一领域的很多研究在这一点上都很明确㉛,但是我们还是不能将这一数据解读为显示了一种持久性现象,也不能因此将后米兰达时期破案率的下降仅仅归咎于,

---

㉘ 作为例证,假定米兰达案判决之前暴力犯罪的破案率为60%。因为每100起犯罪,警察逮捕40名嫌疑人,且每次逮捕可平均侦破1.5个案件。在米兰达案判决之后,如果警察逮捕40名嫌疑人且每次逮捕只破一个案件,那么破案率将会降至40%。

㉙ 关于供述数量更多这一假设的有限的定量性经验证据是否足以使卡米萨教授的推测更具可能,即使在理论上仍然并不清楚。请比较 Taping Police Interrogations,前引注㉘(发现在米兰达案判决之后,在1460次审讯中只侦破了12起原来未侦破的案件);Wald et al.,前引注㊶,第1595页注释203(发现,在米兰达案判决之后,观察期间的所有未破案件中,大约10%—15%是通过审讯侦破的)。参见Weinraub,前引注㊿(文章提到,一个警方发言人将1965年至1966年纽约市破案率下降10个百分点部分归咎于联邦最高法院作出的限制警察获得更多供述能力的那些判决)。

㉚ FBI已发布了回溯至1965年的逮捕率数据修订版。基于本文附录中所讨论的理由,应优先使用这些修正后的而非之前的逮捕数据。参见下引注㊳—㊵及相关文献。之所以使用暴力犯罪的数据,是因为卡米萨教授正在对我们一篇使用了暴力犯罪数据的论文演讲进行讨论,也因为使用聚合分组数据可以消除逐年数据中存在的令人困惑的波动现象。参见下引注㉛。

㉛ 图3-6显示,每次逮捕的破案数和每起犯罪的逮捕数存在巨大且明显不稳定的波动,在个别犯罪类型中的波动甚至更大。这意味着这些变量的数据可能不会随着时间的流逝而趋向一致。同样地,大约在1977年之前,每当逮捕的破案数有些许上升时,每起犯罪的逮捕数则会相应有所下降。因为这两个数字是相互影响的,参见下引注㊲—㊳及相关文献,这些变化在某种程度上可能是一种统计假象,而非某种实际趋势的反映。但是,帕特里克·A.兰根的相关研究也发现,1974年至1986年间各种犯罪逮捕率出现了下降。参见 Patrick A. Langan, America's Soaring Prison Population, 251 Science 1568, 1572 tbl. 4 (1991)。

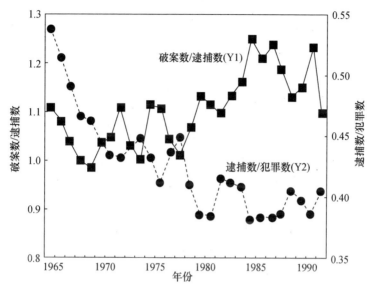

图 3-6 破案率变化构成情况

或者主要归咎于破案数与逮捕数之比的变化。

即使卡米萨教授对破案率下降原因的分析是正确的,他的其他观点——如警察即使每次逮捕行动破案的案件数量下降也并非是对社会的一种危害——也是错误的。通过逮捕破获的案件越少,即意味着警察无法将精力集中到那些需要他们更加投入的案件侦查中去。他们因此不得不花费数小时,或者数天的时间来解决那些原本可以通过与犯罪嫌疑人交谈在几分钟内就解决的问题。㉜ 警力资源的不足使得这一不必要的转向变成了一个令人担心的问题。㉝ 犯罪嫌疑人的各种供述同样有助于警察识别职业罪犯的惯技。㉞

案件未破对被害人同样是种伤害,他们无法确知那些伤害他们的人是否已经被抓获。有证据表明,被害人经受的主要伤害包括心理上的创伤。㉟ 案件不

---

㉜ 参见 Richard A. Leo, "Police Interrogation and Social Control", 3 *Soc. & Legal Stud.* 93, 99 (1994)(文章指出,警察认为"获得犯罪嫌疑人供述使得侦查人员的工作更加简单……如果他获得了犯罪嫌疑人的供述……那么他就不需要花费大量时间去查找证人、收集指纹、辨认等")。

㉝ 这一结论认为警察也许可以通过额外的调查侦破其他犯罪。但请比较表 3-2(数据显示警察资源对破案几乎没有影响);Wald et al., 前引注㊶,第 1596 页(对未破案件的侦查活动是否有效进行了质疑)。

㉞ 参见 Greenberg et al., 前引注⑩,第 45—46 页(介绍了侦查人员对这一影响的看法)。

㉟ 参见 Leslie Sebba, *Third Parties: Victims and the Criminal Justice System* 80-81 (1996)(在对数项研究进行回顾之后得出了这一结论)。

破,他们就可能继续担心再次被害。对于被害人来说,忘记被害的经历是个艰难的过程。因此,可以理解被害人对正义实现的那种渴望。但如果案件未破,这种渴望就只能是一种愿望(而无法实现)。财产犯罪的被害人还可以从案件的侦破中实现一定的经济利益,因为犯罪嫌疑人的供述给他们带来了寻回被盗财产的可能。基于这些理由,破案率下降给被害人带来的伤害是一种确实合情合理的社会焦虑。

最后,破案数与逮捕数之比的下降(即审讯被逮捕犯罪嫌疑人获取供述后破获案件的数量下降)不可避免地带来定罪率的下降。如果说警察破案数的下降是他们从犯罪嫌疑人处获得的供述率下降的结果,那么,随后检察官的起诉能力同样会被削弱。卡米萨教授认为"一名被逮捕的夜盗犯供述 4 起还是 1 起犯罪其实并无差别"也许是对的,但是犯罪嫌疑人供述 1 起犯罪与什么都不说之间就存在着巨大的差别。因为对检察官而言,犯罪嫌疑人的供述相当重要。米兰达规则的影响通常不会使犯罪嫌疑人的供述数从 4 降低为 1,而是在部分或整体上为警察的审讯设障后使犯罪嫌疑人的供述从 1 降低为 0。在这一意义上,我们很难不将由此导致的破案率下降视为一种巨大的社会成本。

## 第六节　米兰达规则之外的行动

在分析完破案率数据之后,我们回到本文最初提出的问题:米兰达规则是否

---

㊱　参见 *President's Task Force on Victims of Crime*, *Final Report* 4 (1982)(描述了犯罪的"复合"被害人的恐惧);还可参见上引注,第 28 页(指出当警察无法破案时,被害人备受煎熬)。

㊲　参见上引注,第 5 页。

㊳　参见 Greenberg et al.,前引注⑩,第 45 页(对侦查人员认为,将财产返还给夜盗犯罪案件被害人的可能性赋予了其试图破获更多案件的行为正当性)。

㊴　请比较 Morris v. Slappy, 461 U. S. 1, 14 (1983)("在刑事司法中,法院不会忽视被害人的担忧")。

㊵　参见 Cassell & Hayman,前引注㉙,第 909—916 页(研究发现,警察是否获得了犯罪嫌疑人的归罪性陈述会使案件处理结果显著不同)。

㊶　参见 Cassell,前引注⑬,第 494—496 页(给出了因犯罪嫌疑人不愿弃权以致不能对其进行审讯的比例数据)。

铐上了警察的双手？对这个问题的回答取决于"铐上"一词的含义。很显然我们的分析没有为那些狂热反对米兰达规则的人提供什么支持,他们曾经在米兰达案判决作出之后立即预言警察的执法将因此陷于停顿。㉜但是,我们理解今天实用主义者对米兰达规则相对谦和的批评:米兰达规则以本可以通过对之进行合理改革而加以避免的方式,严重地影响了警察的执法效率。

我们的结论对这一相对谦和的批评提供了支持,我们的回归分析方程以及相应的因果关系分析表明,如果未受米兰达规则的影响,警方的破案率将显著提高——如抢劫罪的破案率将提高 6.6%—29.7%,夜盗罪的破案率将提高 6.2%—28.9%,偷窃罪的破案率将提高 0.4%—11.9%,机动车盗窃犯罪的破案率将提高 12.8%—45.4%。㉝另外,通过将更多的案件输入刑事司法系统,破案率的提高将使更多的案件得到侦破。米兰达规则实施的后果是,每年大约有 36 000 起抢劫案件、82 000 起夜盗案件、163 000 起偷窃案件、78 000 起机动车盗窃案件因此未能被侦破。㉞

为了更好地理解米兰达规则所带来的社会成本,将其与第四修正案相关的非法证据排除规则所带来的负面影响作一比较也许会对我们有所帮助,因为长期以来人们都将后者视为是对警察执法效果的一个主要的妨碍。㉟在联邦最高法院就第四修正案相关的非法证据排除规则之"善意诚信"例外原则作出判决之时,曾经在判决中引用过相关的统计数据。数据显示,相关的非法证据排除规则导致了 0.6%—2.35%因重罪案件而被逮捕的犯罪嫌疑人未能定罪。㊱联邦最高法院指出:"尽管这一百分比值看起来很低,但其后隐藏的是大量重罪被告人部分地因为非法搜查或扣押的原因而被释放。"㊲在某种程度上可以认为,以破案率来衡量米兰达规则的负面效果还只是一种相当保守的估算㊳,米兰达规则的限制导致的未能侦破的案件数量,要远多于非法搜查、扣押相关的证据排除规则所

---

㉜ 参见 Baker,前引注⑬,第 200—201 页(梳理了对米兰达规则作出这类回应的例子)。
㉝ 参见表 3-8。
㉞ 参见上引注。
㉟ 参见 Akhil Reed Amar, *The Constitution and Criminal Procedure*: *First Principles* 20-31 (1997)(对第四修正案下的非法证据排除规则进行了讨论)。
㊱ 参见 United States v. Leon, 468 U. S. 897, 907 n. 6 (1984)(引自 Thomas Y. Davies, "A Hard Look at What We Know [and Still Need to Learn] About the 'Costs' of the Exclusionary Rule: The NIJ Study and Other Studies of 'Lost' Arrests", 1983 *Am. B. Found. Res. J.* 611, 621, 667 tbl. 6)。
㊲ 同上引注,第 908 页注释 6。
㊳ 参见前引注㊼及相关文献。

导致的未成功定罪的被告人数量。⑭ 当然,因为研究参考变量的差异,对这二者进行确切的比较本身有些问题,对非法证据排除规则的研究参考的是逮捕后未能成功定罪的被告人的数量,而对米兰达规则的研究参考的是未能侦破的案件数。但是,这一不对称可能低估了米兰达规则负面效果的相对规模,因为破案数本身要高于逮捕数。⑮ 虽然我们还可以通过其他技术性的调整来对二者进行更为严格的比较⑯,但是米兰达规则所带来的社会成本要远高于与第四修正案相关的非法证据排除规则所带来的社会成本,这一点似乎相当可能,特别是排除违禁品犯罪之后。⑰

如果从被害人的视角来看,米兰达规则所导致的社会成本问题显得更为突出。⑱ 一个关心被害人的社会有义务尽其努力避免正义的流产,例如避免那些虐待儿童者仅仅因为警察在进行米兰达警告时的技术细节问题而被开释。⑲ 当我们听到一个案件中被告人的供述因为米兰达规则的瑕疵而被排除时,我们就不得不面对米兰达规则的社会成本问题。但是,现实中更多的还不是获得了供述但却被排除,而是犯罪嫌疑人什么都不说,案件根本无法侦破或者犯罪嫌疑人根本就未受任何惩罚的情形。在对米兰达规则可能带来的社会成本进行统计量化时,我们只希望没有因此淡化其可能给人们带来的悲剧。正如杰拉德·卡普兰教授曾经认为的那样,统计研究"减少犯罪是件遥远而且抽象的事,只是一串数字,人们在报纸上读到的一个事件,一些在城市的另一个地方发生过的事情,没有迹象表明强奸的噩梦会成为现实,抢劫会成为一种灾难性的问题"⑳。另外,我们未能对这些未破案件的社会后果的不公平分配问题进行讨论,很有可能

---

⑭ 请比较前引注⑭相关文献与前引注⑯。
⑮ 参见前引注⑮—⑯及相关文献。
⑯ 请比较 Davies, 前引注⑯,第 656—668 页(将非法搜查的影响估测与非法证据排除规则研究进行比较)。
⑰ 参见 Dallin H. Oaks, "Studying the Exclusionary Rule in Search and Seizure", 37 *U. Chi. L. Rev.* 665, 681 (1970)(文章指出,非法证据排除动议最经常出现在涉及毒品和武器的案件中)。
⑱ 参见 Paul G. Cassell, "Balancing the Scales of Justice: The Case for and the Effects of Utah's Victims' Rights Amendment", 1994 *Utah L. Rev.* 1373 (考虑了犯罪受害者的观点); Douglas E. Beloof, *Victims in Criminal Procedure* (forthcoming 1998)(讨论了被害人和非法证据排除规则)。
⑲ 例如,参见 State v. Oldham, 618 S. W. 2d 647 (Mo. 1981)。还可参见 136 Cong. Rec. S9027 (daily ed. June 28, 1990)(参议员赫斯的描述此案件的声明)。
⑳ Gerald M. Caplan, "Miranda Revisited", 93 *Yale L. J.* 1375, 1384-85 (1984)(reviewing Baker, 前引注⑬)。

的是,这些社会成本更多地落到了那些处境糟糕者的身上,如少数族裔和穷人。[57]

最后,不言自明的是,太高的成本就是一种不必要的成本。[58] 如果我们能够在保护刑事司法体制的其他价值的同时消除米兰达规则可能带来的社会成本——无论这种成本的高低——那么也就没有理由受这一规则的约束。导致米兰达规则的危害变成一种无法否认的社会灾难的是,那些案件未必就不能侦破。

今天,受益于近三十年来联邦最高法院在一系列相关判决中的解释,我们知道,米兰达规则并非一项宪法性要求。[59] 最高法院曾经特别指出,米兰达规则只是"保护"性规则,其目的仅仅在于减少警察在羁押审讯中违反宪法的风险。正如最高法院在密歇根州诉塔克案[60]中所解释的那样,米兰达案判决确立了"一系列建议性"程序保障,在米兰达一案中,最高法院承认这些程序性保障本身并非受宪法保护的权利,而是用来确保宪法上的"任何人不受强迫自证其罪特权"不被侵犯的措施。[61] 基于这一理论,联邦最高法院在塔克案判决中认为,警察在羁押审讯时未对犯罪嫌疑人进行米兰达警告"并未克减被告人的宪法权利,……只是违反了最高法院在米兰达案中确立的保障任何人不受强迫自证其罪特权的预防性标准"。[62] 因此,只要不违反联邦宪法第五修正案,就可以对米兰达规则作出某种变革。

在美国的宪法史上,米兰达规则缺乏坚实的根基。[63] 多年以来,美国宪法只是禁止国家在刑事诉讼中使用强制性或非自愿性供述来作为指控被告人的证据。法庭在评估被告人的供述是否自愿时根据的是警察施加的压力、审讯持续时间、犯罪嫌疑人在接受审讯时的精神和生理状态等因素。警察在审讯时对一

---

[57] 请比较 Charles Murray, *Losing Ground: American Social Policy, 1950—1980*, at 117 (1984) (对犯罪统计数据进行了回顾并认为:"简而言之,对于黑人而言,1972 年比 1965 年更危险,但是白人不会有那么多的危险")。

[58] 请比较 Supplemental Brief for the United States as Amicus Curiae Supporting Reversal at 46, Illinois v. Gates, 462 U.S. 213 (1983) (No. 81-430) ("即使只有一个真正有罪者因为一个非理性的判决得以逃脱,也比这个社会所预想承受的成本更高……")。

[59] 参见 Grano, 前引注⑨,第 173—198 页(讨论了米兰达规则的预防性如何与大部分宪法判决不同)。

[60] 417 U.S. 433 (1974).

[61] 同上引注,第 443—444 页。

[62] 同上引注,第 446 页;还可参见 Withrow v. Williams, 507 U.S. 680, 690-91 (1993) (收集了大量将米兰达规则上的权利描述为"本质上具有预防性质"的案例)。

[63] 参见 Grano, 前引注⑨,第 173—198 页;Office of Legal Policy, U.S. Dep't of Justice, *Report to the Attorney General on the Law of Pre-Trial Interrogation* 3-41 (1986) (以下简称 *OLP Pre-Trial Interrogation Report*)。

系列设计精巧的"警告—弃权"规则的遵守并不是判断供述是否自愿的决定性因素。正如米兰达规则的一位热心拥护者所认为的那样,米兰达案判决是与那个时代的假设"根本决裂"(radical departure)。[83]

最高法院基于纯粹的实用主义、成本—收益衡量将米兰达规则带到了宪法的边界之外。在米兰达一案的判决中,最高法院声称"(本案判决)包含了一个充分保护被告人的权利和社会利益的细致、精巧的平衡设计"[84]。因此,最高法院衡量的是其在扩展米兰达规则适用范围时可能带来的社会成本和收益。虽然最高法院从未确切地表达过在这一成本—收益计算中其所能容忍的成本是什么[85],但是十有八九最高法院低估了成本的高昂。也许最高法院只是简单地将那些其所认为的"微不足道"的成本插入其成本—收益方程,如一些传统的学术知识多次重述的那样[86],然后言之凿凿地认为那些同样泛泛的"收益"要高于判决可能带来的成本。即使在这样的善意假设之下,最高法院的结论仍然相当值得争议。[87]但是,如果将大量的未破犯罪都归为米兰达规则的社会成本,那么成本—收益衡量之后是否还能得出同样的结论就非常令人生疑了。

当加入合理的、对警察执法效果危害更小的规范警察审讯措施的可能因子之后,最高法院对米兰达规则的成本—收益衡量就更成问题了。当最高法院在1966年宣布米兰达案判决时,全美警方改革警察审讯规则的巨大努力已经在进行之中。[88]这一判决本身似乎也在鼓励警方的此类改革,承诺"我们的判决不会给警方的改革穿上一件宪法的紧身衣,从而妨碍他们合理的改革努力"[89]。但是,事实证明最高法院的这一说辞只是一个空头承诺。自米兰达案判决以来的1/4个世纪,警方的改革努力事实上早已不复存在。其原因,不难想象。没有哪个州愿意承担改革与米兰达规则相异而导致刑事定罪被宣告无效的风险。其结果是,法律政策办公室指出:

---

[83] Schulhofer,前引注[16],第552页注释214。
[84] Moran v. Burbine, 475 U. S. 412, 433 n. 4. (1986).
[85] 参见 Cassell & Hayman,前引注[29],第921—922页;Davies,前引注[29],第626页(指出"考量搜查和扣押非法证据排除规则成本与收益的这一'平衡'路径中没有任何经验性内容")。
[86] 参见前引注[11]及相关文献。
[87] 参见 18 U. S. C. 3501 (1994)(一个反对米兰达规则支持供述自愿性标准的联邦法规);Grano,前引注[9],第199—222页(呼吁根据纯粹的理论根据推翻米兰达规则)。
[88] 参见 Miranda v. Arizona, 384 U. S. 436, 523(哈伦大法官的反对意见指出,鉴于联邦最高法院持续不断地"对刑事程序法进行史无前例的大量复查",联邦最高法院的新供述规则"讽刺得不合时宜");OLP Pre-Trial Interrogation Report,前引注[88],第40—41页(对美国法学会尝试起草一部"模范审前程序法"问题进行了讨论)。
[89] Miranda, 384 U. S. at 467.

米兰达案判决已经固化了过去二十年间审前审讯的法律规则,排除了发展和实施其他也许在保护公众不受犯罪侵犯的同时也确保犯罪嫌疑人受到公平待遇方面更为有效的替代措施的任何可能。……只要米兰达规则继续有效,人们对因任何与之相异的替代性机制可能带来判决无效的风险感知依然存在,那么,一切都不可能改变。⑳

未能发展出其他的替代性措施并不能归咎于缺乏可行的选择。例如,国家可以允许以对审讯过程录像来代替米兰达规则。录像也许可以更好地保护犯罪嫌疑人不受警察的暴力审讯,结束长期以来警察就秘密的审讯室内究竟发生了什么作证时的"宣誓竞赛",也允许犯罪嫌疑人以撒谎的方式来证明自己的无辜。㉑ 在米兰达规则实施时,即使配合有限的权利警告,对审讯过程录像也未明显地降低犯罪嫌疑人的供述率。㉒ 对审讯过程录像因此也许是解决规制警察审讯问题的双赢选择,可以满足米兰达规则支持者们"国会和政府应当继续他们在进一步有效保护公民个人权利的同时促进我们刑事法律执行效果方面的值得称道的努力"之愿望。㉓

另一个例子是,国家可以允许警察将被逮捕的犯罪嫌疑人带到治安法官面前审讯,这一建议大约在60多年前由保罗·考珀提出来。㉔沃尔特·谢弗法官、亨利·弗兰德利法官,以及阿希尔·里德·阿马尔教授和雷妮·莱托教授也提出过类似的建议。㉕ 在治安法官监督下的审讯可以比米兰达规则提供更多的司

---

⑳ *OLP Pre-Trial Interrogation Report*,前引注㉓,第 96 页。

㉑ 见 Judge Harold J. Rothwax, *Guilty: The Collapse of Criminal Justice* 237 (1996) (呼吁放弃米兰达规则代之以对审讯进行录音录像);Cassell,前引注⑬,第 486—492 页(提倡以对审讯录音录像和修正后的权利警告代替米兰达规则);Paul G. Cassell, "Protecting the Innocent from False Confessions and Lost Confessions—and from Miranda", 88 *J. Crim. L. & Criminology* 497 (1998) (提出用审讯录音录像代替米兰达规则是解决虚假供述和失去供述的最好方法);Paul G. Cassell, "Balanced Approaches to the False Confessions Problem: A Brief Comment on Ofshe, Leo, and Alschuler", 74 *Denv. U. L. Rev.* 1123 (1997) (提出应用对审讯录音录像替代米兰达规则);Richard J. Ofshe & Richard A. Leo, "The Social Psychology of Police Interrogation: The Theory and Classification of True and False Confessions", 16 *Stud. Law, Pol. & Soc.* 189, 238 (Austin Sarat & Susan S. Sibley eds., 1997) (提出对审讯进行录音录像是防止虚假供述的方法之一)。

㉒ 参见 Cassell, 前引注⑬,第 489—492 页。

㉓ *Miranda*, 384 U. S. at 467.

㉔ 参见 Paul G. Kauper, "Judicial Examination of the Accused—A Remedy for the Third Degree", 30 *Mich. L. Rev.* 1224 (1932)。

㉕ 见 Walter V. Schaefer, *The Suspect and Society: Criminal Procedure and Converging Constitutional Doctrines* 76-81 (1967) (极力主张对第五修正案进行解释,允许治安法官询问犯罪嫌疑人,以及允许检察官在庭审中使用由此获得的非证言性成果);Henry J. Friendly, "The Fifth Amendment Tomorrow: The Case for Constitutional Change", 37 *U. Cin. L. Rev.* 671, 721-25 (1968) (同前);Akhil Reed Amar, *The Constitution and Criminal Procedure* 76-77 (1997) (同前);Akhil Reed Amar & Renee B. Lettow, "Fifth Amendment First Principles: The Self-Incrimination Clause", 93 *Mich. L. Rev.* 857, 898-928 (1995) (同前)。

法监督，而且可以获得更多的犯罪嫌疑人供述从而有利于社会。但是，正如对审讯过程录像问题一样，由于潜在的宪法问题威胁㊱，而且最高法院未表明是否可以此作为米兰达规则的替代程序，这一建议最终沦为仅仅是刑事诉讼法学教授们欣赏的某种"假设"。㊲

最后，联邦最高法院可以通过废止宏大的米兰达规则实验，在供述可采性问题上回到长期以来的"自愿性标准"。㊳ 毕竟，这是美国刑事司法几乎两个世纪以来一直采用的供述评价方式，有着传统理解的支持，而且宪法的解释也应当与立宪者的立法意图相一致。㊴ 另外，供述自愿性也经国会立法被确定为可采性标准（尽管一直未被实践采纳），要求将之作为联邦案件中采纳被告人供述的基准。㊵

本文提出的证据旨在唤起大家认真对待这些米兰达规则的替代性措施。哈伦大法官在米兰达案判决中的异议警告我们，本案判决对于我们的国家安全而言是个危险的实验，其"危害后果""只有时间才能告诉我们"。㊶ 这一实验的后果已经显现，本项研究中收集的破案率——与其他有关米兰达规则消极后果的证据一起㊷——有力地表明，米兰达规则妨碍了警察的破案能力，从而严重地危害了社会。事实上，基于全美破案率，对米兰达规则消极后果作一个大致保守估计的话，可以认为，米兰达规则也许是在过去半个世纪里对国家打击犯罪能力所施加的最为沉重的一击。总之，正如批评者们所认为的那样，米兰达规则铐上了警

---

㊱ 参见 Yale Kamisar, "Kauper's 'Judicial Examination of the Accused' Forty Years Later—Some Comments on a Remarkable Article", 73 *Mich. L. Rev.* 15, 33-35 n. 70 (1974)（根据当代法律原则对考珀提议中的宪法问题进行了讨论）。

㊲ 参见 Ronald J. Allen, Richard B. Kuhns & William J. Stuntz, *Constitutional Criminal Procedure: An Examination of the Fourth, Fifth, and Sixth Amendments and Related Areas* 1229 (3d ed. 1995)（认为考珀的提议有可能作为米兰达规则的替代品）。

㊳ 实现这一目的的方法之一是"撤销"米兰达规则并允许各州自主决定是否遵守它。见 Barry Latzer, "Toward the Decentralization of Criminal Procedure: State Constitutional Law and Selective Disincorporation", 87 *J. Crim. L. & Criminology* 63, 101-11 (1996)（提出了这个方法）。

㊴ 参见 Paul G. Cassell, "The Rodney King Trials and the Double Jeopardy Clause: Some Observations on Original Meaning and the ACLU's Schizophrenic Views of the Dual Sovereign Doctrine", 41 *UCLA L. Rev.* 693, 717-19 (1994)（讨论了宪法性刑事程序中立法原义的定位）。

㊵ 参见 18 U.S.C. 3501 (1994); 还可参见 Davis v. United States, 512 U.S. 452, 465 (1994)（斯卡利亚大法官［Scalia, J.］的反对意见，主张第 3501 条"反映了人们对于对被羁押审讯者的关心和对有效执法之间适当平衡的评价"）；United States v. Crocker, 510 F. 2d 1129 (10th Cir. 1975)（认为第 3501 条是合宪的）；United States v. Rivas-Lopez, 988 F. Supp. 1424 (D. Utah 1997)（同前）；Eric D. Miller, Comment, "Should Courts Consider 18 U.S.C. 3501 Sua Sponte?", 665 *U. Chi. L. Rev.* (forthcoming 1998)（认为联邦法院应遵守第 3501 条的规定）。

㊶ Miranda v. Arizona, 384 U.S. 436, 504（哈伦大法官的反对意见）。

㊷ 参见前引注㊷——㉚及相关文献。

察的双手。因此，是时候考虑除去米兰达规则的羁绊，为警察审讯寻求其他成本更低的规制方式了。


## 附录　回归分析的数据来源

曾经有人指出："在得出统计结论时最重要的是作者必须提供所有相关的完整信息，以使读者能够据此判断结论的可靠程度，如果有必要的话，必须将这些信息完整地复制。"㉝为此，我们将在附录中对研究方法的细节进行解释，并编录相关的数据。

一、因变量——破案率

回归分析的因变量是全美刑事案件破案率，来自 FBI 发行的年度 UCR。

1. 全美总数

从 1958—1972 年起，FBI 开始发行全美所有刑事案件的破案率。㉞ 作为"总和"的犯罪包括七种犯罪类型（如谋杀、强奸、抢劫、殴打、夜盗、偷窃 50 美元以上的犯罪和机动车盗窃），但是也包括过失杀人和偷窃 50 美元以下的犯罪案件。自 1973 年起 FBI 停止发布整体破案率。

自 1965 年起至今，FBI 一直发布七类犯罪的破案率年度报告。也许可以通过采纳 FBI 的破案率表中的百分比值，然后将过失杀人和不到 50 美元的偷窃案件的数据排除，将犯罪目录中的破案率数据回溯到 1962 年。但是，1962 年的数据相对不容易作类似的调整，因为此前只发布所有偷窃案件的破案率。

在 1965—1972 年间，FBI 的犯罪目录中的偷窃罪仅指偷窃 50 美元以上的案件。1973 年，FBI 对此作了调整，将所有的偷窃行为都视为犯罪，无论数额是否达到了 50 美元。㉟这意味着 1972 年和 1973 年 FBI 针对犯罪目录中的案件类型

---

㉝　Pyle & Deadman，前引注㉒，第 207 页。
㉞　参见 UCR-1958，前引注㊱，第 76 页表 12；Brewer Letter，前引注㊳，第 1 页。
㉟　参见 UCR-1973，前引注㊱，第 1 页；Brewer Letter，前引注㊳，第 1 页。

的破案率数据出现了断裂。㊱ 因此,我们在分析个案和类案破案率时只好选择暴力犯罪和财产犯罪,而不是 FBI 的犯罪目录中的所有类型案件。

2. 暴力犯罪和财产犯罪

FBI 从 1969 年到现在一直发布暴力犯罪(如谋杀、强奸、抢劫、殴打)和财产犯罪(如夜盗、偷窃、机动车盗窃)的破案率,虽然 1969—1972 年间的财产犯罪数据似乎只包括了 50 美元以上的偷窃犯罪。1969 年以前的数据,我们使用了迪恩·詹姆斯·艾伦·福克斯(Dean James Alan Fox)出版的 1950—1974 年间的数据。㊲ 福克斯的数据是以 FBI 公布的一些材料为基础经过加权平均之后得出的。然后从 1975 年起我们切换到 FBI 的数据。尽管数据之间存在这种拼接,但是福克斯编辑的数据与 FBI 公布的暴力犯罪数据之间相当吻合,与财产犯罪数据之间的一致性也很高。例如,1974 年福克斯数据表的最后一年,福克斯发布的暴力犯罪破案率是 44.9%,FBI 公布的数据是 45.2%。1974 年的财产犯罪破案率两者的数据都是 18.5%。㊳ 两者在暴力犯罪破案率数据上的差异可能是福克斯将 1957 起法定强奸案件排除在强奸类犯罪之外,因此增加了 1957 起暴力犯罪。㊴ 就暴力犯罪的整体数量而言,1957 起所导致的差异并不太大,所以我们对 FBI1975 年以后的数据也就没有进行相应的调整。

3. 个类犯罪

FBI 从 1950 年至今一直发布各类犯罪的破案率,有几项附加说明应该注意。就谋杀案件的破案率数据,我们只使用了"谋杀和非疏忽大意的过失杀人",不包括"疏忽大意的过失杀人",因此显然包括大部分的恶性交通事故案件。另外,虽然 FBI 一直都有公布强奸案件的数据,但是 1958 年其从总量中排除了法定强奸案件。㊵ 我们的数据分析回溯到 1960 年之前,因此我们并未对强奸类个案中的这一变化进行调整,忽略了这一问题。㊶ 另外,就偷窃案件来说,虽然 FBI 有时单独发布 50 美元以上偷窃案件的破案率,但更多时候其都是将所有偷窃案件作为一个整体来发布。因此,我们使用的偷窃案件的破案率数据是偷窃案件的总体,而不是 FBI 犯罪目录中定义前后不一致的偷窃案件破案率数据。

---

㊱ 福克斯似乎忽略了这一断裂。见 Fox,前引注㉟,第 6 页。
㊲ 同上引注,第 86 页(以 UCR 数据为依据)。
㊳ 请比较上引注与 UCR-1974,前引注㉟,第 166 页。
㊴ 参见 Fox,前引注㉟,第 7 页。
㊵ 参见 UCR-1958,前引注㉟,第 2 页(将强奸犯罪案件数据限定在涉及暴力的强奸)。
㊶ 参见前引注⑲—㉑及相关文献。

4. 城市 v.代表性数据

1950—1979 年,FBI 只公布城市的破案率数据,而没有全美的完整数据。因此,在我们的回归分析方程中使用城市的破案率数据作为因变量。但是,自变量数据整体上不只基于城市数据,而是包括全美数据。

虽然从理论上说这一细微的瑕疵也许是个问题,但从实践上看,我们认为这并非什么大的问题。全美的破案率数据可能非常接近城市的破案率数据,理由是:首先,UCR 公布的数据是犯罪数据,而城市的犯罪数量占全美犯罪数量的绝大部分。㉒ 因此,城市的破案率数据实质上影响了 UCR 数据的趋势。㉓ 其次,破案率数据不像犯罪率数据一样,在不同的地区之间存在着巨大的差异。例如,1995 年全美的暴力犯罪破案率与城市暴力犯罪的破案率之间相差不到 5%,而财产犯罪的破案率之间则几乎不存在任何差别。㉔ 但是,不同地区之间的犯罪率则存在巨大的差异。㉕ 最后,米兰达规则等影响了城市警察的破案率通常同样也会影响其他地区警察的破案率的假设似乎并无不妥。

为了检验城市警察的破案率数据与全美警察破案率数据之间的协调性,我们对 1980 年 FBI 开始分别公布这两组数据以来的数据进行了比较,其相关系数为 0.985,因此使用城市数据并不会显著地影响我们的结论。㉖

二、 自变量

1. 米兰达变量

我们使用了各种虚拟变量来评估自 1966 年 7 月 1 日以来米兰达规则对警察执法效果的影响。㉗

2. 犯罪率

自 1950 年起,FBI 开始发布 UCR。在 20 世纪 50 年代,并非所有的执法机

---

㉒ 参见 UCR-1995,前引注㉝,第 181 页表 12(显示警察所掌握的犯罪数据中,80.1%都是来自城市的报案[百分比来源于前引注数据])。

㉓ 请比较 Fox,前引注㉟,第 123 页注释 3(认为因为城市的犯罪数据在 UCR 数据中是按人口比例加权的,那么将小城市的数据纳入对分析结果几乎没有什么影响)。

㉔ 参见 UCR-1995,前引注㉝,第 199 页表 25(指出城市的破案率数据中暴力犯罪是 43.5%,财产犯罪是 17.7%,全部警察机关的破案率数据中暴力犯罪是 45.4%,财产犯罪是 17.6%)。

㉕ 参见上引注,第 187 页表 16(报告了犯罪率数据,城市里每 100 000 人口中的暴力犯罪者为 919.9,财产犯罪者为 5793.0。在全部警察机关的数据里,暴力犯罪者为 746.5,财产犯罪者为 4877.8)。

㉖ 在我们的回归方程中,使用城市的数据有可能会使米兰达规则的影响比我们发现的大一些。既有经验证据表明,在大城市,米兰达规则对供认率的抑制效果更为明显。参见 Cassell,前引注⑬,第 447—450 页(对米兰达案判决后供述率下降的证据进行了分析)。

㉗ 参见前引注⑲—㉔及相关文献。

关都会将数据报告给 FBI，因此 20 世纪 50 年代的整体数据只是估算的结果。1975 年，FBI 为了出版一份连续的报告，对早期公布的数据进行了修正。其结果是，有了一份自 1960 年起至今的包括七种犯罪类型的连续性数据的官方版本。[398] 为了充分利用 FBI 最新的整体犯罪数据，我们使用了其修正后的版本。值得注意的是，在其他的刑事司法研究中也有人使用了那些未修正的数据。[399]

不幸的是，FBI 并未发布破案率的修正版本。因此，我们不得不运用修正后的犯罪率来解释未修正的破案率。但这并不会影响我们的结论，因为在其他选项中使用的是可以得出相同结果的未修正的犯罪率数据，并未用未修正的犯罪率来解释破案率的变化。[400]

为了使修正后的数据能够回溯至 20 世纪 50 年代，我们使用了 FBI 未正式发布的版本数据（未公布版本）。该版本在布劳尔的毕业论文中得以重印，并且将数据回溯到了 1933—1972 年。[401] 因为，未公布版本中的数据与 FBI 修正后的犯罪数据，除了偷窃罪之外数据外，在 1960—1972 年二者重叠部分的相应数据都非常接近。[402] 为了将未公布版本中 1950—1959 年的数据与官方版本进行衔接，我们首先对 1960—1972 年间两个版本重叠年代中各类犯罪的数据进行了对比，以确定未公布版本与官方版本在数据上的比率。[403] 然后通过这一平均比率值来计算 1950—1959 年未公布版本中每类案件的相应数据。

未公布版本中的偷窃罪数据似乎不适合用来作时间序列的回归分析，理由有三：第一，在未公布版本与官方版本重叠年代的数据中，未公布版本的犯罪率大约只有官方版本数据的 1/3，[404] 不能确定是否系偷窃罪的定义变化（是否超过 50 美元）或者其他因素导致这一差异。第二，与其他类犯罪相比，在两个版本的重叠年代间数据比较上，偷窃罪的比值在此期间存在显著的波动，1960 年为

---

[398] 该修正版发布于 UCR-1975（前引注[36]，第 49 页表 2）及后续发布的部分，但非全部的 UCR 中。

[399] 参见 Jacob & Rich，前引注[210]，第 122 页（未经任何修正就将 UCR 中九个城市的抢劫犯罪数据直接使用了）。

[400] 参见 Cassell，前引注[46]，第 334—338 页（对舒尔霍夫根据未经校正的犯罪数据来绘制并不能反映破案率变化的警察的"破案能力"表问题进行了讨论）。

[401] 参见 Brower，前引注[35]，第 172 页表 47、第 175 页表 48、第 178 页表 49、第 181 页表 50、第 184 页表 51、第 187 页表 52、第 190 页表 53。

[402] 参见下引注[403]（提供了官方校正后的数据和非官方校正后数据的比例）。

[403] 经非官方校正后的 7 种指数犯罪数据与官方校正后的数据平均比值为：谋杀犯罪为 0.991；强奸犯罪为 0.991；抢劫犯罪为 0.995；严重伤害犯罪为 0.989，夜盗罪为 0.987；机动车盗窃罪为 0.933。在交叉时段内，这些比例变化不大。例如，伤害犯罪的比例介于 0.9887 至 0.9890 之间。

[404] 请比较 Brower，前引注[35]，第 187 页表 52（数据显示，1960 年偷窃罪未公开的校正数据为 507 300 起），与 UCR-1975，前引注[36]，第 49 页表 2（数据显示，1960 年偷窃罪官方公开的校正数据为 1 855 400）。

27.3%,而 1972 年为 44.3%。⁴⁰⁵

基于未公布版本中的偷窃罪数据的这些问题,我们运用替代性方法建构了 1950—1959 年间大致的偷窃罪数据序列。FBI 早期曾经发布过全美 1950—1957 年间偷窃罪的估约数据,但这一数据同样不能直接与官方版本的数据进行比较。⁴⁰⁶ 为了拼接这两个数据,自 20 世纪 60 年代起的偷窃罪数据我们使用的是官方版本⁴⁰⁷,然后根据官方版本中所公布的全美城市偷窃犯罪的变化比率来推算此前直至 1956 年的偷窃罪数据⁴⁰⁸。然后,我们将据此推算出的 1956 年、1957 年的偷窃犯罪数据与 FBI 此前发布的同期全美偷窃犯罪估约数进行比较。得出这两年的二者比值然后加以平均,然后用这一比值来推算 1950—1955 年间的偷窃犯罪估约数,最后完成偷窃罪的时间序列数据。

然后,我们根据犯罪数和人口数计算出了每年的犯罪率。FBI 的官方版本自 1960 年起提供了相关数据,1950—1959 年的犯罪率计算所根据的人口数参考了同时期人口普查数据。

3. 警力数据

警力方面的基础数据来自 FBI 提供的包括全职执法人员、文职人员数量,以及所有城市每千人警察比在内的警力数据。⁴⁰⁹ 这些数据同样被其他刑事司法研

---

⁴⁰⁵ 1960 年的比例是 507 300÷1 855 400=27.3%;1972 年的比例为 1 837 800÷4 151 200=44.3%。请比较 Brower,前引注㊱,第 187 页表 52(提供了未公开的校正后修订数据),与 *UCR-1975*,前引注㊱,第 49 页表 2(提供了官方的校正后数据)。

⁴⁰⁶ 参见 *UCR-1958*,前引注㊱,第 1—3 页(指出了评估技术和偷窃罪的定义变化)。

⁴⁰⁷ 参见 *UCR-1975*,前引注㊱,第 49 页表 2(数据显示,1960 年偷窃罪的总量为 1 855 400 起)。

⁴⁰⁸ 参见 *UCR-1960*,前引注㊱,第 79 页表 5(数据显示,1960 年盗窃罪总体上升了 11.7%)(百分比来自上引注,综合超过和低于 50 美元的偷窃罪数量并计算出上升的百分比);*UCR-1959*,前引注㊱,第 75 页表 5(数据显示,1959 年偷窃罪总体上升 0.8%)(百分比来自上引注,综合超过和低于 50 美元的偷窃罪数量并计算出上升的百分比);*UCR-1958*,前引注㊱,第 69 页表 5(数据显示,1958 年偷窃罪总体上升 9.4%)(百分比来自上引注,综合超过和低于 50 美元的偷窃罪数量并计算出上升的百分比);*UCR-1957*,前引注㊱,第 79 页表 26(数据显示,1957 年偷窃罪总体上升 8.0%)。之所以使用的是城市数据而非全国性数据,是因为城市数据一直以来披露的都是偷窃罪的整体数据,而不只是 50 美元以上的偷窃罪数据。使用全国性的而非城市的数据,就这里所针对的数据而言,只会得出最微弱的变化。参见 *UCR-1960*,前引注㊱,第 35 页表 2(数据显示,1960 年全国超过 50 美元的偷窃罪上升了 14.2%);*UCR-1959*,前引注㊱,第 4 页(数据显示,1959 年全国超过 50 美元的偷窃罪上升了 3%);*UCR-1958*,前引注㊱,第 1 页(数据显示,1958 年全国超过 50 美元的偷窃罪上升了 10.3%);*UCR-1957*,前引注㊱,第 71 页表 24(数据显示,1957 年全国偷窃罪总体上升了 8.4%)。

⁴⁰⁹ 在 20 世纪 50 年代早期,这些信息出现在"警察局雇员人数"的表格上。参见 Semiannual Bulletin,前引注㊱,第 21 页表 11。从 1958 年至 1971 年,这些信息出现在标有"警察局全职雇员"的表格上。参见 *UCR-1971*,前引注㊱,第 158 页表 51。在 1971 年之后,此表格标为"全职执法人员"。参见 *UCR-1972*,前引注㊱,第 161 页表 54。

究的学者使用过。⑩

因为年内不同统计时间上(例如7月1日,10月31日,12月31日)执法人员数量都不一样,因此福克斯将1950—1974年间每年的警力数据统一以7月1日的统计为标准。⑪ 本文在这一时间段上的警力数据使用的是福克斯的版本,以确保米兰达规则实施前后这一段至为关键时期的数据一致性。1975—1993年间的数据使用的是FBI的官方版本,尽管其公布的统计时间为每年的10月31日。我们没有试过将FBI的官方数据也调整为每年7月1日的统计结果,因为我们发现,在FBI和福克斯两个版本相互重叠的1964—1974年间,福克斯的标准数据真实地反映了FBI版本的情况。此外,本文使用的是警力比例,而不是警力的整体绝对数,因此可以消除不同地方警察机关上报人数时的差异可能导致的数据冲突。⑫

自1980年起,FBI不仅公布城市的,而且公布全美的警力数据(以下简称"全体警力")。⑬ 虽然"全体警力"数据百分比值涵盖的人口比例更大⑭,但是本文还是只使用了城市警力数据,以保持在时间趋势上的数据连续性,并与来自城市警察局的破案率数据保持一致。这一方法选择并不会对我们的结论有任何影响,因为全美警方的破案率数据与城市警察局的破案率数据大体相近。⑮

### 4. 警察财政支出

政府每年的警察财政支出数据可以从美国联邦统计局编写的政府财政年鉴中获得。⑯ 这些数据同样为其他刑事司法研究的学者使用过。⑰ 本文使用的数

---

⑩ 参见Jacob & Rich,前引注⑳,第122页附录(使用UCR数据中宣过誓的工作人员的数量)。

⑪ 参见Fox,前引注㊱,第6页(使用"每1000人中全职执法人员的数量")。

⑫ 例如,报告中警察局雇员的人数从1959年的186 539到1960年的195 109到1961年的189 093。然而,每一千名居民中警察局雇员的数量在这些年保持相对稳定,从1959年的1.8到1960年的1.9到1961年的1.9。参见UCR-1959,前引注㊱,第105页表23;UCR-1960,前引注㊱,第105页表31;UCR-1961,前引注㊱,第108页表33。

⑬ 参见UCR-1980,前引注㊱,第264页表68。

⑭ 例如,在1980年警察局的人员总数为211 000 000;全部城市的人口数量为143 000 000,参见上引注,第262、264页。

⑮ 参见上引注,第264页表68;UCR-1985,前引注㊱,第248页表74;UCR-1990,前引注㊱,第242页表69。

⑯ 从1950年到1970年的这一数据可从人口普查局处找到,前引注㉔,第416页(ser. H:1012-1027)。其后年度的这一数据可从人口普查局、美国商务部、政府财政部(Government Finances)的序列5文件(Series GF, No. 5)中找到,这些数据有时也会在人口普查局年报(the annual Bureau of the Census)、美国商务部、美国统计摘要(Statistical Abstract of the United States,以下简称Statistical Abstract-[year])中再版。哪一版本的数据更早,我们就使用哪一个版本的数据。从1962年开始,这些数据作为政府财政年度数据,通常在6月30日截止。(例如,1994年的数据是财政年度结束至1994年6月的数据)。这意味着这些数据与我们的方程中的犯罪变量(根据自然年度编写)并不完全一致。

⑰ 参见Fox,前引注㊱,第5页、第127页注释5;Jacob & Rich,前引注⑳,第122页附录;Pogue,前引注⑩,第44页附录。

据是地方财政支出之和,之所以没将联邦财政支出包括在内是因为其与主要城市的犯罪破案率之间不太可能有何密切关系。由于 1951 年的数据缺失,本文使用的是 1951 年前后数年的平均数据。1994—1995 年的数据是根据 1990—1993 年的基础数据和财政支出增长比率推算获得。这一数据序列自 1959 年起包括了阿拉斯加,1960 年起包括了夏威夷的数据。⑱ 但是,因为这些州的财政支出在全美总量中所占的比例很小,因此未根据其纳入时间作特别的调整。

我们还通过消费价格指数(Consumer Price Idex, CPI)对财政支出数据针对通货膨胀因素进行了调整,虽然 CPI 数据的精确性存在争议⑲,但就目前而言,其似乎还是一个合乎逻辑的调整手段。⑳

5. 社会经济变量

在我们的回归分析方程中包括了一些社会经济变量。失业率使用的是美国劳动统计局(U. S. Bureau of Labor Statistics)收集的标准年度测量数据。㉑ 其表述为 16 岁以上市民未就业的百分比。

劳动就业率数据同样来自美国劳动统计局,反映的是市民的就业状况。㉒ 收入数据来源于美国经济分析局㉓,其反映了定值 1987 美元时的人均收入者的个人可支配收入情况。这一方法也有其他刑事司法研究者运用。㉔ 未婚生育数据来自美国国家健康统计中心(U. S. National Center for Health Statistics),其测度的是不同婚姻状况下的生育情况。㉕ 城市居民百分比数据得自对美国国家健康统计中心 10 年数据的三级多项函数分析。㉖

---

⑱ 参见 U. S. Dep't of Commerce, *Government Finances in 1962*, G-GF62 No. 2, at 19 n. 1 (1963)。

⑲ 参见 Advisory Comm'n to Study the Consumer Price Index, *Final Report to the Senate Finance Comm.*: *Toward a More Accurate Measure of the Cost of Living* (1996); cf. Scott H. Decker & Carol W. Kohfeld, "Fox Reexamined: A Research Note Examining the Perils of Quantification", 19 *J. Res. Crime & Delinq.* 110, 117-20 (1982) (就 CPI 是否可以作为对犯罪率进行有效预测的指标发生的争议); Fox,前引注⑨,第 126 页(同前争议)。

⑳ 参见 Fox,前引注㉟,第 127 页注释 6(作者认为,CPI 是一个逻辑调节器,但只是一种替代性措施,因为 CPI 只在该特定回归模型中被用作一种预测指标)。

㉑ 参见 Bureau of Labor Statistics, U. S. Dep't of Labor, *Employment and Earnings* (January issues, published annually);还可参见 Statistical Abstract,前引注⑯。

㉒ 参见 Statistical Abstract—1995,前引注⑯,第 399 页表 627。

㉓ 参见 Bureau of Econ. Analysis, U. S. Dep't of Commerce, *Survey of Current Business*;还可参见 *Statistical Abstract*,前引注⑯。

㉔ 参见 Fowles & Merva,前引注⑳(讨论了收入不平等与犯罪之间的关联并对相关文献进行了回顾)。

㉕ 参见上引注,第 77 页表 94(再版了全美健康统计中心[National Center for Health Statistics]的数据)。

㉖ 参见 *Statistical Abstract-1975*,前引注⑯,第 19 页表 20(数据显示,美国的城市人口在 1950 年时为 64.0%,1960 年时为 69.9%,1970 年为 73.5%); *Statistical Abstract—1995*,前引注⑯,第 43 页表 44(数据显示,美国的城市人口在 1980 年时为 73.7%,1990 年时为 75.2%)。函数公式为 $y = 0.0003x^3 - 0.0719x^2 + 5.81x - 84.449$。

### 6. 小城市的犯罪情况

小城市中暴力犯罪百分比数据变量的增加是为了回应舒尔霍夫教授对我们此前分析模型的批评。⑫ 相应地,我们将小城市暴力犯罪情况这一变量界定为"发生在居民数在 250 000 以下的城市中的暴力犯罪在所有暴力犯罪中的比例"。舒尔霍夫友好地为我们提供了其从 FBI 的 UCR 中提取的小城市暴力犯罪序列数据。⑬

### 7. 人口变量

人口变量数据来自美国人口普查局。⑭ 人口数据的使用与 UCR 相关数据相一致。⑮ 人口数据主要用于计算犯罪率、警力比例、执法财政支出比例、未成年人犯罪比率和非法生育率。

15—24 岁居民数量数据来自美国人口普查局。⑯ 1959 年开始包括阿拉斯加和夏威夷的人口相关数据。这一变化导致了百分比数值上的细微差异,这一年龄段人口大约增加了 0.4%。虽然影响并不显著,但是为了尽量消除这一细微的不协调性,我们以 1959 年的数据为基准,将所有 50 个州这一年龄段的人口总数与前述 2 州之外的其他 48 州的相应数据进行了比较,得出了比较值,并以此比较值对 1950—1958 年间其他 48 个州的这一年龄段的人口情况进行了加权计算。在 20 世纪 70 年代,人口普查局似乎对年龄阶段划分进行了调整,将 15—24 岁标准改为了 14—24 岁。对这 10 年间的数据,我们计算了 1970 年和 1980 年 14—24 岁、15—24 岁人口的比率,然后假设这 10 年间的平均值保持不变,据此估算出 20 世纪 70 年代这 10 年的 15—24 岁人口的数量。⑰

### 8. 时间趋势变量

时间趋势变量是通过标准统计技术得出的结果。

---

⑫ 参见前引注⑬及相关文献。

⑬ Schulhofer, *Bashing Miranda*,前引注⑯,第 367 页。

⑭ 我们通过对该年度的数据计算将舒尔霍夫数据序列扩至 1995 年。参见 UCR-1995,前引注㊱,第 187 页表 16 (在题为"犯罪率、警察所掌握的犯罪、人口群体"[Crime Rates, Offense Known to the Police, Population Group]的表格中提供了相关数据)。

⑮ 参见 *Statistical Abstract*,前引注⑯。

⑯ 参见 UCR-1995,前引注㊱,第 58 页表 1,注释 1 (显示该人口数据由人口普查局提供)。

⑰ 参见 *Statistical Abstract*,前引注⑯。

⑱ 1970 年,该比率为 1.1 (40 300 000/35 500 000)。在 1980 年,该比率为 1.09 (46 500 000/42 500 000)。见 *Statistical Abstract*—1981,前引注⑯,第 26 页表 29、第 27 页表 30。我们认为这些比率在 1970 年至 1980 年间不断接近。

### 三、米兰达规则变量和该变量的相对重要性

正如前文所述,就模型设定而言米兰达规则变量是有力的。[434] 加之,我们通过正向逐步回归分析方法从预测性角度对米兰达规则影响效果的统计学重要性进行了检验。逐步回归分析法是根据回归模型结果来决定最优模型的自动搜索机制。[435] 正向搜索方法的开始是以减少因变量的总变差的方法寻找最重要的解释变量。在每一阶段上,每纳入一个新的解释变量,回归分析方程都会根据最近纳入的变量作用情况来检验先前变量是否应该排除。[436]

正如表 3-9(暴力犯罪)、表 3-10(财产犯罪)所显示的那样,在显示米兰达规则对执法效果具有统计显著性的回归分析模型中,米兰达规则变量的解释力高居前三,从而支持了米兰达规则是解释破案率下降的相对重要因素的假设。

表 3-9 按重要性顺序排列的解释性变量:暴力犯罪(1950—1995 年)
城市破案率的逐步 OLS 回归分析

| 变量 | 暴力犯罪 | 谋杀犯罪 | 强奸犯罪 | 抢劫犯罪 | 伤害犯罪 |
|---|---|---|---|---|---|
| 1 | 米兰达 | 时间趋势 | 警察能力 | 米兰达 | 犯罪率 |
| 2 | 犯罪率 | 小城市的犯罪率 | 米兰达 | 犯罪率 | 未婚女性生育率 |
| 3 | 财政能力 | 城市化 | 小城市犯罪率 | 失业率 | 失业率 |
| 4 | 时间趋势 | 犯罪率 | 未成年人数 | 警察能力 | 未成年人数 |
| 5 | 小城市犯罪率 | 未成年人数 | 时间趋势 | 小城市犯罪率 | 财政能力 |
| 6 | 警察数量 | 失业率 | 警察财政投入 | 未婚女性生育率 | 警察数量 |
| 7 | 未成年人数 | 警察数量 | 警察数量 | 财政能力 | 警察财政投入 |
| 8 | 城市化 | 米兰达 | — | 时间趋势 | 人均收入水平 |
| 9 | 劳动力就业充分程度 | — | — | 警察财政投入 | 时间趋势 |
| 10 | 失业率 | — | — | 人均收入 | 小城市犯罪率 |
| 11 | 人均收入 | — | — | 警察数量 | — |
| 12 | 警察能力 | — | — | — | — |

表格空白处表明没有其他符合 0.500 水平上具有显著性才可纳入方程的变量标准。

---

[434] 参见前引注[218]—[222]及相关文献。
[435] 参见 John Neter, Michael H. Kutner, Christopher J. Nachtsheim & William Wasserman, *Applied Linear Regression Models* 347-52 (1996)(讨论了该程序的优点并解释了其运行机制)。
[436] 参见上引注,第 348—352 页。

表 3-10　按重要性顺序排列的解释性变量：财产犯罪（1950—1995 年）
城市破案率的逐步 OLS 回归分析

| 变量 | 财产犯罪 | 夜盗犯罪 | 偷窃犯罪 | 机动车盗窃犯罪 |
|---|---|---|---|---|
| 1 | 警察能力 | 犯罪率 | 未成年人数量 | 犯罪率 |
| 2 | 米兰达 | 失业率 | 小城市的犯罪率 | 米兰达 |
| 3 | 财政能力 | 米兰达 | 米兰达 | 小城市的犯罪率 |
| 4 | 时间趋势 | 时间趋势 | 失业率 | 劳动力就业充分程度 |
| 5 | 失业率 | 财政能力 | 城市化水平 | 未婚女性生育率 |
| 6 | 未婚女性生育率 | 警察财政投入 | 人均收入水平 | 城市化水平 |
| 7 | 人均收入水平 | 未成年人数量 | 警察能力 | 时间趋势 |
| 8 | 城市化水平 | 城市化水平 | 财政能力 | 未成年人数量 |
| 9 | 小城市的犯罪率 | 警察能力 | 时间趋势 | 人均收入 |
| 10 | 失业率 | 人均收入 | 犯罪率 | 警察数量 |
| 11 | 人均收入水平 | 劳动力就业充分程度 | — | 失业率 |
| 12 | 警察能力 | 警察数量 | — | — |
| 13 | — | 未婚女性生育率 | — | — |

表格空白处表明没有其他符合 0.500 水平上具有显著性才可纳入方程的变量标准。

## 四、破案率的构成

如前文所述[63]，破案率由两个部分构成：（1）逮捕数与犯罪数之比；（2）破案数与逮捕数之比。

$$\frac{侦破的犯罪数}{犯罪数}=(1)\frac{逮捕数}{犯罪数}\times(2)\frac{侦破的犯罪数}{逮捕数}$$

虽然这一公式看起来简单易懂[64]，但是寻找一份持续的逮捕数据就是个问

---

[63] 参见前引注[27]及相关文献。
[64] 一个复杂的因素是当一些因素超出了警察控制的因素（例如，被害人不配合）以致无法逮捕和起诉时，警察通过"例外"声称破案的可能性。参见 1966 UCR Handbook，前引注[29]，第 50 页。这类情况是每起逮捕所侦破的案件数的一个组成部分；从理论上看，它们应该被分别突破。不幸的是，没有定期发布的关于通过例外方式侦破的案件数量的全国性数据。芝加哥 1966 年的数据显示，通过例外方式侦破的案件更多存在于那些我们并未发现存在米兰达效应的案件中（例如强奸、严重伤害犯罪案件），而不是那些我们发现存在米兰达效应的案件之中（例如抢劫、夜盗犯罪案件）。参见 Albert J. Reiss, Jr., *The Police and the Public* 81 tbl. 2.3 (1971)。因此，我们并不期待通过例外方式侦破的案件中存在任何我们发现的米兰达效应。

题。例如,福克斯根据 FBI 的数据制作的表格即显示,1959—1963 年间存在着一些重大的回转。⑨ 其提出的在关键的 1965—1966 年间的逮捕数据似乎也有瑕疵。其所公布的暴力犯罪逮捕率从 1965 年的每 100 000 人逮捕 110.6 人,到 1966 年上升为每 100 000 人逮捕 139.9 人⑩,在同年犯罪率只上升了 11% 的情况下,警方的逮捕率出现了 26% 的突出上升。⑪ 福克斯可能一直无法消除逮捕数据的这种波动起伏,因为其最终将这些数据排除在他的分析模型之外。⑫

幸运的是,FBI 发布了一份修正后的看起来整体协调一致的 1965—1992 年的逮捕率数据。⑬ 为了获得(1) 逮捕数与犯罪数之比,我们将暴力犯罪的逮捕率乘以人口普查局公布的人口数据得出了实际逮捕的暴力犯罪嫌疑人数量。逮捕数与暴力犯罪数之比即实际逮捕的暴力犯罪人数除以 FBI 公布的暴力犯罪数之商。⑭ (2) 破案数与逮捕数之比,我们将破案率乘以 FBI 公布的暴力犯罪数,得出实际破获的暴力犯罪案件数,然后将破获的暴力犯罪案件数除以根据(1)得出的实际逮捕暴力犯罪嫌疑人数。

这些转换要求某些特定的假设,特别是在破案数与逮捕数之比上。与我们研究的其他方面一样,我们假设城市的破案率与其他地区的破案率大体相当。⑮ 我们还假设 FBI 在统计破案率和犯罪率时所使用的是相同城市的数据。而事实上 FBI 修正后的逮捕率统计与破案率统计时参考的城市并不一致,前者数据的来源城市人口规模要大于后者。⑯ 似乎没有办法测定,这些问题对我们分析破案数与逮捕数之比可能带来的影响程度,但是逮捕数与犯罪数之比却不会受前述任何问题的影响。

---

㊴ 暴力犯罪的逮捕率在 1959 年至 1963 年间存在莫名的波动。每 100 000 人口中暴力犯罪的逮捕率在 1959 年为 92.2,1960 年为 112.8,1961 年为 117.8,1963 年为 97.0。参见 Fox,前引注㊱,第 86 页,表 A-1, col. EV。

㊵ 参见上引注。

㊶ 参见 *UCR-1966*,前引注㊱,第 4 页。

㊷ 参见 Fox,前引注㊱,第 127 页注释 9。

㊸ 参见 Uniform Crime Reporting Program, U. S. Dep't of Justice, *Age-Specific Arrest Rates and Race-Specific Arrest Rates for Selected Offenses 1965-92*, at 173 (1993) (以下简称 *Age-Specific Arrest Rates and Race-Specific Arrest Rates*)。每年不同机构披露的数据确实不同,但差异似乎相对较小。参见上引注,第 205—207 页。

㊹ 在这一计算中,我们使用了 FBI 校正后的犯罪数据。参见前引注㊴—㊶及相关文献(对修正后的数据序列进行了讨论)。

㊺ 参见前引注㊴—㊶及相关文献(对这一假设的相对稳健性进行了讨论)。

㊻ 请比较 *UCR-1966*,前引注㊱,第 100 页表 12(报告称,1966 年的破案率是以 2857 个人口数量超过 994 000 的城市为根据的),请比较 *Age-Specific Arrest Rates and Race-Specific Arrest Rates*,前引注㊸,第 205 页(报告称,1966 年的逮捕率是以 4048 个人口数量超过 1 324 000 的城市为根据的)。

# 第四章 "米兰达案"四十年
## ——为何需要、如何达致,以及围绕着米兰达规则发生的一切*

耶鲁·卡米萨**

第一节 米兰达案之前的正当程序标准
第二节 米兰达规则是一个极端规则吗?
第三节 沃伦的作用
第四节 从"米兰达规则如何严重影响执法"到"米兰达规则影响甚微是不是证明其在消除警察审讯'固有的强制性'上的失败",或者"米兰达规则改善了什么"
第五节 威廉·伦奎斯特和米兰达规则
第六节 为什么伦奎斯特会投票赞成米兰达规则的宪法性地位
第七节 为什么虽然米兰达规则的宪法性得到了再次确认,最近却仍然遭受严厉的攻击

---

\* Yale Kamisar,"On the Fortieth Anniversary of the Miranda Case: Why We Needed It, How We Got It—And What Happened to It", 5 *Ohio State Journal of Criminal Law* 163(2007).

\*\* 耶鲁·卡米萨(Yale Kamisar),美国圣迭戈大学(University of San Diego)法学院杰出教授,密歇根大学法学院克拉伦斯·达罗(Clarence Darrow)讲席荣休教授。感谢乔书亚·德雷斯勒(Joshua Dressler)、马克·斯平德尔曼(Marc Spindelman)富有见地的建议。

2006年是美国联邦最高法院历史上最受褒扬、最受攻讦的——也许是最被误读的——米兰达诉亚利桑那州一案①判决的第四十个年头。然而,如果不回顾一下米兰达案判决之前美国联邦刑事诉讼中供述证据的可采性标准,虽然并非毫不可能,但也很难就米兰达案判决之于美国刑事诉讼的影响作出确切的评价。

## 第一节 米兰达案之前的正当程序标准

米兰达案之前美国联邦刑事诉讼中的供述可采性标准被称为正当程序之下的"自愿性"(voluntariness)标准,因其涉及了案件的几乎所有情形②,又被称为"整体情形"(totality-of-the-circumstances)标准。正如劳伦斯·赫尔曼(Lawrence Herman)曾经指出的那样:"在'整体情形'的分析进路之下,实际上一切都是相关的,但又没有什么是决定性的,如果你重视的是标准的明确性的话,那么,'整体情形'并非一个好的标准。"③

在米兰达一案判决的反对意见中,哈伦大法官表明了其对正当程序(整体情形)下的自愿性标准坚定的支持态度。④ 然而,他也承认"在自愿性标准下,案件摘要也许没有任何意义,因为所谓的整体情形总是处于一种变动不居的状态之

---

① 384 U. S. 436 (1966).

② 参见 Wayne R. LaFave, Jerold H. Israel & Nancy J. King, *Criminal Procedure* 440, 447-51 (2d ed. 1999) (以下简称"LaFave")。正如斯科特·W. 豪(Scott W. Howe)曾经指出的那样,"特定被告人的脆弱性和警察所用策略的攻击性之间密切相关"。参见 Scott W. Howe, "The Troubling Influence of Equality in Constitutional Criminal Procedure: From Brown to Miranda Furman and Beyond", 54 *Vand. L. Rev.* 359, 394 n. 177 (2001)。

③ Lawrence Herman, "The Supreme Court, the Attorney General, and the Good Old Days of Police Interrogation", 48 *Ohio State L. J.* 733, 745 (1987)。然而,正如赫尔曼教授所补充的那样,在极个别的情形下,某个单独的因素"看起来确实决定了结果",参见上引注,第745页注释96。引自 Ashcraft v. Tennes, 322 U. S. 143 (1944) (持续36小时的审讯);布朗诉密西西比州案(Brown v. Mississippi, 297 U. S. 278 [1936]) (残暴的身体暴力)。

④ 参见384 U. S. 第506页。哈伦大法官认为:"(那些使用自愿性标准的案件)表明,在司法习惯中存在一些可行的、有效的解决供述问题的方法"。

中,更多地只是导向严格地限制被告人供述的可采性而已"⑤。此外,"自愿性"和"强制性"两分学说的价值根基,和法官对整体情形不同构成要素的赋值情况一样,也总是处于变动之中。更糟糕的是,"联邦最高法院从未推翻过任何一个正当程序的判例"⑥,它"只是忽略那些与之不相协调的判例,或者在必要或方便的时候把它们挑出来而已"⑦。

无论"非自愿的"或"强制的"供述在现代社会中的含义如何,数个世纪以来只要供述是"自愿的"或"非强制的"就具有可采性的规则,实质上就是只要供述未受导致其不具可信性的影响即具有可采性的另一种表述。⑧ 然而,正如加利福尼亚州最高法院罗杰·特雷纳(Roger Traynor)法官早在20世纪40年代就曾指出的那样,与供述的"非自愿性"相关的那些判决"预示着一个扩大了的正当程序标准优于简单的(供述的)不可信性"之说。⑨ 在自愿性标准这些年的演进过程中,日益清楚的是,联邦最高法院开始考虑警察审讯技巧的攻击性,以及通过攻击性审讯技巧所获的供述可信性问题,"非自愿的"或者"强制的"供述很可能不可信之类的担心相应地变得不再重要。在米兰达案之前,伊利诺伊州最高法院法官沃尔特·谢弗(Walter Schaefer)指出,就供述而言,虽然对被告人供述可信性的考虑"还有些影响","但这种考虑已经不再是决定性的了"。⑩

那么,什么时候犯罪嫌疑人的供述是"自愿的"和"自由的",什么时候又不是?什么时候是"自由选择"或"自由意志"的结果,什么时候又是被"压制"或者"压迫"的产物?一些研究警察审讯与供述的人,特别是那些有着哲学知识背景的人发现,在论及这一问题时,人们很难摆脱自由意志与决定论之争(free will/

---

⑤ 同上引注,第508页。

⑥ Catherine Hancock, "Due Process Before Miranda", 70 *Tulane L. Rev.* 2195, 2237 (1996).

⑦ 同上引注。

⑧ 参见 LaFave 444-45; Charles T. McCormick, *Handbook of the Law of Evidence* 226 (1954); John Henry Wigmore, *A Treatise on the Anglo-American System of Evidence in Trials at Common Law* § 822 (3d ed. 1940).

⑨ Roger J. Traynor, "The Devils of Due Process in Criminal Detection, Detention, and Trial", 33 *U. Chi. L. Rev.* 657, 554 (1966) (pre-Miranda). 还可参见 Francis A. Allen, "The Supreme Court, Federalism, and State Systems of Criminal Justice", 8 *DePaul L. Rev.* 213, 235 (1959); Monrad Paulsen, "The Fourteenth Amendment and the Third Degree", 6 *Stan. L. Rev.* 411, 418-19 (1954).

⑩ Walter Schaefer, *The Suspect and Society* 10 (1967) (根据米兰达案判决前的一个演讲)。"事实上",谢弗(Schaefer)法官补充道:"联邦最高法院曾经坚决排除过可靠性没有任何问题的供述。" 同上引注,第10—11页。还可参见 LaFave 445, 拉费弗教授指出,罗杰斯诉里士满案(Rogers v. Richmond, 365 U. S. 534 [1961])判决"使早期那些被紧密联系在一起的案件判决意见进一步明确……即,正当程序下的供述排除规则(在很多方面与第四修正案下的物证排除规则一样)同样旨在遏阻警察的不当行为"。

determinism)的宿命。⑪ 但是法官却不能等到学者们走出这漫无边际的无穷争论。他们必须对摆在他们面前的案件作出判决,以简洁的判决对被告人的供述是否可采作出结论。而当他们这样做时,我怀疑他们当中的任何一位都没有感到过有对哲学家们提出的"自由意志"这一问题加以考虑的必要。正如杰克逊(Jackson)大法官在很早以前指出的那样,在"向牧师认罪仅仅是为了涤清其灵魂的罪恶"这一意义上,联邦最高法院所面对的供述没有一个是自愿的。⑫ 但是,在另外一个意义上,正如约翰·亨利·威格莫尔(John Henry Wigmore)很早以前所认为的那样,所有出自意识之下的言说都是"自愿的",因为"现实总是让人处于一种选择之中——可以肯定的是,任何一种拒绝也同样是一种选择"⑬。

下面我将首先对米兰达案判决前三年最高法院对"自愿性"标准的把握进行探讨,试图对实践中法庭是如何得出一个供述是"自愿"还是"非自愿"(强迫)⑭的结论进行勾勒,即实践中法庭是怎么做的,最后得出我的结论,即法庭的所为与他们的所说之间并无关系:

> 弗兰克福特(Frankfurter)大法官在卡罗姆布诉康涅狄格州案(Culombe v. Connecticut [1961])⑮长达67页的判决书中对什么是"非自愿性"和"吸入程序"(suction process),"挤压(被告人的)自由选择的能力""过分""专横"或"对个人自由的侵犯"等有着充分的论述。但是这些用语是否就比前些年那些关于什么是"影响公共利益""服从于警察权力行使"或"致力于公共利益"等说辞表达得更为清楚?"非自愿性""强制"或"侵犯个人自由"(以及其他类似的表述)是不是比那些意在贬低某些"有效的"审讯方法的小说好不了多少?"自愿性""精神自由"或"自决"(或其同义词)是不是比那些用来包装某些审讯技巧的小

---

⑪ 参见 Ronald Allen, "Miranda's Hollow Core", 100 Nw. U. L. Rev. 71, 76-84 (2006)。

⑫ 杰克逊大法官在阿什克拉夫特诉田纳西州案(Ashcraft v. Tennes)中的反对意见,参见 322 US. 143, 161 (1944)。

⑬ Wigmore, 前引注④, at § 824, 还可参见 R. Allen, 前引注⑪, 第77页。

⑭ Yale Kamisar, "What Is an 'Involuntary' Confession? Some Comments on Inbau and Reid's Criminal Interrogation and Confessions", 17 Rutgers L. Rev. 728 (1963)。

⑮ 弗兰克福特大法官在卡罗姆布(Culombe)案中的长篇判决是最高法院中那些试图明确"非自愿性"标准的法官中最雄心勃勃的一次尝试。但是,弗兰克福特大法官的同事们对其意见的反应只能证明该标准的不足。哈伦大法官、克拉克大法官以及惠特克大法官在弗兰克福特大法官提出的法庭在对待供述时的一般原则方面有着相同的观点,但他们得出的却是一种相反的结论,道格拉斯大法官以及布莱克大法官与弗兰克福特大法官采取了一种截然不同的分析进路,但是却得出了相同的结论。首席大法官沃伦在就该案附同布伦南大法官发表的独立意见中说他对弗兰克福特大法官提出的一般原则只是部分认同,对其他一些并不认同。只有斯图尔特大法官对弗兰克福特大法官的论证表示了全面认同。

说更具说明力?⑯

而且,我认为,类似于"自愿性""强制"和"侵犯意志自由"之类的表达在解决供述的可采性问题上都不是一种合适的用语。因为正如普鲁森(Prulsen)教授曾经指出的那样:"(这些表达)并不直接表明虚假供述的风险,或警察审讯方法的攻击性。"⑰

为了使问题看起来稍微有些不同,正如乔书亚·德雷斯勒和艾伦·迈克尔斯(Alan Michaels)教授最近所说的那样,虽然联邦最高法院的判决意见中包含了大量意味着"自愿性"是个经验性问题的用语,但它"还是应当被视为一种规范性问题,即在道德上允许对被告人施加多大的压力,以及可以施加哪一种类型的压力"⑱。

埃德温·米斯三世(Edwin Meese III),米兰达规则的严厉批评者,在其还是美国联邦总检察长时很喜欢说类似于"在过去的175年中我们从来没有过任何对米兰达规则的需要",或者"在过去的175年中,我们并没有米兰达规则,但我们一直好好的"的话。⑲ 这些观点是否成立,很大程度上取决于他所说的"我们"一词指的是谁。如果他所说的"我们"一词仅指那些一心想从被告人口中获得供述的警察,以及那些一心想将"符合自愿性"标准的供述作为指控证据的检察官,那么,他那一席话确属真理。但是,如果他所说的"我们"包括了刑事被告人及其律师,那么,这样的说法就并不恰当了。

> 虽然随着可采性判断标准的不断演进,法庭对被告人施加的供述压力越来越小,但很明显的是,自愿性标准仍然包含着授权(侦查人员)对被告人施加一定程度压力的意思在内……正因为此,那些权利被忽视、不懂得警察实践和法庭程序的、单纯的被告人还是很容易被警察的审讯策略所宰制,或者说,他们脆弱的心理很有可能在警察成功的审讯面前全面崩溃。⑳

---

⑯ Kamisar,前引注⑭,第745—746页。三年之后,就在米兰达案判决之前的三个月,美国法律协会"模范审前程序"(草案)小组发言人即认为:事实上,"非自愿性"这一概念似乎是法庭用来指称那些有悖于文明标准,或者在特定的情形下被认为对个人使用了一定程度的压力,从而不公平地削弱了其理性选择的能力。

⑰ Kamisar,前引注⑭,第746页,转引自 Monrad Paulsen, "The Fourteenth Amendment and the Third Degree", 6 *Stan. L. Rev.* 411, 429-30 (1954)。

⑱ Joshua Dressler & Alan Michaels, *Understanding Criminal Procedure* 428-29 (4th ed. 2006).

⑲ 参见 Herman,前引注③,第741页。

⑳ Stephen J. Schulhofer, "Confessions and the Court", 79 *Mich. L. Rev.* 865, 871-72 (1981).

一个关于正当程序下的"自愿性"标准是如何发挥,或者说即使在其高级阶段都难以发挥作用的例证是戴维斯诉北卡罗来纳州案(Davis v. North Carolina)[21],米兰达案判决之前不久发生的一个案件。[22]

在就其供述可采性提出抗辩的过程中,戴维斯要远比那些与其处于同样境地的人更为幸运。他可以从逮捕登记册上清楚地指出警察"不允许任何人看望戴维斯,也不允许其使用电话"这一指示。(因为很少有警察会将类似的限制被逮捕犯罪嫌疑人与外界联系的意图以书面的形式来告诉羁押场所的监管人员。)而且戴维斯还提出,在其被羁押的16天中,除了警察外,没有任何一个人与其说过话,直到他作出有罪供述。(当然对此警察提出了不同意见,认为在其供述之前的16天中,警察每天都会对其进行大约一个小时的审讯。)

然而,在1960年,戴维斯在中间程序和北卡罗来纳州最高法院并未获胜,而且在其于1963年向联邦法院申请人身保护令,以及1963年向第四巡回上诉法院上诉时同样遭受了失败命运。

在认定戴维斯有罪时,北卡罗来纳州最高法院注意到戴维斯曾经被建议过其无须陈述,以及如果他陈述的话,所说的一切都将被用来作为指控其的证据。但是,法庭忽视了的是,以上这些告知是在戴维斯被羁押的第16天——也就是其作出了口头供述后、签署书面供述之前才得到的。

联邦地方法院是如何处理警察记录在逮捕登记册上的关于不允许任何人与戴维斯联系的那段话的?法庭在判决中认定戴维斯的供述系"在理性和意志自由下的产物"时对此未作任何评论。

地方法院和联邦上诉法院如何看待戴维斯的姐姐关于其两次提出会见戴维斯的要求都被警察拒绝的证言?地方法院和联邦上诉法院并不信任戴维斯的姐姐,事实上他们更愿意相信警察提出的、他们已经尽了最大的努力来帮助戴维斯与监狱外的亲人取得联系之类的说辞。

从下级法院接受警察主张时的积极态度和他们拒绝接受被告人主张的漫不经心来看,确实很难让人对前米兰达时期的"整体情形"标准抱有任何信心,特别是从被告人的角度来看。

---

[21] 384 U.S, 737 (1966). 有关戴维斯案更为详细的讨论可以参见 Yale Kamisar, "A Dissent from the Miranda Dissents: Some Comments on the 'New' Fifth Amendment and the Old 'Voluntariness' Test", 65 *Mich. L. Rev.* 59, 99-102 (1966).

[22] 根据戴维斯的供述,他于1960年因有罪被判处死刑。在申请人身保护令救济和上诉失败之后,他于米兰达案判决后的一个星期,在美国联邦最高法院获得了胜诉。由于米兰达规则不溯及既往,因此并不适用于戴维斯一案,联邦最高法院最后根据正当程序下的"自愿性"标准认为被告人的供述不具有可采性。

诚然,戴维斯案最后经联邦最高法院审查后,其定罪因供述的"非自愿性"而被推翻。但是,我们应当注意的是,本案被告人戴维斯具有其他与其处于类似境地的被告人所不具有的系列有利因素:一是他能够准确地指出警察在逮捕登记册中对羁押场所作出的禁止其与外界联系的书面指示;二是他还能够指出其被羁押了16天,并被警察审讯;三是他被判处了死刑——在一个慎用死刑的国家里,这为其案件最终获得联邦最高法院的审查起到了非常重要的作用。

但是"自愿性"作为供述可采性标准的这些年里,那些与戴维斯不同,缺乏赖以证明其供述之前受到了强制的客观事实(警察在逮捕登记册上不允许其见任何人的记录)的被告人又经历了怎样的遭遇呢?那些案件并未因为被告人被判处死刑而获得像戴维斯一样的特别关注的被告人呢?

在米兰达案判决前30年间,联邦最高法院选择进行审查的州法院判决中有2/3都是死刑案件,只有1/4案件得到了最高法院的审查,1/8的案件判决最后被推翻。㉓ 而在这些为数不多的随机审查中,那些主张供述的非自愿性失败,而又未被判处死刑的被告人有多少人得到了救济?事实上,一个都没有。

在联邦最高法院推翻戴维斯案判决的19年之后,联邦最高法院将本案描述为"将一个贫穷的、精神上有缺陷的,在缺乏必要食物的情况下被羁押了16天的被告人之供述排除在外"。㉔ 然而,正如前文所述的那样,北卡罗来纳州最高法院和联邦上诉法院都认为戴维斯的供述符合"自愿性"标准,更重要的是,联邦最高法院的两位法官同样这样认为。

这两位大法官,一位是汤姆·克拉克(Tom Clark)——米兰达案中的反对意见者,他在为"自愿性"标准辩护时将之描述为一个"我们惯用的,而且从我们的角度来看,能够保护处于警察羁押状态之下的犯罪嫌疑人的有效措施"。㉕ 另一位是约翰·哈伦法官,他认为"自愿性"标准在供述可采性问题上是一个精致、成熟、敏锐的标准。㉖ 因此,我大胆揣测,克拉克和哈伦两位大法官在就戴维斯的供述是否具有可采性进行表决时,比他们在米兰达案中持反对意见时的声音更为响亮。

尽管正当程序下的"自愿性"标准太过含糊、复杂、主观、耗时、低效,但米兰

---

㉓ 参见 Kamisar,前引注㉑,第 102—103 页,转引自 National Legal Aid and Defender Association, "Defender Newsletter", Vol. II, no. 5, Sept. 1965; and E. Barrett Prettuman, JR., *Death and the Supreme Court* 297-98, 305 (1961).

㉔ Miller v. Fenton, 474 U.S. 104, 111 (1985) (O'Connor, J.).

㉕ Miranda, 384 U.S. at 503.

㉖ 同上引注,第 508 页。哈伦大法官在其异议中提出的另一个观点见前引注④。

达案判决意见的反对者仍然对此坚定不移。正如雨果·布莱克(Hugo Black)对米兰达案在法庭辩论中所评论的那样:

> 如果每次你在考虑被告人的供述是否具有可采性时都必须根据个案的具体情形,那么,这世界上恐怕没有一个法庭能够知道其所面对的被告人的供述是否可采,直到案件提交到我们面前的时候,可能我们会发现,(要确定被告人供述是否可采)已经超出了我们的能力范围。㉗

回顾20世纪60年代中期,杰弗里·斯通(Geoffrey Stone)教授曾经指出:"由于联邦最高法院不能为'自愿性'标准提出一个明确可期的定义,那些一直使用这一含义模糊的概念来判断在合宪性上存有疑问的供述是否可采的各州法庭背上了沉重的工作负担。"似乎联邦最高法院将寻求一条更好、更易于把握的处理供述问题的路径已然不可避免。㉘ 而这一结果,便是米兰达案判决所确立的米兰达规则。

## 第二节 米兰达规则是一个极端规则吗?

米兰达案判决作出二十年后,在这一里程碑式案件的批判者中最为雄辩和有力的杰拉德·卡普兰认为:

> 尽管此前学界将刑事程序中的宪法性法律的核心问题界定为在尊重个人自治与保护公共利益之间寻求平衡,但是米兰达一案中,联邦最高法院却采取了一种激进的姿态,将宪法第五修正案之禁止强迫自证其罪视为价值的绝对⋯⋯

---

㉗ 63 Landmark Briefs and Oral Arguments of the Supreme Court of the United States: Constitutional Law 894 (Phillip Kurland & Gerhard Casper eds., 1966). 还可参见 Donald A. Dripps, About Guilt and Innocence 71-72, 115 (2003).

㉘ Geoffery R. Stone, "The Miranda Doctrine in the Burger Court", 1977 Sup. Ct. Rev. 102-03. 还可参见 Howe, 前引注②, 第 393—394 页; Charles J. Ogletree, "Are Confessions Really Good for the Soul? A Proposal to Mirandize Miranda", 100 Harv. L. Rev. 1826, 1832-35 (1987); Schulhofer, 前引注⑳, 第 869—870 页。

……米兰达案中的联邦最高法院试图将警察审讯程序中的所有参与者都置于一个平等的位置,为了达到这一目标,联邦最高法院赋予犯罪嫌疑人在警察能够充分利用其特定不足之前的律师帮助权。因此,令人吃惊的是,联邦最高法院冒失、不适地将与被告人供述相关法律中的矛盾简化为一极——保护犯罪嫌疑人。㉙

不过,在卡普兰教授前述言论发表后不到 6 个月,在莫兰诉伯拜恩案中(Moran v. Burbine)㉚,伯格法院就在一个 6∶3 的判决意见中,通过奥康纳大法官撰写的判决对前述批评进行了反驳:

我们认为米兰达规则确立的目的是在社会的正当执法利益和保护被告人宪法第五修正案上的权利之间保持适当的平衡。……㉛

……米兰达规则试图赋予被告人一些对审讯过程加以控制的权利以协调那些相互冲突的利益(警察审讯的需要,以及警察将跨越"通过正当的审讯努力以获取犯罪嫌疑人的认罪和为宪法所禁止的强制审讯之间的界限"所导致的"实质性风险")。联邦最高法院没有采取更为极端的立场——(审讯时)律师实际在场是消除羁押性审讯所固有的强制性之必要,而是认为,被告人在联邦宪法第五修正案上的权利可以通过一些(对警察审讯)干扰较低的措施得到充分的保护。同时,警察的审讯仍然能够继续,……但是,这一目标只有在被告人清楚地知道,他可以在审讯中的任何时间停止或暂停接受审讯,通知其律师到场为其提供建议并对审讯人员的行为加以监督时才能得以实现……㉜

……而不是从被告人的权利和需要压倒一切的前提出发,从这一意义上看,米兰达规则其实包含着充分保护被告人和社会利益之间的

---

㉙ Gerald M. Caplan, "Questioning Miranda", 38 *Vand. L. Rev.* 1417, 1447, 1469 (1985).

㉚ 475 U.S. at 424 (1986). 本案判决认为,如果被羁押的犯罪嫌疑人并未要求律师帮助,一个他不知道的人,例如其亲戚、朋友为其聘请了一名律师,而警察不允许律师会见犯罪嫌疑人,或者警察未告知犯罪嫌疑人有律师想会见他,都不会因此克减犯罪嫌疑人弃权行为的有效性。虽然已经有很多法学教授对此提出了批评,但我到今天都还是认为联邦最高法院在伯拜恩案中解读米兰达规则——为了保持警察执法需要与公民个人权利之间的平衡而进行的认真努力——的方法比其在伯拜恩案中确立的具体规则更为重要。参见 Yale Kamisar, "The 'Police Practice' Phases of the Criminal Process and the Three Phases of the Burger Court", in *The Burger Years* 143, 150 (Herman Schwartz ed. 1987).

㉛ 475 U.S. at 424.

㉜ 475 U.S. at 426.

精巧平衡。③

现在奥康纳大法官(及其他五位持多数意见的大法官)在该案中就米兰达规则的评论已经被广泛接受,她的评论来得正是时候㉞——这是一个曾经让人怀疑米兰达规则在伯格法院是否还能存续的时候。直到她为伯拜恩案撰写的判决意见出台,伯格法院才就米兰达规则发表了自己的言论。但是,将米兰达规则描述为"包含着充分保护被告人和社会利益之间的精巧平衡"的人,从一开始就是规则的辩护者而不是批评者。

对米兰达规则的解读不得不在米兰达案前两年判决的埃斯科贝多诉伊利诺伊州案㉟背景下进行。该案判决将律师的宪法性作用向前延伸至起诉前阶段,认为"当程序从侦查进行到起诉,其焦点就集中于被告人,其目的就在于获取被告人的供述"㊱。或者说,随着时间推进,埃斯科贝多案判决的不足也开始显现。㊲

埃斯科贝多一案判决具有较大的"手风琴式"的伸缩性。判决书一方面似乎只是"就事论事",针对埃斯科贝多案具体的事实而已,而另一方面,判决书又对执法人员对口供的依赖进行了大肆抨击,以至于有一种实际上将全面消

---

③ 同上引注,第433页。本文写作过程中,又出版了一本新的首席大法官沃伦传记。传记作者牛顿(Newton)先生将米兰达案判决视为:

> 沃伦内心深处各种天性的融合——从那些他一旦认定确有必要就不愿放弃的行动中撤离的不甘,和在别人认为已经没有妥协的空间,但他仍在用生命追寻一条可能的中间道路……在那些认为只有律师在场时获得的供述才具备可采性者和认为对警察的进一步限制将导致犯罪形势恶化者之间,沃伦选择了——就像他经常选择的那样——一条中间道路,尽管不可否认的是,这条中间道路更接近自由主义,而不是保守主义。

同上引注,第469页。
㉞ 参见 Laurence Benner, "Requiem for Miranda: The Rehnquist Court's Voluntariness Doctrine in Historical Perspective", 67 *Wash. U. L. Q.* 59, 161 (1989); Herman, 前引注③,第736页; Richard A. Leo & Welsh S. Mitchell, "Adapting to Miranda: Modern Interrogators' Strategies for Dealing with the Obstacles Posed by Miranda", 84 *Minn. L. Rev.* 397, 401-02, 403-04 (1999); Stephen Saltzburg, "Miranda v. Arizona Revisited: Constitutional Law or Judicial Fiat?" 26 *Washburn L. J.* 1, 23 (1986); Stephen Schulhofer, "Reconsidering Miranda", 54 *U. Chi. L. Rev.* 435, 460 (1987). 还可参见 Dripps, 前引注㉗,第55、119页。参见 William J. Stuntz, "Self-Incrimination and Excuse", 88 *Colum. L. Rev.* 1227, 1264-68 (1988)。
㉟ 378 U. S. 478 (1964) (Goldberg, J.).
㊱ 同上引注,第492页。
㊲ 埃斯科贝多案中提出的问题包括这些:犯罪嫌疑人自己聘请了律师,并且提出了获得律师帮助的要求,但这一要求被警察拒绝;一个会见律师的机会;警察审讯的目的在于获得埃斯科贝多的归罪性陈述;警察未警告埃斯科贝多有保持沉默的宪法权利。不清楚的是,根据埃斯科贝多案所适用的供述规则,是不是所有这些问题(或者其中的某个问题)都必须提交给法庭讨论。结果是,研究者对埃斯科贝多案判决表示了严重的不满。参见 Yale Kamisar, *Police Interrogation and Confessions* 161-62 fn. 26 (1980)。

灭警察审讯的威胁。例如，联邦最高法院在判决中对那些认为如果被告人在被起诉或正式指控之前就有权获得律师帮助将导致供述大大减少的观点进行了反驳，联邦最高法院认为："事实上，很多被告人供述都是在起诉前阶段获得的这一事实表明这一阶段是个确实需要'法律帮助和建议的阶段'，在被告人已经供述之后的律师帮助权的作用基本上相当于零。"㊳但是，联邦最高法院又认为：

> 从历史经验来看……那种依赖于被告人供述的刑事执法体制，相对于那些依赖于通过细致的外部调查而获得的独立的外部证据的体制而言终究更不可靠。
>
> ……那些害怕被告人获得了律师帮助后，将意识到并行使其权利的体制并不值得保留。如果被告人行使其宪法权利就会导致体制的效率受到影响的话，那么，这一体制的某些方面肯定有大问题。㊴

也许有人会满怀担忧地说，埃斯科贝多案判决泛泛的用语和无边的暗示将极大地困扰众多的警察和法官。因此，在米兰达案判决前夕，联邦最高法院一些最受人们尊敬的大法官（查尔斯·布雷特尔[Charles Breitel]、亨利·弗兰德利[Henry Friendly]、沃尔特·谢弗[Walter Schaefer]、罗杰·特雷纳）不得不重新对埃斯科贝多案判决的意义和范围作了澄清，并对联邦最高法院在今后可能适用的规则进行了说明，强调将回到，或至少要重新考虑联邦最高法院在口供问题上的取向。㊵例如谢弗法官就以一种忧心忡忡的语调说："将矛头针对警察审讯制度的原则可能导致的逻辑结果是——将不允许对犯罪嫌疑人进行任何的审讯。"㊶弗兰德利法官则警告说："律师在场的附条件审讯……真正的意味是没有效果，（犯罪嫌疑人）必须立即接受警察的审讯……（律师在场的附条件审讯）不是一个社会可以长期接受的规则。"㊷

---

㊳ 378 U. S. at 488.
㊴ 同上引注，第489—490页。
㊵ 参见 Walter V. Schaefer, The Suspect and Society (1967)（以米兰达案判决两个月前的一个演讲为基础的文章）；Roger J. Traynor, "The Devils of Due Process in Criminal Detection, Detention, and Trial", 33 *U. Chi. L. Rev.* 657 (1966); "Forty-Third Annual Meeting of the American Law Institute", 1966 A. L. I. Proc. 250-52（弗兰德利法官的评论）。还可参见 Dripps, 前引注㉗，第47—48页。
㊶ Schaefer, 前引注㊵, 第9页。还可参见 Symposium, 54 *Ky. L. J.* 464, 521, 523 (1966)（在米兰达案判决前），谢弗法官表达了刑法的有效执行"与禁止警察局内的审讯或要求警察局内的审讯必须有律师在场不兼容"的观点。
㊷ 1966 *A. L. I. Proc.*, 前引注㊵, 第250页。

我们永远不会知道社会是否,以及可以在多长的时间里坚持(或者说忍受)这样一条规则,因为沃伦法院从未对此发表过意见。米兰达案判决的主旨并不在于强调警察审讯时要求律师在场,而是要求警察在审讯之前对犯罪嫌疑人进行特定内容的告知,如果要继续审讯则必须以被羁押犯罪嫌疑人放弃特定的权利为条件。即使没有律师在场,如果犯罪嫌疑人在警察进行权利告知之后仍然弃权,其弃权行为仍然有效。(众多的研究表明,大多数的犯罪嫌疑人在权利告知后并未行使其权利,有关于此将在下文详述。)

而且,米兰达规则同样允许警察在没有司法官员在场,并且未进行录音录像,或进行其他任何客观性记录的情况下获得犯罪嫌疑人的弃权。很显然,人们对米兰达案判决的关注还包括法庭是否明确要求警察对审讯的关键阶段进行录音、录像或做其他的客观记录,如果有,那么人们对此的批评可能会更加激烈,认为这样的要求不适当地限制了警察的执法行为。(自米兰达案判决后,有四个州即要求警察对犯罪嫌疑人弃权及弃权后的审讯行为进行录音录像,但这些州的这些做法完全基于他们的主动。)

但事情也并非完全那样,米兰达规则还是允许警察对犯罪嫌疑人在非羁押状态下进行一般性现场审讯,而不需要对其进行权利告知或等犯罪嫌疑人弃权。还允许警察至少在特定情形下在犯罪嫌疑人家中或办公室内,在未对其进行任何权利告知的情况下进行审讯(现在为大家所熟知的告知仅适用于警察拟对羁押状态下的犯罪嫌疑人进行审讯的情形)。

那么,考虑到米兰达规则这些所有方面,为什么还有一些(至少回过头来看是如此)人对米兰达规则的反应如此激烈?部分原因在于,联邦最高法院没有——像许多执法人员所期待的那样——限制那些能够请得起律师,或那些主动要求律师帮助的被羁押犯罪嫌疑人的律师帮助权。从这个角度来看,在米兰达案中,联邦最高法院似乎对埃斯科贝多案判决作了更为广义的解释。

而且,联邦最高法院的论证理据从被告人的律师帮助权转向任何人不受强迫自证其罪特权。在米兰达一案中,联邦最高法院却使大多数人认为(也许我们可以说这是一种误导)本案判决是以埃斯科贝多案判决为基础的,是对埃斯科贝多案判决的扩展。例如将"羁押审讯"定义为"在公民被羁押或剥夺行动自由之后由执法人员进行的审讯"[43]之后,联邦最高法院在判决中又添加了一个令人困

---

[43] Miranda v. Arizona, 384 U.S. 436, 444.(1966).

惑的脚注,"这就是我们在埃斯科贝多案中所说的'针对被告人的调查'的意思"㊹。

该脚注似乎认为,"羁押"和"针对(特定的人)"是要求警察进行米兰达警告的选择性前提。但实际上,"羁押"与"针对特定的人"是两个完全不同的概念,其在法律上的后果也完全不同。㊺ 因此,对这一脚注的可能解释是,在米兰达一案中,联邦最高法院似乎想与那些广为公众所知和批评的最近判例之间保持一定的连续性。然而,直到联邦最高法院明确澄清"针对特定的人"与米兰达警告的目的无关之前——为此联邦最高法院用了很长一段时间㊻,该脚注只是为人们理解米兰达案判决与埃斯科贝多案之间的关系增添了混乱。

当然还有其他的因素。虽然在米兰达一案中,联邦最高法院未能像埃斯科贝多案判决的许多批评者们所预期或担心的那样,提出一条明确的规则——既未要求警察审讯时必须有律师在场,也未要求保证犯罪嫌疑人在接受审讯之前必须得到辩护律师或中立的治安法官的权利告知——当然,它也未倒退。

联邦最高法院只是"转换路径"而已——从律师帮助权理论(该权利的最大威胁是,如果犯罪嫌疑人未能得到律师的帮助就不必供述)转换为不受强迫自证其罪特权理论(给了警察更大的操作空间)——但其还是沿着其在埃斯科贝多案判决中确立的方向继续前行。然而,许多的执法人员、政治家和媒体都没意识(或者说根本就没注意)到米兰达规则其实是一条比埃斯科贝多案判决对警察更为友好的要求;他们没意识或注意到米兰达案判决并不是建立在埃斯科贝多案判决的思想之上,而是对其的置换;他们也没意识到米兰达案判决已经从埃斯科贝多案判决的宽泛用语和无边的暗示中转向抽离。对于执法人员、政治家和媒体而言,重要的是沃伦法院没有从埃斯科贝多案判决的立场中大撤退,这就有足够的理由进行批评。

我并不认为米兰达一案(也许还包括埃斯科贝多案)判决中的泛泛用语,表达了一种不愿意与执法人员利益调和的意思,也不认为该判决就完全无视警察的利益。必须注意的是,米兰达案判决强调了只要犯罪嫌疑人未被羁押,警察就

---

㊹ 同上引注,第 444 页注释 4。
㊺ 参见 Kenneth W. Graham, "What Is 'Custodial Interrogation'?", 14 *U. C. L. A. L. Rev.* 59, 114 (1966); Yale Kamisar, "'Custodial Interrogation' Within the Meaning of Miranda", in *Criminal Law and the Constitution* 335, 338-51 (1968); Geoffrey R. Stone, "The Miranda Doctrine in the Burger Court", 1977 *Sup. Ct. Rev.* 99, 149。
㊻ 参见贝克维斯诉美国案(Beckwith v. United States, 425 U. S. 341 [1976])。还可参见斯坦斯伯里诉加利福尼亚州案(Stansbury v. California, 511 U. S. 318 [1994])(法庭全体同意)。

可以在未进行任何警告之前对其进行审讯。因此,尽管警察在任何场合下进行的任何提问都会给人们带来一定的压力和焦虑,因为"从警察的制服颜色、徽章、枪支和行为上,人们看到的只有警察对言辞的渴望"[47]。法庭告诉我们,警察在进行"一般性的现场审讯"时并不需要以对犯罪嫌疑人进行权利警告为前提,在犯罪嫌疑人的住处或办公场所进行审讯时同样不需要,或者不总需要对其进行权利警告。[48] 因为在这些情形下,"并不存在羁押审讯过程中所固有的强制性气氛"[49]。

另外,米兰达判决以 12 页的篇幅[50](而在埃斯科贝多案的判决中,针对同一问题并无如此的篇幅)回应了"警察审讯的社会需要高于犯罪嫌疑人不受强迫自证其罪特权"的观点。[51] 在这一段中,首席大法官沃伦指出,虽然(此前)FBI 审讯犯罪嫌疑人之前的标准警告一直涵盖了那些现在被称为米兰达警告的大部分内容,但 FBI"已经制作了一份有效执法的示范录像"。[52]

总之,虽然米兰达案判决在某种程度上扩大了埃斯科贝多案判决的意旨,但是米兰达案判决比埃斯科贝多案判决表现出了联邦最高法院对警察执法需要的更多关注和敏感。

## 第三节 沃伦的作用[53]

虽然许多针对沃伦法院时期刑事程序规则的批评导致公众认为,厄尔·沃

---

[47] Caleb Foote, "The Fourth Amendment: Obstacle or Necessity in the Law of Arrest", in *Police Power and Individual Freedom* 29, 30 (Claude Sowle ed. 1962).

[48] 参见 384 U. S. at 477-78。事实上,联邦最高法院指出,"(向警方)提供其所了解的信息以协助警方的执法,这是每个负责任的公民应该做的"。同上引注。

[49] 同上引注,第 478 页。

[50] 同上引注,第 479—491 页。

[51] 同上引注,第 479 页。

[52] 同上引注,第 483 页。在米兰达案的判决意见中,对 FBI 警告问题进行了相当充分的讨论。同上引注,第 483—486 页。然而,值得注意的是,与米兰达警告不同,FBI 的警告仅对那些无力聘请律师的犯罪嫌疑人作出。同上引注,第 486 页。另外,正如哈伦大法官在反对意见中所指出的那样,"没有证据表明,FBI 的侦查人员在继续其审讯活动之前必须获得犯罪嫌疑人确切的'弃权'声明"。同上引注,第 521 页。还可参见下引注[55]及相关文献。

[53] 本节主要内容节选自 Yale Kamisar, "How Earl Warren's Twenty-Two Years in Law Enforcement Affected His Work as Chief Justice", 3 *Ohio St. J. Crim. L.* 11, 23-30 (2005)。

伦（Earl Warren）及其同事们都是一些不理解（也没有兴趣去理解）自己的决定正在对执法带来的伤害的不通世故的动物，认为沃伦法院判决的案件总是偏离事实真相。但是，沃伦在成为加利福尼亚州州长之前，其全部法律职业生涯都是执法人员的角色：做了五年的执行地方检察官，十三年的阿拉梅达（Alameda）郡地方检察官办公室主任，四年的州总检察长。因此，沃伦作为执法人员的背景比美国联邦最高法院历史上的任何其他大法官都更为全面。

　　沃伦的传记作者们似乎普遍认为，曾经的检察官经历让沃伦知道，那个曾经唤起其最强激情的刑事司法体制的特征就是警察羁押审讯所获得的供述。J. 弗朗西斯·科克利（J. Francis Coakley），沃伦任阿拉梅达郡地方检察官办公室主任时的执行检察官和此后的继任者，即认为沃伦在米兰达案判决意见中的观点也许与其对警察与犯罪嫌疑人之间力量严重失衡的理解有关，一方是具有主宰性的、资源丰富的审讯者，另一方是孤立、彷徨的犯罪嫌疑人。沃伦作为检察官和审讯人员的经历也许使其敏锐地意识到羁押审讯所具有的强制性，而这对警察来说无疑就是获得胜利的机会。

　　另外一个可能影响沃伦法官的因素是：那么多的"非自愿性"供述案件都来自南部各州法院，那么多的被告人都是无权的非洲裔，以致沃伦将这些案件都变成了"实际上的民权诉讼案件"。事实上，沃伦在米兰达案判决的草稿中即对为什么那么多的黑人被告人受到南部各州警察残酷的暴力侵犯问题进行过讨论。（然而，威廉·布伦南［William Brennan］大法官向其提交了一份关于遭受警察暴力的群体特征系贫穷而非种族的备忘录后，沃伦在判决意见中删除了有关黑人和南部的相关评论。）

　　《超级领袖：沃伦及其最高法院》一书的作者，伯纳德·施瓦茨（Bernard Schwartz）教授引用阿贝·福塔斯（Abe Fortas）（米兰达一案5：4判决中的多数意见者）大法官的话说，米兰达一案的判决"完全"是沃伦的影响。㊴ 在米兰达案判决之前的一个会议上，沃伦强调FBI的现行警察告诫标准与他们拟在判决中确立的标准非常相似（事实上，FBI仅提醒那些无力聘请律师的犯罪嫌疑人他们有权利请法官为其指定律师，以及犯罪嫌疑人在相当长的一段时间内是见不到法官的）。根据一位不愿透露姓名的、当时与会的法官的观点，现行的FBI警告内容和判决意欲确立的、现在被称为米兰达规则的系列警告内容非常相似这一

---

㊴　Bernard Schwartz, *Super Chief：Earl Warren and His Supreme Court* 589 (1983).

事实是决定米兰达案判决投票结果的关键因素。(55)

在做检察官时，沃伦一直试图让警察也和检察官一样实现“职业化”。在做首席大法官时，他认为职业化的警察才能达到联邦最高法院的要求。尽管他的批评者们认为沃伦及其同事们放纵了太多的罪犯，威胁了公共安全。但是，沃伦还是认为在他领导下的联邦最高法院才完成了对执法人员的职业化启蒙，从而鼓励了警察们更加努力地工作，更为细致全面地准备他们的案件。正如一位沃伦传记的作者（也是一位法律从业者），G.爱德华·怀特（G. Edward White）所认为的那样，沃伦确信在他领导下的联邦最高法院所确立的规则并未妨碍法律的运行，只不过是使之变得更为高贵。(56)

为了支持其关于任何人不受强迫自证其罪特权之“强迫”在警察局内可能，而且确实存在的观点，沃伦从各种警察审讯培训手册中广泛地寻求证据(57)，并因此而受到人们的批评(58)。但是，因为警察审讯的秘密性特点，对审讯过程进行录音或对审讯过程进行全程记录在此前并不被允许。因此，警察审讯培训手册中的相关内容就是证明警察审讯中存在强制行为的“最佳证据”。毕竟，这些培训手册是由那些受过训练的警察，或者那些自己就是或曾经是审讯人员的人编写的。“在盲人王国里，独眼龙就是国王。”

当然，沃伦自己也没必要去阅读任何警察审讯培训手册以探究审讯室内发生了些什么。在他认为“当前审讯中禁止犯罪嫌疑人通信的实践”是与任何人不被强迫自证其罪之特权相悖的(59)，以及“布置审讯室环境的目的无外乎是使犯罪嫌疑人屈服于审讯人员的意志”(60)时，也许他曾经也那样做过，并在相当长的实践中检验过类似做法的效果。因此他认为“警察在审讯（埃斯科贝多）时主要的有力武器，就如今天其他案件一样，就是将被告人送入一种能够削弱其理性判断能力的情绪状态中去”(61)。

---

(55) 同上引注，第 589 页。

(56) G. Edward White, *Earl Warren: A Public Life* 275 (1982).

(57) Miranda v. Arizona, 384 U.S. at 448-55 (1966).

(58) 参见上引注，第 499 页（克拉克大法官的反对意见）；同上引注，第 532 页（怀特大法官的反对意见）。

(59) 同上引注，第 457—458 页。

(60) 同上引注，第 457 页。

(61) 同上引注，第 465 页。

## 第四节 从"米兰达规则如何严重影响执法"到"米兰达规则影响甚微是不是证明其在消除警察审讯'固有的强制性'上的失败"[62],或者"米兰达规则改善了什么"

公平地说,在米兰达案判决后不久,绝大多数从事刑事司法程序学习的人,无论是倾向于辩护者,还是倾向于公诉方者也许都会赞同 A. 肯尼斯·派伊(A. Kenneth Pye)教授的这样一段话:"几年后,我们可以对米兰达案判决的意义作出更为适当的评价。如果判决中持反对意见者的观点被证明是正确的,也许有必要重新考虑我们的社会是否能够承受该案判决所保护和隐含的价值带来的昂贵代价。"[63]然而,正如时间所证明的那样,除了一人(保罗·卡塞尔)之外[64],大多数人都认为米兰达案判决对犯罪嫌疑人的供述率影响不大,特别是美国律师协会刑事司法委员会在1987年的一份报告中发现:"那些接受调查的检察官、

---

[62] 这一后续问题主要来自彼得·阿雷内拉(Peter Arenella)的文章。参见下引注[63]及相关文献。

[63] A. Kenneth Pye, "Interrogation of Criminal Defendants—Some Views on Miranda v. Arizona", 35 *Ford L. Rev.* 199, 219 (1966). 还可参见 B. J. George, Jr., "Interrogation of Criminal Defendants—Some Views on Miranda v. Arizona", 35 *Ford L. Rev.* 193, 197-98 (1966);"如果米兰达规则的结果是侦查成功率、定罪率、有罪答辩率的显著下降,修改联邦宪法的压力就会急剧上升。"

[64] 参见如下文章:Professor (now Judge) Paul G. Cassell, "Miranda's Social Costs: An Empirical Reassessment", 90 *Nw. U. L. Rev.* 387 (1966); "All Benefits, No Costs: The Grand Illusion of Miranda's Defenders", 90 *Nw. U. L. Rev.* 1084 (1996); "Miranda's 'Negligible' Effect on Law Enforcement: Some Skeptical Observations", 20 *Harv. J. L. Pub. Pol'y* 327 (1997). 还可参见 Paul G. Cassell & Bret Hayman, "Police Interrogation in the 1990s: An Empirical Study of the Effects of Miranda", 43 *U. C. L. A. L. Rev.* 839 (1996).
对卡塞尔教授研究中的统计方法和结论方面的有力批评可以参见 John J. Donahue III, "Did Miranda Diminish Police Effectiveness?", 50 *Stan. L. Rev.* 1147 (1998); Richard A. Leo & Welsh S. White, "Adapting to Miranda: Modern Interrogation Strategies for Dealing with the Obstacles Posed by Miranda", 84 *Minn. L. Rev.* 397, 402-07 (1999); Stephen J. Schulhofer, "Bashing Miranda Is Unjustified—and Harmful", 20 *Harv. J. L. Pub. Pol'y*, 347 (1997); Stephen J. Schulhofer, "Miranda's Practical Effect: Substantial Benefits and Vanishingly Small Costs", 90 *Nw. U. L. Rev.* 500 (1996)(以下简称 Schulhofer, "Practical Effect"); George C. Thomas III, "Plain Talk About the Miranda Empirical Debate: A 'Steady State' Theory of Confessions", 43 *U. C. L. A. L. Rev.* 933 (1996); Charles D. Weisselberg, "Saving Miranda", 84 *Cornell L. Rev.* 109 (1998).

法官和警察大都认为米兰达规则并没给执法带来什么大的麻烦。"⑥这份报告以及其他一些早期的实证研究表明，米兰达规则并未给有效的执法行为带来什么明显的障碍，正如美国律师协会刑事司法委员会所说的那样："那些认为如果米兰达规则被撤销或推翻执法效果将得到显著提升的观点应当受到强烈的批判。"⑥

米兰达规则并未带来反对者们所预期的严重负面效果，这一点日益明显，这使那些持反对意见者大为吃惊。不仅大部分批评者不再认为米兰达规则走得太远，甚至有些人开始认为米兰达规则其实还不够。⑥例如，在对米兰达规则最著名的批判者保罗·卡塞尔、斯蒂芬·舒尔霍夫进行评论时，米兰达规则最为坚决的拥护者彼得·阿雷内拉即认为："如果舒尔霍夫是正确的（而且我也相信他是正确的），米兰达规则并未削弱执法人员获取犯罪嫌疑人归罪性陈述的能力，那么，米兰达规则可有可无的影响力又如何证明它成功地消除了警察审讯所'固有的强制性'呢？"⑥

一、"原米兰达规则"的弱化

首先，20世纪90年代末期阿雷内拉和舒尔霍夫教授所谈论的"米兰达规则"是经历伯格法院（即指沃伦·伯格任首席大法官时期的美国联邦最高法院）和伦奎斯特法院（即指威廉·伦奎斯特任首席大法官时期的美国联邦最高法院）连续挤压之后幸存下来的规则，与沃伦法院时期的"原米兰达规则"之间有

---

⑥ ABA Special Committee on Criminal Justice in a Free Society, "Criminal Justice in Crisis" 28 (1988).

⑥ 同上引注。还可参见 George C. Thomas III, "Stories about Miranda", 102 *Mich. L. Rev.* 1959 (2004) and articles by Professors Donahue, Schulhofer & Thomas cited in fn. 64。

⑥ 参见 Charles J. Ogletree, "Are Confessions Really Good for the Soul? A Proposal to Mirandize Miranda", 100 *Harv. L. Rev.* 1826, 1842-45 (1987); Irene M. Rosenberg & Yale L. Rosenberg, "A Modest Proposal for the Abolition of Custodial Confessions", 68 *N. C. L. Rev.* 69, 109-10 (1989); Stephen S. Schulhofer, "Confessions and the Court", 79 *Mich. L. Rev.* 865, 880-82 (1981)。

在米兰达案判决当天，一些美国公民自由联盟（American Civil Liberties Union，ACLU）的代表们确实基于"除非警察审讯时律师在场否则犯罪嫌疑人的权利就无法得到充分保障"的原因批评了该判决。参见 Leo & White, 前引注㊹, 第401页。但是，这些批评之声当时已经完全淹没于来自各执法机关和政治团体的批评和喧嚣之中。

⑥ Peter Arenella, "Miranda Stories", 20 *Harv. J. L. Pub. Pol'y* 375, 377 (1997) commenting on Paul G. Cassell, "Miranda's 'Negligible' Effect on Law Enforcement: Some Skeptical Observations", 20 *Harv. J. L. Pub. Pol'y* 327 (1997) and Stephen J. Schulhofer, "Bashing Miranda Is Unjustified—and Harmful", 20 *Harv. J. L. Pub. Pol'y* 347 (1997).

着很大的不同。⁶⁹ 因为米兰达规则是沃伦法院时期"刑事程序革命"的核心,也是那些认为沃伦法院对犯罪分子过于手软者的主要攻击目标,几乎每个人都希望伯格法院对米兰达规则不要过于仁慈,而且事实上,伯格法院时期也确实在一些方面表现出了这样的立场。

伯格法院对米兰达规则表现出异于沃伦时期立场的第一个案件是哈里斯诉纽约州案(Harris v. New York)。⁷⁰ 在该案中,被告人认为其供述系警察进行米兰达警告之前所作出的,因此不能用来作为指控的主要证据。如果被告人决定在庭审中进行自我辩护,该供述也不能用来作为弹劾其可信性的证据。(因此,正如哈里斯案判决中反对意见者所指出的那样,被告人作出是否进行自我辩护的选择必须"冒着此前警察非法获得的那些供述被用来弹劾其此后否认自己系共犯的主张之风险"。⁷¹)伯格法院知道米兰达案判决中包含着禁止将违法获得的供述用于任何目的的意思,但是法庭似乎并不在意。⁷²

四年之后,伯格法院在另外一起弹劾案中走出了超越哈里斯案的一步,在俄勒冈州诉哈斯案(Oregon v. Hass)中⁷³,在米兰达警告之后,哈斯要求见律师,但警察拒绝了他的要求,并对其继续进行审讯。在这种情况下,法庭仍然认为被告人当时所作的归罪性供述可以用作弹劾其可信性的证据。因为很多犯罪嫌疑人在警察进行了完整的米兰达警告之后仍然放弃其权利,作出了归罪性供述。因此,哈斯案的判决也许可以解释为,或者说包含着这样的意思,即允许将那些被告人在未获得完整的米兰达警告的情形下作出的供述用作弹劾被告人的证据,并不会极大地鼓励警察忘记他们在审讯犯罪嫌疑人之前应尽的告知义务。警察也许仍然有着对犯罪嫌疑人进行米兰达警告的动力,因为如果他们这样做了,也许还有犯罪嫌疑人弃权并作出归罪性供述,并以之作为指控被告人主要证据的机会。一旦犯罪嫌疑人主张其权利,正如在哈斯案中那样,警察对犯罪嫌疑人继

---

⁶⁹ 利奥教授、怀特教授曾经指出,在伯格法院和伦奎斯特法院的"后米兰达"判决中,米兰达就不再是一个案件,而是一些"比其最初时保障性限制更低的规则集合体"。Leo & White, 前引注⁶⁴,第 407 页。在我看来,这一评价还是有点保守。

⁷⁰ 401 U.S. 222 (1971).伯格法院开始背离米兰达案判决的立场在哈里斯案中开始露出苗头,随后在明西诉亚利桑那州案(Mincey v. Arizona, 473 U.S. 385 [1978])中得以清楚地表露,"非自愿的"或者"受强迫的供述"不能被用于弹劾被告人的目的,相比较而言,那些只是违反米兰达规则的供述则可用于此目的。正如乔治·托马斯三世所指出的那样,哈里斯案是"切断米兰达规则与联邦宪法第五修正案之间的联系的最佳例子"和"伯格法院开始背离米兰达案判决的明确界限"。参见 George C. Thomas III,"Separated at Birth but Siblings: Miranda and the Due Process Cases", 99 Mich. L. Rev. 1081, 1089 (2001)。

⁷¹ 参见 Harris, 401 U.S. at 230。

⁷² 参见上引注,第 224 页。

⁷³ 420 U.S. 714 (1975).

续进行审讯也不会有任何的损失。[74]

米兰达规则的另一面是，警察只有在拟对犯罪嫌疑人进行"羁押性审讯"时才需要进行米兰达警告，"羁押和警察审讯的交互作用给被告人带来的强迫性危险是米兰达警告的前提"[75]。在"不存在警察审讯和羁押交互作用的情形下"[76]则不要求米兰达警告。

伯格法院对米兰达规则中的关键词"羁押"和"羁押性审讯"的解释相当狭隘。例如，在犯罪嫌疑人根据警察的要求到警察局，甚至是"自愿地"跟一个或数个警察一起到警察局时，他也许就无权要求警察对其进行米兰达警告了——尽管事实上警察带他一同前往的就是为了对其进行审讯并获得其归罪性供述——而在伯格法院的解释中，其并不属于米兰达规则所指的"羁押性审讯"。[77]

米兰达规则的另一面是，根据"原米兰达规则"的要求，只有在控方完全证明了犯罪嫌疑人是在"明知、理性地放弃了不受强迫自证其罪特权，以及获得律师帮助权"的情况下所作的供述才具有可采性。[78]"原米兰达规则"提醒我们，联邦最高法院"总是为放弃宪法性权利设置了很高的标准，而在羁押性审讯中只不过是对这些标准的再次强调"[79]。但是从米兰达案判决意见来看，人们也许会认为要证明犯罪嫌疑人的弃权行为有效并非想象中的那么困难。

---

[74] 联邦最高法院随后认为，如果被告人在自我辩护时选择作证的话，其被逮捕前的沉默可以用作弹劾其本人的证据，参见詹金斯诉安德森案（Jenkins v. Anderson, 447 U.S. 231, 240-41 [1980]）。接着，联邦最高法院继续认为，只要警察未对犯罪嫌疑人进行米兰达警告，即使是被告人在被逮捕后的沉默都可用于弹劾其本人的目的，参见弗莱彻诉韦尔案（Fletcher v. Weir, 455 U.S. 603, 607 [1983]）。

[75] 伊利诺伊州诉珀金斯案（Illinois v. Perkins, 496 U.S. 292, 297 [1990]）。

[76] 同上引注。（引自 Kamisar, "Brewer v. Williams, Massiah and Miranda: What Is 'Interrogation'? When Does It Matter?", 67 *GEO. LJ.* 1, 63 [1978]）。

[77] 参见加利福尼亚州诉贝希勒案（California v. Beheler, 463 U.S. 1121 [1983]）；俄勒冈州诉马赛亚森案（Oregon v. Mathiason, 429 U.S. 492 [1977]）。请比较斯坦斯伯里诉加利福尼亚州案（Stansbury v. California, 114 S.Ct. 1526 [1996]）（全庭一致同意）。还可参见伯克默诉麦卡蒂案（Berkemer v. McCarty, 486 U.S. 420, 441 [1984]）（以很长的篇幅解释了为什么在交通检查过程中对被留置的驾驶人员进行的"路边询问"比起警察局的审讯，"警察的宰制性实质上更弱"，因此不应被视为"羁押性审讯"）。对此，利奥教授指出：

> 警察经常对审讯环境进行重新定义，这样犯罪嫌疑人就不是处于羁押状态之下，因此也就不需要对其进行 Miranda 警告。警察经常通过对犯罪嫌疑人说你可以自由离开，有时警察明显地是以审讯为目的，并将犯罪嫌疑人带到审讯室了，然后将审讯环境重新定义为非羁押状态下的审讯。

参见 Richard A. Leo, "Questioning the Relevance of Miranda in the Twenty-First Century", 99 *Mich. L. Rev.* 1000, 1017 (2001)。

[78] 384 U.S. at 475.

[79] 同上引注。

虽然"米兰达案判决的用词和语调似乎表明联邦最高法院只认可明示的弃权方式"[80],但是后沃伦时期的联邦最高法院放松了要求。在北卡罗来纳州诉巴特勒案(North carolina v. Butler)中[81],在警察告知犯罪嫌疑人有获得律师帮助权时,犯罪嫌疑人什么都没说,并拒绝签署任何的弃权文件。但是,在警察要求犯罪嫌疑人签署弃权文书时,犯罪嫌疑人表示他愿意同警察谈一谈。巴特勒案判决则告诉我们,"明确的书面或口头弃权声明并非必须","至少在一些情形下,可以从被审讯人在米兰达警告之后的行为或言辞中明确推定犯罪嫌疑人弃权"。[82]

正如米兰达案判决中持多数意见,唯一仍在位的联邦最高法院大法官威廉·布伦南在巴特勒案判决异议中所指出的那样:

> 本案(北卡罗来纳州诉巴特勒案)的多数意见允许法庭对犯罪嫌疑人在接受审讯时含义模糊的用语和姿态进行推定,掩盖了米兰达案判决在弃权问题上所展现出来的曙光。米兰达规则的前提是对那些含义模糊的用语或行为作出不利于审讯者的解释。这一前提正是对羁押审讯所固有的强制性之认知。在羁押性审讯的情形下,只有那些最为明确的弃权行为才可以被认为是犯罪嫌疑人在明知,以及自愿状态下的结果。……
>
> ……执法人员只能从"你是否放弃获得律师帮助的权利"这一问题中获得明确的答案。本案因为这一问题(被告人是否弃权)而历经三审原本实无必要。[83]

正如巴特勒案判决本身所认为的那样,犯罪嫌疑人可以通过拒绝签署弃权文书,或反对警察进行任何的文字或音像记录,但同时表示愿意同警察交谈的方式来作出适格的弃权表示。联邦最高法院继续在康涅狄格州诉巴雷特案中(Connecticut v. Barrett)对这一问题进行了解释。[84] 在该案中,犯罪嫌疑人明确表示不愿意在律师不在场的情况下签署书面声明,但继而口头承认自己确实与指控的犯罪有关。联邦最高法院,主要是新任命的首席大法官伦奎斯特否决了

---

[80] 2 LaFave,前引注②,第 580 页。
[81] 441 U.S. 369 (1979).
[82] 同上引注,第 373 页。
[83] 同上引注,第 377—378 页。
[84] 479 U.S. 523 (1987).

犯罪嫌疑人提出的签署书面声明之前律师在场等于主张律师帮助权的观点[85]，联邦最高法院还驳回了关于被告人的行为是"不合逻辑""不相关"的观点。[86]

大多数的地方法院在巴特勒案之前即采取了类似的立场，认为犯罪嫌疑人的弃权行为并不是一定要以明示的方式作出。[87] 在巴特勒案、巴雷特案之后，地方法院在控方如何证明警察在审讯时犯罪嫌疑人的弃权行为是否符合米兰达规则的要求上采取了相当宽松的立场。正如马克·伯格所说的那样："事实上，似乎只要警察进行了米兰达警告，而且犯罪嫌疑人没有表现出明确的理解障碍，那么其弃权行为即被认为有效。"[88]

十年之后，在读到"数以百计的上诉都涉及警察的审讯是否遵守了米兰达规则"这句话后，乔治·托马斯报告了他的"重大发现"：

> 只要检察官证明警察以犯罪嫌疑人能够理解的语言进行了米兰达警告，法庭在大多数情形下即认为犯罪嫌疑人的弃权行为有效。米兰达规则下的有效弃权要求变得极为容易证明——因为犯罪嫌疑人在警察警告之后回答了警察的问题。警察审讯过程中的弃权程序与庭审时放弃宪法第五修正案特权的程序上没有任何相似之处，在庭审中的弃权程序上，不允许检察官诱使被告人弃权而选择证人身份来回答控方的提问。……第五修正案的"米兰达版"却允许犯罪嫌疑人的弃权行为可以不谨慎地、毫无意识地且没有律师帮助的情形下作出。[89]

最后，在弱化或限缩"原米兰达"规则的讨论中，很少有人注意到俄勒冈州诉埃尔斯塔德案（Oregon v. Elstad）[90]，在该案中，联邦最高法院拒绝了将"禁食毒树之果原则"适用于违反米兰达规则的情形（禁食毒树之果原则通常被认为只适用于搜查扣押案件中）。两名警察到埃尔斯塔德家中，在没有对其进行米兰达警告的情况下获得了犯罪嫌疑人的归罪性供述，大约一个小时之后，埃尔斯塔德被

---

[85] 同上引注，第528—529页。

[86] 同上引注，第530页。但是，在这一点上我赞同拉费弗（LaFave）、伊斯雷尔（Israel）、金（King）等教授的观点，这一情形可能是因为犯罪嫌疑人误以为其供述并不会被即时记录，或变为一份由其签字的书面供述并被用来作为指控自己的证据才作出的行为。因此，在这些情形下，"很大程度上可以认为警察有义务对可能引起犯罪嫌疑人误解的用语或行为加以澄清或解释"。参见 LaFave，前引注[2]，第593页。

[87] 参见 LaFave，前引注[2]，第580页。

[88] Mark Berger, "Compromise and Continuity: Miranda Waivers, Confession Admissibility, and the Retention of Interrogation Protections", 49 *U. Pitt. L. Rev.* 1007, 1063 (1988).

[89] Thomas，前引注[70]，第1082页。

[90] 470 U.S. 298 (1985).

带到郡治安法官办公室,此时埃尔斯塔德才被告知其所享有的权利。他放弃了自己的权利,并承认了自己的犯罪。州法院认为,警察在埃尔斯塔德家中获得的第一次供述应予排除,但在郡治安法官办公室进行权利告知之后被告人所作的供述,因为其已经放弃了自己的权利,因此可采。最后联邦最高法院以 6 比 3 的多数维持了州法院的判决。

虽然埃尔斯塔德案的判决意见明确表示,并不需要排除从警察未遵守米兰达警告所获得的供述中衍生的证据[91],但是该判决还是可以作更为狭义的解释。埃尔斯塔德案中的衍生证据是一份"二次供述",而且在某种程度上可以认为,该案判决的多数意见似乎表明了其在被告人供述可采性上的立场——供述是否可采取决于犯罪嫌疑人的行动自由。[92] 因此,人们可能会问,正如持反对意见的法官布伦南所说的那样,在埃尔斯塔德一案中,联邦最高法院以"个人意志"作为前后相继的数起供述案件的区别要素[93]——一个在毒品、抢劫的赃物或武器等非言词性证据、物证的讨论中几乎不加考虑的要素。

专业审讯人员一直认为,并宣扬供述是"最好的证据来源"。[94] 因此,可以认为埃尔斯塔德案判决隐含着对米兰达规则的严重威胁,特别是如果对该判决作广义的解释的话,而事实上有些地方法院已经马上就这样做了。为此联邦最高法院花了 20 年的时间来阐明埃尔斯塔德案判决的含义及其适用范围。[95] 在此期间,"联邦和州法院……几乎一致认为控方可以将那些违反米兰达规则所获得的非言词性证据提交刑事审判法庭"[96]。

我非常怀疑,在埃尔斯塔德案、哈斯案等案的判决中,后沃伦法院已经有意或预期到警察将不遵守米兰达警告或有目的地故意忽视米兰达警告,从而对这些判决中确立的例外进行开发性利用。[97] 但是,正如查尔斯·魏塞尔贝格(Charles Weisselberg)已经指出的那样:"有证据表明,许多警察已经开始接受适

---

[91] 参见上引注,第 305—308、312 页。
[92] 参见上引注,第 309、313 页。
[93] 参见上引注,第 347 页注释 29。
[94] C. O'Hara & B. O'Hara, *Fundamentals of Criminal Investigation* 131 (5 ed. 1980). 还可参见 Aubry & Caputo, *Criminal Investigation* 206 (3d ed. 1980); Henry J. Friendly, "The Fifth Amendment Tomorrow: The Case for Constitutional Change", 37 *U. Cin. L. Rev.* 671, 712 n. 176 (1968); David A. Wollin, "Policing the Police: Should Miranda Violations Bear Fruit?", 53 *Ohio St. L. J.* 805, 845 (1992).
[95] 正如结果所证明的那样,联邦最高法院最终接受了地方法院对埃尔斯塔德(Elstad)案判决的扩张性解释。有关 2004 年对米兰达规则"毒树"系列案例的讨论可以参见下引注[94]—[98]及相关文献。
[96] Wollin, 前引注[94], 第 845 页。
[97] 在哈斯(Hass)案中,联邦最高法院将类似担忧斥为"臆想的可能"。参见 420 U.S. at 723。

当地利用这些例外的培训。"(98)"在加利福尼亚州,以及其他一些州,警察们已经掌握了如何在'米兰达规则之外'进行审讯的技巧,如何在犯罪嫌疑人已经直接明确地主张其宪法第五修正案权利的情况下进行有效的审讯。"(99)例如,橘子郡(Orange County)执行检察官办公室制作的一份警察培训录像带中即包含了对警察的这样一些"指导":

> 如果你在"米兰达规则之外"获得了犯罪嫌疑人供述,他告诉你他曾经做了些什么,以及怎么做的,……我们就可以利用这些供述在法庭上作为弹劾或反驳他的证据……如果犯罪嫌疑人决定在法庭上为自己作证,并说谎,说一些与此前供述不一致的东西,我们就可以用那些在"米兰达规则"之外获得的供述弹劾他……
>
> 违反米兰达规则的证据排除规则并不适用"禁食毒树之果"原则,当我们对那些已经根据米兰达规则主张自己权利的犯罪嫌疑人进行审讯时,我们失去的只是因违反米兰达规则所获得的供述而已,我们并不因此失去根据其供述所获得的其他物证,以及其他证人证言。(100)

很可能类似于巴特勒案、埃尔斯塔德案、哈里斯案、哈斯案等案判决的积累最终极大地软化了米兰达规则的影响,这样,很难说这些判决所理解的米兰达规则即是沃伦法院所确立的"原米兰达"规则。

## 二、警察"适应了",还是"忽视了"米兰达规则?

1988年,《巴尔的摩太阳报》的一位记者在获得巴尔的摩警察局的许可之后,对该市警察局谋杀犯罪侦查组进行了全年的跟踪采访。在此期间,他跟随该小组从审讯犯罪嫌疑人到尸体解剖,从犯罪现场到医院的抢救室,进行了全程的跟踪,并于1991年出版了《谋杀:杀人街的一年》一书。(101)

在米兰达规则之下,巴尔的摩的警察是如何获取那些羁押状态下的犯罪嫌

---

(98) Charles D. Weisselberg, "Saving Miranda", 84 *Cornell L. Rev.* 109, 188 (1998).

(99) 同上引注,第188页。

(100) 同上引注,第191—192页。培训录像的文字记录被作为魏塞尔贝格文章的附录公开发表。参见上引注,第189—192页。在制作这份培训录像带时,关于警察通过违反米兰达规则的审讯获得的物证、证人证言是否具有可采性的情形仍然并不明朗,但后来的发展结果证明,制作这些培训录像的检察官们对趋势的判断是准确的。参见下引注(184)—(188)。

(101) David Simon, *Homicide: A Year on the Killing Streets* (1061)。在对巴尔的摩的谋杀问题进行全面研究之前,西蒙先生用了四年的时间对该市的警察工作进行了调查,他在该书的前言中声称,这是一本"新闻著作",书中所叙述的事件"就如书中所述那样发生"。

疑人的归罪供述的?根据西蒙的观察:在警察向犯罪嫌疑人宣读米兰达规则之后,犯罪嫌疑人表示理解——但是在询问犯罪嫌疑人是否放弃其权利并与警察进行交谈之前:

  警察告诉犯罪嫌疑人,如果其主张自己的权利,警察会尊重他的选择。但是,紧接着,警察就会警告犯罪嫌疑人如果其主张自己权利的话,事情可能会变得对其很不利。因为这可能会妨碍他的朋友——侦查此案的警察将此案定性为误杀,或者是正当防卫,而不是一级谋杀的可能。警察会对犯罪嫌疑人强调,他给犯罪嫌疑人一个从自己的立场来讲述案件经过的机会。[102]

  一旦出了这个房间,侦查人员警告犯罪嫌疑人,"站在你的立场来讲述这个故事的机会已经消失了"[103],"在一个典型案件中",西蒙告诉我们,"警察会(欺骗性)地告诉犯罪嫌疑人",指控他的证据已经非常充分,他不需要从犯罪嫌疑人口中获得任何的信息,他只是想"确认一下在提交其侦查报告之前,犯罪嫌疑人还有没有需要为自己解释的东西"[104]。警察还会建议犯罪嫌疑人进行自我辩护。在警察的这些努力之下,根据西蒙的观察,那些犯罪嫌疑人经常应得急于向警察说明自己的问题,以致侦查人员不得不"打断(犯罪嫌疑人的话)"直到"一些书面工作"——在弃权声明等书面文件上签字完成。[105]

  巴尔的摩(以及其他采用类似审讯技巧)的警察们是否认为他们的方法与米兰达规则的要求一致,我们并不清楚,但我们有理由相信西蒙先生(以及巴尔的摩警察局的大部分人)都认为是的。[106]

  如果说西蒙的描述作为一种文学作品有失严谨的话,那么,理查德·利奥和韦尔什·怀特(Welsh White)教授的学术研究成果则间接印证了西蒙的描述完全是一种写实。利奥教授在9个多月的时间里,观察了200名警察的审讯过程,发现:

  通常而言,警察会告诉犯罪嫌疑人,任何事情都有两面,如果犯罪嫌疑人放弃其权利,选择与警察交谈的话,警察只能听到犯罪嫌疑人一方的陈述,侦查人员还会强调,他们已经知道了被害人要说的东西,并

---

[102] Yale Kamisar, "Killing Miranda In Baltimore: Reflections on David Simon's Homicide", 2 *Jurist* 1 (1999) (book review), available at http://jurist.law.pitt.edu/lawbooks/revfeb99.htm.
[103] 同上引注。
[104] 同上引注。
[105] 同上引注。
[106] 参见 Simon,前引注[102],第 200 页。

暗示犯罪嫌疑人,如果其保持沉默的话,被害人所说的内容就将成为控方指控其的官方版本。警察有时还会告诉犯罪嫌疑人,他们的侦查报告将会对检察官的指控产生重要的影响,而这一切都取决于警察从犯罪嫌疑人这里了解到的内容。[107]

在最近的一篇文章中[108],根据过去12年间收集的大量警察审讯记录,利奥和怀特教授告诉我们"审讯人员让犯罪嫌疑人放弃米兰达规则上的权利时最常用的策略是贬低米兰达警告所具有的意义"[109]。在文章中,他们引用了西蒙在巴尔的摩的观察,指出"说什么与警察交谈是基于犯罪嫌疑人利益的考虑之类的诡计,永远是侦查审讯中的催化剂"[110],"警察最为经常用来贬低米兰达规则之于犯罪嫌疑人重要性的策略是,将犯罪嫌疑人的注意力转移到及时地将事情的真相告诉警察是如何的重要"。利奥和怀特教授继续说道:

> 审讯人员会对犯罪嫌疑人说,他们想听听犯罪嫌疑人自己对这个案件的看法,但是在其放弃权利之前,警察不能这样做。这样的审讯技巧通常都是从讨论对犯罪嫌疑人的指控开始……如果有效,这一策略通常可以产生从整体上破坏米兰达警告的效果。然后犯罪嫌疑人会变得非常急切地希望从自己的角度来表达他对案件的看法,然后将米兰达警告视为全无必要。[111]

当然,还有另外的策略,一种和利奥、怀特教授前面提到过的策略一起运用的策略,"就是在审讯人员与犯罪嫌疑人之间建立非对抗性关系的策略"[112]。一个能够将自己打扮为犯罪嫌疑人的朋友,或赢得犯罪嫌疑人信任的审讯人员通常可以让犯罪嫌疑人觉得"米兰达警告毫无意义"。[113] 利奥和怀特教授认为,这一策

---

[107] Richard A. Leo, "The Impact of Miranda Revisited", 86 *J. Crim. L. & Criminology* 621, 664 (1996)。有研究者在对发生在明尼苏达的,犯罪嫌疑人年龄为十六七岁,被控重罪,放弃了其米兰达规则权利的未成年人案件进行研究之后发现,其研究结论(警察审讯未成年犯罪嫌疑人的情况。——译者注)"与利奥对警察审讯成年犯罪嫌疑人的研究结果完全相同",参见 Barry C. Feld, "Police Interrogation of Juveniles: An Empirical Study of Police and Practice", 97 *J. Crim. L. & Criminology* 219, 315 (2006)。

[108] Richard A. Leo & Welsh S. White, "Adapting to Miranda: Modern Interrogators' Strategies for Dealing with the Obstacles Posed by Miranda", 84 *Minn. L. Rev.* 397 (1999) (以下简称 Leo & White) 本文来源于"过去12年间收集的大量(警察审讯)记录"。同上引注,第412页。

[109] 同上引注,第433页。

[110] 同上引注,第435页注释189(转引自 Simon, 前引注[107],第201页)。

[111] 同上引注,第435—446页。

[112] 同上引注,第438页。

[113] 同上引注。

略“不仅消解了米兰达警告的意义，而且可以让犯罪嫌疑人放弃米兰达警告本可以为其带来的利益”⑭。因为，在这种状态下的犯罪嫌疑人会认为其对审讯人员——他的朋友所说的一切都“将有利于化解其眼前的困难”。⑮

利奥和怀特教授经常讨论的是警察如何“适应”米兰达规则。⑯ 事实上，本节标题的前三个词“Adapting to Miranda”（适应米兰达规则），“适应”或者“调适”是很好的，但是我并不认为在这里使用就很恰当，在我看来，更为准确的应当是“规避”“智取”或“无视”。⑰ 事实上，如果西蒙、利奥和怀特教授关于警察对米兰达规则的反应之描述确实代表了美国警察审讯现状的话，那么，毫不夸张地说，众多警察在审讯中的“策略”或“技巧”就是对米兰达规则的嘲笑。

米兰达警告所包含的四重内容的主要目的之一是使犯罪嫌疑人更为清楚地意识到其所面对的是一个对抗式的刑事司法体制，而不是一个为其利益着想的友人。⑱ 但是，西蒙、利奥、怀特教授给我们描绘的却是审讯人员是如何引导，或者说误导犯罪嫌疑人相信，只有放弃他们的权利，然后将自己的一切向审讯人员和盘托出才是最好的选择，审讯人员是如何为了犯罪嫌疑人的利益而与其无情的上司，以及除非将其犯下的一切都告诉他的“朋友”否则就可能指控其一级谋杀的检察官们相对抗，从而严重地损害了米兰达规则的本来意义。

在米兰达案的判决中，沃伦大法官认为：

> 任何被追诉人被威胁、欺骗或引诱而弃权的证据，都表明其弃权行为并非自愿。从第五修正案之任何人不受强迫自证其罪特权的角度来说，对犯罪嫌疑人进行权利告知，在犯罪嫌疑人弃权之后才进行审讯是对现行审讯方法的基本要求，而不仅仅是一个简单的开工仪式。⑲

但是，为米兰达规则所禁止的行为却在巴尔的摩、利奥和怀特教授所研究的加州一些城市，以及其他一些司法管辖区的警察局中屡屡发生。⑳

---

⑭ 同上引注，第 439 页。

⑮ 同上引注。

⑯ 参见上引注，第 400、414、470 页。

⑰ 在最近的一篇文章中利奥教授认为，警察在获得犯罪嫌疑人弃权之前的，其在先前研究中称之为“类审讯”行为策略——“显然是对米兰达规则文本和精神的违背”，参见 Leo，前引注(77)，第 1019 页（引自 Yale Kamisar，“Reflections，Special：Retrospective on David Simon's Homicide”，2 *Jurist* 1[1999]）。

⑱ 384 U. S. at 469.

⑲ 同上引注，第 476 页。

⑳ 参见 Peter Carlson，“You Have the Right to Remain Silent...；But in the Post-Miranda Age，the Police Have Found New and Creative Ways to Make You Talk”，*Washington Post Magazine*，Sept. 13，1998，at 6-11，19-24（主要根据对华盛顿特区、马里兰州周边和弗吉尼亚州郊区警察审讯人员的访谈）。

在杀人案中，警察通常会威胁犯罪嫌疑人，如果犯罪嫌疑人不将案件情况向他们坦白的话，警察将指控其犯了一级谋杀罪；他们还会欺骗犯罪嫌疑人，给犯罪嫌疑人错误的印象，让其认为将一切情况向警察坦白是其最佳选择。实际上，他们假装这是犯罪嫌疑人获得谋杀降格指控的（或者也许甚至可以撤销案件）的唯一机会。

在犯罪嫌疑人作出有效弃权并同意与警察交谈之后，无论什么方式的欺骗、引诱都允许警察采用（令人惊讶的是，即使是米兰达案判决40年后的今天，警察在犯罪嫌疑人弃权之后可以做什么都还不清楚）。但是，在问犯罪嫌疑人是否同意放弃权利之前，警察不能采用任何类似的策略，警察不能通过许诺或劝说来使犯罪嫌疑人放弃其权利。

根据西蒙、利奥、怀特等人的研究，在很多情形下，警察让犯罪嫌疑人弃权的有效方式通常是向犯罪嫌疑人解释（或劝说）为什么与警察交谈对其最为有利，而如果不这样的话，则对其不利。在很多案件中，我并不认为"在犯罪嫌疑人'弃权'之前，警察的'夸夸其谈'已经在事实上让犯罪嫌疑人忘了主张自己的权利"之类的描述有何夸张之处。

然而，就我所知，刑事诉讼程序的羁押审讯阶段并不存在一个询问（或者说欺骗）犯罪嫌疑人是否想行使其权利，从而使其"有条件地"放弃其权利的"弃权前"（pre-waver of rights）阶段。其对权利的主张或者放弃应当是在（审讯）大幕刚刚拉开——而不是等到第二、三幕的时候。[121]

如今西蒙、利奥、怀特教授所描述的前述现象也许已经相当普遍。[122] 如果真是这样的话，米兰达规则对犯罪嫌疑人的供述率的影响基本可以忽略。但是，这一切不能归咎于"原米兰达规则"。

现在的情形似乎在很大程度上可以归因于现代警察审讯已经变成了一种"精巧的信心游戏"这一事实，在这场游戏中，警察巧妙地将自己打扮成犯罪嫌疑人的同盟军，通过向犯罪嫌疑人泄露部分事实来误导犯罪嫌疑人相信警察可以

---

[121] 然而，公平地说，那些从事米兰达规则实证研究者关注的是警察如何回应米兰达案判决，以及警察实际上采取的审讯策略，而不是这些审讯策略的合法性与合理性。另外，并非警察运用的所有审讯策略都符合米兰达规则的要求，用利奥教授的话来说，大量（审讯策略）都"行走在合法性模糊的边缘"。参见 Leo, 前引注[110]，第 665 页。

[122] 西蒙（Simon）先生研究的是巴尔的摩警察的审讯策略，利奥和怀特教授描述的是加州一些城市的警察审讯情况。但是，没有理由认为他们的研究只是这些司法管辖区的个案。参见前引注[110]及相关文献。另外，公平地说，执法人员和其他职业群体成员一样，群体成员之间也会相互交流。

帮助其走出困境。⑫ 然而，正如我试图表明的那样，警察的这些"新方法"（虽然比以前的"老方法"要更值得尊重）并不能与米兰达规则的要求相协调。

我们虽然不能通过一些表明许多警察并不遵守米兰达规则——无论是米兰达规则的字面要求还是精神实质的经验研究，证明"原米兰达"规则存在根本性缺陷。但是，我们还是可以从其他方面来对"原米兰达规则"挑刺——即其并未要求警察对审讯室内发生的一切进行客观的记录。

### 三、对审讯过程进行录音录像的必要性

即使警方审讯人员在审讯中采取了前面提到的"信心游戏"之类的策略，检察官在面对辩方提出的因此获得的供述不具有可采性的抗辩时仍然处于非常有利的位置。因为，他手中掌握有犯罪嫌疑人签署的书面弃权声明（和签了名的权利解释）。另外，如果本案承办侦查人员对犯罪嫌疑人如何被诱致签署了这些声明一事说谎，或者习惯性地不记得，也几乎不会让人觉得奇怪。

如果所有的事实，至少前文所讨论过的"信心游戏"策略得以部分公开——例如，如果对审讯过程进行了全程录像，或采取其他形式进行了客观记录的话——我想，没有一个法院能够或愿意采纳那些被质疑的供述，除非法院想全面推翻米兰达规则。

西蒙、利奥、怀特等人关于警察是如何让羁押状态下的犯罪嫌疑人作出归罪性供述的描述向我们揭示了对警察局内的审讯过程——在进行米兰达警告和犯罪嫌疑人弃权之前，审讯人员与犯罪嫌疑人之间的对话，如果有的话；米兰达警告和犯罪嫌疑人弃权过程；以及随后的一些对话——进行全程录音录像的必要性。令人震惊的是，尽管"在所有研究米兰达规则的文献中，关于对审讯过程进行全程录音、录像的观点获得了一致的认同"⑬，但是仅有四个州要求执法人员在

---

⑫ Stephen J. Schulhofer, "Miranda's Practical Effect: Substantial Benefits and Vanishingly Small Social Costs", 90 *Nw. U. L. Rev.* 500, 561-62 (1996)（对利奥教授的警察审讯系列实证研究结论的总结）。

⑬ William J. Stuntz, "Miranda's Mistake", 99 *Mich. L. Rev.* 975, 981 n. 19 (2001)，参见 Joseph D. Grano, *Confessions, Truth and the Law* 116, 121 (1993); Yale Kamisar, *Police Interrogation and Confessions* 129-37 (1980); Paul G. Cassell, "Miranda's Social Costs: An Empirical Assessment", 90 *Nw. U. L. Rev.* 387, 486-97 (1996)（认为对警察审讯过程进行录音录像可以替代米兰达规则）; Stephen A. Drizin & Beth A. Colgan, "Let the Cameras Roll: Mandatory Videotaping of Interrogations Is the Solution to Illinois' Problem of False Confessions", 32 *Loyola U. Chi. L. J.* 337 (2001); William A. Geller, "Videotaping Interrogation and Confessions", in *The Miranda Debate: Law Justice, and Policing* 303 (Richard A. Leo & George C. Thomas III eds. 1998); Leo, 第681—692 页。关于对警察审讯进行录音录像具有多个宪法根据的相关论述可以参见 Christopher Slobogin, "Toward Taping", 1 *Ohio St. J. Crim. L.* 309 (2003)。

一些特定的案件中(通常是杀人案件)对警察与犯罪嫌疑人之间的谈话——包括如何进行米兰达警告和犯罪嫌疑人的弃权过程进行录音或录像[125](但是,如果你是一个在审讯中采用"信心游戏"的警察,你是否会赞同对审讯过程进行录音录像的要求?)。[126]

"对审讯过程进行录像不仅可以更为公平地对待被羁押审讯的犯罪嫌疑人,而且也为犯罪嫌疑人提供了更好的保护,防止因其错误的供述而被错误定罪的可能。"[127]利奥教授认为,以录音录像的方式来记录审讯过程,有助于鉴别导致两种类型的虚假供述的警察压力和审讯技巧。(1)为了结束审讯压力而以虚假供述搪塞警察;(2)审讯的压力"导致无辜者将审讯人员传递的信息内化,从而错误地相信自己确实有罪的供述"。[128]

在米兰达案判决之前五年,美国公民自由联盟(ACLU)的律师伯纳德·韦斯伯格(Bernard Weisberg)(根据一年前其在西北大学法学院召开的刑法国际会议上的参会论文)发表了一篇具有高度影响的、针对警察审讯的文章,正是在那篇文章中提出了应当对审讯从头至尾进行录音录像的观点:

> 如果以法律的标准来衡量,警察审讯的最大特点是其秘密性……但是秘密性与审讯专家认为有效审讯所必需的隐私并不相同……
> 
> 在我的印象中,没有任何一个行政官员具有审讯人员那么大的自由裁量权和阻止客观记录事实的权力……如果某种形式的审判前审讯

---

[125] 这四个州是阿拉斯加州、伊利诺伊州、明尼苏达州、新泽西州。参见 Yale Kamisar, Wayne R. Lafave, Jerold H. Israel & Nancy J. King, *Modern Criminal Procedure* 637-42。(11th ed. 2005 & Supp. 2006)。

[126] 经常有人问我,警察审讯人员是否会推迟打开录音录像设备,或者在审讯过程中对录音录像设备时开时关,从而规避对审讯进行录音录像的要求。必须承认,对我而言,这是个"技术性挑战"。但是,相关研究认为,还是可以采取一些技术性预防措施。例如就在米兰达案判决后一年,两名主张应对审讯过程进行录音录像的前检察官,谢尔登·H.埃尔森和阿瑟·罗塞特(Sheldon H. Elsen & Arthur Rosett)在一篇文章中提到:

> 事先向法庭提交录音录像带和采取其他防止篡改记录的程序相对来说并不复杂。对录音带可以通过其他一些可视性记录,如照片或录像加以补充,并通过时间标签和其他文字记录加以固定,这样可以增强其使用性和可靠性。在羁押审讯前即将录音录像设备安放在审讯室内,不仅可以保障公共利益,而且也可以对警察遵守相关行为规范施加重要的影响。当其意识到他的所作所为将被音像设备记录时,也许审讯人员的脸上会有更多的笑容。

参见 Sheldon H. Elsen & Arthur Rosett, Protections for the Suspect Under Miranda v. Arizona, 67 Colum. L. Rev. 645, 666 (1966)。

[127] Leo, 前引注[107], 第689页。

[128] 同上引注, 第691—692页。

确有必要,基于必要性的考虑,隐私应当得到保障,但并不能以此或其他为由为审讯的秘密性辩护……

审讯的秘密性必须被禁止,相应的方法和措施必须是全面的、完整的。许多关于使用声音或动态画面记录设备的建议仅仅解决了检察官们希望的证据可采性问题,要有效地解决审讯过程的秘密性问题,必须明确对警察局内的审讯过程从头至尾记录,并由对整个审讯过程进行独立观察的第三人密封和认证的规则。审讯双方不需要知道有观察人员或录音录像设备在场的事实。[129]

就在米兰达案判决前一年,我在韦斯伯格文章的基础上进一步指出:

从长远来看,没有什么与米兰达警告或者犯罪嫌疑人弃权相关的成文法、法院规则或法院判决可以一劳永逸——基于同样的理由,大量与供述的"非自愿性"相关的上诉审判决意见也无济于事——除非警察审讯"最特别的特征——秘密性"被最终打破。[130]

然而,正如我们已经看到的那样[131],虽然联邦最高法院在众多与供述自愿性相关的案件中一直受困于审讯人员与被告人之间的"宣誓竞赛";虽然其在米兰达案件中已经到了要求对审讯过程进行录音录像的边缘——在米兰达案判决中,联邦最高法院认为,因为控方有形成用以印证其在隔离式审讯中对犯罪嫌疑人进行了米兰达警告的唯一方法,负有证明被告人弃权行为有效的责任[132]——但其却未要求警察对审讯过程进行录音录像。这是联邦最高法院在米兰达案中唯一一次未能对自己的信条"坚持到底"。

---

[129] Bernard Weisberg, "Police Interrogation of Arrested Persons: A Skeptical View" (1961), in *Police Power and Individual Freedom* 153, 179-80 (Claude R. Sowle ed. 1962). 机缘巧合的是,就在其写作本文的几年之后,韦斯伯格(Weisberg)先生作为法庭之友为丹尼·埃斯科贝多(Danny Escobedo)大力辩护。在其1961年的文章中,韦斯伯格先生广泛使用了种种警察审讯手册,在埃斯科贝多案的摘要中,同样如此。韦斯伯格先生认为这些警察审讯手册"相当宝贵,因为其全面生动地描述了那些在专业警察工作中被认为合法、合理的警察审讯实践"。Brief for American Civil Liberties Union as Amicus Curiae Supporting Petitioner, Escobedo v. State of Illinois, 84 S. Ct. 1758 (1964) (No. 615).

在韦斯伯格先生参加的同一个国际学术会议上,英国著名学者格兰维尔·威廉姆斯(Glanville Williams)也提出了"对犯罪嫌疑人供述进行自动录音录像的可能性"。参见 Glanville Williams, "Police Interrogation Privileges and Limitations Under Foreign Law: England" (1961) in *Police Power and Individual Freedom* 185, 191 (Claude R. Sowle ed. 1962)。

[130] Yale Kamisar, "Equal Justice in the Gatehouses and Mansions of American Criminal Procedure in *Criminal Justice in Our Time*" 1, 85-86 (A. E. Dick Howard ed. 1965) (quoting from Weisberg's article).

[131] 参见前引注[42]以下文献。

[132] 384 U.S. at 475.

另外一个例子是，在指出"由审讯人员进行口头警告本身并不够"[133]之后，联邦最高法院"只是要求审讯人员就律师帮助权再来一个一次性(once-stated)警告"[134]。舒尔霍夫进而指出，联邦最高法院本应做得更好，"它可以要求警察与犯罪嫌疑人的律师或朋友进行主动联系，或甚至要求犯罪嫌疑人的弃权必须在能够打破围绕着犯罪嫌疑人的敌意和隔离之墙的、中立的治安法官在场的情况下作出"[135]。

很难理解弗兰克·艾伦(Frank Allen)将米兰达案判决意见称为"奇怪的踌躇姿态"[136]——联邦最高法院未能与其确信保持一致——除非人们记得（或者联邦最高法院也意识到了）1966年的沃伦法院几乎不能走得更远。联邦最高法院在米兰达案中似乎已经几近分裂，根据当时一位参加了米兰达案审判的法官回忆，如果FBI在1966年前的多年中都未对犯罪嫌疑人进行类似警告的话[137]，也许就不会有标志性意义的米兰达案判决。[138]

在这一点上，我忍不住回忆起了泽卡里亚·查菲(Zechariah Chafee)在一个半世纪之前，在针对来自哲学家亚历山大·米克尔约翰(Alexander Meiklejohn)的批评为霍姆斯大法官进行辩护时，查菲指出：

> 毕竟，一位试图确立一条将被联邦最高法院以法律形式公布的原则的法官，不能像一个孤独的哲学家那样书写。他必须尽快说服一个特定群体中的至少四位（其他）同仁。[139]

四、尽管警察履行了米兰达警告的义务，但大多数的犯罪嫌疑人还是愿意与警察交谈，仅仅因为他们忍不住要讲述自己的故事？那么结果会是如何？

我不否认，确实有不少的犯罪嫌疑人在警察进行了米兰达警告之后还是会

---

[133] 同上引注，第469—470页。

[134] Stephen J. Schulhofer, *Confessions and the Court* 865, 882 (1981).

[135] 同上引注。舒尔霍夫教授还指出联邦最高法院本应采纳ACLU的观点，坚持要求警察审讯时应有律师在场，参见上引注。但是，我更倾向于认为，首席大法官沃伦，一个前检察官和执法机关的审讯者，并未想到这样做，或者没有认真地考虑过这一替代性方案。

[136] Francis A. Allen, "The Judicial Quest for Penal Justice: The Warren Court and the Criminal Cases", 1975 *Ill. L. F.* 518, 537.

[137] 虽然FBI的警告与米兰达警告在一些方面较为相似，但二者覆盖的范围并不相同。

[138] 参见前引注55及相关文献。

[139] Zechariah Chafee, Jr., Book Review, 82 *Harv. L. Rev.* 891, 898 (1949).

放弃他们的权利并与警察交谈,他们这样做是"因为在某种程度上,他们愿意与警察交谈"。⑩ 但是,我相信,数量绝对不会有那么多。但是,这一领域杰出的评论家乔治·托马斯并不这么认为。

在对从 Westlaw 中抽样的大约 200 起案件的法庭判决——"一个可接受的瑕疵"研究资源⑩进行分析后,托马斯教授认为:

> 很多犯罪嫌疑人与警察交谈……是因为他们想讲自己的故事,因为他们认为自己可以操纵警察审讯的航向,并且安全地到达彼岸……
> 
> ……只要犯罪嫌疑人认为说服警察,使其相信他们没有犯罪对自己更为有利,他们就会继续与警察交谈。尽管从米兰达规则来看,与警察交谈未必就对犯罪嫌疑人最为有利,但是只要犯罪嫌疑人认为这样做是对自己最为有利,并愿意抓住一切机会的话,那么,米兰达规则就对其毫无意义。⑩

当然,人们"也不应……假定犯罪嫌疑人选择与警察交谈就一定是件坏事"⑱,"良心、悔恨,甚至对利益的考虑都可以在毫无强制的情况下使犯罪嫌疑人认罪"⑭。正如舒尔霍夫教授指出的那样:"第五修正案仅仅保护犯罪嫌疑人不受国家机器的强制,但反对其作出错误的判断。"⑮

我认为托马斯教授研究的大量联邦最高法院判例和法庭意见中,警察审讯中那些不被许可的"信心游戏"策略都已经(从只要米兰达规则还在就是不被许可的)被"过滤"。⑯ 但是,这一点我无法证明,当然,也许我的判断是错的。

假设托马斯教授的观点是正确的,那么"米兰达一案的多数意见如果认为一套正式的权利警告规则就可以改变警察审讯行为的话,未免就有些天真了"⑰,那么,是不是意味着米兰达规则就可以放弃了呢?对此,我并不这么认为。

虽然认为绝大多数被羁押犯罪嫌疑人都会放弃其米兰达权利的观点得到普

---

⑩ Geroge C. Thomas III, "Stories about Miranda", 102 Mich. L. Rev. 1959, 1999 (2004).

⑪ 同上引注,第 962 页。正如托马斯教授所指出的那样,其研究的"失真效应"之一是"歪曲了审讯室内究竟发生了什么的一系列过滤器",同上引注,第 963 页。

⑫ 同上引注,第 1999—2000 页。

⑬ A. L. I., Model Code of Pre-Arraignment Procedure § 5.01 at 172 (Tent. Draft No. 1[1966][Commentary]).

⑭ 同上引注,第 171 页。

⑮ Schulhofer, "Practical Effect",前引注㊻,第 562 页。

⑯ Thomas,前引注㊻,第 1962 页。

⑰ 同上引注,第 2000 页。

遍的认同[148]，但事实并非完全如此，正如米兰达规则的批评者们很快指出的那样，利奥于1996年[149]（及此前[150]）的研究显示，那些有着重罪记录的犯罪嫌疑人与那些没有前科记录的犯罪嫌疑人相比，在主张米兰达权利的比例上，前者是后者的三至四倍。（斯顿茨[Stuntz]教授将这些犯罪嫌疑人归为"沉默型"[151]。）

在更近的一篇文章中，利奥（也许是学术界对警察审讯动态最为了解的人）及其合作者韦尔什·怀特认为"即使米兰达规则被废除，警察也不太可能放松他们对沉默型犯罪嫌疑人的严厉语调"[152]。"作为一个群体，那些主张其米兰达权利的犯罪嫌疑人在任何情形下都不太可能向警察作出归罪性陈述，因为他们已经在刑事司法体制的锻造下变得更为坚硬。"[153]概括地说，至少在利奥和怀特教授看来，"许多（如果说不是最多的话）有着重罪记录的犯罪嫌疑人即使在没有米兰达警告的情况下，也会意识到自己在宪法第五修正案上的权利，并通过主张该权利终止警察的审讯"[154]。但是，如果米兰达规则被废除了，被羁押的犯罪嫌疑人还有权通过主张第五修正案上的权利来终止警察审讯吗？

答案并不明确，正如我在其他地方已经指出过的那样，一个好的设想是，正当程序/总体情况/自愿性标准随着米兰达规则实施的时间流逝而得以进化，"至少，在警察局内进行的、不顾犯罪嫌疑人多次明确表示在其律师到来之前不愿意与警察交谈的意愿的审讯所得的结果应当被禁止"[155]。

---

[148] Leo & Mitchell，前引注[54]，第468页。

[149] 参见 Leo，前引注[107]，第654—655页。

[150] 参见同上引注，第655页。

[151] Stuntz，前引注[124]，第982页。

[152] Leo & White，前引注[54]，第469页。

[153] Id. 利奥和怀特教授对戴维·西蒙的观点表示了认同，后者认为"那些职业犯罪分子经常什么都不说"，利奥和怀特补充说："既不进行不在犯罪现场的抗辩，也不作任何解释，也没有任何沮丧的表现或者明确了当地否认自己涉嫌被指控的犯罪。"参见 Simon，前引注[100]，第198页。

[154] Leo & White，前引注[54]，第469页。

[155] Yale Kamisar, "Miranda Thirty-Five Years Later: A Close Look at the Majority and Dissenting Opinions in Dickerson", 33 *Ariz. St. L. J.* 387, 389 (2001). 我发现，克鲁克诉加利福尼亚州（Crooker v. California [1958]）一案的判决似乎对我所持的到20世纪60年代中期，正当程序——自愿性标准已经发展到了警察在拒绝犯罪嫌疑人与律师联系的要求后，对其继续审讯所获得供述即具"强制性"或"非自愿性"的程度这一观点形成了反驳。但是，在海恩斯诉华盛顿州（Haynes v. Washington [1963]）案中，在对被告人关于其供述受"强制性"审讯的产物表示支持时，联邦最高法院特别指出了犯罪嫌疑人曾经数次要求警察允许其打电话给妻子，但警察却告诉犯罪嫌疑人只有认罪之后才能与其妻子联系的事实。重复拒绝犯罪嫌疑人联系律师的要求，比多次拒绝与其配偶联系的要求似乎更为突出了隔离羁押的威胁性。因此，我相信人们无法在海恩斯案和克鲁克案之间找到一致的地方。但克拉克大法官并不这样认为，他代表联邦最高法院撰写了克鲁克案的判决书，但却在海恩斯案中提交了一份充满愤怒的反对意见。

在米兰达规则被废除后，被羁押的犯罪嫌疑人是否有权终止警察的审讯是由此引发的众多问题之一。例如，不要求警察对犯罪嫌疑人进行任何警告(156)并不意味着被羁押的犯罪嫌疑人不能主动地向警察询问自己有什么权利(如果犯罪嫌疑人多年来一直观看侦查人员都怎么做的电视节目，这一点都不令人奇怪)。

假设被羁押的犯罪嫌疑人问警察，在其回答问题之前警察是否可以(或者将)阻止其与律师进行联系，警察将怎么回答？他能说他将阻止而不影响供述的可采性吗？

或者假设被羁押的犯罪嫌疑人问警察是否其不得不回答，或者问警察是否有报复其的权利，那么，警察又将怎么回答？(非常谨慎)一个好的设想是，供述可采性标准随着米兰达规则的实施而进化，“自愿性”标准将禁止任何因警察对犯罪嫌疑人说他必须回答提问，或者警察有对其进行报复所获得供述的可采性。

在埃斯科贝多案的反对意见中(在米兰达案判决中同样持反对意见)，怀特法官承认，在正当程序/自愿性标准下，如果犯罪嫌疑人“被告知其必须回答警察的提问并且不知道更好的选择，那么据此获得的认罪是否可以用作指控被告人的证据就大有疑问”(157)。十年之后，约瑟夫·格拉诺(Joseph Grano)教授，那个时代米兰达规则批判者中最为知名的一位，对此甚至比怀特法官反应更为强烈，他说：因为警察“在法定权利的性质和范围上不可以欺骗被告人”，“告诉犯罪嫌疑人他们有义务回答警察的提问违反了正当程序的要求……”(158)

---

(156) 尽管在废除米兰达规则之后不再要求警察对犯罪嫌疑人进行任何警告，但是一些警察局(也许许多)可能会继续告知犯罪嫌疑人他们所享有的权利，因为“即使没有了米兰达规则，在确定犯罪嫌疑人供述是否自愿时，一个重要的因素仍然会是否对其进行了权利警告”。参见 Jeorld H. Israel, “Criminal Procedure, The Burger Court, and the Legacy of the Warren Court”, 75 *Mich. L. Rev.* 1320, 1386 n. 283 (1977)。但情况显然与米兰达规则存在期间不同，警察们可能会使用一些更为简洁或含糊的用语。如果这样，就有可能导致全面的混乱。

伊兹瑞尔教授的观点是正确的，他认为即使米兰达规则被废除了，被羁押的犯罪嫌疑人是否被告知其权利仍然是确定其供述是否具有可采性的重要因素，在为戴维斯诉北卡罗来纳州一案撰写的判决意见中，首席大法官沃伦认为：

> 因为米兰达规则已经要求，如果未告知犯罪嫌疑人有保持沉默或在审讯之前与其律师联系的权利，这是考虑犯罪嫌疑人此后的供述是否基于自愿时的重要因素。这是我们在此前的一些与供述的自愿性标准相关的判决中已经确认的要素。

参见 Davis v. North Carolina, 384 U. S. 737, 740-41 (1966) (emphasis added)。

(157) 378 U. S. at 499 (怀特大法官持反对意见，克拉克大法官、斯图尔特大法官附议)。

(158) Grano，前引注(121)，第 114 页。

如果没有米兰达规则的话,联邦最高法院可能会允许警察以"我不能回答这个问题"或"我不能回答你的任何问题"的方式来回答犯罪嫌疑人的提问。对此,我们并不确定,也许我们唯一可以相信的是米兰达规则被废除将引发众多的混乱和不确定——这种混乱和不确定甚至要远甚于米兰达规则确立之初。

当然,避免混乱并非我坚持米兰达规则的唯一原因,或主要原因。正如利奥教授曾经指出的那样:

> 米兰达规则已经显露出一种对警察行为进行教化的效果,并使美国的警察审讯程序变得职业化……米兰达案判决已经通过重构警察谈论和思考羁押审讯程序的方式,改变了美国的警察侦查文化——包括这个群体共享的规范、价值和态度……

> 在现代警务中,米兰达规则成了人们评价和判断一个审讯人员的道德和法律标准……事实上,今天所有警察和侦查人员对所有法律中最为熟悉的就是米兰达规则。[159]

尽管一个被羁押的犯罪嫌疑人清楚地知道自己的权利,但是正如舒尔霍夫教授指出的那样,他还需要知道"警察是否知道并是否准备尊重他的这些权利"[160]。

对许多人来说,"米兰达规则也许似乎只是一个符号"[161]。但是,我还是要再次引用舒尔霍夫的话,他说"作为刑事程序保障的符号性效果是重要的,他们构成了我们社会对在一个情绪容易失控的世界里自我克制的承诺"[162]。即使是在批评米兰达规则的标志性判决中,他们也承认,米兰达规则可以被视为一个"政府愿意将那些地位卑微的对手视为值得尊重和考虑的问题的象征"[163]。

---

[159] Leo,第670—671页。2006年4月22日的周末晚上,在哈佛大学法学院举行的一次刑事程序研讨会上,当一个小组将米兰达规则的意义说得一无是处时,一名旁听律师(事后才知这是位级别相当之高的司法部律师)讲述了这样一个故事:在2000年迪克森诉美国(Dickerson v. United States)案的调卷令被批准之后,一群司法部的律师聚在一起讨论是要捍卫米兰达规则的宪法性地位,还是为后来被最终确定无效的反对米兰达的成文法的合宪性辩护。

在讨论中,几名曾经在南部做过检察官或辩护律师的司法部律师即呼吁他们的同事们捍卫米兰达规则的宪法性地位。我记得当时这位旁听的司法部律师告诉我们,这些司法部的律师强调"在黑人犯罪嫌疑人与南部警察的压迫性审讯策略之间,唯一的防卫措施就是米兰达规则"。

因为在哈佛会议上发言的此君后来告诉我其不愿意透露自己的身份,所以我必须尊重此君(但我还是很难理解,一个在公共会议上公开发言的人会期待匿名)。当时与会的杰勒德•林奇(Gerard Lynch)法官、利奥教授、乔治•托马斯教授告诉我,他们对于不愿透露姓名的那位司法部律师的观点与我的意见一致。

[160] Schulhofer,前引注[34],第447页。
[161] 同上引注,第460页。
[162] 同上引注。
[163] Caplan,前引注[29],第1471页。

当然，废除米兰达规则也将会是一个象征，"一个传达警察可以无视犯罪嫌疑人宪法权利的信息的象征，并由此引发对美国警察的不信任和愤恨的浪潮"[164]。

我相信，出于对其同事——弗雷德·英博（Fred Inbau），这位多年来警察审讯界最为杰出的教授的尊敬，罗纳德·艾伦（Ronald J. Allen）教授认为英博教授并未明确表示要推翻米兰达规则，而是担心"（如果）推翻米兰达规则将成为另一个标志，也就是说警察将（侦查破案）所有赌注都押在审讯上，从而使美国的警察审讯工作回到'三级审讯'（即刑讯逼供）合法化的年代"[165]。

在本节，我以一系列的设问开始，包括"米兰达规则改善了什么"，也许一个更为合适的问题应该是，"在今天这个时间点上，废除米兰达规则将改善什么（以及带来怎样的危害）？"

## 第五节　威廉·伦奎斯特和米兰达规则[166]

甚至在入主联邦最高法院之前，伦奎斯特即已明确地表达了其对米兰达规则的反感。1969 年的 4 月 1 日，当其作为负责法律顾问办公室的总检察长助理还不到 90 天的时候，他就给时任副总检察长的约翰·迪恩送交了一份备忘录。在备忘录中，其即认为有"有理由相信"沃伦法院在"正义的天平"上过于

---

[164] Leo，前引注[107]，第 680 页。我同意利奥教授认为即使不再要求警察在审讯时进行米兰达警告，但犯罪嫌疑人仍然有其宪法上权利的观点。早在米兰达案判决前三年的海恩斯诉华盛顿州（373 U. S. 503, 511 [1963]）案中，联邦最高法院即指出，被告人未被告知其"有保持沉默的权利"或"向其律师咨询的权利"。1949 年，弗兰克福特大法官，同一工判决的三起与供述相关的案件的多数意见执笔者曾指出，其中一起案件的被告人"未被告知其宪法权利"，沃茨诉印第安纳州（Watts v. Indiana, 338 U. S. 49, 53 [1949]）。在当时的语境下，这只意味着被告人有保持沉默和获得律师帮助的权利。在另外一份著名的判决意见中，杰克逊大法官指出，当时被提交到联邦最高法院的三起供述案件中，有一个因素非常突出："犯罪嫌疑人既没有，也未被告知其有获得律师帮助的权利。"Watts，同前引注，第 59 页。（杰克逊大法官最后投了反对票）。

[165] Ronald J. Allen, "Tribute to Fred Inbau", 89 *J. Crim. L. & Criminology* 1271, 1273 (1999).

[166] 此节相关论述节选自 Yale Kamisar, "Dickerson v. United States: The Case that Disappointed Miranda's Critics—and then Its Supporters", in *The Rehnquist Legacy* 106 (Craig Bradley ed. 2006). 还可参见 Yale Kamisar, "Miranda's Reprieve: How Rehnquist Spared the Landmark Confession Case, but Weakened Its Impact", *ABA Journal*, June, 2006, p. 48.

偏向犯罪嫌疑人,并建议总统任命一个全国委员会,以"确定执法行为中高于一切的公共利益是否需要一个宪法修正案"。⑯尽管伦奎斯特对最近一系列案判决都表示不满,但是他最为猛烈的攻击对准的还是米兰达规则。

一方面,他说:"联邦最高法院现在的立场是,除非警察在审讯时已经对犯罪嫌疑人进行了很可能阻止犯罪嫌疑人作出任何陈述的详细的权利警告,否则,那些相关、适格、未受强制的陈述仍然不具有可采性。"⑱但是,另一方面伦奎斯特又和其他那些对米兰达规则的批评者一样抱怨说:"我认为那些贫穷的、地位低下的被告人应当和那些富有的、出身良好的被告人一样适当地意识到自己的罪责",然而联邦最高法院"毫无疑问在定罪之路上设置了额外的障碍。"⑲

由于总检察长约翰·米切尔(John Mitchell)无法确定尼克松政府是否能够如伦奎斯特预期的那样控制其所建议的全国委员会,所以伦奎斯特的备忘录不了了之。然而,他肯定很好地意识到了伦奎斯特和尼克松政府很可能和其有着一样的认识(三年之后,米切尔为伦奎斯特进入联邦最高法院提供了强有力的支持)。

国会同样对米兰达规则相当反感,在伦奎斯特就米兰达规则提交备忘录前一年,愤怒的国会即制定了一个意在推翻米兰达规则,以将"自愿性"及"总体情况"恢复为联邦刑事诉讼中供述可采性唯一标准的成文法条文(即《美国法典》第18篇第3501条)。⑳但是,大部分研究者都认为该成文法违宪。㉑然而,1969年6月,也就是伦奎斯特提交其反米兰达规则备忘录后两个月,总检察长米切尔授权向全体美国律师协会成员发送了一份要求全体律师支持第3501条合宪性的备忘录。㉒

现在还不清楚的是,当时究竟是谁起草了那份备忘录。但是,基于伦奎斯特当时在司法部的地位,及其早期对米兰达规则尖锐批评的备忘录,伦奎斯特似乎

---

⑯ (1969年4月1日)负责法律顾问办公室的总检察长助理威廉·伦奎斯特给副总检察长约翰·W.迪恩三世(John W. Dean III)的备忘录(以下简称 Rehnquist Memorandum),第2页。该备忘录被标记为"政府机密",迪恩说"要把它封锁许多年"。参见 John W. Dean, *The Rehnquist Choice* 268 (2001). 感谢田纳西大学法学院托马斯·W. 戴维斯(Thomas W. Davies)教授为我提供了该备忘录的复印件。

⑱ Rehnquist Memorandum,前引注⑯,第5页。

⑲ 同上引注。

⑳ 参见 Yale Kamisar, "Can (Did) Congress 'Overrule' Miranda?", 85 *Cornell L. Rev.* 883 (2000).

㉑ 许多年之后,在一份7:2多数意见的判决中,联邦最高法院明确该成文法违宪。参见 Dickerson v. United States, 530 U. S. 428 (2000).

㉒ Memorandum from the Department of Justice to the United States Attorneys (June 11, 1969), 5 *Crim. L. Rep.* (BNA) 2350 (1969)(以下简称 DOJ Memorandum)。

是当然的人选。

司法部备忘录强调（正如伦奎斯特法官五年之后在密歇根州诉塔克案［Michigan v. Tucker］⑬的判决意见一样）联邦最高法院在米兰达案判决中承认，宪法并不要求对审讯过程所固有的强制性提供任何特别的解决方案，只要遵守"一些能够阻止审讯固有的强制性对犯罪嫌疑人宪法权利造成危害的保障机制"⑭。因此，在司法部备忘录之后，米兰达警告"自身在宪法上不再具有绝对的地位"。⑮

但是，备忘录在这一点上相当令人误解，在另有一系列的程序性保障，另有一个保护被羁押的犯罪嫌疑人在接受审讯时不因审讯所固有的强制性而权利受侵害的体制（也许是对警察审讯过程进行录音录像或一种修正后的警告模式）可以成为一种合适的替代的意义上，米兰达警告在"宪法上就不是绝对的要求"了，这一点相当容易让人误解。但是，在缺乏另外的程序性保障的情况下，米兰达警告就是必要的。

不幸的是，第 3501 条并未为米兰达规则规定合适的替代机制，国会在通过该法时只是以过去的"自愿性标准"——一个联邦最高法院在米兰达案中就已经发现的令人痛苦、含义模糊的标准来替代米兰达规则。

无论是否是同一个人，1969 年司法部备忘录的起草者和（贬抑米兰达规则的）1974 年密歇根州诉塔克案判决书的撰写者都忽视了米兰达案判决中一些关键性的表达：

> 除非我们已经知道，其他的程序至少在让被追诉者知晓其有保持沉默的权利及保障其在随后的程序中有行使该权利的机会方面，和我们在本案中确立的规则一样有效，下述保障（即米兰达警告）就必须被注意到……
>
> ……宪法并不要求为羁押审讯中的犯罪嫌疑人的不受强迫自证其罪特权提供任何特别的成文法程序……只要这些程序和前述米兰达警告在让被追诉者知晓其有保持沉默的权利及保障其在随后的程序中有

---

⑬ 417 U. S. 433 (1974).
⑭ DOJ Memorandum，前引注⑫，第 2351 页。
⑮ 同上引注，第 2351—2352 页。

行使该权利的机会方面一样全面而有效。⑯

联邦最高法院在塔克案判决中允许控方提出通过一个未得到完整米兰达警告的被告人供述而发现的证人证言。以塔克案判决为根据的案件之一是纽约州诉夸尔斯案⑰（另一个由伦奎斯特大法官撰写的判决意见），在该案中确立了米兰达警告的"公共安全例外"，认为犯罪嫌疑人对追击其进入超市的警察的提问回答"枪在那儿"，以及据此找到的枪支具有可采性。另外一个以塔克案判决为根据的是俄勒冈州诉埃尔斯塔德案⑱（该案的判决意见由桑德拉·戴·奥康纳大法官撰写），该案判决认为，警察在未对犯罪嫌疑人进行米兰达警告即对其进行审讯的事实并不禁止警察此后在另外一个地方履行米兰达警告义务后所获供述的可采性，因为，这一次，警察确实遵守了米兰达规则。

塔克案及此后以之为根据的一些案件的判决结果使得一些对米兰达规则持批评意见者希望哪天联邦最高法院会推翻米兰达规则，进而坚持《美国法典》第3501条的合宪性。但是，联邦最高法院并没这样做。

相反，首席大法官伦奎斯特在迪克森诉美国案中⑲作出了令人吃惊的转向。由其撰写的判决意见坚决地否定了反米兰达规则的条款，理由是"国会不能以立法的方式推翻联邦最高法院对宪法的解释和运用"⑳。

伦奎斯特承认，在联邦最高法院的一些判决意见中确实有支持认为米兰达规则所宣告的保护并非宪法性要求的用语——如其自己在塔克案和夸尔斯案中对米兰达规则的评论㉑一样——然后迅速地转变了话题。我怀疑联邦最高法院历史上是否有哪个法官曾经更为迅速和淡然地推翻了自己的判决中的多数意见。

---

⑯ Miranda, 384 U. S. at 467, 490.
⑰ 467 U. S. 649 (1984).
⑱ 470 U. S. 298 (1985), 相关讨论可参见前引注㉚—㉟及相关文献。
⑲ 530 U. S. 428 (2000).
⑳ 同上引注，第437页。只有斯卡利亚大法官和托马斯大法官持反对意见。
㉑ 参见上引注，第436—437页。

## 第六节　为什么伦奎斯特会投票赞成米兰达规则的宪法性地位

在伦奎斯特撰写完塔克案判决意见之后，似乎确立了其推翻米兰达规则的基础（或者说表达了其对废除米兰达规则的《美国法典》第 3501 条的支持）时，为什么他却在 2000 年的迪克森案中以自己的行动挽救了这些年来饱受批评的米兰达规则？与此相关的解释非常之多。

有一种解释是，首席大法官伦奎斯特决定赞同多数意见，这样他就可以撰写判决意见而不是让约翰·保罗·斯蒂文斯（John Paul Stevens），可能是当时联邦最高法院中米兰达规则最为强力的拥护者，来撰写（根据美国联邦最高法院的惯例，当首席大法官是反对意见者时，通常由多数意见中的年长者来撰写判决意见，而当时多数意见中的年长者即为斯蒂文斯）。持这一观点者大多怀疑如果当时的情形是 4∶4，而不是现在的 6∶2 的话，伦奎斯特是否还会投赞成票。当然，除此之外，就是伦奎斯特在迪克森案中的行为还有一些其他的原因。

首先，伦奎斯特也许将迪克森案作为联邦最高法院保持对国会的权力的一个机会，"保护自己的领地"⑫，他也许将国会通过第 3501 条视为对联邦最高法院的挑战。"如果说有哪届联邦最高法院回击了国会的挑战，"迈克尔·多尔夫（Michael Dorf）和巴里（Barry）教授认为，"这就是一次"。⑬

其次，也有人认为首席大法官也许担心（正如一些米兰达规则的强力批评者们一样）⑭警察会将废除米兰达规则视为他们可以回到警察审讯过去的"好时光"之信号。

---

⑫ 参见 Craig Bradley, "Behind the Dickerson Decision", 36 *Trial* 80 (Oct. 2000)。
⑬ Michael C. Dorf & Barry Friedman, "Shared Constitutional Interpretation", 2001 *Sup. Ct. Rev.* 61, 72.
⑭ 参前引注⑯及相关文献。

因此，伦奎斯特也许认为最好的结果就是妥协。一方面再次确认米兰达规则的宪法性地位（因此宣告旨在废除米兰达规则的成文法无效），但是另一方面保留自20世纪60年代末沃伦法院解散以来已经得到认可的适用限制和例外。但是，为什么，在早期联邦最高法院法官职业生涯中作为米兰达规则严厉批评者的伦奎斯特，会在迪克森案中倾向妥协？也许是因为他对作为联邦最高法院大法官日益增长的领导角色的兴趣，而不是在做助理法官时那样躲躲闪闪。也可能是他就在2000年忽然得出了废除这一美国刑事程序史上最为著名的判例可能产生的弊要大于利的结论。

第一，米兰达规则判例发展的35年历史也许早该擦去。在米兰达案判决后的34年里，联邦最高法院已经判决了接近60个与米兰达规则相关的案件，在米兰达规则已经被各种各样的限制和条件大幅削弱，警察已经可以在这个规则之下活动自如的时候，为什么还要将这些判例法通通擦去？

第二，正如前文所充分讨论的那样[15]，推翻米兰达规则——重拾古老的、变动不居的"自愿性标准"——也许将给美国的刑事司法带来巨大的混乱（并为联邦最高法院带来大量的工作）。

## 第七节　为什么虽然米兰达规则的宪法性得到了再次确认，最近却仍然遭受严厉的攻击

正如前文已经指出的，早在迪克森案件之前，联邦最高法院通过创制各种各样的例外实现了对沃伦法院创立的米兰达规则的替代。例如，伯格法院和伦奎斯特法院认为，传统上适用于非法搜查案件的"禁食毒树之果"原则并不适用于警察未进行米兰达警告[16]，并根据犯罪嫌疑人供述获得证据的情形。更大程度上，这些"前迪克森"案件是建立在认为违反米兰达规则与违反联邦宪法第四修正案不同、并非宪法意义上的违法行为这一前提之上，因此不值得以"禁食毒树

---

[15] 参见前引注[151]—[155]及相关文献。
[16] 参见前引注[91]—[95]及相关文献。

之果"原则来进行规制。

伯格法院和伦奎斯特法院时期为米兰达规则确立的例外大部分都是建立在米兰达案判决并非真正意义上的宪法性判决这一基础之上的。民权自由主义者们希望,在迪克森案之后这些例外应不再被视为"良法"。但是,联邦最高法院现在已经澄清,其在迪克森案中再次确认的并非1966年那个凭空而生的米兰达规则,而是米兰达案判决和后沃伦法院时期确立的、已经"凝结在时间中"的所有例外。

就在迪克森案判决复兴了米兰达规则的宪法性地位后不久,美国诉帕塔内案(United States v. Patane)⑱上诉到了联邦最高法院。在该案中,警察在未履行米兰达警告义务的情况下对帕塔内就其是否拥有一支手枪的问题进行了审讯,帕塔内告诉了侦查人员该支手枪的下落,侦查人员据此很快找到了该手枪。根据前迪克森时期的判例,联邦最高法院认为帕塔内的供述并不具有可采性,但是认为该手枪作为证据是可采的。联邦最高法院的多数意见似乎忘记了这样一个事实,就在几年前该院曾经在判决中认为,米兰达案判决"宣告了一个宪法性规则"⑲,如果真是这样,为什么"禁食毒树之果"原则在米兰达规则下的适用性就要低于搜查扣押案件中的证据排除规则?

尼采曾经指出,最常见的愚蠢是忘记自己想要做什么。在米兰达案中的联邦最高法院想做的事情之一是让警察不再使用那些他们惯用的(强制性)、意在强迫犯罪嫌疑人作出归罪性供述的审讯方法。在这些旧的审讯方法中,警察认为他们有就犯罪嫌疑人的脱罪性辩解进行报复的权力。而现在为我们所熟知的米兰达警告旨在消除旧有审讯方法对人们的误导。如果我们只是将那些违反米兰达警告所获得的归罪性供述排除,而同时允许根据这些供述所获得的其他证据使用的话,我们又怎能期待(或即使是希望)这样的规则能够消除警察继续采

---

⑱ 542 U.S. 630 (2004).有关帕塔内案及其姐妹案密苏里州诉塞伯特案(Missouri v. Seibert, 542 U.S. 600 [2004]),更为详细的论述可以参见 Yale Kamisar, "Postscript: Another Look at Patane and Seibert, the 2004 'Poisoned Fruit' Cases," 2 *Ohio St. J. Crim. L.* 97 (2004); William T. Pizzi & Morris B. Hoffman, "Taking Miranda's Pulse," 58 *Vand. L. Rev.* 813 (2005).

⑲ 参见迪克森诉美国案(530 U.S. at 428, 437 [2000])("本案……讨论的主题是,在米兰达案中联邦最高法院究竟是宣告了一项宪法性规则,还是只是行使了其监督权,以对在缺乏明确的成文法指引的情况下对证据的运用进行规范").

取前米兰达时期的审讯方法的内在动机?⑱

帕塔内案的多数意见由托马斯法官——迪克森案中两个反对意见者之一撰写,正如德雷斯勒和迈克尔斯教授的描述那样:

> 托马斯大法官发表了一份视迪克森案判决几乎不存在的判决意见。托马斯以"前迪克森"时期的语言,将米兰达规则描述为"用来保护犯罪嫌疑人的不受强迫自证其罪特权不受侵犯的预防性规则"。另外,托马斯法官引用埃尔斯塔德案的判决意见认为预防性规则,包括米兰达规则,"必须被排除在对反对自我归罪条款的实际保护之外"。⑲

斯卡利亚大法官在帕塔内案中持与托马斯相同的意见,这在我们的意料之中,因为他也是迪克森案判决的反对意见者之一。但是,令人吃惊的是,首席大法官伦奎斯特,其在迪克森案中系多数意见者,却在帕塔内案中与托马斯法官站在了一起,似乎全然忘记了其在迪克森案中的判决意见。⑳

---

⑱ 我是不是忘记了帕塔内案的姐妹案——密苏里州诉塞伯特案(542 U.S. 600 [2004])? 我想,我没忘记。在塞伯特案中,法院以 5:4 的多数意见排除了犯罪嫌疑人的二次供述——即警察有意使用"二阶段审讯法",以规避米兰达警告所获得的供述。但必须注意的是,本案法庭之所以认定该"二次供述"不具有可采性是一个非常特别情形下的结果。例如警察在出庭作证时承认他曾经接受过类似的审讯策略训练,他有意在第一阶段审讯中不对犯罪嫌疑人进行米兰达警告,最终获得并被采纳为证据的犯罪嫌疑人供述(即第二阶段,在对犯罪嫌疑人进行了米兰达警告之后所获得的二次供述)很大一部分是对第一阶段供述的重复。在审讯实践上,帕塔内案代表了警察审讯的一般规律,而法庭将二次供述予以排除的做法则是一种少有的例外。

安东尼·肯尼迪(Anthony Kennedy)大法官在塞伯特案中投了决定性的一票,虽然他对判决投了同意票,但是其对迪克森一案的认同度并不比其对帕塔内案要高。在塞伯特案中,他对埃尔斯塔德案判决进行了评论,认为该案的判决论证是正确的,"反映了一个平衡的、务实的米兰达警告实践模式"。我想,确切地说,肯尼迪的意思是,在通常情形下,类似的"二次供述"应当是可采的。

正如我在其他地方(Kamisar,前引注⑱,第 108 页)所说过的那样,

> 在塞伯特案中,警察对米兰达规则的无视如此明目张胆,法庭本应以 8:1 或 7:2 的多数支持被告人关于其"二次供述"应予排除的动议才不会让人惊讶。但是,事实上是,在这样极端无视米兰达规则的事实之下,法庭也仅依靠肯尼迪大法官颇为勉强的赞成票才以 5:4 的微弱优势判决被告人的"二次供述"不具有可采性,这正是米兰达规则的地位跌落到低点的重要证据。

⑲ Joshua Dressler & Alan C. Michaels, *Understanding Criminal Procedure* 520 (4th ed. 2006).

⑳ 对首席大法官伦奎斯特法官在帕塔内案中令人吃惊的行为(说令人吃惊是因为其在迪克森案中的意见与其在塔克[Tucker]案的立场相左,而其帕塔内案的意见又与其在迪克森案的立场相左)也许可以从大法官的一位前助手的解释中得到很好的回答。R. 特德·克鲁兹(R. Ted Cruz)(现任得克萨斯州司法部副部长)在伦奎斯特去世后不久撰写的一份献给其的纪念性文章《缅怀威廉·伦奎斯特》(119 Har. L. Rev. 10,14-15 [2005])中说,(在迪克森案中)伦奎斯特决定投多数票是因为这样他就可以亲自撰写判决意见,而不是让约翰·保罗·斯蒂文斯(John Paul Stevens)大法官来操刀。而史蒂文斯可能会突出强调米兰达规则的宪法性地位,而这是伦奎斯特所不愿意看到的。在伦奎斯特撰写迪克森案的判决意见时,他竭力不去否定米兰达规则作为"预防性规则"的性质,而这恰恰是史蒂文斯法官很可能要做的。而且,虽然伦奎斯特判决认为国会以成文法(第 3501 条)的形式推翻米兰达规则的行为无效,但其并未详细阐明为什么,其在判决中满怀深意地说"别问为什么该成文法违宪,并请永远,永远,永远不要出于任何理由而援引本案的判决意见"。

但是,在帕塔内案中,托马斯大法官却出于某个理由——认为迪克森案判决是建立在此前确立的米兰达规则的例外的基础之上,"从而证明这些判决的继续有效"而援引了迪克森案的判决。

帕塔内案间接确证了唐纳德·德里普斯(Donald Dripps)关于迪克森案的判决意见只是"一种以退为进的策略,为的是使限制米兰达规则的意见继续得以有效的意见取得更为多数的支持"。[19]

正如迪克森案所表明的那样,联邦最高法院的多数人并不希望推翻米兰达规则(也不愿意让国会将之推翻)。但是,正如帕塔内案所表明的那样,联邦最高法院的大多数法官也不愿意认真地对待米兰达规则。这是个令人悲哀的现实——米兰达案判决至今已经四十年了。

---

[19] Donald A. Dripps, "Constitutional Theory for Criminal Procedure: Miranda, Dickerson, and the Continuing Quest for Broad-But-Shallow", 43 *Wm. & Mary L. Rev.* 1, 3 (2001).

# 第五章　警察的手是不是还被铐着
## ——米兰达规则妨碍警察执法效果的经验性证据之五十年回顾[*]

保罗·G.卡塞尔[**] & 理查德·福尔斯[***]

引言
第一节　米兰达规则对警察执法效果的影响评估
第二节　以破案率作为衡量米兰达规则对供述率影响的间接方式
第三节　模型设定问题：对约翰·多诺霍模型设定的进一步分析
第四节　数据收集问题：对弗洛伊德·菲尼的回应
第五节　为什么说破案率必然低估米兰达规则的成本
第六节　因果关系问题：破案率下降应归咎于米兰达规则
第七节　改革中的米兰达规则
结论

---

[*] Paul G. Cassell & Richard Fowles,"Still Handcuffing the Cops? A Review of Fifty Years of Empirical Evidence of Miranda's Harmful Effects on Law Enforcement", 97 *Boston University Law Review* 685 (2017).

感谢阿尔·阿尔舒勒(Al Alschuler)、希玛·巴拉达兰·鲍曼(Shima Baradaran Baughman)、帕特里希娅·卡塞尔(Patricia Cassell)、唐·德里普斯(Don Dripps)、杰弗里·费根(Jeffrey Fagan)、阿莫斯·吉奥拉(Amos Guiora)、苏珊·赫尔曼(Susan Herman)、卡丽萨·赫西克(Carissa Hessick)、凯茜·黄(Cathy Hwang)、耶鲁·卡米萨(Yale Kamisar)、保罗·莱金(Paul Larkin)、韦恩·洛根(Wayne Logan)、特雷西·麦克林(Tracey Maclin)、丹尼尔·纳金(Daniel Nagin)、迈克·拉帕波特(Mike Rappaport)、克里斯·斯洛博金(Chris Slobogin)、乔治·托马斯(George Thomas)、查尔斯·魏塞尔贝格(Charles Weisselberg)、马文·扎尔曼(Marvin Zalman)以及在犹他大学S.J.昆尼法学院、波士顿大学法学院和北肯塔基大学蔡斯法学院的讨论会参与者们对本文给予的有益意见。本文是一项合作研究的成果，卡塞尔主要负责数据收集和法律分析，而福尔斯主要负责统计分析。图书馆员李·沃森(Lee Warthen)和费利西蒂·墨菲(Felicity Murphy)、平面设计师达娜·威尔逊(Dana Wilson)，以及研究助理埃米丽·卡塞尔(Emily Cassell)、昌西·伯德(Chauncey Bird)、扎克·威廉姆斯(Zach Williams)和克里斯托弗·米切尔(Christopher Mitchell)对这个项目的成功也至关重要。还要感谢犹他大学研究委员会以及阿尔伯特和伊莱恩·博查德(Albert and Elaine Borchard)卓越教师基金提供的财政支持。

这篇文章大量借鉴了作者过去的文章，特别是 Paul G. Cassell & Richard Fowles, "Handcuffing the Cops? A Thirty-Year Perspective on Miranda's Harmful Effects on Law Enforcement", 50 *Stan. L. Rev.* 1055, 1059-60（1998）; Paul G. Cassell, "Miranda's 'Negligible' Effect on Law Enforcement: Some Skeptical Observations", 20 *Harv. J. L. & Pub. Pol'y* 327, 331 (1997)。

[**] 犹他大学S.J.昆尼法学院罗纳德·N.博伊斯(Ronald N. Boyce)首席刑事法学教授和大学杰出法学教授。

[***] 犹他大学经济学系教授。

> "本院的这一判决……将给这个国家带来严重的危害后果。而这些后果究竟有多严重,也许只有时间才能告诉我们……犯罪的社会代价太大,这一新规则就是一场危险的实验。"
>
> ——米兰达诉亚利桑那州案(哈伦大法官的反对意见)
>
> "当我们站远一些,一些事情会变得更为清楚。"
>
> ——蓝色少女合唱团:《没关系》\*

# 引言

米兰达诉亚利桑那州案①判决五十周年为我们提供了一个对该判决在实践中究竟发挥了什么样的作用,特别是,对其是否妨碍了警察的执法效果进行评价的机会。在联邦最高法院作出该判决的当天,四名持反对意见的大法官们即预言,为此将付出降低警察打击犯罪效果的代价。在反对意见中,哈伦大法官警告说,该判决将带来社会代价,而这一代价的大小"只有时间才能告诉我们"。② 怀特大法官也在反对意见中预言:"在不知道多少案件中,本院的这一裁决将让杀人犯、强奸犯或者其他犯罪分子逍遥法外,重新回到制造了他们的环境中去,随心所欲地重复他们的犯罪行径。"③

从那时候起,米兰达警告及相关程序就"成了我们国家文化的一部分"。④ 但是,其对执法效果带来了哪些实际影响?在这篇文章中,我们将利用自米兰达案

---

\* 蓝色少女合唱团,指美国民间摇滚乐团 Indigo Girls。《没关系》("It's All Right")系1997年录制的专辑 *On Shaming of Sun*(《愧对太阳》)中的一首歌。

① 384 U. S. 436, 471 (1966).

② 同上引注,第504页。(哈伦大法官的反对意见)。

③ 同上引注,第542页。(怀特大法官的反对意见)。

④ 迪克森诉美国(Dickerson v. United States, 530 U. S. 428, 443 [2000]); accord Tracey Maclin, The Right to Silence v. The Fifth Amendment, 2016 U. Chi. L. F. 255, 256 (discussing entrenchment of the Miranda decision).

判决以来——至此大约五十年多一点的时间——的数据来看看是否造成了持反对意见的大法官们所预言的危害后果。特别是，我们调查了所有能够获得的经验性证据。我们收集了米兰达案判决之时起的犯罪嫌疑人供述率数据，对米兰达案判决是否导致了供述率下降进行评估。我们还对联邦调查局（FBI）所公布的全美破案率数据进行分析，以对警察破案能力所发生的变化进行解释。相对于我们1998年首次发表的研究成果⑤，在这篇文章中，我们运用了更多的数据和更新的统计技术，从而对米兰达规则是否"铐着警察的双手"进行更为全面的评估。

我们在本文中主要关注的是定量问题。许多学者根据他们对米兰达案判决以来相关学说发展的理解，对米兰达规则对执法效果的影响给出了各自的定量评估结论。从这些定量结论总体上看，米兰达规则并未妨碍警察执法效果。⑥ 但是，如果可能的话，这一问题最好还是使用定量来进行评估的。

本文共分八个部分。在第一部分中，我们介绍了米兰达规则对执法效果的影响的几种不同评估模式。就理想的角度而言，这一问题的解决最好是通过对米兰达案判决以来犯罪嫌疑人的供述率是否下降的评估来进行。有限的可用证据表明，供述率确实下降了。但是供述率数据，特别是最近几年的数据非常有限，因此必须对米兰达规则的其他影响进行分析。

文章的第二部分，我们解释了为什么破案率数据是评价米兰达规则对警察执法效果的长期影响的次优选择。特别是，我们在对除了米兰达规则之外的其他可能影响破案率变化的因素进行控制之后，对1950年至2012年间破案率进行回归分析得出的结果。甚至在对相关因素进行控制之后，我们发现，米兰达案判决之后，暴力犯罪和财产犯罪，以及抢劫、偷窃、机动车盗窃等类案件的破案率下降与米兰达规则之间具有统计学意义上的显著相关性。我们还就由于米兰达规则导致的破案数量下降得出了具体的量化结论。

文章的第三部分，我们利用统计模型的最新发展对那些认为"米兰达规则的影响"取决于研究者纳入或者排除在回归分析方程之中的变量之批评（约翰·多诺霍[John Donohue]⑦和其他一些研究者提出的观点）进行了回应。根据贝叶斯

---

⑤ Paul G. Cassell & Richard Fowles, "Handcuffing the Cops? A Thirty-Year Perspective on Miranda's Harmful Effects on Law Enforcement", 50 *Stan. L. Rev.* 1055, 1059-60 (1998).

⑥ 参见 George C. Thomas III, "Miranda's Spider Web", 97 *B.U. L. Rev.* 1215, 1233(2017) ("我越想越认为，在本案法院对米兰达规则的解释下，我们已经实现了警察审讯制度的涅槃")。

⑦ John J. Donohue III, "Did Miranda Diminish Police Effectiveness?", 50 *Stan. L. Rev.* 1147, 1157-71 (1998).

平均模型（Bayesian model averaging），我们认为，我们的研究结果不仅整体上符合模型规格，而且非常具有解释力。事实上，我们可以运用多诺霍的回归模型规格对我们最为重要的一些结论进行重复检验。

文章的第四部分，我们对那些认为米兰达案判决之后破案率的下降，是记录保存或者其他类似因素导致的某种类型的统计性伪问题的观点（弗洛伊德·菲尼[Floyd Feeney][8]提出的）进行了回应。在此，我们不仅对全国性数据，还对全美一些最大城市和加利福尼亚州的数据进行了分析。确切地说，所有这些来源的数据都倾向于证明我们的假设，即米兰达规则妨碍了美国警察的执法效果。

文章的第五部分，我们对认为破案率并非米兰达规则限制的反应的观点（还是由弗洛伊德·菲尼[9]提出的）进行了回应。我们解释了，虽然破案率数据不可避免地低估米兰达规则的负面效应，但仍然可以对米兰达规则的影响进行局部性衡量。我们还解释了米兰达规则导致的破案数量下降并不局限于所谓的"深挖犯罪"（secondary clearance）数量。在这一部分的最后，我们对即使是在法庭科学技术发达的时代，审讯之于警察执法仍然非常重要的问题进行了讨论。

文章的第六部分，我们对之所以认为1966—1968年间的"米兰达效应"应归咎于米兰达案判决对警察的重大限制，而不是同一时期发生的其他事件之理由进行了分析。我们解释了在解释我们所发现的破案率下降模式问题上，与米兰达案判决同期的警察报告指向米兰达案判决要比其他潜在的原因更具说服力。

文章的第七部分，我们提出了一条规制警察审讯的替代路径，旨在改善米兰达规则对警察执法的消极影响的同时，保护犯罪嫌疑人不受非法强制。特别是，我们建议，对米兰达规则中的警告和弃权（warnings-and-wavier）程序进行修正，以避免给犯罪嫌疑人全面拒绝警察审讯的选择。我们还建议，作为对这些规则修正的交换，应该要求警察对羁押性审讯进行录音录像。这一替代模式可以减少米兰达规则对警察执法效果的消极影响，同时更好地保护犯罪嫌疑人不被暴力审讯。

文章的第八部分，我们简要地总结了全文，建议联邦最高法院，以及学者和政策制定者们考虑一条规制警察审讯的替代路径，既不会对警察审讯带来类似不利影响，也能够将那些潜在的危险犯罪分子绳之以法。

---

⑧ Floyd Feeney, "Police Clearances: A Poor Way to Measure the Impact of Miranda on the Police", 32 *Rutgers L. J.* 1, 18-41 (2000).

⑨ 同上引注，第42—60页。

## 第一节　米兰达规则对警察执法效果的影响评估

我们如何评价哈伦大法官在反对意见中所预言的米兰达案判决将带来"只有时间才能告诉我们"⑩社会代价大小这一预言？对米兰达规则之于警察执法效果的影响进行精确的定量评估不是个简单的问题。我们之所以从这一前提出发，是因为米兰达案判决为警察审讯规定了新的限制性规则，其直接影响是改变警察审讯的结果——例如，改变（可能是减少）警察从犯罪嫌疑人处获得的供述数量。供述率的下降（如果有的话）是我们感兴趣的首要目标。任何这类下降都会带来其他的间接影响，例如米兰达规则导致警察从犯罪分子处获得的、其所实施的犯罪信息减少，从而导致破案率的可能下降（即警察解决犯罪的比例下降）；或者检察官缺乏说服陪审团对犯罪嫌疑人定罪所需要的证据，而导致定罪率的下降。

通过供述率变化来衡量米兰达规则的影响，从理论上来说是最为直接的路径。但是，非常不幸的是，据此进行评估所需要的经验性信息很难获得。在米兰达案判决时，执法机关没有犯罪嫌疑人供述百分比的日常跟踪数据。事实上，现在仍然没有。有意思的是，米兰达案判决本身也不是建立在警察如何审讯的直接证据或者实证研究的基础之上。⑪

人们可能会认为，自米兰达案判决以来的五十年间，专注于实证研究的社会科学家和法学家们也许已经完成了关于米兰达规则实际影响的数据收集。但是，在这一领域几乎没有什么（实证）研究。事实上，考虑到数据收集的困难⑫，理查德·乌维莱（Richard Uviller）在 1988 年恰如其分地将我们描述为在"实证研

---

⑩ Miranda v. Arizona, 384 U. S. 436, 504 (1966) (Harlan, J., dissenting).

⑪ Barry C. Feld, "Behind Closed Doors: What Really Happens When Cops Question Kids", 23 Cornell J. L. & Pub. Pol'y 395, 412 (2013).

⑫ H. Richard Uviller, *Tempered Zeal: A Columbia Law Professor's Year on the Streets with the New York City Police* 198-99 (1988). 在米兰达案判决之前也没有更多的数据，参见 Miranda, 384 U. S. at 501（克拉克[Clark]大法官的反对意见）（认为"对于能够与多数意见所宣称的那些要求相符的实际运行情况几乎完全没有经验性知识"）。

究的沙漠"中挣扎——即使在今天,这一概括仍然在很大程度上正确。[13]

由于数据的缺乏,一些学者可以随意猜测说米兰达规则(对警察执法)的不利影响随着时间的流逝已经逐渐消失。例如,史蒂文·杜克(Steven Duke)认为,虽然米兰达规则也许会使一些犯罪嫌疑人完全拒绝警察的审讯,但是米兰达规则通过"在审讯开始之时营造公平的气氛"也会促使一些犯罪嫌疑人供述。[14]杜克进而"推测……在与米兰达规则共处四十年之后,少量因为米兰达警告而保持沉默的犯罪嫌疑人正变得越来越少,而在激励之下愿意与警方交谈的犯罪嫌疑人数量至少一直保持稳定"[15]。

当然,杜克的推测具有理论上的可能。但是,(有限的)经验性证据告诉我们米兰达规则有什么影响,无论是在该案判决当时,还是晚近? 在本小节中,我们将对米兰达规则之于警察执法效果不利影响的两种经验性评估进行分析:(1)在米兰达案判决当时完成的(米兰达案判决)前—后的供述率变化研究;(2)在米兰达案判决十余年之后完成的有关供述率变化的"第二代"研究。

### 一、米兰达案判决前后的供述率"影响"研究

米兰达案判决数月以及数年之后,一些研究者即尝试着收集有关米兰达规则对供述率(以及,在较小程度上,破案率)影响的数据。对米兰达规则成本进行定量研究中最令人感兴趣的是(米兰达案判决)前—后"影响"研究——一些研究者收集某个城市在米兰达案判决前后警察获得的犯罪嫌疑人供述数据,从而分析(犯罪嫌疑人供述率)是否发生了什么变化。

本文作者之一保罗·卡塞尔在 1996 年刊发于《西北大学法律评论》的一篇文章中对这些研究进行了综述。[16] 该文呈现了十项研究(第十一项只涉及谋杀案件)的研究者们所收集的、米兰达案判决前后美国的供述率数据情况。[17] 不幸的是,其中一些研究在方法上存在重大问题,以致无法从中得出有用的信息。将那些存在重大问题的研究剔除之后,卡塞尔认为,其他研究结果显示,在米兰达案

---

[13] 参见 Feld,前引注[11],第 398 页("尽管审讯很重要,但是我对于警察审讯犯罪嫌疑人时究竟发生了什么明显一无所知")。

[14] Steven B. Duke, "Does Miranda Protect the Innocent or the Guilty?", 10 *Chap. L. Rev.* 551, 559 (2007).

[15] 同上引注,第 560 页。

[16] Paul G. Cassell, "Miranda's Social Costs: An Empirical Reassessment", 90 *Nw. U. L. Rev.* 387, 417 (1996).

[17] 同上引注,第 395—418 页。

判决之后,供述率下降了 16.1 个百分点——正如表 5-1⑱ 所显示的那样,米兰达案判决之后供述率变化,或者相差 16.1%。

表 5-1 米兰达规则导致的供述率变化估测

| 城市 | 米兰达案判决之前的供述率 | 米兰达案判决之后的供述率 | 供述率差值 | 研究有无问题 |
| --- | --- | --- | --- | --- |
| 匹兹堡 | 48.5% | 29.9% | -18.6% | |
| 纽约郡 | 49.0% | 14.5% | -34.5% | |
| 费城 | 45%(估算/推算) | 20.4%(推算) | -24.6% | |
| 海城 | 68.9% | 66.9% | -2.0% | ? |
| 纽黑文(1960—1966) | 58.2%-63.2%(估算) | 48.2% | -10%—-15% | 有 |
| 纽黑文(调整后的) | ? | ? | -16.0% | |
| 华盛顿特区 | 21.5%(推算) | 20.0%(推算) | -1.5% | 有 |
| 堪萨斯城 | ? | ? | -6%(推算) | ? |
| 金斯郡 | 45%(估算/推算) | 29.5%(推算) | -15.5% | |
| 新奥尔良 | 40%(估算) | 28.2% | -11.8% | ? |
| 芝加哥(谋杀案件) | 53%(推算) | 26.5%(推算) | -26.5% | ? |
| 洛杉矶 | 40.4% | 50.2% | +9.8% | 有 |
| 不存在问题的研究数据平均 | | | -16.1%* | |

通过供述率下降 16.1 个百分点这一数据,也许能得出失去的定罪数情况。在收集了所有与供述之于定罪的重要性相关的数据后,卡塞尔认为,23.8% 的案件中,定罪都需要有犯罪嫌疑人的供述。⑲ 乘以这两个数据,我认为,米兰达规则导致了 3.8% 的案件因此无法对犯罪嫌疑人定罪——或者说相当于导致 28 000 起暴力犯罪案件和 79 000 起财产犯罪案件无法定罪(根据当时可用的最新数据,1993 年的犯罪嫌疑人推算所得)。⑳

这些结论并不被人们完全接受。斯蒂芬·舒尔霍夫即撰文对研究的可靠性和供述率的计算方式提出了质疑。将卡塞尔研究所参考的部分数据排除,同时将被卡塞尔研究所排除的一项数据(洛杉矶地方检察官办公室的数据)纳入之后

---

⑱ 同上引注,第 416—418 页表 1。
⑲ 同上引注,第 434 页表 2。
⑳ 同上引注,第 440 页。

重新计算了供述率的下降情况,最终得出了米兰达规则对警察执法的消极影响"微乎其微"——供述率并未下降 16.1 个百分点,而是只有 6.7—9.1 个百分点。[21] 卡塞尔在另一篇文章中对舒尔霍夫的批评进行了全面回应。[22]

此后,众多学者开始介入卡塞尔和舒尔霍夫之间的争议,并就究竟谁在两者之间的争论中"获胜"发表了各自的观点。例如,两位赞成米兰达规则的学者(乔治·托马斯和理查德·利奥)认为舒尔霍夫的回应是对米兰达规则妨碍了警察执法效果的观点的"决定性反驳"。[23] 但是,另一名学者,克里斯·斯洛博金则指出,即使接受舒尔霍夫对供述率表面数值变化的重新计算,这一数据仍然显示,米兰达规则显著地妨碍了警察获取犯罪嫌疑人供述的效果。[24] 另外,许多插足这一争议的人更多地将他们的注意力局限在卡塞尔、舒尔霍夫以及卡塞尔回应舒尔霍夫的三篇文章,大多数人都没有注意到卡塞尔对这一争议投入大量精力的另一篇文章。

卡塞尔和舒尔霍夫两人关于供述率问题最大的分歧在于是否将洛杉矶地方检察官办公室(Los Angeles District Attorney's Office)披露的、在米兰达案判决3个星期之后,洛杉矶警方所获得的犯罪嫌疑人供述上升了 10 个百分点——即从米兰达案判决之前的 40% 左右上升到了此后的 50%[25]——这一数据包括在内。因为该数据不可靠,卡塞尔将之排除在外。卡塞尔发现,从所有其他(显示破案率下降的)研究看,洛杉矶的这一增长属于离群值,并且认为很难让人相信在米兰达案判决三个星期之后,警方从犯罪嫌疑人处所获得的供述会急剧增长。[26] 卡塞尔认为,洛杉矶的调查结果并不是因为爱说话的犯罪嫌疑人突然增多了,而是因为调查工具的问题。[27] 卡塞尔解释说,因为洛杉矶地方检察官收到的"(米兰达案判决)后"问卷是一份被重新设计过的、能够比"(米兰达案判决)前"问卷将更多的(犯罪嫌疑人陈述)包括在内(包括无罪的辩解)的问卷。[28] 在对卡

---

[21] Stephen J. Schulhofer, "Miranda's Practical Effect: Substantial Benefits and Vanishingly Small Social Costs", 90 Nw. U. L. Rev. 500, 538-47 (1996).

[22] 参见 Paul G. Cassell, "All Benefits, No Costs: The Grand Illusion of Miranda's Defenders", 90 Nw. U. L. Rev. 1084 (1996)。

[23] George C. Thomas III & Richard A. Leo, "The Effects of Miranda v. Arizona: 'Embedded' in Our National Culture?", 29 Crime & Just. 203, 240 (2002).

[24] Christopher Slobogin, "An Empirically Based Comparison of American and European Regulatory Approaches to Police Investigation", 22 Mich. J. Int'l L. 423, 448 (2001).

[25] 参见 Cassell,前引注[22],第 1097—1098 页。

[26] 同上引注,第 1097—1101 页。

[27] 同上引注,第 1098 页("其所运用的方法导致该项研究不可用")。

[28] 同上引注,第 1097—1101 页。

塞尔进行的回应中,舒尔霍夫将洛杉矶地方检察官办公室的调查称为是一项"细致的研究"㉙,并且认为卡塞尔贬低该项调查所根据的只是"负责对这些问卷进行列表整理的书记员所使用的'摘要表格'",而非问卷本身。㉚ 舒尔霍夫进而认为,没有证据表明,在对米兰达案判决前后犯罪嫌疑人供述变化情况的调查中,书记员记录了不同的东西,或者问卷的形式被重新设计过。㉛ 舒尔霍夫最后认为,洛杉矶地方检察官办公室的数据是所有研究可用的数据中"最能经受批评的"一个。㉜

为了消除该项研究中的分歧,卡塞尔找到了为这些数据制表的书记员——美国上诉法院法官特罗特(Trott)。㉝ 正如下文讨论的那样,与舒尔霍夫的估计完全相反,特罗特法官回忆说,其对此项米兰达案判决前后供述率变化情况调查数据的收集"完全无序"(extremely haphazard),而且对于如何确保样本的代表性或者调查工具的一致性几乎没有任何注意。㉞ 这些问卷表格是在"混乱"的条件下收集和完成的,"其结果是拿苹果和橘子进行比较"㉟。对于这些问卷表格是由谁完成的、给了谁等都没有控制,许多检察官直接无视这些问卷。㊱ 特罗特法官说,当时其把这些以及其他问题都向领导报告了,表明整个调查过程问题非常严重。㊲ 但是他的领导回复说,因为也没有其他数据,所以本次问卷收集的这些数据也许会用得着。㊳ 特罗特法官认为,洛杉矶地方检察官办公室的调查数据"不能证明任何问题",研究者"不应从中得出关于米兰达规则影响的任何结论"。㊴

后来在卡塞尔—舒尔霍夫争议中选择站在舒尔霍夫一边的评论者们(例如托马斯和利奥)需要解释他们为什么继续选择正面引证洛杉矶地方检察官办公

---

㉙ Stephen J. Schulhofer, "Pointing in the Wrong Direction", *Legal Times*, Aug. 12, 1996, at 21.
㉚ Schulhofer,前引注㉑,第 535 页。
㉛ 同上引注。
㉜ 同上引注,第 538 页。
㉝ Paul G. Cassell, "Miranda's 'Negligible' Effect on Law Enforcement: Some Skeptical Observations", 20 *Harv. J.L. & Pub. Pol'y* 327, 331 (1997).
㉞ 同上引注,第 331—332 页。
㉟ 同上引注,第 331 页。
㊱ 同上引注。
㊲ 同上引注,第 331—332 页。
㊳ 同上引注,第 332 页。
㊴ 同上引注。

室的数据⑩,进而言之,为什么他们认为如果将存在明显瑕疵的洛杉矶地方检察官办公室的数据包括在内得出的米兰达案判决之后供述率下降的数据更准确。但是,最终,就米兰达案判决前后供述率变化的情况,除了得出这些研究证明米兰达案判决后供述率立即出现了轻微下降这一结论之外,很难得出更多。例如,美国国家科学院国家研究委员会(National Research Council of the National Academy of Sciences)在2005年一份报告中引用卡塞尔和舒尔霍夫的研究所得出的结论也无外乎是"综观米兰达规则影响的研究成果,米兰达警告的实际推行,可能导致了供述率下降4—16个百分点的结果"⑪。

## 二、"第二代"米兰达规则影响研究

关于米兰达案判决前后供述率变化的研究的一个更为严重的问题是,这些研究都是在1966年前后完成的。因此,米兰达规则的拥护者们可以说,这些研究所报告的数据都是在米兰达案判决后一至二年内的,不能反映米兰达规则影响的当下情况。⑫ 一位米兰达规则的拥护者最近的一篇文声称,警察后来"学会了与米兰达规则共存"⑬——而且,更为具体地说,是警察已经学会了围绕着米兰

---

⑩ 参见 Thomas & Leo,前引注㉓,第237页。令人惊奇的是,托马斯曾经撰文称其在使用洛杉矶地方检察官办公室的数据来判断米兰达规则对警察执法效果的影响时"拒绝失控"(reject[ed] out of hand)。参见 George C. Thomas III,"Plain Talk About the Miranda Empirical Debate: A 'Steady-State' Theory of Confessions",43 *UCLA L. Rev.* 933,942 (1996)。

在为本次论坛撰写的论文中,阿尔伯特·阿尔舒勒(Albert Alschuler)认为"舒尔霍夫在争议中的大部分观点都占优,但并非全部如此"。参见 Albert W. Alschuler,"Miranda's Fourfold Failure",97 *B. U. L. Rev.* 849,882 (2017)。阿尔舒勒只对争方中的两个点进行了特别讨论。其赞成卡塞尔认为对洛杉矶地方检察官办公室的研究可以"适当地无视"的观点。前引注,第884页注释157。然而,阿尔舒勒进而提出了与卡塞尔相反(也与其他人的观点相反,参见 Stephen J. Markman,"The Fifth Amendment and Custodial Questioning: A Response to 'Reconsidering Miranda'",54 *U. Cm. L. Rev.* 938,946-47 [1987]),但与舒尔霍夫一致的观点,认为纽约郡的研究应当排除在外。参见 Alschuler,同上引注,第884页注释157。根据阿尔舒勒的观点,纳入/排除这两项研究"似乎可以解释他们结论中的大部分差异"。Id.但事实上,按阿尔舒勒表明的观点,将洛杉矶地方检察官办公室和纽约郡的研究排除在外的话,所得出的米兰达案判决后的平均供述率下降了13个百分点,并不比卡塞尔计算出的16.1个百分点低多少,但要远高于舒尔霍夫得出的6.7个百分点。

⑪ Nat'l Research Council of the Nat'l Acad. of Scis., *Fairness and Effectiveness in Policing: The Evidence* 256-57 (Wesley Skogan & Kathleen Frydl eds., 2004).

⑫ 参见 Thomas & Leo,前引注㉓,第245—246页(认为即使米兰达规则对警察执法效果有立即的影响,随着时间的流逝,这种影响也渐渐消退了)。

⑬ 参见 Charles Fried, *Order and Law: Arguing the Reagan Revolution—A Firsthand Account* 45 (1991); Charles Weisselberg & Stephanos Bibas, Debate, "The Right to Remain Silent",159 *U. Pa. L. Rev. Pennumbra* 69,77-81 (2010)。

达规则开展工作的技巧。㊹ 进而认为,不断进化的警察审讯技巧已经消除了米兰达规则最初可能具有的消极影响。㊺

关于米兰达规则最近的影响,后来的实证研究实际上证明了什么？在此,我们开始面对前文所指出的"实证研究沙漠"问题。㊻ 正如参加本次论坛的作者和其他一些学者所承认的那样㊼,与米兰达规则影响相关的"第二代"研究少得令人吃惊。但是,确切地说,这些"第二代"研究为米兰达规则一开始就妨碍警察执法——而且一直妨碍的观点提供了进一步的支撑。在本小节中,我们首先对有关米兰达案判决之后警察审讯成年犯罪嫌疑人的研究进行讨论,然后再来看看警察审讯未成年犯罪嫌疑人的情况。

1. 对成年犯罪嫌疑人的审讯

评估关于米兰达案判决前后供述率变化情况研究的持续效力的方法之一(虽然不完美)也许是对米兰达案判决前后的供述率进行比较。不幸的是,我们只有有限的关于供述率的数据,但我们从未说过自米兰达案判决后供述率就一直维持在令人失望的水平之下。

采用跨时段供述率比较方案时必须保持警惕。与前文讨论过的米兰达案判决前后供述率变化的研究不同,跨时段的供述率比较不是对单个司法管辖区内的"苹果与苹果"的对比。相反,这一比较模式是将在米兰达案判决之前在某个城市进行某项研究所获得的供述率数据,与米兰达案判决后在其他城市进行的研究所获得的供述率数据进行对比。另外,由于米兰达案判决前后的研究系由

---

㊹ Tonja Jacobi, "Miranda 2.0", 50 *U. C. Davis L. Rev.* 1, 16 (2016) ("如今,警察已经习惯了米兰达规则,并且不再认为其是警察调查技术的主要障碍")。

㊺ 参见 Duke,前引注⑭,第 560 页("在与米兰达规则共同生活了 40 年之后,少数犯罪嫌疑人在米兰达警告的激励之下会保持沉默,但这一数量越来越少,与此同时,在激励之下与警察交谈的犯罪嫌疑人数至少保持相对稳定。"); Kit Kinports, "The Supreme Court's Love-Hate Relationship with Miranda", 101 *J. Crim. L. & Criminology* 375, 440 (2011) (该文指出,"过去这些年间,警察针对米兰达规则采取的各种调适措施以及极高的犯罪嫌疑人弃权比例"也许已经使米兰达规则形同"具文"[a dead letter]); Richard A. Leo & Welsh S. White, "Adapting to Miranda: Modern Interrogators' Strategies for Dealing with the Obstacles Posed by Miranda", 84 *Minn. L. Rev.* 397, 433-39 (1999) (认为侦查人员"经常"可以克服米兰达规则为成功审讯带来的障碍); Charles D. Weisselberg, Mourning Miranda, 96 *Calif. L. Rev.* 1519, 1592 (2008) ("作为一项以犯罪嫌疑人不受强迫自证其罪特权的预防性制度,我认为米兰达规则在很大程度上已经死亡了")。

㊻ 参见 Feld,前引注⑪,第 398 页(对审讯室内究竟发生了什么缺乏可行的经验性研究)。

㊼ 参见上引注,第 416—417 页；Thomas & Leo,前引注㉓,第 238—239 页；还可参见 Christopher Slobogin, "Manipulation of Suspects and Unrecorded Questioning: After Fifty Years of Miranda Jurisprudence, Still Two (or Maybe Three) Burning Issues", 97 *B. U. L. Rev.* 1157, 1163-64, 1182-87 (2017) (对各种审讯技巧的可靠研究缺乏问题进行了讨论)。

不同的研究者完成的,他们所使用的定义和研究方法可能都不同。例如,"供述"率可能就要比"归罪性陈述"率低得多——而不同的研究者在确定这些比例的时候可能使用的就是不同的定义。不同的研究者还可能收集的是刑事司法过程中不同节点的数据。例如,一个通过观察警察审讯实践来收集供述率数据的研究者,必须错过那些警察并未审讯任何人的情况——这势必比那些将未被审讯过的犯罪嫌疑人包括在样本之内的研究获得更高的供述率。

谨记这些告诫,首先让我们看看米兰达案判决之前的供述率情况。虽然宽泛的一般化判断充满危险,但在米兰达案之前,全美的供述率大致介于55%—65%之间。[48] 美国最早的一项研究显示,1960年加利福尼亚州两个城市的犯罪嫌疑人供述率为88.1%和58.1%。[49] 与此类似,1961年在底特律进行的一项调查显示,犯罪嫌疑人的供述率为60.8%,至1965年时略微下降为58%。[50] 1960年,纽黑文的犯罪嫌疑人供述率大约为58%—63%。[51] 在计算米兰达案判决前的犯罪嫌疑人供述率时,这些数据都值得特别注意,因为这些研究不存在米兰达规则在不同的司法管辖区"预期"执行的问题。特别是,在1964年6月之后的供述率,由于也许受联邦最高法院埃斯科贝多诉伊利诺伊州案(Escobedo v. Illinois)[52]判决的影响,一些警察甚至在米兰达案判决之前即开始采取米兰达警告式的程序。[53] 前文讨论过的米兰达案判决前后供述率变化研究[54]提供的数据,还显示了就在米兰达案判决之前不久的犯罪嫌疑人供述率情况,也可将之作为一个影响因素考虑进去。

接下来我们一起来看看米兰达案判决后美国的犯罪嫌疑人供述率数据情

---

[48] Paul G. Cassell & Bret S. Hayman, "Police Interrogation in the 1990s: An Empirical Study of the Effects of Miranda", 43 *UCLA L. Rev.* 839, 871 (1996); 还可参见, Christopher Slobogin, *Criminal Procedure: Regulation of Police Investigation: Legal, Historical, Empirical and Comparative Materials* 6 (Supp. 1995) (认为64%的供述率是"可以与米兰达案判决前的供述率相比的")。但请比较前引注[40],第935—936页(与作为参照对象的研究相比得出了更低的米兰达案判决前的估计供述率)。

[49] Edward L. Barrett, Jr., "Police Practices and the Law—From Arrest to Release or Charge", 50 *Calif. L. Rev.* 11, 43-44 (1962).

[50] Theodore Souris, "Stop and Frisk or Arrest and Search—The Use and Misuse of Euphemisms", 57 *J. Crim. L. Criminology & Police Sci.* 251, 264 (1966).

[51] Cassell,前引注[16],第406页(discussing Michael Wald et al., "Interrogations in New Haven: The Impact of Miranda", 76 *Yale L. J.* 1519, 1573, 1644 [1967]).

[52] 378 U.S. 478, 490-91 (1964).

[53] Cassell,前引注[16],第403页(该文指出,在联邦上诉法院第三巡回法院在米兰达案之前的埃斯科贝多案判决之后,费城的供述率出现了下降);还可参见,Cassell,前引注[22],第1101—1104页(对埃斯科贝多案对供述率的影响问题进行了讨论)。

[54] 参见前引注[16]—[18]及其他参考文献。

况。虽然宽泛的一般化判断同样危险,这些研究得出的犯罪嫌疑人供述率整体上要比米兰达案判决前的55%—65%低。1977年一项针对6个城市的研究得出的犯罪嫌疑人供述率是40.3%。㊹ 1979年,弗洛伊德·菲尼和他的两位同事,在佛罗里达州的杰克逊维尔和加利福尼亚州的圣迭戈完成的一项国家司法研究所(National Institute of Justice)课题发现,两个城市的犯罪嫌疑人供述率分别为32.9%和19.5%,加上在犯罪现场作出的认罪陈述,整体供述率为51.3%和35.1%。㊺

最近两项关于成年犯罪嫌疑人供述率的研究是在20世纪90年代完成的,利奥对加利福尼亚州的伯克利的警察审讯进行了研究。利奥发现,由侦查人员进行的羁押性审讯成功率为64%。㊻ 为了与早期一些研究进行比较,通过计算未被审讯的犯罪嫌疑人数以及侦查人员对被羁押犯罪嫌疑人的审讯效能更高这两个因素,将利奥研究中的审讯"成功"百分比进行调整之后,伯克利的犯罪嫌疑人供述率大约为39%。㊼

引人注目的是,关于成年犯罪嫌疑人供述率的最近研究要追溯到20多年前的1994年,当时本文作者之一(卡塞尔)及其同事布雷特·海曼(Bret Hayman)收集了犹他州盐湖城郡的犯罪嫌疑人供述率数据。㊽ 卡塞尔和海曼发现成年犯罪嫌疑人整体的归罪性陈述率只有33.3%——包括21.5%的供述和11.9%的归罪性陈述——如图5-1所示。㊾

自20世纪90年代中期利奥,卡塞尔和海曼的研究之后,似乎美国就再没有

---

㊹ Gary D. LaFree, "Adversarial and Nonadversarial Justice: A Comparison of Guilty Pleas and Trials", 23 *Criminology* 289, 298 tbl. 2 (1985).

㊺ Floyd Feeney, Forrest Dill & Adrianne Weir, Dep't of Justice, *Arrests Without Conviction: How Often They Occur and Why* 142-43 (1983) (报告了供述率及认罪率数据).

㊻ Richard Angelo Leo, Police Interrogation in America: A Study of Violence, Civility and Social Change 270 (Aug. 1994) (未出版的博士论文,加州大学伯克利分校) (作者本人存档稿) (以下简称 Leo, Police Interrogation in America). 利奥后来将其博士学位论文作为两篇文章发表了。参见 Richard A. Leo, "Inside the Interrogation Room", 86 *J. Crim. L. & Criminology* 266 (1996) (以下简称 Leo, "Inside the Interrogation Room"); Richard A. Leo, "The Impact of Miranda Revisited", 86 *J. Crim. L & Criminology* 621 (1996) (以下简称 Leo, "The Impact of Miranda Revisited").

㊼ 参见 Cassell & Hayman, 前引注㊽, 第926—930页 (discussing Leo, "Police Interrogation in America", 前引注㊻, 第255—268页). 对利奥研究中的关于供述率下降趋势的调整之批判可以参见 Thomas, 前引注㊵, 第953—954页。

㊽ Cassell & Hayman, 前引注㊽, 第850页。

㊾ 同上引注, 第869页。

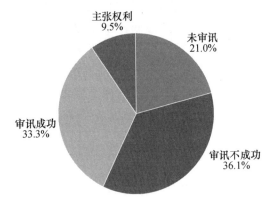

图 5-1 盐湖城郡 1994 年的成年犯罪嫌疑人供述率情况

关于成年犯罪嫌疑人整体供述率的实证研究。[51]

总之,有限的数据表明米兰达案判决后的犯罪嫌疑人供述率要低于米兰达案判决之前,这意味着米兰达规则事实上妨碍了警察的执法效果。[52]例如,利奥研究中的调整之后的警察审讯成功率数据和卡塞尔和海曼研究所获得的归罪性陈述数据都低于 40%——似乎都低于大部分米兰达案判决之前的数据。但是,与米兰达案判决前后供述率变化的研究一样,第二代研究所获得的数据同样可以质疑,因为第二代研究是以个别城市的数据为根据的,因此也许并不能代表全美的情况。[53]而且这些数据同样陈旧,因为在过去的二年间并未收集到新的数据。

2. 对未成年犯罪嫌疑人的审讯

供述率的最新数据仍然必须考虑。最近几项研究是针对警察审讯未成年犯

---

[51] 我们已经确定了一项报告了"供述"率的研究。该项研究分析了 1997—2000 年对儿童性暴力犯罪嫌疑人的审讯情况,并得出了"供述"率为 19%—37%的结论,虽然该项研究对数据来源没有给出更多的信息。参见 Margaret-Ellen Pipe et al., "Factors Associated with Nondisclosure of Suspected Abuse During Forensic Interviews", in *Child Sexual Abuse*: *Disclosure*, *Delay*, *and Denial* 77, 92 (Margaret-Ellen Pipe et al. eds., 2007)。还有一些定量研究显示,警察会使用各种审讯技巧,以使米兰达弃权之于犯罪嫌疑人的重要性最小化。参见 David Simon, *Homicide: A Year on the Killing Streets* 102 (1991)。可以认为,这些研究显示米兰达规则仍然让警察感到头痛,因为这些研究说警察为了防止犯罪嫌疑人从"律师处得到支持"是如何努力地工作。但就定量判断警察审讯成功率的目的而言,这些研究基本上没有什么意义。

[52] 参见 Cassell & Hayman,前引注[48],第 871—876 页。在为本次论坛撰写的文章中,阿尔舒勒认为在盐湖城的数据和更早的研究之间不可能保证确切的可比性。Alschuler,前引注[40],第 884 页。虽然这一观点确实成立,但尝试着进行某种程度的一般性比较也是可能的,卡塞尔和海曼已经"展示了他们的比较公式"。因此,任何对他们的计算有不同意见者都可以直接进行适当的调适。参见 Cassell & Hayman,前引注[48],第 926—930 页。阿尔舒勒还认为,基于在盐湖城郡的研究中,主张米兰达规则权利的犯罪嫌疑人数量相对较少,因此米兰达规则是如何导致供述率下降的仍然不清楚。参见 Alschuler,前引注[40],第 884 页。但是,事实上,这有几种可能的机制,包括米兰达规则迫使警察将审讯转移到审讯效果相对较差的非羁押性环境中去的可能性。参见 Cassell & Hayman,前引注[48],第 881—885 页。

[53] 参见 Thomas,前引注[40],第 954—956 页(增加了这一可能性)。

罪嫌疑人的。虽然这些研究似乎显示出较高的供述率,但不能将其与审讯成年犯罪嫌疑人的情况进行直接比较,因为未成年犯罪嫌疑人的弃权比例和供述率都更高。

乔迪·维尔容(Jodi Viljoen)2005 年进行的一项研究发现,失足未成年人(包括青少年)事后回忆的供述率大约为 55.3%。⑭

巴里·费尔德(Barry Feld)完成了一项关于未成年犯罪嫌疑人审讯问题的最为细致的研究。2006 年,费尔德收集了检察官档案中的警察审讯 63 名 16—17 岁犯罪嫌疑人的录像。⑮ 结果发现"80%的未成年犯罪嫌疑人都放弃了他们在米兰达规则上的权利"⑯。进而发现,在不到 1/5 的案件中(17%),未成年犯罪嫌疑人都承认了所有的犯罪构成要素,但是"在这些案件中,大约一半(53%)都作出了一些具有证据价值的陈述"⑰。

2013 年,费尔德发表了其对 307 份档案材料中警察审讯未成年犯罪嫌疑人的录像分析结果,扩展了原来的研究。⑱ 在这一样本中,92.8%的未成年犯罪嫌疑人都放弃了其在米兰达规则上的权利。⑲ 其进一步发现,多数(58.6%)未成年犯罪嫌疑人都作出了供述。⑳ 另外,大约 1/3(29.8%)的未成年犯罪嫌疑人向警察作出了具有证据价值的陈述。㉑

最后,最近一项定量研究似乎是海莉·克利(Hayley Cleary)根据录像对全美 58 名未成年犯罪嫌疑人样本的审讯,包括对羁押性审讯和非羁押性审讯的情况进行的研究。㉒ 接受审讯的未成年犯罪嫌疑人平均年龄为 15 岁半。㉓ 在这些未成年犯罪嫌疑人样本中,37%完全供述了所指控的犯罪事实,31%作了归罪性

---

⑭ Jodi L. Viljoen, Jessica Klaver & Ronald Roesch, "Legal Decisions of Preadolescent and Adolescent Defendants: Predictors of Confessions, Pleas, Communication with Attorneys, and Appeals", 29 *Law & Hum. Behav.* 253, 261 (2005).

⑮ Barry C. Feld, "Police Interrogation of Juveniles: An Empirical Study of Policy and Practice", 97 *J. Crim. L. & Criminology* 219, 250, 288-95 (2006).

⑯ 同上引注,第 255—256 页。

⑰ 同上引注,第 286 页。

⑱ Feld,前引注⑪,第 399 页。参见 Barry C. Feld, *Kids, Cops, and Confessions: Inside the Interrogation Room* (2013); Barry C. Feld, "Questioning Gender: Police Interrogation of Delinquent Girls", 49 *Wake Forest L. Rev.* 1059 (2014) (以下简称 Feld, Questioning Gender); Barry C. Feld, "Real Interrogation: What Actually Happens When Cops Question Kids", 47 *Law & Soc'y Rev.* 1 (2013).

⑲ Feld,前引注⑪,第 429 页。

⑳ 同上引注,第 440 页。

㉑ 同上引注,第 442 页。

㉒ Hayley M. D. Cleary, "Police Interviewing and Interrogation of Juvenile Suspects: A Descriptive Examination of Actual Cases", 38 *Law & Hum. Behav.* 271, 273-76 (2014).

㉓ 同上引注,第 275 页。

陈述——整体的审讯成功率为68％——同时24％否认指控,7％未结案。⑭

这项针对未成年犯罪嫌疑人审讯的研究整体上显示出较高的供述率,但这也不能与前文讨论过的成年犯罪嫌疑人供述率进行直接比较。与上文所提到过的研究不同,这些研究包括了那些已经被指控犯罪或者已经被审讯的犯罪嫌疑人等可能使供述率被拉大的因素。⑮ 但是,这些未成年犯罪嫌疑人审讯研究不能与成年犯罪嫌疑人审讯研究进行比较最为根本的原因是,他们包括了未成年犯罪嫌疑人。未成年犯罪嫌疑人似乎比成年人更轻易地就放弃了他们的权利。⑯ 另外,未成年犯罪嫌疑人也比成年人更有可能供述。⑰ 尚不知道这些未成年犯罪嫌疑人供述率的偏离程度如何,因此不可能将这些未成年犯罪嫌疑人审讯研究的结果与上文提到的成年犯罪嫌疑人审讯研究结果进行比较。

---

⑭ 同上引注,第280页。

⑮ 参见 Cleary,前引注⑫,第279—281页(作者指出,因为所有录像都涉及犯罪嫌疑人放弃米兰达规则权利的情形,以及该项研究是以邮寄给研究者的录像事业为根据的,因此该项研究结论的代表性值得警惕,因为,档案保存机关是如何选择这些录像带的并不清楚);Feld,前引注⑪,第420页(文章指出,该项以307名未成年犯罪嫌疑人为对象的研究反映出样本选择的偏见问题,因为这些样本都是已经被指控的案件,更多是严重犯罪案件,更有可能被移送审判,而且可能更多是放弃了米兰达规则权利的未成年犯罪嫌疑人);Feld,前引注⑮,第287页注释207(作者认为,卡塞尔和海曼在一些研究中得出更高的供述率是因为排除了未被审讯的犯罪嫌疑人、非羁押性审讯,同时纳入了只由侦查人员进行审讯的情形);Viljoen, Klaver & Roesch,前引注⑭,第255页(研究了审讯已经被拘留的犯罪嫌疑人的情形)。

⑯ Feld,前引注⑪,第429页(放弃米兰达规则权利的未成年犯罪嫌疑人比例要比成年犯罪嫌疑人高——为90％左右);A. Bruce Ferguson & Alan Charles Douglas, "A Study of Juvenile Waiver", 7 *San Diego L. Rev.* 39, 53 (1970)(该项研究显示,被审讯的未成年犯罪嫌疑人中,90％以上放弃了其米兰达规则权利,究其原因可能是对相关权利缺乏了解);J. Thomas Grisso & Carolyn Pomicter, "Interrogation of Juveniles: An Empirical Study of Procedures, Safeguards, and Rights Waiver", 1 *Law & Hum. Behav.* 321, 339 (1977)(认为主张米兰达规则权利的未成年犯罪嫌疑人大约占案件的9％—11％,而成年犯罪嫌疑人的这一数据为40％);Thomas Grisso & Melissa Ring, "Parents' Attitudes Toward Juveniles' Rights in Interrogation", 6 *Crim. Just. & Behav.* 211, 214 (1979)(指出格里索[Grisso]和波米克特[Pomicter]的研究中,90％的未成年犯罪嫌疑人服从了警察的要求)。参见 Thomas Grisso, *Instruments for Assessing Understanding & Appreciation of Miranda Rights* (1998)。

⑰ 参见 Marty Beyer, "Immaturity, Culpability & Competency in Juveniles: A Study of 17 Cases", *Crim. Just.*, Summer 2000, at 26, 28-33 (对为什么未成年犯罪嫌疑人也许对警察的提问反应特别积极的各种原因进行了探究);Thomas Grisso, "Juveniles' Capacities to Waive Miranda Rights: An Empirical Analysis", 68 *Calif. L. Rev.* 1134, 1160-62 (1980) (对未成年犯罪嫌疑人可能更不了解供述的不利后果问题进行了讨论);请比较 J. Pearse et al., "Police Interviewing and Psychological Vulnerabilities: Predicting the Likelihood of a Confession", 8 *J. Community & Applied Soc. Psychol.* 1, 9-10 (1998) (发现英国25岁以下的犯罪嫌疑人要比25岁以上更有可能供述)。既有证据还表明,警察并不会以比对待成年犯罪嫌疑人而言攻击性更低的审讯技巧来对待未成年犯罪嫌疑人。参见 Hayley M. D. Cleary & Todd C. Warner, "Police Training in Interviewing and Interrogation Methods: A Comparison of Techniques Used with Adult and Juvenile Suspects", 40 *Law & Hum. Behav.* 270, 276 (2016)(认为数据表明警察在审讯成年和未成年犯罪嫌疑人时所使用的审讯技巧大致类似,都会使用各种审讯技术,包括那些"被认为是更具攻击性或者操纵性的审讯技术")。

### 三、超越供述率比较之必要

在这一小节,收集了我们在美国可以找到的、米兰达案判决前后所有关于供述率的可靠数据[78]——这是衡量米兰达规则是否影响警察执法效果的最为直接的方式。我们已经给出了认为"影响"研究和后期的"第二代"研究均支持米兰达规则妨碍了警察执法效果这一结论的理由。但是,我们也指出过,由于各种情况这些结论也可以被批评。对这些批评的回应很难,因为既有关于供述率的数据非常有限(只收集了几个城市的数据),而且现在看起来有些过时。

考虑到关于供述率的既有实证研究长期以来一直未能解决米兰达规则是否妨碍了警察执法效果这一问题,于是提出了是否可以考虑其他替代性路径的问题。从理想的角度看,我们希望有一种方法能够:(1) 收集一致性的数据,而不是进行拼凑式(patched-together)的比较;(2) 反映整个美国的情况,而不是少数几个城市的情况;(3) 扩及当下,而非数十年前的情况。是否能够找到这样一种方法,是下一节要讨论的主题。

## 第二节 以破案率作为衡量米兰达规则对供述率影响的间接方式

### 一、破案率如何影响供述率

由于常规的数据收集无法获得长时段的供述率数据,我们必须找一条次优的替代性路径。类似统计数据最好的替代品就是刑事案件"破案"率,即警察"破案"的比例。至少自 1950 年以来,FBI 即开始收集全美的破案率数据,并在其年度统一犯罪报告(*Uniform Crime Reports*, UCR)中向公众披露。[79] 因为有这一

---

[78] 另外一篇待刊文章将尝试着对国外的供述率问题进行讨论。参见 Paul G. Cassell, Further Evidence That Miranda Is Handcuffing the Cops: A Comparison of American and Selected Foreign Confession and Clearance Rates (Feb. 23, 2017) (未刊稿,作者本人存档稿)。

[79] 参见 U. S. Dep't of Justice, Fed. Bureau of Investigation, *Crime in the United States 2015* (以下简称 UCR-[*year*])。詹姆斯·艾伦·福克斯等人在 *Forecasting Crime Data: An Econometric Analysis* 83-86 tbl. A-1 (1978)中所整理的 1950—1974 年间的破案率数据还是有用的。

更大范围的数据，破案率也许可以作为观察米兰达规则影响警察执法效果的长期视角。

破案率看起来是衡量犯罪嫌疑人供述率的一个合理(是否低估了)替代品。(80)有时候警察在没有破案证据时，会将犯罪嫌疑人带到警察局，在进行米兰达警告之后对其进行审讯——如果没有获得犯罪嫌疑人供述——则将其释放，警察没有充分的证据侦破该案。(81) 如果因为米兰达警告抑制了犯罪嫌疑人其原本具有的与警察交谈的欲望，阻止了犯罪嫌疑人供述，犯罪也许就永远无法侦破。正如主流的警察审讯手册所解释的那样："许多刑事案件，即使是最合格的警察，也只有通过真正有罪的认罪或者供述，或者通过审讯其他犯罪嫌疑人所获得的信息才能侦破。"(82)费尔德对警察审讯的研究发现："事实上每个侦查人员……都坚持认为，通过警察询问和讯问所破获的案件要比其他侦查措施破获的案件多得多。"(83)利奥关于警察审讯的著作亦揭示："警察通过审讯—激励获取犯罪嫌疑人供述而破获的案件事实上要比通过其他任何类型的证据破获的案件多得多。"(84)

因为某起犯罪而审讯犯罪嫌疑人，也许会导致其供述其他更为严重的犯罪案件。例如，审讯一个因为毒品犯罪而被审讯的毒品贩子，可能会得到供述谋杀犯罪的结果。(85) 有时候供述是侦破同一个犯罪分子实施的多起犯罪案件的必要条件。例如，即使警察可以因为某起抢劫案件而逮捕并对某个抢劫犯定罪，但如果没有其供述，警察也许就无法侦破由该抢劫犯实施的其他四起抢劫犯罪案件。(86)

在米兰达案判决后的前数十年内，破案率从整体上被作为揭示米兰达规则

(80) 参见 Richard A. Leo, *Police Interrogation and American Justice* 30 (2008) ("供述可以帮助侦查人员'侦破'案件，即结束案件材料并将案件归类为通过逮捕侦破……"); Gerald N. Rosenberg, *The Hollow Hope: Can Courts Bring About Social Change?* 328 (1991) ("经常用来评价警察工作的方式之一便是'破案'率……而破案的主要方式之一便是通过犯罪嫌疑人供述")。关于破案率是如何低估了米兰达规则对犯罪嫌疑人供述的影响解释，可以参见下引注(364)—(525)及相关文献。

(81) 要获得这类审讯发生频率的统计数据很难。参见 Cassell & Fowles，前引注⑤，第 1063 页注释 38 (收集了可以获得的数据)。

(82) Fred E. Inbau ET AL., *Criminal Interrogation and Confessions*, at xii (5th ed. 2013).

(83) Leo, Police Interrogation in America，前引注(57)，第 376 页。

(84) Leo，前引注(80)，第 187 页。

(85) 参见 Graham C. Ousey & Matthew R. Lee, "To Know the Unknown: The Decline in Homicide Clearance Rates, 1980-2000", 35 *Crim. Just. Rev.* 141, 153 (2010)。

(86) 参见 Wald et al.，前引注(51)，第 1595 页 (给出了这样破案的例子)。关于通过逮捕一个犯罪嫌疑人而破获多起案件的详细讨论请参见下文。下引注(454)—(501)及相关文献。

影响的统计数据——特别是米兰达规则的拥护者们。⑰ 例如，斯蒂芬·舒尔霍夫 1987 年那篇极具影响的赞美米兰达规则的文章声称，虽然一些关于米兰达案前后供述率变化的研究显示，在米兰达案判决后供述率出现了下降，"但在一两年之内……（破案率）就被认为已经回到了米兰达案判决之前的水平"⑱。其他许多米兰达规则的拥护者们认为，米兰达案判决后的破案率证明，米兰达规则只有好的影响。⑲ 因此，我们也根据米兰达规则的拥护者所建议的、以破案率来衡量米兰达规则对警察执法效果的影响。⑳

在破案率至少可以部分衡量米兰达规则对警察执法效果的影响的问题上可能一致。但是，正如我们稍后将详细阐述的那样㉑，当警察确定了犯罪行为人并将其逮捕时即可将该案记录为"已经侦破"，即使案件证据并不足以对犯罪嫌疑人定罪，或者甚至还不足以支持起诉。因此，破案率只是衡量米兰达规则妨碍对犯罪分子定罪情况的一种相当保守的方法。

从理论上说，我们可以通过评估侦破案件的起诉率来评估米兰达规则对警察执法效果的消极影响。如果米兰达案判决之后供述率下降，缺少犯罪嫌疑人供述使得起诉更为困难，检察官起诉的犯罪嫌疑人数因此可能下降。㉒ 实际上，

---

⑰ 参见 Richard H. Seeburger & R. Stanton Wettick, Jr., "Miranda in Pittsburgh—A Statistical Study", 29 *U. Pitt. L. Rev.* 1, 20 (1967)（讨论了将破案率作为米兰达规则影响的衡量工具问题）；James W. Witt, "Non-Coercive Interrogation and the Administration of Criminal Justice: The Impact of Miranda on Police Effectuality", 64 *J. Crim. L. & Criminology* 320, 330-31 (1973)（同上）；请比较 Yale Kamisar, "On the Tactics of Police-Prosecution Oriented Critics of the Courts", 49 *Cornell L. Q.* 436, 466-67 (1964)（对批评者们提出的，联邦最高法院的马洛里诉美国案［Mallory v. United States］判决通过限制华盛顿特区的警察审讯降低了破案率的观点进行了讨论）。

⑱ Stephen J. Schulhofer, "Reconsidering Miranda", 54 *U. Chi. L. Rev.* 435, 456 (1987)（以下简称 Schulhofer, "Reconsidering Miranda"，将推测的破案率反弹与米兰达规则"对有效的执法行动并未带来妨碍"的观点联系在一起）；还可参见 Stephen J. Schulhofer, "The Fifth Amendment at Justice: A Reply", 54 *U. Chi. L. Rev.* 950, 954 & n. 17 (1987)（以下简称 Schulhofer, "Fifth Amendment"，认为明显稳定的破案率加上其他证据，反驳了认为米兰达规则妨碍了警察执法效果的观点）。

⑲ 参见 Special Comm. on Criminal Justice in a Free Soc'y, Am. Bar Ass'n, *Criminal Justice in Crisis* 63-64 n. 53 (1988)（收集了包括破案率在内的，证明米兰达规则没有妨碍警察执法效果的证据）；Welsh S. White, "Defending Miranda: A Reply to Professor Caplan", 39 *Vand. L. Rev.* 1, 18 n. 93, 19 n. 99 (1986)（引用破案率和供述率数据来论证米兰达规则没有妨碍警察执法效果）；请比较 Leo, "The Impact of Miranda Revisited"，前引注⑰，第 645 页（认为米兰达规则并未显著地影响破案率，虽然在"某些情形下"，破案率也许出现了下降）。

⑳ 令人奇怪的是，阿尔舒勒在为本次论坛撰写的文章中批评我们以破案率作为衡量米兰达规则影响的工具。参见前引注⑩，第 885 页。但是，这一批评本应指向其他研究者，例如首先提出这一建议的舒尔霍夫。

㉑ 参见下引注㊱—㊳及相关文献。

㉒ 参见 Cassell & Hayman，前引注㊽，第 908—909 页表 15（发现在审讯成功的犯罪嫌疑人和审讯不成功的犯罪嫌疑人之间，检方的起诉决定存在统计学意义上显著性差异）。

由于缺乏检察官指控的数据,这一理论可能性仍然存在争议。对于统计分析而言,令人遗憾的是,在 20 世纪 60 年代间每年大幅变动的 FBI 指控决定数据并不够。⑬ 在 20 世纪 70 年代,FBI 开始停止披露指控决定数据。⑭

衡量米兰达规则对警察执法效果的影响的另一种具有理论可能性的途径是对定罪率进行调查。这一路径的优点是其所根据的是更为可靠的、被告人实际上有罪或者无辜的法院裁判数据。⑮ 但是,以定罪率作为标准可能会遗漏米兰达规则的许多影响。⑯ 定罪率通常取决于起诉和最终定罪的百分比,因此会遗漏那些证据过于薄弱而不具有起诉价值的案件。更为重要的是,美国的定罪率数据之差众所周知。⑰ 其基本问题是,警察机关,FBI 的数据来源,在法院最终结果报告中的位置非常差。也许是因为这一点,FBI 自 1978 年起停止披露定罪率数据。⑱ 司法统计局(Bureau of Justice Statistics)自此接手这一任务,目前披露的是美国 75 个最大郡的部分定罪率数据。⑲ 但是,因为这一数据没有回溯到米兰达案判决之时,因此也无益于当下的研究。那么,在排除这些选择之后,衡量米兰达规则长期影响的标准,也就只剩下破案率这一保守的方法了。

二、关于米兰达规则的影响,破案率告诉了我们什么

在这一小节,我们将就米兰达规则对警察执法效果的影响而言,FBI 的破案率数据告诉了我们什么进行分析。我们先从全美破案率的发展趋势切入,数据显示,在米兰达案判决后数年,全美破案率明显呈下降趋势。然后我们将转向这一下降趋势是否可以通过 20 世纪 60 年代后期发生的其他事件得到解释,例如

---

⑬ 请比较 *UCR-1965*,前引注⑦,第 103 页表 12(指出 50 980 名犯罪嫌疑人被指控暴力犯罪,四种暴力犯罪相加的总和),*UCR-1966*,前引注⑦,第 104 页表 16(指出 44 641 名犯罪嫌疑人被指控暴力犯罪,四种暴力犯罪的总和),以及 *UCR-1967*,前引注⑦,第 109 页表 16(指出 41 515 名犯罪嫌疑人被指控暴力犯罪,四种暴力犯罪的总和)。

⑭ Cassell & Fowles,前引注⑤,第 1065 页。

⑮ 参见 Monica A. Walker, "Do We Need a Clear-Up Rate?", 2 *Policing & Soc'y* 293, 304 (1992)(表明在英格兰和威尔士,定罪数据要比破案数据更好,因为他们根据的是已知的犯罪行为而不是犯罪嫌疑人数据)。

⑯ 参见 Cassell,前引注⑯,第 396—398 页(讨论了为什么定罪率数据不能显示米兰达规则是如何妨碍侦查过程的情况)。

⑰ 参见 Isaac Ehrlich & George D. Brower, "On the Issue of Causality in the Economic Model of Crime and Law Enforcement: Some Theoretical Considerations and Experimental Evidence", 77 *Am. Econ. Rev. (Papers & Proc.)* 99, 104 (1987)(发现定罪率数据"很成问题")。

⑱ 参见 Cassell & Fowles,前引注⑤,第 1066 页,注释 53。

⑲ 参见 Brian A. Reaves, U. S. Dep't of Justice, Ncj 243777, *State Court Processing Statistics: Felony Defendants in Large Urban Counties*, 2009—Statistical Tables 1 (2013)。

犯罪率的上升。对这些问题进行类型化分析的标准工具是多元回归分析。我们建立了一个包括各种潜在混合变量在内的破案率分析模型，然后得出我们关于破案率的回归分析结果。我们的回归方程表明，在米兰达案判决之后破案率立即急剧下降的趋势不能通过其他通常认为会影响破案率的因素来解释。

1. 全美破案率趋势

米兰达案判决之后破案率下降了吗？1998 年之前，学术界通常认为米兰达规则并未明显影响破案率。[100] 这一认识可能在斯蒂芬·舒尔霍夫 1987 年的《米兰达规则再思考》一文中表现得最为突出，该文认为，在米兰达案判决后不久，破案率"就被认为已经恢复到了米兰达案判决之前的水平"，而且"一项又一项研究都确证了这一趋势"。[101] 虽然舒尔霍夫在后来不得不否认自己的观点[102]，但是其1987 年的这一篇文章在后来被其他研究者不断引用，作为米兰达规则并未妨碍警察执法效果的证据。例如，耶鲁·卡米萨，也许是米兰达规则在学术界最著名的支持者和本次论坛的主旨演讲者之一，认为舒尔霍夫的文章"有效地反驳了"米兰达规则妨碍了警察执法效果的观点。[103] 其他学者也根据舒尔霍夫对破案率数据的评估对米兰达规则铐上了警察双手的观点进行了反驳。[104]

虽然舒尔霍夫等学者很乐意引用破案率理论来为米兰达规则辩护，但他们并未收集到实际的数据。例如，舒尔霍夫的脚注中只引用了两项关于破案率数据的研究。[105] 而这两项研究都没有为破案率已经恢复到了米兰达案判决之前水平的观点提供支持。[106] 事实上，少有的其他几项关于米兰达案判决后破案率的统

---

[100] 参见 Leo, "The Impact of Miranda Revisited"，前引注㊼，第 645—646 页（认为米兰达规则"对警察获取犯罪嫌疑人的供述和破案能力只有消极影响……已经成为学者们的约定俗成的智识"）。

[101] Schulhofer, "Reconsidering Miranda"，前引注㊳，第 456 页。

[102] 参见 Stephen J. Schulhofer, "Miranda and Clearance Rates", 91 *Nw. U. L. Rev.* 278, 278-80 (1996)（认为虽然在米兰达案判决后破案率事实上确实出现了下降，但这一下降应归咎于米兰达规则之外的其他因素）。

[103] Yale Kamisar, "Remembering the 'Old World' of Criminal Procedure: A Reply to Professor Grano", 23 *U. Mich. J. L. Reform* 537, 586-87 n. 164 (1990).

[104] 参见 Cassell & Fowles，前引注⑤，第 1066 页注释 57。

[105] Schulhofer, "Reconsidering Miranda"，前引注㊳，第 456 页注释 52（"其他地方的供述率下降被首先注意到，但在一年内，破案率和定罪率被认为又回到了米兰达案判决之前的水平。此后的研究证实了这一点。"）；还可参见 Schulhofer, "Fifth Amendment"，前引注㊳，第 954 页注释 17（"显然，这种情形很少出现，因为，正如我在文章中强调的那样，供述率下降并没有导致破案率和定罪率的显著下降"）。

[106] 其中一项研究发现与舒尔霍夫的观点恰恰相反。参见 Neal A. Milmer, *The Court and Local Law Enforcement: The Impact of Miranda* 217 (1971)（该项研究发现，在威斯康星州的四个城市中有三个城市的破案率在 1967 年初出现了显著下降）。另一项研究是在匹兹堡进行的，该项研究结果较为含糊，注意到了"自 1966 年上半年起破案率出现了下降。对此可能有几种解释，其中之一是米兰达规则的实施对匹兹堡警察的影响"。Seeburger & Wettick，前引注㊼，第 24 页。

计分析表明，破案率确实下降了。在纽约市，1967 年 2 月，纽约市警察局（NYPD）的副局长披露说，1966 年破案率下降了 10 个百分点。⑩ 对此，其将下降的原因归咎于"部分是因为联邦最高法院最近的判决限制了法庭上供述的可采性"。⑩ 在加利福尼亚州的"海城"，"洛杉矶大都会区的一块八平方公里的飞地"，在米兰达案判决后三年内破案率下降了大约 3 个百分点。⑩

特别明显的是，因为在 20 世纪 90 年代中期，没有人对 FBI 的全美破案率数据进行过细致的研究，以分析是否受到了米兰达规则的影响。⑩ 为此，我们在 1998 年前后发表的数篇文章中开始尝试改变这一状况。⑪ 与米兰达规则的拥护者们所暗指的相反，FBI 在 UCR 中所提供的全美数据显示，事实上，在米兰达案判决后全美的破案率出现了急剧下降，并且此后一直保持在较低的水平之下。米兰达案判决前的 1965 年，UCR 指出，全美"全部"（grand total）犯罪⑫的破案率"实际上自 1964 年来并未发生变化"。⑬ 而在接下来的那一年 6 月，联邦最高法院对米兰达案作出了判决。1966 年底，UCR（该报告通常都是以果断乐观的词汇来描述警察工作）承认，全美破案率出现了明显的下降。⑭ 实际上，UCR 注意到的 1965 年至 1966 年的破案率下降就等于 1961 年至 1966 年间破案率的整体下降。⑮ 1966 年破案率的下降"已经被所有人群和所有地区一致注意到"。⑯ 在接下来的 1967 年，UCR 继续报告着全面的坏消息。⑰ 再次报告称破案率的下降

---

⑩ 参见 Bernard Weinraub, "Crime Reports Up 72% Here in 1966; Actual Rise Is 6.5%", *N. Y. Times*, Feb. 21, 1967, at A1. 关于纽约市的破案率数据更为全面的讨论参见下引注第 252—290 及相应正文。

⑩ Weinraub，前引注⑩，第 A1 版。

⑩ Witt，前引注㊸，第 322，330—331 页；还可参见 Cassell & Fowles, 前引注⑤，第 1067 页、注释 62（整理了米兰达案后破案率变化的其他报告信息）。

⑩ 有关破案率许多方面的研究整体上较为缺乏。参见 Marc Riedel, "Homicide Arrest Clearances: A Review of the Literature", 2 *Soc. Compass* 1145, 1147-48 (2008)。

⑪ 参见 Cassell & Fowles, 前引注⑤，第 1057—1060 页。

⑫ FBI 的全美破案率数据解释了"全部"犯罪案件的破案情况。Cassell & Fowles, 前引注⑤，第 1133 页。这一数据包括了 UCR 的 7 种"指数犯罪"（即谋杀、强奸、抢劫、伤害、夜盗、50 美元以上的偷窃、机动车盗窃），过失杀人，以及 50 美元以下的偷窃。同上引注。

⑬ UCR-1965，前引注㊹，第 18 页（"全部"犯罪的破案率为 24.6%，指数犯罪的破案率为 26.3%）。

⑭ 参见 UCR-1966，前引注㊹，第 27 页（"然而，从全美范围来看，警察在 1965 年的[指数犯罪案件]破案率为 26.3%，1966 年下降为 24.3%。指数犯罪案件的破案率基本上都出现了下降，其中抢劫犯罪案件的破案率下降较大，达 14 个百分点"）。

⑮ 同上引注。

⑯ 同上引注。

⑰ 参见 UCR-1967，前引注㊹，第 30 页（"然而，1966 年这些犯罪案件的全美破案率为 24.3%，至 1967 年下降为 22.4%。每种指数犯罪案件的破案率均出现了下降，其中机动车盗窃犯罪案件的破案率下降最为显著……"）。

"已经被所有人群和所有地区一致注意到"。⑱ 1968 年,UCR 承认破案率出现了再次下降。⑲ 1969 年,UCR 报告称大部分破案率出现了些微下降⑳,而在 1970 年,UCR 报告的是,破案率没有发生变化。㉑ 自 1970 年以来,破案率就大致维持在当时的水平。

将 FBI 的破案率年度报告数据制作成图,可以为我们观察破案率变化情况提供一个长期视角。图 5-2 显示的是自 1950—2012 年全美暴力犯罪的破案率情况(即非过失杀人、强奸、重伤害和抢劫案)。

**图 5-2　1950—2012 年全美暴力犯罪破案率情况**

如图 5-2 所示,1950—1965 年间,暴力犯罪的破案率相当稳定,总体都在 60% 上下。从 1962 年至 1965 年,甚至还出现了些微的增长。接着,在米兰达案

---

⑱　同上引注。
⑲　参见 UCR-1968,前引注㊾,第 30 页("然而,1967 年这些犯罪案件的全美破案率为 22.4%,至 1968 年下降为 20.9%。每种指数犯罪案件的破案率均出现了下降")。
⑳　参见 UCR-1969,前引注㊾,第 28 页("然而,1968 年这些犯罪案件的全美破案率为 20.9%,至 1969 年下降为 20.1%。除了谋杀和强奸犯罪案件外,每种指数犯罪案件的破案率均出现了下降")。
㉑　参见 UCR-1970,前引注㊾,第 30 页("1970 年执法机关对指数犯罪案件的破案率为 20%。值得注意的是这与 1969 年的破案率一样")。

判决后的三年内，破案率出现了急剧下降，1966 年 55%、1967 年 51%、1968 年 47%。⑫ 此后，暴力犯罪的破案率就一直徘徊在 45% 左右。因为米兰达规则要发挥影响可能需要几年的时间——同时警务实践和健谈的犯罪嫌疑人都适应了新的规则⑬——对破案率长期趋势简单的直接观察表明，米兰达规则严重妨碍了警察的破案效果。另外，与那些认为破案率已经恢复到米兰达案判决之前水平的观点相反⑭，事实上自米兰达案判决以来，暴力犯罪的破案率就一直处于低迷状态。

如图 5-3 所示，财产犯罪的破案率也呈现出类似的走势。

图 5-3　1950—2012 年全美财产犯罪破案率情况

和暴力犯罪一样，财产犯罪的破案率数据显示，在米兰达案判决后，破案率急剧下跌，并在此后一直低迷。

---

⑫　需要明确的是，1965 年是米兰达案判决前最后一年，如图 5-2 所示，这是"米兰达案判决前"和"米兰达案判决后"破案率曲线的顶点。因为 FBI 的数据是按年度披露的，1966 年的数据是米兰达规则影响的第一次表现。

⑬　参见下引注⑭—⑱及相关文献。

⑭　参见 Schulhofer, "Reconsidering Miranda", 前引注⑧，第 456 页。

2. 对可能影响破案率的竞争原因之回归分析

对米兰达规则导致了破案率下降这一假设更为全面的分析必须考虑其他可能影响破案率的因素。如果另一个因素——我们称之为"X因素"——导致了破案率从1966年至1968年的下跌,那么,米兰达规则就可以不为此担责。⑮

对这些相互冲突的可能性进行类型化处理的标准技术是多元回归分析。1998年,我们利用当时可得的破案率数据进行了一项初步多元回归分析。⑯ 在本文中,我们将利用后来披露的更多数据和可以用来处理参数及模式不确定性问题的更多统计学工具对此前的破案率回归方程进行拓展。

我们运用的统计技术是间断时间序列方案(interrupted time series design)。特别是,在控制了其他相关因素的情况下,我们对在米兰达案判决时破案率是否发生了可见的变化进行了分析。但是,在对多元回归方程的复杂性进行全面分析之前,有一个重要的问题必须强调。

虽然可以用复杂的计量经济学技术来分析破案率数据,但是简单的直接观察同样有其意义。⑰ 前节图表向我们展示了米兰达案判决后破案率的急剧下降,其整体与米兰达规则的批判者们提出的米兰达规则铐上了警察双手的假设完美契合。我们好奇的是,那些假设米兰达案判决后破案率一直保持稳定⑱并以此为据认为米兰达规则对警察执法效果没有消极影响的拥护者们,现在是否仍然坚持他们的方法论路径,是否会反思他们的立场并且同意米兰达规则事实上妨碍了警察执法效果的判断。

下面我们要说的是,对全美破案率数据进行时间序列分析的非必要性,因为米兰达案判决排除了使用其他普通统计技术的可能性。对社会政策进行评估优先选择的方法是实证法,即通过对两个(至少是两个)司法管辖区进行比较,一个

---

⑮ 参见 Stephen J. Schulhofer, "Bashing Miranda Is Unjustified—And Harmful", 20 *Harv. J. L. & Pub. Pol'y* 347, 364-72 (1997); Schulhofer, 前引注⑩, 第280—285页。

⑯ 参见 Cassell & Fowles, 前引注⑤。

⑰ 参见 Gary A. Mauser & Richard A. Holmes, "An Evaluation of the 1977 Canadian Firearms Legislation", 16 *Evaluation Rev.* 603, 604 (1992)("虽然并不复杂,视觉观察具有可以对跨时段趋势进行评估的优势,因此可以确定其间……可能存在的联系"); Stephen Rushin & Griffin Edwards, "De-Policing", 102 *Cornell L. Rev.* 721, 759 n.183 (2017) (该文指出,对"[刑事司法数据]自然走向的视觉观察也许有所帮助")。参见 Corey L. Lanum, *Visualizing Graph Data* (2017)。许多学者也说过这一技巧。参见 Cassell & Fowles, 前引注⑤, 第1071页注释80; 还可参见 Albert W. Alschuler, "Studying the Exclusionary Rule: An Empirical Classic", 75 *U. Chi. L. Rev.* 1365, 1365-69 (2008) (肯定了在达林·H.奥克斯[Dallin H. Oaks]进行的非法证据排除规则前后的直接比较,"Studying the Exclusionary Rule in Search and Seizure", 37 *U. Chi. L. Rev.* 665 [1970])。

⑱ 参见前引注⑩—⑭及相关文献。

适用新的政策,另一个作为"控制"对象,不适用新政策。⑫ 不幸的是,就米兰达规则而言,不可能运用这一方法。1966 年 6 月 13 日,联邦最高法院要求全美所有司法管辖区遵守该案判决规定的审讯程序。⑬ 此后,全美警察机关都一体遵循米兰达规则的要求,不得有一点偏离。⑭ 因此,不可能控制参照组与目标组对比。实际上,将警察审讯法律"宪法化"已经阻止了在这一领域进行控制下实验这一事实归入米兰达规则的成本似乎是公平的。⑮

我们也使用了时间序列分析,因为另一个类似的常用统计技术,横截面或者面板数据分析对我们没用。⑯ 在这项"准实验性"方法中,法律的影响被逐州分析,将来自实施某项法律制度的州的数据,与未实施该制度的州的数据进行对比。⑰ 例如,我们中间有人(理查德·福尔斯)最近对摩托车头盔法在各州的变化(除了别的事情外)进行了细致的分析,从而对这些法律变化是否减少了摩托车事故的死亡情况进行判断⑱,此前也作过不同州关于限速和酒驾法律对交通事故死亡的影响研究。⑲

---

⑫ Rushin & Edwards,前引注⑫,第 740 页("评价某项社会政策效果的较优方法是进行'真正的实验分析,随机选择一个实施了新政策,另一个没有实施新政策的区域作为参照对象进行比较。'"引自 Cassell & Fowles,前引注⑤,第 1072 页)。还可参见 Stephanie R. deLusé & Sanford L. Braver, "A Rigorous Quasi-Experimental Design to Evaluate the Causal Effect of a Mandatory Divorce Education Program", 53 *Fam. Ct. Rev.* 66, 69 (2015)(该项研究对一群注册了离婚教育活动方案的夫妻与一群未参与这一教育活动的夫妻的离婚情况进行了比较);Daniel E. Ho & Donald B. Rubin, "Credible Causal Inference for Empirical Legal Studies", 7 *Ann. Rev. L. & Soc. Sci.* 17, 20 (2011)(对这一方案进行了整体描述)。

⑬ Miranda v. Arizona, 384 U. S. 436, 469, 488-89 (1966)。

⑭ 参见 Paul G. Cassell, "The Costs of the Miranda Mandate:A Lesson in the Dangers of Inflexible, 'Prophylactic' Supreme Court Inventions", 28 *Ariz. St. L. J.* 299, 311 (1996)(文章注意到警察机关不愿意寻找米兰达规则的替代品)。

⑮ 参见 Cassell & Hayman,前引注㊽,第 922 页(文章认为米兰达规则阻止了人们对重要审讯问题的研究)。

⑯ 参见 Marc Nerlove, *Essays in Panel Data Econometrics* 1-70 (2002)(讨论了统计经济学中面板数据分析的历史)。

⑰ 参见 Abhay Aneja, John J. Donohue III & Alexandria Zhang, "The Impact of Right-to-Carry Laws and the NRC Report:Lessons for the Empirical Evaluation of Law and Policy", 13 *Am. L. & Econ. Rev.* 565, 566 (2011)(对 John R. Lott, Jr., *More Guns, Less Crime* [2d ed. 2000]一书进行了讨论);Raymond A. Atkins & Paul H. Rubin, "Effects of Criminal Procedure on Crime Rates:Mapping Out the Consequences of the Exclusionary Rule", 46 *J. L. & Econ.* 157, 167-68 (2003)(描述了对 Map v. Ohio 案判决对犯罪率影响的截面分析参数);Nadia Greenhalgh-Stanley & Shawn Rohlin, "How Does Bankruptcy Law Impact the Elderly's Business and Housing Decisions?", 56 *J. L. & Econ.* 417, 425 (2013)("为了识别和认定破产法的因果影响,我们使用了截面分析和面板分析方法")。

⑱ 参见 Richard Fowles & Peter D. Loeb, "Sturdy Inference:A Bayesian Analysis of U. S. Motorcycle Helmet Laws", 55 *J. Transp. Res. F.* 41 (2016)(研究发现,统一摩托车头盔法律减少了摩托车事故中的死亡事件)。

⑲ Gail Blattenberger, Richard Fowles & Peter D. Loeb, "Determinants of Motor Vehicle Crash Fatalities Using Bayesian Model Selection Methods", 43 *Res. Transp. Econ.* 112, 115-16 (2013);还可参见 Gail Blattenberger, Richard Fowles, Peter D. Loeb & Wm. A. Clarke, "Understanding the Cell Phone Effect on Vehicle Fatalities:A Bayesian View", 44 *Applied Econ.* 1823, 1823-24 (2012)(通过面板数据和经典回归分析法,分析了一些因素对汽车事故死亡率的影响)。

但是，在研究米兰达规则的影响时，尽管舒尔霍夫先前已经说过㊉，逐州分析的方法毫无意义。没有未受米兰达规则影响的"控制"参照司法管辖区。正如斯蒂芬·拉欣（Stephen Rushin）和格里芬·爱德华兹（Griffin Edwards）曾经说过的那样："当美国联邦最高法院宣布跟米兰达案判决一样能够转换成执法规则的判决时……其判决就对所有各州和地方执法机关都具有同样的约束力。以至于对研究者而言，不可能找到一个受米兰达规则约束……而在同一时期的类似情形下，另一个不受这些判决约束的警察局进行比较"㊈，至少在美国无法找到㊉。另外，作为一个实践性问题，似乎也不可能获得我们的回归方程中相关变量的合适的横截面数，这样的数据，即使有，也可能被其他问题污染了。㊉

---

㊉ 参见 Cassell & Fowles，前引注⑤，第 1072 页（注意到了舒尔霍夫提出的通过比较各州数据的"截面"分析方法对米兰达规则进行研究的建议，而且指出舒尔霍夫的这是个"几乎不可避免的"做法观点引证之一，事实上，是与我们的研究类似的全美范围的时间序列分析）。

㊈ Rushin & Edwards，前引注㊉，第 726 页注释 5。从理论上看，这些研究也许是可能的，如果一些司法管辖区在米兰达案判决之前就按照（类似）米兰达规则的要求进行审讯，而其他一些司法管辖区没有的话。参见 Atkins & Rubin，前引注㊉，第 158 页（认为，因为在联邦最高法院在马普诉俄亥俄州［Mapp v. Ohio］案判决中强制各州实施非法证据排除规则之前，一些州已经开始实施了，从统计分析的角度看，就已经有参照对象了）；Abraham N. Tennenbaum, "The Influence of the Garner Decision on Police Use of Deadly Force", 85 *J. Crim. L. & Criminology* 241, 247-48, 255-56 (1994)（以各州比较数据对全美的间断时间序列数据进行了补充）；还可参见 Scott DeVito & Andrew W. Jurs, "'Doubling-Down' for Defendants: The Pernicious Effects of Tort Reform", 118 *Penn St. L. Rev.* 543, 583-84 (2014)（在对侵权法改革的时间序列分析中，使用了混合影响分析法）；Benjamin Steiner & Emily Wright, "Assessing the Relative Effects of State Direct File Waiver Laws on Violent Juvenile Crime: Deterrence or Irrelevance?", 96 *J. Crim. L. & Criminology* 1451, 1460-64 (2006)（在时间序列分析中，以类似的州作为参照组，进行了准实验性多重间断时间序列分析）；请比较 Matthew Desmond, Andrew V. Papachristos & David S. Kirk, "Police Violence and Citizen Crime Reporting in the Black Community", 81 *Am. Soc. Rev.* 857, 862 (2016)（运用非等效且不受影响的因变量对 911 报警电话和各种控制比较因素进行了间断时间序列分析）；Andrew Jurs & Scott DeVito, "The Stricter Standard: An Empirical Assessment of Daubert's Effect on Civil Defendants", 62 *Cath. U. L. Rev.* 675, 677-88 (2013)（对联邦法院采纳了多伯特［Daubert］规则之后，实施专家证人证言规则的州与在联邦最高法院采纳多伯特规则之前即已实施了专家证人证言规则的州进行了比较）。然而，在本文的研究主题下，不存在这样的可能性。在 Escobedo v. Illinois, 378 U. S. 478 (1964) 案之前，没有哪个州已经实施了类似于完整的米兰达规则的制度。即使在 1964—1966 年间，也只有少数几个州在朝向米兰达规则方向转变，但并不强制要求实施完整的米兰达规则要求。Miranda v. Arizona, 384 U. S. 436, 519-20 n. 17, 521 (1966)（哈伦大法官的反对意见）（对相关案例进行了总结，并且认为，没有"哪个州自己选择了走到这一步"）；还可参见 Cassell，前引注⑯，第 493—496 页（对埃斯科贝多案判决之后对警察审讯犯罪嫌疑人时的权利警告尝试进行了讨论，并且认为，供述率最大的下降是米兰达规则中要求警察审讯之前必须获得犯罪嫌疑人弃权的要求造成的）。

㊉ 也许可以对美国的供述率与其他国家的供述率进行比较。参见前引注㊈。

㊉ 参见 Cassell & Fowles，前引注⑤，第 1073 页、注释 90—91。

无论如何,间断时间序列分析相当适宜用来评估某项法律改革的效果。⑭ 这项统计技术通常被用于评估法律变化的影响。⑮ 标准的统计学教科书都认为,如果在数据分析时细致一些,并且对其他那些未纳入回归方程中的因素也考虑到了的话,这一技术很适合于这些问题。⑯

3. 破案率模型

建构任何时间序列模型的第一步是确定模型所要包括的相关变量。在我们1998年的那篇文章中,我们列举了所使用的变量,并详细说明了选择这些变量的正当理由。⑰ 我们征求了那些对我们先前文章中的细节感兴趣的人。在这篇文章中,我们只是对我们所运用的方法作一个非常简短的概括。

关于我们的因变量,基于前文讨论过的原因,我们感兴趣的显然是破案率。为了获得一个更为全面的画面,我们使用了FBI公布的全美破案率数据。下文

---

⑭ D. J. Pyle & D. F. Deadman, "Assessing the Impact of Legal Reform by Intervention Analysis", 13 *Int'l Rev. L. & Econ.* 193, 213 (1993)("法律改革应该是经常运用干预分析的一个领域");还可参见 Anthony Biglan, Dennis Ary & Alexander C. Wagenaar, "The Value of Interrupted Time-Series Experiments for Community Intervention Research", 1 *Prevention Sci.* 31, 31 (2000)("时间序列方案可以形成社区干预影响方面的知识,而且随机控制审判环境下的政策也太昂贵,不够成熟,或者说不具实际可行性")。

⑮ 参见 Jessica Dennis et al., "Helmet Legislation and Admissions to Hospital for Cycling Related Head Injuries in Canadian Provinces and Territories: Interrupted Time Series Analysis", *BMJ*, May 2013, at 2(研究了摩托车头盔法和事故之后入院治疗之间的关系);David K. Humphreys, Antonio Gasparrini & Douglas J. Wiebe, "Evaluating the Impact of Florida's 'Stand Your Ground' Self-Defense Law on Homicide and Suicide by Firearm: An Interrupted Time Series Study", 177 *Jama Internal Med.* 44, 45 (2017)("我们使用了佛罗里达州正当防卫法生效以来的数据对该法律之于谋杀率和使用武器谋杀的影响进行了自然实验评估");Ted Joyce, "A Simple Test of Abortion and Crime", 91 *Rev. Econ. & Stat.* 112, 112-13 (2009)(对联邦最高法院作出的罗伊诉韦德[Roe v. Wade]案判决对犯罪率的影响进行了评估);H. Laurence Ross, Richard McCleary & Gary LaFree, "Can Mandatory Jail Laws Deter Drunk Driving? The Arizona Case", 81 *J. Crim. L. & Criminology* 156, 161 (1990)("为了检验法律实施之时与酒精相关的死亡事件是否减少,我们运用间断时间序列准实验性研究方案对相关数据进行了分析");Bob Edward Vásquez, Sean Maddan & Jeffery T. Walker, "The Influence of Sex Offender Registration and Notification Laws in the United States: A Time-Series Analysis", 54 *Crime & Delinq.* 175, 182-86 (2008)(对《梅根法案》[Megan's Law]对强奸犯罪的影响进行了评估);Franklin E. Zimring, "Firearms and Federal Law: The Gun Control Act of 1968", 4. *J. Legal Stud.* 133, 171-94 (1975)(运用时间序列分析法对《控枪法》[Gun Control Act]的影响进行了研究)。

⑯ 参见 William R. Shadish, Thomas D. Cook & Donald T. Campbell, *Experimental and Quasi-Experimental Designs for Generalized Causal Inference* 103-34 (2002)。

⑰ 参见 Cassell & Fowles,前引注,第1074—1082页。关于我们对方程的"限定"是否恰当的问题更为细致的讨论可以参见本文第三节。

我们将详细讨论FBI的破案率数据可能存在的问题。⑯首先需要说明的是,我们使用混合的全美破案率数据是因为这些数据可能具有使来自小规模数据的"噪点"(noise)最小化的效果。FBI还公布了以人口规模为标准进行分类之后的各类城市破案率数据。下文我们也将对这些组别数据进行讨论。⑯

我们的回归方程还包括了破案率的各种自变量或者解释性变量。但是,确定将这些因素作为自变量,在某种程度上还是个挑战,因为有关破案率的文献少到令人吃惊,特别是针对破案率进行历时性评估的文献更少。⑰可得的既有研究表明,对破案率的解释还有许多工作要做。⑱但是,可得的既有研究还是提供了一些可能的控制变量。

最经常被用来作为影响破案率因素的是犯罪率。主流的观点是,因为警察要侦破的案件更多,所以,他们破获案件的百分比就更低⑲——有人将之称为"过载"(overload)理论⑳、"负载过重"(overtaxing)理论㉑,或者是"案件量紧张"(caseload strain)理论㉒。虽然这一理论具有很强的理论和直接吸引力,但

---

⑯ 参见下引注㉔—㉚及相关文献。
⑯ 参见下引注㉚—㉕及相关文献。
⑰ 参见 Edward R. Maguire et al., "Why Homicide Clearance Rates Decrease: Evidence from the Caribbean", 20 *J. Policing & Soc'y* 373, 379-80 (2010)(作者注意到 2010 年一项研究是关于发展中国家破案率的第一篇英文文献);Ousey & Lee,前引注⑮,第 142 页("有关谋杀案件侦查的研究不够充分……");David Schroeder, "DNA and Homicide Clearance: What's Really Going On?", 7 *J. Inst. Just. & Int'l Stud.* 279, 279 (2007)(注意到有关谋杀案件侦查的"研究缺乏")。

⑱ 参见 John P. Jarvis & Wendy C. Regoeczi, "Homicides Clearances: An Analysis of Arrest Versus Exceptional Outcomes", 13 *Homicide Stud.* 174, 174 (2009)(指出谋杀犯罪案件的破案率问题远未引起研究者的注意);Kenneth J. Litwin, "A Multilevel Multivariate Analysis of Factors Affecting Homicide Clearances", 41 *J. Res. Crime & Delinq.* 327, 328-37 (2004)(注意到有关破案率的各种相互冲突的理论和"关于影响谋杀犯罪案件破案率的因素方面的研究很有限,而且一些研究结论也不一致");Elizabeth Ehrhardt Mustaine et al., "Can Social Disorganization or Case Characteristics Explain Sexual Assault Case Clearances?", 7 *Victims & Offenders* 255, 255-56 (2012)("认为在与破案相关的因素中,执法虽然是刑事司法中的一个重要问题,但并非最重要的")。

⑲ Cassell & Fowles,前引注⑤,第 1076—1077 页(讨论了犯罪与破案率之间的关系);还可参见 Maguire et al.,前引注⑰,第 388—390 页。

⑳ Michael Geerken & Walter R. Gove, "Deterrence, Overload, and Incapacitation: An Empirical Evaluation", 56 *Soc. Forces* 424, 429-31 (1977)。

㉑ Daniel Nagin, "General Deterrence: A Review of the Empirical Evidence", in *Deterrence and Incapacitation: Estimating the Effects of Criminal Sanctions on Crime Rates* 95, 119 (Alfred Blumstein, Jacqueline Cohen & Daniel Nagin eds., 1978)。

㉒ Kenneth J. Litwin & Yili Xu, "The Dynamic Nature of Homicide Clearances: A Multilevel Model Comparison of Three Time Periods", 11 *Homicide Stud.* 94, 101 (2007)。

经验性根据与此并不完全一致。⑬另外,整个20世纪60年代及其后犯罪率显著上升,然后在20世纪90年代早期开始显著下降,这一模式与破案率在1966—1968年间的急剧下降之间并不对应。为了控制犯罪数量,我们收集了FBI公布的1950年至2012年间每个年度发生的,被FBI界定为"暴力"犯罪的案件数。⑭然后将"暴力"犯罪案件数除以全美居民人数转换成犯罪率数据,并将之设定为"暴力犯罪率"。⑮

除了犯罪率,最经常被视为影响破案率的因素是执法警力和执法经费投入。⑯该观点认为,投入更多的警力和资源,就可以侦破更多的案件,虽然(再次)从直觉而言,这一假设具有一定的吸引力,但这些研究褒贬不一。⑰为了控制这些因素可能产生的影响,我们收集了人均警力数量("警察数量"),以及根据消费价格指数进行通货膨胀调整之后的各州以及地方政府对警察的人均支出美元情

---

⑬ 请比较 Jan M. Chaiken, U.S. Dep't of Justice, R-1777-DOJ, *The Criminal Investigation Process Volume II: Survey of Municipal and County PoliCe Departments* 41 (1975)(支持假设);Hyunseok Jang, Larry T. Hoover & Brian A. Lawton, "Effect of Broken Windows Enforcement on Clearance Rates", 36 *J. Crim. Just.* 529, 536 (2008)(同前);Maguire et al., s 前引注⑭, 第388—390页(同前);Gorazd Meško, Darko Maver & Ines Klinkon, "Urban Crime and Criminal Investigation in Slovenia", in *Urbanization, Policing, and Security: Global Perspectives* 301, 317 (Gary Cordner, AnnMarie Cordner & Dilip K. Das eds., 2010)(该项研究提供了来自斯洛文尼亚的支持性数据);Ko-Hsin Hsu, Homicide Clearance Determinants: An Analysis of the Police Departments of the 100 Largest U.S. Cities 58 (2007)(未出版的硕士论文,马里兰大学帕克学院)(作者本人存档稿)("最后,更多的警察数量显著地改变[提高]了低破案率警察局谋杀犯罪案件的破案率情况");William M. Doerner & William G. Doerner, "Police Accreditation and Clearance Rates", 35 *Policing: Int'l J. Police Strategies & Mgmt.* 6, 18 (2012)(认为犯罪率的上升给警察的侦查破案带来了更大的压力);Litwin & Xu, 前引注⑫, 第108页(对这一假设没有持非常有限);Ousey & Lee, 前引注⑮, 第150页(几乎没有发现过载理论的证据);Paul-Philippe Paré, Richard B. Felson & Marc Ouimet, "Community Variation in Crime Clearance: A Multilevel Analysis with Comments on Assessing Police Performance", 23 *J. Quantitative Criminology* 243, 252 (2007)(介绍了一项加拿大的研究,发现工作负担只影响轻罪的破案率,而不影响暴力犯罪和财产犯罪的破案率);Janice L. Puckett & Richard J. Lundman, Factors Affecting Homicide Clearances: Multivariate Analysis of a More Complete Conceptual Framework, 40 *J. Res. Crime & Delinq.* 171, 183 (2003)(发现侦查人员的工作负担对谋杀犯罪案件的侦破没有影响);Aki Roberts, "The Influences of Incident and Contextual Characteristics on Crime Clearance of Nonlethal Violence: A Multilevel Event History Analysis", 36 *J. Crim. Just.* 61, 68-69 (2008)(发现警力资源对破案率没有显著影响)。更多论述可以参见 Cassell & Fowles, 前引注⑤, 第1077页注释113(对这一问题的早期研究进行了梳理)。

⑭ 在FBI的*UCR*中,暴力犯罪是指谋杀、强奸、抢劫和加重伤害犯罪。

⑮ 在我们此前的文章中,我们将整体犯罪率作为衡量警察工作负担的指标。参见 Cassell & Fowles, 前引注⑤, 第1077页。在本文中,我们努力使我们与约翰·多诺霍的研究方法之间的差异最小化,为此,我们将暴力犯罪率作为衡量指标。参见 Donohue, 前引注⑦, 第1153—1155、1164—1165页(对以暴力犯罪率为衡量警察工作负担指标的正当理由进行了论证)。

⑯ Cassell & Fowles, 前引注⑤, 第1077—1078页。

⑰ Id. at 1077-78 & n. 117; 还可参见 Charles Wellford & James Cronin, "Clearing Up Homicide Clearance Rates", 243 *Nat'l Inst. Just. J.* 2, 6 (2000)(发现安排更多的侦查人员参与调查是谋杀犯罪案件破案率提高的因素之一);Inimai M. Chettiar, More Police, "Managed More Effectively, Really Can Reduce Crime", Atlantic (Feb. 11, 2015), http://www.theatlantic.com/national/archive/2015/02/more-police-managed-moreeffectively-really-can-reducecrime/385390/ [https://perma.cc/UH3B-ZW2C]。

况("财政投入")。[158]

因为我们关注的焦点是警察工作,因此没有将刑事诉讼程序后面阶段的变量,例如量刑等包括在内。监禁率如何影响犯罪率是一个充满争议的主题。[159] 因为我们关注的是刑事诉讼程序的"前端"(front end)——警察侦查行为——对程序后端事件的控制在我们看来并非特别重要。

刑事司法程序之内变量并非唯一可能影响破案率的因素。刑事司法研究指出还有其他变量,包括人口统计学上的变量曾经被视为对破案率,或者更确切地说对犯罪率有一些影响。[160] 虽然关于人口统计学变量"过度模式化"已经引起了

---

[158] 舒尔霍夫曾经认为,破案率反映的不只是执法人力和支出的变化,还有这些变量与犯罪总数之间的互动关系——他把这称之为制度的"能力"。参见 Schulhofer, 前引注[102],第 291 页。为了检验他的这一假设,我们在此前文章的回归方程中加入了人力(Personnel Capacity)变量,并将之界定为人均警察比除以指数犯罪率;财力(Dollar Capacity)变量,将之界定为用于警察队伍的国民人均支出(通胀调整之后的)美元金额除以指数犯罪率。参见 Cassell & Fowles, 前引注[5],第 1078 页。然而,这些人为设定的变量对我们先前的回归方程几乎没有影响,因此在本文中我们不再将其纳入回归方程之中。同上引注,第 1083 页表 I。

[159] 比较 Barrt Latzer, *The Rise and Fall of Violent Crime in America* 249 (2016) (认为"复活了的刑事司法体制"是 20 世纪 90 年代犯罪率呈下降趋势的重要原因之一);Bert Useem & Anne Morrison Piehl, *Prison State:The Challenge of Mass Incarceration* 51-80 (2008) (提出了"监狱越多,犯罪越少"这一观点的证据);以及 Oliver Roeder, Lauren-Brooke Eisen & Julia Bowling, Brennan Ctr. for Justice, *What Caused the Crime Decline*? 3-4 (2015), https://www.brennancenter.org/publication/what-caused-crime-decline [https://perma.cc/4SRA-NGAA]。

[160] 在我们先前的文章中,我们解释了没有将种族因素作为一个变量纳入回归方程的理由,因为在众多原因中,长期的程度变化不太可能用来解释短期的破案率剧变,而且种族因素与破案率之间的关系亦缺乏足够的经验性证据支撑。参见 Cassell & Fowles, 前引注[5],第 1078 页注释 121 (引自 Peggy S. Sullivan, Determinants of Crime and Clearance Rates for Seven Index Crimes 163-64 [Dec. 1985] [未出版博士论文,凡德比特大学] [作者本人存档稿])。此后,一些研究表明,种族因素也许与破案率之间存在某种联系,但是这一结论存在争议。参见 Lynn A. Addington, "Using National Incident-Based Reporting System Murder Data to Evaluate Clearance Predictors", 10 *Homicide Stud*. 140, 148 (2006) (研究发现,被害者为白人要比被害人为非白人的谋杀案件破案可能性更高);Catherine Lee, "The Value of Life in Death:Multiple Regression and Event History Analyses of Homicide Clearance in Los Angeles County", 33 *J. Crim. Just*. 527, 530 (2005) (研究发现被害人为非白人的谋杀案件破案可能性更高);Yili Xu, "Characteristics of Homicide Events and the Decline in Homicide Clearance:A Longitudinal Approach to the Dynamic Relationship, Chicago 1966—1995", 33 *Crim. Just. Rev*. 453, 465-66 (2008) (发现被害人为拉丁裔,在一些模型下为非裔美国人时,破案的可能性更低);请比较 Litwin, 前引注[14],第 339 页(发现被害人为非裔美国人的谋杀案件的破案可能性并不会更低,但当被害人为拉丁裔时,破案的可能性更低)。但请参见 Ousey & Lee, 前引注[85],第 149 页(发现人口的种族构成对谋杀案件的破案率没什么影响)。因为我们还是认为长期的种族人口学可能在我们的回归方程中的预测力较弱,因此我们在此没有将种族因素纳入。犯罪学家们一直在更宽泛意义上争论"随意性"(discretionary)因素(例如,被害人的社会地位)或者"非随意性"因素(例如警察工作负担)是否能够解释破案率的问题。参见 Brian Lockwood, "What Clears Burglary Offenses? Estimating the Influences of Multiple Perspectives of Burglary Clearance in Philadelphia", 37 *Policing* 746, 748 (2014) (对这篇文章的引证文献进行了梳理)。因为对这些假设的经验性支持"显然混杂",而且这些一般态度变量不可能解释 1966—1968 年间破案率的突然变化,我们也没把这些变量包括在内。同上引注,第 748—749 页。

刑事司法研究的关注[160]，我们认为一些有限的变量还是可以适当地包括在内的。在这些因素中，最引人注目的也许是处于易于犯罪（crime-prone）年龄阶段的未成年人数量。大部分犯罪都是那些处于青春期或者刚刚成年时的人实施的。[161] 年轻人数量的增加，特别是与第二次世界大战后"婴儿潮"（baby boom）一起，被与犯罪率的变化联系在一起。[162] 被认为影响了犯罪率的年龄段通常被界定在15—24岁之间[163]，这与比较容易获得的人口普查数据结果较为接近。此外，还有一些关于与年龄相关的因素影响破案率的混合证据。[164] 未成年人在人口总量中的比例变化也许与破案率的变化有一定关系具有一定的可信性，因此我们也将这一因素纳入了自变量（"未成年人"）中。

各种社会经济变量的变化似乎也会影响破案率。例如，司法研究者之间在将失业率作为犯罪率变化的一种可能解释的问题上即存在分歧。[165] 类似的是，人均收入水平和劳动力就业水平可能也与犯罪率[166]和破案率[167]有关，特别是，这些因素也被认为是衡量犯罪的机会成本的某种参照。虽然关于这些变量影响破案

---

[160] 请比较 Lott，前引注[134]，第146—148、187页（为避免省略变量问题而使用人口统计学变量问题进行了辩护），与 Aneja，Donohue & Zhang，前引注[134]，第593页（对在"持枪权"研究中使用36个人口统计学控制变量进行了批评）。

[161] 有关这一问题的讨论文章可以参见 Travis Hirschi & Michael Gottfredson，"Age and the Explanation of Crime"，89 Am. J. soc. 552（1983）。

[162] 参见 Latzer，前引注[159]，第243—252页；Franklin E. Zimring，The Great American Crime Decline 56-63（2007）。但请比较 Steven D. Levitt，"Understanding Why Crime Fell in the 1990s: Four Factors That Explain the Decline and Six That Do Not"，18 J. Econ. Persp. 163，171-72（2004）（认为人口老龄化也许可以解释20世纪90年代的财产犯罪减少，但其并非导致暴力犯罪减少的重要因素）。

[163] Yale Kamisar，"How to Use, Abuse—And Fight Back with—Crime Statistics"，25 Okla. L. Rev. 239，246（1972）（认为15—24岁年龄段的人对犯罪率影响最大）；还可参见 Patsy Klaus & Callie Marie Rennison，U.S. Dep't of Justice，NCJ 190104，Age Patterns in Violent Victimization，1976-2000，at 1（2002）（对不同年龄组的非致命性暴力被害率问题进行了讨论）。

[164] 参见 Lee，前引注[160]，第530页（发现被害人为老年人的谋杀案件破案的可能性较低）；Litwin，前引注[14]，第341页（当被害人为儿童时，要比被害人为年长者的谋杀案件更有可能破案）；Litwin & Xu，前引注[52]，第104页（"被害人的年龄与谋杀犯罪案件的破案率存在显著的负相关……"）。

[165] 参见 Roeder，Eisen & Bowling，前引注[159]，第48—53页（"与大多数研究一致，该报告发现，20世纪90年代失业率的下降对这十年间犯罪率下降的贡献大约在0%—5%之间"）。有关这一问题的其他文献可以参见 Cassell & Fowles，前引注[5]，第1079页注释127。

[166] 参见 Roeder，Eisen & Bowling，前引注[159]，第49—51页（"与过去的主要研究一致，这一报告发现，人均收入的增长对20世纪90年代和21世纪前十年的犯罪率下降的贡献大约为5%—10%"）；Richard Fowles & Mary Merva，"Wage Inequality and Criminal Activity: An Extreme Bounds Analysis for the United States, 1975—1990"，34 Criminology 163，179-80（1996）（发现在收入的不平等性和谋杀及伤害犯罪率之间存在强有力的联系）。

[167] 参见 Ousey & Lee，前引注[85]，第151页（发现在经济贫困与谋杀案件破案率之间存在着出人预料的正相关）；Xu，前引注[160]，第468页（发现在一个模型中，中等家庭收入水平与破案率存在显著的负相关）。

率的证据混杂在一起⑩,但是我们还是将劳动力就业水平("劳动力就业水平"),失业率("失业率")和人均可支配纯收入("人均[纯]收")等变量纳入了回归方程之中。⑩

作为一种衡量也许与犯罪有关的社会环境变动因素,我们还将衡量未婚生育女性⑪数量的变量加入了回归方程之中,并将未婚生育人数除以居民数转换成人均生育率("未婚生育")。

还有人认为20世纪60年代不断加快的城市化进程是导致犯罪率增长的原因之一。⑫ 诚然,城市化水平在某种程度上也与破案率相关。⑬ 例如,被列入FBI的UCR犯罪指数的案件类型中,小城市的破案率总体上更高。⑭ 但是,很少有关于破案率的研究发现城市化水平对破案率具有预测力。⑮ 为了控制城市化水平对破案率的可能影响,我们增加了居住在城市地区的居民百分比变量("城市化")。

舒尔霍夫还曾经提出,应当增加一个控制变量,即犯罪数量在不同规模的城市分布情况。⑯ 因为小城市的破案率更高,舒尔霍夫的理由是,犯罪数量在不同规模的城市分布情况可能导致我们的分析结果出现偏差。⑰ 为了检验这一假设,我们对UCR公布的小城市暴力犯罪百分比进行了控制("小城市的犯罪数量")。

最后一个控制变量是标准时间趋势,我们将之命名为"时间趋势"。虽然对

---

⑩ 参见 Mustaine et al.,前引注⑭,第258—262,272—273页;Roberts,前引注⑬,第67页(发现失业率对抢劫和加重伤害案件的破案率存在统计学意义上的显著负相关,但对强奸犯罪案件的破案没有影响)。

⑩ 最近有人提出,利率与犯罪之间存在明显的联系。参见 James Austin & Gregory D. Squires,"The 'Startling' Link Between Low Interest Rates and Low Crime", *Crime Report* (Dec. 6, 2016), http://thecrimereport.org/2016/12/06/the-startling-link-between-low-interest-rates-and-lowcrime/ [https://perma.cc/H6XB-9UMF]("当利率上涨,犯罪率上升;利率下降,犯罪率亦下降")。因为在我们的研究过程中,这一可能的联系引起我们的注意时已经太迟,因此我们未能对之进行更为深入的研究。

⑪ Cf. Ousey & Lee,前引注㊱,第151页(发现在谋杀犯罪案件的侦破和家庭破裂的衡量标准之间不存在统计学意义上的显著关系);Sullivan,前引注⑩,第165页(发现在谋杀犯罪案件的侦破和单身母亲家庭百分比之间存在一定的关联)。

⑫ 参见 Kamisar,前引注㊽,第247页。参见 Latzer,前引注⑬,第50—56页(讨论了非裔美国人口城市化和犯罪率之间的关系问题);*Urbanization, Policing, and Security: Global Perspectives*,前引注⑬,第4页;Ajaz Ahmad Malik,"Urbanization and Crime: A Relational Analysis", 21 *J. Human. & Soc. Sci.* 68, 69-70 (2016)(对关于犯罪与城市规模之间的研究文献进行了回顾)。

⑬ 参见 Schulhofer,前引注⑬,第366—368页(指出"在较大城市里,破案率一直较低",并且认为,因为大城市的人口更多,因此发生在大城市的犯罪也更多,全美的破案率就会被影响)。

⑭ 参见 UCR-2010,前引注㊵,第317页表25(报告称在人口超过250 000的城市里,暴力犯罪案件的破案率为39.9%,人口在50 000至99 999的城市里,相应的破案率为47.6%,而在人口不到10 000的城市里,这一数据为56.5%)。

⑮ 参见 Cassell & Fowles,前引注⑤,第1080页注释133(对相关研究进行了梳理)。

⑯ 参见 Schulhofer,前引注⑬,第366—367页(建议在暴力犯罪案件上对此进行控制)。

⑰ 同上引注,第367页。

这一变量还是存在一些担忧[18]，但是我们认为对于控制除了米兰达规则之外的长时段时间相关趋势也许会有所帮助。

我们认为，我们已经将1950年至2012年间可能影响破案率的最重要变量和米兰达规则变量一起，都纳入了回归方程之中。[19] 为了把握米兰达案判决对破

---

[18] 参见Charles R. Nelson & Heejoon Kang, "Pitfalls in the Use of Time as an Explanatory Variable in Regression", 2 *J. Bus. & Econ. Stat.* 73, 80 (1984)。

[19] 我们被手机使用情况可能对破案率带来一些影响的可能性所吸引。参见Jonathan Klick, John MacDonald & Thomas Stratmann, "Mobile Phones and Crime Deterrence: An Underappreciated Link", in *Research Handbook on the Economics of Criminal Law* 243 (Alon Harel & Keith N. Hylton eds., 2012)。但是，我们没有发现研究手机使用情况与破案率之间关系的成熟文献。即使我们能够找到这类文献，手机也是在米兰达案判决之后很久才出现的。因此，我们也没有将手机使用情况作为变量纳入。还有人建议，Roe v. Wade 410 U.S. 113 (1973)案后流产数量增多，减少了"不想要的"孩子数量，因此减少了无人监护的、容易犯罪的未成年人数量，从而改变了犯罪率。参见John J. Donohue III & Steven D. Levitt, "The Impact of Legalized Abortion on Crime", 116 *Q. J. Economics* 379, 380 (2001); 参见Steven D. Levitt & Stephen J. Dubner, *Freakonomics: A Rogur Economist Explores the Hidden Side of Everything* 137-43 (2005)。然而，这一假设，因为多诺霍和莱维特(Levitt)最初提出的时候包括有一个错误(后来承认了这一点)，John J. Donohue III & Steven D. Levitt, "Measurement Error, Legalized Abortion, and the Decline in Crime: A Response to Foote and Goetz", 123 *Q. J. Econ.* 425, 425 (2008)，因为各种原因受到人们猛烈攻击，参见Latzer, 前引注[19]，第254页(文章指出，流产降低了犯罪率的假设"不能解释为什么在20世纪80年代后期和90年代初期，在流产合法化后出生的青年犯罪数量显著上升现象"); Philip J. Cook & John H. Laub, "After the Epidemic: Recent Trends in Youth Violence in the United States", 29 *Crime & Just.* 1, 23 (2002)(文章指出，这一假设的时间点错了，因为直到1994年青少年犯罪率都没有下降); Christopher L. Foote & Christopher F. Goetz, "The Impact of Legalized Abortion on Crime", 123 *Q. J. Econ.* 407, 409 (2008)(文章认为，如果这一测量错误得到了矫正，流产与犯罪之间的这一关系就更弱了); Ted Joyce, "Did Legalized Abortion Lower Crime?", 39 *J. Hum. Resources* 1, 2 (2004)("因此，即使在州和年度影响固定模式下，流产与犯罪之间的关系也有可能因州内可卡因市场的增长差异而跑偏，这是个省略变量的经典问题"); Joyce, 前引注[14]，第112页(文章指出，因为流产合法化降低了犯罪率这一结论的广泛影响，需要进行更多的研究); John R. Lott Jr. & John Whitley, "Abortion and Crime: Unwanted Children and Out-of-Wedlock Births", 45 *Econ. Inquiry* 304, 305-06 (2007)(文章指出，虽然流产合法化降低了破案率的假设似是而非，流产合法化增加了婚外生育的数量这一事实排除了这一假设的可能)。因为这一假设的争议很大，而且因为我们已经对可能反映流产合法化影响的犯罪率变化进行了控制，在此我们并不想因为流产法变化单独建构一个模型。但请比较Donohue, 前引注[7]，第1161页(为了简化方程在破案率回归分析中加入非经济因素变量)。同样地，曾经有人认为，因为引进无铅汽油减少了铅吸收，从而降低了犯罪率。参见Latzer, 前引注[19]，第255页("官方的血液检测显示，1988—1991年间，6—19岁群体和非裔美国人的血液铅含量显著下降，这两个群体在那些年的暴力犯罪中参与度都比较高。因为1988—1991年间犯罪率是上升的，而不是下降的，血液铅含量对犯罪率的影响与研究假设相反"); Rick Nevin, "How Lead Exposure Relates to Temporal Changes in IQ, Violent Crime, and Unwed Pregnancy", 83 *Envtl. Res.* 1, 2 (2000); Rick Nevin, "Understanding International Crime Trends: The Legacy of Preschool Lead Exposure", 104 *Envtl. Res.* 315, 315 (2007); Jessica Wolpaw Reyes, "Environmental Policy as Social Policy? The Impact of Childhood Lead Exposure on Crime", 7 *B. E. J. Econ. Analysis & Pol'y* 1, 1 (2007)。这一假设同样存在大量争议。参见Scott Firestone, "Does Lead Exposure Cause Violent Crime? The Science Is Still out", *Discover: The Crux* (Jan. 8, 2013), http://blogs.discovermagazine.com/crux/2013/01/08/does-lead-exposure-cause-violentcrime-the-science-is-still-out/#.WEwtgVwqx8 [https://perma.cc/Y76E-478W]。再者，因为不断的争议和我们已经在我们的回归方程中对犯罪率进行模型化，我们也不想将铅排放效应纳入回归方程模型之中。

案率的影响,我们在回归方程中加入了一个"虚拟"变量——米兰达,并为其在米兰达案判决之前赋值为0,米兰达案判决之后赋值为1。[⑩] 因为我们分析的是年度数据,而米兰达案是1966年6月13日判决的(1966年将近过了一半),因此如何为1966年的米兰达变量赋值就是个问题。作为米兰达规则影响的第一个近似值,在我们此前的研究中,我们对1965年之前的米兰达变量赋值为0,1966年赋值为0.5,1967年及其后赋值为1。根据那篇文章后来的分析,以及约翰·多诺霍根据该文进行的后期研究中的建议,对米兰达变量进行三年"分阶段"赋值也许更为合适——在1966年之前赋值为0,1966年为0.333,1967年为0.666(1967年是米兰达规则产生影响的第一个完整年度),1967年以后赋值为1。[⑪] 之所以要对米兰达规则的影响进行迟延处理,是因为米兰达规则并未在判决之后即开始在全美范围全面实施。相反,通常认为警察机关耗费了一年左右的时间来接受与米兰达规则相关的程序训练。[⑫] 我们此前的文章对此进行了深入的讨论,在此我们只简单地谈谈三年分阶段赋值的问题。[⑬]

我们认为,这些变量包括了过去五十年间对美国警察破案率具有最重要影响的因素。虽然这一回归方程还可以包括其他变量,但是一个简约的方程设计具有某种统计学上的优势。[⑭] 下面我们将对那些被"忽略"了的变量是否会影响我们的结论进行讨论。[⑮]

使用标准普通最小二乘法(OLS)回归分析技术,可能得出一个解释全美破案率的如下方程:

(暴力犯罪、财产犯罪和个人犯罪)破案率$_i$

$= \beta_{0i} + \beta_1 (米兰达)_i + \beta_2 (暴力犯罪率)_i + \beta_3 (警察数量)_i$

$+ \beta_4 (警察财政投入)_i + \beta_5 (警民能力)_i + \beta_6 (警财能力)_i$

---

[⑩] 当然,米兰达变量是否能够反映米兰达案判决或者当时其他一些因素对破案率变化的影响,可以讨论。我们将在本文第六部分对认为破案率的变化应归咎于米兰达规则的理由进行阐述。

[⑪] 参见 Cassell & Fowles,前引注⑤,第1095页。

[⑫] Wayne R. LaFave et al., *Criminal Procedure* 369 (5th ed. 2009) ("在米兰达案判决后的几个月内,警察在审讯之前并未对犯罪嫌疑人进行常规性的或者完整的米兰达警告。这在很大程度上应归咎于警察接受的针对这一要求的训练迟延。后来的一些研究发现,警察在审讯犯罪嫌疑人之前常规性地都会对犯罪嫌疑人进行权利警告")。

[⑬] 参见 Cassell & Fowles,前引注⑤,第1092—1095页(对米兰达规则影响分三年递进的理由进行了说明);Donohue,前引注⑦,第1166—1167页(发现三年递进得出了最佳的分析结果)。

[⑭] Wilfredo Palma, *Time Series Analysis* 152-53 (2016) (对模型设计简约的优点进行了讨论);请比较 Judea Pearl, *Causality: Models, Reasoning, and Inference* 45-48 (2nd ed. 2009) (对模型设计中的奥卡姆剃刀原则进行了讨论)。

[⑮] 参见下文第六小节。

$$+\beta_7(未成年数量)_i+\beta_8(劳动力就业充分程度)_i+\beta_9(失业率)_i$$
$$+\beta_{10}(人均可支配纯收入)_i+\beta_{12}(城市化水平)_i+\beta_{13}(小城市犯罪情况)_i$$
$$+\beta_{14}(时间趋势)_i+\varepsilon_i$$

方程中的 $i$ 为从1950年至2012年,自变量如上所列。这是一个"简约型"(reduced form)的回归方程,假设没有"共时性问题"(即,作为因变量的破案率不受任何自变量因素变化的影响),这一假设我们将在下文讨论。[187]

### 4. 回归方程的结果

在本小节,我们将介绍来自这一回归模型的分析结果。在表5-2中,我们报告了1950—2012年间[188]FBI两个复合破案率类型:暴力犯罪和财产犯罪数据的回归方程分析结果。正如数据显示的那样,在对可能的混合影响控制之后,我们发现,米兰达变量对两类破案率的消极影响都具有统计学意义上的显著性。[189]

表5-2 暴力犯罪和财产犯罪破案率回归分析结果

(1950—2012年)(米兰达变量影响三年渐进)

对城市破案率的OLS回归分析(括号内为 $t$ 检验值)

| 变量 | 暴力犯罪 | 财产犯罪 |
|---|---|---|
| 米兰达 | −9.446<br>(−4.991)*** | −2.221<br>(−2.614)* |
| 暴力犯罪率 | −0.109<br>(−2.017)* | −0.011<br>(−0.432) |
| 警察数量 | 6.329<br>(−1.827)† | 1.451<br>(0.933) |
| 警财能力 | −0.098<br>(−1.126) | 0.003<br>(0.079) |
| 未成年人数量 | −1.384<br>(−4.264)*** | −0.495<br>(−3.395)** |

---

[187] Cassell & Fowles,前引注⑤,第1082页;参见下引注[208]—[213]及相关文献。

[188] 因为我们的数据截止到2012年,因此并不包括福格森枪击事件对警民关系恶化可能带来的影响,例如因此激起的"黑人的命也是命"(Black Lives Matter)运动及相关问题。参见 Heather Mac Donald, *The War on Cops: How the New Attack on Law and Order Makes Everyone Less Safe* (2016).

[189] 本文所报告的统计显著性检验结果都是双侧(two-tailed)的,虽然也有人认为可以只做单侧检验。但是,我们意识到围绕着报告的 P 值可能引起的争议,还是尝试着在我们的方案中遵循美国统计学会(American Statistical Association)推荐的规则进行检验,并报告我们的检验结果。参见 Ronald L. Wasserstein & Nicole A. Lazar, Editorial, "The ASA's Statement on *p*-Values: Context, Process, and Purpose", 70 *Am. Statistician* 129 (2016). 本节报告的所有 P 值都可以用我们在下一小节中论述的贝叶斯平均模型进行检验。

(续表)

| 变量 | 暴力犯罪 | 财产犯罪 |
|---|---|---|
| 劳动力就业水平 | 0.298<br>(1.081) | −0.275<br>(−2.221)* |
| 失业率 | 0.703<br>(2.842)** | 0.330<br>(2.973)** |
| 人均纯收 | 0.00274<br>(2.272)* | 0.001<br>(0.975) |
| 未婚生育率 | −0.347<br>(−0.864) | −0.054<br>(−0.827) |
| 城市化 | −0.347<br>(−0.864) | −0.366<br>(−2.025)* |
| 小城市犯罪率 | 0.0177<br>(0.179) | −0.050<br>(−1.125) |
| 时间趋势 | −0.256<br>(−1.037) | −0.033<br>(−0.301) |
| 顶距差 | 564.8<br>(1.231) | 131.9<br>(0.640) |
| 调整后的 $R^2$ | 0.9752 | 0.9511 |

*** 0.001 水平上具有显著性；** 0.01 水平上具有显著性；* 0.05 水平上具有显著性；† 0.10 水平上具有显著性。

在表 5-2 和其他图表中，我们使用灰色图标来表示米兰达变量对破案率影响在统计学意义上的显著性差异，深灰色的表示显著性通常在 95% 或者更高的置信水平之上，浅灰色的表示显著性置信水平在 90%。

米兰达变量对暴力犯罪破案率的影响水平为 −9.446（意味着米兰达变量使暴力犯罪的破案率下降了 9.446 个百分点），对财产犯罪破案率的影响水平为 −2.221（意味着米兰达变量使财产犯罪的破案率下降了 2.221 个百分点）。虽然本文主要关注的是米兰达变量，但我们还发现了其他一些有意思的结果。例如，正如人们所期待的那样，暴力犯罪率的增长导致了破案率出现了统计学意义上的显著下降（虽然在财产犯罪中未出现同样的情形）。与此类似，正如人们所期待的那样，我们发现，警力数量的增加带来了暴力犯罪破案率增长的结果，但这一增长只在 90% 的置信水平上具有统计学意义上的显著性（但并未带来财产犯罪破案率的增长）。处于易犯罪年龄段（15—25 岁）青少年人口比例对两类犯罪破案率都有消极影响。这一发现可以被视为与一些认为帮派犯罪比其他普通犯罪更难侦破的研究观点一致⑱,因为易犯罪年龄阶段青少年数量的增加导致帮派成员的增加。

表 5-2 数据显示的是对由个罪组合而成的类罪的统计结果。但是,这类集合统计可能混淆个别犯罪的破案率趋势。⑲ 因此,我们对七种个罪 1950—2012 年的可以破案率数据单独进行了回归分析。⑳

图 5-4 描述的是除了抢劫罪之外的暴力犯罪——即谋杀、强奸和伤害罪——1950—2012 年的破案情况。

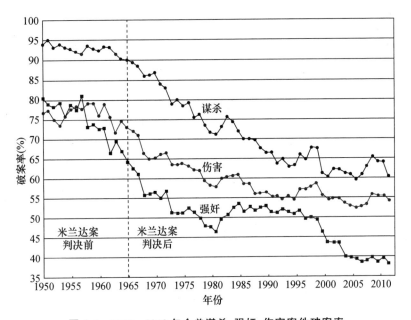

图 5-4　1950—2012 年全美谋杀、强奸、伤害案件破案率

如图 5-4 所示,三类犯罪案件的破案率在 20 世纪 60 年代都呈现出下跌趋势,虽然并未如同暴力犯罪案件和财产犯罪案件一样,呈现出在 1966 年出现显著断裂的情形。之所以将抢劫犯罪案件单列,是因为该类犯罪案件的破案率比其他类案件低得多。正如图 5-5 所示,抢劫犯罪案件的破案率自 1966—1968 年呈现出显著的下跌之势,表明米兰达规则对抢劫案件的破案率产生了消极影响。

---

⑱ 参见 Litwin,前引注⑭,第 339 页、第 340 页表1(当谋杀犯罪案件与帮派有关时,谋杀犯罪案件的破案率呈现出统计学意义上的显著下降)。

⑲ Cassell & Fowles,前引注⑤,第 1083 页。

⑳ 纵火犯罪案件破案率数据是 UCR 现在报告的,因为该数据没有回溯到 1966 年,因此我们在此没有报告任何与纵火犯罪案件相关的结果。

图 5-5　1950—2012 年全美抢劫案件破案率

回归分析结果印证了这些图示反映出的现象。正如表 5-3 所显示的那样，我们发现米兰达变量对抢劫案件破案率的影响具有统计学意义上的显著性，但对其他类别的暴力犯罪则无。

表 5-3　暴力犯罪类罪和个罪破案率回归分析

（1950—2012 年）（米兰达变量影响三年渐进）

对城市破案率的 OLS 回归分析（括号内为 $t$ 检验值）

| 变量 | 暴力犯罪 | 谋杀案件 | 强奸案件 | 抢劫案件 | 加重伤害案 |
|---|---|---|---|---|---|
| 米兰达 | −9.446<br>(−4.991)*** | −1.005<br>(−0.453) | −3.501<br>(−1.497) | −5.683<br>(−3.069)** | −2.762<br>(−1.459) |
| 暴力犯罪率 | −0.109<br>(−2.017)* | −0.264<br>(−4.161)*** | 0.011<br>(0.162) | −0.133<br>(−2.510)* | −0.126<br>(−2.336)* |
| 警察数量 | 6.329<br>(−1.827)† | 3.158<br>(0.778) | 4.298<br>(1.004) | 5.634<br>(1.662) | 5.838<br>(1.685)† |
| 警财能力 | −0.098<br>(−1.126) | 0.008<br>(0.076) | −0.018<br>(0.167) | 0.035<br>(0.405) | −0.062<br>(−0.713) |
| 未成年人数量 | −1.384<br>(−4.264)*** | 0.868<br>(2.281)* | −2.153<br>(−5.364)*** | −1.002<br>(−3.153)** | −0.855<br>(−2.631)* |
| 劳动力就业水平 | 0.298<br>(1.081) | −0.455<br>(−1.405) | 0.205<br>(0.600) | −0.087<br>(−0.322) | 0.039<br>(0.141) |
| 失业率 | 0.703<br>(2.842)** | 0.143<br>(0.493) | 0.174<br>(0.568) | 0.758<br>(3.131)** | 0.734<br>(2.965) |

（续表）

| 变量 | 暴力犯罪 | 谋杀案件 | 强奸案件 | 抢劫案件 | 加重伤害案 |
|---|---|---|---|---|---|
| 人均纯收入 | 0.002 74<br>(2.272)* | −0.003<br>(1.918)† | 0.001<br>(0.476) | 0.001<br>(1.226) | 0.001<br>(0.795) |
| 未婚生育率 | −0.347<br>(−0.864) | 0.204<br>(1.197) | −0.238<br>(−1.322) | 0.016<br>(0.114) | −0.130<br>(−0.895) |
| 城市化 | −0.347<br>(−0.864) | −0.752<br>(−1.595) | −1.298<br>(−2.612) | 0.128<br>(0.326) | 0.417<br>(1.036) |
| 小城市犯罪率 | 0.0177<br>(0.179) | −0.428<br>(−3.689)*** | −0.072<br>(0.591) | 0.027<br>(0.282) | −0.056<br>(−0.568) |
| 时间趋势 | −0.256<br>(−1.037) | 0.202<br>(0.697) | −0.301<br>(−0.985) | −0.629<br>(−2.600)* | −0.505<br>(−2.043) |
| 顶距差 | 564.8<br>(1.231) | −208.6<br>(−0.388) | 762.6<br>(1.345) | 1258.0<br>(2.803)** | 1033.0<br>(2.252)* |
| 调整后的 $R^2$ | 0.9752 | 0.9856 | 0.9846 | 0.9648 | 0.9797 |

\*\*\* 0.001 水平上具有显著性；\*\* 0.01 水平上具有显著性；\* 0.05 水平上具有显著性；† 0.10 水平上具有显著性。

米兰达变量对抢劫案件破案率的消极影响统计显著性数值为−5.683。对其他三种暴力犯罪，米兰达变量的影响也都呈现出消极影响，但在统计学意义上的显著性都未达到常规水平。

下面，我们来看看三种财产犯罪案件（夜盗、盗窃、机动车盗窃）的破案率情况。图 5-6 描绘的是 1950—2012 年夜盗罪和偷盗罪的破案率情况。

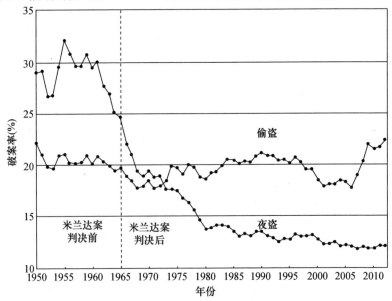

图 5-6　1950—2012 年全美夜盗罪和偷盗罪案件破案率情况

如图 5-6 所示,20 世纪 60 年代期间,这两类财产犯罪的破案率亦呈现出下降的趋势,而且看起来在米兰达案判决前后更为明显,特别是偷盗案件的破案率。2008 年前后,偷盗案件的破案率出现了上升之势,相关问题下文我们会进行讨论。[192] 图 5-7 所描绘的机动车盗窃案件的破案率结果也与此类似。

**图 5-7　1950—2012 年全美机动车盗窃案件破案率情况**

在此,我们再次看到 20 世纪 60 年代破案率的下降趋势,在米兰达案判决后的三年(1966—1968 年)下降特别明显。

表 5-4 显示的是我们对三种财产犯罪的破案率研究发现。

**表 5-4　财产犯罪类罪和个罪的破案率回归分析**

(1950—2012 年)(米兰达变量三年渐进)

对城市破案率的 OLS 回归分析(括号内为 $t$ 检验值)

| 变量 | 财产犯罪总体 | 夜盗案件 | 偷盗案件 | 机动车盗窃案件 |
|---|---|---|---|---|
| 米兰达 | −2.221<br>(−2.614)* | −1.494<br>(−1.415) | −2.071<br>(−2.052)* | −5.516<br>(−5.151)*** |
| 暴力犯罪率 | −0.011<br>(−0.432)* | −0.063<br>(−2.092)*** | 0.012<br>(0.405) | 0.000<br>(0.001) |

---

[192]　参见下引注㉓—㉘及相关文献。

(续表)

| 变量 | 财产犯罪总体 | 夜盗案件 | 偷盗案件 | 机动车盗窃案件 |
| --- | --- | --- | --- | --- |
| 警察数量 | 1.451<br>(0.933) | 2.801<br>(1.449) | 0.788<br>(0.427) | −1.648<br>(−0.841) |
| 警财能力 | 0.003<br>(0.079) | 0.016<br>(0.323) | −0.025<br>−0.546 | −0.015<br>(−0.298) |
| 未成年人数量 | −0.495<br>(−3.395)** | −1.161<br>(−6.404)*** | −0.128<br>(−0.739) | −0.799<br>(−4.347)*** |
| 劳动力就业水平 | −0.275<br>(−2.221) | −0.141<br>(−0.915)* | −0.279<br>(−1.894) | 0.446<br>(2.854)** |
| 失业率 | 0.330<br>(2.973)** | 0.588<br>(4.260)*** | 0.314<br>(2.376)* | 0.178<br>(1.268) |
| 人均纯收 | 0.001<br>(0.975) | 0.001<br>(1.385) | 0.000<br>(0.774) | 0.001<br>(2.040)* |
| 未婚生育率 | −0.054<br>(−0.827) | 0.081<br>(0.997) | −0.088<br>(−1.140) | −0.097<br>(−1.181) |
| 城市化 | −0.366<br>(−2.025)* | 0.982<br>(4.376)*** | −0.961<br>(−4.482)*** | 0.681<br>(2.993)** |
| 小城市犯罪率 | −0.050<br>(−1.125) | 0.074<br>(1.343) | −0.072<br>(−1.359) | −0.062<br>(−1.104) |
| 时间趋势 | −0.033<br>(−0.301) | −0.875<br>(−6.339)*** | 0.320<br>(2.430)* | −0.505<br>(−3.608)*** |
| 顶距差 | 131.9<br>(0.640) | 1681.0<br>(6.565)*** | −524.5<br>(−2.143)* | 949.3<br>(3.656)*** |
| 调整后的 $R^2$ | 0.9511 | 0.9892 | 0.6763 | 0.9865 |

*** 0.001 水平上具有显著性；** 0.01 水平上具有显著性；* 0.05 水平上具有显著性；† 0.10 水平上具有显著性。

观察破案率走向趋势线,我们发现米兰达变量对偷盗案件和机动车盗窃案件破案率的消极影响具有统计学意义上的显著性。至于夜盗案件的破案率,和我们所预期的一样,米兰达变量亦具有负面的影响,但其在统计学意义上的显著性尚未达到常规水平。

总之,我们的回归方程发现,在对一些重要的潜在混合变量进行控制之后,米兰达变量无论是对两大类犯罪(暴力犯罪和财产犯罪)的整体破案率,还是对抢劫、偷盗、机动车盗窃等个罪的破案率下降都存在统计学意义上的显著相关性。令人感兴趣的是,我们发现在所有犯罪种类上,米兰达变量对破案率的消极影响都是一致的。这些发现对米兰达规则确实影响了警察破案能力的观点提供了证据支撑。

### 三、米兰达规则成本的量化

我们的回归分析方程还使我们可以对米兰达变量导致的破案率下降数量进行量化,表 5-5 显示的就是这一结果。

**表 5-5 米兰达变量对破案率的影响情况**

| 犯罪类型 | 2012 年破案率 | 米兰达变量的影响 | 无米兰达变量时破案率增长百分比 | 无米兰达变量时增加的破案数 |
| --- | --- | --- | --- | --- |
| 暴力案件 | 46.8 | −9.446 | 20.1% | 213 000 |
| 谋杀案件 | 62.5 | 0.000 | 不适用 | 不适用 |
| 强奸案件 | 40.1 | 0.000 | 不适用 | 不适用 |
| 抢劫案件 | 28.1 | −5.683 | 20.2% | 61 500 |
| 重伤害案件 | 55.8 | 0.000 | 不适用 | 不适用 |
| 财产犯罪 | 19.0 | −2.221 | 11.6% | 929 000 |
| 夜盗案件 | 12.7 | 0.000 | 不适用 | 不适用 |
| 偷盗案件 | 22.0 | −2.071 | 9.4% | 513 000 |
| 机动车盗窃 | 11.9 | −5.561 | 46.3% | 304 000 |

表 5-5 中增加的破案数等于在没有米兰达变量的情况下增加的破案率百分比乘以所有警察机关已知的犯罪总数。[13]

**(四)模型的解释**

我们的回归方程表明,"米兰达变量"对暴力犯罪案件和财产犯罪案件,以及抢劫、偷盗和机动车盗窃案件破案率都存在显著的影响,但对谋杀、强奸、伤害或者夜盗案件的影响不显著。[14] 对此应该如何解释?[15] 本小节我们将对导致这一

---

[13] 我们所使用的破案率数据只包括城市的。我们假设在城市破案率中发现的米兰达规则变量影响也适用于其他地方。这一假设的净效应是增加大约 25% 的"额外侦破的犯罪案件"类型。参见 UCR-2012,前引注[79],第 394 页表 25(该表显示,所有警察机关侦破了 1 060 028 起暴力犯罪案件,而城市警察机关侦破了 834 273 起暴力犯罪案件)。

[14] 我们对之所以将这些结果归咎于米兰达规则对警察审讯的限制而不是其他理由进行了阐述。参见下文第六小节。

[15] 因为我们关注的是米兰达规则的影响,我们不会在回归方程中讨论我们发现(或者没有发现)的其他影响——例如,警察和经济变量对破案率的影响等。

结果的一些初步可能性进行讨论。

我们首先来看暴力犯罪和财产犯罪案件的整体破案率情况。为什么我们可以认为米兰达变量对破案率的影响在这里是准确的原因之一,是因为这两类是犯罪类型的总类别。个别类型的案件破案率也许会受各种不明原因的长期变化的影响。[196]而更大规模的总类别则可以将小类别数据中的某些"噪点"[197]消除,从而根据更广泛的趋势进行更为信息丰富的证明。[198]然而,重要的是,要知道这些总类别的犯罪案件大体上是由一两种子类别犯罪案件组成的。例如,暴力犯罪中60%是重伤害案件,30%是抢劫犯罪案件。[199]财产犯罪案件中,大约2/3是偷盗案件。[200]因此,总类别的噪点消除能力受到了限制。

接下来我们再来看看个罪的破案率情况,有意思的一件事情是,激情或者攻击型犯罪(即谋杀、强奸和伤害)的破案率明显不受米兰达规则的影响,而更经常发生的故意犯罪(即抢劫、偷盗、机动车盗窃案件)的破案率则受到了米兰达规则的影响。当然,这些类别的区分过于简单,因为现实生活当中显然存在那些经过冷静计算的谋杀和因为一时冲动而犯下的机动车盗窃案件。但是,如果这些一般化概括大多数时候是正确的话,这一结论也许就与表明米兰达规则更为实质性地妨碍了警察审讯惯犯和职业犯罪分子的经验性证据相一致。[201]

这一假设的可能问题之一是夜盗罪案件。在我们1998年发表的文章中,实际上我们大胆地提出了同一假设——这一假设在当时没有什么问题,因为当时我们发现米兰达变量对夜盗案件的破案率也带来了消极影响。[202]夜盗罪似乎是职业性犯罪分子经常实施的犯罪类型之一[203],而夜盗案件没有出现在我们的基本

---

[196] 参见下引注[210]及相关文献(讨论了谋杀犯罪方式的变化对该类案件破案率变化的影响)。

[197] 参见下引注[296]—[299]、[328]—[363]及相关文献(对加利福尼亚州数据中的干扰因素进行了讨论)。

[198] 菲尼曾经认为,总类别并不比个类别更"具启发性",但是他没有提及我们担心的数据中的"干扰因素"问题。Feeney,前引注⑧,第108页。

[199] 参见 UCR-2010,前引注⑦,第317页表25。

[200] 同上引注。

[201] 参见 Cassell,前引注⑯,第464—466页(引用了显示惯犯比那些没有犯罪记录者供述可能性更低的研究文献)。

[202] 参见 Cassell & Fowles,前引注⑤,第1089页("我们的回归方程在……夜盗犯罪案件的……破案率分析结果上显示出了'米兰达规则影响'。但是,如果将这一结论一般化,则很有可能并不正确,也许其与那些表明米兰达规则更有可能影响警察在审讯惯犯和职业罪犯的成功率的经验性证据相一致")。

[203] 参见 Larry J. Siegel, *Criminology* 343 (5th ed. 1995); Claire Nee, "Understanding Expertise in Burglars: From Pre-Conscious Scanning to Action and Beyond", 20 *Aggression & Violent Behav.* 53, 53-55 (2015)。

方程之中这一事实也许是对这一假设的反对。但在本文后续讨论中[204]，我们的其他回归方程可以发现米兰达变量对夜盗案件破案率的影响。另外，也许还有一些关于夜盗案件的事实使得其可能更不受米兰达规则的影响。[205]

对我们的回归模型的另一种可能解释是，警察也许会将有限的资源挪用到那些更为严重但更少发生的犯罪（例如谋杀和强奸案件）案件侦查中去，以维持其高破案率，由此带来的代价是使那些犯罪性质更不严重但更经常发生的犯罪（如偷盗和机动车盗窃案件）的破案率下降。在评价警察机关的工作时，人们更多根据的是其在侦破那些最为严重的犯罪案件，特别是谋杀案件上的成效。[206] 其结果是，最大量的"侦查权力"被配置到谋杀犯罪案件侦破之中。[207] 如果说米兰达规则从整体上影响了破案率[208]，警察就会为了保持对最严重犯罪的高破案率而将更多的资源投入这些犯罪案件的侦破中去，从而导致那些公众更不容易感受到的犯罪案件的破案率更低。[209]

对这一假设的支持来自分析米兰达案件判决前后个罪的破案率变化的唯一可用数据。匹兹堡的研究发现，在米兰达案判决后，谋杀犯罪案件的破案率下降了27.3个百分点，抢劫犯罪的破案率下降了25.7个百分点，机动车盗窃犯罪的破案率下降了21.2个百分点，夜盗犯罪和销赃犯罪的破案率下降了13.7个百分点，强迫性行为犯罪的破案率下降了0.5个百分点。[210] 虽然本项研究没有发现米兰达案判决后谋杀犯罪案件的破案率下降，但发现抢劫犯罪案件的破案率出现了显著的下降。[211] 有意思的是，在米兰达案判决前18个月，匹兹堡警方的谋杀犯罪案件破案率是94.3%（53起破了50起）；在米兰达案判决13个月后，他们的谋杀犯罪案件破案率还有94.4%（36起破了34起）——即使谋杀犯罪案件的

---

[204] 参见下文表5-6和表5-8（这两份表格显示，在卡塞尔和福尔斯的回归方程模型中，根据1950—2007年的数据，在夜盗犯罪案件的破案率上有米兰达规则效应，而且经BMA检验显示这种效应非常显著）。但请参见前文表5-4（该表显示，在多诺霍的回归方程中1950—2012年的数据分析中，夜盗罪的破案率上存在米兰达变量的影响）；参见下文表5-7（该表显示，BMA检验显示，这种效应不太显著）。

[205] 参见下引注[45]—[50]及相关文献。

[206] 参见 Samuel R. Gross, "Convicting the Innocent", 4 Ann. Rev. L. & Soc. Sci. 173, 179 (2008)（该文指出，警察处于"确保对那些残暴犯罪分子定罪的极度压力之下"）。

[207] 同上引注，第178页。

[208] 参见前引注[158]（对这一问题相互冲突的证据进行了整理）；请比较前文表5-2（发现警力资源对破案率具有偶发性影响）。

[209] Cassell & Fowles, 前引注⑤, 第1090页。

[210] 这些数字得自米兰达案后的破案率减去西伯格和韦蒂克文中所列的米兰达案前的破案率，参见前引注[87]，第11页表1。

[211] 同上引注，第21页表9（发现在米兰达案判决之后，匹兹堡的破案率要比米兰达案判决之前更高）。

供述率急剧下降。⑫ 对于匹兹堡警方来说,即使犯罪嫌疑人供述率急剧下降,只要投入必要的资源,仍然可以侦破 34 起谋杀犯罪案件。这样也许可行,但面对抢劫犯罪案件供述率的大幅度下降,实际上它们就很难这样处理(即增加资源投入)。在米兰达案判决之前,匹兹堡警察的抢劫犯罪案件破案率是 45.1%(2152 起破了 970 起);在米兰达案判决之后,他们的抢劫犯罪案件破案率只有 30.8%(1805 起破了 556 起)了。⑬ 全美的抢劫犯罪案件破案率趋势与此类似,警察机关将资源配置倾斜以保持谋杀犯罪案件的高破案率,同时牺牲其他更不严重犯罪案件,例如抢劫犯罪案件的破案率。然而,对匹兹堡研究的这一解读并未解释为什么米兰达案判决后这个城市的夜盗案件和机动车盗窃案件破案率出现了轻微的上升⑭(虽然米兰达案判决后夜盗案件的破案率上升与我们研究发现的米兰达变量对夜盗案件的破案率没有影响这一结论相一致)。

在谋杀犯罪案件破案率上没有发现米兰达变量影响的另一原因可能是我们对谋杀犯罪的模式变化没有交代清楚。谋杀犯罪案件的破案率在 20 世纪 50 年代显现出的长期下降趋势比其他暴力犯罪更为明显。这一下降很可能至少部分应归咎于重罪型谋杀比例的增加,发生在家庭内部的谋杀以及"三角恋爱"导致的谋杀案件比例的下降。⑮ 通常认为,发生在家庭成员内部以及三角恋人之间的谋杀案件更容易侦破,而重罪型谋杀,通常是陌生人实施的,因此更难侦破。⑯ 因为很难获得这一时期相关犯罪的数据,所以我们对谋杀犯罪案件模式的变化没有交代清楚。⑰ 在谋杀犯罪案件破案率的回归分析中,谋杀犯罪模式的这些变化可能掩盖了米兰达变量的影响。

如果谋杀犯罪案件模式的变化可能掩盖了米兰达规则导致的破案率下降,在米兰达案判决同时,其他犯罪案件模式的变化是否也会导致破案率的下降?例如,我们所看到的抢劫犯罪案件破案率在 1966—1968 年间的急剧下降则很难以犯罪模式的突然变化来解释。无论如何,在 20 世纪 60 年代期间,有两种类型

---

⑫ 同上引注。
⑬ 同上引注。
⑭ 同上引注。
⑮ Cassell & Fowles,前引注⑤,第 1091 页(引自 UCR-1993,前引注⑲,第 285 页)。
⑯ 参见 Litwin & Yu,前引注⑱,第 96 页。
⑰ 参见 Cassell & Fowles,前引注⑤,第 1091 页注释 163 ("FBI 并没有将 1965 年之前有关谋杀犯罪案件中犯罪人与被害者之间的关系数据以连续定期出版的方式推出")。

的犯罪模式相对稳定:抢劫罪和偷盗罪。[21] 因为我们在这两种犯罪案件的破案率变化中都发现了米兰达变量的影响,而且这一影响似乎也不是犯罪模式变化的人为结果。

对我们回归分析结果模式的另一种解释根据的是所谓的"深挖犯罪"问题。虽然我们将这一破案问题的全面讨论推迟到后文[19],但警察更经常通过审讯来侦破某些特定类型的犯罪案件,而其他类型的犯罪案件则不然。例如,警察可以促使某个被逮捕的抢劫犯供述其实施过的其他类似抢劫案件。这类重复性犯罪(以及深挖犯罪的可能性)不像伤害案件那样经常发生,而伤害案件通常都是单次的非重复性行为。一项针对米兰达案判决前后纽约警察局的研究,计算出了不同类型犯罪案件中的逮捕数与破案数的比例。[20] 在某些类型的犯罪案件中——特别是夜盗案件、重偷盗罪(grand larceny)*、重大机动车盗窃案件和抢劫案件,破案数与逮捕数之比远远超过了 1.0。[21] 例如,重大机动车盗窃案件,这一比例为 2.416,这意味着,每逮捕一个重大机动车盗窃犯罪嫌疑人,警察即可侦破近 2.5 个类似案件。毫无疑问,这些增加的破案数中有绝大部分都是来源于犯罪嫌疑人的供述。此外,对于其他类型的犯罪案件——特别是谋杀、强奸、伤害案件——这一比例接近 1.0。通常认为谋杀犯和强奸犯几乎不会供述超过一起犯罪案件。这表明,犯罪嫌疑人供述在类似于机动车盗窃、偷盗、抢劫案件侦查中起着更为重要的作用。因此,这些犯罪案件的破案率对供述程序的变化反应也更为敏感。另外,还有一个与预期模式不一致的类型是夜盗犯罪案件。夜盗案件的比例最高(3.778),但是我们的回归分析结果没有发现米兰达变量对其破案率有消极影响。也许关于这些问题的更多研究可以使夜盗犯罪案件的破案

---

[21] Lawrence E. Cohen & Marcus Felson, "Social Change and Crime Rate Trends: A Routine Activity Approach", 44 Am. Soc. Rev. 588, 600 tbl. 5 (1979). 作者只报告了四种犯罪的趋势:抢劫、夜盗、偷窃、谋杀。Id. 虽然他们的分析是建立在作为 UCR 的一个部分的数据的基础之上的,但是这一数据并没有在年度犯罪报告之中,也不清楚这些数据是否容易获得。Cassell & Fowles,前引注⑤,第 1091 页注释 164。

[19] 参见下引注⑰—⑰、⑱—⑲及相关文献。

[20] Peter W. Greenwood, N. Y. C. Rand Inst., An Analysis of the Apprehension Activities of the New York City Police Department 24 tbl. 3 (1970).

* 在 14 世纪的英国,按被盗物品的价值是否超过 12 便士,将偷盗罪分为重偷盗罪和轻偷盗罪(petit larceny or petty larceny)两类。现在已取消了这种分类方法。在美国,现在大多数司法区仍沿袭普通法,把偷盗罪分为重偷盗罪和轻偷盗罪。轻重的区别标准有两种:一种是以被盗物品的价值为标准,具体数量各司法区不尽相同;另一种是非价值性的标准,即以偷盗犯本人的情况、被盗物品的性质、偷盗方式来区分。参见薛波主编:《元照英美法词典》,法律出版社 2003 年版。——译者注

[21] 同上引注。可以从格林伍德(Greenwood)的数据中得出下述破案率与逮捕率之比:谋杀案件为 1.045;强奸案件为 1.063;抢劫案件为 1.660;伤害案件为 1.073;夜盗案件为 3.778;大盗窃案件为 2.564;大机动车盗窃案件为 2.416,同上引注。

率问题得到更好的解释。

## 第三节　模型设定问题：对约翰·多诺霍模型设定的进一步分析

我们刚刚描述了我们回归方程的"确定"分析所得结果——即对我们所选变量的分析结果。虽然我们已经解释了为什么选择这些变量㉒，但是模型确定问题仍然是一个值得进一步思考的重要问题。回归方程确定不当可能导致结果不准确。事实上，我们关心的是，回归方程确定不当，研究者可能得出其事先想要的，要不然就是伪造的结果。㉓

本节我们将对回归方程模型确定问题进行分析。这些讨论受惠于我们1998年的论文发表之后，约翰·多诺霍教授针对那篇文章撰写的富有见地的批评。在那篇文章中，约翰·多诺霍教授对回归方程模型确定问题（以及其他一些问题）进行了细致的讨论，同时报告了根据他提出的不同模型得出的回归分析结果。㉔ 当时，我们针对多诺霍教授的文章写了份简短的回应，解释了为什么我们认为他的回归方程模型确定了某些不同寻常的假设，而这些假设解释了为什么他的回归方程模型所得出的米兰达变量对破案率的影响要比我们的结论在统计学意义的显著性上更低。㉕ 得益于二十年前的这一交流，今天，我们想对回归方程模型确定问题进行重新审视。时间的流逝给我们带来了两大优势：（1）上次交流之后二十年来新增的 FBI 破案率数据流；（2）计算机技术和相关的计量经济学方法发展使得回归方程模型确定问题可以得到更为有力的处理。这些发展为我们的回归方程分析得出的米兰达规则妨碍了警察执法效果这一结论提供了某些额外的支持。

---

㉒ 参见前引注⑭—⑱及相关文献。

㉓ 有关这一问题的经典文献是 Edward E. Leamer, "Let's Take the Con out of Econometrics", 73 *Am. Econ. Rev.* 31, 36-39 (1983)。

㉔ 参见 Donohue, 前引注⑦。

㉕ 参见 Paul G. Cassell & Richard Fowles, "Falling Clearance Rates After Miranda: Coincidence or Consequence?", 50 *Stan. L. Rev.* 1181 (1998)。

## 一、将数据扩大至 2012 年后多诺霍的回归方程模型

非常重要的是,我们在本文中所使用的破案率模型与 1998 年《斯坦福法律评论》所刊文章中使用的模型完全一样。[26] 本文得出的结论在许多方面也与 1998 年的结果相似。特别是,将本文使用的回归方程(使用米兰达影响三年递进赋值)与 1998 年(三年渐进)的回归分析结果相比,我们发现,米兰达变量对 FBI 的 UCR 的 9 种犯罪类型中 5 种的破案率具有消极影响,而 1998 年研究的这一结果为 6 种。今天的回归方程与 1998 年的唯一区别是夜盗类犯罪案件,在 1998 年的回归分析中,米兰达变量在夜盗案件破案率上表现出统计学意义的显著负相关,但在本文的回归模型下没有。[27]

多诺霍教授 1998 年的批评对我们一些最为重要的结论整体上是支持的。多诺霍教授首先承认关注破案率(而不是供述率)对于对米兰达规则之于警察执法效果的消极影响进行量化分析可能非常重要。[28] 他还指出,我们"从某个不利之处开始因为"我们不得不"将我们的研究建立在源于一个单一的全联邦强制性命令导致的间断性时间序列分析,而不是更可欲的平行数据类型分析基础之后,而后者可以对各州的经验进行历时性分析"。[29]

我们将自己研究的数据给了多诺霍,这样他可以用自己的替代模型进行回归分析。和我们当时(以及现在)的回归方程分析结果一样,多诺霍的回归分析也得出了米兰达变量[30]对整体破案率和个别类型犯罪的破案率[31]具有消极影响的结果。但是多诺霍教授的回归分析得出的结果显示,统计学意义上的显著性要低于我们的分析。我们的回归分析发现,在 95% 的置信水平上,米兰达变量对 9 种犯罪案件中的 6 种破案率的消极影响具有统计学意义上的显著性。[32] 多诺

---

[26] 这一区别是,我们以暴力犯罪代替了指数犯罪作为衡量警察工作负担的指标,具体理由的讨论参见前引注⑮。

[27] 请比较 Cassell & Fowles,前引注⑤,第 1096 页表 IV 及前文表 5-4。

[28] 参见 Donohue,前引注⑦,第 1156 页。

[29] 同上引注,第 1157 页。

[30] 多诺霍选择对这一虚拟变量重新命名为"1966 年之后",认为这是一个更"中立"的术语。同上引注,第 1163 页注释 74。我们认为,根据设定该变量时反映的效应命名某个虚拟变量是一种标准方法,虽然我们承认,在回归方程分析之外还需要更多的证据来解释,为什么将该虚拟变量所反映出来的影响归咎于米兰达规则是合适的。对这一"因果关系"问题更为全面的讨论可以参见本文第六小节。

[31] Donohue,前引注⑦,第 1176 页表 IV、第 1177 页表 V。

[32] Cassell & Fowles,前引注⑤,第 1086 页表 II、第 1088 页表 III。

霍的分析只在两种类型犯罪案件——暴力犯罪和偷盗犯罪案件破案率中发现这种消极影响。[23]多诺霍还发现,财产犯罪和机动车盗窃犯罪案件的破案率在90%的置信水平上存在米兰达变量的消极影响。[24]

我们的回归方程和多诺霍教授的回归方程之间的区别可以归结为模型的确定。多诺霍教授的方程包括,除了同样构建了一个虚拟的米兰达变量外,还包括暴力犯罪率、人均警力、警力与暴力犯罪数之比、人均警察经费、警察经费与暴力犯罪数之比、小城市的犯罪数、时间和时间的平方。[25]除了拒绝非刑事司法的变量外,多诺霍教授还作出了三个与我们不同的假设:(1)暴力犯罪,而不是 UCR 中的指数犯罪,应作为衡量警察工作负担的自变量;(2)(在时间变量之外)纳入时间的平方变量是合适的;(3)确切的警察能力(police capacity)计算应该是计算警官(officer)而非警察机关所有雇员的数量。[26]排除所有这三种假设之后回归分析结果显示米兰达变量的消极影响更为显著。[27]

基于自我们上一篇充满争议的文章发表已经过去了近二十年,我们也在想,得益于更多的额外数据,关于米兰达规则对破案率的影响问题,多诺霍教授的回归方程模型是否可以揭示更多的东西。由于有更多的时间(和更多的数据)回归方程模型可以更为清晰地揭示其本身。因此,我们直接用多诺霍教授原来的模型,用我们收集的 1950—2012 年数据(新增加了 17 年的数据,替代了我们第一篇文章中收集的 1950—1995 年的数据)输入其回归方程进行分析。我们还对多诺霍教授始于 1950 年,止于 2007 年——经济衰退开始之时的回归方程(以及我们自己的回归方程)进行了运算,具体原因稍后我们会简要地解释。表 5-6 数据就是这些不同回归方程的分析结果。

正如表 5-6 所显示的那样,多诺霍教授的回归方程模型现在大部分重复了我们(现在)的研究结果,如果数据截止至 2007 年(而不是 2012 年)的话,则完全重复了我们的研究结果。实际上,根据增加的这些数据,多诺霍教授的回归方程模型所得出的,在 0.05 的常规置信水平上具有统计学意义显著性的结果甚至比我们的结果更多(9 种个罪中有 6 种)。

---

[23] Donohue,前引注⑦,第 1176 页表 IV、第 1177 页表 V。

[24] 同上引注,第 1177 页表 V。多诺霍的米兰达变量系数也与我们的有些微的不同,他使用破案率自然对数(natural log of the clearance rates)而不是破案率本身。同上引注,第 1160 页。

[25] 同上引注,第 1173 页表 I。

[26] Cassell & Fowles,前引注㉕,第 1185—1187 页。

[27] 同上引注,第 1186—1187 页、第 1190 页表 I。

表 5-6 类罪和个罪：
米兰达变量系数——卡塞尔-福尔斯和多诺霍回归方程的替代模型
（米兰达规则影响三年渐进）
对城市破案率的 OLS 回归分析(括号内为 $t$ 检验值)

| | 暴力案 | 谋杀案 | 强奸案 | 抢劫案 | 伤害案 | 财产案 | 夜盗案 | 偷窃案 | 机动车盗窃案 |
|---|---|---|---|---|---|---|---|---|---|
| 卡塞尔/福尔斯 (1950—1995) | −9.057 (−4.633)** | −3.084 (−1.354) | −0.879 (−0.287) | −6.383 (−3.013)** | −2.842 (−1.360) | −3.030 (−4.752)** | −3.337 (−3.319)** | −3.319 (−4.092)** | −5.231 (−3.609)** |
| 多诺霍 (1950—1995) | −0.117 (−2.927)** | −0.051 (−0.918) | −0.033 (−0.539) | −0.009 (−1.568) | −0.026 (−0.626) | −0.097 (−1.907)† | −0.075 (−0.880) | −0.0924 (−2.413)* | −0.150 (−1.762)† |
| 卡塞尔/福尔斯 (1950—2012) | −9.446 (−4.991)*** | −1.005 (−0.453) | −3.501 (−1.497) | −3.501 (−1.497)** | −2.762 (−1.459) | −2.221 (−2.614)* | −1.494 (−1.415) | −2.071 (−2.052)* | −5.516 (−5.151)*** |
| 卡塞尔/福尔斯 (1950—2007) | −10.610 (−5.761)*** | −2.003 (−0.922) | −3.966 (−1.598) | −6.970 (−3.794)*** | −3.559 (−1.871)† | −3.020 (−4.471)*** | −2.209 (−2.374)* | −2.917 (−3.476)** | −5.948 (−4.935)*** |
| 多诺霍 (1950—2012) | −7.338 (−3.788)*** | −1.435 (−0.650) | −6.542 (−2.264)* | −4.816 (−2.859)** | −2.217 (−1.249) | −1.527 (−1.868)† | −1.385 (−1.720)† | −0.469 (−0.409) | −5.427 (−4.935)*** |
| 多诺霍 (1950—2007) | 10.078 (−6.282)*** | −3.004 (−1.477) | −10.300 (−3.588)*** | −6.498 (−3.661)*** | −4.036 (−2.235)* | −2.855 (−4.185)*** | −1.121 (−1.256) | −2.439 (−2.825)** | −5.410 (−4.376)*** |

*** 0.001 水平上具有显著性；** 0.01 水平上具有显著性；* 0.05 水平上具有显著性；† 0.10 水平上具有显著性。

我们的和多诺霍教授的回归方程结果相互印证这一事实是一个重要的发现。多诺霍教授从质疑我们的回归分析方程开始，然后在我们的回归方程模型之外，提出了自己的替代模型。他运用自己的回归方程模型分析后认为，虽然我们提出了米兰达规则妨碍了警察执法效果的"一些证据"，但是我们的证据还是不能令人信服。㊳甚至多诺霍自己的回归方程现在也重复了我们的研究结果这一事实，在我们可以提出的政策建议证明方向是重要的一步。㊴

沿着那个方向的下一步是考虑如果我们利用多诺霍教授的回归方程模型对截至2007年的数据进行分析的结果。确定时间序列回归分析的数据时长是一个非常重要的问题，因为分析结果有时候会受到所选择数据时长的影响。㊵我们1998年的文章显示，米兰达变量在我们回归分析方程所选时间段内的反应并不敏感。不仅在当时可得的全数据（1950—1995年）回归方程中，而且在排除了可能存在问题的20世纪50年代数据（即只使用1960—1995年的数据），以及将数据时长缩短15年之后（即只使用1950—1980年的数据）的回归分析中得到的结果几乎一样。㊶我们发现的唯一区别是，个罪中的夜盗犯罪案件，从1950年至1980年的数据分析结果在90%的置信水平上存在统计显著性。㊷有意思的是，在我们今天的回归分析中，夜盗犯罪案件是唯一一种不具有统计显著性的个罪。

尽管增加了17年的数据，我们现在仍在准备通过证明我们的结果观点来扩大这一结论。但是，扩大数据涵盖的时间范围，带来了新的、重要的事件可能介入回归方程的可能性。在将数据从1995年扩大到2012年时，我们担心可能对回归分析结果产生影响的事件是：经济衰退。根据美国经济研究局（U. S. Bureau of Economic Research）（经济研究的权威机构），自2007年12月起，美国经济进入了衰退期，而且持续了18个月，一直到2009年6月才结束。㊸本次大

---

㊳ Donohue，前引注⑦，第1171页。

㊴ 参见 Aneja, Donohue & Zhang，前引注⑭，第614页（"鉴于新的、更好的经验性证据或者方法的出现，研究者和政策制定者们对争议政策主题应当保持开放的心态"）。

㊵ Cassell & Fowles，前引注⑤，第1098—1099页。对这一问题的论述可以参见 Aneja, Donohue & Zhang，前引注⑭，第601—606页（对不同时段的"持枪权"法律进行了回归分析）。

㊶ Cassell & Fowles，前引注⑤，第1100页表 VI。

㊷ 同上引注。

㊸ "US Business Cycle Expansions and Contractions", Nat'l Bureau Econ. Res., http://www.nber.org/cycles.html [https://perma.cc/7J4X-7SK9] (last visited Jan. 29, 2017).

衰退是自20世纪30年代早期"大萧条时期后各方面都最为糟糕的经济衰退"[244]。这种大范围的危害包括史无前例的失业和显著的失业率上升。[245] 这次大衰退的全球性影响,是"60多年来全世界见证过的最严重的衰退"[246]。

由于其巨大的经济影响,我们也在想,经济大衰退对我们的回归方程是否带来了难以预料(也难以控制)的影响。虽然既有证据表明,经济大衰退并未显著影响整体犯罪率[247],但是某些犯罪模式的变化也许影响了破案率,特别是财产犯罪的破案率。[248] 此外,经济大衰退也会影响我们和多诺霍教授的回归方程中的其他变量。两个回归方程模型中都包含了可能受经济变化影响的变量,例如(多诺霍教授的回归方程中的)执法投入(这是一个受通货膨胀调整影响的变量)和(我们的回归方程中的)劳动力就业水平、失业率和人均收入。考虑到这些潜在的显著影响,我们决定将我们(和多诺霍教授的回归方程)的运算时间截止于2007年——经济大衰退开始的时间。

正如上文表5-6所显示的那样,两个回归方程对1950—2007年数据运算所得出的米兰达变量对破案率的影响都更具统计显著性。在我们的回归方程中,我们发现米兰达变量在暴力犯罪,财产犯罪,以及抢劫罪、伤害罪(在0.10的置信水平上)、夜盗罪、偷盗罪和机动车盗窃罪破案率上都具有统计显著性。使用多诺霍教授的回归方程模型,我们发现米兰达变量对暴力犯罪,财产犯罪,以及强奸罪、抢劫罪、伤害罪、偷盗罪和机动车盗窃罪在95%的置信水平上都具有统计显著性或者(对暴力犯罪、强奸罪、抢劫罪、财产犯罪、偷盗罪和机动车盗窃罪)

---

[244] "Chart Book: The Legacy of the Great Recession", Ctr. on Budget & Pol'y Priorities, http://www.cbpp.org/research/economy/chart-book-the-legacy-of-the-greatrecession? fa = view&id = 3252 [https://perma.cc/DY2Z-CECF] (last updated Feb. 10, 2017).

[245] 同上引注。

[246] Sher Verick & Iyanatul Islam, Inst. for the Study of Labor, *The Great Recession of 2008-2009: Causes, Consequences and Policy Responses* 3 (2010), http://ftp.iza.org/dp4934.pdf [https://perma.cc/T7KC-4AMS].

[247] 参见 Christopher Uggen, Stanford Ctr. on Poverty & Inequality, *Crime and the Greal Recession* 1, http://users.soc.umn.edu/~uggen/crime_recession.pdf [https://perma.cc/TQQ9-JFBT] (last visited Jan. 29, 2017); James Q. Wilson, "Crime and the Great Recession", *City J.*, Summer 2011, at 90, 90。

[248] 例如,从2006年至2010年,商店盗窃犯罪案件上升了21%,*UCR-2010*,前引注[79],第90页表7,这类案件的破案率通常都非常高。参见下引注[40]—[44]及相关文献。另外,机动车盗窃案件陡然下降,从2006年到2010年下降了38%。*UCR-2010*,前引注[79],第90页表7。也许与这一下降相关,偷盗汽车配件(被包括在偷窃类案件中)的案件从2006年到2010年下降了14%。同前引注。与其他犯罪的破案率对比,偷盗犯罪案件的破案率在2006年前后出现了明显的上升。参见前文图5-6。我们不确定为什么会发生这一现象,虽然安保技术改革的可能性被认为是一个首选的解释因素。参见 Michael Tonry, "Why Crime Rates Are Falling Throughout the Western World", 43 *Crime & Just.* 1, 5 (2014)。

在99%的置信水平或者以上都具有统计显著性。这些结果也使我们对米兰达规则降低了警察破案率的结论抱有巨大的信心。

二、 贝叶斯平均模型和卡塞尔-福尔斯及多诺霍的回归模型

我们担心的模型问题还可以以一种更为严格的方式来处理。从历史来看,关于哪个模型"正确"的不确定性问题,是个古典计量经济学方法几乎没有任何指南的主题。但是最近,人们对运用贝叶斯方法来解决这一问题开始感兴趣。[249]

试图对某个现象进行量化(例如在本文中的破案率)的研究者可能都会面临将哪个变量纳入统计模型的不确定性问题。通常是,一个研究者必须建构一个能够包含一些解释性变量的理论模型,但要精确地将哪些解释性变量包括进去则不确定。[250]更令人担心的是,研究者直至找到一个"有用的"模型——即一个能够获得统计显著性结果[251](或者,如果试图证伪一个不能得出统计显著性结果的特定假设)模型之前,可能会尝试一系列的替代模型。

衡量统计显著性的传统方法(例如我们和多诺霍都用过的 $t$-统计法)在处理这类问题上基本没什么用。这些统计方法只能在特定的模型中显示统计显著性。但无助于回答该模型本身是否正确的问题。应该选择将哪个变量纳入回归方程相关的模型不确定问题是共时性和多重共线性问题的首要问题。特别是,当与之关联的解释性变量在回归方程模型中相关时,问题就出现了。

作为类似这些问题的后果之一,甚至回归方程模型的些微变化有时候就可能导致得出的结果瓦解。[252]在为这次论坛写作的过程中,阿尔舒勒细心地指

---

[249] 参见 Andrew Gelman et al., *Bayesian Data Analysis* (3d ed. 2014); Peter Kennedy, *A Guide to Econometrics* 213, 216-31 (6th ed. 2008); Fowles & Loeb,前引注[135],第52页。有关贝叶斯模式早期运用的令人感兴趣的历史性叙述可以参见 Duo Qin, "Bayesian Econometrics: The First Twenty Years", 12 *Econometric Theory* 500, 503-13 (1996)。

[250] 参见 Jacob M. Montgomery & Brendan Nyhan, "Bayesian Model Averaging: Theoretical Developments and Practical Applications", 18 *Pol. Analysis* 245, 246-54 (2010)。

[251] Alan Gerber & Neil Malhotra, "Do Statistical Reporting Standards Affect What Is Published? Publication Bias in Two Leading Political Science Journals", 3 *Q. J. Pol. Sci.* 313, 314 (2008)("研究者为了发现模型规格和达到显著性起点的附属样本可以进行数据挖掘");还可参见 Daniele Fanelli, "Negative Results Are Disappearing from Most Disciplines and Countries", 90 *Scientometrics* 891, 892-93 (2012);请比较 Joseph P. Simmons, Leif D. Nelson & Uri Simonsohn, "False-Positive Psychology: Undisclosed Flexibility in Data Collection and Analysis Allows Presenting Anything as Significant", 22 *Psychol. Sci.* 1359, 1359-62 (2011)(对研究者只报告"有用的"回归方程问题进行了讨论)。

[252] Montgomery & Nyhan,前引注[250],第246页。对这一问题的论证,可以参见关于"持枪权"法律是否减少了犯罪问题的,方兴未艾的经验性争议。Aneja, Donohue & Zhang,前引注[135],第614—615页。参见 Lott,前引注[134]。

出了这一担心,针对与法律相关的回归分析,他说"似乎一朝它吹口气就垮了。特别是,我从未看到过一个计量经济学家的任何研究说服过我什么"[53]。

贝叶斯平均模型(BMA)尝试去解决类似于阿尔舒勒评估替代模型的回归分析结果解释力时的担忧。[54] 推荐我们的读者(大部分是法律领域的)阅读一些详细介绍 BMA 如何运算的文献[55](包括先前福尔斯与我一起合作的文章[56])。但是,简而言之,BMA 观察所有能够想到的模型设计,然后对其后验概率进行权衡。[57] 例如,在一个回归方程中可以纳入 n 个变量,BMA 就需观察 $2^n$ 个具体模型,然后确定存疑变量在各个模型中是否都重要。[58] 人们似乎都认可"BMA 可以帮助研究者确保其对关键自变量的影响评估能够在大多数回归方程模型中都具有解释力"[59]。人们通常还都认为,BMA 对研究者选择性地只报告对其"有用的"模型问题(显然这种情形非常普遍)是一种有益的矫正性方案。[60] 在最近几年,BMA 已经被普遍运用于计量经济学研究中。[61]

计算机技术的新近发展使 BMA 计算变得可行,从而促进了 BMA 在研究中的运用。[62] 在本文讨论的破案率问题上,考虑到我们的模型中有 13 个自变量(解

---

[53] Alschuler,前引注[40],第 889 页注释 186。

[54] 参见 David Weisbach, "Introduction: Legal Decision Making Under Deep Uncertainty", 44 *J. Legal Stud.* S319, S332 (2015)。

[55] 参见 Gail Blattenberger, Richard Fowles & Peter D. Loeb, "Variable Selection in Bayesian Models: Using Parameter Estimation and Non Parameter Estimation Methods", in 34 *Advances in Econometrics: Bayesian Model Comparison* 249, 261-65 (Ivan Jeliazkov & Dale J. Poirier eds., 2014); Blattenberger, Fowles & Loeb,前引注[13],第 119 页; Blattenberg, Fowles, Loeb & Clarke,前引注[13],第 1829 页。

[56] 参见 Montgomery & Nyhan,前引注[25],第 247—249 页。

[57] Blattenberger, Fowles & Loeb,前引注[55],第 261 页。

[58] 同上引注。

[59] Montgomery & Nyhan,前引注[25],第 246 页。

[60] 参见 Leslie K. John, George Loewenstein & Drazen Prelec, "Measuring the Prevalence of Questionable Research Practices with Incentives for Truth Telling", 23 *Psychol. Sci.* 524, 525 (2012)。

[61] Tiago M. Fragoso & Francisco Louzada Neto, "Bayesian Model Averaging: A Systematic Review and Conceptual Classification", 16 tbl. 2 (Sept. 29, 2015), https://arxiv.org/pdf/1509.08864v1.pdf [https://perma.cc/J2AZ-GVFG]。

[62] Kennedy,前引注[24],第 217 页("近几年中,这些实际困难已经因为相关计算机软件技术的发展得以大大缓解")。在 BMA 分析法实际运用之前,可能可以通过极值边界分析法(Extreme Bounds Analysis "EBA")来进行类似的脆弱性判断。参见 Blattenberger, Fowles & Loeb,前引注[55],第 255—256 页("[EBA]是一种用来计算线性回归分析模型中贝叶斯后验平均值的最大值、最小值的全球通用的敏感性分析法")。EBA 计算了在解释变量的所有可能线性组合上运用最大似然性评估可以获得系数的最大值和最小值。Cassell & Fowles,前引注⑤,第 1104 页。在 1998 年的文章中,我们认为 EBA 统计结果显示,我们的回归分析结果并不脆弱。同上引注,第 1105 页。关于 EBA 分析和 BMA 分析之间差异更多的讨论可以参见 Blattenberg, Fowles & Loeb,前引注[55],第 255—258、261—265 页。

释性变量），因此选择性模型设计的总数为 8192 个（2 的 13 次方）。以此类似，考虑到多诺霍教授的回归模型中有 10 个自变量[263]，相应的选择性模型数为 1024 个（2 的 10 次方）。由于没有足够的计算机处理速度，以前根本不可能对所有选择性模型都进行评估。[264]但是今天，更先进的计算机技术和轻易可得的计算机软件，使得研究者们可以使用 BMA 对所有不同的可能性进行评估。[265]

我们使用的是标准版 BMA 软件包 R，这一软件很容易获得和验证。[266]对于模型包含，我们使用 1∶20 的标准比值。针对卡塞尔-福尔斯模型的分析结果，使用的是 1950—2012 年的全数据，具体情况参见表 5-7。

表 5-7　包含米兰达变量的卡塞尔-福尔斯模型的贝叶斯平均模型分析结果（1950—2012 年）
（米兰达影响三年渐进）
城市破案率的回归分析
卡塞尔-福尔斯模型（模型包含标准比值为 1∶20）

| 破案率数据（1950—2012 年） | 方程中的米兰达变量百分比 | 前 5 个方程中的米兰达变量百分比 | 贝叶斯平均系数 | 模型数量 |
|---|---|---|---|---|
| 暴力犯罪 | 100.0% | 100% | −10.110 | 99 |
| 谋杀犯罪 | 10.2% | 0% | 0.093 | 14 |
| 强奸犯罪 | 13.6% | 20% | −0.281 | 17 |
| 抢劫犯罪 | 100.0% | 100.0% | −7.092 | 27 |
| 重伤害 | 44.6% | 40% | −1.481 | 54 |
| 财产犯罪 | 78.8% | 100% | −1.180 | 28 |
| 夜盗犯罪 | 42.9% | 60% | −0.809 | 25 |
| 偷盗犯罪 | 60.9% | 80% | −1.069 | 30 |
| 机动车盗窃 | 100.0% | 100% | −5.122 | 21 |

阴影区域的数据代表的是在前 5 个方程中至少有 4 个发现有米兰达变量的犯罪。

一些读者也许不熟悉 BMA 分析结果的标准统计报告，因此我们将对表格第

---

[263] Donohue，前引注⑦，第 1173 页表 1。
[264] 参见 Kennedy，前引注㉔，第 213 页。
[265] 同上引注。
[266] Blattenberger, Fowles & Loeb，前引注㉕，第 262 页、第 277 页注释 14、第 278 页（转引自 Adrian Raftery et al., "BMA: Bayesian Model Averaging", Cran. R-Project [Nov. 6, 2015], https://cran.r-project.org/web/packages/BMA/index.html [https://perma.cc/ECZ3-3T8W]）；还可参见 Andrew Gelman & Jennifer Hill, Data Analysis Using Regression and Multilevel/Hierarchical Models 10-11 (2007)（支持在进行贝叶斯分析时使用 R 软件）。

一排进行更为详细的描述。这一行报告的是运用1950—2012年的数据对暴力犯罪破案率进行BMA分析的结果。BMA程序考虑了我们方程中所有8192种可能模型——即我们确定的13种解释性变量的不同组合情况。然后该程序会选择可能性超过5%的方程作为正确的模型。BMA对8192种模型进行筛选,然后保留那些有证据支持的模型,放弃那些支持性较低的模型。从贝叶斯定理来看,BMA能够非常准确地计算出给定模型的后验概率,$P(D|M_i)$,其中$M_i$代表$i^{th}$模型,$D$代表观察到的数据。然后对两个模型进行比较,从而得出放弃一个模型或者两者都保留的决定选择。作出这一决定的辅助机制是后验概率的比值。如果比值相对接近于1.0,则两个候选模型都保留;否则,一个模型得以保留,另一个被排除。由于我们选择的比值是1∶20,机会窗口(odds window)保留了大量可能正确的模型,但要少于所有可能比值为1.0的情况。正如上文所指出的那样,在进行贝叶斯平均运算时,后验模型概率也被用作适用于被保留模型估计系数的权重。

在本项研究中,BMA运算结果从8192种模型中确定了99种最可能准确的模型。这99项模型,都包含米兰达变量(100%)。不出所料,后验模型概率迅速下降,因此BMA也确定了最为准确的5种模型,这5种模型也都包含了米兰达变量(100%)。从这些方程中得出的平均系数为-10.110,意味着BMA程序所选择的模型与米兰达变量之间存在-10.111的平均负相关系数。表5-7中的其他行报告了我们正在研究的其他8类犯罪破案率的相同数据。在抢劫犯罪、财产犯罪、偷盗犯罪和机动车盗窃犯罪——特别是在抢劫犯罪和机动车盗窃犯罪中,这一结果非常有力(100%包括米兰达变量)。

正如在前一节讨论过的那样,我们还担心经济大衰退对回归方程模型的影响。如果我们将数据限制在1950—2007年,BMA可以揭示哪一个方程模型被选中,正如表5-8所显示的那样。

正如表5-8所示,如果我们将数据限定在未受经济大衰退影响的时段,我们甚至得到了米兰达变量相关的更为有力的结果。不仅暴力犯罪、抢劫犯罪和机动车盗窃犯罪的破案率100%在回归方程中得到了体现,而且财产犯罪(100%)和偷盗犯罪(99.1%)也几乎都在内。考虑到经济衰退对财产犯罪破案率影响的可能性,这一结果就非常有意思了。

当然,BMA使我们不仅可以对我们的方程,还可以对多诺霍教授的方程的稳定性进行检验。表5-9显示的就是对根据多诺霍教授的方程就全数据(1950—2012年)BMA分析的结果。

表 5-8　类罪和个罪：
包括米兰达变量的贝叶斯平均模型——1950—2007 年

(米兰达影响三年渐进)

城市破案率回归分析

卡塞尔-福尔斯的回归方程模型(模型包含标准比值为 1∶20)

| 破案率数据<br>(1950—2007) | 方程中的米兰达<br>变量百分比 | 前 5 个方程中的<br>米兰达变量百分比 | 贝叶斯<br>平均系数 | 模型数量 |
|---|---|---|---|---|
| 暴力犯罪 | 100.0% | 100% | −8.482 | 44 |
| 谋杀犯罪 | 11.8% | 20% | 0.207 | 38 |
| 强奸犯罪 | 13.0% | 0% | −0.303 | 44 |
| 抢劫犯罪 | 100.0% | 100.0% | −5.773 | 19 |
| 重伤害 | 76.5% | 80% | −2.631 | 44 |
| 财产犯罪 | 100% | 100% | −2.778 | 22 |
| 夜盗犯罪 | 73.2% | 80% | −1.727 | 19 |
| 偷盗犯罪 | 99.1% | 100% | −2.504 | 37 |
| 机动车盗窃 | 100.0% | 100% | −5.621 | 25 |

表 5-9　包括米兰达变量的多诺霍模型贝叶斯平均模型分析结果——1950—2012 年

(米兰达影响三年递进)

城市破案率回归分析

多诺霍教授的模型(模型包含标准比值为 1∶20)

(1950—2012 年的数据)

| 破案率数据<br>(1950—2012) | 方程中的米兰达<br>变量百分比 | 前 5 个方程中的<br>米兰达变量百分比 | 贝叶斯<br>平均系数 | 模型数量 |
|---|---|---|---|---|
| 暴力犯罪 | 100.0% | 100% | −9.090 | 46 |
| 谋杀犯罪 | 10.3% | 0% | −0.100 | 22 |
| 强奸犯罪 | 75.9% | 80% | −4.485 | 19 |
| 抢劫犯罪 | 95.8% | 100.0% | −4.476 | 50 |
| 重伤害 | 37.7% | 40% | −1.049 | 40 |
| 财产犯罪 | 41.0% | 20% | −0.691 | 21 |
| 夜盗犯罪 | 20.6% | 20% | −0.210 | 9 |
| 偷盗犯罪 | 9.0% | 20% | 0.022 | 9 |
| 机动车盗窃 | 100.0% | 100% | −6.161 | 15 |

　　正如我们所看到的那样,多诺霍教授的方程也得出了稳健的米兰达变量结果,特别是暴力犯罪(100%包括)、机动车盗窃犯罪(100%包括)和抢劫犯罪

（95.8%包括）。BMA 还可以用于评估多诺霍教授的方程对经济大衰退之前的数据分析结果。表 5-10 所列数据即是这些结果情况。

表 5-10　包括米兰达变量的多诺霍模型贝叶斯平均模型分析结果——1950—2007 年

（米兰达影响三年递进）

城市破案率回归分析

多诺霍教授的模型（模型包含标准比值为 1∶20）

（1950—2007 年的数据）

| 破案率数据<br>（1950—2007） | 方程中的米兰达<br>变量百分比 | 前 5 个方程中的<br>米兰达变量百分比 | 贝叶斯<br>平均系数 | 模型数量 |
|---|---|---|---|---|
| 暴力犯罪 | 100.0% | 100% | -9.603 | 11 |
| 谋杀犯罪 | 33.5% | 40% | -0.605 | 24 |
| 强奸犯罪 | 100.0% | 100% | -9.625 | 8 |
| 抢劫犯罪 | 100.0% | 100% | -6.267 | 38 |
| 重伤害 | 42.7% | 40% | -1.464 | 23 |
| 财产犯罪 | 100.0% | 100% | -2.366 | 18 |
| 夜盗犯罪 | 18.8% | 20% | -0.180 | 10 |
| 偷盗犯罪 | 85.8% | 100% | -1.555 | 29 |
| 机动车盗窃 | 100.0% | 100% | -6.509 | 39 |

正如我们所看到的那样，BMA 分析结果显示，多诺霍教授的方程在将经济大衰退数据限制之后，在很多不同犯罪中都得出米兰达变量影响的稳健结果，包括暴力犯罪（100%）、强奸犯罪（100%）、抢劫犯罪（100%）、财产犯罪（100%）、机动车盗窃犯罪（100%）和偷盗犯罪（85.8%）。

根据这些结果，我们认为，公平地说，我们关于米兰达规则对破案率的消极影响结论不会像阿尔舒勒婉转地说的那样，"似乎被吹口气就会坍塌"[267]。相反，我们的很多发现（甚至是多诺霍教授的很多类似发现）对回归方程模型的变化并不敏感，毫不夸张地说，正如 BMA 对数千个可能的替代性方程的评估结果所显示的那样。

### 三、共时性问题

这也许是个对共时性问题进行简短讨论的好时机。正如我们在 1998 年与多

---

[267]　Alschuler，前引注[40]，第 889 页注释 186。

诺霍教授的商榷中讨论过的那样,我们的回归方程是简约模型(reduced-form models),也就是说,我们建构的只是一个单向因果关系方程。[268] 这要求假设破案率可以通过不同的变量解释,但并非反之亦然。但是,破案率也会受到解释性变量的影响。特别是,破案率下降可能导致犯罪率上升。因为被抓获的可能性更低,犯罪的预期回报就更高。这种可能性被称为"共时性"问题。[269] 我们(和多诺霍教授)的破案率模型,就像我们实际上做的那样,建立在一种简约模型之上,未能抓住破案率与犯罪率之间的这些交互影响。大量研究认为,对共时性的忽视会导致对犯罪率和警察预防效果预测上的问题。[270] 但是,本文提出的是一个略有不同的问题:未能对可能的共时性问题进行控制是否会影响我们关于米兰达变量的结论。

特别是,根据 BMA 的分析结果,基于以下原因,我们认为我们的结论不可能受到共时性的实质性影响。首先,可能不存在共时性问题——也就是说,破案率也许不会直接影响犯罪率。虽然我们并不一定认同这一反直觉的假设,但有意思的是,关于警察对犯罪之影响的相关研究的结论并不完全一致。[271] 其次,即使存在共时性问题,也许仍然可以找到与本文相一致的结果。共时性对回归分析结果的影响不仅可能朝上,也可能朝下,也可能对结果毫无改变。我们认为,共时性无法解释本文研究的这类破案率急剧变化现象。

最重要的是,我们的 BMA 分析结果证明,我们的结果对被我们纳入或者排除在回归方程之外的变量并不敏感。这一事实有力地表明,共时性并不能解释我们的研究结果,因为在对大量回归方程进行分析之后,并未发现米兰达变量的脆弱性。而且,考虑到数据之间的高度相关性,米兰达变量的稳定性非常明显。在多重共线性分析下,当增加或者减少其他变量时,观测到焦点变量变化的标志并非罕见。在 BMA 评估的大量回归方程模型中,米兰达变量表现得非常稳健。

---

[268] Cassell & Fowles,前引注⑤,第 1101—1103 页;Donohue,前引注⑦,第 1168 页。

[269] Cassell & Fowles,前引注⑤,第 1102 页。

[270] 同上引注,第 1102 页,注释 209(对有关这一问题的论述进行了梳理)。

[271] 参见 Marian J. Borg & Karen F. Parker, "Mobilizing Law in Urban Areas: The Social Structure of Homicide Clearance Rates", 35 *Law & Soc'y Rev.* 435, 436 (2001) ("一些研究已经分析了破案率或者逮捕率与犯罪率之间的联系。但与此相关的结果混杂不清。虽然一些研究证明了逮捕之于犯罪率具有犯罪预防效应,但其他一些研究未能发现高破案率可以显著降低犯罪率的相应证据")。请比较 John E. Eck & Edwards R. Maguire, "Have Changes in Policing Reduced Violent Crime? An Assessment of the Evidence", in *The Crime Drop in America* 207, 217 (Alfred Blumstein & Joel Wallman eds., 2000) (对 9 项针对警力规模和暴力犯罪关系的研究进行了细致的分析,涉及 27 个因变量,没有发现与"警力增加暴力犯罪相应减少"的"一致证据"),与 Levitt,前引注⑯,第 176—179 页(将 20 世纪 90 年代犯罪下降的部分原因归咎于警察数量的增加和监狱人口数量的增加)。

从理论上来说,我们愿意承认破案率模式共时性方程也许是最可取的方式。但是,在实践层面,这类模型通常高度依赖隐含的假设,特别是对于我们特别感兴趣的个罪(例如抢劫犯罪)而言。㉒ 但是,考虑到如何对执法努力和犯罪之间的关系进行模型化问题的巨大争议㉓,基于本文的研究目的,我们决定避开这一泥沼。相反,我们只是让一切保持原样:我们和多诺霍教授的回归方程递减模型下得出的、关于米兰达变量的许多稳健结论。

## 第四节 数据收集问题:对弗洛伊德·菲尼的回应

紧随着我们的文章在《斯坦福法律评论》的首次公开发表(以及随后与多诺霍教授之间的交锋),菲尼发表了一篇对我们的研究进行全面回应的文章。㉔ 菲尼承认,我们对破案率数据的分析模式可能严重低估了米兰达规则的消极影响。㉕ 但是,菲尼也对作为我们研究前提的数据(数据表明,在米兰达案判决之后FBI的破案率出现了急剧下降)提出了三个重要质疑:第一,菲尼认为,我们所根据的破案率数据是来自于城市的,破案率的下降应归咎于人为的原因(如警察对犯罪记录的保管不善),而不是米兰达案判决。㉖ 第二,菲尼认为,20世纪60年代破案率的"主要"数据来自加利福尼亚州,而这些数据显示,米兰达案判决之后破案率并未出现下降。㉗ 第三,虽然前面两点存在某种程度上的紧张关系,但是

---

㉒ 参见 Zimring,前引注⑯,第 55 页("犯罪预测模型整体上都不太有力,针对特定类型犯罪进行预测的模型甚至更不成熟和不可靠")。在我们 1998 年的文章写完之后不久,我们试图构建共时性方程,我们尝试过的模型显示出与我们的简约方程一样的米兰达变量效应。参见 Cassell & Fowles,前引注⑤,第 1103 页注释 215。但是,因为我们认为这些模型对潜在的假设仍然非常敏感,我们决定不再做更多的努力。

㉓ 参见 Daniel S. Nagin, Robert M. Solow & Cynthia Lum, "Deterrence, Criminal Opportunities, and Police", 53 Criminology 74, 74 (2015); Greg Pogarsky & Thomas A. Loughran, "The Policy-to-Perceptions Link in Deterrence: Time to Retire the Clearance Rate", 15 Criminology & Pub. Pol'y 777, 778 (2016); Steven Raphael, "Optimal Policing, Crime, and Clearance Rates", 15 Criminology & Pub. Pol'y 791, 797-98 (2016)。

㉔ 参见 Feeney,前引注⑧。
㉕ 同上引注,第 5 页。
㉖ 同上引注,第 4 页。
㉗ 同上引注,第 4—5 页。

菲尼认为,米兰达案判决对破案率的消极影响应归咎于警察扩大战果(获得深挖犯罪率)能力的下降。[278]

对菲尼为了回应我们的文章,精心撰写了一篇长达114页的文章所投入的时间与精力,我们深表感激。但是,我们对其文中的许多观点并不认同。在接下来的两节中,我们将运用收集到的新数据来证明,其以数据为根据对我们的文章所提出的三点批评意见并不具有说服力。[279]

## 一、全国城市的数据收集问题

### (一)全美14个最大城市的破案率下降

菲尼最重要的观点是,大城市警察在保管犯罪记录方面的变化导致了1965年后破案率的下降,这些原因与米兰达案判决无关。[280]例如,菲尼指出,纽约市的抢劫犯罪破案率出现急剧下降的原因即是如此。[281]菲尼将纽约市抢劫犯罪破案率的下降归咎于警察保管犯罪记录方式的变化,而不是NYPD破案能力的实际削弱。[282]菲尼进而认为,刑事立案方式的这些变化影响了我们对米兰达变量之于破案率影响的计算。[283]

在对这一观点的细节进行深入讨论之前,我们想先给出一个警告性提示。显然我们也意识到来自个别城市的数据存在起伏和被人为操纵的嫌疑。我们在第一篇文章中就已经意识到了这一点。[284]但是,虽然对于分析特定司法管辖区的警察执法效果而言,这也许代表着一个严肃的问题,但我们在此关注的是联邦最高法院的某个判决对全美警察的约束。因此,我们使用的是全美警察的整体破案率数据,这些破案率数据来自数千个警察机关。[285]即使某个城市报告的破案率数据存在问题,如果这些人为操纵破案率的情形在米兰达案判决前后几年之内

---

[278] 同上引注,第5—6页。
[279] 菲尼还对我们得出的米兰达规则导致了破案率下降的结论进行了批评。我们将在下引注[329]—[709]及相关文献中对这一批评进行回应。菲尼还对其他国家的破案率数据进行了分析,有关这一观点的评论尚未完成。参见Cassell,前引注[78]。
[280] 参见Feeney,前引注⑧,第18—41页。
[281] 同上引注,第31页。
[282] 同上引注。
[283] 同上引注,第32—33页。
[284] 参见Cassell & Fowles,前引注⑤,第1075—1076页(对全国性的数据整合是如何弱化地方性数据中存在的问题进行了讨论)。
[285] 请比较Yehuda Grunfeld & Zvi Griliches, "Is Aggregation Necessarily Bad?", 42 Rev. Econ. & Stat. 1, 10 (1960)("如果对数据整合感兴趣的话,整合并不一定就是坏事")。

都没有发生重大变化,或者相对于全国性的破案率数据而言,这种操作相对较小的话——这两种假设都是合理的——我们的结果也不会受到影响。㉖ 我们也报告了"暴力犯罪"和"财产犯罪"的整体破案率分析结果,各司法管辖区之间的犯罪类型方面的差异因此被最小化。㉗ 另外,在相关时段内,FBI 在收集数据时所使用的"破案"标准似乎都是一致的。㉘ 因此,任何刑事立案方式的变化都只是在个别城市,基于特定的原因而发生的事,并不会影响我们对更大范围内的全美整体破案率的分析结果。

具体到纽约市,菲尼将纽约市警察局刑事立案方式的变化归结为市长约翰·林赛(John Lindsay)的改革选择。㉙ 林赛 1966 年上任后,明确要求纽约市警察"诚实地"报告所有的犯罪情况。㉚ 在菲尼看来,刑事立案实践的这些变化,导致 1966 年警方报告的失去案件大幅度增长,结果是纽约市的破案率急剧下跌——从 42.9% 下降至 17.7%。㉛ 菲尼似乎没有考虑过,就像纽约市决定报告更多的犯罪一样,也可能对同一种犯罪公布出更高的破案率这一可能性。菲尼也没有讨论过纽约市的供述率事实上下跌得特别厉害的可能性,例如唯一一项

---

㉖ 参见 Fox,前引注㉙,第 7 页(认为数据操纵问题对于"不涉及截面数据,而只是对同一群体的时间序列数据"的时间序列分析而言,"并非过度令人烦恼"); Charles R. Tittle & Alan R. Rowe, "Certainty of Arrest and Crime Rates: A Further Test of the Deterrence Hypothesis", 52 *Soc. Forces* 455, 456 (1974)(虽然存在数据被人为操纵的可能,"有充分的理由怀疑其对数据造成了严重的污染",并且"似乎在各警察局内非常普遍,以致对数据整体内部变化分析的研究有效性……不受影响")。

㉗ 参见 Gene Swimmer, "The Relationship of Police and Crime: Some Methodological and Empirical Results", 12 *Criminology* 293, 304 (1974)(认为将犯罪类型简化为"财产犯罪"和"暴力犯罪"两大类可以将犯罪报告技术变化对数据的影响最小化。);还可参见 Fox,前引注㉙,第 127 页注释 8("虽然可以获得个别的指数犯罪数据,但这种分解式分析过于具体,使之本身无法对相关变量之间的相互关系得出一般性结论")。

㉘ 1962 年的 *UCR Handbook* 对"破案"进行了界定,并且提供了示例。参见 U. S. Dep't of Justice, Fed. Bureau of Investigation, *Uniform Crime Reporting Handbook*: *How to Prepare Uniform Crime Reports* 48-49 (1962)(对"通过逮捕破案"和"特殊破案方式"进行了界定)。1965 年和 1966 年的手册中所包含的定义基本相同。参见 U.S. Dep't of Justice, Fed. Bureau of Investigation, *Uniform Crime Reporting Handbook* 50 (1966)[以下简称 1966 *UCR Handbook*]("一起犯罪案件是'通过逮捕侦破的'或者实现了报案的目的是指,至少一个人[1]被逮捕,[2]就其所实施的犯罪被指控,[3]被移交法庭起诉……")。后来的版本似乎也没有实质性的区别。参见 U. S. Dep't of Justice, Fed. Bureau of Investigation, *Uniform Crime Reporting Handbook* 41-42 (1984)(对"通过逮捕破案"和"特殊破案方式"进行了界定)。似乎对"破案"的界定比 20 世纪 60 年代要稍微宽泛一些,允许警察将犯罪分子被"移送法庭起诉"的情形算入侦破案件之中,而不是要求实际上已经起诉。参见 Lawrence W. Sherman, Defining Arrest: Practical Consequences of Agency Differences (Part I), 16 *Crim. L. Bull.* 376, 380 (1980)。

㉙ 参见 Feeney,前引注⑧,第 30 页。

㉚ 同上引注。

㉛ 同上引注,第 31 页、第 32 页表 5。

针对米兰达案判决后纽约市的供述率研究结果所显示的那样。㉒

菲尼根据其对纽约市立案登记方式的假设认为，立案登记方式的变化可以解释我们正在研究的破案率下跌问题。但是，林赛市长的改革带来的是对所有类型犯罪的立案登记变革（唯一的例外可能是谋杀罪——通常认为谋杀犯罪很难被隐瞒不登记）。㉓ 正如前文讨论过的那样，我们的回归方程分析发现，米兰达变量对抢劫、偷盗和机动车盗窃犯罪案件的破案率产生了消极影响，但对谋杀、强奸、伤害和（在最大多数模型中）夜盗犯罪案件破案率的消极影响并不显著。这一结果表明，立案登记问题与我们正在分析的并非同一个问题。

为了支撑他的结论，在给出纽约市的数据表之后，菲尼立即拿出了1965年全美14个最大城市（包括纽约市在内）的抢劫犯罪案件破案率数据。㉔ 在快速地瞄了这些数据一眼之后，菲尼似乎认为，来自14个城市的这些数据提出了米兰达案判决之后破案率究竟是否出现了下降的问题。根据来自这14个城市的数据，菲尼认为，这些数据显示，"（抢劫犯罪的破案率）差不多只是随机的变动"或者是一种"混合趋势"。㉕

虽然菲尼很好地提供了一份列有其研究所根据的、来自14个城市的公开或者不公开数据的表格，但其未能精确地解释其如何判断这一数据是否也表现出"随机变动"或者"混合趋势"模式。另外，对任何单个城市的关注都代表了其自身的问题。对较小规模城市数据的关注可能混淆较大城市的趋势——这就是通常所说的只见树木不见森林（missing-the-forest-for-the-trees）的问题。数据来

---

㉒ 参见"Controlling Crime Through More Effective Law Enforcement: Hearings on S. 300, S. 552, S. 580, S. 674, S. 675, S. 678, S. 798, S. 824, S. 916, S. 917, S. 992, S. 1007, S. 1094, S. 1194, S. 1333, and S. 2050 Before the Subcomm. on Criminal Law & Procedures of the S. Comm. on the Judiciary", 90th Cong. 1120 (1967)（以下简称"Controlling Crime Hearing"，指出非谋杀重罪案件被告人的供述率从49%下降至米兰达案判决之后的15%）；Weinraub，前引注⑩，第A1版（警察发言人将纽约市1965—1966年破案率的下降部分归咎于联邦最高法院作出的、限制警察获得犯罪嫌疑人更多供述能力的判决）。但请比较Vera Inst. of Justice, Taping Police Interrogations in the 20th Precinct, N.Y.P.D. 79-80 (1967)（对米兰达规则是否导致了纽约市破案率的这些变化进行了质疑）；Nagin，前引注⑬，第114—115页（认为更准确的立案政策也许可以解释纽约市的破案率变化情况）。

㉓ 比较 UCR-1965，前引注⑲，第65页表3（报告了纽约市的指数犯罪案件登记情况）；UCR-1966，前引注⑲，第170—185页表55（同前内容）。

㉔ 参见Feeney，前引注⑧，第35—36页、第37页表6。菲尼声称，这14个城市的抢劫犯罪案件占了"全美1966年、1967年、1968年抢劫犯罪案件的50%以上"。同上引注，第36页。但是，其所引用的材料并不支持他的这一观点。同上引注，第36页注释92（引自Philip J. Cook, U.S. Dep't of Justice, Robbery in the United States: An Analysis of Recent Trends and Patterns 11-12 [1983][指出，在1981年，全美57个城市报告的抢劫犯罪案件占全美的61%]）。1966年的UCR既未对全美24个最大城市的抢劫犯罪案件总数进行统计，也未提供全美50%的抢劫犯罪案件数量。参见UCR-1966，前引注⑲，第92页表6。

㉕ Feeney，前引注⑧，第35—36页。

源的单位越小,一些随机事件影响该数据的可能性越大,因此需要在该数据中引入随机或者"噪点"(noise)变量。㉖ 为了提出一个明显的例子,以揭示米兰达对警察执法效果的消极影响,我们不想只看来自个别警察管区的破案率数据。警察们可能在一个管区来来去去,新的帮派可能进入某个警察管区,诸如此类,使得很难将某个较小区域内发生的情况一般化为全美的情形。当然,来自特定城市的数据同样存在类似的问题,正如菲尼自己的观点所解释的那样。一个新的市长或者警察局长可能引进一个不同的警察立案登记制度。㉗ 或者在某个特定的年度,某个城市可能面临着预算或者特别危险的吸毒成瘾者扩散的危机。任何城市,这些因素中的每一个都可能导致其 1966 年至 1968 年间破案率的变化——因此这一数据中出现了干扰变量,并对全美破案率原本可能存在或者不存在的更大趋势形成干扰。

对于数据中的干扰因素,标准的统计回应措施是取其均值。只要干扰因素之于研究感兴趣的现象是随机的,均值处理就可以帮助我们消除干扰因素对研究数据的影响。㉘ 至于本文讨论的这些问题,虽然由于各种不可预料的原因,来自任何一个城市的数据都可能存在不稳定(gyrate)的问题,但来自 14 个城市的数据作为一个整体,存在不稳定的可能性大大降低。因此,来自 140 个或者 1400 个城市的数据,整体不稳定的可能性更低。正如菲尼自己似乎认可的那样㉙,如

---

㉖ 参见 George E. P. Box, J. Stuart Hunter & William G. Hunter, *Statistics for Experimenters*: *Design, Innovation, And Discovery* 558-59, 568-76 (2d ed. 2005);参见 Holger Kantz & Thomas Schreiber, *Nonlinear Time Series Analysis* 174-96 (2003). 数据整合的适当程度问题并不仅限于米兰达规则研究领域之中,这也是刑事司法研究领域较为普遍的一个问题。参见 Aneja, Donohue & Zhang,前引注⑭,第 596—597 页(因为个别郡县的问题,对郡县层面和州层面的数据进行了分析);John R. Hipp, Block, "Tract, and Levels of Aggregation: Neighborhood Structure and Crime and Disorder as a Case in Point", 72 *Am. Soc. Rev.* 659, 660 (2007). 与这些问题相关的是,曾经被称为"小数定律"(The Law of Small Numbers)的认识,认为小样本能够反映出抽样人口群体的特点。参见 David A. Hyman, "Why Did Law Professors Misunderestimate the Lawsuits Against PPACA?", 2014 *U. Ill. L. Rev.* 805, 830。

㉗ 参见 David Seidman & Michael Couzens, "Getting the Crime Rate Down: Political Pressure and Crime Reporting", 8 *Law & Soc'y Rev.* 457, 480 (1974)(对马里兰州的巴尔的摩市"操纵犯罪统计"问题进行了讨论)。

㉘ 参见 Hilary Sigman, "Environmental Liability and Redevelopment of Old Industrial Land", 53 *J. L. & Econ.* 289, 303 (2010). 我们意识到了处理时间序列数据中的噪点问题的更为复杂和彻底的方法。参见 Grega Repovš, "Dealing with Noise in EEG Recording and Data Analysis", 15 *Informatica Medica Slovenica* 18, 19 (2010)(讨论了医学研究中处理数据噪点的方法);Michail Vlachos, Dimitrios Gunopulos & Gautam Das, "Indexing Time-Series Under Conditions of Noise", in 57 *Data Mining in Time Series Databases* 67, 68 (Mark Last, Abraham Kandel & Horst Bunke eds., 2004). 但是,由于我们所处理的时间序列中数据数量有限,因此不使用这些方法。

㉙ 参见 Feeney,前引注⑧,第 33—34 页(对创建比个别城市更大并逐步迈向"全国性"数据序列的方法问题进行了讨论)。

果我们对类似米兰达规则之类的全国性现象的大范围评估画面感兴趣,当我们后退一步,整合更多的数据时,画面的焦点将变得更加突出。

我们将这一整体数据加上菲尼自己的 14 个城市数据,算出 14 个城市的平均破案率。⑳ 结果参见下文图 5-8,显示了 14 个城市各自的抢劫犯罪案件破案率,以及 14 个城市和 FBI 的全美平均破案率。正如我们所预料的那样,来自 14 个城市的单个数据包括大量的"干扰"因素,表现为来自不同城市的年度数据趋势图断裂。但是,当所有数据平均之后,来自 14 个城市 1966 年至 1968 年间的破案率呈现明显的下降趋势。

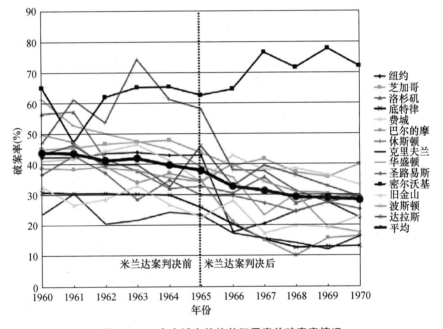

图 5-8 14 个大城市的抢劫犯罪案件破案率情况

但是,对于平均破案率是看起来呈现明显的下降趋势(正如我们所认为的那样)或者是"随机变化"㉑,还是只是表现出一种"混合趋势"(正如菲尼所认为的那样),我们决定与其只给出我们自己的主观性意见,不如对这一问题采取更

---

⑳ 我们使用未加权平均值——即对 14 个城市的数据进行简单的数值平均。因为我们关心的不是这些城市破案率下降的程度,而是这些城市是否发生了破案率下降的事实,因此这一方法是适当的。我们还通过假设这些年(1960—1963 年)芝加哥的破案率与 1964 年一样,为芝加哥创了 4 个缺失观察值,通过将 1969 年前各一年的数据进行平均,为达拉斯创了 1 个缺失观察值(1969 年)。

㉑ Feeney,前引注⑧,第 35 页。

为严格的方式。检验一个可能发生历时性变化的数据序列的标准统计技术是看该数据是否包含结构性断裂的情况。⑫ 对存在结构性断裂的数据进行检验是单个数据序列的纯时间序列问题。不需要选择回归方程模型或者是否包括/排除额外变量。另外,有进行类似检验所需的标准统计软件。通过运用标准结构变化功能⑬的 R 检验,我们对 1960 年至 1970 年间 14 个城市的平均破案率数据进行了检验。⑭ 很显然,在菲尼只看到"随机变化"的数据中,我们发现了 1965 年之后(双边的置信期间为一年 with a confidence interval of one year of either side)的破案率数据存在统计学意义上的显著和结构性断裂——这与我们提出的米兰达规则导致 1966 年至 1968 年间的破案率数据出现断裂的假设一致。

然而,菲尼可能会说,在我们得出的数据存在结构性断裂这一结论背后,存在 1965 年至 1966 年间纽约市破案率大幅下降的问题。就像菲尼在指出纽约市的破案率数据影响了我们对破案率的其他讨论一样。⑮ 但是,在此重申,只要将纽约市的破案率数据从 14 个城市的平均数据中排除出去就可以对这一假设进行检验。对破案率趋势图的直接观察表明,将纽约市的破案率数据从数据中排除出去并不会产生太大的影响,就如图 5-9 所显示的那样。

通过运用结构变化功能,我们还可以做得比简单的直接观察更多。对 13 个城市(不包括纽约市在内的大城市)平均破案率数据的检验,我们再次发现了数据的结构性断裂,这一次发现的断裂时间为 1966 年(双边置信期间为一年)——这一期间也与我们提出的 1966 年至 1968 年间破案率数据存在断裂的假设相吻合。⑯

然而,菲尼可能会回应说,甚至就在这 13 个城市中,存在更多的立案登记问题。特别是,菲尼认为三个城市(除了纽约之外):底特律、巴尔的摩和华盛顿特区同时存在立案登记制度变化问题,因此可能影响米兰达案判决同期的

---

⑫ 参见 Patricia H. Born & J. Bradley Karl, "The Effect of Tort Reform on Medical Malpractice Insurance Market Trends", 13 *J. Empirical Legal Stud.* 718, 747 (2016)(进行了一项保险市场数据的结构性断裂分析)。

⑬ 参见 Achim Zeileis et al., "Strucchange: An R Package for Testing for Structural Change in Linear Regression Models", 7 *J. Stat. Software* 1, 15 (2002)。

⑭ 我们不得不作出的一个选择是,进行结构性断裂分析所要求的最小观察数量是多少。我们假设的观察数为 3。

⑮ 参见 Feeney,前引注⑧,第 32—33 页。

⑯ 我们在 1963 年的数据中发现了第二次断裂。

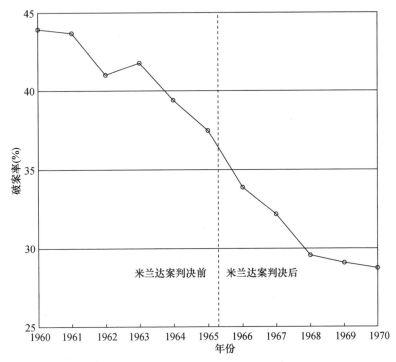

图 5-9  13 个城市(不包括纽约市)的抢劫犯罪案件平均破案率情况

破案率。㊾ 于是,我们再次将这些菲尼认为立案登记制度发生了变化的城市数据从所有数据中剔除,只留下 10 个城市的数据对其提出的这一可能性进行检验。从表面上看,这一数据仍然显示在米兰达案判决时期,这些城市的破案率出现了下降趋势,如图 5-10 所示。

运用结构变化运算法则,我们再次可以确认 1967 年的破案率数据存在下降性结构断裂,这一时间也与我们的假设相一致㊿,虽然这一断裂并未显示出与其相伴的置信带。我们假设,如果我们进行更多的观察,向左和向右(即更早或者更晚),我们可以收缩这一置信带。但是,这 14 个城市的许多重要数据是未公开

---

㊾ 参见 Feeney,前引注⑧,第 35 页("这四个犯罪立案登记制度有变化的城市[纽约、底特律、巴尔的摩、华盛顿特区]显示急剧下降的趋势……但是,这应归咎于立案登记制的变化,而非真正的破案率急剧下降")。

㊿ 菲尼认为没有犯罪立案登记问题的 10 个城市之一是洛杉矶,因此洛杉矶被包括在图 5-10 所示的 10 个城市之内。同上引注,第 38 页。但是,正如我们马上要证明的那样,洛杉矶的破案率数据在米兰达案判决时出现剧烈波动——可能混淆其他 9 个城市在米兰达案判决后的破案率下降。参见下引注㊹—㊻及相关文献。因为将洛杉矶的数据从平均数中剔除只会进一步加剧图 5-10 所示的米兰达案判决后破案率立即下降趋势,我们对不包括洛杉矶数据的破案率情况进行单独的分析。

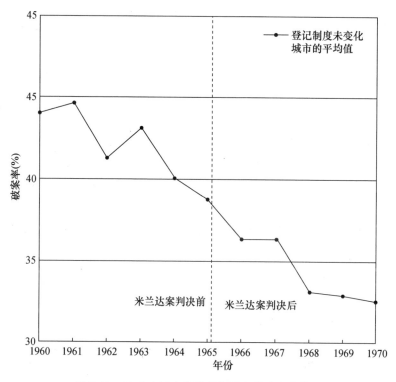

图 5-10　10 个大城市的抢劫犯罪案件破案率情况

的,或者通常无法获取的。因此,需要用大量的时间去收集这些额外的数据。

总之,只根据菲尼人工收集的这 14 个最大城市的抢劫犯罪案件破案率数据,我们也可以反驳其提出的,认为没有米兰达案判决时期破案率出现了下降的证据的观点。相反,在剔除了干扰因素之后的平均数据——包括或者不包括存在立案登记制度变化的城市——显示在米兰达案判决后立即(即 1966 年至 1968 年)出现了破案率数据结构性下降的事实。

(二)全美城市破案率下降的人口排名

菲尼关于纽约及其他一些大城市的立案登记制度变化导致了破案率下降的观点可以通过另外一种方式来分析。在指出纽约市的数据问题之后,菲尼指出,"在理论上"可以将纽约市(和其他数据有问题的城市)的数据剔除出去,从而得到一个"更为干净的数据集"。[⑲] 菲尼认为,这一数据收集逻辑使得项目变得相当

---

[⑲] 参见 Feeney,前引注⑧,第 33 页。

困难。⑩ 但是，实际上，收集更干净的数据集相对简单。事实上，FBI 已经建立了一个数据集，从而使立案登记问题变得似乎不太严重。

FBI 的年度报告不仅有所有城市的数据（我们的研究整体依赖的数据集⑪），而且还有大量其他子群数据（例如子群 I——人口超过 250 000 的城市的数据；子群 II——人口介于 100 000 至 250 000 的城市的数据；子群 III——人口介于 50 000 至 100 000 的城市的数据）。⑫ 当然，只看较小城市的数据就可以消除类似于纽约那样的大城市的立案登记制度变化对破案率的影响。在 1966 年米兰达案判决作出时立案登记制度并未发生变化的城市总量大约有几百个之多。

另外，虽然每一个子群的城市数量每年可能出现轻微的波动，但这一波动对整体数据而言并不显著。在图 5-11 中，我们给出了向 FBI 报告破案率数据的城市数量。⑬ 正如我们所看到的那样，数据并未出现突然凝滞或者变化的情形。

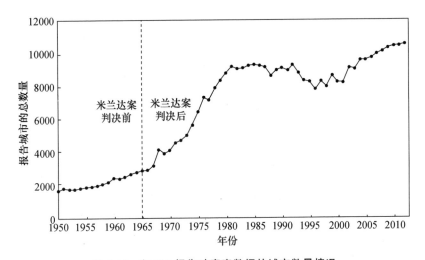

图 5-11　向 FBI 报告破案率数据的城市数量情况

我们同意詹姆斯·艾伦·福克斯（James Alan Fox，全美最为杰出的犯罪观察家）的观点，"虽然 FBI 报表中包括的城市组群确实每年都有变化，相对于整体数据而言，这些波动导致的错误结果程度非常有限"。⑭ 同样地，对全美数据的分析也表明没有什么大的波动，特别是在与本文研究密切相关的 1965 年至 1969

⑩　同上引注，第 33—34 页。
⑪　参见前引注⑭—⑰及相关文献。
⑫　参见 UCR-1968，前引注⑲，第 110—111 页表 22。
⑬　在图 5-11 中，通过平均 1956 年和 1958 年以来的数据得出了被遗失的 1957 年的数据点。
⑭　Fox，前引注⑲，第 127 页注释 11。

年期间。㉛总之，我们认为只要全美数据中的城市数量足够多㉜，立案登记问题就不会影响数据分析结果（相反，如果在任何特定组群中有一小部分城市，我们将担心数据中的这一"干扰"因素可能导致分析结果的异常）。

由于研究主要针对的是抢劫犯罪案件的破案率（与菲尼关注的案件类别相同），我们收集了FBI公布的1950年至2012年间11个不同人口规模组群的抢劫犯罪破案率数据。㉝然后以早期使用的相同解释变量对这11个组群进行了标准多元回归分析。㉞因为特定城市组群也许更快（或者被迫更慢）适用米兰达规则的可能性，我们现在设了两个回归方程，一个是米兰达变量立即发生影响，一个是本文一直使用的米兰达变量影响三年递进的回归方程，分析结果参见表5-11。

表5-11 不同人口规模的城市子群：米兰达变量与抢劫犯罪案件破案率相关系数
（米兰达变量立即影响和三年递进）
指定城市/警察机关分组破案率OLS回归分析
（括号中的为t统计数据）

| 人口规模子群 | 城市/报告数据的警察机关数量 | 米兰达变量（立即影响） | 米兰达变量（三年递进） |
|---|---|---|---|
| 子群I—所有人口在25万以上的城市 | 53 | −6.23<br>(−2.887)** | −6.919<br>(2.763)** |
| 子群IA—所有人口在100万以上的城市（数据自1956年至2012年） | 5 | −4.48*<br>(−1.413) | −4.516<br>(−1.230) |
| 子群IB—所有人口在50万至100万之间的城市（数据自1956年至2012年）㉟ | 22 | −13.4<br>(−6.189)*** | −14.960<br>(−5.870)*** |
| 子群IC—所有人口在25万至50万之间的城市（数据自1956年至2012年） | 26 | −4.38<br>(−2.061)* | −4.328<br>(−1.744)† |
| 子群II—所有人口在10万至25万之间的城市 | 98 | −3.85<br>(−1.935)† | −4.267<br>(−1.856)† |

---

㉛ 参见Michael D. Maltz, *Analysis of Missingness in UCR Crime Data* 13-14 (2006).

㉜ 如果研究的是州层面的数据，或者特别是郡县层面的数据，情形可能会有所不同。同上引注，第14—15页；Michael D. Maltz & Joseph Targonski, "A Note on the Use of County-Level UCR Data", 18 *J. Quantitative Criminology* 297，316-17 (2002).

㉝ 对于一些组别，FBI直到1950年之后数年才报告相关数据。在下一章中我们将指出这些数据具有的其他局限。

㉞ 在此过程中，我们进行了包含一个按城市规模大小分组的因变量（破案率）和以全国数据为根据的自变量的回归方程分析。当然，我们也希望能够使用针对完全同一城市组群数据的自变量。但针对我们的所有变量而言，似乎不太可能收集到这些数据，因此我们只好使用现成的数据。我们认为这不会影响我们的整体结论，因为警察和失业率等全国性数据的趋势似乎很可能与特定城市组群的趋势整体一致。只要趋势一致，我们就可以对在此讨论的问题得出整体性结论。

㉟ 关于人口介于500 000至1 000 000之间的城市的原始数据集，我们采取了FBI报告的两个亚类的平均值（根据人口数量加权平均）。

(续表)

| 人口规模子群 | 城市/报告数据的警察机关数量 | 米兰达变量（立即影响） | 米兰达变量（三年递进） |
|---|---|---|---|
| 子群 III—所有人口在 5 万至 10 万之间的城市 | 225 | −3.685<br>(−2.129)* | −3.243<br>(−1.595) |
| 子群 IV—所有人口在 2.5 万至 5 万的城市 | 429 | −4.835<br>(−2.581)* | −4.842<br>(−2.206)* |
| 子群 V—所有人口在 1 万至 2.5 万之间的城市 | 819 | −4.65<br>(−2.459)* | −5.390<br>(−2.472)* |
| 子群 VI—所有人口少于 1 万人的城市 | 1233 | −8.69<br>(−3.758)*** | −10.190<br>(−3.842)*** |
| 城市郊区（数据自 1961 年至 2012 年） | 1465 | −9.32<br>(−4.43)*** | −10.440<br>(−3.377)** |
| 乡村地区（数据自 1961 年至 2012 年） | 623 | −16.8<br>(−4.447)*** | −19.260<br>(−3.942)*** |

*** 在 0.001 水平上具有显著性；** 在 0.01 水平上具有显著性；* 在 0.05 水平上具有显著性；† 在 0.10 水平上具有显著性。

正如表 5-11 所示，针对米兰达变量立即发生影响的情况，我们发现，在所有人口规模城市群中[20]——除了子群 IA，美国最大的城市（即纽约、洛杉矶，以及其他一些大型城市）外——米兰达变量的影响都具有统计显著性。针对米兰达变量影响三年递进的情况，我们发现，除了 IA、III 两个城市子群（虽然子群 III 的统计结果接近于具有统计显著性）外，所有人口规模城市群中，米兰达变量的影响（在 90%或者更高的置信水平上）都具有统计显著性。

对这些数据群更为细致的审视发现，子群 IA 只包括了少数几个城市。例如，在米兰达案判决当年（1966 年），子群 IA 仅包括 5 个城市。正如菲尼自己指出的那样，在米兰达案判决前后，全美最大城市的破案率数据存在一些波动。例如，子群 IA 在 1965 年显然不包括洛杉矶，但在 1966 年包括了，而在 1966 年至 1972 年则不包括纽约市在内。[21]

记住这一点，子群 IA 的抢劫犯罪案件破案率显示未受米兰达变量的影响这一结论很容易通过数据构成城市的变化得到解释。例如，将一个城市纳入或者排除出这个城市子群即意味着城市数来源增加了 20%（6÷5）。[22] 此外，

---

[20] 要清楚，组 II 只有在 0.10 水平上具有统计学意义上的显著性。

[21] 参见 Feeney，前引注⑧，第 30—33 页。

[22] 从 1968 到 1969 年，IA 组群的城市数量变化了 20%，即从 5 个城市变为了 6 个。请比较 *UCR-1968*，前引注⑦，第 100 页表 12；*UCR-1969*，前引注⑦，第 94 页表 9。

增加或者减少一个城市数,也会对某个年度的城市人口数量带来巨大的改变。㉓

此外,更大的组群也不会像单个司法管辖区或者小组群司法管辖区那样,对随机的波动反应敏锐。例如,子群Ⅵ(人口少于1万人的城市)包括1000多个城市。㉔ 这些城市的平均破案率就不受数据短期变化的影响。我们发现,当有足够的城市数量来避免那些随机波动的影响时,FBI的每个人口规模城市子群数据中都可以发现米兰达变量的影响——即,将FBI报告的,每个人口低于100万的城市和警察机关数据群扩大到郊区和乡村时——在米兰达变量影响三年递进方程下,子群Ⅲ的唯一例外是"接近差错"(near miss,一个我们认为并不会破坏整体画面的异常结果)。

的确,收集大量城市的连贯数据,对其破案率进行分析,然后看看我们的结论会不会发生变化,在理论上是可欲的。但是,基于根据FBI现有报告中的十个人口规模城市组群的数据得出的结论几乎一致的事实,我们认为,在这一领域内再多的连贯数据都不可能改变我们的结论。记住这一点非常重要(菲尼没有讨论过),即FBI本身在米兰达案判决两年后的犯罪报告中强调,在统计了1966年的数据之后,FBI指出,"几乎所有人口规模的城市组群都一致报告"破案率下降了。㉕ 在接下来的1967年,FBI继续报告全面坏消息。㉖ "所有人口规模城市组群一致报告"破案率继续下降。㉗ 菲尼所指出的一些个别城市的立案登记制度改变并不能解释这一形势。

## 二、加利福尼亚州的破案率数据

菲尼还暗示,根据加利福尼亚州的数据,米兰达规则对破案率没有消极影响。菲尼多次坚称,在20世纪60年代,"加利福尼亚州……被普遍认为具有全美最好的犯罪统计数据"㉘。但其并未提供这一观点的信息来源。接着他又说,加利福尼亚州的破案率数据显示在20世纪60年代呈现出持续下降之势,但"一

---

㉓ 从1965到1966年,IA组中城市的人口数量也发生了巨大的变化,从16 149 000降到了11 230 000人,一年之内变化达30%。比较 UCR-1965,前引注⑲,第97页表8;UCR-1966,前引注⑲,第100页表12。

㉔ 参见 UCR-1966,前引注⑲,第101页表12(报告了Ⅵ组中1233个城市的情况)。

㉕ UCR-1968,前引注⑲,第27页。

㉖ 参见 UCR-1967,前引注⑲,第30页("但是,在1966年,这些犯罪案件的全美破案率为24.3%,至1967年时下降为22.4%。每一种指数犯罪的破案率上都出现了下降,其中机动车盗窃犯罪案件破案率最为明显……")。

㉗ 同上引注,第30页。

㉘ Feeney,前引注⑧,第38页。

点都不剧烈"(nothing very dramatic)。㉙

菲尼没有提供关于加利福尼亚州具备"最好的"州犯罪统计数据这一观点的信息来源㉚,因此很难对其这一观点进行评价。也许其观点受其曾经服务于加利福尼亚州犯罪统计研究顾问委员会,帮助对数据的收集进行监控,因此发现数据质量较高这一事实的影响。㉛ 但是,无论如何,在此涉及的相关问题不是加利福尼亚州犯罪数据的整体质量,而是特定序列的数据——破案率数据序列的质量。

在审读菲尼关于加利福尼亚州破案率的论文过程中吸引我们眼球的事情之一是,其使用的数据仅涉及1954年至1969年的。㉜ 而我们感兴趣的时间段是1966年至1968年,米兰达案判决后的数据只有1年(1969年)。显然如果其运算的数据扩大到1970年、1975年,甚至更远,显然更有利于观察破案率的长期变化趋势。事实上,对菲尼先前关于个别城市破案率数据表(前一小节讨论过的)的观察就可以确认这一事实,这一表格就出现在其文中的前两页,这些表格给出了1960年至1970年的城市破案率数据。㉝ 在对加利福尼亚州的破案率数据进行分析时,菲尼为什么不将数据的时间段也拉长到(至少)1970年?

通过对加利福尼亚州刑事司法统计局(California Bureau of Criminal Statistics)的《加利福尼亚州违法犯罪》(Crime and Delinquency in California)年度报告的仔细分析㉞,答案呼之欲出:自1970年起加利福尼亚州全面停止报告破案率数据。1969年《加利福尼亚州违法犯罪》报告中包括了7种指数犯罪的破案率(就像此前自1954年以来的年度报告一样)。㉟ 1970年《加利福尼亚州违法犯罪》则未包括任何破案率的数据在内。㊱ 事实上,直至1985年,加利福尼亚州就都未披露过任何破案率的数据,在当年度他们收集了能够获得的、回溯至1980

---

㉙ 同上引注。

㉚ 同上引注。

㉛ 参见 Dep't of Justice, Bureau of Criminal Statistics & Special Servs., *Crime and Delinquency in California*, 1980—1989, at ii (列举了顾问委员会成员名单)。

㉜ 参见 Feeney,前引注⑧,第39页表7。

㉝ 同上引注,第37页表6。

㉞ 从1952年至1964年,每年出版的加利福尼亚州犯罪统计报告名为《加州犯罪》("Crime in California")。

㉟ 参见 Dep't of Justice, Bureau of Criminal Statistics, *Crime and Delinquency in California 1969*, at 55 表II-3 (报告了1969年全州的破案率情况)。

㊱ 参见 Dep't of Justice, Bureau of Criminal Statistics, *Crime and Delinquency in California 1970* (整个报告,包括表格中都没有破案率数据)。

年的数据。㊳

有人认为加利福尼亚州的这一破案率数据是反映 20 世纪 60 年代破案率变化的最佳数据㊴,令人奇怪的是,菲尼却并未提及加利福尼亚州刑事司法统计局在 1970 年决定根本不再披露破案率数据这一事实(也许对于其来说这是很显然的事)。㊵ 当然,很自然的推论是,加利福尼亚州刑事司法统计局认为,这一数据序列存在问题(不可靠性?),因此意味着不值得继续披露。另外,当然,如果 1970 年至 1979 年的破案率数据因为不可靠或者不值得披露,那么,进而可以推论就在数年之前,包括我们研究中关键的 1966 年至 1968 年的破案率数据可能存在同样的问题。

但是,即使假设加利福尼亚州破案率数据是可靠的,我们如何理解菲尼的这一观点,即这些数据显示 20 世纪 60 年代破案率呈现出稳步下降,但"一点都不剧烈",因此肯定不是"急剧下降"。㊶ 模糊不清的"一点都不剧烈"之说使我们产生了一些疑虑,特别是事实上当 1968 年与 1965 年相比,加利福尼亚州的破案率出现显著变化时,详情参见表 5-12。

表 5-12 1965 年和 1968 年加利福尼亚州 7 种指数犯罪案件破案率变化情况

|  | 谋杀 | 强奸 | 抢劫 | 伤害 | 夜盗 | 偷窃 | 机动车 |
| --- | --- | --- | --- | --- | --- | --- | --- |
| 1965 年破案率 | 84.2% | 56.1% | 33.7% | 67.3% | 21.7% | 19.1% | 23.8% |
| 1968 年破案率 | 77.2% | 49.8% | 28.3% | 63.0% | 18.2% | 16.9% | 18.1% |
| 1965—1968 年犯罪率变化百分比 | −8.3% | −11.2% | −16.0% | −6.4% | −13.4% | −11.5% | −23.9% |

资料来源:*Crime in California—1965*; *Crime and Delinquency in California—1968*。

加利福尼亚州的破案率在米兰达案判决后持续下降之势似乎与我们关于米兰达规则消极影响的假设是一致的。但是,菲尼似乎认为,即使加利福尼亚

---

㊳ 参见 Cal. Bureau of Criminal Statistics, *Crime and Delinquency in California 1985*, at 24 (1985)。
㊴ 参见 Feeney,前引注⑧,第 38 页("毫无疑问,这是全美最好的刑事司法统计机构")。
㊵ 菲尼可能想收集加利福尼亚州 1970 年的破案率数据,从而使加利福尼亚州的数据序列与其在前文讨论过的 14 个城市的破案率数据序列之间保持一致。与此同时,在决定恢复发布破案率数据时,菲尼正是研究顾问委员会成员之一。参见前引注㊳及相关文献。
㊶ 参见 Feeney,前引注⑧,第 36—38 页。

州的破案率在那段时间里呈下降趋势,也并非"急剧下降"。当然,对于特定的观察者而言,什么是(或者不是)"急剧下降"是一个见仁见智的个人判断问题。然而,正如前文讨论过的那样㉛,有检验判断数据序列是否存在结构性断裂的统计技术。运用同样的技术——R 中结构变化算法(strucchange algorithm from R)——我们决定对加利福尼亚州 1960 年至 1969 年的抢劫犯罪案件破案率数据进行检验。㉜ 在此过程中,我们发现了数据中的结构性变化,如果我们将时间范围扩展到 1962 年至 1965 年,在 95% 的置信区间内可以判断这一结构性变化发生在 1963 年。虽然 1963 年本身并不符合我们关于米兰达规则降低了破案率的假设,但是(1962 年至 1965 年的)置信带的宽度足够容纳我们的假设。

但是,我们想对加利福尼亚州的破案率数据进行更为细致的考察,以确定其是否可靠。我们最初的假设是,因为加利福尼亚州是个有着许多不同警察机关的大州,20 世纪 60 年代的数据整体上是融贯的。但是,当我们对那段时期的加州犯罪统计数据进行更为细致的考察之后发现,一个县——洛杉矶县——的重罪数据就占了该州所有立案重罪的绝大多百分比。㉝ 看看 1965 年的抢劫犯罪案件统计,这是菲尼和我们的研究中最重要的内容,洛杉矶县的抢劫被逮捕者数(6496)就占了该州因为抢劫被逮捕者总数(10 200)的 63.7%。㉞ 这一现象表明,如果该县的破案率标准发生什么变化,就会对加州全州的破案率情况发生重大的影响。由此还引发我们对加利福尼亚州的数据与全美其他各州数据可比性的担忧,因为根据 FBI 提供的数据,1966 年,洛杉矶县的犯罪率全美最高。㉟

但是,可以得出这样一个观点,即事实上,从犯罪报告的角度看,洛杉矶县并非一个单独的,而是由数个警察机关构成的司法管辖区(包括洛杉矶、长滩、帕萨迪纳、阿罕布拉等)。诚然,在洛杉矶县的众多警察局中,洛杉矶市警察局是远近

---

㉛ 参见前引注㉜—㉞及相关文献。

㉜ 加利福尼亚州没有报告 1970—1984 年的破案率数据,参见前引注㉞—㉗。我们选择 20 世纪 60 年代作为数据序列的起点,是因为我们试图对菲尼讨论的洛杉矶的数据进行比较,其报告的洛杉矶数据始于 1960 年。

㉝ 参见"State Crime: More than Half of It in L. A. County", *L. A. Times*, Mar. 12, 1965, at A1(1964 年洛杉矶县的重罪案件占了加利福尼亚州报告的 346 255 件的一半以上……)。

㉞ Dep't of Justice, Bureau of Criminal Statistics, *Crime & Delinquency in California 1965*, at 221 app. 3 (以下简称[*Crime & Delinquency in California 1965*])。

㉟ 参见 Eric Malnic, "County Had Highest Crime Rate in U. S. in 1966, F. B. I. Says", *L. A. Times*, Aug. 11, 1967, at 3。

最大的一个。1965年,洛杉矶县所逮捕的抢劫犯罪嫌疑人中,一半以上(4115)都是洛杉矶市警察局完成的。㊱ 这意味着1965年加利福尼亚州因为抢劫被逮捕的犯罪嫌疑人中,40.3%都发生在洛杉矶市。

加利福尼亚州的破案率数据大部分都来自一个司法管辖区这一事实甚至更让人担心,会不会有什么原因让我们怀疑洛杉矶的数据存在问题。不幸的是,确实存在让人担心的理由。接着我们对抢劫犯罪案件破案率的讨论,我们首先担心的是,根据菲尼的研究,洛杉矶的数据并未包括在 FBI 1965 年的 UCR 中,但包括在 1966 年的 UCR 里。㊲ 这表明,也许在收集 1965 年的数据时遇到了困难。㊳ 在接下来数年的洛杉矶年度报告(统计摘要)中,我们发现了对其 1965 年至 1968 年间抢劫犯罪案件破案率数据的精确性表示担忧的理由,而这段时间是我们研究最感兴趣的一段期间。特别是,在那段期间内,洛杉矶侦破的抢劫犯罪案件数次出现了剧烈的波动。

| 年度 | 洛杉矶侦破的抢劫犯罪案件数㊴ |
|---|---|
| 1965 | 2630 |
| 1966 | 2411 |
| 1967 | 3563 |
| 1968 | 3069 |

这些数据显示,1967 年比 1966 年增长超过 47%——总共多侦破了 1152 起抢劫犯罪案件。㊵ 确实,在那段时期内,犯罪也出现了增长。但是,那一年的犯罪

---

㊱ *Crime & Delinquency in California 1965*,前引注㉞,第 221 页附录 3。
㊲ 参见 Feeney,前引注⑧,第 30—31 页。
㊳ 这一假设得到了克莱尔蒙特·麦肯纳(Claremont McKenna)图书馆保存的 LAPD 统计文摘直到 1967 年 3 月 13 日——远迟于本应收到的当年中期——才收到 1965 年卷这一事实的支持,例如,1965 年卷应于 1965 年 5 月 23 日收到。
㊴ 参见 County of Los Angeles, Dep't of Sheriff, *Statistical Digest 1965*, at 11(以下简称 L. A. *Statistical Digest 1965*)(数据来自抢劫犯罪案件的破案率报告);County of Los Angeles, Dep't of Sheriff, *Statistical Digest 1966*, at 8(以下简称 L. A. *Statistical Digest 1966*)(同前);County of Los Angeles, Dep't of Sheriff, *Statistical Digest 1967*, at 8(以下简称 L. A. *Statistical Digest 1967*)(同前);County of Los Angeles, Dep't of Sheriff, *Statistical Digest 1968*, at 8(以下简称 L. A. *Statistical Digest 1968*)(同前)。
㊵ 本文中的数字是绝对数。破案率同样呈现出急剧下降的情形,从 1965 年的 32.8% 下降到 1966 年的 30.4%,1967 年的 35.8%,1968 年的 27.1%。参见 L. A. *Statistical Digest 1965*,前引注㊴,第 11 页;L. A. *Statistical Digest 1966*,前引注㊴,第 8 页;L. A. *Statistical Digest 1967*,前引注㊴,第 8 页;L. A. *Statistical Digest 1968*,前引注㊴,第 8 页。

数只增长了 8%㊲,与破案数 47% 的增长之间相距甚远。抢劫犯罪案件数并非 1967 年的年度报告中唯一一异常的数据。例如,夜盗犯罪案件的破案数也从 1966 年的 8327 起暴涨至 1967 年的 13 726 起——年度增长达 64%。㊳ 这些令人震惊的增长表明,1967 年的洛杉矶发生了某些变化,或者是其警务模式,或者是其数据收集的来源。

可能性之一是,这段时间洛杉矶警察局(LAPD)领导更换,从而带来了破案率上的变化。正如表 5-13 所显示的那样,威廉·帕克(William Parker)担任洛杉矶警察局局长 16 年,直至米兰达案判决数周之后过世。在接下来的三年中,LAPD 更换了三个新警察局长。

表 5-13 1950—1978 年洛杉矶警察局局长情况

| 局长姓名 | 起始任职时间 | 终止任职时间 |
| --- | --- | --- |
| 威廉·A. 沃顿(William A. Warton) | 1949-06-30 | 1950-08-09 |
| 威廉·H. 帕克(William H. Parker) | 1950-08-09 | 1966-07-16 |
| 萨德·F. 布朗(Thad F. Brown) | 1966-07-18 | 1967-02-17 |
| 托马斯·雷丁(Thomas Reddin) | 1967-02-18 | 1969-05-05 |
| 罗杰·E. 默多克(Roger E. Murdock) | 1969-05-06 | 1969-08-28 |
| 爱德华·M. 戴维斯(Edward M. Davis) | 1969-08-29 | 1978-01-16 |
| 罗伯特·F. 洛克(Robert F. Rock) | 1978-01-16 | 1978-03-28 |
| 达里尔·F. 盖茨(Daryl F. Gates) | 1978-03-28 | 1992-06-27 |

资料来源:"Chiefs of the Los Angeles Police Department", L. A. Police Dep't, http://www.lapdonline.org/chiefs_of_the_los_angeles_police_department [https://perma.cc/BE77-SQH9] (last visited Feb. 13, 2017).

LAPD 局长的不稳定性也许改变了我们研究中最重要的那段时期内洛杉矶警察局的警务模式或者立案登记制度。例如,从 1967 年 2 月至 1969 年 5 月,时任局长托马斯·雷丁试图在 LAPD 投入更多的"笑脸"(human face)。㊴ 有意思

---

㊲ 请比较 L. A. Statistical Digest 1966,前引注㊴,第 6 页(1966 年所有指数犯罪数为 174 583);L. A. Statistical Digest 1967,前引注㊴,第 6 页(1967 年所有指数犯罪数为 188 717)。

㊳ L. A. Statistical Digest 1966,前引注㊴,第 9 页;L. A. Statistical Digest 1967,前引注㊴,第 9 页。洛杉矶的夜盗犯罪案件破案率从 14.9% t 急升至 22.9%,一年之内提高了 53%。

㊴ David Shaw, "Chief Parker Molded LAPD Image—Then Came the' 60s", L. A. Times, May 25, 1992, at A1 ("特别是雷定局长,试图通过展示警察笑脸的展板,由 LAPD 赞助小联盟棒球队、青年露营旅行团,以及邻里咖啡餐会等方式提升警察的人性化色彩。");还可参见 Paul Houston, Reddin Stresses Firm, Fast Control of Riots, L. A. Times, Aug. 20, 1967, at EB (注意到雷丁局长在建设社区关系方案及在这方面作出的努力)。参见 Joe Domanick, To Protect and to Serve: The Lapd's Century of War in the City of Dreams 203-08 (1994)。

的是，1967 年也是 LAPD 通过一个展示洛杉矶警察"彬彬有礼、照章办事"形象的《法网》(Dragnet)节目回归全美广播网的一年。㉝ 1967 年还是 LAPD 和媒体关系逆转的一年，那一年 LAPD 在警察招募和训练方面开始"全面改变"(sweeping changes)。㉟

很难辨别这些背景性因素的改变是如何影响 1967 年洛杉矶的实际警务状况的。我们找到一篇《洛杉矶时报》1967 年的文章，该文揭示了那一年洛杉矶警察工作方法的一些变化。文章说道："LAPD 很快采取了一些策略性行动，从而能够迅速地将警力投入犯罪问题最为严重的地区。"㊱

LAPD 局长达里尔·盖茨(Darryl Gates)在其自传中指出，1967 年，其负责一支新成立的抢劫犯罪案件侦查组。㊲ 这一点很有意思，而且也许与这些问题相关，我们注意到，在 LAPD 的《统计摘要》中，LAPD 侦破的 1100 多起犯罪案件中，大约一半都来自 LAPD 第 77 街分局——一个明显犯罪高发区。我们还注意到，当年度被分配到第 77 街分局的侦查人员数量明显增加㊳，与此同时，被逮捕的 FBI 犯罪指数类案件的犯罪嫌疑人数量也出现了大幅增长。㊴ 这似乎表明，1967 年 LAPD 改变了其警务模式㊵，从而显著改善了抢劫犯罪案件的破案率。

1967 年 LAPD 数据的异常，足以明显影响这一时期加利福尼亚州的破案率趋势，参见图 5-12。

---

㉞ 参见 Shaw，前引注㉝，第 A1 版。

㉟ 参见 Paul Houston，"Police Dept. Overhauls Recruiting and Training"，*L. A. Times*，Aug. 18，1967，at A1；Shaw，前引注㉝，第 A1 版(介绍了 1967 年一篇被警察视为"公然宣战"的关于 LAPD 的批判性文章)。

㊱ 参见 Gene Blake & Bob Jackson，"Crime War Need: New Concepts, Technology"，*L. A. Times*，Mar. 5，1967，at E12A。这也许是现在流行的"热点"(hot spot)警务理论的先行者。参见 Anthony A. Braga, Andrew V. Papachristos & David M. Hureau, "The Effects of Hot Spots Policing on Crime: An Updated Systematic Review and Meta-Analysis"，31 *Just. Q.* 633, 634 (2014)；Jerry H. Ratcliffe et al., "Citizens' Reactions to Hot Spots Policing: Impacts on Perceptions of Crime, Disorder, Safety and Police"，11 *J. Experimental Criminology* 393, 394 (2015)；请比较 Franklin E. Zimring，*The City That Became Safe: New York's Lessons for Urban Crime and Its Control* 142 (2012)(对纽约市犯罪率下降与"热点"警务之间的关系进行了讨论)。

㊲ Daryl F. Gates & Diane K. Shah, *Chief: My Life in the LAPD* 110-13 (1992)(对雷丁局长如何建立新的侦查办案小组问题进行了讨论)。

㊳ 请比较 *L. A. Statistical Digest 1966*，前引注㉔，第 82 页(注意到在第 77 街警察分局有 81 名侦查人员)，与 *L. A. Statistical Digest 1967*，前引注㉔，第 82 页(注意到在第 77 街警察分局有 87 名侦查人员)。

㊴ 参见 *L. A. Statistical Digest 1967*，前引注㉔，第 3 页。

㊵ 参见 James A. Bultema, *Guardians of Angels: A History of the Los Angeles Police Department* 229 (2013)(复述了雷丁局长带来的变化)。

416 | 沉默的代价

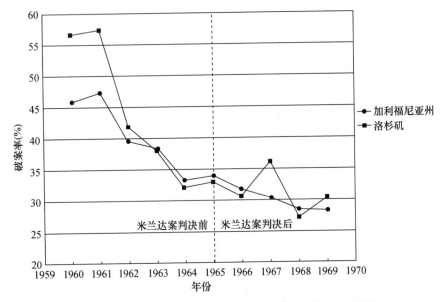

图 5-12　1960—1969 年洛杉矶及加利福尼亚州的破案率情况

将洛杉矶抢劫犯罪案件破案率数据绘制成的历时图后可见，1966 年出现了轻微的下降，而在 1967 年出现大幅上升，然后在 1968 年再次下降。洛杉矶的破案率数据在加利福尼亚州整体数据中的地位极为重要，因此其单个城市的破案率数据突起都有可能混淆加利福尼亚州其他司法管辖区的破案率的下降趋势（即使看起来持平或者下降趋势变缓）。[㊽] 虽然加利福尼亚州 1966—1968 年间的抢劫犯罪案件破案率呈下降趋势，但这种下降并不明显——这也是菲尼抓住的要点。

我们的目的的复杂之处在于 1967 年 LAPD 警务模式的显著改变——以及这一年洛杉矶破案率的异常向上突起——使得洛杉矶不适宜作为进行米兰达案判决前后破案率变化比较的司法管辖区。警务模式的变化是一个复合变量，使得我们无法确定米兰达规则对洛杉矶警察的执法效果产生了什么影响。但是，将洛杉矶的破案率数据从趋势线中剔除，就可以消除洛杉矶异常波动的数据对

---

[㊽] 因为洛杉矶是美国十个最大的城市之一，其数据构成了我们在前一节中讨论过的十个城市平均数据的一个部分。又因为洛杉矶破案率 1967 年异常上升，因此其数据可能混淆图 5-10 所示的米兰达案判决后破案率下降的趋势。

加利福尼亚州破案率数据的影响。㉒ 图 5-13 描绘的不仅包括了 20 世纪 60 年代洛杉矶的抢劫犯罪案件破案率情况,还包括除了洛杉矶之外的加利福尼亚州其他所有警察局(正如刚才讨论过的那样),FBI 统一犯罪报告中所称的"太平洋"地区㉓,以及本文研究所根据的一些城市的情况。正如我们可以看到的那样——以及正如我们可以预料到的那样,逐渐将更多的数据序列描绘在一张图之上后可以看到——不奇怪的是,最不稳定的数据序列就是这些子群中最小的那个:洛杉矶。随着子群逐渐增长,趋势线变得整体上更为平滑。这表明洛杉矶这棵异动的数据"树"可能干扰了其他司法管辖区的数据"林"。

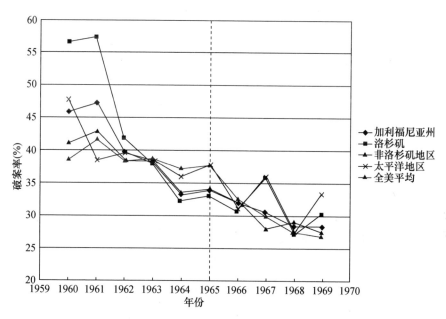

图 5-13　洛杉矶、加利福尼亚州太平洋地区、全美的抢劫犯罪案件破案率

---

㉒　将洛杉矶的数据从加利福尼亚州数据中剔除,我们只需要知道来自洛杉矶的数据占多少百分比,以及洛杉矶与加利福尼亚州的破案率之比。为了计算简便,我们假设 1965 年以来(时间序列的中点)逮捕(成年人)的百分比能够公平地反映出这十年中的百分比情况。因为在 1966 年前后,加利福尼亚州违法犯罪报告不再提供单个城市的数据,我们无法确定一个可以让我们计算出洛杉矶的数据在这十年期间占加利福尼亚州的百分比的数据集,因此不得不使用这一估算数据。1960 年,洛杉矶逮捕的成年的抢劫犯罪嫌疑人总数占加利福尼亚州总数的 42.7%,参见 Dep't of Justice, Bureau of Criminal Statistics, *Crime in California 1960*, at 49 tbl. III-5, 这与 1965 年的 40.3% 没有太大差异,参见 *Crime & Delinquency in California 1965*, 前引注㉔,第 221 页附录 3,我们使用十年完整的图。我们并不认为对这十年百分比更为精确的计算可改变我们的研究结果。

㉓　这一地区不仅包括加利福尼亚州,还包括俄勒冈州、华盛顿州、阿拉斯加州和夏威夷。

到目前为止,我们讨论的仅仅是对破案率趋势的直接观察情况。但还可以对这一趋势进行更为严格的分析。特别是,因为 1967 年洛杉矶数据的表面异常波动,我们认为除了将洛杉矶数据剔除之外,对加利福尼亚州的抢劫犯罪案件破案率数据进行前文讨论过的结构性变化算法分析将有所帮助。1960—1969 年间,结构性变化算法分析发现在这一数据序列内有两处结构性断裂:(1) 1963 年(在 95% 的置信区间内,这一断裂点介于 1962—1964 年间);(2) 1966 年(在 95% 的置信区间内,这一断裂点介于 1965—1967 年间)。这两个断裂点与我们提出的米兰达规则对警察破案率造成了消极影响的假设完全吻合。换句话说,如果从加利福尼亚州数据序列中将那些波动数据从一个可能存在异动的司法管辖区(这些司法管辖区在 1966 年至 1969 年之间有好几个更换了警察局长)数据中剔除,加利福尼亚州其他所有司法管辖区,自 1965 年至 1967 年之间的某个时间点开始的抢劫犯罪案件的破案率就呈现出急剧下降之势——即结构性显著。这一下降本应发生的时间与我们的假设一致。因此,如果有什么的话,加利福尼亚州的抢劫犯罪案件破案率数据并不是与我们的结论相反,恰恰是对我们的支持。

## 第五节　为什么说破案率必然低估米兰达规则的成本

我们已经讨论过的破案率数据很好地表明了米兰达规则对警察执法效果的妨碍。但是,可能会有人认为,破案率只是衡量米兰达规则影响警察执法效果的一种"差劲的"方式,就像菲尼在其文章中承认的那样——(正如刚刚讨论过的那样)破案率在米兰达案判决之后并未真正下降。[84] 在米兰达规则妨碍警察破案率问题的局限性上,我们同意菲尼的整体观点。但是,这并不会使破案率成为一个衡量米兰达规则对警察的影响的"差劲的"方式,然而是一种衡量这一影响的简

---

[84] 参见 Feeney,前引注⑧,第 113 页。

单方式。(365) 换句话说，如果米兰达规则对警察执法效果的消极影响可以通过全美国犯罪破案率——一种可能错过许多负面效果的方式——来侦测，那么，米兰达规则对警察执法效果的实际影响可能要比这严重得多。

在这一节，我们将阐述认为破案率数据将低估米兰达规则对警察执法效果的消极影响的理由。在本节的第一小节中，我们将对米兰达规则可能影响破案率的方式进行阐述；在第二小节中，我们将对菲尼对关于警察侦查行为的研究进行分析，看看在米兰达规则影响破案率的能力问题上，这些研究告诉了我们什么；在第三小节中，我们对米兰达规则对警察执法效果的消极影响是只有在“深挖犯罪”率上才能侦测到呢，还是在原始破案率和其他破案率上同样可以被发现；在第四小节中，我们提出了认为破案率下降只是供述率下降的后果之一的理由；在第五小节中，我们通过对为什么即使在法庭科学技术发展时代供述仍然非常重要进行解释，提出了我们的结论。

## 一、 米兰达规则与破案率如何相关

正如菲尼所指出的那样，米兰达规则对破案率的影响也许非常有限。许多案件在警察审讯任何犯罪嫌疑人之前可能就已经“侦破”了。菲尼给出的直接例子是几起不同的银行抢劫案件。例如，当银行发生抢劫案件时，警卫正好走了进来，然后逮捕了抢劫犯罪分子；警察从银行的监控视频中确认了抢劫犯罪分子的身份；或者银行柜员从犯罪嫌疑人头像簿中辨认出了抢劫犯。(366) 在米兰达规则发挥作用之前，这些案件通过逮捕犯罪嫌疑人就已经破了。在类似这些案件的情形中，用菲尼的话来说，米兰达规则“对警察确认和抓获犯罪嫌疑人的能力几乎没有影响”(367)。

菲尼对米兰达规则可能影响破案率似乎并不反对，但是认为这种影响也许非常轻微。(368) 因此，首先对米兰达规则理论上可能影响警察破案率的三种方式加以阐述也许非常重要，这三种方式中，菲尼讨论了二种，有一种则未曾涉及。

米兰达规则可能妨碍警察执法效果的最明显方式是影响“直接破案”

(365) 在这一点上，多诺霍与我们的观点一致。参见 Donohue，前引注⑦，第 1156 页（“如果米兰达规则明显阻止了犯罪分子向警察作出不利于自己的陈述，就会减少检察官成功起诉的比例，即使这并不影响破案率”）。

(366) 参见 Feeney，前引注⑧，第 42 页。

(367) 同上引注。

(368) 同上引注。（“进行米兰达警告当然有可能对犯罪嫌疑人与警方交谈的意愿产生一些影响，而且这一决定妨碍了警方在逮捕之后的审讯”）。

(primary clearances)——影响警察通过审讯犯罪嫌疑人侦破警察怀疑其已经实施了的犯罪的能力。正如我们此前简短地指出过的那样,警察也许希望通过审讯犯罪嫌疑人而侦破某起犯罪案件,而米兰达规则可能完全阻止警察审讯(因为犯罪嫌疑人"律师来了")或者使审讯变得更低效[69],从而影响警察这样做的能力。诚然,许多案件在米兰达规则发挥作用之前,通过逮捕犯罪嫌疑人就已经侦破了。但是,对于犯罪嫌疑人被羁押性审讯,但一直未被正式逮捕的情形而言,米兰达规则势必对直接破案率产生消极的影响——第一种情形下,削弱警察获得破案所需信息的能力。

米兰达规则还可影响警察的所谓"深挖犯罪"(警察因为某罪逮捕一名犯罪嫌疑人,通过审讯该犯罪嫌疑人又供述了其他类似犯罪)的能力。例如,一名被警察抓住的抢劫犯罪嫌疑人可能不仅供述导致其被抓获的抢劫犯罪案件,而且还可能供述其他的犯罪事实。[70] 但是因为"深挖犯罪"是在逮捕之后发生的,米兰达规则可能影响警察二手破案率似乎毫无疑问,就像菲尼自己承认的那样。[71]

还有第三种,菲尼没有特别讨论过的破案类型,一种我们称之为破获"更严重犯罪"的形式。例如,因为交通犯罪或者少量贩毒行为而被逮捕的贩毒犯罪分子。在米兰达案判决之前,贩毒分子可能会被审讯,然后可能供述出更为严重的犯罪行为——抢劫或者谋杀。但在米兰达案判决之后,这个贩毒分子的"律师来了",因此未接受警察审讯。[72] 其结果是,警察未能侦破那些更为严重的犯罪案件。

那些与"破窗"警务相关的文献中曾经讨论过这种破案方式。破窗警务背后的理论根据是社会失序行为(即类似于邻居家破了的窗户)和犯罪之间密不可

---

[69] 参见前引注[30]—[36]及相关文献。
[70] John E. Conklin, *Robbery and the Criminal Justice System* 147 (1972);还可参见 infra Section V. C. 2。
[71] 参见 Feeney,前引注⑧,第 65 页(指出约翰·康克林[John Conklin]在波士顿所作的研究中的 18% 的抢劫犯罪案件破案率都是深挖犯罪率,"显然足以涵盖卡塞尔和福尔苏斯教授所声称的下降幅度")。
[72] 一旦犯罪嫌疑人主张其米兰达规则上的权利,米兰达规则不仅阻止了警察就其最初之所以被审讯的罪行进行的审讯,而且还将阻止警察就其他犯罪行为对其进行的审讯。参见明尼克诉密西西比州案(Minnick v. Mississippi, 498 U. S. 146, 150 [1990])(判决认为,"第五修正案保护爱德华兹不被终止或者延迟其获得律师帮助的过程");亚利桑那州诉罗伯逊案(Arizona v. Roberson, 486 U. S. 675, 678-79 [1988])(判决认为,一旦犯罪嫌疑人主张律师帮助权,就不得因任何犯罪行为对其进行审讯);爱德华兹诉亚利桑那州案(Edwards v. Arizona, 451 U. S. 477, 482 [1981])(该案判决认为,在犯罪嫌疑人要求律师帮助之后,警察的审讯必须停止)。

分。如果警察关注秩序维持警务,那么犯罪水平最终将得以下降。但对于秩序维持警务模式实际上是否降低了犯罪率,如果是,那么是如何降低犯罪率的,研究者之间充满争议。但就本文的目的而言,关注一种秩序维持警务的运行模式对于我们理解米兰达规则如何影响破案率同样具有启发意义。

使秩序维持警务奏效的机制之一是通过增加逮捕轻微犯罪行为人,给警察更多审讯机会。这种破案模式在有关破案率的文献中都已经讨论过。例如,在一个案件中,NYPD对某辆涉嫌交通违章的汽车进行截停,并对驾驶人员进行了轻罪逮捕,随后对车上乘客进行了询问,结果据此破获了系列谋杀案件。当然,如果米兰达规则使得这类逮捕后的询问更难实施,那么,无疑会对破案率带来消极影响。

格雷厄姆·乌西(Graham Ousey)和马修·李(Matthew Lee)在他们最近完成的针对数百个城市1980—2000年间谋杀犯罪案件破案率下降的多元回归分析中提出了侦破更严重犯罪可能性问题(more-serious-crime clearance possibility)。他们发现在贩毒犯罪分子逮捕数量的增加与谋杀犯罪案件破案率提高之间存在关联性。在对这一现象进行解释时,他们提出了侦破更严重犯罪的可能性问题,特别是:

> 20世纪80年代和90年代的反毒战政策也许带来了广泛撒网,从而捕获大量犯罪分子的"清扫"结果。即使在扫毒运动中被逮捕的绝大多数人都是非暴力性毒品犯罪分子,仍然有一小部分人也许是一些曾

---

㊕ 参见 James Q. Wilson & George L. Kelling, "Broken Windows: The Police and Neighborhood Safety", *Atlantic Monthly*, Mar. 1982, at 29, 30-31。

㊖ George L. Kelling & Catherine M. Coles, *Fixing Broken Windows*: *Restoring Order and Reducing Crime in Our Communities* 14 (1996)。

㊗ Compare George L. Kelling & William H. Sousa, JR., Manhattan Inst. Ctr. for Civic innovation, Civic Rep. No. 22, *Do Police Matter?*: *An Analysis of the Impact of New York City's Police Reforms* 18 (2001), with Bernard E. Harcourt, *Illusion of Order*: *The False Promise of Broken Windows Policing* 4-6 (2001)。

㊘ 参见 Jang, Hoover & Lawton,前引注㊙,第531页(介绍了Jack Maple & Chris Mitchell 1999年进行的一项研究。该项研究发现,"微罪被逮捕人数的增加,给了警察更多审讯犯罪行为人的机会");还可参见 Jack Maple & Chris Mitchell, *The Crime Fighter*: *How You Can Make Your Community Crime-Free* 156-57 (1999) (列举了警察审讯微罪犯罪嫌疑人的目的,包括"犯罪嫌疑人可能承认的其他任何犯罪的陈述",并且认为,破窗警务对于纽约市犯罪数量的下降作用显著)。

㊙ 参见 Lockwood,前引注㊚,第750页。

㊚ 参见 Jang, Hoover & Lawton,前引注㊙,第531—532页。

㊛ 参见 Ousey & Lee,前引注㊜,第141页("在过去几十年城市谋杀犯罪案件破案率急剧下降的背景下,这一研究分析了也许与城市里1980—2000年间谋杀犯罪案件破案率的历时变化相关的因素")。

㊜ 同上引注("较高的破案率与发生在毒品市场的逮捕行为有关")。

经极力避免被警察发现的、公开谋杀案件的"犯罪嫌疑人"（persons of interest）。因此，大规模的扫毒运动的副产品就是警察可以拘留并最终逮捕（即侦破）一些一直想要捉拿归案的谋杀犯。与上述可能性相关，大规模的扫毒运动可以增加警察获得侦破当前未破谋杀犯罪案件的信息渠道。究其本质而言，在扫毒运动中被抓获的毒品犯罪分子可能会被问及一些与已为警察所知的谋杀犯罪案件相关的问题，并以减少指控为激励，促使这些毒品犯罪分子"出卖"其知道的谋杀犯罪分子。[81]

乌西和李关于扫毒运动和谋杀犯罪案件破案率之间存在关联性的论断，甚至在他们分析的总体数据中也可看到，从而表明侦破重要的更为严重犯罪案件的现实可能性。但是，在这一问题上的证据存在冲突。例如，张玄希（Hyunseok Jang）及其同事的一项研究调查了破窗执法效应对破案率的影响。他们发现，在不同类型的犯罪上，效果不一致，破窗执法效应对夜盗犯罪案件的破案率具有积极的影响，对机动车盗窃的破案率影响甚微，而与偷窃案件的破案率之间则呈负相关关系。[82] 另外，布雷恩·洛克伍德（Brain Lockwood）最近关于费城夜盗犯罪案件破案率的研究则为这一假设提供了经验性支持。[83]

关于米兰达规则间接影响了警察"截停—询问—拍身"（stop-question-and-frisk, SQF）策略效果可以得出类似的结论。作为对破窗警务模式的一种扩张[84]，SQF 涉及警察攻击性地截停和询问涉嫌犯罪的人，有时候对被截停者进行拍身，以努力打击犯罪。[85] 最近一些实证研究似乎也支持这样一种观点，即在犯罪集中区域实施警力集中策略可以有效地打击犯罪[86]，但是关于 SQF 警务策略的特别

---

[81] 参见 Ousey & Lee，前引注[55]，第 153 页。

[82] 参见 Jang, Hoover & Lawton，前引注[153]，第 534—535 页。

[83] 参见 Lockwood，前引注[160]，第 757 页。在关于"现场审讯"的研究及相关文献中可以发现对这一假设更为间接的支持。下引注[415]。

[84] 参见 Tracey L. Meares, "The Law and Social Science of Stop and Frisk", 10 *Ann. Rev. L. & Soc. Sci.* 335, 337 (2014) (介绍了作为秩序维持警务的深化与扩张的 SQF)。

[85] James Q. Wilson & Barbara Boland, "The Effect of the Police on Crime", 12 *Law & Soc'y Rev.* 367, 370 (1978).

[86] Christopher S. Koper & Evan Mayo-Wilson, *Police Strategies to Reduce Illegal Possession and Carrying of Firearms: Effects on Gun Crime* 8, 14-28 (2012) (对有关主动型侦查与执法的研究文献进行了回顾，并将之概括为"强化交通执法和对可疑人员的现场审讯"，并且认为因此减少了涉枪犯罪案件); Lawrence W. Sherman, James W. Shaw & Dennis P. Rogan, "The Kansas City Gun Experiment", in Nat'l Inst. of Just., *Research in Brief* 1 (1995), http://www.ncjrs.gov/pdffiles/kang.pdf [https://perma.cc/G7LP-SMPA] (对在堪萨斯城进行的一项有关增加交通罚单、汽车检查、行为检查和逮捕，从而减少涉枪犯罪的实验研究结果进行了讨论); Robert J. Sampson & Jacqueline Cohen, "Deterrent Effects of the Police on Crime: A Replication and Theoretical Extension", 22 *Law & Soc'y Rev.* 163, 163 (1988) (发现主动型警务对抢劫犯罪案件发案率影响非常显著)。

研究较为混乱。㊱ 在此我们不想全面关注类似警务策略问题,米兰达规则并不直接妨碍警察的 SQF 效果,因为只是被"截停"的犯罪嫌疑人还无权得到米兰达规则下的"警告—弃权"(warnings-and-waiver)程序的保护。㊲ 但是,米兰达规则可能间接妨碍警察打击犯罪的这类努力,在截停—拍身行动中被逮捕的犯罪嫌疑人可能主张其米兰达规则上的权利,然后阻止警察对其可能涉嫌的其他犯罪行为的审讯。

对破窗警务模式或者截停拍身警务策略有效性的潜在争议,我们不需要在此作出哪种观点更好的确切判断。论证米兰达规则可能如何影响警察侦破更严重的犯罪,以及直接破案率和深挖犯罪率的有限目的只是表明可能存在这样一种关联性——一种我们将在接下来的回归方程中分析的可能性。基于米兰达规则可能影响破案率的这三种方式,我们探究米兰达规则可能影响破案率的方案是合理的。

还有一点值得指出的是,一些学者曾经怀疑米兰达规则也许通过为犯罪嫌疑人提供虚假的保证而实际上增加了犯罪嫌疑人的供述数量。㊳ 我们的方法考虑过这种可能性,因为米兰达规则并不只是与破案率下降联系在一起;也有可能在米兰达案判决之后破案率出现了上升的情形。但是,我们没有发现米兰达规则有助于侦破更多案件的证据。

二、米兰达规则可以改变破案率的实证研究

基于米兰达规则降低破案率的三种可能方式,对菲尼试图论证米兰达规则对破案率的消极影响"几乎毫无能力"㊴,以及"只有如果警察审讯对于确认和逮捕犯罪嫌疑人非常重要时……米兰达案判决才可能对破案率产生(我们的回归方程中发现的那些)消极影响"㊵非常吃惊。为了支持这一观点,菲尼收集了一系列有关警察侦查技巧的研究文献。但是,虽然这些研究支持其米兰达规则对警察的破案率影响有限——即保守——的观点,但并不支持菲尼提出的米兰达规

---

㊱ 请比较 Dennis C. Smith & Robert Purtell, Does Stop and Frisk Stop Crime? (Nov. 6, 2008) (未刊稿,作者本人存档稿,发现警察截停对抢劫、夜盗、机动车盗窃、谋杀犯罪案件具有统计学意义上的显著影响,但对其他犯罪没有影响);Richard Rosenfeld & Robert Fornango, "The Impact of Police Stops on Precinct Robbery and Burglary Rates in New York City", 2003-2010, 31 *Just. Q.* 96, 98, 103-04 (2014) (发现与"前述研究相反",SQF 对抢劫和夜盗犯罪案件几乎没有什么影响)。

㊲ 参见 Berkemer v. McCarty, 468 U. S. 420, 442 (1984)。
㊳ 参见 Duke,前引注⑭,第 558—560 页。
㊴ 参见 Feeney,前引注⑧,第 42 页。
㊵ 同上引注,第 43 页。

则对破案率的影响几乎无法察觉的观点。

为了支持他的观点,菲尼提出了两种类型的研究:一项米兰达案判决之前的,几项米兰达案判决之后的研究。这些研究的意思不同,因此我们对这两组不同的研究文献都作一分析。

1. 米兰达判决之前的警察侦查研究

菲尼引用的可能最为重要的一项研究是由刑事执法和司法管理总统委员会科技小组(Science and Technology Task Force of the President's Crime Commission on Law Enforcement and the Administration of Justice)对 1966 年 1 月 LAPD 侦查的一起案件的详细分析报告。[92] 该项研究之所以重要,是因为这是菲尼引用的唯一一项米兰达案判决之前的研究,为我们提供了一窥米兰达规则实施之前警察实际工作情况的唯一可能。

总统委员会的这一报告分析了 LAPD 两个分局的 1905 份犯罪报告。[93] 菲尼认为,这项研究提供了一份"了解米兰达案判决不久之前警察是如何抓获犯罪分子的大致画面",[94] 他引用这份报告来支持自己的观点,认为在确认犯罪嫌疑人和逮捕犯罪嫌疑人过程中,警察审讯的作用并不是非常重要。[95] 但是菲尼从未解释其观点与该项研究公开宣称的"审讯被逮捕者"是侦查人员确认犯罪嫌疑人身份的主要方法之一之间如何一致的问题。[96] 事实上,该项研究报告中给出了一份表格,在表格中列明了警察确定身份不明的犯罪嫌疑人与犯罪之间的联系的各种方法,其中审讯是成功率最高的那种。[97]

菲尼不是对该项研究作者的所有观点进行讨论,而是根据该项研究建立了自己的数据子集。他从这 1905 起案件中提取了 626 起夜盗犯罪案件的数据[98],并将对这些夜盗犯罪案件数据分析情况汇集成"警察如何抓获夜盗犯罪分子"的专门分析。[99] 菲尼然后得出了他的夜盗犯罪案件破案率(根据另一份表格),并且

---

[92] 同上引注(引自 Herbert H. Isaacs, "A Study of Communications, Crimes, and Arrests in a Metropolitan Police Department", in Inst. for Def. Analyses, *Task Force Report: Science and Technology—A Report to the President's Commission on Law Enforcement and Administration of Justice* 88 [1967])。

[93] 同上引注。

[94] 同上引注。

[95] 同上引注,第 48 页。

[96] 参见 Isaacs,前引注[92],第 8 页。

[97] 同上引注,第 98 页表 B-18。

[98] 参见 Feeney,前引注⑧,第 48 页。

[99] 同上引注。

认为"审讯对夜盗犯罪案件侦查的独立贡献只占夜盗犯罪案件破案数的 4%"[400]。

但是，在操作自己的统计过程中，菲尼犯了基本的算术错误。正确计算的结果是，该项研究显示（使用菲尼的计算方法）审讯对夜盗犯罪案件破案的独立贡献值应该是侦破夜盗犯罪案件总数的 11.1%。[401] 当我们将审讯与警察其他的侦查方法"结合"在一起带来的额外破案数包括在内时，审讯对夜盗犯罪案件破案的贡献值上升到侦破夜盗犯罪案件总数的 26.4%。[402]

另外，菲尼选择只关注夜盗罪的研究数据。但是夜盗罪并不在我们发现的，米兰达变量对破案率有一贯影响的个罪类型当中。[403] 相反，抢劫罪才是我们发现的，米兰达变量影响最彻底的个罪类型。另外，该项研究表明，在侦破的所有抢劫犯罪案件中，25.4%涉及警察审讯（占所有抢劫犯罪案件的 7.8%）。[404]

更进一步看，该项研究似乎将深挖犯罪情况完全排除在外；该项研究对案件的跟踪止于犯罪嫌疑人被逮捕，而不是至案件被侦破。[405] 因此，如果一个抢劫犯罪嫌疑人被逮捕，然后供述了数起其他抢劫犯罪案件，该项研究就不一定知道这些破案情况。其结果是，该项研究中的破案率数据被人为压低，特别是考虑到该项研究针对的是两个特定警察分局一个月之内所破获的案件这一事实[406]可能自动排除其他时间段或者其他地区的破案情况。

有很好的理由相信，即使这些数据严重低估了审讯在侦查破案中的作用，该项研究也可以很容易地就收集到向 FBI 常规报告的关于抢劫犯罪案件的标准信息——例如当警察接到抢劫犯罪案件的报案。然后案件的侦破状态（侦破或者未侦破）就会被作为日常业务工作内容汇总起来，该项研究方案就被击发了。但是，收集某个案件侦查过程中是否有审讯的信息则是个较为复杂的

---

[400] 同上引注。

[401] 参见 Isaacs，前引注[392]，第 98 页表 B-19（发现在 8 个案件中审讯是"唯一的侦破方法"，除以侦破的 72 起夜盗犯罪案件［626 起夜盗案件乘以 11.5%的破案率］，等于 11.1%）。

[402] 同上引注（发现在 19 起案件中，审讯是"唯一的"或者"组合的"破案方法，除以侦破的 72 起夜盗犯罪案件［626 起夜盗案件乘以 11.5%的破案率］，等于 26.4%）。

[403] 参见前引注[203]—[207]及相关文献。

[404] 与夜盗犯罪案件不同，该研究没有报告抢劫犯罪案件的具体破案率。因为这项研究是 1966 年在洛杉矶完成的，所以我们可以通过使用 LAPD 1966 年的抢劫犯罪案件破案率（30.4%）来估算所研究抢劫犯罪案件的破案率。参见 L. A. Statistical Digest 1966，前引注[349]，第 8 页。该研究报告了 102 起抢劫案件，乘以 30.4%的破案率，意味着大约侦破了 31 起抢劫案。该研究报告称，2 起抢劫案件是单纯通过审讯侦破的，6 起是通过审讯与其他方法相结合而侦破的。

[405] 参见 Isaacs，前引注[392]，第 90 页（"在没有实施逮捕的情况下，没有案件被实际计算为已经侦破的案件……即使也许有其他破案方法"）；还可参见同上引注，第 95 页表 B-11（对"其他破案"进行了界定，使之看起来主要涉及检察官决定不提起指控）。

[406] 同上引注，第 88 页。

工作。为了收集这些统计信息,该项研究分析了侦查人员提交的"后续"报告档案。⁴⁰⁷ 当然,如果侦查人员由于种种原因未能提交后续书面材料——未能在书面材料中记录审讯的情况——那么,这项研究就无法得知审讯在案件侦破过程中的作用。

另外,这项研究只报告了能够将某起犯罪与某个在警察最初的报告中身份信息不明的犯罪嫌疑人联系在一起的审讯情况。⁴⁰⁸ 如果因为什么,犯罪嫌疑人的姓名出现在了警察最初的报告之中,那么,该项研究就不会收集警察侦破该案件运用了什么侦查方法——包括审讯的情况信息。⁴⁰⁹ 而且其关注的是警察成功侦查(破案)而非警察失败的情形,因此该项研究没有收集警察在那些未能成功侦破的案件中的审讯数据,而在该项研究中,这些情形占到了3/4。⁴¹⁰

在对所有这些数据进行评估过程中,记住这一点非常重要,即我们的目的不是对所有抢劫犯罪案件的破案率数据变化轨迹进行解释,而只是对其中的某个片段进行解释。我们对米兰达变量之于抢劫犯罪案件破案率的消极影响的最好估计是7.1个百分点⁴¹¹,这是个与上文提到的审讯之于破案的重要性能够很好共存的数据。

2. 米兰达案判决后的警察侦查研究

我们花了这么多时间来分析总统委员会的研究报告是因为其似乎是菲尼讨论的米兰达案判决之前的唯一一项研究。针对米兰达案判决后的几项研究,菲尼看来,审讯的作用仍然有限。需要指出的一点是,这些研究中的数据似乎支持,而不是反对我们的观点。我们认为,在米兰达案判决后的现实情况是,破案率的下降恰恰是因为米兰达规则。米兰达案判决后,通过审讯未能侦破很多案件这一发现与我们的观点正好一致。换句话说,作为一个理论问题,即使米兰达案判决之后的通过审讯破案的数量为0,也很难证伪我们的观点。例如,在没有米兰达规则的情况下,通过审讯侦破的抢劫犯罪案件可能要比米兰达案判决后多7.1个百分点,或者侦破的偷窃案件数量要多1个百分点。⁴¹²

尽管如此,菲尼似乎认为,米兰达案判决后的这些研究经验性地证明了米兰

---

⁴⁰⁷ 同上引注,第89页。
⁴⁰⁸ 同上引注,第98页表B-18。
⁴⁰⁹ 同上引注,第98页(讨论了在"犯罪嫌疑人不明的案件中"所使用的侦查方法)。
⁴¹⁰ 同上引注,第97页表B-15(比较了1423起未破案件和482起已经侦破的案件)。
⁴¹¹ 参见前引注㉖⑧及相关文献。
⁴¹² 参见前引注㉖⑧及相关文献。

达规则对破案率可能并没有我们归咎于该判决的那些影响。⑬但是,菲尼根据的一类研究,特别是对如何规范警察侦查的研究主要关注的不是警察审讯问题,因此很少讨论警察审讯问题——更少讨论米兰达规则对破案率可能带来的负面影响问题。对米兰达规则影响评估更为直接的努力主要存在于那些对警察个人如何评价米兰达规则影响的研究中。下面我们对相关研究的讨论揭示,那些有在米兰达规则实施前后的不同环境下执法经验的警察一致认为,米兰达规则妨碍了其侦查效果,特别是破案⑭的结果。菲尼没有解释为什么其忽略了这一研究。⑮

但是,即使我们将研究视野局限在菲尼选择的、米兰达案判决后完成的有关侦查活动管理的研究文献范围,这些研究也未能证明菲尼的米兰达规则对警察破案率几乎没有影响力的观点。菲尼讨论了三类犯罪案件:抢劫、夜盗和偷窃犯罪案件的研究。⑯下面我们将单独对这三种类型案件进行分析,以揭示其研究模式中存在的问题。

(1)抢劫犯罪案件研究

针对抢劫犯罪案件,菲尼根据的是那些并非意在回答警察审讯之于侦查破案如何重要,而是对警察侦查如何进行管理的研究。因此,这些研究通常针对的是如何对警察人力资源进行最优分配,例如巡警和侦查人员的配置等问题。⑰正如菲尼被迫承认的那样,这些研究在直接分析案件是如何侦破的问题上,并不具

---

⑬ 参见 Feeney,前引注⑧,第 36 页(认为米兰达案后破案率趋势可以被描述为"混合下滑"而非"急剧下降")。

⑭ 参见下引注㊿—54及相关文献。

⑮ 在这一问题上,菲尼在其文中只用了一句话,没有澄清,而是拐弯抹角地提了一句,"对侦查人员意见的调查显示,审讯作为一种破案方法,有时候侦查人员赋予其更大的价值"。参见 Feeney,前引注⑧,第 47 页注释 121。菲尼也没有对那些可能为审讯之于有效执法的重要性提供支持的,有关"现场审讯"及相关警察策略的研究文献进行回顾。参见 John E. Boydstun, *San Diego Field Interrogation: Final Report* 27 (1975)(展示了一项控制下的实验研究,该项研究发现,停止警察现场审讯与犯罪频率显著上升之间有关); Sampson & Cohen,前引注㊱,第 185 页(赞成"主动型警务直接降低了犯罪率的解释");Gordon P. Whitaker et al. , "Aggressive Policing and the Deterrence of Crime", 7 *Law & Pol'y* 395, 407 (1985)(发现了现场审讯可以威慑犯罪的支持性证据)。参见 Wilson & Boland,前引注㊲,第 367 页(对也许可以降低犯罪率的攻击型警务方式进行了讨论);Rushin & Edwards,前引注㉗(原稿第 40 页)(研究发现,同意令对警察施加的外部规制,"至少一开始,可能使警察降低攻击性,或者在打击犯罪方面更低效")。

⑯ 参见 Feeney,前引注⑧,第 48、52、57 页。

⑰ 参见 Greenwood,前引注⑳。虽然我们稍后讨论的是这些研究的定量方面,但在警察审讯是影响破案率的一个重要因素的研究中去寻找定性建议也非常有意思。同上引注,第 17 页(讨论了夜盗犯罪案件的破案率,并且指出"绝大多数根据犯罪嫌疑人认罪供述所侦破的案件都符合 FBI 对[通过逮捕侦破财产犯罪案件]的定义")。

有代表性。⑩

因为这些研究主要关注的并非警察审讯相关问题,菲尼不得不通过从这些研究其他主题的公开数据中选择性地提取一些数据来进行自己的统计分析。菲尼对抢劫犯罪案件破案率最为全面的讨论是来自加利福尼亚州奥克兰的研究。(根据菲尼)的说法,该项研究数据显示,所侦破的抢劫犯罪案件中只有不到2%(83起中的2起)是通过审讯犯罪嫌疑人实现的。⑪菲尼在其文章中画了张图,但是说这些数据是根据威廉·史密斯(William Smith)的研究进行整理的。⑫但是,史密斯研究的目的并不是讨论通过审讯犯罪嫌疑人侦破案件的数量问题。为了得出2%这个数据,菲尼似乎全面浏览了史密斯给出的一些不同类型的案例报道。然后发现只有2个案例直接提到了警察审讯,于是得出了在所有案件中只有2%与警察审讯有关。

作为一种计算侦查破案过程中审讯使用频率的方法,这一方法存在严重的缺陷。很明显,这种方法只看到了有限的书面案例,而没有对所有案件进行综合性评估。基于只有大约1/3的案件有详细的书面报告⑬,我们可以合理地认为,菲尼发现的那两个案例也许只占所有通过审讯侦破的案件数量的1/3,这样更符合实际,意味着与其接受菲尼提出的警察审讯对破案率贡献只有2%,不如相信这一作用实际上可能达到了6%。

但是,进一步对菲尼对史密斯研究数据的"整理"(adopting)方法进行细致的审查,更为严重的问题出现了。菲尼指出,史密斯的研究原来包括了106起已经侦破的抢劫犯罪案件,但其所说的2%只包括了83起。⑭究竟是什么导致损失了另外23起案件?

---

⑩ 参见 Feeney,前引注⑧,第49页注释130(讨论了前一个脚注中提到的格林伍德的研究,认为"该项研究没有分析案件是如何侦破的");还可参见同上引注,第50页(讨论了伯纳德·格林伯格和他的同事们提出的哪些案件警察最不容易侦破的预测模型);同上引注,第55—56页(讨论了格林伯格和他的同事们提出的关于抢劫犯罪案件侦查的"预测模型")。格林伯格及其同事在20世纪70年代发表的两项研究中提出了这一模型。参见 Bernard Greenberg et al., *Felony Investigation Decision Model: An Analysis of Investigative Elements of Information* (1977)(以下简称 Greenberg et al., *Felony Investigation*); Bernard Greenberg et al., *Enhancement of the Investigative Function: Analysis and Conclusions* (1972)(以下简称 Greenberg et al., *Enhancement*)。

⑪ 参见 Feeney,前引注⑧,第53页(讨论了 William Smith, "How Cops Catch Robbers", in 4 *The Prevention and Control of Robbery* 39 [Floyd Feeney & Adrianne Weir eds., 1973]一文)。

⑫ 同上引注,第54页表11。

⑬ 参见 Feeney,前引注⑧,第50—74页(记录了大约26个例子)。

⑭ 请比较同上引注,第53页注释148(介绍了这项涉及106起侦破案件的研究)和同上引注,第54页表11(报告了涉及总计83起侦破案件的统计结果)。

要判断菲尼是如何从史密斯研究中的 106 起案例中筛选出 83 起并不容易[43],但很清楚的一点是,菲尼将大量史密斯的研究中涉及警察审讯和供述的案例人为排除在外了。史密斯在研究中指出,抢劫犯罪案件的侦破方式之一是对在抢劫犯罪现场被抓住的抢劫犯,"就(其他类似抢劫犯罪案件)对其进行审讯"。[44] 史密斯将这种破案方式称为"深挖犯罪",并确认样本案件中共有 13 起类似通过深挖犯罪的方式侦破的(另外还有 7 起对被逮捕犯罪嫌疑人的指控,但不是在这段时期内侦破的)。[45] 史密斯稍后对这些深挖犯罪方式的讨论表明至少这些案件中的某些是有犯罪嫌疑人供述的。实际上,该项研究下文的一张表格解释了在 13 起深挖犯罪的案件中,有 4 起出租车抢劫犯罪案件的侦破是以"犯罪嫌疑人供述"为基础的,另外一起洗衣房抢劫犯罪案件中,犯罪嫌疑人"供述了两个星期之前的一起街头抢劫犯罪案件"。[46] 这意味着菲尼通过人为缩小其样本规模至少排除了 5 起通过审讯侦破的案件。史密斯还指出,样本中还有两个案件"抢劫犯确认自己是其他一些抢劫犯罪案件的真凶",包括一个被逮捕者"自认自己是 40 起钱包抢劫案件的真凶,但是侦查人员只能确认……其中的 6 起"[47]。另外,由于菲尼的所有样本中,只有两个案件的侦破与审讯有关,他也没有对其他抢劫犯罪是怎么侦破的进行说明(例如举例)。

如果我们将菲尼未解释原因又将之剔除在外的这些案件包括进去,很显然,审讯就是一些抢劫犯罪案件侦破方法的一个重要特征。记住这一点很重要,所有这些数据都是在米兰达案判决之后的,也许可以预料,警察将面临破案的一些障碍——确切地说,这些障碍就是我们在本文中要讨论的内容。事实上,史密斯的研究指出,抢劫犯罪案件嫌疑人据说在得到米兰达警告之后通常不愿意与侦查人员交谈。[48]

菲尼引用的其他关于抢劫犯罪案件侦查的研究中,只有一项研究跟踪了警

---

[43] 我们将史密斯的文章读了好多遍,但都没找到可以将 106 起侦破案件压缩到菲尼所说的 83 起的明显路径。有一条不太明显的路径是只看那些被害人和目击证人在确定犯罪嫌疑人身份过程中起到了决定性作用的案件数。参见 Smith,前引注[19],第 50 页(在 48 起案件中,被害人和目击证人辨认单独起决定性作用的有 36 起,47 起与其他措施一起在确定犯罪嫌疑人身份过程中起到了决定性作用,即 36+47=83)。但是,如果这是菲尼解释其数据子集的方式,那么他就将警察侦查在破案中发挥了决定性作用的所有案件都排除在外了。

[44] 参见 Smith,前引注[19],第 43 页。
[45] 同上引注,第 46 页表 4。
[46] 同上引注,第 80 页表 11。
[47] 同上引注,第 79 页。
[48] 同上引注,第 78—79 页。

察的整个侦查过程,收集了警察如何收集与犯罪相关信息的数据。㊷ 该项研究是由约翰·埃克(John Eck)完成的针对四个城市的抢劫犯罪案件侦查——实际上,这项研究表明,审讯犯罪嫌疑人之于侦查过程还是非常重要的。埃克指出:"成功的犯罪侦查,很大一部分,依赖于可以用来确认犯罪嫌疑人身份的信息收集和解释。"㊸因此,埃克收集了警察是如何收集相关信息的数据。埃克做了一份表格,用来说明通过抢劫犯罪案件侦查员采取的各种行动获得犯罪相关信息的可能性,在这其中"询问犯罪嫌疑人"被认为是抢劫犯罪案件侦查人员获得相关信息的一种高效手段。㊹ 实际上,"询问犯罪嫌疑人"是迪卡尔布(DeKalb)郡,即其研究的四个城市之一的警察获得相关信息的最有效途径。㊺ 这似乎直接支持了我们的结论,审讯犯罪嫌疑人也许是抢劫犯罪案件最重要的侦查手段之一。

(2) 偷窃犯罪案件侦查研究

对于偷窃犯罪案件的侦查,菲尼认为,大部分偷窃犯罪案件都不是通过审讯,而是通过"在偷窃过程中、持有被盗赃物过程中被当场抓获,或者被害人指认而侦破的"。㊻ 我们可以认可这些是偷窃犯罪案件侦破的主要方式,因为我们的目的并不是提出解决大部分偷窃案件是如何侦破的理论假设。相反,我们的假设是米兰达规则导致偷窃案件的破案率下降了大约 2 个百分点——例如,在2012 年,如果没有米兰达规则偷窃案件的破案率可能是 24%,而在有米兰达规则的情况下,破案率只有 22%。㊼ 因此,我们的问题是,米兰达规则是否导致所有偷窃案件的破案率下降了 2%。㊽

菲尼写道:"如果卡塞尔和福尔斯教授对其关于米兰达规则导致偷窃犯罪案件的破案率出现了相当程度下降的观点是认真的,他们也许应该从证明警察实

---

㊷ 参见 John E. Eck, *Solving Crimes: The Investigation of Burglary and Robbery* 244-45 (1983)(将其研究与早期一些研究进行了区别,因为那些研究"没有收集在初步侦查之后做了些什么的数据")。埃克的研究在菲尼的研究发表之后在同年的警察执法研究论坛(Police Executive Research Forum)上发表,在此我们引用的是国家司法研究所的版本。

㊸ 同上引注,第 165 页。

㊹ 同上引注,第 196 页表 6-14(列举了"基于侦查人员对抢劫犯罪案件采取的行为获得相关犯罪信息的概率[案件-天数]"和巡警与侦查人员"询问犯罪嫌疑人"的百分比)。

㊺ 在迪卡尔布郡,"询问犯罪嫌疑人"获得了当时与犯罪相关信息的 51.5%,相对而言,"与侦查人员讨论"获得的信息占 32.7%,"询问线人"获得的信息占 26.7%)。同上引注。

㊻ Feeney,前引注⑧,第 58 页。

㊼ 参见前引注⑬及相关文献。

㊽ 正如先前指出的那样,即使在偷窃犯罪案件破案率中 2 个百分点的差异(delta)都意味着,在没有米兰达规则的情况下,近几年的偷窃犯罪案件破案率本应高 9.4%,本可以多破获大约 5 000 000 起偷窃犯罪案件。参见上文表 5。

际上审讯了 1966—1968 年间大部分被逮捕的偷窃犯罪案件嫌疑人来入手。"㊳正如菲尼也许知道的那样,关于这 3 年间警察确切审讯了多少偷盗犯罪案件嫌疑人没有任何的实证研究。事实上,自米兰达案判决 50 年来,就几乎没有警察审讯频率方面的数据。但确实有一些数据表明有大量因为偷窃被逮捕者事实上是被审讯了的。正如先前讨论过的那样㊴,卡塞尔和海曼研究过 1994 年警察向盐湖城检察官办公室移送起诉的案件情况。在该项研究的财产犯罪案件中㊵,79.7% 的犯罪嫌疑人事实上接受过警察的审讯㊶,在我们试图解释的样本案件比例中,米兰达规则有着巨大的活动空间。

为了检验和证明警察很少审讯偷窃案件犯罪嫌疑人,菲尼讨论了入店偷窃案件。其指出,只有当商店安保抓住了入店偷窃者时,才会向报警——因此,警察要做的事情非常少,然而入店偷窃犯罪案件的破案率却非常之高(80% 至 90%,甚至更高)。㊷但是,入店偷窃(及其高破案率)在 FBI 的偷窃犯罪案件中显然只占很小一部分。根据 FBI 提供的数据,在 2010 年,入店偷窃只占所有偷窃犯罪案件总数的 17.2%,在该类犯罪中其他主要类型是偷窃车内物品(26.4%)、入室偷窃(11.3%)、偷窃汽车配件(8.9%)和其他类偷窃(31.8%)。㊸入店偷窃及其高破案率在所有偷窃类案中是一种异常现象。

最后,当菲尼说如果我们对米兰达规则导致偷窃案件破案率出现了相当程度的下降这一观点是认真的时候,其似乎泄露了自己对回归方程如何运算的无知,我们"还需要解决一下统计错误问题。甚至在 FBI 的图表中,偷窃犯罪案件破案率的这一'急剧下降'也几乎是不可感知的。虽然(卡塞尔和福尔斯)发现了这一下降中的统计显著性,但他们发现的统计性影响并不是特别有力"㊹。在此菲尼似乎搞混淆了,因为其所指的偷窃犯罪案件破案率"几乎不可感知"的下降,通过我们的米兰达回归方程(无论是在我们先前文章的方程还是现在的迭

---

㊳ 参见 Feeney,前引注⑧,第 58—59 页。
㊴ 参见前引注㊾—㊿及相关文献(对 Cassell & Hayman 的研究进行了讨论)。
㊵ 所审查的大部分案件(58.4%)都涉及财产犯罪(即盗窃、夜盗、偷窃/伪造和机动车盗窃)。Cassell & Hayman,前引注㊾,第 853 页表 1。
㊶ 同上引注,第 870 页表 5,第 853 页表 1(通过用被审讯的财产犯罪嫌疑人数除以财产犯罪案件数得出这一数字)。本项研究中的审讯大约 2/3 都是羁押性审讯。同上引注,第 883 页表 6。
㊷ 参见 Feeney,前引注⑧,第 57—58 页。
㊸ 参见 UCR-2010,前引注㊻,第 26 页(展示了"2010 年偷窃-盗窃分布图")。
㊹ 参见 Feeney,前引注⑧,第 59 页。

代方程中)最终都在高置信水平上得到了解释。㊸ 我们的发现是,事实上,"特别有力"——在常规水平上具有统计显著性,并且经 BMA 确认并不脆弱。

(3) 夜盗犯罪案件侦查研究

菲尼认为破案率不受米兰达规则影响的最后一种案件类型是夜盗罪。㊹ 在我们的一些回归分析中发现米兰达变量对夜盗犯罪案件的破案率的影响具有统计显著性,但在另外一些回归分析中则没有发现。㊺ 也许审讯在夜盗犯罪案件的侦破中发挥的作用不如在其他类型犯罪案件中那么明显,这也是在这类案件的侦破中米兰达变量的影响不是那么有力的原因。

但是,即使是夜盗罪,菲尼的数据也不能证明米兰达规则对案件的侦破缺乏影响——至少在与我们的发现相一致的要求程度上不能证明。我们的回归分析结果表明,米兰达规则对夜盗犯罪案件的破案率可能为 2% 左右。㊻ 因此,我们可以同意菲尼的观点,确定夜盗案件犯罪嫌疑人身份并将其抓获的最重要方式是确认犯罪现场信息,例如夜盗犯罪案件的被害人或者证人的最初指认。㊼ 我们解释,破案率的变化通常不是发生在这些能够迅速侦破的"十拿九稳"的夜盗犯罪案件中,而是更多地发生在那些需要进行后续侦查的疑难案件之中。

正如前文讨论过的抢劫犯罪案件一样,菲尼引证的夜盗犯罪案件侦查关注的是犯罪嫌疑人身份的最初确认,而不是后续侦查。㊽ 唯一一项试图对夜盗犯罪案件整个侦查过程进行分析的是埃克的研究,该项研究(和抢劫犯罪案件侦查研究一样)发现,对犯罪嫌疑人的审讯很重要(虽然重要程度要低于抢劫犯罪案件的侦查)。㊾ 文中表格数据显示,"审讯犯罪嫌疑人"对于获取与夜盗犯罪案件相

---

㊸ 参见前引注㉓—㉗及相关文献;上文表 5-4(显示米兰达规则对偷窃案件破案率在 0.05 水平上具有统计学意义上的显著性);上文表 5-7(针对 1950—2012 年的数据,所有方程中 60.9%,前 5 个方程中 80% 都显示米兰达规则对偷窃犯罪案件的破案率有影响;上文表 5-8:针对 1950—2007 年经济大衰退之前的数据,所有方程中 99.1%,前 5 个方程中 100% 都显示米兰达规则对偷窃犯罪案件的破案率有影响)。

㊹ 参见 Feeney,前引注⑧,第 48 页。

㊺ 参见前引注㉔及相关文献;上文表 5-6(在卡塞尔-福尔斯的模型中,在 1950—2007 年的数据中发现了米兰达变量的影响,但在 1950—2012 年的数据中未发现);上文表 5-6(在多诺霍的模型中,在 1950—2007 年数据中,在 0.10 水平上发现了米兰达变量的影响,但在 1950—2012 年的数据中未发现米兰达变量的影响);上文表 5-7(贝叶斯平均模型显示,只在 42.9% 的方程中发现了米兰达变量的影响);还可参见 Cassell & Fowles,前引注⑤,第 1088 页表 3(发现在夜盗犯罪案件中存在统计学意义上的显著影响)。

㊻ 参见上文表 5-6。

㊼ 参见 Feeney,前引注⑧,第 48—52 页。

㊽ 参见前引注⑰—㉒。

㊾ 参见 Eck,前引注⑫,第 192 页(讨论了关于讯问犯罪嫌疑人对获取夜盗犯罪嫌疑信息重要性的研究结果)。

关的信息很重要。㊾埃克的数据也支持我们的观点,即警察审讯可能是获得侦破夜盗犯罪案件所需信息的重要方法之一——米兰达规则限制审讯方法的运用,可能导致了夜盗犯罪案件破案率的显著下降。

三、米兰达规则对直接破案和深挖犯罪的消极影响

基于上述种种理由,我们认为,菲尼认为米兰达规则没有能力导致破案率发生我们回归方程中所发现的那种类型和程度变化的观点并不正确。而且似乎菲尼本人都没完全被自己的论证所说服。就在其详细论证了米兰达规则没有能力导致破案率下降之后不久,菲尼立即提出了破案率的任何下降可能都仅局限于"间接"而非"直接"破案情形的观点。㉑菲尼似乎承认,米兰达规则可能导致深挖犯罪率的下降。㉒事实上,菲尼特别说明,深挖犯罪率的变化可以用来解释我们研究所观察到的破案率下降现象。㉓包括卡米萨教授在内的其他研究者也曾经提出过类似的假设。㉔

菲尼首先认为,我们的回归方程中确认的,因为米兰达规则而损失了破案率可能都是深挖犯罪率。㉕接着他又认为,损失了的深挖犯罪率"对警察的执法效果本来就没有什么真正的影响——因为侦破陈年旧案对打击犯罪通常没什么贡献"㉖。但他的这两个观点都存在严重的问题。

1. 损失的直接破案数

我们首先看看损失了的破案数是直接破案数还是深挖犯罪数问题。对此,我们先了解一下FBI数据中的两类破案数之间的比例对于我们理解这一问题也

---

㊾ 同上引注,第191页表6-11。
㉑ 参见 Feeney,前引注⑧,第42—43页("米兰达规则也许影响了英国称之为'深挖犯罪'的结果……但这与'直接破案'几乎没有关系……")。
㉒ 请比较同上引注,第42页(承认米兰达规则也许影响了深挖犯罪的结果)。
㉓ 同上引注,第65页("卡塞尔和福尔斯教授指出,没有实证研究表明深挖犯罪数太少因此不应为他们声称的破案率'急剧下降'负责")。
㉔ 参见 Cassell & Fowles,前引注⑤,第1122页、注释325—326(讨论了卡米萨的研究并引用了其他的支持性材料)。
㉕ 参见 Feeney,前引注⑧,第60页("对卡塞尔和福尔斯声称米兰达案后破案率'急剧'下降曾被归咎于深挖犯罪数下降的观点的回应之一")。
㉖ 同上引注。

许会有所帮助。FBI通常不会对直接破案和深挖犯罪进行区别㊸,因此我们必须从其他角度来看,从而作出判断。不幸的是,和破案率中许多其他问题一样,关于直接破案率和深挖犯罪率之比的数据非常有限。

在我们此前的文章中,我们已经承认与此相关的经验性证据非常有限,但是引用了两项有深挖犯罪数据的研究,表明只有一小部分的案件是通过深挖犯罪的方式侦破的。我们引用的第一项研究是1967年维拉研究所(Vera Institute)完成的,针对纽约某个区域被逮捕犯罪嫌疑人的研究。㊹该项研究发现,在米兰达案判决之后,通过审讯只多侦破了一小部分案件。㊺我们还引用了《耶鲁法律杂志》编辑部在米兰达案判决后的那个夏天在纽黑文进行的一项研究,该项研究表明,大约10%—15%的案件可以归为是通过深挖犯罪侦破的。㊻令人好奇的是,虽然菲尼讨论了我们观点的其他方面,却并未提及这两项研究。㊼

菲尼不是参考我们的数据进行讨论,而是转向刚刚讨论过的个别警察机关的研究。我们发现,这非常有意思,当其认为审讯是警察破案的一种相对并不重要的方式时,菲尼并没有想过其刚刚评论过同一研究。菲尼没有讨论这些研究的原因

---

㊸ FBI确实收集了两类不同破案模式的数据:(1) 通过逮捕破案;(2) 通过"其他方式"破案(例如警察已经确认了犯罪人,但不能逮捕他,因为其位于另外一个司法管辖区的案件)。参见 UCR-2010,前引注㊴,第313页(讨论了其他破案方式)。我们的感觉是,这类"其他"破案方式,实际上是例外的,因此不值得在此单独讨论。参见 Marc Riedel & John G. Boulahanis, "Homicides Exceptionally Cleared and Cleared by Arrest: An Exploratory Study of Police/Prosecutor Outcomes", 11 *Homicide Stud.* 151, 151-63 (2007) (发现向芝加哥警方报告的谋杀犯罪案件中,10.7%是通过其他方式侦破的);还可参见 John P. Jarvis & Wendy C. Regoeczi, "Homicide Clearances: An Analysis of Arrest Versus Exceptional Outcomes", 13 *Homicide Stud.* 174, 178-79 (2009) (讨论了 Riedel & Boulahanis 研究)。但请比较 Cassia Spohn & Katharine Tellis, "Justice Denied? The Exceptional Clearance of Rape Cases in Los Angeles", 74 *Alb. L. Rev.* 1379, 1380-99 (2011) (发现在洛杉矶大量性侵害案件是通过其他方式侦破的)。不仅通过其他方式侦破的案件数量较少,而且我们也没发现有关通过其他方式侦破的案件比例受米兰达规则显著影响的全面论证。

㊹ 参见 Vera Inst. of Justice,前引注㉙。

㊺ 参见 Cassell & Fowles,前引注⑤,第1123页注释329(引自 Vera Inst. of Justice,前引注㉙,第68页、注释27)。

㊻ 同上引注。(引自 Wald et al.,前引注㉛,第1595页注释203)。

㊼ 自我们先前的文章发表以来,我们已经发现另一项研究的数据显示,至少我们一直发现米兰达变量对其有影响的犯罪类型中,只有一小部分比例的案件是通过间接方式侦破的。在纽约的罗切斯特(Rochester)进行的研究发现由常规警察单位侦破的抢劫案件中只有8.8%、偷窃案件中只有4.4%、夜盗案件中只有50.8%是通过间接方式侦破的。参见 Peter B. Bloch & James Bell, *Managing Investigations: The Rochester System* 27表5 (1976)(报告了"非专业队"破案的数据情况)。虽然夜盗案件的深挖犯罪比例很高,但就本文目的而言,更突出的数字是通过间接方式侦破的抢劫案件和偷窃案件的比例——因为这两类案件来自我们发现存在米兰达变量影响的犯罪类型。这项研究报告显示,那些为侦查犯罪而特别设立的实验性"专业队"的深挖犯罪比例较高,但必须警惕的是,对这些数据"不能过于轻易地接受",因为这些"专业队"也许为了显示实验成效而特别努力地工作。同上引注,第29页。

可能是，这些研究中深挖犯罪的比例非常低（有时候接近于0%），这也可能是这些研究首先倾向于显示审讯作用非常有限的原因。[462] 因为这些研究旨在跟踪那些最后对犯罪嫌疑人执行了逮捕的案件——这正是经常存在深挖犯罪的情形。

关于低估了深挖犯罪问题的阐述是由伯纳德·格林伯格的同事1974年完成的对奥克兰警察局的一项研究。在该项研究中，他发现研究期间奥克兰警察在330起抢劫犯罪案件中共侦破了42件，都是通过逮捕侦破和起诉的[463]——这意味着直接破案率为100%，在数学意义上深挖犯罪率为0%。[464] 与此类似，格林伯格及其同事更早的一份研究中，在各类犯罪案件的辨认手段中，只有很少（58件中只有3件）可以归功于"毫不相关的审讯"。[465]

菲尼引证的另一项米兰达案判决之前深挖犯罪率低的研究是犯罪问题总统委员会（President's Crime Commission）1966年上半年在洛杉矶进行的一项研究。该项研究显示，通过逮捕直接破案的比例非常高，只有很少一部分案件可能是通过间接的方式侦破的。例如，该项研究发现，26起抢劫犯罪案件中有24起（92.3%）是通过逮捕侦破的，只有2起可能是通过"其他"方式侦破的。[466] 与此类似，大部分夜盗犯罪案件（68起中有55起，或者说80.9%）是通过逮捕直接侦破的。[467] 至于破案的"其他"（除了逮捕之外）方式，根本就没有专门提到深挖犯罪问题，表明即使有通过间接方式侦破的破案，其所占的比例可能也只是非常小的一部分。[468]

菲尼没有对这些研究进行讨论，但对另外2项收集了直接破案与深挖犯罪之比数据的研究进行了分析。这2项研究显示，绝大多数案件的侦破方式都是直接破案。其中一项研究是史密斯1969年在奥克兰进行的。[469] 在为期数周的研

---

[462] 参见前引注[405]—[406]及相关文献（指出了认为所引文献排除了深挖犯罪情况的理由）。

[463] 参见Greenberg et al., *Felony Investigation*, 前引注[13], 第8页表I-2（展示了研究结果）。

[464] 菲尼认为，警察常用的深挖犯罪方式是许诺犯罪嫌疑人他们不会因为交代的其他罪行被指控。参见Feeney, 前引注[8], 第64—65页。根据这一假设，如果所有侦破案件都被起诉，那么深挖犯罪的比例就将是0%。

[465] 参见Greenberg et al., *Enhancement*, 前引注[13], 第70页表6-4。

[466] 参见Isaacs, 前引注[392], 第95页表B-12。

[467] 同上引注。

[468] 解释逮捕之外的"其他破案方法"的表格列举了对未成年被告人的起诉、被检察官拒绝、被害人拒绝参与，以及非犯罪决定等作为特别认定的破案原因。同上引注，第95页表B-11。

[469] 参见前引注[422]—[430]及相关文献（讨论了史密斯的研究和菲尼对这一数据的分析）。关于深挖犯罪的这一定性数据很大程度上限于对一些警察为了提高其破案率，试图让被逮捕者"供述"大量类似的犯罪案件之类的趣闻的观察。参见Erome H. Skolnick, *Justice Without Trial: Law Enforcement in Democratic Society* 169-73 (3d ed. 1994). 就我们的研究目的而言，这类定性评估没有什么帮助。虽然我们同意实践中存在深挖犯罪被夸大的事实，但我们关注的是深挖犯罪究竟占了多大比重的问题。

究期间，史密斯收集了 106 起抢劫犯罪案件的侦破情况。⑯ 他确认在 106 起抢劫犯罪案件中只有 13 起(12.3%)是通过间接方式侦破的。⑰ 史密斯还指出，他并未发现"抢劫犯罪案件侦查人员有根据欺骗性的……口供来侦破一系列报案，从而改善其破案记录的想法的证据"。⑫ 他解释说，之所以如此的部分原因是在 1969 年（米兰达案判决后三年）"大部分抢劫犯都没有供述……（即使有）供述，也只供述导致其被抓获的那起抢劫犯罪案件"。⑬ 史密斯认为，"总体上而言，不值得侦查人员为了将某个犯罪嫌疑人与大量尚未侦破的案件联系在一起而耗费大量的时间"，特别是考虑到侦查人员"经常为犯罪嫌疑人不愿意开口所阻"的事实。⑭

约翰·康克林研究了 1968 年波士顿的抢劫犯罪案件侦破情况，发现有一部分案件是通过深挖犯罪的方式侦破的，而绝大多数仍然是直接破案的。特别值得注意的是，康克林发现，当年所侦破的抢劫犯罪案件中，17.9% 是通过"各种供述侦破的"。⑮ 康克林指出："以这种方式侦破的大部分抢劫犯罪案件都是在犯罪发生一段时间之后的，表明被害人可能无法作出辨认，或者可能在这么长一段时间之后无法认出犯罪人。"⑯ 康克林还补充说，供述了多起犯罪的犯罪嫌疑人很少因为其认罪而受到惩罚。⑰

在史密斯的研究中提到的 12.3% 深挖犯罪率和康克林的研究提到的 17.9% 之间，菲尼选取了两个数据中较大的一个，认为这"明显足以涵盖卡塞尔和福尔斯教授所声称的下降幅度"。⑱ 不清楚的是，为什么菲尼认为在其所讨论的任一研究中选择一个最大的深挖犯罪率数据是合适的，特别是在康克林本人都认为其发现的 17.9% 这一数据也许比其他城市的数据都更高时。⑲ 但是，无论如何，菲尼在认为 17.9% 这一数据足以解释我们的结论时犯了数学上的错误。

---

⑯ 参见 Smith，前引注㊞，第 46 页表 4。

⑰ 同上引注。

⑫ 同上引注，第 78 页。

⑬ 同上引注，第 79 页。

⑭ 同上引注。

⑮ 参见 Conklin，前引注㊿，第 147 页。有意思的是，康克林还注意到（与本文的发现相一致）在美国那些最大的城市里，1960—1965 年的抢劫犯罪案件破案率几乎没有发生变化，但在接下来几年当中却显著下降。同上引注，第 133 页。康克林还发现，波士顿的破案率在 1964—1968 年间也出现了下降，虽然下降幅度没有其他城市那么大，仅仅是从 37.4% 下降到 35.8%。同上引注，第 133—134 页。

⑯ 同上引注，第 147 页。

⑰ 同上引注。

⑱ 参见 Feeney，前引注⑧，第 65 页。

⑲ Conklin，前引注㊿，第 148 页（认为这一破案技术在波士顿也许曾经非常普遍）。

菲尼假设误读了系数与回归方程运算之间是如何联系在一起的。菲尼讨论的是破案的百分比,而我们的回归方程显示的是破案率变化的百分点,或者说"函数"(两个值之间的变化,即 $\Delta = x - y$)。如果对这一事实的理解正确,深挖犯罪率就不足以解释我们回归方程中的米兰达变量系数。

例如,以菲尼讨论的抢劫犯罪案件为例,我们 1998 年的标准回归方程[46]显示,当抢劫犯罪案件的破案率 24.2% 时[47],抢劫犯罪案件破案率中的米兰达变量系数(即 $\Delta$)为 $-6.4\%$。我们的回归方程预示在没有米兰达规则影响的情况下,1995 年抢劫犯罪案件的破案率本应为 30.6%(24.2% + 6.4%)——在没有米兰达规则影响的情况下,抢劫犯罪案件的破案率本应比 26% 要高(30.6%/24.2%)。归咎于米兰达规则的破案率变化,或者说 $\Delta$ 的净结果要超过菲尼所估计的,17.9% 应归功于深挖犯罪的判断。[42]因此,与菲尼的观点相反,即使根据菲尼人为选择的更高的深挖犯罪数据,也无法得出一个足以涵盖我们发现的下降幅度的"足够清楚"的数据。[43]

更为清楚的是机动车盗窃情形。假设一盗窃案件的深挖犯罪比例与菲尼选择的抢劫犯罪案件相同(17.9%),深挖犯罪的这一比例也远低于解释我们的机动车盗窃案件破案率函数所需的数量。考虑到机动车盗窃犯罪案件只有很少一部分能够侦破,机动车盗窃破案率函数在我们的整体破案率中占有重要的地位。我们的回归方程表明,在没有米兰达规则影响的情况下,机动车盗窃犯罪案件的破案率本应高于 31%(根据我们 1995 年的文章和数据)或者高于 42%(根据我们现在这篇文章的数据)。[44]至于菲尼的深挖犯罪数据假设要解释我们的研究结

---

[46] "标准"方程是米兰达规则的影响分三年递进显现,这是我们和多诺霍都认为与这一数据最匹配的。

[47] 参见 Cassell & Fowles,前引注⑤,第 1086 页表 II、第 1106 页表 VIII。

[42] 假设在没有米兰达规则影响的情况下,30.6% 的预测破案率中的 17.9% 来源于深挖犯罪,那么意味着深挖犯罪的贡献为整体破案率的 5.4%(30.6%×17.9%)——要小于我们的方程得出的 6.4% 的结果。

[43] 因为菲尼对我们先前的文章一直持批评态度,上文所引数字来源于我们先前根据 1995 年之前的数据所作的研究。菲尼观点中的问题也适用于我们现在对抢劫犯罪案件破案率设定的系数。我们对抢劫犯罪案件破案率最新预测变量为 $-7.1\%$。参见前引注⑪及相关文献(报告说米兰达规则的贝叶斯平均系数为 $-7.092$)。基于 2012 年抢劫犯罪案件破案率为 28.1%,参见前引注⑬及相关文献,我们现在预测在没有米兰达规则影响的情况下,抢劫犯罪案件的破案率应为 35.2%。假设在没有米兰达规则的影响之下,35.2% 预测破案率中的 17.9% 应归功于深挖犯罪的话,则意味着在没有米兰达规则的影响下,抢劫犯罪案件的破案率变量为 $-6.3\%$(35.2%×17.9%)——这要比我们的方程得出的 $-7.1\%$ 幅度更小。

[44] 在我们先前的文章中,我们对机动车盗窃案件破案率的回归分析显示,米兰达规则的影响系数为 $-4.148$。参见 Cassell & Fowles,前引注⑤,第 1096 页表 4。基于 1995 年机动车盗窃案件的破案率为 13.2%,这意味着在没有米兰达规则影响的情况下,机动车盗窃案件的破案率可能在 31% 以上(17.2%/13.1%)——这远非菲尼 17.9% 的深挖犯罪数可以解释的。基于我们回归分析发现的米兰达规则对机动车盗窃案件破案率的影响变量为 $-5.1\%$ 的结果,参见前引注⑬及相关文献(表 5-7),该表显示,2012 年机动车盗窃案件的破案率为 11.9%,意味着在没有米兰达规则影响的情况下,机动车盗窃案件的预测破案率要在 42% 以上(17.0%/11.9%)——这也远非菲尼 17.9% 的深挖犯罪数可以解释的。

论,其不得不对我们研究发现的米兰达规则变量对所有犯罪的影响进行解释。因为其明显未能对机动车盗窃犯罪案件破案率变化的问题作出解释,因此其假设不成立。

基于所有这些理由,我们并不认为个别研究证明我们所发现的破案率下降都应归咎于深挖犯罪率的损失。但是所损失的深挖犯罪率确实可能起了重要的作用,因此对我们研究中所发现的破案率下降部分也许应当归咎于破案率的损失进行更好的定量分析可能是一种好的选择。对这一部分进行计算的模式源于对破案率分析由两个部分构成的认可:① 每起犯罪案件的逮捕人数;② 每次逮捕侦破的案件数。⑱ 菲尼的最终观点是,第二个构成部分——每次逮捕侦破的案件数量变化,是我们所观察到的破案率下降的原因。但是,既有 FBI 数据表明,米兰达案判决之后破案率的立即下降不仅因为警察从犯罪嫌疑人处获得的陈述(包括供述)减少了,还因为其导致每起犯罪案件被逮捕人数也减少了。换句话说,在米兰达案判决之后,每起逮捕所侦破的案件数和每起犯罪案件被逮捕人数都减少了。FBI 在 1965—1991 年间⑱与此相关的暴力犯罪数据请参见图 5-14。

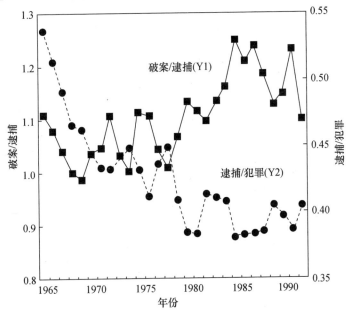

图 5-14 逮捕/犯罪和破案/逮捕数量情况

---

⑱ 参见 Cassell & Fowles,前引注⑤,第 1123 页。
⑱ FBI 连续出版的年度逮捕数据只能回溯到 1965 年。有关此表的更多细节可以参见 Cassell & Fowles,前引注⑤,第 1123—1124 页。

细致观察图 5-14 可以发现,1966—1968 年间每起暴力犯罪案件的被逮捕人数出现了大幅下降。事实上,我们通过对既有数据的简单观察即可看出,1966—1968 年间暴力犯罪破案率下降一半以上都是由每起犯罪案件逮捕人数下降导致的。

菲尼对图 5-14 的回应首先就会否定他的其他主要观点——即(尽管 FBI 的数据完全相反)1966—1968 年间破案率并未出现急剧下降,没有理由认为米兰达规则对破案率造成了消极影响。[487] 我们已经在本文其他地方对他的这些主要观点进行了反驳。[488] 菲尼还挑了其他几点刺,但这些基本上都不能承载他的观点。[489]

2. 深挖犯罪损失的危害后果

基于上述理由,我们认为大部分的破案率下降可能都应归咎于直接破案数,而不是深挖破案数的减少。但是,即使菲尼将导致破案率下降的原因单独归咎于深挖破案数的减少的观点是正确的,其观点的另一部分——警察每一起逮捕行动所侦破案件的数量的减少并不会对社会造成危害——并不正确。也许担心深挖破案数减少的最重要原因是其对犯罪被害人的影响。案件未破危害了被害人的利益,他永远无法因为伤害他的人被警察抓获而恢复自己的信心。[490] 正如杰

---

[487] 参见 Feeney,前引注⑧,第 61 页。

[488] 参见前引注㉘—㉗及相关文献(认为,事实上,在米兰达案判决后,正如 FBI 和众多其他观察者所报告的那样,破案率出现了急剧下降)和前引注㉘—㉚及相关文献(对米兰达规则为什么会影响破案率进行了解释)。

[489] 根据我们通过回归方程(和相关贝叶斯平均模型)分析证明的米兰达规则对破案率存在显著的消极影响,以及绝大多数侦破了的案件都是直接破案这一事实,我们认为,证明责任应该可以适当地分配给菲尼了,他需要证明我们所发现的米兰达规则对破案率的消极影响大部分都应归咎于深挖犯罪的失败。沿着这一思路,我们发现,菲尼批评我们根据 FBI 数据绘制的图表,认为我们不应该描绘破案/逮捕数之比以及逮捕/犯罪数之比,而应只描绘逮捕/犯罪数之比。参见 Feeney,前引注⑧,第 62—63 页。但是,菲尼并未给出一个为什么这样做比较合适的明确理由。他自己也没有选择这样一种计算方式。我们看不到选择这一计算方式的理由,特别是因为我们图示描述的是破案/逮捕数之比。当然,破案率是由全部犯罪及所侦破案件数构成的(侦破案件数除以犯罪总数)。

菲尼还(正确地)说,我们的图表包括了来自类似于纽约之类的大城市的数据,在他看来,为了获得准确的结论,这些城市的数据应当被剔除出去。同上引注,第 63—64 页。我们先前已经证明,将这些大城市的瑕疵数据剔除出去并不会改变我们的结论。参见前引注㉘—㉚及相关文献。菲尼还抱怨说,我们的图示只始于 1965 年,最好应该将起始时间提前。参见 Feeney,前引注⑧,第 64 页。当然,我也希望能够有更多米兰达案判决之前的数据,但是 FBI 没有提供这些数据。最后,菲尼指出,对于深挖破案数的重要性的态度在某种程度上已经改变了,与此同时,警察对通过深挖破案数来破案的兴趣对破案率影响也最小化了。同上引注,第 66—71 页。但是菲尼对这一观点的表述并不坚决,甚至在结束的时候承认这些态度变化可能在我们关注的 1966—1968 年之间还未发生。同上引注,第 70 页("对深挖犯罪的这些批评……到 1966—1968 年已经渗透到一线警察当中深表怀疑")。

[490] 参见 Spohn & Tellis,前引注㊿,第 1399—1415 页(讨论了性侵案件被害人在犯罪侦查过程中的体验)。

夫·费根(Jeff Fagan)和丹尼尔·里士满(Daniel Richmond)最近指出的那样:"破案率事关恢复人们对警察的信任,相信警察正致力于保障他们的安全,并且会致力于实现他们对公众安全的承诺。"(491)有证据表明,犯罪被害人所遭受的主要伤害包括心理上的创伤。(492) 案件不破,被害人可能会继续担心再次被害。伊丽莎白·穆斯泰因(Elizabeth Mustaine)(493)解释说:"对于被害人、证人和其他与犯罪事件有关联的人来说,案件是否被警察侦破是一个重要的个人和情绪问题。对被害人来说,知道侵犯自己的人被确认,并且被逮捕了,对其心理健康和日常生活也许非常重要。"(494)未破的案件让"被害人没有得到答案"(495)。可以理解的是,被害人都想看到正义的实现,而在犯罪得以侦破之前,这通常都不可能。财产犯罪的被害人也能够从每个案件的侦破中获益,因为即使犯罪嫌疑人未因为二次犯罪被指控或者定罪,但其供述为被害人提供了返还被盗财产(496)或者得到相应赔偿(497)的可能。

深挖犯罪数的减少还妨碍了执法效果。破案数减少使得侦查人员不能有效地将精力集中在那些需要他们注意的案件之上。他们被迫耗时费力地去侦破那些原本通过与犯罪嫌疑人简单交谈即可解决的案件。(498) 警力资源的有限性使得这一不必要的分流成为一个可能让人担心的问题。更多的供述还有助于警察更好地识别职业罪犯的犯罪手法(Modus Operandi, MO)。(499)

---

(491) Jeffrey Fagan & Daniel Richman, "Understanding Recent Spikes and Longer Trends in American Murders", 117 *Colum. L. Rev.* (forthcoming 2017) (manuscript at 41) (on file with authors).

(492) 参见 Paul G. Cassell, "In Defense of Victim Impact Statements", 6 Ohio St. J. Crim. L. 611, 619-21 (2009);还可参见 Leslie Sebba, *Third Parties: Victims and the Criminal Justice System* 80-81 (1996)。

(493) 参见 Riedel,前引注(110),第 1148 页;Roberts,前引注(153),第 61 页;还可参见 President's Task Force on Victims of Crime, Final Report 28 (1982), https://www.ovc.gov/publications/presdntstskforcrprt/87299.pdf [https://perma.cc/NVR6-T2LQ]。

(494) Mustaine et al.,前引注(148),第 256 页。

(495) Fagan & Richman,前引注(491)(原稿第 34 页)。

(496) 参见 Greenberg et al., *Enhancement*,前引注(418),第 45 页(侦查人员的观点是,将财产返还夜盗案件被害人的可能性赋予了警察尝试侦破更多案件的正当性)。

(497) 参见 18 U.S.C. § 3663(a)(1)(A) (2012)(为被害人提供了赔偿)。参见 Douglas E. Beloof, Paul G. Cassell & Steven J. Twist, *Victims in Criminal Procedure* 607-18 (3d ed. 2010)(讨论了赔偿的重要性)。

(498) 参见 Leo, Police Interrogation in America,前引注(57),第 99 页(警察的观点是"获得犯罪嫌疑人的供述使得侦查人员的工作变得更简单……如果获得了供述,他不需要耗费几个小时的时间去查找证人、采集指纹、组织列队辨认等")。但请比较 Smith,前引注(419),第 79 页(指出奥克兰的警察并未因为尝试将犯罪嫌疑人与"一大堆案件联系在一起"而获得什么回报)。

(499) 参见 Greenberg et al., *Enhancement*,前引注(418),第 45—46 页(报告了侦查人员对这一影响的观点)。

### 四、破案率下降是定罪损失的恰当警报器

基于上述理由,深挖犯罪数的损失本身是个值得令人关心的问题。但是,对那些认为深挖犯罪数的损失没什么影响的观点也有必要进行简单的回应。宽泛地说,我们对破案率下降感兴趣,不仅因为破案的内在价值,还因为其标志着供述率可能更大幅度地下降。而供述率的下降显然是一个大多数公众关心的问题。

如果警察从犯罪嫌疑人处获得的陈述减少导致其侦破案件数的减少,随之而来的起诉能力势必被削弱。诚然,一个被逮捕的抢劫犯供述四起还是一起犯罪事实之间几乎没有差异。但是,其供述一起犯罪事实还是一起都不供述之间却存在明显的不同,因为对于检察官而言,有一份供述非常重要。[59] 米兰达规则通常不会使犯罪嫌疑人供述的犯罪事实从四起减少到一起,但有时却可以因为完全阻止警察审讯而使供述的犯罪事实从一起变成什么都没有供述。[60] 除了将犯罪嫌疑人的供述数量下降视为一个严重的社会成本之外,很难将之视为其他。

另外,有很多理论可以认为我们过去一直研究的破案率变化严重低估了米兰达规则的消极影响。正如菲尼(和其他人)精确解释的那样,有很好的理由认为,在许多案件中,米兰达规则不会阻止警察破案,但阻止警察获得对被告人的定罪判决。[62] 如果警察有足够的证据构成逮捕的合理根据,但没有足够的证据证明定罪所要达到的排除合理怀疑,对于确保定罪所需的供述而言,审讯也许就非常重要。[63]

供述之于确保对被告人定罪可能非常重要。[64] 菲尼自己也收集了这一方面

---

[59] 参见 Cassell & Hayman,前引注㊳,第 909—916 页(发现警察是否获得了犯罪嫌疑人的归罪性供述导致案件的最终处理结果存在明显不同); Leo, "Police Interrogation in America",前引注㊷,第 295 页(作出了自我归罪性陈述的犯罪嫌疑人被定罪的可能性要高 26 个百分点)。

[60] 参见 Cassell,前引注⑯,第 494—496 页(给出未放弃其米兰达规则上的权利因此不得对其进行审讯的犯罪嫌疑人所占百分比的数据)。

[62] 参见 Feeney,前引注⑧,第 42 页("很可能米兰达警告对犯罪嫌疑人与警察交谈的意愿会带来某些影响,而这一决定妨碍了警察对其进行逮捕后审讯的行为");还可参见 Donohue,前引注⑦,第 1156 页("如果米兰达规则明显阻止了犯罪嫌疑人向警察作出不利于自己的陈述,即使其对破案率的衡量没什么影响,但仍将大大降低检察官对犯罪嫌疑人的成功起诉率")。

[63] 参见 Cassell & Hayman,前引注㊳,第 912 页表 16 (报告了证明供述了的犯罪嫌疑人更有可能被定罪,更难得到优惠交易条件的数据)。

[64] 参见 Cassell,前引注⑯,第 422—437 页(对有关获得供述对于确保定罪的重要性方面的研究文献进行了整理)。

的确切数据。其在 1983 年的《没有定罪的逮捕：发生的频度及原因》一文中强调了供述的重要性，文章认为"被告人声称自己实施了该起犯罪的供述是有力的证据……有供述的抢劫罪、夜盗罪案件的定罪率比没有供述的要高 40%—180%"。但在其回应我们的文章中，菲尼对其先前的观点进行了修正，在文章的脚注中解释说供述之于定罪只有"微弱的贡献"。

定罪率高 40%—180% 并不"微弱"——而是高很多。单就这一理由，社会公众也会对破案率的下降极度担忧。定罪率下降作为供述率下降的替代品——并因此最终作为衡量有多少逃脱了惩罚的犯罪分子应归咎于米兰达案判决后供述率下降的恰当根据。

在这一问题上，看看菲尼的《警察破案：一种衡量米兰达规则影响警察执法的糟糕方法》很有意思。文章题目让我们想起温斯顿·丘吉尔（Winston Churchill）的妙语："除了所有那些已经不断尝试过的其他形式外，民主是最坏的一种治理方式。"实际上，破案率也许是一种衡量米兰达规则影响的糟糕方法——或者更确切地说，是一种保守的方法。但它似乎是过去五十年间米兰达规则对全美警察执法效果的影响的唯一定量方法。

如果菲尼能够提出一种替代性方案的话，其反对将破案率作为衡量米兰达规则影响的方法的观点也许会更有力。但对一个写了篇长达 114 页的论文的人来说，令人印象深刻的是，菲尼没有提出用来判断米兰达规则影响的任何替代性方案。因此，我们只好从我们唯一使用过的长期测量方法中得出我们能够得出的最佳推论。在米兰达案判决后，在几类重要犯罪类型中，米兰达规则与破案率的下降之间存在统计显著性——破案率在一段时间里持续下降，而且不能通过其他因素进行解释。这些破案率下降有力地表明，米兰达规则的反对者们主张米兰达规则将导致犯罪嫌疑人供述率显著下降的预见是正确的。

### 五、在法庭科学技术不断发展的年代警察审讯仍然非常重要

目前为止，在本小节中我们已经讨论了菲尼所引述的那些研究，这些研究大

---

⑤ Feeney, Dill & Weir, 前引注㊶, 第 141 页。

⑥ Feeney, 前引注⑧, 第 42 页注释 107。

⑦ 请比较 Cassell, 前引注⑯, 第 437—440 页（根据供述数计算，米兰达规则导致控方损失了 3.8% 的定罪数）。

⑧ Winston Churchill, Speech, House of Commons, November 11, 1947, in *Winston S. Churchill: His Complete Speeches*, 1897—1963, at 7563, 7566 (Robert Rhodes James ed., 1974).

部分是在20世纪七八十年代完成的。此后事情有没有发生什么变化?特别是,法庭科学技术的发展是不是已经使警察审讯变得不重要?

认为现在犯罪是要通过发达的法庭科学技术——而不是类似于警察审讯的老旧方法——来侦破的想法已经被夸大到有了专门的维基百科词条:"CSI效应"。⑨ 该基本想法是夸大罪案影视剧,例如《CSI:犯罪现场勘查》中描述的法庭科学的犯罪嫌疑人形象刻画技术,以致形成一种失真的信念(在一般公众和刑事案件陪审员中),警察经常都能够获得科学证据。⑩ 事实上,尽管法庭科学技术获得了重要的发展,但传统的执法技术,包括警察审讯,对于侦查破案而言仍然非常重要。⑪

法庭科学依靠对犯罪现场物证痕迹的检验来确定犯罪分子的身份。⑫ 尽管法庭科学技术辅助犯罪侦查执法的能力持续发展⑬,但是全美总体破案率显示近年来并没什么改善。⑭ 法庭科学技术还未能扭转破案率下降趋势的部分原因可能是在犯罪现场经常无法获得物证痕迹。⑮ 例如,最近一份报告发现,夜盗和抢劫犯罪案件侦查中能够送到犯罪侦查实验室的法庭科学证据还不到15%,伤害案件侦查中送交犯罪侦查实验室检验的物证甚至还不到10%。⑯ 即使收集到了物证并送到法庭科学家手中,"在逮捕之前实际上也只有很少一部分案件进行过物证检验"⑰。事实上,"更多的法庭科学技术分析都是在逮捕之后,而不是之前

---

⑨ 参见"CSI Effect", *Wikipedia* (Feb. 2, 2017, 11:09 AM), https://en.wikipedia.org/wiki/CSI_effect [https://perma.cc/5V3D-FZRS]。

⑩ 同上引注。

⑪ 参见 Inbau et al., 前引注㉜,第 xii 页("许多刑事案件,即使由最合格的警察局来侦查,也只能通过真正有罪者的认罪或者供述,或者以审讯其他犯罪嫌疑人获取信息的方式来侦破")。

⑫ 参见"Forensic Sciences: Types of Evidence", Nat'l Inst. Just. (May 29, 2015), https://nij.gov/topics/forensics/evidence/Pages/welcome.aspx [https://perma.cc/4SUHPKRX]。

⑬ 参见 Nat'l Inst. of Justice, *The Impact of Forensic Science Research and Development* 6 (2015), https://www.ncjrs.gov/pdffiles1/nij/248572.pdf [https://perma.cc/J2CF-D598] (对法庭科学技术的进步是如何提高科学家有效帮助警察破案的能力问题进行了分析)。

⑭ 参见前文图 5-2—图 5-7;还可参见 Nagin,前引注㊽,第 77 页("现代法庭科学技术方法可以提高犯罪侦查的有效性,但是……一些类型犯罪案件的破案率仍然稳定地停留在 1970—2007 年那段时期的水平")。有意思的是,这一事件的唯一例外是偷窃案件的破案率,法庭科学技术对这类案件的侦查似乎并不重要。参见上文图 5-6(显示了近几年来偷窃犯罪案件破案率上升的情形)。

⑮ 参见 Joseph Peterson et al., Nat'l Inst. of Justice, *The Role and Impact of Forensic Evidence in the Criminal Justice Process* 3-7 (2010), https://www.ncjrs.gov/pdffiles1/nij/grants/231977.pdf [https://perma.cc/VDJ6-GY9A] (对在各类财产犯罪中法庭科学技术证据较少的情况进行了概括)。

⑯ 同上引注,第 122 页;还可参见 Brent E. Turvey, *Criminal Profiling: An Introduction to Behavioral Evidence Analysis* 148-49 (4th ed. 2012) (研究了其他一些关于法庭科学技术较低的可获得性,以及"法庭科学证据的作用逐渐降低,并且在犯罪侦查和随后的起诉过程中对其缺乏强调"的报告)。

⑰ Peterson et al.,前引注⑮,第 123 页。

进行的"⑱。甚至像谋杀之类的犯罪,虽然经常有证据被送交犯罪侦查实验室检验⑲,但破案率却一直持续低迷。⑳

犯罪侦查中并不总是能够获得法庭科学证据这一事实对德里普斯在本次论坛中提出的、米兰达规则导致了证据损失所需的事件链条"太长而且不切实际"的观点予以了回应。㉑ 即使没有对其分析逻辑的每一个步骤都进行分析,其中数点都值得特别关注。德里普斯提出,在米兰达规则之外对犯罪嫌疑人进行非羁押性审讯的可能性,但是既有数据显示,大约70%的警察审讯都是羁押性审讯,而且非羁押性审讯的效果更差。㉒ 德里普斯还提到,线人是一种可能的替代性信息来源。但是,正如我们刚才对有关警察侦查研究的回顾所显示的那样,只有在很小一部分案件中会有线人。㉓ 德里普斯还提到了"数字画像"找到犯罪嫌疑人的可能性,但并未提供有关这一技术的运用是否常规化到足以将之作为讨论米兰达规则的影响时必须考虑的一个重要因素的任何建议。㉔ 至于电子监控命令也是如此,因其耗时、昂贵,除了那些最为极端案件的侦查之外,几乎不可能使用。

无论如何,对失去定罪所需供述的发生频度进行判断还是可能的。1996年,卡塞尔收集了这一主题的所有可得数据,发现在23.8%的案件中,供述是定罪所必需的。㉕ 德里普斯没有很好的理由可以认为这一图景最近几年已经发生显著变化。

---

⑱ Tom Mcewen, Nat'l Inst. of Justice, *Final Report*: *The Role and Impact of Forensic Evidence in the Criminal Justice System* 118 (2010), https://www.ncjrs.gov/pdffiles1/nij/grants/236474.pdf [https://perma.cc/VA8P-ZA4R].

⑲ 参见 Peterson et al.,前引注⑮,第122页(研究发现在谋杀犯罪案件发生时,89%的案件中都有法庭科学证据被送到犯罪侦查实验室检验)。

⑳ 参见上文图5-4,还可参见"Getting Away with Murder", *Economist* (July 4, 2015), http://www.economist.com/news/united-states/21656725-police-fail-make-arrest-morethird-nations-killings-getting-away [https://perma.cc/J57M-M58N](对谋杀犯罪案件破案率逐渐下降问题进行了评论)。

㉑ Donald A. Dripps, "Miranda for the Next Fifty Years: Why the Fifth Amendment Should Go Fourth", 97 *B. U. L. Rev.* 893, 927-28 (2017).

㉒ 参见下引注㉖—㉘及相关文献(卡塞尔和海曼的研究发现羁押性审讯的成功率为56.9%,而非羁押性审讯的成功率仅为30.0%)。

㉓ 参见 Eck,前引注㊴,第177页表6-4(研究显示,在巡逻警察侦破的案件中,线人提供犯罪嫌疑人详情的比例介于0.0%到0.9%之间,在侦查人员破获的案件中这一数据为0.0%至7.3%之间)。

㉔ Dripps,前引注㉑,第928页(作者声称,警察可以运用对犯罪嫌疑人进行数字画像的技术来对"证明犯罪嫌疑人有罪或者为其他持令状搜查行为提供支持")。

㉕ Cassell,前引注⑯,第434页表2。

## 第六节　因果关系问题：破案率下降应归咎于米兰达规则

迄今，我们已经给出了，在控制主要刑事司法和社会经济变量之后，在我们的回归方程中，抢劫、偷窃、机动车盗窃，以及（也许）夜盗犯罪案件的破案率在米兰达案判决之后出现了显著下降的最新证据。[56] 问题是，这些下降是不是米兰达规则导致的。回归分析永远无法证明因果关系。相反，因果关系结论只能通过将回归方程分析得出的信息与假设和其他信息结合在一起，对某种因果关系解释是否合理作出判断。要得出米兰达规则导致了1966—1968年间破案率下降这一结论的潜在障碍是"被忽略了的变量"或者"交替的因果关系"问题——在我们的回归方程中没有说明的，社会其他方面的变化导致了破案率的下降。

在间断时间序列分析中，特别是在没有对照组时，考虑这些潜在的被忽略了的变量非常重要。在写作1998年的那篇文章和这篇文章时，我们做了大量工作，对可能影响我们的研究结论的"被忽略了的"变量进行确认[57]，下面我们将对类似忽略的各种可能性进行全面的讨论。在转向其他这些问题之前，对于被忽略了的变量中，哪些是我们迄今没有考虑到的，我们应当先简单地讨论一下，我们正在寻找的是什么。要作为被忽略了的变量中有力的候选对象，该变量必须在最为重要的1966—1968年间——而不是其他时候出现了剧烈的变化。例如，上文图5-5显示，抢劫犯罪案件的破案率从1965年的37.6%猛跌至1968年的26.9%，并在此后一直保持相对稳定的状态。[58] 我们的回归方程分析表明，在控制了犯罪率、警力资源等刑事司法变量，失业人口、未成年人数量等社会经济和人口学变量之后，这一破案率下降，约有一半都可以通过米兰达案判决时的结构

---

[56] 在其他一些模型中，其他犯罪案件的破案率同样出现了下降。在这一小节我们关注的是我们的主要方程模型。

[57] 参见 Cassell & Fowles, 前引注⑤，第1081、1107页。

[58] 参见 Daniel S. Nagin, Robert M. Solow & Cynthia Lum, "Deterrence, Criminal Opportunities, and Police", 53 *Criminology* 74, 77 (2015) (注意到过去几十年间，抢劫犯罪案件和其他一些犯罪的破案率大体上稳定)。

性转移得到解释。贝叶斯平均模型(BMA)分析确认,这些发现并非我们的回归方程模型所导致的。既然我们已经运用类似分析技术排除了那些因素的影响,接下来我们看看那些可以揭示破案率变化原因的相关理论、逸闻、逻辑解释:是米兰达规则还是其他因素?

一、 破案率下降的共时性解释

在评估破案率下降似是而非的原因因素时,首先对一些共时性评估进行分析将对我们有所帮助。在1966年至1968年间破案率下降的同时就有人对此进行了讨论。当时人们对此是如何理解的?

FBI的年度统一犯罪报告(UCR)披露了全美破案率下降的事实。对于警察破案表现明显下降,FBI有对其进行解释的强烈动机。在关键的1966—1968年间,FBI的UCR的作者们对于破案率的下降列举了下列原因:"导致对警察侦查和执法实践形成限制的法院判决,除了犯罪数量的增加之外,急剧增加了警察的工作负担,几乎相对稳定的警民比例难以适应犯罪数量的急剧上升和犯罪流动性的不断增强。"[59]除了前述因素("法院判决")之外,我们的回归方程对FBI引述的其他三个因素中的两个进行了控制:警察工作负担的增加和警力人口比例。FBI引述的最后一个因素——不断增强的犯罪流动性——也许具有一定的长期解释力,但似乎不太可能解释相对突然发生的破案率变化。不断增强的犯罪流动性只有经过较长一段时间后才会影响破案。因此只有第一个因素——"导致对警察侦查和执法实践形成限制的法院判决"——才是合乎逻辑的解释。当然,这也是我们在本文中通过我们的米兰达变量——一个当时被FBI确定为影响了破案率的因素——集中关注的变量。

为了确认FBI的共时性解释是来自那些对法院判决影响有着原始感知者:在联邦最高法院规定米兰达规则限制前后都审讯过犯罪嫌疑人的执法人员的评价,奥蒂斯·斯蒂芬斯(Otis Stephens)及其同事在1969年、1970年对田纳西州的诺克斯维尔(Knoxville)、佐治亚州梅肯(Macon)的街头巡警进行了访谈。[60] 事实上,所有接受访谈的警察均认为,联邦最高法院的一些判决妨碍了他们的工

---

[59] *UCR-1967*,前引注[79],第30页;还可参见 Malnic,前引注[24],第27页("FBI局长埃德加·胡佛(J. Edgar Hoorer)认为对警察调查和执法行为不断增加的限制导致严重犯罪案件破案率的下降")。

[60] 参见 Otis H. Stephens, Robert L. Flanders & J. Lewis Cannon, "Law Enforcement and the Supreme Court: Police Perceptions of the Miranda Requirements", 39 *Tenn. L. Rev.* 407, 411 (1972)。

作,大部分人都将这一消极影响首先,而且主要归咎于米兰达规则。㉛ 与此类似,在康涅狄克州的纽黑文,耶鲁法学院的学生们对他们在 1966 年夏天观察过的审讯活动中的大部分侦查人员和其他 25 名侦查人员进行了访谈。㉜ 他们发现:"侦查人员一致认为(米兰达规则)将不合理地(帮助犯罪嫌疑人)。"㉝他们还发现:"侦查人员不断告诉我们,这一判决将降低他们的破案率,并因此使他们的工作看起来没有成效。"㉞此外,法学院学生加里·L. 沃尔夫斯通(Gary Wolfstone)在 1970 年给每个州和哥伦比亚特区的警察局长、检察长进行了问卷调查。大部分人都认为米兰达规则至少增加了执法障碍。㉟ 詹姆斯·W. 威特(James W. Witt)在 1973 年前对海城 43 名侦查人员进行了访谈。㊱ 威特发现,侦查人员"对于米兰达警告对正式审讯结果的影响几乎完全一致,大部分人都认为他们从犯罪嫌疑人处获得的供述、认罪、陈述将少很多"㊲。威特还发现,"在讨论到米兰达案判决带来的问题时,侦查人员很快就提到了他们的破案率下降问题"㊳。

执法人员不断地表示对米兰达规则的担心。㊴ 例如,在联邦最高法院举行迪克森诉美国案㊵(涉及以国会成文法来替代米兰达规则的问题㊶)辩论庭审时,许

---

㉛ 同上引注,第 420 页表 IV(发现"90%以上"的人认为,联邦最高法院的这些判决带来了消极影响,其中"58%的人都将这些消极影响主要归咎于米兰达规则")。认为米兰达规则应对破案率下降负责的人员比例可能更高,如果不是在访谈之前刚刚发布了关于警察搜查和扣押行为法律规制备忘录的话。同上引注,第 421 页。74%的受访者认为告诉被告人相关权利对审讯效果会带来负面的影响。同上引注,第 424 页表 VIII。在个别访谈中,接受访谈的警察对米兰达规则的评价总体而言都是消极的。同上引注,第 426—429 页。根据这些发现,斯蒂芬认为其调查显示米兰达规则对警察执法效果几乎没有影响的结论就很难让人理解了。同上引注,第 430—431 页。

㉜ 参见 Wald et al.,前引注㉛,第 1528 页。

㉝ 同上引注,第 1611 页。

㉞ 同上引注,第 1612 页注释 265。

㉟ 参见 Gary L. Wolfstone, "Miranda—A Survey of Its Impact", 7 *Prosecutor* 26, 27 (1971)。

㊱ 威特的文章发表于 1973 年。参见 Witt,前引注㉗,第 320 页。其似乎在 1968 年之后就开始收集相关数据。

㊲ 同上引注,第 325 页。

㊳ 同上引注,第 330 页。

㊴ 参见 Cassell & Fowles,前引注⑤,第 1108—1110 页。但请比较 Victoria M. Time & Brian K. Payne, "Police Chiefs' Perceptions About Miranda: An Analysis of Survey Data", 30 *J. Crim. Just.* 77, 84 (2002)(报告称 52.6%的受访警察局局长认为,米兰达警告妨碍了犯罪嫌疑人的自愿供述,但是 64.2%的受访者认为,米兰达规则并不会使警察的工作更加困难);Marvin Zalman & Brad W. Smith, "Attitudes of Police Executives Toward Miranda and Interrogation Policies", 97 *J. Crim. L. & Criminology* 873, 893 (2007)(研究发现,警察局局长们整体上都认为米兰达规则并不会使警察的工作更加困难)。

㊵ 530 U.S. 428 (2000).

㊶ Paul G. Cassell, "The Statute That Time Forgot: 18 U.S.C. § 3501 and the Overhauling of Miranda", 85 *Iowa L. Rev.* 175, 177 (1999)(对以《美国法典》第 3501 条取代米兰达规则问题进行了讨论);还可参见 Paul G. Cassell, "The Paths Not Taken: The Supreme Court's Failures in Dickerson", 99 *Mich. L. Rev.* 898, 898 (2001)(对迪克森案判决没有支持《美国法典》第 3501 条进行了批评)。

多执法组织提交意见摘要,支持第四巡回法院作出的限制因违反米兰达规则而排除口供的情形的判决。[52] 但是,更有效的证据是米兰达案判决之时的警察是如何认为的,他们既有在没有米兰达规则,也有在有米兰达规则的情况下进行审讯的经验。那些第一手的,共时性的报告——包括 FBI 担心最近的"法院判决"的声明——都是米兰达规则是破案率下降的原因的有力证据。

## 二、菲尼建议的替代性解释

在对除了米兰达规则之外,破案率下降的可能原因持续研究的过程中,也从菲尼的研究中获益。菲尼在全面阐述(基于前一小节讨论的理由)米兰达案判决之后破案率并未出现急剧下降之后,似乎陷入了某种自相矛盾之中,开始主动寻找破案率本应急剧下降的解释。在梳理了相关文献之后,他提出了两种选择性解释——在米兰达案判决同时,种族暴动、海洛因"泛滥"爆发。[53] 我们在此对这些可能性进行较为全面的关注是因为菲尼在寻找这些替代性因果关系解释过程中所付出的时间和努力,如果他所确认的这些替代性解释不成立,那么我们谴责米兰达规则的信心也会得到相应的提升。

### 1. 种族暴动和相关的骚乱

对于米兰达案判决后破案率下降的替代性原因,菲尼的第一选择是"种族暴动和骚乱"。[54] 菲尼从大量引证华盛顿特区警察局局长杰里·威尔逊(Jerry Wilson)在 1975 年出版的一本书中的内容开始他的论证。该书认为,城市暴动(以及此后不久的反战运动和校园骚乱)是 20 世纪 60 年代中后期警察"行政"(administration)面临的主要问题。[55] 但是,菲尼疏于提到特别讨论的不仅有"行

---

[52] 参见 Brief for the Criminal Justice Legal Foundation as Amicus Curiae in Support of Affirmance, Dickerson v. United States, 530 U. S. 428 (2000) (No. 95-5525); Brief for Fraternal Order of Police as Amicus Curiae Urging Affirmance, Dickerson v. United States, 530 U. S. 428 (2000) (No. 99-5525); Brief for National Association of Police Organizations et al. as Amici Curiae in Support of Affirming the Decision of the U. S. Court of Appeals, Dickerson v. United States, 530 U. S. 428 (2000) (No. 99-5525); Brief for National District Attorneys Association, Various State Prosecuting Associations & the Police Executive Research Forum in Support of the Judgment Below, Dickerson v. United States, 530 U. S. 428 (2000) (No. 99-5525)。托马斯和利奥认为来自一些重要的全国性组织的这些意见摘要似乎"是保罗·卡塞尔令人印象深刻的游说和鼓吹结果,而不是执法人员自己决定要放弃米兰达规则的倾向"。Thomas & Leo,前引注[23],第 253 页。但是,收集这些建议摘要只需要一个简短的电话,告知提交法庭之友意见摘要的时间表,而不需要一个专业教授为他们灌输关于米兰达对警察执法效果有何影响的特定理论。

[53] Feeney,前引注[8],第 76—83 页。

[54] 同上引注,第 77 页。

[55] 同上引注。(引自 Jerry Wilson, *Police Report: A View of Law Enforcement*, at viii [1975])。

政"问题,而且(与我们的讨论更直接相关的)还包括归咎于法院的限制性规则导致的犯罪率上升问题。威尔逊将暴乱作为解释20世纪60年代犯罪率上升的五个具体因素中的第四个,仅仅排在海洛因泛滥之前。(546) 威尔逊的前三个解释性因素都包括在我们的回归方程当中。威尔逊认为20世纪60年代犯罪率的上升应归咎于:城市化、婴儿潮时期出生的孩子已经成长到了很容易犯罪的年龄,以及对于本文而言具有重要意义的,"越来越多的,既影响了警察也影响了法院的限制性法庭规则"——特别是"米兰达规则"。(547) 威尔逊还全面讨论了马洛里诉美国案(548)判决对哥伦比亚特区法院的不良影响,该案判决在米兰达案判决之前十年就讨论了联邦刑事诉讼规则对哥伦比亚特区警察。审讯犯罪嫌疑人能力的限制问题。(549) 如果说该案判决有什么影响的话,威尔逊关于法院判决对警察审讯的限制之危害性的观点正是对我们提出的米兰达规则是1965年之后破案率下降的可能原因这一观点的支持。

至于种族暴动问题,菲尼承认,在我们先前的文章中已经简要地讨论过这一可能性。(550) 但是,在我们看来,菲尼所指的类似于种族暴动之类的事件——更宽泛意义上而言,是警力关系的恶化——对于解释我们所感兴趣的1966—1968年间的破案率下降而言,并不是一个很好的选择。诚然,公民合作对于许多案件的侦破非常重要,因为必须有证人(和被害人)向警察报案并且提供警察侦破这些犯罪所需要的信息。(551) 但是,尽管警民关系的恶化对20世纪60年代破案率下降起了一定的作用,我们认为这也不可能是解释1966—1968年间全美范围内破案

---

(546) Wilson,前引注(545),第31、33页(提到了种族暴乱和海洛因泛滥问题,并将之作为影响犯罪率的因素)。作为犯罪率上升的一个背景性因素,威尔逊还讨论了,至少在20世纪60年代,政府官员愿意"容忍"不断上升的犯罪率这一事实。同上引注,第35—36页。

(547) 同上引注,第29页。威尔逊所引的联邦最高法院判决除了米兰达案之外,就是马普诉俄亥俄州案(Mapp v. Ohio, 367 U. S. 643 [1961])、埃斯科贝多诉伊利诺伊州案(Escobedo v. Illinois, 378 U. S. 478 [1964]),以及目击证人列队辨认案件,包括美国诉韦德案(United States v. Wade, 388 U. S. 218 [1967]),吉尔伯特诉加利福尼亚州案(Gilbert v. California, 388 U. S. 263 [1967]),以及斯托瓦尔诉丹诺案(Stovall v. Denno, 388 U. S. 293 [1967])。Wilson,前引注(545),第29页。我们将在下引注(756)—(765)中讨论埃斯科贝多案,在下引注(643)—(653)及相关文献中讨论列队辨认系列案件。

(548) 354 U. S. 449 (1957).

(549) Wilson,前引注(545),第47—50页(将马洛里案判决称之为一个"不明智"的判决,认为其应被推翻,而且还指出,华盛顿特区的警察也许可以更好地将这一判决作为根据获得更多的警力以帮助该案判决功能的实现)。

(550) Feeney,前引注⑧,第77页(引自Cassell & Fowles,前引注⑤,第1114—1115页)。

(551) 参见Desmond, Papachristos & Kirk,前引注(138),第858页;W. S. Wilson Huang & Michael S. Vaughn, "Support and Confidence: Public Attitudes Toward the Police", in *Americans View Crime and Justice: A National Public Opinion Survey* 31, 31 (Timothy J. Flanagan & Dennis R. Longmire eds., 1996)。

率下降的替代性原因。不可能在那么短的一段时间里，全美的警民关系就会发生如此巨大的变化。事实上，盖洛普民意测验(Gallup Poll)显示，在米兰达案判决时期，人们对警察的尊重正处于上升时期。1965 年 4 月，全美 70%的受访者对于警察表示非常尊重，而在两年之后的 1967 年 8 月，这一比例上升至了 77%。(552) 虽然我们未能找到关于这 10 年间公众对警察的信息方面的持续性调查数据，但是我们已经找到的一些数据整体上显示公众对警察具有较高的信任，尽管当时(就像现在一样)少数种族社区的民众相对于白人而言，更不信任警察。(553)

在先前的文章中，我们也解释了任何对警察信任程度的下降都是一种较为长期的现象，将时间范围扩大到 20 世纪 50 年代后期(至少)至 70 年代中期，从民权运动的最早时期至反(越南)战运动的消退和水门事件的理想破灭。警民关系在这一段时期内持续恶化，因此无法解释 20 世纪 60 年代后期破案率的急剧下降。另外，20 世纪 60 年代后期，如米兰达案判决前后，正是公众对犯罪问题日益担忧的时期(554)，这只会增加而不是减少公众协助警察破案的意愿。(555) 在此前的文章中，我们还指出，很可能公众对警察信心的下降更主要集中在美国的某些地方，而不是其他地方，在某些地理区域而不是其他区域(如大城市)。然而，所有按人口数量规模分组和按地理位置分组的调查结果均显示出 1966 年和 1967 年破案率突然下降的结果。(556)

在回应这些观点的过程中，菲尼认为，我们需要对“1965—1968 年间震惊全美的这些汹涌的种族暴动和骚乱”多加注意(557)——接着(在其文章的下一句中)他又对这场种族暴乱的影响进行了定量，认为这场暴乱“在 1967—1969 年间影响了 570 个城市”(558)。菲尼自己(在一篇文章两个连续的句子中)对这场暴乱给出了

(552) 参见 George H. Gallup, The Gallup Poll: Public Opinion 1935-1971, at 1935, 2077 (1972)。

(553) 参见 Nat'l Ctr. on Police & Cmty. Relations, A National Survey of Police and Community Relations, preface, 10 (1967)(再版的全美哈里斯民意调查[Harris Poll]结果发现，民众对 1966 年前后联邦执法评价的“优良”率为 76%，州的这一数据为 70%，地方的这一数据为 65%)。同一项民意调查还显示，民众对少数种族聚居社区的警察执法信心水平较低。同上引注，第 11—13 页。但是，这种一较低信心水平在 1966 年之前即已存在。同上引注，第 16 页(引自 California Advisory Comm. to the U. S. Comm'n on Civil Rights, *Report on California: Police-Minority Group Relations* 8 [1963])。

(554) 参见 bureau of justice statistics, U. S. Dep't of Justice, *Sourcebook of Criminal Justice Statistics—1994*, 第 166 页表 2. 31 (Kathleen Maguire & Ann L. Pastore eds., 1994)(报告显示，1966 年哈里斯民意调查中 49%受访者感觉在街上比上一年度更不安全；1968 年这一数据上升为 53%；1969 年上升为 55%)。

(555) 公众对警察的态度“自 20 世纪 70 年代以来几乎没有什么改变”。参见 Emily Ekins, “Policing in America: Understanding Public Attitudes Toward the Police. Results from a National Survey”, 1 (Cato Inst., Working Paper, Dec. 7, 2016), https://www.cato.org/publications/working-paper/policing-america-understanding-publicattitudes-toward-police-results [https://perma.cc/YN7V-34WR]。

(556) 参见前引注(116)—(117)及相关文献。

(557) 参见 Feeney，前引注⑧，第 77 页。

(558) 同上引注。

两个不同的时间框架(1965—1968 vs. 1967—1969)——这一事实证明了其观点中的一个问题。这些暴乱的时间非常重要,因为我们试图解释的全美破案率下降时间发生在 1966—1968 年间。如果这场暴乱发生的时间早一点(1965 年)或者结束得迟一点(1969 年),那么就与我们试图解释的破案率变化发生的时间非常吻合。既有的最佳定量证据表明,这场暴乱的发生始于 1964 年,并且一直延续到 1971 年,高峰时期为 1968 年。⁵⁹ 不仅时间框架与破案率下降的 1966—1968 年间不吻合,而且也与 1971 年后破案率没有出现反弹这一事实不吻合。

菲尼还夸大了这场暴乱的规模,至少将之与美国刑事司法体制的庞大相比较而言。菲尼提出的全美逮捕了 37 000 名暴乱分子,也许可以将之视为某种夸大其词——他没有提到的是,在 1967—1969 年间,美国警察在各大城市逮捕了 2 700 000 多名指数犯罪案件的嫌疑人,以及数以百万计的涉嫌其他犯罪案件的嫌疑人。⁶⁰ 众所周知,因为种族暴乱而被逮捕者的数量只是美国警察所逮捕的犯罪嫌疑人总数的九牛一毛(drop in the bucket of),正如巴里·拉策(Barry Latzer)所指出的那样,"绝大多数的美国城市中没有骚乱"。⁶¹

菲尼通过灭绝对其结论进行分析的任何可能性得出了其交替因果关系的观点。他承认"很难估计这场暴乱对警察的影响持续了多长时间"⁶²。他仍然认为"缺乏大量的研究,也许现在也不可能有,很难证明 1966—1968 年间的种族暴乱和骚乱对这段时间的警察工作所造成的影响比米兰达案判决更大"⁶³。菲尼继续论证道:

> 任何研究在现实地声称米兰达案判决是 1966—1968 年间任何警务工作变化的决定性因素之前,都不得不将米兰达规则的影响与 20 世纪 60 年代各级警察机关首长对种族暴乱和骚乱的大量关注,巨大的工作负担要求对这一时期警民关系和打击犯罪的日常工作环境的影响进行比较。⁶⁴

因为菲尼一直认为,关键的是不可能证伪其观点,人们可能会有疑问的是,这是否符合严肃的社会科学研究要求。⁶⁵ 但是,我们对种族暴乱之于美国警察工

---

⁵⁹ 参见 Latzer,前引注⑲,第 126 页表 3.7 (引自 William J. Collins & Robert A. Margo, "The Economic Aftermath of the 1960s Riots in American Cities: Evidence from Property Values", 67 *J. Econ. Hist.* 849, 853 表 1 [2007])。

⁶⁰ 参见 *UCR-1969*,前引注⑲,第 108—109、116—117 页(所有城市的逮捕数据);*UCR-1968*,前引注⑲,第 108—109、116—117 页(同前);*UCR-1967*,前引注⑲,第 108—109、116—117 页(同前)。

⁶¹ 参见 Latzer,前引注⑲,第 125 页。

⁶² 参见 Feeney,前引注⑧,第 81 页。

⁶³ 同上引注。

⁶⁴ 同上引注。

⁶⁵ 参见 Karl R. Popper, *Conjectures and Refutations: The Growth of Scientific Knowledge* 39 (1962) (将伪造的可能性认定为是严肃科学假说的标志之一)。作者还注意到,菲尼将种族暴乱发生的时间界定为四个不同的阶段——即"1965—1968 年""1967—1969 年""1966—1968"年和"20 世纪 60 年代"。

作的影响究竟有多大进行研究的可能性并不是那么怀疑，至少在一般水平上而言。事实上，菲尼的文章本身就指出了一条可能的路径。菲尼将发生在1965年8月沃茨(Wattz)的暴乱确定为第一起种族暴乱。(566) 菲尼解释说："1965年8月，沃茨暴乱暴发，震惊全美，第一次以这样一种方式将种族紧张关系表面化。数百人受伤，34人被杀，4000多人被逮捕。"(567)沃茨种族暴乱通常被认为是"自1943年底特律暴乱之后发生在美国的最糟糕的暴乱事件"(568)。那么，沃茨种族暴乱对1965年洛杉矶的破案率又有什么影响？

令菲尼的种族暴乱导致破案率下降之说难堪的是，在持续下降3年(1962—1964年)之后，洛杉矶的抢劫犯罪案件破案率在沃茨种族暴乱当年(1965年)却出现了上升——从32.0%上升至32.8%，参见图5-12。(569) 人们可能认为，如果种族暴乱对全美警察的日常警务具有菲尼所归咎于其的决定性影响的话，那么，沃茨种族暴乱至少应对其所发生城市1965年的破案率产生显著的影响。

可能可以对沃茨种族暴乱之于1965年洛杉矶警察的日常警务活动究竟产生了什么影响进行更为深入的研究。正如菲尼提到的那样，LAPD在暴乱期间逮捕了数千名犯罪嫌疑人。(570) 毫不奇怪，这些逮捕使得以月度报告为根据的1965年LAPD统计图示呈现出异常突起的形状。(571) 沃茨种族暴乱发生于1965年8月11日至17日期间。(572) 而大部分被逮捕者涉嫌的都是夜盗或者偷窃犯罪案件。(573)

(566) Feeney，前引注⑧，第78页(声称沃茨种族暴乱[Watts Riot]"只是1966年的一开端")。

(567) 同上引注。

(568) 参见 Nat'l Advisory Comm'n on Civil Disorders, *Report of the National Advisory Commission on Civil Disorders* 20 (1968)。

(569) 请比较 *L.A. Statistical Digest 1965*，前引注(349)，第10页(声称1964年抢劫犯罪案件的破案率为32.0%)，与 *L.A. Statistical Digest 1966*，前引注(349)，第11页(声称1965年抢劫犯罪案件的破案率为32.8%)。我们之所以关注抢劫犯罪案件的破案率，参见上文图5-12(描述了20世纪60年代抢劫犯罪案件的破案率情况)，是因为这是菲尼引用和讨论的破案率，参见 Feeney，前引注⑧，第35—38页。

(570) 参见 Feeney，前引注⑧，第78页。还有一些逮捕是由洛杉矶警长办公室、康普顿警察局、长滩警察局和加利福尼亚州高速公路巡警实施的。参见 Bureau of Criminal Statistics, Dep't of Justice, State of Cal., *Watts Riot Arrests: Los Angeles August 1965*，第10页 tbl. 1 (1966)(以下简称 *Watts Arrests Accounting*)。

(571) 洛杉矶的破案率并不是按月发布的，因此基于这一原因，我们将讨论的关注点转向逮捕以作为部分替代。我们看逮捕的总数，而不是逮捕率，是因为我们在本文中的兴趣是在种族暴乱之后，警察是否还能够继续逮捕夜盗犯罪分子，而不是他们在侦破夜盗犯罪案件中的整体"平均成功率"。因为夜盗犯罪案件的这一数字在这一段时间内一直处于增长过程之中，我们可能会看到破案率的一种长期下降趋势。但是，我们在此(这一特定的主题)的兴趣不是夜盗犯罪案件破案率的长期趋势，而是在种族暴乱之后明显的即时效应问题。如果种族暴乱对警察执法没有产生即时效应，就很难理解为什么在种族暴乱结束很久之后还会对警察执法效果产生影响。

(572) 参见 Governor's Comm'n on the Los Angeles Riot, *Report: Violence in The City—An End or a Beginning?* 1 (1965)(以下简称 *McCone Comm'n Report*)。

(573) 同上引注，第24页(注意到所逮捕的3438名成年人中，71%涉嫌夜盗罪和盗窃罪，在被逮捕的514名未成年人中，81%涉嫌夜盗罪和盗窃罪)。

暴乱期间逮捕人数的增加反映在 LAPD 的夜盗犯罪案件逮捕统计摘要当中[54]，该摘要显示，1965 年 8 月，LAPD 逮捕的夜盗犯罪嫌疑人数量急剧上升——从 7 月的 579 人上升到 8 月份的 2543 人——9 月份又回复到 546 人，10 月份 555 人，11 月 587 人。[55] 种族暴乱前一年至一年后 LAPD 每月逮捕的夜盗犯罪案件嫌疑人数量情况可参见图 5-15。

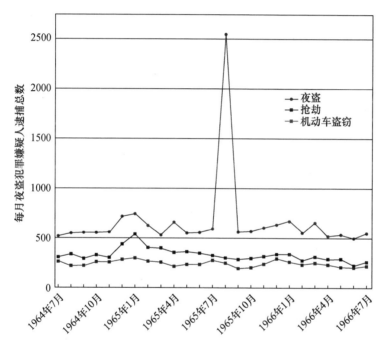

**图 5-15　1964—1966 年洛杉矶警察局每月逮捕夜盗犯罪案件嫌疑人数量情况**＊

如图 5-15 所示，一眼即可看出，1965 年 8 月——沃茨种族暴乱发生的那个月，洛杉矶警察局逮捕的夜盗犯罪案件嫌疑人数量出现暴涨。但是，同样明显的

---

[54]　在任何一类其他主要犯罪类型中，在 1965 年 8 月的逮捕数都没有出现明显的增长，甚至在偷窃罪这一被认为是在种族暴乱期间逮捕数有增加的犯罪类型中也没有发现。因此，在此我们只关注对夜盗罪问题的讨论。

[55]　*L. A. Statistical Digest 1965*，前引注[49]，第 30—31 页（披露了 1965 年每个月"逮捕的成年人"数量情况）。

＊　原文图 15 标注的起止时间为 1964 年 6 月至 1966 年 6 月，文中记载的沃茨种族暴乱发生的时间及洛杉矶警方逮捕夜盗犯罪嫌疑人数突然暴增的时间均为 1965 年 8 月，其起点时间与图中数据所示时间存在 1 个月的差距。为使图中数据与文章内容吻合，方便读者阅读，译者将图示起止时间顺延 1 个月，即修改为 1964 年 7 月至 1966 年 7 月。——译者注

是，至少就洛杉矶警察局逮捕的夜盗犯罪案件嫌疑人而言，很快就恢复到正常水平。沃茨种族暴乱并没有呈现出对洛杉矶警察局逮捕夜盗犯罪案件嫌疑人的长期影响。事实上，对 LAPD 工作感兴趣的研究者报告称，1966 年 1 月，其侦查活动明显恢复了正常。[576]

为对这一观察结论进行更为严格的验证，我们通过本文先前使用过的结构变化算法对洛杉矶警方的每月逮捕数据进行了运算。[577] 在 1964 年至 1966 年，我们没有发现夜盗犯罪案件的逮捕数据存在结构性断裂的情况。[578] 简而言之，根据逮捕数据，似乎很难认为沃茨种族暴乱是 1965 年洛杉矶警方的主导性事件，更别说其他年度和其他地方了。

直观感觉就是缺乏明显的效果。种族暴乱不可避免地发生在有限的时间和空间之内。例如，沃茨种族暴乱是发生在"1965 年 8 月的 144 个小时之内"[579]，同时也局限于洛杉矶中南部城市中相对小的部分区域之内。[580] 虽然对于受影响的社区而言，这一可怕的事件影响甚大，但以之解释加利福尼亚州及其他地区大范围的破案率变化[581]，仍然很难理解这一观点的逻辑何在。另外，如果这是 1966 年和 1967 年破案率下降的解释，那么，这一事实却逃脱了那些年 FBI 的 UCR 的作者们的注意，他们将破案率的下降归咎于法院的限制性判决和种族暴乱之外的其他因素。[582]

在努力解释种族暴乱如何能够产生导致破案率长期下降的拖拽之力时，菲尼提出的解释是，"在种族暴乱期间，警察除了应对暴乱之外几乎无法做其他任何事情"。[583] 但是，在洛杉矶，例如，种族暴乱期间（144 小时）是整个年度的很小一块片段。菲尼还解释说："起诉这些暴乱分子，为警察带来了巨大的持续性'破

---

[576] Isaacs，前引注[502]，第 88 页（"选择 1966 年 1 月份"的部分原因是"在 1965 年 8 月之后种族暴乱已经过了足够的时间，数据所反映的情况可能已经恢复正常"）。

[577] 参见前引注[300]及相关文献（解释了结构性变化的运算法则）。

[578] 我们还收集了 1969 年整年的月度夜盗案件逮捕数据。通过对 1964—1969 年数据的一系列分析，我们没有发现存在结构性断裂的情况。

[579] *McCone Comm'n Report*，前引注[572]，第 10 页。

[580] 衡量区域限制的标准之一是，这些统计数据仅来自实施宵禁的 46.5 平方英里区域。James Queally, "Watts Riots: Traffic Stop Was the Spark That Ignited Day of Destruction in L. A.", *L. A. Times* (July 29, 2015), http://www.latimes.com/local/lanow/la-me-ln-watts-riots-explainer-20150715-htmlstory.html. 假设这一区域明显超出了种族暴乱发生的实际区域，但这一区域仍然只占整个洛杉矶的很小一部分。

[581] 参见本章第二节第二条第一款的内容。

[582] 参见 UCR-1967，前引注[79]，第 30 页（列举了同样的因素，以及"差不多静止的警察人口比并未与犯罪的急剧上升保持同步"）；UCR-1966，前引注[79]，第 29 页（"影响警察破案率下降的因素有很多。其中包括对警察侦查和执法行为进行限制的法院判决，以及犯罪数量增加和犯罪机动性不断增强带来的警察工作负担的急剧增加"）。

[583] Feeney，前引注[8]，第 80 页。

案'(clean-up)成本。"㉝但是,那些成本原本应由起诉机关,而非警察机关来承担的;而且,无论如何,那些成本存在的时间也似乎相对短。例如,在洛杉矶,对种族暴乱分子的起诉大部分也都在3个月后顺利完成。㉟ 被逮捕的大部分暴乱分子或者被降格指控,或者被判处缓刑,或者短期监禁。㊱

菲尼还推测说种族暴乱可能进一步恶化黑人社区与警察之间原本就互不信任的关系。但正如菲尼的推测所承认的那样,黑人社区与警察之间的互不信任早在沃茨暴乱㊲之前(而且,事实上,这也许就是导致本次暴乱的重要原因之一㊳)即已形成,而且无疑还将持续。这一点在1992年得到了印证,例如,当4名被控殴打罗德尼·金的警察被无罪释放之后,发生了一场长达6天的种族暴乱。㊴ 被加剧了的警民缺乏信任的假设也似乎不可能对某些类型的犯罪产生影响。例如,因为保险公司的要求,机动车盗窃是一种公民普遍且一直都会向警察报告的犯罪案件。㊵ 因此,我们关于米兰达规则对机动车盗窃犯罪案件破案率的影响似乎不太可能是黑人社区(或者其他社区)居民合作意愿下降导致的。

基于以上这些原因,我们诊断沃茨和其他地区发生的种族暴乱事件不能解释我们所看到的破案率下降现象。对我们和菲尼的观点进行比较的理想方法是,进行一个跨地区的比较分析,即将受种族暴乱事件影响的司法管辖区与那些破案率出现了下降,但未受种族暴乱影响的司法管辖区进行比较。虽然在全国

---

㉞ 同上引注。

㉟ 例如,麦科恩委员会报告(McCone Commission Report)表明,1965年11月,就在逮捕之后3个月,大部分与种族暴乱相关的刑事案件都已经处理完毕。参见 *McCone Comm'n Report*,前引注㊷,第25页。实际上,在接下来的几年之内,所有案件都已经侦破。参见 *Watts Arrests Accounting*,前引注㊶,第6—7页(声称,在1966年6月,总共大约逮捕了4000人,只有106起成年人犯罪案件"仍然在等待处理","绝大部分"都只是简单案件,在这些案件中被告人已经"潜逃",正在等待法官的逮捕令)。

㊱ 参见 *Watts Arrests Accounting*,前引注㊶,第11—12、15页表2。

㊲ 参见 Errol Wayne Stevens, *Radical L. A.: From Coxey's Army to the Watts Riots, 1894—1965*, at 315 (2009)(讨论了1961年少数种族聚居社区对警察暴力的担忧问题)。

㊳ 参见 *McCone Comm'n Report*,前引注㊷,第12—13页。

㊴ 参见 Indep. Comm'n on the L. A. Police Dep't, Report, at vii (1991)。

㊵ 参见 Caroline Wolf Harlow, Dep't of Justice, *Special Report: Motor Vehicle Theft* 4 tbl. 10 (1988)(声称87%的机动车盗窃既遂案件、36%的盗窃未遂案件,以及68%的盗窃既遂和未遂案件都向警方报了案); Dale O. Cloninger & Lester C. Sartorius, "Crime Rates, Clearance Rates and Enforcement Effort: The Case of Houston, Texas", 38 *Am. J. Econ. & Soc.* 389, 392 (1979) ("从全美范围来看……机动车盗窃案件并不存在明显的错误报案问题"); Samuel Nunn, "Computers in the Cop Car: Impact of the Mobile Digital Terminal Technology on Motor Vehicle Theft Clearance and Recovery Rates in a Texas City", 17 *Evaluation Rev.* 182, 187 (1993)("与夜盗、抢劫、伤害等犯罪案件不同,在这些案件中,被害人报案或者不报案并不确定,而且犯罪的定义也不断变化,而机动车盗窃犯罪案件的被害人通常都会报案,而且犯罪定义特别稳定,不轻易发生变化")。

范围内要求实施米兰达规则的情况下[131],不可能进行这样的跨地区比较分析,但是种族暴乱是一个完全不同的事件。正如菲尼自己似乎承认的那样[132],20世纪60年代后期的种族暴乱影响了美国那些最大的城市,"50个最大城市中只有一个,100个最大城市中只有9个未受影响"[133]。但是,20世纪60年代后期的种族暴乱是一种城市现象,例如,在乡村地区并未发生。[134] 所以,如果菲尼的假设正确的话,米兰达变量的影响就只应出现在城市地区,而不会出现在乡村地区。然而,正如前文所讨论的那样,米兰达规则对破案率的影响不仅出现在大城市之中,而且在美国的小城市(人口数量介于10 000和20 000人之间)、非常小的城市(人口数量少于10 000人)、郊区,甚至乡村地区的破案率同样受到了米兰达规则的影响。[135] 因此,很明显,对于1966—1968年间数百个乡村地区警察破案率的下降问题而言,菲尼的种族暴乱假设量是一个非常糟糕的解释选项。

2. 海洛因泛滥

除了种族暴乱之外,菲尼提出的另一种混杂交替因果关系因素是海洛因泛滥,他将"20世纪60年代后期概括为海洛因流行的年代"[136]。菲尼认为,海洛因使用者们经常通过各种犯罪来满足其嗜毒的部分经济需要,在海洛因驱使下,犯罪急剧增加,从而可能导致了我们所看到的破案率下降。[137]

我们在先前文章中也考虑过菲尼提出的这种可能性。我们的解释是,如果只在米兰达案判决前后出现了毒品使用者的急剧增加,而且导致了犯罪数量的显著增长,并且与毒品相关的犯罪侦查难度总是更大,那么,也许毒品使用者的增加可能导致破案率的下降。[138] 但是,我们认为,以上每一点关联都存在问题。

毒品使用者大量增加的时间与破案率下降的1966—1968年在时间上并不吻合,因为非法毒品使用者数量的上升似乎是从20世纪60年代早期开始[139](如

---

[131] 参见前引注[131]—[133]及相关文献。

[132] 参见Feeney,前引注[8],第77页。

[133] 同上引注(引自Jane A. Baskin et al., *Lemberg Ctr. for the Study of Violence*, Race Related Civil Disorders: 1967—1969, at 3, 9, 20 [1971])。

[134] 参见Nat'l Advisory Comm'n on Civil Disorders,前引注[68],第1页(报告了在"美国城市"的"种族骚乱"事件);同上引注,第66页(对发生种族骚乱的城市规范进行了量化界定)。

[135] 参见前引注[131]—[133]及相关文献。

[136] 参见Feeney,前引注[8],第81页。

[137] 同上引注,第81—82页("普遍接受的观点是,海洛因吸食者经常通过将毒品销售给其他人、盗窃、抢劫、夜盗等来满足其嗜毒的经济需求")。

[138] 参见Cassell & Fowles,前引注[5],第1114页。

[139] 参见Richard Ashley, *Heroin: The Myths and the Facts* 43 (1972)(毒品滥用执法办公室的迈尔斯·J. 安布罗斯(Myles J. Ambrose)认为,海洛因/毒品泛滥大概始于"1962—1963年前后")。

果不是更早的话⑩)至少一直延续到 20 世纪 70 年代和 80 年代。⑪ 司法部的既有数据显示,1965 年(即有可比较数据的第一年)至 1974 年间数量出现急剧上升,然后趋于平缓,然后在 1980—1989 年出现了又一波急剧上升情形。⑫ 这一数据因此表明毒品使用者数量并非只在 1966—1968 年间出现过急剧上升,因此不能以之解释这一段时间内破案率的变化情况。

在回应这些问题的过程中,菲尼吹毛求疵地认为我们所使用的全美数据"关注的是一般意义上的毒品而不只是海洛因——这是与其所质疑的犯罪类型(例如偷窃和夜盗犯罪)联系最紧密的毒品"。⑬ 如果菲尼有数据证明因为使用海洛因被逮捕者的犯罪模式与使用其他毒品被逮捕者有何不同,那么,他的这一观点也许成立。但是,菲尼并未提供类似数据。关于某种毒品使用程度的数据之难获取众所周知,而且"甚至从历史的角度来看,很难精确地确定(硬毒品)的使用从什么时候开始急剧上升"。⑭ 一些学者曾经甚至声称,在当时并不存在海洛因"流行"现象。⑮ 当然,非法使用毒品现象上升的时间很难确切地限定在 20 世纪 60 年代后期,就像 20 世纪 80 年代后期可卡因的"流行"所证明的那样。⑯

为了极力给自己的观点寻求一些统计数据的支持,菲尼在文中脚注中声称:"1966—1968 年间,加利福尼亚州对涉嫌鸦片犯罪者的逮捕数量激增。"⑰ 他接着声称,加利福尼亚州对"涉嫌鸦片犯罪者的逮捕"数量增加了 5%(1966 比 1965

---

⑩ 参见 Geoffrey Pearson, *The New Heroin Users* 1 (1987) ("在 20 世纪 40 年代晚期和 50 年代初期……芝加哥和纽约等北美城市都经历过最初的海洛因泛滥时期……")。

⑪ 参见 Cassell & Fowles,前引注⑤,第 1114 页(引自 Steven B. Duke & Albert C. Gross, *America's Longest War: Rethinking Our Tragic Crusade Against Drugs* 100-02 [1993]) ("非法使用毒品的现象似乎自 20 世纪 60 年代早期开始,然后一直持续到整个 70 年代和 80 年代");还可参见 Robert L. DuPont, "Profile of a Heroin-Addiction Epidemic", 285 *New Eng. J. Med.* 320, 320 (1971) (认为在华盛顿特区,海洛因成瘾现象泛滥似乎在 1970 年进一步加剧);Janet Reno, Attorney Gen., Keynote Address at the Drug Enforcement Administration National Heroin Conference 6-7 (Feb. 5, 1997), http://www.usdoj.gov/archive/ag/speeches/1997/0205_ag.dea.html [https://perma.cc/C7CF-9M4P] (discussing increased heroin addiction in 1997)。

⑫ 参见 Cassell & Fowles,前引注⑤,第 1114 页(引自 Bureau of Justice Statistics,前引注㊺,第 413 页表 4.33 (复制了 FBI 1993 年 *UCR* 数据汇编)。

⑬ 参见 Feeney,前引注⑧,第 82—83 页。

⑭ Wilson,前引注㊴,第 33—34 页。

⑮ 参见 Charles E. Silberman, *Criminal Violence, Criminal Justice* 175-76 (1978) ("海洛因成瘾者不断上升的'骇人之势'……是联邦禁毒和危险药物局(BNDD)用来估计吸毒成瘾数量的政治诱导的统计程序变化的产物,而不是海洛因吸食者数量的任何突然激增")。参见 Edward Jay Epstein, *Agency of Fear: Opiates and Political Power in America* (1977) (讨论了"'海洛因战争'的内部运行方式")。

⑯ 参见 Latzer,前引注㊾,第 175—182 页。

⑰ 参见 Feeney,前引注⑧,第 83 页注释 265。

年)、31%(1967 比 1966 年)和 33%(1968 年比 1967 年)——但是,他未能提供任何来源以支持其所声称的这些数字。⑱ 为了验证他的这一观点,我们没能找到有关加利福尼亚州这些数据的报告。但我们找到了这段时间的加利福尼亚州年度犯罪报告,加利福尼亚州这段时间的年度犯罪并未单列"涉嫌鸦片犯罪的逮捕"罪行,相反只提供了一类"违反毒品管理法律"⑲——菲尼批评我们所使用的更为宽泛的逮捕类别的数据。也许更为重要的是,加利福尼亚州关于所有违反毒品管理法律的犯罪行为的数据确证了我们的观点,即在 1966—1968 年间,在与我们所发现的破案率下降的时间内,因为毒品犯罪而被逮捕者的数量并没有单独激增。⑳

我们能够确定的,在那段时间内的加利福尼亚州数据中,唯一一项与涉嫌海洛因犯罪被逮捕相关的具体数据出现在 1972 年和 1973 年该州的年度犯罪报告当中。但是,与菲尼所声称的 1966—1968 年间加利福尼亚州海洛因使用者激增相反,激增现象似乎发生得要更晚一些。1972 年《加利福尼亚州违法与犯罪》报告声称:"从毒品犯罪逮捕数据中看到的更令人警醒的变化之一是,过去 5 年间(1968—1972 年)逮捕的增长数量 2/3 都来自海洛因犯罪者。"㉑ 与此相配套的一张线形图显示,1968—1969 年增长了大约 3%,1970—1971 年增长了 13%,1971—1972 年增长了 26%。㉒ 因为海洛因犯罪而被逮捕者持续增长的事实正好发生在 1966—1968 年破案率下降之后,甚至菲尼人为选择作为特别分析对象的那个州,也大大削弱了其观点的说服力。

此外,即使在这一有限的时间段内出现过毒品使用者数量的急剧上升,毒品使用与犯罪之间的联系也不清楚。㉓ 菲尼的观点建立在海洛因诱致犯罪增长刚

---

⑱ 同上引注。

⑲ Bureau of Criminal Statistics, Dep't of Justice, State of Cal., *Crime and Delinquency in California: 1968*, at 71 表 III-1 (1969). 关于轻罪的表格同样没有突破单独的药物类别。同上引注,第 82 页表 III-8。

⑳ 《加利福尼亚州犯罪与违法》年度报告提供的数据显示,(至少)从 1964 年至 1972 年,成年重罪毒品犯罪逮捕数出现了急剧上升。特别是从 1960 年至 1965 年,成年重罪毒品逮捕数曾经出现了轻微的下降,即从 14 152 人下降到了 12 874 人,参见 Bureau of Criminal Statistics, 前引注⑲,第 221 页;然而,在 1966 年和 1967 年,这一逮捕数据激增到 19 403 人和 33 360 人,参见 Bureau of Criminal Statistics, 前引注⑲,第 71 页表 III-1;从 1968—1973 年,这一逮捕数更是从 49 274 人上升到了 96 733 人。

㉑ 参见 Bureau of Criminal Statistics, Dep't of Justice, State of Cal., *Crime and Delinquency in California* 30 (1972).

㉒ 同上引注,第 30 页;还可参见同上引注,第 33 页表 6。

㉓ 参见 John Kaplan, *The Hardest Drug: Heroin and Public Policy* 57 (1983) (认为专家们不能"将海洛因成瘾与美国的财产犯罪总量联系在一起——除非说它与流行文学所描绘的差距甚远");请比较 Trevor Bennett, Katy Holloway & David Farrington, "The Statistical Association Between Drug Misuse and Crime: A Meta-Analysis", 13 *Aggression & Violent Behav.* 107, 117 (2008) (收集了可以获得的所有形式的毒品滥用与各种犯罪联系在一起的经验性证据,发现"在犯罪的可能性上,毒品使用者是要比非毒品使用者高 2.8—3.8 倍")。

好与联邦最高法院的米兰达案判决发生在同一时间这一假设之上。但是,即使我们假设这类犯罪出现了增长,菲尼的观点仍然需要论证海洛因的泛滥与我们试图解释的破案率变化之间存在着唯一的特定联系。特别是,我们的回归方程分析发现,米兰达变量导致了抢劫、偷窃、机动车盗窃,以及(也许)夜盗犯罪案件破案率的下降。⑭ 但是,我们在文献中读到的传统观点认为,在海洛因使用与贩毒或者偷窃等特定犯罪之间存在联系。⑮ 我们的回归方程分析发现,在财产类犯罪中,米兰达规则对机动车盗窃犯罪的破案率影响特别显著。但我们在海洛因使用和机动车盗窃之间没有发现任何联系。

接下来看看我们和菲尼都特别感兴趣的抢劫犯罪案件破案率下降问题——米兰达规则对之具有特别强烈的影响——有大量的理由怀疑海洛因成瘾与20世纪60年代的抢劫罪之间存在紧密的联系。⑯ 米兰达案判决前后的一项观察性研究发现,只有一小部分海洛因使用者的收入来自抢劫或者与他人的暴力冲突。⑰ 即使我们将事实调整为在该项观察性研究中,某些使用海洛因的犯罪分子被侦查人员发现的可能性更低,暴力犯罪在海洛因使用者为其这一嗜好买单的经济来源中也只占相当小的比例。⑱ 另一项研究发现,暴力重罪犯中只有一小部分有海洛因成瘾犯罪史,包括成瘾之前犯罪和成瘾之后犯罪;在接受美沙酮治疗前一年面临刑事指控成瘾者中只有2%涉嫌暴力犯罪。⑲

菲尼将破案率归咎于海洛因泛滥的观点仍然面临着下一步的困难。正如我们在先前文章中指出的那样,我们的回归方程已经控制了犯罪实施数量。⑳ 因此,毒品使用是一种混杂忽略变量(confounding omitted variable),与毒品相关的犯罪不仅要求是在米兰达案判决时出现了增长,还要求必须是最难侦破(才有可能导致破案率的下降)。然而,菲尼并没有提出让人相信海洛因诱致的抢劫犯罪要比其他抢劫犯罪案件更难侦破的理由。相反,菲尼试图将这一证明责任转

---

⑭ 参见前文第二节第四条部分内容(对米兰达变量的影响进行了描述)。

⑮ 参见 Michael Alexander & Catherine McCaslin, "Criminality in Heroin Addicts Before, During, and After Methadone Treatment", 64 *Am. J. Pub. Health* 51, 52 (1974)(发现海洛因成瘾者更经常有轻罪、财产重罪、毒品重罪和盗窃罪的犯罪记录);请比较 Max Singer, "The Vitality of Mythical Numbers", 23 *Pub. Int.* 3, 6 (1971)(讨论了过高估计海洛因吸食者实施的财产犯罪问题)。

⑯ 参见 Robert Nash Parker & Kathleen Auerhahn, "Alcohol, Drugs, and Violence", 24 *Ann. Rev. Soc.* 291, 295 (1998)("实际上并不存在支持海洛因和暴力之间的证据")。

⑰ Mark Harrison Moore, *Buy and Bust: The Effective Regulation of an Illicit Market in Heroin* 88 表 2-9 (1977)(发现海洛因吸食者收入的1.1%来源于"涉及人身冲突的盗窃行为",包括"抢劫、抢夺和黑吃黑[preying on dealers]")。

⑱ 同上引注,第89页表2-10(发现海洛因吸食者收入的7%来源于"涉及人身冲突的盗窃行为")。

⑲ 参见 Alexander & McCaslin,前引注⑮,第53页图1。

⑳ 参见 Cassell & Fowles,前引注⑤,第1114页。

移给我们,认为我们才是那个声称"没有任何事实根据,海洛因诱致的损失了的犯罪案件要比其他类抢劫犯罪案件更容易侦破"。[621]正如我们上文所解释,在关键的1966—1968年间,对破案率下降原因的共时性执法因素评估包括法院的限制性判决和我们的回归方程中指出的其他因素——在海洛因消费数量上没有任何上升。基于该共时性评估,说服负担可以适当地交给菲尼之类的,现在——数十年之后——对1966—1968年间破案率下降提出一项迄今都未得到认可的解释的人来承担。

无论如何,从既有的经验性证据看,有很好的理由认为,海洛因诱致的犯罪并不比其他犯罪更难侦破。与菲尼预设的前提相反,对于海洛因引起的犯罪,事实上也许从另一方面看因果关系更为清楚。[622] 约翰·卡普兰(John Kaplan)已经非常细致地指出了这一点——这也是菲尼引以支持其观点的重要根据,菲尼认为:"海洛因使用者经常通过将毒品销售给他人、盗窃、抢劫和夜盗来满足其嗜毒的经济需要,这一点已经被大家普遍接受。"[623]但是,正如卡普兰在其书中澄清的那样,事情并非如此简单:

> 另一方面……人们可以坚定地认为,吸食海洛因并非导致成瘾者变成罪犯的主要因素。另一种解释是,犯罪行为是导致海洛因成瘾,而不是相反,或者,更为确切地说,海洛因成瘾和犯罪行为都是由同一件事情引起的。[624]

卡普兰继续解释道:"实际上关于吸毒是如何开始的所有研究都表明,吸毒成瘾者第一次被逮捕平均都在其第一次使用海洛因之前一年半左右的时间。"[625]换句话说,吸食海洛因通常是犯罪分子的某种身份表征——而非驱使其去犯罪的原因。[626]

---

[621] 参见 Feeney,前引注⑧,第83页。

[622] 参见 Bruce L. Benson et al., "Is Property Crime Caused by Drug Use or by Drug Enforcement Policy?", 24 *Applied Econ.* 679, 690 (1992) (在进行实证研究后认为,"即使是那些确实实施了财产犯罪的毒品吸食者,因果关系也很可能是从犯罪到毒品")。

[623] Feeney,前引注⑧,第81—82页(首先引了 Kaplan,前引注⑬,第51—58页;再引 Moore,前引注⑰,第67—115页)。

[624] Kaplan,前引注⑬,第54页。

[625] 同上引注,第54—55页(引自 C. Jack Friedman & Alfred S. Friedman, "Drug Abuse and Delinquency", in 1 *Drug Use in America: Problem in Perspective*, app., 398, 409 [1973])。

[626] 参见 Theodore Dalrymple, "Myths and Realities of Drug Addiction, Consumption, and Crime", *Libr. L. & Liberty* (July 31, 2015), http://www.libertylawsite.org/2015/07/31/mythsand-realities-of-drug-addiction-consumption-and-crime/ [https://perma.cc/XB8V-BT5H] ("无论犯罪与毒品成瘾之间有什么关联,都不是成瘾引起了犯罪")。

许多研究都支持卡普兰犯罪行为经常先于吸食海洛因的观点。㉗ 在开始吸食毒品之后,成瘾者可能更少实施暴力犯罪,但更多实施财产犯罪。㉘ 海洛因成瘾者最经常实施的犯罪类型的是盗窃,其次是贩毒。㉙

男性海洛因吸食者所实施的犯罪中绝大多数是没有被害人的犯罪:警察接到的报案中差不多60%……是贩毒、卖淫、赌博和酗酒,另外8.1%是买卖或者收受被盗赃物——在大多数情况下,二级犯罪(secondary level of criminality)都是毒品吸食者最初参与过财产犯罪的结果。㉚

毒品吸食者成瘾之后犯罪行为迅速增加这一结果,可以通过"毒品引起犯罪"模式之外的其他模式进行解释。㉛ "吸食毒品的程度通常……是由犯罪一次又一次的成功(以及因此获得了吸食毒品所需要的金钱)而不是(成瘾者)的生理需要决定的。"㉜ 也就是说,"犯罪成功的周期伴随着更加挥霍无度的生活方式,毒品消费数量的增加正是这种生活方式的一个部分"㉝。其结果之一便是,"日复一日,犯罪也许是吸食毒品原因的一种更佳解释,而非吸食毒品是犯罪原因的解释"㉞。如果这一解释成立,那么,没有理由认为海洛因诱致的犯罪特别难以

---

㉗ 参见 John C. Ball et al., "The Criminality of Heroin Addicts: When Addicted and When Off Opiates", in *The Drugs-Crime Connection* 39, 40 (James A. Inciardi ed., 1981) (分析了犯罪与吸食海洛因之间的顺序关系,对一项研究进行了讨论,认为"71%的海洛因吸食者……在其开始吸食鸦片之前都有过违法记录"); James A. Inciardi, "Heroin Use and Street Crime", 25 *Crime & Delinq.* 335, 335-36 (1979) ("一些研究者发现,其样本中的研究对象的犯罪史明显在有证据证明其开始吸食毒品之前……"); William H. McGlothlin, M. Douglas Anglin & Bruce D. Wilson, "Narcotic Addiction and Crime", 16 *Criminology* 293, 294 (1978) ("众多研究发现,大多数毒品成瘾者在其成瘾之前都有过犯罪行为……"); Scott Menard, Sharon Mihalic & David Huizinga, "Drugs and Crime Revisited", 18 *Just. Q.* 269, 269, 274 (2001) ("研究结果表明,第一次犯罪通常都在其开始吸食毒品之前……")。

㉘ 参见 Duane C. McBride, Drugs and Violence, in *The Drugs-Crime Connection*, 前引注㉗, 第105、119—120页 ("吸毒与财产犯罪之间的关系是因为吸毒的经济成本和为了获得吸毒所需资金而实施财产犯罪的必要性而发生的")。

㉙ 参见 Ball et al., 前引注㉗, 第51页 (研究了巴尔的摩鸦片成瘾者的犯罪行为)。

㉚ 参见 Inciardi, 前引注㉗, 第341页; 还可参见 James A. Inciardi & Carl D. Chambers, "Unreported Criminal Involvement of Narcotic Addicts", *J. Drug Issues*, Spring 1972, at 57, 59, 60 tbl. 1 (描述了"直接获得财产是[毒品成瘾者]的犯罪行为的主要特征,并且表明成瘾者93%的犯罪行为都是财产犯罪的自我报告)。

㉛ 参见 Toby Seddon, "Explaining the Drug-Crime Link: Theoretical, Policy and Research Issues", 29 *J. Soc. Pol'y* 95, 97 (2000)。

㉜ 同上引注。

㉝ 同上引注。

㉞ 同上引注。(引自 Richard Hammersley et al., "The Relationship Between Crime and Opioid Use", 84 *British J. Addiction* 1029, 1040 [1989])。

侦破。

菲尼将破案率下降的原因归咎于海洛因泛滥的观点中最后一个致命的问题是,1966—1968年间破案率的下降不仅出现在大城市中,而且也出现在郊区和乡村地区。㉝然而,20世纪60年代海洛因的泛滥通常被认为只是一个突出的城市问题,特别是在纽约之类的特大城市中。㉞例如,巴里·拉策最近回顾了20世纪60年代美国的犯罪趋势,并且认为:"虽然政府当局未能成功地控制海洛因泛滥,但是海洛因销售和吸食局限在一些大城市的黑人和西班牙裔贫民区。"㉟例如,我们没有发现1966—1968年间海洛因在城市郊区和美国乡村地区突然"流行"的任何证据。然而,我们却发现了米兰达规则影响这些地区警察执法效果的证据㊱——这是菲尼的观点无法解释的现象。

基于以上这些理由,菲尼将海洛因泛滥作为解释破案率下降的替代性因果关系的观点不具有说服力,而且对其无说服力还可以得出进一步的判断。菲尼显然耗费了大量时间和精力去梳理所有刑事司法研究文献,以寻求对20世纪60年代破案率下降现象的解释。因为其首当其冲的两个假设(种族暴乱和海洛因泛滥)明显失败,因此我们提出的相关假设(米兰达规则)的说服力显著增强。

### 三、米兰达案之外的联邦最高法院其他判决

我们试图寻找的是什么导致了全美范围内的破案率下降,因此有必要考虑除了米兰达案之外联邦最高法院的其他判决导致破案率下降的可能性。虽然当时的警察都认为米兰达规则是其执法的主要障碍㊲,但是米兰达规则的拥护者们可能会认为不可能将米兰达案视为沃伦法院所作出的众多裁判中对警察执法效果危害最大的一个㊳。这一观点认为,考虑到沃伦法院时期联邦最高法院通过系列判决对警察执法施加的种种限制㊴,把米兰达变量称之为"沃伦法院"变量可能

---

㉝ 参见前文表5-11(显示了米兰达变量对郊区和乡村地区破案率的影响)。

㉞ 参见Ashley,前引注㉙,第47—48页(指出,"普遍共识是一半左右的海洛因使用者都生活在纽约市",虽然对这一观点的事实根据存疑);Moore,前引注⑩,第67页("纽约州的海洛因使用者当中,纽约市可能就占了大部分")。

㉟ 参见Latzer,前引注⑲,第91页。

㊱ 参见前文表5-11(显示了米兰达变量对郊区和乡村地区破案率的影响)。

㊲ 参见前文第六节第一条的内容(描述了执法人员对米兰达案判决的反应情况)。

㊳ 参见Schulhofer,"Bashing Miranda",前引注⑫,第369—370页(认为沃伦法院的其他判决可予以考虑)。

㊴ 参见Shima Baradaran, "Restoring the Presumption of Innocence", 72 *Ohio St. L. J.* 723 (2011)。

更为合适。即使这一观点成立,我们的结论仍然具有一定的重要性,因为法学研究者整体上否认沃伦法院时期联邦最高法院的判决妨碍了警察执法。[62] 尽管如此,我们还是有强有力的理由认为,米兰达案是沃伦法院时期联邦最高法院作出的最为重要的——虽然也许并非唯一的——应对 1966—1968 年间破案率下降负责的判决。[63]

沃伦法院同一时期的其他判决对破案率似乎不太可能产生与米兰达案判决同样的影响。伊萨克·埃利希(Issac Ehrlich)和乔治·布劳尔(George Brower)曾经对沃伦法院时期可能影响警察执法的"重要"判决进行整理编排。[64] 在关键的 1966—1968 年间,除了米兰达案判决之外,他们还指出了另外两个判决。第一个是美国诉韦德案[65],这是联邦最高法院在 1967 年作出的几个关于目击证人"列队"辨认的案件之一,该案判决将律师帮助权扩大到目击证人辨认等类似程序。[66] 但是,列队辨认在所有案件中可能只占很小的比例,这一比例肯定要比审讯更低。而且警察还有些非常简单的方法来规避目击证人辨认的程序规制。[67] 另外,联邦最高法院在 1972 年限缩了这一原则的适用情形[68],其结果是,该案判决所确立的规则在今天"基本无效"。[69] 因此,如果是列队辨认判决导致了破案率下降,则在不久之后破案率应该出现反弹。然而,事实上反弹从未出现。[70] 埃利希和布劳尔确认的另外一个重要判决是卡茨诉美国案(Katz v. United States)[71],该案涉及的是较少运用的一种侦查技术,即在犯罪嫌疑人经常使用的

---

[62] 参见 Kamisar,前引注[64],第 245—257 页(否认沃伦法院的判决应对 20 世纪 60 年代破案率的下降负责)。

[63] 请比较 Yale Kamisar, "The Warren Court and Criminal Justice: A Quarter-Century Retrospective", 31 *Tulsa L. J.* 1, 1 (1995)(对沃伦法院的判决整体有利于被告人提出了质疑);Yale Kamisar, "The Warren Court (Was It Really So Defense-Minded?), the Burger Court (Is It Really So Prosecution-Oriented?), and Police Investigatory Practices", in *The Burger Court: the Counter-Revolution That Wasn't* 62, 63 (Vincent Blasi ed., 1983)(同前)。

[64] 参见 Ehrlich & Brower,前引注[57],第 103 页表 2。

[65] 388 U.S. 218 (1967).

[66] 参见斯托瓦尔诉丹诺案(388 U.S. 293, 296 [1967];吉尔伯特诉加利福尼亚州案(388 U.S. 263, 272 [1967]);韦德案(388 U.S. at 236-37)。

[67] 参见 Donald Dripps, "The Case for the Contingent Exclusionary Rule", 38 *Am. Crim. L. Rev.* 1, 39 (2001)。

[68] 参见柯比诉伊利诺伊州案(Kirby v. Illinois, 406 U.S. 682, 690-91 [1972])(拒绝将律师帮助权扩张到"一个人尚未被正式指控犯罪时的"列队辨认程序之中)。

[69] Joshua Dressler & Alan C. Michaels, *Understanding Criminal Procedure* § 26.02[B][2] (6th ed. 2013)。

[70] 参见前文图 5-2—图 5-7 (显示在 1973 年和 1974 年破案率没有出现明显的上升)。

[71] 389 U.S. 347 (1967).

公用电话亭外安装电子窃听设备。⁵² 虽然由于该案判决广为人知的"第四修正案保护的是人,而不是地方"⁵³ 的判词而具有理论上的重要性,但其对警察日常实践的影响可能相对很小:联邦最高法院明确指出,只要警察事先获取了搜查令,就可以实施完全同样的窃听行为。⁵⁴ 1966—1968年间其他可能重要的判决并未限制警察的侦查,而是法院的裁判过程——而这是在案件已经侦破之后的事情。⁵⁵ 其他这些判决中没有一个(无论如何,不仅其知名度,而且其对警察执法效果的负面影响都远不如米兰达案)会对警察破案率产生较大的影响。

更早的一些判决似乎也不太可能会对1966—1968年间破案率的下降产生影响。⁵⁶ 斯蒂芬·舒尔霍夫曾经引用联邦最高法院的马普诉俄亥俄州案⁵⁷ 和吉迪恩诉温赖特案(Gideon v. Wainwright)⁵⁸ 判决作为可能影响警察执法的两个障碍。⁵⁹ 但是,这两个判决作出的时间使其不太可能作为解释米兰达案判决后破案率立即下降的原因。马普案是在1961年判决的,吉迪恩案是在1963年判决的。其似乎不太可能用来解释抢劫犯罪案件破案率的突然变化发生在1966—1968年间,而不是更早。⁶⁰ 如果这些判决对警察执法效果有什么影响⁶¹,马普案判决

---

⑫ 同上引注,第348页。

⑬ 同上引注,第351页。

⑭ 同上引注,第354页。

⑮ 参见高尔特案(In re Gault, 387 U.S. 1, 12, 59 [1967])(根据正当程序要求来判断未成年人司法程序的"宪法有效性");查普曼诉加利福尼亚州案(Chapman v. California, 386 U.S. 18, 25-26 [1967])(认为检察官对被告人主张沉默权的行为进行评论违反了宪法)。

⑯ 但请比较 Kamisar,前引注⑭,第242页注释5(认为"直到20世纪60年代后期被运用于刑事司法程序的'警察实践',沃伦法院的判决引起的反响相对很小")。

⑰ 367 U.S. 643, 655-56 (1961)(在州刑事诉讼程序中排除非法搜查所获得的证据)。

⑱ 372 U.S. 335, 343-45 (1963)(为贫穷被告人确立了律师援助权)。

⑲ 参见 Schulhofer,前引注㉑,第512—513页。

⑳ 注意到1962—1965年间,抢劫犯罪破案率几乎没有变化,甚至在1964—1965年间还出现了轻微的上升参见前文图5-5。

㉑ 参见 Tonja Jacobi, "The Law and Economics of the Exclusionary Rule", 87 *Notre Dame L. Rev.* 585, 592-617 (2011)(对非法证据排除规则是否影响了警察行为提出了疑问);Oaks,前引注⑫,第755页(认为就其"对警察的非法搜查扣押行为的遏阻效果而言","非法证据排除规则是种失败");请比较 Paul G. Cassell, "The Mysterious Creation of Search and Seizure Exclusionary Rules Under State Constitutions: The Utah Example", 1993 *Utah L. Rev.* 751, 842-46 (收集了州的非法证据排除规则不可能有超联邦规则的遏阻效果的证据)。联邦最高法院后来作出的利昂案判决(468 U.S. 897, 922-25 [1984]),也许对警察的实践有过微小的影响,参见 Craig D. Uchida et al., *The Effects of United States v. Leon on Police Search Warrant Practices*, 1984—1985 (1987)。

的主要影响可能在20世纪60年代初就应该表现出来。⁶²很难理解为什么马普案判决会以一种逐渐累积的步伐,等到该案判决5年至7年之后才导致破案率的下降。同样地,就对破案率的影响而言,吉迪恩案判决也是个特别糟糕的选择,因为其影响的不是警察的侦查,而是稍后的法院裁判。

联邦最高法院作出的有关流浪者和相关问题的判决也不太可能解释1966—1968年间破案率的变化。威廉曾经解释过警察以游荡、流浪和其他相关根据为由进行截停和逮捕的权力曾经是如何的巨大⁶³——而这些权力现在却受到了限制。⁶⁴虽然警察这些逮捕权力的削弱可能导致其审讯并因此获得犯罪嫌疑人供述的机会下降。但是,推翻流浪法的主要判决是1972年的帕帕克里斯托诉杰克逊维尔案。⁶⁵另外,对流浪者、"嫌疑人"、行为失范者、酗酒者逮捕率的下降已经持续了很长一段时间,远在米兰达案判决之前,并持续到后面很长一段时间⁶⁶,在20世纪60年代后期并未出现急剧的变化。⁶⁷最后,对警察逮捕流浪者的权力限制也只会间接影响指数犯罪,例如抢劫犯罪案件的破案率。

总之,米兰达案判决似乎是联邦最高法院所作出的最有可能导致1966—1968年间破案率下降的判决。

### 四、 强制性下降作为解释的牵强性

同意米兰达规则导致了破案率下降的读者可能会有兴趣回应以下观点:"当然——米兰达规则阻止了警察殴打犯罪嫌疑人来获取供述的做法,自然破案率

---

⑥² 参见 Atkins & Rubin,前引注⑭,第166页(发现自1961年起,马普案对犯罪率具有一定的影响);Stuart S. Nagel, "Testing the Effects of Excluding Illegally Seized Evidence", 1965 *Wis. L. Rev.* 283, 285-88(发现从1960年至1963年,由于非法证据排除规则的影响,警察的搜查扣押实践发生了变化);请比较Bradley C. Canon, "Is the Exclusionary Rule in Failing Health? Some New Data and a Plea Against a Precipitous Conclusion", 62 *Ky. L. J.* 681, 711-16 (1974)(认为1969年联邦最高法院在基梅尔诉加利福尼亚州案[Chimel v. California]判决[395 U. S. 752 (1969)]中对非法证据排除规则的完善带来了从1968年到1973年间搜查令使用的增加)。

⑥³ 参见 William J. Stuntz, "Implicit Bargains, Government Power, and the Fourth Amendment", 44 *Stan. L. Rev.* 553, 559 (1992)(声称在20世纪60年代之前,"警察可以,而且也确实如此,通过截停或者逮捕任何他们想截停或者逮捕的人,使公共区域保持'干净'")。

⑥⁴ 参见 Robert C. Ellickson, "Controlling Chronic Misconduct in City Spaces: Of Panhandlers, Skid Rows, and Public-Space Zoning", 105 *Yale L. J.* 1165, 1209-14 (1996)(详细说明了20世纪60年代和70年代法院作出的撤销那些允许警察对轻微的公众不服从者进行逮捕的法律的判决)。

⑥⁵ 405 U. S. 156, 171 (1972).

⑥⁶ Risa Goluboff, *Vagrant Nation: Police Power, Constitutional Change, and the Making of the 1960S* 186-88 (2016)(注意到规制流浪者的法律实际上一直延续到整个20世纪60年代)。

⑥⁷ 参见 Cassell & Fowles,前引注⑤,第1113页,注释273。例如,对流浪者的逮捕率从1960年的每10万人逮捕140.8人,到1965年的89.9人、1970年的66.7人、1975年的33.1人。同上引注。

会下降"。这一观点认为,破案率下降衡量的不是犯罪分子不公平的逃脱法网的社会成本,而是警察放弃不正当的审讯技巧所获得的社会收益。注意,这一观点默认破案率的下降确实是米兰达规则导致的。但是,基于以下几点理由,其对米兰达规则为什么导致破案率下降的解释非常牵强。

首先,在米兰达案判决时,真正的强制性供述在统计学意义上非常少。[68] 当然,人们不可能去问 FBI 每年强制性供述的数量有多少。然而,似乎共识的是,作为对不断增强的司法监督和警察职业化的结果,强制审讯方法自 20 世纪三四十年代即已开始减少。[69] 到 20 世纪 50 年代,强制性审讯已经"大幅度减少"[70],因为警察认为那些技术没有必要而且有损其形象。到米兰达案判决时,执法和司法管理总统委员会(President's Commission on Law Enforcement and the Administration of Justice)报告称,"今天,三级审讯技术几乎灭迹",同时提到"其实际上是被警察抛弃了的"。[72] 因此,联邦最高法院作出的限制警察审讯技术的判决解决的是"一个已经渐渐消失在过去"的问题。[73] 由首席大法官沃伦执笔的米兰达案判决多数意见,虽然指出历史上警察曾经滥用暴力,但亦承认那些暴力"在今天毫无疑问已成例外",而且"现代警察的羁押性审讯是心理性,而不是身体性导向的实践"。[74] 另外,一些实证调查[75]为杰拉德·罗森伯格(Gerald Rosenberg)的"除了有证据表明警察暴力行为的减少与联邦最高法院无关,而且早在米兰达案判决之前即已开始外,其他证据很难得到"[76]这一判断提供了很好的支持。

警察不公的强制性审讯不仅限于身体暴力,还包括其他审讯技术。但是,似

---

[68] 必须清楚的是,我们强烈谴责任何的强制供述。

[69] 参见 Cassell,前引注[16],第 473—475 页;Richard A. Leo, "From Coercion to Deception: The Changing Nature of Police Interrogation in America", 18 Crime L. & Soc. Change 35, 47-53 (1992).

[70] 参见 Leo,前引注[69],第 51 页。

[71] George C. Thomas III & Richard A. Leo, Confessions of Guilt: From Torture to Miranda and Beyond 139 (2012).

[72] President's Comm'n on Law Enf't & Admin. of Justice, the Challenge of Crime in a Free Society 93 (1967), https://www.ncjrs.gov/pdffiles1/nIj/42.pdf [https://perma.cc/J6JE-77EH] (discussing pre-Miranda data).

[73] Fred P. Graham, The Self-Inflicted Wound 22 (1969).

[74] Miranda v. Arizona, 384 U.S. 436, 447-48 (1965);还可参见同上注,第 499—500 页(克拉克大法官的反对意见)("联邦最高法院提到的警察暴力例子是每年法律报告中提到的数千起案件中的个别例外")。然而,判决多数意见继续认为警察暴力行为"仍然非常普遍,令人担忧"。同上引注,第 447—448 页。

[75] 关于这一经验性证据的讨论可以参见 Cassell,前引注[16],第 474—475 页。

[76] 参见 Rosenberg,前引注[80],第 326 页。

乎其他形式的强制审讯不可能普遍到其消失足以强烈地改变警察破案率的程度。⑰ 另外,针对排除供述证据的动议数量统计证明,在米兰达案判决时强制性审讯技术已经不是那么频繁了。如果在米兰达案判决之前事实上经常发生强制性审讯的话,我们应该会经常看到被告人对口供自愿性提出的抗辩。⑱ 然而,在米兰达案判决前后,这类口供排除动议似乎非常之少。⑲

除了强制性相对少了之外,还有一个可以认为破案率的下降不是因为强制性供述减少造成的理由:米兰达规则本身的性质。米兰达规则并不是专门针对犯罪嫌疑人不被强制性审讯的保障。正如哈伦大法官在其反对意见中所指出的那样:"那些使用三级审讯策略并且在法庭上矢口否认的警察同样会,而且一定会对米兰达警告及犯罪嫌疑人的弃权情况编织精巧的谎言。"⑳ 换句话说,那些使用强制性审讯策略来获得犯罪嫌疑人非自愿性供述的警察在米兰达案判决后并不一定会感受到必须改变他们早已不合时宜的审讯方法。㉑ 而且即使他们这样做了,也不可能那么快地改变以致犯罪嫌疑人供述率迅速下降。考虑到米兰达案判决之前警察审讯的强制性已经很低,而且在米兰达规则在预防此后审讯的强制性方面基本无效㉒,不可能将1966—1968年间破案率的下降视为警察审讯从强制向非强制性转变的表征。㉓

## 五、米兰达规则是破案率下降原因的逻辑

在对可能导致犯罪嫌疑人供述率下降的原因进行细致分析之后,我们认为,

---

⑰ 韦恩·R.拉费弗认为米兰达案判决之前一年,"在我们所看到的绝大多数羁押性审讯中,强制性审讯的可能性微乎其微"。参见 Wayne R. Lafave, *Arrest*: *The Decision to Take a Suspect Into Custody* 386 (1965);还可参见 Barrett, 前引注㊾, 第 42 页(披露了加利福尼亚州 1960 年的数据, 大部分警察审讯持续的时间都在 2 小时以内)。与此类似, 耶鲁大学法学院的学生 1966 年观察了纽黑文警察局的审讯情况, 对警察所使用的各种形式的审讯"策略"进行了评估, 发现在"大部分的审讯中强制性程度很低"。参见 Wald et al., 前引注㊶, 第 1558 页。

⑱ 参见 Cassell, 前引注⑯, 第 476 页。今天很少有被告人提出这类抗辩, 即使有, 也很少得到法官的认可。同上引注, 第 392—393 页(对与此相关的研究进行了梳理)。

⑲ 同上引注, 第 476 页(引述了证明被告人的陈述在预审程序中很少被检察官或者法官拒绝的研究)。

⑳ 米兰达诉亚利桑那州案(Miranda v. Arizona, 384 U.S. 436, 505)(哈伦大法官的反对意见)。

㉑ 参见 Evelle J. Younger, Prosecution Problems, 53 A.B.A. J. 695, 698 (1967)("米兰达规则对那些残暴的或者作伪证的警察不会产生什么影响——他会继续无视联邦最高法院的要求从犯罪嫌疑人处获取供述;当其在法庭上作证时,他只不过是让自己的伪证与最新的法律根据相符而已")。

㉒ 当然,在米兰达案判决后警察暴力的个案仍然存在。参见 Susan Bandes, "Tracing the Pattern of No Pattern: Stories of Police Brutality", 34 Loy. L.A. L. Rev. 665, 666 (2001)。

㉓ 请注意,我们只是认为 1966 年到 1968 年破案率下降无法通过警察审讯的强制性突然与米兰达案判决同时降低来解释。"人们可能会认为,在过去几十年里警察审讯整体上强制性越来越低,并且仍然接受这种说法。"参见 Cassell, 前引注⑯, 第 478 页注释 533。

米兰达规则对警察审讯史无前例的限制是最有可能的原因。但是,因为我们一直关注的是大量具体且细致的问题,在此稍稍退后一步从更宏观的视角来看看这个问题也许会有所帮助:将米兰达规则视为导致破案率下降的重要原因是否符合逻辑?

认为米兰达规则是 1966—1968 年间破案率下降的重要原因这一结论得到了大量信息的支持。首先,在 1966—1968 年间破案率出现了明显的急剧下降,这也是如果米兰达规则妨碍了警察的执法效果破案率即会下降的确切时间。[84] 其次,回归方程分析显示,暴力犯罪和财产犯罪,以及作为个罪的抢劫犯罪、机动车盗窃犯罪、偷窃犯罪案件的破案率下降无法通过其他刑事司法或者社会经济的主要变量变化得到解释。[85] 最后,当时的 FBI 和街头警察都确定米兰达规则是破案的一个障碍。[86] 这些执法报告得到了有关米兰达规则影响的前后比较研究发现的供述率下降结果[87],以及米兰达案判决后全美犯罪嫌疑人供述率较低[88]等的印证。

对此,米兰达规则的拥护者们是如何认为的,特别是,以破案率下降作为米兰达规则妨碍了警察执法效果的证据? 记住探究以破案率作为衡量米兰达规则影响的根据并不是我们的主意——而是米兰达规则的拥护者们提出来的。这一最初的观点(为米兰达规则那些著名的拥护者们,如舒尔霍夫、卡米萨等所接受)是,破案率是衡量米兰达规则是否妨碍了警察的执法效果的有效根据,而且在米兰达案判决之后,破案率并未呈现一直下降的趋势。[89] 当然,在 FBI 披露的数据与此完全相反之后,这一观点自然崩塌。[90] 然而,米兰达规则的拥护者们不是(与其早期的立场一致)承认破案率的下降证明米兰达规则妨碍了警察的执法效果,而是改变了他们的立场,告诉我们说,人们"只需要转头看看 1965 年之后美国的犯罪水平和警力资源情况"就可以知道破案率为什么会下降。[91] 然而,经验证据表明,1966—1968 年间破案率的下降与 20 世纪整个 60 年代和 70 年代早期的犯

---

⑭ 参见前引⑩—⑭及相关文献。
⑮ 参见前引⑱—⑲及相关文献。
⑯ 参见前引㉝—㊾。
⑰ 参见前引⑯—㊼及相关文献。
⑱ 参见本章第一节第二条第一款的内容。
⑲ 参见前引㊲—㊿及相关文献。
⑳ 参见前引⑬—⑫及相关文献。
㉑ 参见 Schulhofer,前引⑫,第 280 页("暴力犯罪率的飙升和警察资源的停滞不前,很容易解释我们观察到的破案率趋势");参见 Schulhofer,前引㉙,第 24 页("没有理由——一点都没有——谴责米兰达规则,20 世纪 60 年代后期破案率的下降应归咎于警察资源的陡然下降")。

罪率上升模式并不一致。⁶⁰² 随后,米兰达规则的拥护者们认为:"众多因素共同影响了破案率的发展趋势,(米兰达规则)只是可能导致破案率下降的因素之一。"⁶⁰³ 除了不断上升的犯罪率和警力资源的减少之外,(例如)舒尔霍夫将破案率的下降归咎于刑事司法体制的"能力"局限、城市化、小城市中的犯罪比例和其他一些更不容易进行量化的因素。⁶⁰⁴ 从这些观点可以接受经验性检验的角度而言,他们已经被证伪了:我们的回归分析表明,同时控制了所有可量化的因素之后,米兰达规则对破案率具有显著的消极影响,这种影响要比其他可能导致破案率下降的原因更一致。⁶⁰⁵

紧随着我们的回归分析结果于1998年发表之后,约翰·多诺霍提出了另一个竞争性回归方程模型,得出的分析结果削弱(但没有消除)了我们的分析结果。⁶⁰⁶ 本文证明,即使运用他的回归方程模型,加入直到2012年的全新数据,我们发现的米兰达变量影响仍然得到有力的确证。⁶⁰⁷

然而还有另外一名学者,弗洛伊德·菲尼认为,加利福尼亚州的破案率数据削弱了我们的结论。⁶⁰⁸ 相反,确切地说,加利福尼亚州的数据完全印证了我们的假设。⁶⁰⁹ 菲尼还认为,我们的回归方程中包括了纽约市和其他几个大城市可能存在瑕疵的数据,可以解释我们所关心的供述率下降问题。⁷⁰⁰ 但是,我们回归方程中的米兰达变量的影响还出现在城郊、乡村地区和中小规模的城市。⁷⁰¹

我们认为,我们已经能够运用定量方法证伪诸多针对我们的立场的反对观点这一事实本身即是有利于我们所提假设——米兰达规则铐上了警察的双手——的证据。但是,最近涌现的额外经验证据有力地支持了我们的假设。在

---

⁶⁰² 参见 Cassell,前引注⑯,第307页、第308页图2("在米兰达案判决作出之前,犯罪率一直处于上升状态,此后继续攀升")。

⁶⁰³ 参见 Schulhofer,"Bashing Miranda",前引注⑱,第357—358页。

⁶⁰⁴ 同上引注,第365—367页;Schulhofer,前引注⑩,第291—293页。

⁶⁰⁵ 参见前文表5-2—表5-4(发现米兰达变量对暴力犯罪和财产犯罪破案率具有统计学意义上的显著影响,但犯罪率、警力变量、警察能力变量,或者小城市犯罪数量等对破案率的影响不具有统计学意义上的显著性。城市化变量只对暴力犯罪的破案率的影响具有统计学意义上的显著性)。

⁶⁰⁶ 参见 Donahue,前引注⑦,第1159—1169页(讨论了多诺霍1998年的回归方程模型)。

⁶⁰⁷ 参见前引注㉔—㉔及相关文献。

⁶⁰⁸ 参见 Feeney,前引注⑧,第18—41页(认为加利福尼亚州的破案率数据并不支持1966—1968年间破案率急剧下降的结论)。

⁶⁰⁹ 参见前引注㉔—⑥及相关文献。

⁷⁰⁰ 参见 Feeney,前引注⑧,第63页。

⁷⁰¹ 参见前引注(第318—328页)及相关文献。

一项重要的实证研究中，斯蒂芬·拉欣和格里芬·爱德华兹就法律对警察行为的规制是否会在无意中减少警察的攻击性，因此增加犯罪的问题进行了研究。为了对这一问题进行验证，他们对那些根据同意法令（consent decrees）服从联邦强制性改革要求的警察局与那些不服从的警察局进行了比较。结果发现，那些引入外部性改革的警察局所在司法管辖区"相对于那些未受联邦强制性改革影响的市镇，某些犯罪率出现了统计学意义上的显著上升"[702]。他们认为，这一影响应归咎于"去警务化"（de-policing）——即警察变得更不具攻击性，因此在打击犯罪方面更低效。[703] 拉欣和爱德华兹认为"可能是警察执法行为的外部规制增加了警察的执法困难。一线执法警察可能会发现强制施加的外部命令是一种程序性不公"[704]。虽然拉欣和爱德华兹研究的是同意法令的影响，"外部规制"影响警察执法效果的相同逻辑也可以被简单地适用于米兰达案判决的影响。

最后，需要考虑的最重要的一个事实是：常识。当联邦最高法院对警察的一项重要侦查技术施以史无前例的限制时[705]，警察将变得低效，我们的这一结论非常简单。这恰恰是米兰达案判决的异议者们所预料的[706]，而判决的多数意见者们没有费心反驳的观点[707]。简而言之，我们所主张的并非什么罕见之事；相反，我们说出的只是一个显而易见的事实。米兰达规则妨碍了警察执法效果的观点本应毫无争议。相反，这些相反的学术智慧更应受到我们的怀疑。

---

[702] 参见 Rushin & Edwards，前引注⑫（原稿第 1 页）。

[703] 同上引注（原稿第 5 页）。

[704] 同上引注（原稿第 55 页）。

[705] 同上引注（原稿第 6 页注释 15）（认为米兰达规则是"美国执法人员的转型性规制"）；Schulhofer，前引注㉑，第 552 页注释 214（认为米兰达规则与时代担当"根本背离"）；请比较 Frydl & Sdogan，前引注㊶，第 255 页（"米兰达案判决毫无疑问是美国最为著名的与刑事司法程序相关的判决。"）；Amos N. Guiora, "Relearning Lessons of History: Miranda and Counterterrorism", 71 *LA. L. Rev.* 1147, 1152 (2011)（将米兰达案判决视为"沃伦法院刑事司法程序革命的基石"）；Frederick Schauer, "The Miranda Warning", 88 *Wash. L. Rev.* 155, 155 (2013)（将米兰达案供述为"世界上最著名的上诉案件"）。参见 Thomas & Leo，前引注㊿，第 141 页（讨论了米兰达"火山"问题）；Amos N. Guiora, *Earl Warren, Ernesto Miranda and Terrorism*（forthcoming 2017）（对米兰达案判决的重要性进行了阐述）。

[706] 参见 Miranda v. Arizona, 384 U.S. 436, 516 (1966)（哈伦大法官的反对意见）（"毫无疑问，联邦最高法院的这一新规将显著地减少犯罪嫌疑人的供述数量"）；同上引注，第 541 页（怀特大法官的反对意见）（对破案率进行了讨论，并且认为"今天宣告的这一判决将明显削弱刑法实现这些任务的能力"）。

[707] 同上引注，第 481 页（声称这一判决"不应该成为对一个合适的执法体系的过分干预"）。

## 第七节　改革中的米兰达规则

至此,我们已经论证了有强有力的证据(供述率和破案率数据一起)支持我们的观点,即米兰达规则使得警察获取犯罪嫌疑人供述明显变得更为困难。假设米兰达规则确实妨碍了警察的执法效果,那么,问题是如何解决这一问题。当然,可能的结论之一是,米兰达规则应当被直接推翻,就像一些评论者们所建议的那样。[708] 在本文的撰写过程中,我们提出一个更为保守的观点,建议联邦最高法院采取一个稍有不同的处理。有关米兰达规则的消极影响的经验性证据揭示了其可能的改革路径,在减少对警察执法效果的消极影响的同时又确保其所希望达到的目标得以实现。

在讨论米兰达规则改革的过程中,对米兰达案判决和联邦最高法院其他看起来与之类似的判决之间的一点区别进行强调非常重要。在认为米兰达规则"铐上了警察双手"时,我们不是抱怨公民的宪法性权利造成了警察执法障碍这一事实。例如,在评价第四修正案上的非法证据排除规则时,达林·奥克斯认为:"所有关于非法证据排除规则'铐上了警察双手'的观点都应当被抛弃。如果这是种消极影响,那么,这是宪法性规则造成的影响,而不是为了其得以实施而选择的实现方式——非法证据排除规则造成的影响。"[709]

米兰达规则的立足点不同。尽管一些论者已经论证过(包括唐纳德·德里普斯[Donald Dripps]在本次论坛上[710]),米兰达案判决与其他宪法性判决不同,并明确提出以其他替代性方式来规制警察审讯。判决本身声称,其无意"创制一

---

[708] 参见 Joseph D. Grano, *Confessions, Truth and the Law* 199-222 (1993); U. S. Dep't of Justice, Office of Legal Policy, *Report to the Attorney General on the Law of Pretrial Interrogation* (1986), reprinted in 22 *U. Mich. J. L. Reform* 437 (1989)。但请比较 Alschuler,前引注[40],第 890 页(预测联邦最高法院将推翻其作出的米兰达案判决的机会是"不存在的"); William T. Pizzi & Morris B. Hoffman, "Taking Miranda's Pulse", 58 *Vand. L. Rev.* 813, 849 (2005)(预测,从长期看,联邦最高法院最终将推翻米兰达案判决,或者对其进行实质上的重构)。

[709] 参见 Oaks,前引注[127],第 754 页。

[710] 参见 Dripps,前引注[52],第 894—895 页(认为对米兰达规则的正式批评与传统的第四修正案和其他法律不一致)。

件宪法性紧身衣"⑪,而且特别"鼓励国会和各州继续其值得赞许的、对在日益有效地保护公民个人权利的同时提升我们的刑法执行效果的探索"⑫。虽然联邦最高法院后来在迪克森案判决中对其这一表述进行了狭义解释,但其肯定不会撤退到米兰达规则可以被其他替代性规则取代的立场。⑬

在本节中,我们简要地勾勒了一个合理的、米兰达规则的宪法性替代品的外观。⑭ 在精心勾画这一替代品的过程中,我们运用了为了建议消除米兰达案判决对警察执法效果最具危害性的特征,而收集的有关米兰达规则消极影响的量化信息。我们所建议的这一替代品只能突出米兰达规则铐住了警察双手这一事实,因为米兰达规则的消极影响是不必要产生的。特别要说明的是,我们建议的替代品仍然要求对犯罪嫌疑人进行权利警告,但会调整为,不保证犯罪嫌疑人可以立即停止接受审讯。我们还要求对警察审讯过程进行录音录像。我们鼓励对犯罪嫌疑人供述的自愿性进行更为细致的审查。这些调整将解除米兰达规则为警察戴上的手铐,同时又保护犯罪嫌疑人不被强制作出非自愿性供述的合法权益。

一、剔除米兰达规则中的弃权要求和中止审讯规则

在本文前面数小节中,我们已经回顾了试图证明米兰达规则对破案率,以及最终对供述率和定罪率存在消极影响的既有经验证据。假设米兰达规则确实带来了那些危害后果,那么这些后果又是由米兰达规则的哪些特质造成的呢?

观点之一是,米兰达警告抑制了犯罪嫌疑人与警察交谈的愿望。具体理由我们将在接下来的小节中阐述,我们认为,这不太可能。相反,我们认为,导致这些危害后果的是米兰达规则中阻止警察审讯犯罪嫌疑人的那些物质,特别是警察在继续审讯之前必须获得犯罪嫌疑人"弃权",以及当犯罪嫌疑人主张其权利

---

⑪ Miranda, 384 U. S. at 467.

⑫ 同上引注。关于判决意见中这一用语的出处问题可以参见 Charles D. Weisselberg, "Saving Miranda", 84 *Cornell L. Rev.* 109, 123-25 (1998)。

⑬ 参见 Dickerson v. United States, 530 U. S. 428, 435-40 (2000)(判决认为米兰达案是一个以宪法为基础的判决,因此不能通过国会成文法对其进行修正,但又认为国会保有创制一个替代性的有效方法的权力);还可参见 Smith v. State, 974 A. 2d 991, 999 (Md. Ct. Spec. App. 2009) ("虽然在迪克森案中,联邦最高法院终结了通过1968年的联邦立法来废除米兰达规则之战,但是联邦最高法院重申,米兰达警告本身并非宪法的强制性要求,从而暗示如果国会或者州议会制定的成文法能够为第五修正案上的任何人不受强迫自证其罪特权提供更为充分的保护,也是可以接受的。"引自 Andrew Jezic, Frank Molony & William Nolan, *Maryland Law of Confessions* 192-93 [2005], aff'd, 995 A. 2d 685 [Md. 2010])。

⑭ 请比较 Cassell & Fowles,前引注⑤,第1129—1132 页(讨论了对米兰达规则的可能的替代性措施问题)。

时必须停止审讯的要求。⑮ 这些规则几乎肯定妨碍了警察执法。正如约瑟夫·格拉诺(Joseph Grano)解释过的那样:"通过赋予犯罪嫌疑人甚至在警察审讯开始之前即阻止审讯的权力……米兰达规则对有关犯罪嫌疑人供述的法律'唯一关注就是——保护犯罪嫌疑人。'"⑯虽然米兰达规则似乎想象犯罪嫌疑人在向律师咨询之后回答警察的提问,但从实践来看,这一现象并未发生。正如阿尔舒勒在本次论坛中很好地阐述的那样,米兰达规则赋予犯罪嫌疑人的审讯过程中的律师帮助权并非真正的律师帮助权,而是"一道可以让犯罪嫌疑人用来关上警察审讯之门的咒语"⑰。

整体上而言,学者们对米兰达规则关于犯罪嫌疑人可以随时停止接受审讯的要求已经无动于衷。标准的观点是,大部分犯罪嫌疑人都放弃了他们的权利,因此米兰达规则对警察执法效果基本没什么影响。事实上,这一观点通常是与引证卡塞尔所作的实证研究一起出现的,该项研究认为只有 20%的犯罪嫌疑人主张了他们在米兰达规则上的权利。⑱ 但是,如果一个玻璃杯 80%是满的,也就意味着 20%是空的。在本文的语境下,20%是一个非常大的数字,因为这意味着这个国家所有犯罪嫌疑人中的 20%——5 个中就有 1 个——根本没有接受警察

---

⑮ 参见 David Garthe, "The Investigation of Robbery", in IV *The Prevention and Control of Robbery* 93, 112 (Floyd Feeney & Adrianne Weir eds., 1973)(注意到了一名警察的观点,其认为"自从米兰达规则实施以来,抢劫犯罪案件的嫌疑人就'根本不说话'[clammed up]",特别强调了第四项警告内容)。

⑯ Grano,前引注(208),第 219 页(引自 Gerald M. Caplan, "Miranda Revisited", 93 *Yale L. J.* 1375, 1469 [1984])。

⑰ 参见 Alschuler,前引注㊵,第 874 页。

⑱ 参见 Cassell & Hayman,前引注(58),第 859 页(报告认为在得到米兰达警告的犯罪嫌疑人中,83.7%放弃了他们的权利,并且认为"虽然整体上争议较大,但是有证据表明大约 20%的犯罪嫌疑人都主张了其在米兰达规则上的权利"); Saul M. Kassin et al., "Police Interviewing and Interrogation: A Self-Report Survey of Police Practices and Beliefs", 31 *Law & Hum. Behav.* 381, 389 (2007)(估计大约 81%的成年犯罪嫌疑人放弃了其在米兰达规则上的权利); Richard A. Leo, "Miranda's Revenge: Police Interrogation as a Confidence Game", 30 *Law & Soc'y Rev.* 259, 260(报告称 78%的被羁押性审讯的犯罪嫌疑人放弃了其在米兰达规则上的权利); George C. Thomas III, "Stories About Miranda", 102 *Mich. L. Rev.* 1959, 1972 (2004)(发现在披露和起诉的案件中弃权率为 68%)。一项研究发现的弃权率甚至高达 93%。参见 Anthony J. Domanico, Michael D. Cicchini & Lawrenece T. White, "Overcoming Miranda: A Content Analysis of the Miranda Portion of Police Interrogations", 49 *Idaho L. Rev.* 1, 13 (2012)。但是该项研究依据的是一份不具代表性的样本——审讯过程录像带。犯罪嫌疑人已经被起诉,公设辩护人办公室同意提供审讯录像带供进一步研究,以致这一结论对于估计犯罪嫌疑人的整体弃权率基本上没有参考价值,同上引注,第 11—13 页。针对未成犯罪嫌疑人的研究也发现弃权率很高的现象。参见 Feld,前引注⑪,第 429 页(报告称未成年犯罪嫌疑人弃权率为 92.8%); Feld,前引注(65),第 255 页(报告称未成犯罪嫌疑人的弃权率为 80%); Viljoen, Klaver & Roesch,前引注(64),第 261 页(在对被羁押未成年人进行的一项回溯性研究中发现,只有 13.15%的未成年人"据称主张了保持沉默的权利")。似乎不太可能直接将未成年人的数据运用于成年人审讯的情形。参见前引注(77)及相关文献(注意到未成年犯罪嫌疑人相对于成年犯罪嫌疑人而言更有可能供述)。

审讯。[119]

比这些数字更麻烦的是,有充分的证据证明,最可能主张米兰达规则权利的犯罪嫌疑人与最有可能接受警察审讯的犯罪嫌疑人的比例严重失衡。有前科的犯罪嫌疑人比无前科的整体上更有可能主张其在米兰达规则上的权利。[120] 还有实验研究证据表明,无辜者比真正的犯罪分子更有可能放弃其在米兰达规则上的权利。[121] 所有这些表明,米兰达规则也许是公共政策的倒退,因为其给那些最不应有权获得这一保护的人过多的保护。正如斯特凡诺斯·比巴斯(Stephanos Bibas)中肯地论证的那样,米兰达规则"庇护了一些精明的、有罪的累犯,而对未成年人、精神障碍者,以及其他最有可能供述的无辜被告人却几乎没有提供任何保护"。[122]

米兰达规则的弃权要求,即犯罪嫌疑人可以随时中止接受审讯的规定除了会阻止警察对拒绝弃权者的审讯之外,很可能还会带来其他的危害后果。因为要获得犯罪嫌疑人的弃权,警察可能甚至会决定不去尝试审讯任何一个犯罪嫌疑人,而这是有关犯罪嫌疑人是否主张其权利及对审讯结果的影响的统计所无法反映出来的东西。[123] 另外,为了规避审讯之前必须获得犯罪嫌疑人弃权的规定,警察可能会决定进行非羁押性审讯,而不是羁押性审讯,正如阿尔舒勒和德

---

[119] 理论上,如果犯罪嫌疑人主张其在米兰达规则上的权利,警察可以直接无视这一主张,并为了其侦查目的而继续审讯犯罪嫌疑人。关于警察在多大程度上遵循这种做法的研究很少,但现有的研究表明警方通常很少这样做。参见 Cassell & Hayman,前引注[58],第 861 页("在我们研究的案件中,没有发现在犯罪嫌疑人主张其在米兰达规则上的权利之后警察还继续审讯的情形");请比较 Thomas,前引注[118],第 1978 页(在一个主要由上诉案件构成的,在犯罪嫌疑人主张其在米兰达规则上的权利之后,警察是否停止审讯的研究中发现了相反的证据);Weisselberg,前引注[45],第 1552—1554 页(讨论了加利福尼亚州警察审讯训练材料中反对采取"两步审讯法"的内容)。

[120] 参见 Leo,"Inside the Interrogation Room",前引注[57],第 286 页(发现在主张米兰达规则权利的可能性上有重罪记录的犯罪嫌疑人是那些没有这一记录的犯罪嫌疑人的 4 倍);William J. Stuntz, "Miranda's Mistake", 99 Mich. L. Rev. 975, 993 (2001)(描述了那些老练的犯罪嫌疑人和累犯更有可能"知道与警察交谈是一个策略性错误");还可参见 Cassell & Hayman,前引注[58],第 895—896 页表 9(发现有犯罪前科记录的犯罪嫌疑人更有可能主张其在米兰达规则上的权利,但结果并不具有统计学意义上的显著性);Feld,前引注[65],第 255—256 页(有一项或者多项重罪逮捕记录的未成年人在审讯时弃权比例为 68%,而与警察接触更少或者触犯法律性质严重程度更低者的这一比例为 89%);Feld, Questioning Gender,前引注[68],第 1095—1096 页(发现有犯罪记录者,无论男女都更有可能主张其在米兰达规则上的权利)。但请比较 Leo,"Inside the Interrogation Room",前引注[57],第 291 页(注意到"阶层"对警察审讯的成功率没有影响)。

[121] 参见 Saul M. Kassin & Rebecca J. Norwick, "Why People Waive Their Miranda Rights: The Power of Innocence", 28 Law & Hum. Behav. 211, 213 (2004)。实验室研究结论在多大程度上可以运用于实际的警察审讯情形还不确定。参见 Slobogin,前引注[47],第 1183 页。

[122] 参见 Weisselberg & Bibas,前引注[43],第 77 页。

[123] 参见 Cassell & Hayman,前引注[58],第 855—858 页。

里普斯在其向此次论坛提交的文章中所指出的那样。㉔虽然警察似乎接受过非羁押性审讯策略的训练㉕,但其有效性并不确定。而且,事实上,警察通常都是在羁押场所内,很少在羁押场所外对犯罪嫌疑人进行审讯。对这个问题进行的一项定量研究(卡塞尔和海曼完成的)发现,在 173 次警察审讯中,有 69.9% 是羁押性审讯,只有 30.1% 是非羁押性审讯。㉖值得注意的是,同一项研究还发现在获得犯罪嫌疑人的归罪性供述方面,非羁押性审讯的成效明显更低(羁押性审讯的成功率为 56.9%,非羁押性审讯的成功率为 30.0%),存在统计学意义上的显著性差异。㉗非羁押性审讯的成功率更低,也与主流的警察审讯手册所指出的、为了获得供述通常需要对犯罪嫌疑人进行羁押性审讯的方向相一致。㉘

警察为了规避米兰达规则的要求还有可能进行以"公共安全"为由的审讯。㉙但是,虽然一些论者曾经认为这一公认的例外在米兰达规则上"挖了个大洞"㉚,但其对警察日常执法活动几乎没有任何影响。㉛

既有经验性证据的底线是在许多案件中,米兰达规则的弃权要求将从根本上阻止警察对犯罪嫌疑人的审讯㉜(或者,导致警察不得不在成效更低的非羁押性环境下进行审讯)。确实,即使警察可以审讯所有这些犯罪嫌疑人,也不是所有犯罪嫌疑人都会供述,或者给出归罪性陈述。但是,"有罪的犯罪嫌疑人不需要供述对审讯来说仍然会有帮助;通常来说,如果犯罪嫌疑人说了很多,警察就会从中受益,而且受益很大"。㉝

---

㉔ 参见 Alschuler,前引注㊵,第 869—872 页;Dripps,前引注㊿,第 918 页。

㉕ 参见 Weisselberg,前引注㊺,第 1546—1547 页。

㉖ 参见 Cassell & Hayman,前引注㊽,第 882—883 页;请比较 Brian C. Jayne, "Empirical Experiences of Required Electronic Recordings of Interviews and Interrogations on Investigator's Practices and Case Outcomes", 4 *Law Enforcement Executive* F. 103, 106 tbl. 2 (2004)(研究发现,在接受调查的、遵守对羁押性审讯进行录音录像规定的侦查人员中,8% 认为会显著增加非羁押性审讯的情况,26% 认为非羁押性审讯情形可能会在某种程度上增加)。

㉗ 参见 Cassell & Hayman,前引注㊽,第 883 页(讨论了羁押状态对获得归罪性陈述的影响问题)。

㉘ 参见 Inbau et al.,前引注㉜,第 xiii 页("犯罪分子,除了那些在实施犯罪时被当场抓住者,通常都不会承认自己犯了罪,除非审讯是在能够确保其隐私的环境之下进行,并且可能要持续数小时之久")。

㉙ New York v. Quarles, 467 U. S. 649, 655 (1984)。

㉚ Irene M. Rosenberg & Yale L. Rosenberg, "A Modest Proposal for the Abolition of Custodial Confessions", 68 *N. C. L. Rev.* 69, 82 (1989)。

㉛ 参见 Cassell & Hayman,前引注㊽,第 885 页(发现在 173 名犯罪嫌疑人中只有一个似乎符合公共安全例外);Thomas,前引注⑭,第 1970—1972 页(研究报告称在 211 个被起诉的案件中,只有 2.8%[6/211]涉及公共安全例外审讯情形)。

㉜ 参见 Stuntz,前引注⑳,第 984—985 页。

㉝ 同上引注,第 995 页。

米兰达规则的弃权要求并不是建立在坚实的宪法基础之上。㊳这是个奇怪的东西,因为弃权要求"明显与判决意见的其他内容格格不入"㊴。在解释了羁押性审讯固有的强制性之后,联邦最高法院在米兰达案判决中又允许犯罪嫌疑人在同一情形之下放弃他们在米兰达规则上的权利。㊵这一弃权究竟意味着什么并不是非常清楚,因为"没有一个神智正常的人会有意放弃其不受强迫的权利"㊶。

无论如何,就像米兰达规则的其他要求一样,弃权要求只是一种预防性规则,可以被其他合理的替代性规则所取代。也应该被取代。当他们只是在羁押状态下问犯罪嫌疑人对于被指控的犯罪有什么要说的时候,警察并没做错什么。换句话说,米兰达规则"背离了我们日常的道德标准"㊷。

托尼娅·雅各比(Tonya Jacobi)最近一篇文章如果没有掩盖这一点的话将会非常优秀。雅各比提出了"劝阻(犯罪嫌疑人)弃权"的步骤㊸,理由是米兰达规则"在满足犯罪嫌疑人的知情权,以及为其在面对警察局内固有的强制性氛围时做好准备方面做得并不好"㊹。但是,帮助犯罪嫌疑人做好面对警察审讯的"准备"正是导致这些社会危险的原因——不可避免需要权衡。而对于我们为什么要帮助犯罪嫌疑人做好对抗警察让其供述自己犯罪行为的准备,作者并未作出任何解释。

我们的建议是废除,而不是强化米兰达规则的弃权要求。在我们看来,警察可以对犯罪嫌疑人进行米兰达警告,并在确定犯罪嫌疑人理解了这些警告内容之后,继续对其进行审讯。最近一些判决表明,联邦最高法院也许乐意往这一方向迈进。虽然米兰达案判决认为,在证明犯罪嫌疑人弃权的有效性上,控方也许

---

㊳ 参见 Susan R. Klein, "Transparency and Truth During Custodial Interrogations and Beyond", 97 *B. U. L. Rev.* 993, 994 (2017)。

㊴ Tracey Maclin, "A Comprehensive Analysis of the History of Interrogation Law, with Some Shots Directed at Miranda v. Arizona", 95 *B. U. L. Rev.* 1387, 1411 (2015) (引自 Thomas & Leo,前引注㉓,第 172 页)。

㊵ Miranda v. Arizona, 384 U. S. 436, 445 (1965) ("被告人可以放弃行使这些权利,如果这一弃权行为是自愿的、明知的、明智的")。

㊶ 参见 Alschuler,前引注㊵,第 853 页。

㊷ 同上引注,第 63—64 页(引自 Walter V. Schaefer, *The Suspect and Society* 59〔1967〕);还可参见 Charles T. McCormick, "Law and the Future: Evidence", 51 *Nw. U. L. Rev.* 218, 222 (1956) ("普通的道德……有充分的理由认为,就一个人涉嫌和被指控的特定错误对其进行询问并没什么不对")。

㊸ Jacobi,前引注㊹,第 78 页。

㊹ 同上引注。

将面对"沉重的举证负担"⑭,但是联邦最高法院最近一些判决已经淡化了这一立场。在 2010 年 6 月作出的重要判决,博古伊斯诉汤姆金斯案中(Berghuis v. Thompkins)⑭,联邦最高法院判决认为,犯罪嫌疑人可以通过与警察交谈默认放弃其米兰达规则上的权利,不再要求获得犯罪嫌疑人弃权的明确表示。⑭ 可以从博古伊斯案判决中直接得出结论,废除米兰达规则上的弃权要求具备宪法上的许容性。

由于博古伊斯案判决允许警察不需要获得犯罪嫌疑人的弃权即可对其进行审讯,一些研究者曾批评该判决将带来严重的灾难。一些人认为,这几乎标志着米兰达规则的终结。⑭ 还有一些人则认为这对警务工作具有"重要的实际意义"。⑮ 他们的意思是,博古伊斯案判决给了警察机关从明确要求获得犯罪嫌疑人弃权的标准米兰达警告程序中解脱出来的机会⑯——这也正是我们在此要提出的确切举措。但是,美国警察机关整体适用这一判决的程度如何还不清楚。巴里·费尔德对明尼苏达警察审讯未成年犯罪嫌疑人的研究没有发现犯罪嫌疑人默示弃权的情况,但是他所研究的是在博古伊斯案判决之前的 2003—2006 年的警察审讯情况。⑰ 自博古伊斯案判决以来,一些执法人员显然已经接受过如何规避征求犯罪嫌疑人明确弃权表示的训练,特别是在加利福尼亚州,警察训练似乎在如何避免米兰达规则所带来的社会成本方面特别激进。⑱ 但是,加利福尼亚

---

⑭ 参见 Miranda, 384 U. S. at 475("如果没有律师在场,警察继续审讯并获得了犯罪嫌疑人的陈述,控方就必须承担证明被告人明知且明智地放弃了其不被强迫自证其罪特权,以及聘请或者获得指定律师帮助的权利的责任")。

⑭ 560 U. S. 370 (2010)。

⑭ 同上引注,第 384 页。有关博古伊斯的是非曲直的富有洞见的争议可以参见 Weisselberg & Bibas,前引注㊸。

⑭ 参见 Richard L. Budden, Comment, "All in All, Miranda Loses Another Brick from Its Wall: The U. S. Supreme Court Swings Its Hammer in Berghuis v. Thompkins, Dealing A Crushing Blow to the Right to Remain Silent", 50 *Washburn L. J.* 483, 496-509 (2011); Illan M. Romano, Note, "Is Miranda on the Verge of Extinction? The Supreme Court Loosens Miranda's Grip in Favor of Law Enforcement", 35 *Nova L. Rev.* 525, 526 (2011); 请比较 Maclin,前引注㊳,第 1406 页注释 107(同意认为"'汤姆金斯案'也许是已经作出的与米兰达规则相关的最为重要的判决'",引自 Thomas & LEO,前引注㉗,第 192 页)。

⑮ 参见 Weisselberg & Bibas,前引注㊸,第 75 页;还可参见 Thomas & Leo,前引注㉗,第 192 页("在从米兰达规则中剔除有关犯罪嫌疑人弃权的表述这一'沉重负担'的最后残余的过程中,汤姆金斯案也许是已经作出的,与米兰达规则相关的最为重要的一个判决")。

⑯ 参见 Kinports,前引注㊺,第 406 页(认为,博古伊斯案及相关判决"允许警察完全绕开米兰达规则,从而将沃伦法院的判决效果弱化为一种形式性要求,给犯罪嫌疑人宣读米兰达警告的内容,重回正当程序下的供述自愿性标准时代")。

⑰ 参见 Feld,前引注⑪,第 419 页注释 125、第 428 页。

⑱ 参见 Tracey Maclin, *The Supreme Court and the Fourth Amendment's Exclusionary Rule* 308 n. 54 (2013)(讨论了警察"'在米兰达规则要求之外'审讯犯罪嫌疑人的做法"); Weisselberg,前引注⑫,第 132—139 页(讨论了加利福尼亚州早期的警察训练实践); Weisselberg,前引注㊺,第 1577 页(同前)。

州上诉法院最近作出的有关米兰达规则问题的判决,并未清楚地显示加利福尼亚州警察无视米兰达规则正式弃权要求的行为方式。[749]

根据我们有关米兰达规则妨碍警察执法效果的经验性证据,警察可以采取措施迈向博古伊斯案判决所许可的方向。直接询问犯罪嫌疑人是否同意弃权,明显为其制造了拒绝的机会——从而阻止警察的任何审讯。放弃要求犯罪嫌疑人明确弃权的要求,可能获得更多的犯罪嫌疑人供述(和侦破更多的案件),而且也与博古伊斯案判决中解释的现行米兰达规则相一致。

与弃权概念紧密相关的是随时中止接受审讯的规则,该规则阻止了警察在犯罪嫌疑人得到了"律师支持"的情况下继续审讯的可能。[750] 在此,我们仍然认为,这些规则通过阻止警察的正当审讯行为制造了社会成本。同样,我们还认为,正如司法部在其关于米兰达规则的报告中所强调的那样[751],对于米兰达规则,存在合理的替代性措施。随时中止审讯的规则和正式弃权的要求一样应该被废止,并以审讯录音录像——一个我们将在下文论证的制度取而代之。

## 二、米兰达警告的修正

如果放弃米兰达规则中有关犯罪嫌疑人弃权和随时中止审讯的要求可以降低其所带来的社会危害,那么这一著名的警告规则是否也应被放弃?在此既有的经验性证据表明,我们可获得双赢(have our cake and eat it too)——我们可以在给犯罪嫌疑人米兰达警告的同时又不会使其妨碍警察的执法效果。

可能有人会质疑,米兰达警告难道没有任何好处?既有证据表明,犯罪嫌疑人并不是都理解米兰达警告的内容。[752] 在本次论坛中,似乎没有多少人对米兰达

---

[749] 请比较 People v. Mejia, No. E064637, 2016 WL 4655781, at * 1-2 (Cal. Ct. App. Sept. 7, 2016)("警察先拿着卡片,先给犯罪嫌疑人宣读米兰达规则上的权利,然后以两个问题结束这一警告过程:'你是否明白了刚才向你宣读的权利?如果你明白了这些权利,你还愿意跟我谈谈有关这支枪的问题吗?'");In re Art T., 234 Cal. App. 4th 335, 340 (2015)(描述了警察是如何"不在意犯罪嫌疑人是否明确放弃了他的权利",而是在宣读了这些权利之后继续与犯罪嫌疑人进行交谈)。

[750] 参见 Minnick v. Mississippi, 498 U.S. 146, 156 (1990); Arizona v. Roberson, 486 U.S. 675, 687-88 (1988); Edwards v. Arizona, 451 U.S. 477, 487 (1981)。

[751] 参见 U.S. Dep't of Justice, Office of Legal Policy, 前引注[708],第 39—40 页("我们看不到不进行合理的努力去劝说那些不愿合作的犯罪嫌疑人作出陈述或者回答警察的问题的合理理由")。

[752] Richard Rodgers et al., "General Knowledge and Misknowledge of Miranda Rights: Are Effective Miranda Advisements Still Necessary?", 19 Psychol. Pub. Pol'y & L. 432, 432 (2013).

警告究竟带来什么真正的益处感兴趣。㊟ 但是,也许要求警察对被羁押犯罪嫌疑人进行米兰达警告基于我们社会对法治的承诺而言,可能是正当的,即使是在警察审讯过程当中。㊟

无论如何,考虑到米兰达案判决要求警察在审讯之前进行警告,改革的最简单路径也许是让其保持原样。幸运的是,从社会危害的角度来看,既有研究文献认为,米兰达警告本身并非导致供述率和破案率下降的原因。㊟ 关于这一事实的最佳证据是联邦最高法院1964年作出的埃斯科贝多案判决以来的警察经验,在该案判决之后,许多警察局开始对犯罪嫌疑人进行各类警告,但对供述并未产生明显的影响。㊟ 1966年5月(埃斯科贝多案判决之后,米兰达案判决不久之前)召开的全美检察长协会(National Association of Attorneys General)年会上,"明确的共识"是埃斯科贝多案判决对供述率的影响几乎没有影响,即使在那些州法院将埃斯科贝多案判决扩大到要求警察在审讯之前要对犯罪嫌疑人进行权利警告的州,供述率也保持稳定。㊟ 关于权利警告本身并不会导致供述率变化的相关标志是FBI的实践,FBI的实践表明,告知犯罪嫌疑人有保持沉默的权利并没有明显的负面影响。㊟

既有经验性证据还证明,权利警告对供述率的影响相对较小。在底特律,在

---

㊟ 参见 Alschuler,前引注㊵,第890页("五十年的经验已经证明这四重警告的四重失败");Dripps,前引注㊼,第932—933页(呼吁确立一条与第四修正案和第五修正案相一致的路径);Andrew Guthrie Ferguson & Richard A. Leo, "The Miranda App: Metaphor and Machine", 97 B. U. L. Rev. 935, 937 (2017)("很显然,米兰达规则出台的核心问题[即羁押性审讯固有的强制性]直到今天仍然没有根本性改变");Eve Brensike Primus, "Disentangling Miranda and Massiah: How to Revive the Sixth Amendment Right to Counsel as a Tool for Regulating Confession Law", 97 B. U. L. Rev. 1085, 1087 (2017)("许多学者已经在哀悼犯罪嫌疑人米兰达规则权利的消亡");Slobogin,前引注㊼,第1158—1159页。但请参见Thomas,前引注⑥,第1215页。

㊟ 参见Schulhofer,前引注⑩,第451页。

㊟ 参见Cassell,前引注⑯,第493—494页(认为警察只是简单地向犯罪嫌疑人陈述这些权利似乎并不会导致供述率的下降)。

㊟ 参见Cyril D. Robinson, "Police and Prosecutor Practices and Attitudes Relating to Interrogation as Revealed by Pre- and Post-Miranda Questionnaires: A Construct of Police Capacity to Comply", 1968 Duke L. J. 425, 482 (报告称,在米兰达案判决之前,埃斯科贝多案判决之后,90%的警察和检察官都声称他们会告诉犯罪嫌疑人有保持沉默的权利)。

㊟ 参见Sidney E. Zion, "Prosecutors Say Confession Rule Has Not Harmed Enforcement", N. Y. Times, May 18, 1966, at 27。

㊟ Miranda v. Arizona, 384 U. S. 436, 483 (1966)。米兰达案判决的多数意见继续将FBI实践中对犯罪嫌疑人进行权利警告的做法等同于米兰达规则的要求——很显然这是个错误的等式。参见Graham,前引注㊻,第181—182页(注意到二者之间的"重大差异"使得米兰达规则"[对犯罪嫌疑人]慷慨得多");U. S. Dep't of Justice, Office of Legal Policy,前引注⑩,第39—40页(认为FBI的做法与米兰达规则存在"根本性不同")。

埃斯科贝多案判决后,警察开始告知犯罪嫌疑人有保持沉默的权利,供述率最多下降了2.8%——从1961年所有案件的供述率为60.8%下降到1965年的58%。[759] 在匹兹堡,供述率的显著下降出现在米兰达案判决之后,即使在米兰达案判决之前,侦查人员即开始告知犯罪嫌疑人有保持沉默的权利,有时候还会告诉犯罪嫌疑人可以获得律师的帮助。[760] 在纽黑文,《耶鲁法律杂志》编辑部的研究所获得的数据并不支持权利警告导致警察成功获得犯罪嫌疑人供述数量下降的观点。[761] 最后,在费城,埃斯科贝多案判决之前,大约90%被逮捕的犯罪嫌疑人都作出了陈述,而在此之后,当警察进行了有限警告时,这一比例下降到80%左右,当警察根据第三巡回法院的要求将警告内容进一步扩张之后,这一比例下降为68.3%,而在米兰达案判决之后,则下降为40.7%。[762] 因此,供述率最大的下降不是在权利警告要求本身实施之后,而是因为米兰达规则有关警告—弃权要求的实施。

相关权利警告本身并不会明显影响警察为了对犯罪嫌疑人定罪而进行的努力。但是,如果米兰达规则有关犯罪嫌疑人弃权和随时中止审讯的要求被废止,就有必要附带对米兰达警告进行修正。在现在的结构下,米兰达警告承认在审讯之前可以获得律师帮助——从而默认创设了前一节中讨论过的犯罪嫌疑人有权随时中止审讯的规则。旨在限制米兰达规则危害后果的修正必须改变这一承诺。根据这些原则重构之后的米兰达规则大致如下:

(1) 你有权保持沉默(You have the right to remain silent);

(2) 你所说的一切都有可能被用作证据(Anything you say may be used as evidence);

(3) 在我们把你带到法官面前时,你有权获得律师的帮助(When we bring you before the judge, you are entitled to the help of a lawyer);

(4) 如果你无力聘请律师,法官会为你免费指定一名律师(If you cannot afford an attorney, the judge will appoint one for you without charge);

(5) 我们有义务无必要拖延地将你带到法官面前(We are required to bring you before a judge without unnecessary delay)。[763]

---

[759] 参见 Souris, 前引注[50], 第255页; 还可参见 Cassell, 前引注[16], 第428页(对这一研究进行了更为深入的讨论)。

[760] 参见 Seeburger & Wettick, 前引注[57], 第8页。

[761] 参见 Wald et al., 前引注[51], 第1569页。

[762] 参见 "Controlling Crime Hearings", 前引注[29], 第200—201页; Cassell, 前引注[16], 第402—404页。

[763] 参见 Cassell, 前引注[16], 第496页。

上述警告修正了米兰达警告中的第三项、第四项要求,作为米兰达规则预防性保护的组成部分,这两项要求承诺,在审讯期间犯罪嫌疑人有权获得律师帮助。[764] 作为一个实践性问题,如果犯罪嫌疑人提出需要一名律师,警察从来没有为犯罪嫌疑人提供过。[765] 另外,联邦最高法院已经认可过包含类似这些用语的警告。[766] 正如托尼娅·雅各比指出的那样:"无论是在迪克森案判决之前还是之后,联邦最高法院通过改变米兰达警告的用语,而不是将其一体取代,已经显示出容忍立法对米兰达规则进行修补的意愿。"我们所建议的警告内容还增加了第五点,即告诉犯罪嫌疑人,迅速将其带至法官面前是一项宪法性要求。其他研究者也提出过类似建议[768],而且这一警告似乎不会影响警察获得犯罪嫌疑人供述的能力。

可能还有人寻思着对米兰达警告进行更大幅度的改革。例如,一些研究者建议,可以要求警察与犯罪嫌疑人之间进行一段"对话"以确保犯罪嫌疑人理解自己的权利。[769] 还有一些人讨论过米兰达警告的表达方式,以使其更加"有效"。[770] 对这些修正方式的担心是,这样可能增加拒绝弃权的犯罪嫌疑人数量,因此加剧我们在本文试图阐述的危害。也许这些大范围的改革也可通过成本—收益分析获得其正当性。但是在未对犯罪嫌疑人供述的减少所带来的重大成本进行细致分析之前,一切都很难说。

一种不会对警察执法带来危害后果——而且可以显著增加犯罪嫌疑人供述数量——的修正方案是模仿英格兰和威尔士警察现在采用的警告方式。[771] 警察在对犯罪嫌疑人进行权利警告时亦告诉他:"如果警察问到的有些东西你打算在

---

[764] 第六修正案中的律师帮助权一般不适用于逮捕后的羁押性审讯期间。精心证成将律师帮助权扩大到审讯期间还是可能的,正如伊夫·普莱默斯(Eve Primus)在本次论坛上所说的那样。参见 Primus,前引注[63],第 1089 页(认为在审讯期间根据第六修正案给予犯罪嫌疑人更加"有力"的保护)。然而,普莱默斯片面地表示出对犯罪嫌疑人权利的关心,其建议显然将加剧本文讨论的妨碍警察执法效果问题。因为该建议可能阻止警察审讯犯罪嫌疑人的比例比米兰达规则阻止的还要多得多。

[765] 参见 Alschuler,前引注[40],第 873 页(讨论了"未获得律师帮助权"的问题)。

[766] 参见 Duckworth v. Eagan, 492 U.S. 195, 198 (1989)。

[767] 参见 Jacobi,前引注[44],第 22 页(首先援引了 Duckworth, 492 U.S. at 202-03;接着援引了 Florida v. Powell, 559 U.S. 50, 62 [2010])。

[768] 同上引注,第 28—30 页。

[769] 参见 Andrew Guthrie Ferguson, "The Dialogue Approach to Miranda Warnings and Waiver", 49 Am. Crim. L. Rev. 1437 (2012)。

[770] 参见 Ferguson & Leo,前引注[63],第 948—949 页。

[771] 参见 Chris Blair, "Miranda and the Right to Silence in England", 11 Tulsa J. Comp. & Int'l L. 1 (2003); Gordon Van Kessel, "The Suspect as a Source of Testimonial Evidence: A Comparison of the English and American Approaches", 38 Hastings L.J. 1 (1986)。

法庭上作为辩护的根据,而现在却不提及的话,可能届时会妨碍你的辩护。"⑫克雷格·布拉德利(Craig Bradley)曾经详细论证过模仿英格兰和威尔士模式对米兰达警告进行改革的理由。⑬ 克里斯·斯洛博金(Chris Slobogin)也曾经指出过,为了回应审讯的法律中米兰达式变化导致的供述率更低问题而被增加到英格兰/威尔士式警告中的这些话——对于提升供述率具有明显的效果。⑭ 这样一种改变必须面对现行的判例的阻力,不仅有米兰达案判决的,而且还有米兰达案判决前一年多判决的格里芬诉加利福尼亚州案(Griffin v. California)的阻力。⑮但是,正如阿尔舒勒在本次论坛所说的那样,也许可以说服联邦最高法院重新考虑格里芬案和米兰达案判决,允许对犯罪嫌疑人的某些沉默行为作出不利于其的推定,因为联邦最高法院也许会允许警察采取其他方法审讯犯罪嫌疑人。⑯ 我们的研究表明,往这一方向的改革也许有助于消除米兰达规则对犯罪嫌疑人供述率和破案率的不利影响。

三、 对羁押性审讯录音录像

到目前为止,我们讨论了为了避免妨碍警察执法,米兰达规则应予限缩的几种方式。但是,我们也清醒地意识到对警察审讯过程中还存在另外的担心。在这些担心中,首要的便是为了获得犯罪嫌疑人口供而实施的人身强制或者威胁。但从防止人身强制的角度来看,米兰达规则并不合格,这是米兰达案判决的反对意见者们首先指出来的。⑰ 在防止审讯暴力方面,对审讯过程进行录音录像肯定

---

⑫ Craig M. Bradley, "Interrogation and Silence: A Comparative Study", 27 *Wis. Int'l L. J.* 271, 285 (2009).

⑬ 同上引注,第297页("针对行使沉默权的'英国式警告'是一条明智的规则,这将促进真相的查明");还可参见 Ted Sampsell-Jones, "Making Defendants Speak", 93 *Minn. L. Rev.* 1327, 1329 (2009). But cf. Geoffrey S. Corn, "The Missing Miranda Warning: Why What You Don't Know Really Can Hurt You", 2011 *Utah L. Rev.* 761, 762 (强调在告知犯罪嫌疑人权利时,另外再告诉他行使相关权利不会对其带来不利推论将促使其行使沉默权)。

⑭ Christopher Slobogin, "Comparative Empiricism and Police Investigative Practices", 37 *N. C. J. Int'l L. & Com. Reg.* 321, 337 (2011).

⑮ 380 U. S. 609, 615 (1965) (判决认为,第五修正案"禁止检察官对被告人保持沉默的行为进行评论,禁止法庭在对陪审团进行指示时将沉默视为被告人有罪的证据")。

⑯ 参见 Alschuler,前引注㊵,第860页("采取直接,适度的合作激励措施也许可以使警察放弃欺骗性的审讯策略");还可参见 Donald Dripps, "Foreword: Against Police Interrogation—And the Privilege Against Self-Incrimination", 78 *J. Crim. L. & Criminology* 699 (1988)。

⑰ 米兰达诉亚利桑那州案(Miranda v. Arizona, 384 U. S. 436, 505 [1966]) (哈伦大法官的反对意见)("那些使用三级审讯法却在法庭上否认这一点的警察,同样能够,而且注定会在其是否进行了米兰达警告,以及犯罪嫌疑人是否弃权等问题上老练地撒谎")。

要比要求警察向犯罪嫌疑人宣读卡片上的警告内容有效得多。⑰作为米兰达规则改革的一部分,增加录音录像之类的措施是重要的一步。

虽然米兰达规则或者其他联邦宪法性规定并不要求对审讯录音录像⑰,但在美国,对审讯录音录像似乎日渐普遍。最近一项调查显示:"自2003年以来,要求执法人员对羁押性审讯的部分或者全部内容进行录音录像的州已经从2个发展到了至少22个。"⑱除了警察应对审讯进行录音录像的具体要求外,越来越多的警察局还要求其警察穿戴统一的随身摄像装备。⑲"最近的调查显示,全美17 000个警察局中,大约25%(正使用录音录像设备),超过80%的警察局正在对该项技术进行评估。"⑳2016年8月,美国68个"主要城市"警察局中,大约43个已经采取某种随身摄像设备方案。㉑司法部最近决定增加23 000 000美元以支持警察随身摄像设备方案试点,为32个州的73个警察局购买随身摄像设备和技术提供资金支持。㉒

虽然在州的层面上,迈向对审讯录音录像的趋势非常明显,但在联邦的层

---

⑰ 参见 Cassell,前引注㉒,第1120—1122页;请比较弗洛伊德诉纽约市案(Floyd v. City of New York, 959 F. Supp. 2d 540, 558-63 [S. D. N. Y.])(要求以随身执法摄像方案作为人们担心纽约警察局盘查问题的回应),在上诉中,736 F. 3d 118 (2d Cir. 2013)(要求重新审理),部分撤销,部分发回重审,743 F. 3d 362 (2d Cir. 2014)(为了寻求解决方案,判决被部分撤销发回重审)。

⑱ 参见 Slobogin,前引注㊼,第1188—1193页(指出虽然米兰达规则并不要求对审讯录音录像,但对为何可以对审讯录音录像进行了论证)。

⑲ Harvard Law Review Ass'n, "Dep't of Justice, New Department Policy Concerning Electronic Recording of Statements", 128 Harv. L. Rev. 1552, 1552 (2015); 还可参见 Jim Dwyer, Unmet Pledge: "Interrogations Are Not Filmed", N.Y. Times, Dec. 9, 2016, at A24 (注意到有22个州和哥伦比亚特区对一些审讯进行了录音录像,但是纽约市还没有这样做的承诺。追踪这一领域发展情况的便利资源是全美刑事辩护律师协会(National Association of Criminal Defense Lawyers)的官网。参见 "Recording Interrogations", Nat'l Ass'n Crim. Def. Law., https://www.nacdl.org/recordinginterrogations [https://perma.cc/J46B-2UUU] (2017-02-14)。

⑳ 参见 Kami Chavis Simmons, "Body-Mounted Police Cameras: A Primer on Police Accountability vs. Privacy", 58 Howard L. J. 881 (2015)。

㉑ 参见 Jay Stanley, "Police Body-Mounted Cameras: With Right Policies in Place, A Win for All, Version 2.0", ACLU (Mar. 2015), https://www.aclu.org/sites/default/files/assets/police_body-mounted_cameras-v2.pdf [https://perma.cc/ADU2-HP4V]; 还可参见 "Research on Body-Worn Cameras and Law Enforcement", Nat'l Inst. Just. (Jan. 3, 2017), http://www.nij.gov/topics/lawenforcement/technology/pages/body-worn-cameras.aspx [https://perma.cc/NYK6-Z6LV] (注意到还没有使用随身执法摄像仪的警察局占25%左右)。

㉒ "Police Body Worn Cameras: A Policy Scorecard", Leadership Conf. (Aug. 2016), https://www.bwcscorecard.org/ [https://perma.cc/L89W-JHMV]。

㉓ Office of Public Affairs, "Justice Department Awards over $23 Million in Funding for Body Worn Camera Pilot Program to Support Law Enforcement Agencies in 32 States", Dep't Just. (Sept. 21, 2015), https://www.justice.gov/opa/pr/justice-department-awards-over-23-million-funding-body-worn-camera-pilot-program-support-law [https://perma.cc/2ST5-X2SB]。

面,多年来司法部一直抗拒这一趋势,而且几乎不对羁押性审讯进行录音录像。[785]然后,2014 年 5 月 12 日,联邦司法部宣告了其审讯政策的改变。[786]这一新政策规定,个人在羁押性审讯中所作的陈述默认都会被录音录像。[787]该政策还鼓励警察和检察官对不适用这一规定的调查或者其他情形进行录音录像。[788]虽然这一政策也有例外[789],但是司法部的这一新政策意味着联邦层面要开始对审讯进行录音录像[790]。

联邦司法部对审讯录音录像较为担心的原因之一是,这样做可能导致供述率下降。就像几乎没有美国的供述率数据一样,关于审讯录音录像对供述率的影响方面的数据也少得令人吃惊。本文作者之一(卡塞尔)在 1996 年的文章中收集了能够收集到的一些相关数据,认为录音录像整体上看起来并不会妨碍警察的执法效果。[791]此后,虽然也有一些与此相关的经验性数据,但大部分都只是些趣闻。[792]这一证据引发的问题之一是,录音录像设备是否应当置于犯罪嫌疑人可以看得到的位置。一项关于警察审讯录音录像经验的研究发现,录音录像设备放置在犯罪嫌疑人可见的位置时会降低供述率[793],普遍使用的警察审讯手册因此建议不要将录音录像设备放在犯罪嫌疑人可以看得到的位置。[794]尽管如此,考虑到执法人员及审讯录音录像的支持者们似乎已经默认了对审讯进行录音录像(至少隐蔽地进行)这一事实,似乎可以合理地认为这一做法不会明显妨碍警察的审讯效果。[795]

---

[785] 参见 Thomas P. Sullivan, The Department of Justice's Misguided Resistance to Electronic Recording of Custodial Interviews, 59 Fed. Law. 62, 63 (2012)。

[786] 参见 Memorandum from James M. Cole, Deputy Attorney Gen., U.S. Dep't of Justice, to Assoc. Att'y Gen. et al. (May 12, 2014), http://s3.documentcloud.org/documents/1165406/recording-policy.pdf [https://perma.cc/RW48-WWYW]。

[787] 同上引注,第 1、2 页(对"电子记录"规则鼓励警察使用录像设备以满足这一要求,但允许在没有录像设备时进行录音的说法进行了澄清)。

[788] 同上引注。

[789] 参见 Harvard Law Review Ass'n,前引注[786],第 1552 页(指出新的政策没有规定执行和责任措施)。

[790] 同上引注。

[791] 参见 Cassell,前引注[16],第 489 页。

[792] 参见 Thomas P. Sullivan, Nw. U. Sch. of L. Ctr. on Wrongful Convictions, Police Experiences With Recording Custodial Interrogations 24 (2004)(声称对审讯进行了录音录像的警察整体上对结果满意)。

[793] 参见 Jayne,前引注[72],第 105—108 页(对遵守羁押性审讯期间进行录音录像规定的警察的调查结果显示,74%的被调查者认为对获得犯罪嫌疑人供述数量没有影响,22%认为减少了犯罪嫌疑人的供述数量,4%认为增加了犯罪嫌疑人的供述数量)。有意思的是,杰尼声称当犯罪嫌疑人可以看到审讯录音录像设备时,供述率下降了——从看不到录音录像设备时的 82%下降到了 43%。同上引注。

[794] 参见 Inbau et al.,前引注[32],第 51 页。

[795] 参见 Jacobi,前引注[44],第 44—45 页;Kassin et al.,前引注[128],第 393 页(报告称 81%的受调查警察支持对审讯进行录音录像)。

录音录像相对于米兰达规则还有一个毫无争议的优势：有助于防止虚假供述导致的错误定罪。虽然虚假供述的严重程度有时候被过分夸张⑦，但毫无疑问的是，警察在个别情况下还是会获取犯罪嫌疑人的虚假供述。⑦ 在本文中我们并未在其他地方讨论过这一问题，因为根据全美犯罪统计，虚假供述问题很少，几乎完全无法感知。⑦ 但是，基于本文的目的，重点在于米兰达规则对于防止虚假供述几乎一事无成，而且，事实上，由于阻止了可以帮助无辜者脱罪的自愿性供述而使其处于更加危险的境地。⑦ 在保护无辜者方面，审讯录音录像制度能够做到的显然比米兰达规则要多得多。⑧ 我们之所以将审讯录音录像制度增加为米兰达规则的一部分，是因为其看起来能够提供一个"双赢"的机会——在为犯罪嫌疑人不被强迫供述提供更多保护的同时，又不削弱警察获得犯罪嫌疑人自愿性供述的能力。

### 四、自愿性标准关注点的革新

我们的初步建议必然更加强调供述的自愿性。通过将犯罪嫌疑人弃权要求和随时中止审讯规则剔除出米兰达规则（米兰达警告因此发生相应的变化），法院必然要对被告人供述是否不仅是一份"米兰达化"（Mirandized）了的供述，还是一份"自愿性"供述更加注意。

这是件好事。米兰达规则现在的问题之一是，其实质上"已经成为对犯罪嫌

---

⑦ 参见 Paul G. Cassell, "The Guilty and the 'Innocent': An Examination of Alleged Cases of Wrongful Conviction from False Confessions", 22 *Harv. J.L. & Pub. Pol'y* 523 (1999)。

⑦ 参见 Julia Carrano & Marvin Zalman, "An Introduction to Innocence Reform", in *Wrongful Conviction and Criminal Justice Reform: Making Justice* 11 (Marvin Zalman & Julia Carrano eds., 2014)。

⑦ 一项支持这一判断的根据是全美洗冤者登记协会（National Registry of Exonerations）的粗略估算：在 1989—2012 年间，130 起被错误定罪的案件都应归咎于虚假供述。参见 Report by the National Registry of Exonerations, *Exonerations in the U.S.*, 1989-2012, at 40 (2012). 同期美国警察逮捕了 46 000 000 人（假设每年逮捕 2 000 000 名指数犯罪案件嫌疑人，参见 *UCR-2010* 表 29［报告称 2010 年逮捕了 2 195 000 人］）。假设得以洗冤者都是真正的无辜者（这是个存在争议的假设），那么每逮捕 35 000 人就有可能导致一个无辜者因为虚假供述而被定罪。诚然，已被披露的错误定罪案件只占实际错误定罪案件的很小一部分。但我们保守的观点是，错误定罪似乎不太可能是日常执法中的常规现象。当然，对于那些不同意这一观点的人来说，重点仍然是那些虚假的供词是在米兰达规则之下发生的——而且，由于米兰达规则，实际上可能更频繁地发生。参见 Paul G. Cassell, "Protecting the Innocent from False Confessions and Lost Confessions—and from Miranda", 88 *J. Crim. L. & Criminology* 497 (1998)。我们也同意每一起错案本身就是个巨大的社会成本，应该尽量避免。

⑦ 同上引注，第 538—552 页。

⑧ 参见 Paul G. Cassell, "Can We Protect the Innocent Without Freeing the Guilty? Thoughts on Innocence Reforms that Avoid Harmful Tradeoffs", in *Wrongful Convictions and the DNA Revolution: Twenty-Five Years of Innocence Exonerations* 16-19 (forthcoming 2017); Cassell, 前引注 ⑯, 第 488—489 页。

疑人供述自愿性进行认真审查的替代品"[81]，正如其他一些学者在本次论坛上已经指出的那样[82]。在现行制度下，作为一个实践性问题，法院只是对警察是否遵守了米兰达规则的警告—弃权要求进行简单的裁判。如果这样的话，他们在未对犯罪嫌疑人供述进行认真细致审查的情况下就采纳了这份供述。在这一意义上，米兰达规则"实际上已经取代了自愿性判断规则"[83]。因为一旦犯罪嫌疑人放弃了其米兰达规则上的权利，"常规化的米兰达警告仪式麻痹了法官，从而使其在几乎未对自愿性进行审查的情况下就采纳了被告人的供述"[84]。

我们的改革建议将有效地复活供述的自愿性标准，使法院对这一问题更加注意。因为警察审讯不受明确弃权和随时中止审讯规则的约束，法院将被迫对警察审讯期间的行为进行更为细致的审查，以判断犯罪嫌疑人的供述是否出于自愿。

有人认为，法院缺乏对供述自愿性进行判断的能力。[85] 但问题的事实是，即使是在现行米兰达规则之下，法院通常也不得不对供述自愿性作出判断。例如，一份陈述是不是"自愿"作出的，一份非米兰达化（non-Mirandized）陈述能否用于弹劾目的[86]，或者基于该陈述所获得的结果（证据）是否可以被采纳为证据[87]。

关注因为供述自愿性问题而进行的可采性听证问题，可以使辩护律师和法院将注意力集中到供述的实质性问题，而不是程序性问题上来。正如斯顿茨雄辩地论证的那样，米兰达规则是沃伦法院"刑事诉讼程序化，将律师和法官的注意力从被告人有罪还是无罪转移到被告人被逮捕、审判和定罪程序之上"的努力的一部分。[88] 更多地关注供述的自愿性问题——减少对米兰达规则令人却步的大量程序性问题的关注——是一个应该被赞许而不是批评的举措。

多关注供述自愿性问题，将使我们对警察审讯过程中可以使用哪一类心理

---

[81] 参见 Weisselberg & Bibas, 前引注[43], 第 80 页。

[82] 参见 Alschuler, 前引注[40], 第 856 页。

[83] 参见 Weisselberg, 前引注[45], 第 1595 页; 还可参见 Paul Marcus, "It's Not Just About Miranda: Determining the Voluntariness of Confessions in Criminal Prosecutions", 40 *Val. U. L. Rev.* 601 (2006). 参见 Grano, 前引注[100], 第 135—138 页（讨论了自愿性标准的历史意义）。

[84] George C. Thomas III, "The End of the Road for Miranda v. Arizona?: On the History and the Future of the Rules for Police Interrogation", 37 *Am. Crim. L. Rev.* 1, 18 (2000).

[85] 有时候也有人认为，"自愿性"的概念本质上不清楚，对此罗纳德·艾伦在一篇文章中进行了有力的论证。参见 Ronald J. Allen, "Miranda's Hollow Core", 100 *Nw. U. L. Rev.* 71, 72 (2006).

[86] 哈里斯诉纽约州案（Harris v. New York, 401 U.S. 222 [1971]）。

[87] United States v. Patane, 542 U.S. 630 (2004).

[88] 参见 William J. Stuntz, *The Collapse of American Criminal Justice* 228 (2011).

技术多加思考。(809) 米兰达案判决最大的不可思议之处是，它可以如此强烈地谴责警察审讯中的心理策略，同时却对之无所作为。对此，利瓦·贝克(Liva Baker)的批评也许最为精彩，他说：

> 米兰达趣话的最后一个笑话不是它的作者，厄尔·沃伦(Earl Warren)说的……而是弗雷德·英博(Fred E. Inbau)和约翰·E. 里德(John E. Reid)，他经常引用而且反对的一本警察审讯手册的作者们说的……沃伦在判决书中披露了这本警察审讯手册和其他一些材料中所教的审讯技巧，通过这些技巧，警察可以给犯罪嫌疑人带来心理压力，"劝说、欺诈，或者哄骗他不要行使自己的宪法权利"。正是本案判决的推荐，这本审讯手册成为警察中的畅销书，很快就出了第二版。"除少部分外，本书先前版本中提到的黄昏之时策略和技巧仍然有效"，作者们在米兰达案判决后的出版的书中补充说，全部的要求就是给犯罪嫌疑人米兰达警告，然后让他弃权，接着继续。(810)

对审讯技巧进行更为细致的审查也许是件好事——也不会妨碍警察的执法效果。警察似乎在被告人提出的此类抗辩中大多数情况下都获得了胜利。(811) 因为"在我们观察的绝大多数羁押性审讯中，强制审讯的可能性看起来非常小"(812)。对这一事实进行量化的措施之一是，警察审讯的时间通常非常短。利奥对 1993 年旧金山湾区警察审讯的观察发现，大部分审讯持续的时间不到一个小时。(813) 卡塞尔和海曼的研究发现，在 86 起审讯中，只有 11 起超过 30 分钟，只有 1 起超过 1 个小时。(814) 从这一角度看，就如一些研究者所建议的那样(815)，法院应对那些持续时间很长的审讯进行更为细致的审查，这种审查也只需要针对很小一部分案件——也正是应该对这一小部分案件投入大部分的司法时间和资源。

然而，与此同时，我们还担心对自愿性规则作宽泛的解释，这将极大地改变

---

(809) 参见 Slobogin，前引注㊼，第 1164—1167 页。

(810) 参见 Graham，前引注(673)，第 315—316 页。

(811) 参见 Thomas & Leo，前引注(671)，第 210 页(引自 Welsh White, *Miranda's Waning Protections* 122 n. 40 [2001][在 2000 年案件中，只有个别涉及弃权后的非自愿性供述问题])；参见 Thomas，前引注(731)，第 1977 页(在涉及供述自愿性问题的案件中，控方赢了 96%)。

(812) 参见 LaFave，前引注(677)，第 386 页。

(813) 参见 Leo，前引注(57)，第 279 页表 6。

(814) 参见 Cassell & Hayman，前引注(58)，第 892 页。

(815) 参见 Eve Brensike Primus, "The Future of Confession Law: Toward Rules for the Voluntariness Test", 114 *Mich. L. Rev.* 1, 46-48 (2015)。

目前的实践。例如，一些学者建议，应该禁止警察进行欺骗性审讯。⑯ 这一建议缺乏有力根据，因为虽然这类做法可能（和其他审讯技巧一样）导致虚假供述，但也会获得更多的真实供述。⑰ 另外，这一建议的根本问题是要求对每年成千上万的警察审讯以可能妨碍警察执法效果的方式进行限制。⑱

那些禁止采纳与犯罪不"匹配"的供述的建议同样有问题。⑲ 这一路径的问题是，正如托马斯解释的那样，"即使是'真实的'供述也经常充斥着半真半假的情形，因为犯罪嫌疑人想描绘一幅可能最有利于其的画面"⑳。有关虚假供述的研究文献向我们展示了犯罪嫌疑人可能作出除了与犯罪现场事实不符（或者明显不符）之外㉑，其他都真实的供述的种种原因。确实，有关虚假供述的研究已经证明，在大多数情形下，当犯罪嫌疑人虚假供述时，该供述通常都会被犯罪现场或者其他证据所揭穿。㉒ 但在很多犯罪嫌疑人作出真实供述的案件中，也存在同样的情形。在不考虑虚假供述与真实供述的相对频繁或者罕见的情形下，就不可能得出供述中的矛盾是真实或虚假的证据的结论。

事实上，如果有什么证据的话，既有证据表明，那些包含矛盾的供述更有可能被证明是真实的，而不是虚假的。为了证明这一点，只需要对虚假供述与真实供述的相对比例进行大致的比较即可。虽然不太可能进行确切的量化，实证研究表明（毫不奇怪），大多数供述和归罪性陈述都是真实的。㉓ 而且，正如上文讨论过的那样，这些供述中的大多数和虚假供述中都有矛盾。

## 五、比米兰达规则成本更低，收益更大的制度

我们勾勒的这些初步想法表明，为米兰达规则设计一个更好的替代品是可

---

⑯ 有关这一问题的优秀概述可以参见 Jacobi，前引注⑩；Slobogin，前引注㊼，第 1167—1168 页。

⑰ 参见 Lawrence Rosenthal, "Against Orthodoxy: Miranda Is Not Prophylactic and the Constitution Is Not Perfect", 10 *Chap. L. Rev.* 579, 616 (2007)。

⑱ 参见 Christopher Slobogin, "Lying and Confessing", 39 *Tex. Tech L. Rev.* 1275, 1289-90 (2007); Slobogin，前引注㊼，第 1161 页。

⑲ 参见 Primus，前引注⑮，第 50—51 页；Julie Tanaka Siegel, Note, "Confessions in an International Age: Re-Examining Admissibility Through the Lens of Foreign Interrogations", 115 *Mich. L. Rev.* 277, 302-05 (2016)。

⑳ George C. Thomas III, "Telling Half-Truths", *Legal Times*, Aug. 12, 1996, at 20.

㉑ 参见 Cassell，前引注㉙，第 594—595 页。

㉒ 参见 Brandon L. Garrett, "The Substance of False Confessions", 62 *Stan. L. Rev.* 1051, 1087 (2010)。

㉓ 参见 Cassell，前引注㉙，第 507—513 页；Marvin Zalman, "Qualitatively Estimating the Incidence of Wrongful Convictions", 48 *Crim. L. Bull.* 221 (2012)（在对既有关于错案的实证研究文献进行梳理之后认为，某种原因导致的错误定罪率大概为所有重罪犯罪嫌疑人的 0.5% 至 1.0% 之间）。

能的,这个替代品可以使对警察的限制带来的社会成本最小化,同时也适当地保护犯罪嫌疑人的正当权益。在进行类似的成本—收益分析时,我们所做的并不比米兰达规则的拥护者们所强调的更多。正如卡米萨在1987年所说的那样,取得平衡"是米兰达规则的拥护者们——而不是其批评者们——在过去二十年间谈论这个案件的方向"。㉘事实上,这仍然是米兰达规则拥护者们的方向。㉙

我们在此建议的改革,特别是剔除米兰达规则中的弃权和随时中止审讯规则(也许此外还增加一个不利推定警告)可能提升警察通过犯罪嫌疑人的自愿供述破案和定罪的能力。在计算这些改革可能带来多大利益时,其起点必须是自愿供述仍然是今天美国执法要求的重点。联邦最高法院曾经强调:"认罪不仅仅是'可欲'(desirable)的,而且对发现、定罪和惩罚那些违法者等重要社会利益至关重要。"㉚因此,"'获得非强制性供述的准备能力并不是一种罪恶,而是一种完完全全的善。'没有这些供述,犯罪无法侦破,犯罪分子无法得到惩罚。这些都是不可忽视的社会成本⋯⋯"㉛

我们在本文中分析的数据表明,米兰达规则使得警察失去了大量的犯罪嫌疑人自愿性供述,这一点既反映在供述率研究之中,(作为一种次佳的路径)也反映在FBI的破案率数据之中。虽然我们未曾尝试对失去这些供述的最终后果进行全面调查,但毫无疑问的是,由此导致了联邦最高法院曾经警示过的犯罪案件无法侦破,犯罪分子未能得到惩罚等巨大的社会危害后果。

首先来看看破案率,破案率的下降"标志着惩罚确定性的下降和刑罚威慑效应的破坏,而这是我们刑事司法体制的重要基础"。㉜如果犯罪案件不能被侦破,应当承担罪责的犯罪分子就永远不会被追究责任,相反,他们会继续实施更多的犯罪。更低的破案率因此表明"这个国家在保护其公民不受暴力犯罪分子侵犯方面低效,进而可能导致失去对公共官员的信任等消极的社会反映,恐惧与不安

---

㉘ 参见 Yale Kamisar, "The 'Police Practice' Phases of the Criminal Process Revolution and the Three Phases of the Burger Court", in *The Burger Years* 143, 150 (Herman Schwartz ed. , 1987)。

㉙ 参见 Yale Kamisar, "The Miranda Case Fifty Years Later", 97 *B.U. L. Rev.* 1293, 1300 (认为关于米兰达规则的权力平衡问题已经"解决了")。

㉚ Moran v. Burbine, 475 U.S. 412, 426 (1986) (引自 United States v. Washington, 431 U.S. 181, 186 [1977])。

㉛ Montejo v. Louisiana, 556 U.S. 778, 796 (2009) (引自 McNeil v. Wisconsin, 501 U.S. 171, 181 [1991]);还可参见 Ronald J. Allen, "The Misguided Defenses of Miranda v. Arizona", 5 *Ohio State J. Crim. L.* 205, 214 (2007) ("我们不应该把试图限制犯罪这一严肃问题作为一堂主要是让孩子们看到的,我们是如何能够让越来越多的人阻挠合法的警察调查的公民课程。权利是美好的事物,但是权利也是能力——我敢说'正确'吗——让人们的生活不受那些不尊重你的权利者的掠夺")。

㉜ 参见 Ousey & Lee,前引注㉙,第142页。

的感觉上升"⑫。

但是,我们对低破案率的兴趣,只是作为我们感兴趣的最终问题——低供述率的一个指示器。更低的破案率表明更低的供述率。进而言之,供述通常是确保对被告人的定罪所需⑳,即使是在 DNA 检验和其他高级法庭科学技术时代。㉑ 当米兰达规则阻止了警察获得犯罪嫌疑人的自愿性供述时,在许多情形下,结果就是让犯罪嫌疑人逃之夭夭——获得自由,继续其劫掠其他被害者的行为。令人悲哀的是,我们知道,谁将是这些被害者。他们中大部分是少数族裔、市中心的居民、贫民和社会上其他抵抗犯罪袭击能力弱小的人。㉒

虽然本文关注的是一个定量问题,对我们分析的这类数据的局限性加以强调仍然非常重要。正如杰拉德·卡普兰的精彩解释那样,犯罪学研究"从减少犯罪到一些遥远和抽象的东西,一串数字,一件人们在报纸上读到的事件,某些发生在城里其他地方的事。没有噩梦般的强奸或者毁灭般的抢劫犯罪的线索"㉓。这些犯罪所带来的社会成本经常被不当地最小化,即使量化的努力表明,被害人(及其家庭)承受了巨大的负担。㉔

诚然,在米兰达案后的一些判决中,联邦最高法院似乎已经意识到了这些成本。但在我们本文分析的数据中,没有什么证据支持联邦最高法院的下述观点,即"如果(米兰达规则)有什么影响的话,我们后来作出的一些判决也已经减少了其对警察正当执法行为的影响"㉕。联邦最高法院的判决总体上只触及了米兰达规则的边缘(2010 年的博古伊斯案㉖判决可能是个例外,该案判决作出时间太近,因此对我们的回归方程分析趋势基本上没有影响)。米兰达规则中最具危害性的特征并未得到修正——例如,从 FBI 的破案率数据来看,这一危害并未减弱。㉗

那么,米兰达规则带来的收益是什么?如果相信本次论坛上的大部分文章,

---

⑫ 同上引注。
⑳ 参见 Cassell,前引注⑯,第 422—437 页。
㉑ 参见前引注⑫—㉗及相关文献。
㉒ 参见 Jill Leovy, *Ghettoside*: *A True Story of Murder in America* 8 (2015)(对"在黑人被伤害或者被其他人杀害时,法律没有站在他们这一边"问题进行了讨论);Jennifer L. Truman & Rachel E. Morgan, U.S. Dep't of Justice, *Criminal Victimization*, 2015, at 9 tbl. 7 (2016)。
㉓ 参见 Caplan,前引注⑯,第 1384—1385 页。
㉔ 参见 Paul G. Cassell, "Too Severe?: A Defense of the Federal Sentencing Guidelines" (and a Critique of Federal Mandatory Minimums)", 56 *Stan. L. Rev.* 1017, 1033 (2004)(讨论了 Ted R. Miller, Marc A. Cohen & Brian Wiersema, Nat'l Inst. of Justice, *Victim Costs and Consequences: A New Look* [1996])。
㉕ 博古伊斯诉汤姆金斯案(560 U. S. 370, 382 [2010])(引自迪克森诉美国案[530 U. S. 428, 443 (2000)])。
㉖ 参见前引注⑭—㉕及相关文献。
㉗ 这一事实的一个衡量标准是,1969 年暴力犯罪的破案率为 45.6%,而 2010 年为 45.3%,基本没有变化。参见前文图 5-2。

米兰达规则的收益很少。㊳ 阿尔舒勒认为:"米兰达规则是一个学说的失败、一种伦理的失败、一种法理的失败,也是一种经验的失败。"㊴ 德里普斯补充认为:"无论什么规则,五十年前是正确的不可能——极不可能——还是今天或者未来的理想规则。"㊵ 克莱因(Klein)赞成说:"米兰达警告的结果荒唐,应该被撤销和取代。"戴维·罗斯曼(David Rossman)㊶认为:"这一点在其历史上……米兰达规则既缺乏智识,也缺乏实践效果。"㊷ 斯洛博金解释说,虽然"米兰达规则是一种为警察提供如何审讯的清晰指南的尝试,……但是,除了其警告要求之外……它并没有这么做"㊸。查尔斯·魏塞尔贝格则同意"米兰达规则并未为第五修正案上的特权提供有意义的保护"㊹。

但是,最终的问题不是米兰达规则是否带来了什么抽象的利益,而是其是否比联邦最高法院可以合理实施的其他替代性措施更为有利。我们在此勾勒的这一想法是,可能可以为米兰达规则设计一个真正双赢的替代品——在新的规则之下,让真正有罪者更少逃脱,同时审讯期间犯罪嫌疑人的正当权益又能够得到保护。我们的改革建议是告知犯罪嫌疑人有保持沉默的权利,就像现在一样,甚至可以通过录音录像制度为犯罪嫌疑人提供更加有力的保护。新制度还将使被告人和法庭的注意力集中到最为疑难——那些存在真正的自愿性问题的供述上来。这样一种制度不仅可以更好地使社会不受危险犯罪分子的侵犯,还可以更好地保护犯罪嫌疑人不受执法人员的暴力侵害。

## 结论

我们从回顾米兰达案判决的异议者们认为该判决的社会成本只有时间才能

---

㊳ 请比较 Lawrence S. Wrightsman & Mary L. Pitman, *The Miranda Ruling: Its Past, Present, and Future* 172 (2010) (认为米兰达规则的"目标还没有实现")。
㊴ 参见 Alschuler,前引注㊵,第 890 页。
㊵ 参见 Dripps,前引注㉒,第 895 页。
㊶ 参见 Klein,前引注㉙,第 1004 页。
㊷ 参见 David Rossman, "Resurrecting Miranda's Right to Counsel", 97 *B. U. L. Rev.* 1129, 1131 (2017)。
㊸ 参见 Slobogin,前引注㊼,第 1195 页。
㊹ 参见 Charles D. Weisselberg, "Exporting and Importing Miranda", 97 *B. U. L. Rev.* 1235, 1236 (2017)。

告诉人们究竟有多大开始。在过去五十年间，米兰达规则是否铐住了警察的双手？在本文中我们试图对有关米兰达规则影响执法效果的所有可得的经验性证据进行检验。根据这些证据，我们认为最佳的答案是"是的"。

这一结论并不让人特别意外。我们证明的只是联邦最高法院这一标志性判决对警察史无前例的限制使得警察的执法低效。但是，我们的结论非常重要，因为这与学术界的传统观点相反。在法院和政策制定者们考虑对米兰达规则如何解释和回应时，米兰达规则是否铐住了警察的双手仍然是个重要的问题。

我们的结论建立在几个基础之上，包括米兰达案判决之际和我们所分析的长时段内FBI的破案率出现了显著下降。在整篇文章中我们试图将研究结论的局限和警示阐述清楚。我们并非意在不可辩驳地证明米兰达规则铐住了警察的双手。但是，我们认为，我们已经以经验性证据的优势有力地证明了这一问题。我们的研究结论势必引起对米兰达规则并未妨碍警察执法效果的学术共识的质疑。我们希望，本文能够引起更多研究者对米兰达规则之于警察执法效果的影响的兴趣。基于米兰达案判决的重要性，我们不应生活在一个对其实际影响一无所知的经验沙漠之中。

但是，更宽泛地说，如果（正如我们所建议的那样）米兰达规则妨碍了警察执法效果，这是对米兰达规则的拥护者们提出的最大难题。根据成本—收益预防，米兰达规则超出了第五修正案的边界。但是，当犯罪分子受益于随时中止审讯的权力并因此逃脱法网时，我们又该如何计算被害者的痛苦？

米兰达规则的拥护者们耗时费力地维护着米兰达规则并未铐住警察双手的传统认识，以为这样他们就不需要公开面对这一判决固有的代价权衡。正如我们今天在米兰达规则第五十个年头所看到的那样，是对这一判决的——成本、收益及其替代性措施进行全面、公平讨论的时候了。米兰达规则史无前例地限制了警察，使得大量的犯罪分子得以逃脱法网的结论得到了有力的证据支持。米兰达规则并非没有成本，或者说其成本并不比其他众多争议性社会政策更低。这是米兰达规则的拥护者们承认这些事实，并且对我们如何能够做得更好进行坦诚讨论的时候了。

#  第六章  米兰达规则削弱了警察的执法效果吗?[*]

约翰·J. 多诺霍三世[**]

概述
第一节  米兰达案判决以及司法判决影响评估若干思考
第二节  数据
第三节  方法论
第四节  回归分析模型设定
结论
附录

---

[*] John J. Donohue Ⅲ, "Did Miranda Diminish Police Effectiveness?", 50 *Stanford Law Review* 1147 (1998).

[**] 约翰·J. 多诺霍三世(John J. Donohue III)斯坦福大学法学院教授,约翰·A. 威尔逊(John A. Wilson)杰出学者。感谢乔治·菲舍尔(George Fisher)、耶鲁·卡米萨(Yale Kamisar)、史蒂夫·莱维特(Steve Levitt)、彼得·西格尔曼(Peter Siegelman)、斯蒂芬·舒尔霍夫(本文原文使用了舒尔霍夫教授的昵称史蒂夫·舒尔霍夫[Steve Schulhofer],其余文章的称呼均为斯蒂芬·舒尔霍夫[Stephen Schulhofer],考虑到译文的一致性与严谨性,为方便读者阅读理解,此处修改为斯蒂芬·舒尔霍夫。——译者注)、查尔斯·魏塞尔贝格(Charles Weisselberg)对本文极富助益的评论,我还要感谢保罗·卡塞尔(Paul Cassell)和理查德·福尔斯(Richard Fowles)慷慨地提供了他们的数据,以及康妮·泰勒(Connie Taylor)着实杰出的研究助理工作。

## 概述

联邦最高法院 1966 年作出的米兰达案①判决是否严重地影响了警察执法效果的问题,从事实到方法都充满吸引力。在事实层面,保罗·卡塞尔教授和理查德·福尔斯教授认为,约翰·哈伦大法官在米兰达案判决的反对意见中富有洞见地警告了该案判决的多数意见者,认为该判决将妨碍警察的执法效果,并因此带来巨大的社会代价。② 这些代价究竟有多大,哈伦法官警告说,"只有时间才能告诉我们"③。在一系列引人注目的研究中,保罗·卡塞尔教授和斯蒂芬·舒尔霍夫教授就米兰达规则对执法效果的影响展开了辩论,卡塞尔教授以起诉案件的数量包括确数和约数为其论证的根据,而舒尔霍夫则进行了充满力量的回应。④

作为这一系列辩论的一部分,卡塞尔教授制作了一份描述全美暴力犯罪和

---

① 参见 Miranda v. Arizona, 384 U.S. 436 (1966)。
② 参见 Paul G. Cassell & Richard Fowles, "Handcuffing the Cops? A Thirty-Year Perspective on Miranda's Harmful Effects on Law Enforcement", 50 *Stan. L. Rev.* 1055 (1998)。
③ 参见 Miranda, 384 U.S. at 504 (哈伦大法官的反对意见)。
④ 参见 Paul G. Cassell, "All Benefits, No Costs: The Grand Illusion of Miranda's Defenders", 90 *Nw. U. L. Rev.* 1084 (1996) (以下简称 Cassell, "All Benefits"); Paul G. Cassell, "The Costs of the Miranda Mandate: A Lesson in the Dangers of Inflexible, 'Prophylactic' Supreme Court Inventions", 28 *Ariz. St. L. J.* 299 (1996); Paul G. Cassell, "Miranda's Social Costs: An Empirical Reassessment", 90 *Nw. U. L. Rev.* 387 (1996) (以下简称 Cassell, "Miranda's Social Costs"); Stephen J. Schulhofer, "Miranda and Clearance Rates", 91 *Nw. U. L. Rev.* 278 (1996) (以下简称 Schulhofer, "Miranda and Clearance Rates"); Stephen J. Schulhofer, "Miranda's Practical Effect: Substantial Benefits and Vanishingly Small Social Costs", 90 *Nw. U. L. Rev.* 500 (1996) (以下简称 Schulhofer, "Miranda's Practical Effect")。还有许多其他学者也对这一问题进行了研究。例如,参见 Joseph D. Grano, *Confessions, Truth, and the Law* (1993) (认为在政策和宪法两个方面米兰达案判决都是错误的); Yale Kamisar, *Police Interrogations and Confessions: Essays in Law and Policy* (1980) (在米兰达案十年后,对联邦最高法院就警察审讯问题作出的这一里程碑式判决进行了讨论); Richard A. Leo, "Inside the Interrogation Room", 86 *J. Crim. L. & Criminology* 266 (1996) (展示了作者对警察审讯实践的实证研究结果)。

财产犯罪逮捕率的简单图表,该图表显示,就那些已经报案的暴力犯罪案件而言,警察的破案率出现了明显的下降。⑤ 而且在其他类型的案件中,破案率的下降都始于1966年——联邦最高法院作出米兰达案判决的那一年。卡塞尔教授的这一幅图表,以及其他一些证据,使卡塞尔教授确信米兰达案判决已经严重地削弱了警察打击犯罪的能力。⑥ 舒尔霍夫迅即指出,在未能有效控制那些在同一变化趋势上运转的重要系统力量的情况下,是无法确定破案率在时间维度上发生变化的原因的。⑦ 特别是,舒尔霍夫教授指出,1966年既是破案率突然出现急剧下降之时,也是美国的犯罪高峰出现之时。而警力的增长却并未与犯罪的大规模增长保持同步,因此在那一时期出现破案率的下降并不令人奇怪。⑧

在对舒尔霍夫教授就1966年破案率下降所作的审慎、细致的质疑进行回应的过程中,卡塞尔教授与理查德·福尔斯教授利用回归分析技术对FBI公布的全美破案率数据进行回归分析,对舒尔霍夫提出的观点进行了检验。⑨ 在统计分析的基础上,卡塞尔教授与理查德·福尔斯教授重申,是米兰达案判决导致了1966—1968年间一些类型案件破案率的显著下降。⑩

卡塞尔教授和舒尔霍夫教授就米兰达案判决对执法效果的影响的反复辩论为我们带来了众多令人感兴趣的洞识,也为我们澄清了诸多的复杂性。值得赞

---

⑤ 参见 Cassell, "All Benefits", 前引注④,第1090页;还可参见 Cassell, "Miranda's Social Costs", 前引注④,第439—440页(通过逮捕率数据论证了米兰达规则导致败诉的案件数量)。十余年后,联邦调查局公开了包括破案率在内的犯罪数据,不知基于何种原因许多城市也刚好这一年发布类似信息。参见 Federal Bureau of Investigation, U.S. Dep't of Justice, *Uniform Crime Reports*, *Crime in the United States* (以下简称 UCR-[year])。UCR 将警察逮捕了犯罪者或者根据从其他方面解决了的案件称为"已经破获的案件"。参见下引注㊻及相关文献。"破案"(cleared)并不意味着对被告人"定罪"(convicted),甚至连"起诉"(prosecuted)都算不上。例如,当 O.J.辛普森被逮捕时,妮科尔·布朗·辛普森(Nicole Brown Simpson)及罗恩·戈德曼(Ron Goldman)被谋杀案就被视为已经侦破了。参见下引注㊻—㊽及相关文献。

⑥ 参见 Cassell, "Miranda's Social Costs", 前引注④,第440页(声称米兰达规则导致28 000名被逮捕的暴力犯罪嫌疑人和79 000被逮捕的财产犯罪嫌疑人案件最后败诉)。卡塞尔认为其与其他一些学者的研究结果显示,米兰达规则的实施大大减少了犯罪嫌疑人的供述数量,但其他学者对卡塞尔的这一解释并不认同。

⑦ 参见 Schulhofer, "Miranda and Clearance Rates", 前引注④,第280—289页;参见 Schulhofer, "Miranda's Practical Effect", 前引注④,第510—515页。

⑧ 参见 Schulhofer, "Miranda and Clearance Rates", 前引注④,第288页(指出在1955年,每100起已知暴力犯罪案件的平均警力为100名,但至1970年,这一比例降低为每100起45名警察,1996年则下降为28名)。

⑨ 参见 Cassell & Fowles, 前引注②。自1980年起,除了公布一些城市的破案率外,FBI 开始公布"所有警察机关"——包括城市、郊区和乡村地区的所有警察机关的破案率数据。参见 UCR-1980,前引注⑤,第182页表20。卡塞尔及福尔斯因为在1980年之前没有"所有警察机关"的破案率数据,因此卡塞尔和福尔斯使用的只是城市的破案率数据,而不是"所有警察机关"的破案率数据。

⑩ 参见 Cassell & Fowles, 前引注②,第1118页。

扬的是，卡塞尔和福尔斯教授在他们现在进行的研究中，就辩论中涉及的问题进行了艰难勤勉的努力。虽然我没有全面细致地梳理这些充满争议、富有活力的、试图探究米兰达案判决对执法效果有何影响的文献，但是《斯坦福法律评论杂志》希望我能够就卡塞尔教授和福尔斯教授研究过程中所使用的统计学方法做一评论。⑪虽然时间紧张，不允许我对所有相关的实证研究都加以关注，但是我想强调这样几个方面：第一，我将就决定一个司法判决的影响的因素提出一些一般性的想法，同时，就我此前对米兰达案判决的影响的观点加以特别的说明；第二，因为任何统计学上的研究结果取决于其基础数据的情况，因此我将就卡塞尔和福尔斯二位教授的研究所依赖的数据——破案率的局限性加以讨论；第三，我将对本项研究中所使用的特定统计学方法——中断时间序列回归分析的局限和困难加以讨论；第四，我将在统计的规格和功能性形式改变的情况下⑫，进一步探究本项研究的回归分析结果的强度，然后提出一些结论性评价。

## 第一节 米兰达案判决以及司法判决影响评估若干思考

正如那些在调查研究各种法律干预的影响上花了大量时间的研究者一样，我也以这样的假设开始，即大体上而言，很难发现一个法律干预措施的直接效果，而且即使发现了这一干预措施的影响，也倾向于相当微弱。那些形塑主要社会现象的复杂力量对法律干预措施的反应并不会显著、迅速地发生。因此，如果看看南方各州的学校在布朗诉教育委员会案（Brown v. Board of Education）⑬之后的废除种族歧视的程度，我们就会发现，大约在十年之内，全黑

---

⑪ 感谢卡塞尔及福尔斯为我提供了他们的研究数据，否则我无法在指定的有限时间内完成本项评论。

⑫ 卡塞尔及福尔斯根据他们的回归分析认为，1966年中期之后——这是他们认为米兰达规则的影响开始显现的时期，暴力犯罪的破案率出现了急剧下降。如果回归方程任何轻微的变化都会使预设系数的统计显著性消失，或者甚至可能使其符号从负数翻转为正数，这一结论也许会被认为是"脆弱的"。因此，如果1966年的虚拟变量的符号、数量、统计显著性等大都不受回归方程变化影响，人们可能会认为这一结论是"有力的"。

⑬ 参见 347 U. S. 483（1954）。

人学校中的黑人学生比例几乎没有任何变化。⑭与此相类似,我们再看看罗伊诉韦德案(Roe v. Wade)⑮之后的出生率,同样令人惊奇的是,人们很难从中发现这么重要的一个判决究竟有何影响,尽管记录在案的合法堕胎数量随着本案的判决有着明显的增长。⑯我的意思是,并非法律干预根本不起作用,事实上,我相信布朗案判决肯定会产生影响,罗伊案判决也可能产生巨大的影响。但是,如果人们试图通过那些表面上似是而非的统计手段来对这些影响进行量化,可能经常会发现,联邦最高法院判决的可测度结果即使可以识别,也倾向于多少有些勉强。⑰

没有什么证据表明米兰达案判决没有什么显著的影响。但是,有大量研究法律干预的证据可以证明,人们观察到的法律干预的影响倾向于很小这一前提性假设。此外,还有一些刑事司法的特定因素也可以支撑这一推断。首先,警察不喜欢米兰达案判决,因此可以预计的是,警察在实践中会采取一些使米兰达案判决影响最小化的措施。⑱其次,那些可能从米兰达警告中获益的人通常不能充分地意识到沉默是最好的策略,无论是因为缺乏经验,还是因为缺乏智慧,或者是因为羁押性审讯导致的精神压力。研究似乎表明,大部分的犯罪嫌疑人在听

---

⑭ 参见 John J. Donohue III & James Heckman, "Continuous Versus Episodic Change: The Impact of Civil Rights Policy on the Economic Status of Blacks", 29 *J. Econ. Literature.* 1603 (1991)。邻近数州在布朗案后相对迅速地废除了种族隔离法案,但这些州的黑人数量很少以致废除了种族隔离各州的黑人学生总数几乎没有发生什么变化,同前引注,第 1627 页,注释 31。

⑮ 参见 410 U. S. 113 (1973)。

⑯ 参见 Philip B. Levine, Douglas Staigner, Thomas J. Kane & David J. Zimmerman, *Roe v. Wade and American Fertility* (National Bureau of Economic Research, Working Paper No. 5615, 1996)。

⑰ 实际上,杰拉德·罗森伯格曾经建立了一个有关联邦最高法院在推进重大社会变迁方面的影响系数理论模型,这一理论模型的实质是,认为那些存续时间很长的社会机构的内部动力机制很难被突然改变。参见 Gerald N. Rosenberg, *The Hollow Hope: Can Courts Bring About Social Change?* (1991)。

⑱ 在 1968 年的总统竞选过程中,作为总统候选人的尼克松公开表示,许多警察认为米兰达案,以及沃伦法院的其他判决"严重地影响了我们社会治安力量的运行",参见 Yale Kamisar, "How to Use, Abuse—And Fight Back with—Crime Statistics", 25 *Okla. L. Rev.* 239, 241 (1972) (以下简称 Kamisar, "Crime Statistics")。根据卡米萨教授的观点,"警察和检察官竭力反对那些他们倾向于称之为对其权力'更为有力的限制'措施",参见 Yale Kamisar, "On the Tactics of Police-Prosecution Oriented Critics of the Courts", 49 *Cornell L. Q.* 436, 440 (1964) (以下简称 Kamisar, "Tactics")。理查德·利奥曾经认为:"虽然米兰达警告的要求毫无疑问会导致一些犯罪嫌疑人不愿意与审讯人员合作,但是警察已经通过对犯罪嫌疑人主张权利时附加条件、贬低米兰达规则的意义,以及说服等策略促使犯罪嫌疑人接受羁押审讯,从而成功地对其审讯方法与策略进行了调整,适应了米兰达规则的要求。"参见 Richard A. Leo, "The Impact of Miranda Revisited", 86 *J. Crim. L. & Criminology* 621, 675 (1996)。

到警察念咒般地说出米兰达警告之后,并未主张相关的权利来寻求保护。[19] 最后,正如我将在下文进一步讨论的,即使米兰达规则确实影响了执法效果,这一影响也并不必然影响到可测量的破案率。[20]

另外,米兰达案判决也许是联邦最高法院所作出的判决中能够迅速改变人们行为的判决之一,因为其规制的是警察而不是一般公众所采取的行动,因此人们可以期待这一特殊的群体可以很快熟悉这一判决所提出的要求。而且,如果人们可以自始假设警察对犯罪的打击是有效的——基于公共官僚机构和专制的一贯表现来看,也许这是个有力的假设——那么,人们也就可以期待米兰达案判决至少在某种程度上会妨碍警察的执法效果。虽然如此,人们观察到的米兰达案判决对警察行为的影响也将非常有限。如果警察在打击犯罪问题上真的变得更为艰难,他们可以采取一些替代性措施来改变这种不利的形势。正如最近纽约的经验所表明的那样,大幅增加警力似乎确实带来了大幅降低犯罪率的效果。[21] 这似乎暗示我们,米兰达案判决所带来的真正成本可能就是一种物质成本。警察通过采取一些替代性的犯罪控制措施,完全可以抵消米兰达案判决所带来的成本。例如,每增加5%的警力——大约相当于每年40亿美元的成本,即可抑制犯罪的增长,那么意味着米兰达规则的年均成本即为40亿美元。[22]

这一分析表明,怀特大法官在米兰达案判决中不必要的煽动性评论("本案判决将会在不知道多少案件中,将杀人者、强奸犯重新送回到大街上和造就了他们的环境中去,并在他们高兴的时候重复他们的罪行"[23])具有某种误导的性质。当然,这一评论的最后一句有点言过其实——无论米兰达案判决的影响如何,其并未给所有未然的犯罪提供无条件的宽宥,或者废止了美国刑法的执行。但是,更为核心的是,"不知道会有多少案件中"的杀人者得以自由是因为纳税人未能雇佣更多的警察来抓获他们。毫无疑问,虽然为起诉设置的法律障碍使得一些

---

[19] 一项针对1994年盐湖城警察审讯实践的研究发现,12.1%被审讯的犯罪嫌疑人"在警察成功审讯之前主张了米兰达规则上的权利"。参见 Paul G. Cassell & Bret S. Hayman, "Police Interrogation in the 1990s: An Empirical Study of the Effects of Miranda", 43 *UCLA L. Rev.* 839, 860 (1996)。在另一项独立研究中,理查德·利奥发现21.7%的犯罪嫌疑人主张了米兰达规则上的权利。参见 Leo,前引注④,第286页。

[20] 参见下引注㊼—㊿及相关文献。

[21] 1993年至1996年,纽约市的谋杀案下降了49%。参见 David Whitman, "On Not Believing the Good News", *U.S. News & World Rep.*, Dec. 29, 1997, at 44。同一时期纽约市的警察人数从29 000名增加到了37 000名,参见 UCR-1993,前引注⑤,第330页表78;UCR-1996,前引注⑤,第335页表78。

[22] 文章对增加税收带来的损失的考虑,因为犯罪的边际成本低于减少犯罪的边际成本而不愿意承担降低犯罪率所需的资源投入增长的可能性等进行了概括。

[23] 参见 Miranda, 384 U.S. 436, 542 (1966)(怀特大法官的反对意见)。

已经明确的犯罪者得以自由,从而增加了国家司法的物质成本,但是米兰达案判决对于打击犯罪所带来的任何障碍影响,都可以通过其他的成本昂贵的措施来加以消除。事实上,卡塞尔和福尔斯教授在其回归分析结果的基础上也认为,虽然米兰达案判决从整体上降低了破案率,但对谋杀案的破案率却并未产生负面的影响。[24] 这一发现与至少在最严重的刑事案件中,任何必要的补偿性预防犯罪措施已经被采取的观点相一致。[25] 当然,这一发现也与米兰达案判决对谋杀案件的破案率完全没有影响的观点相一致。

## 第二节 数据

卡塞尔和福尔斯教授的研究核心是——FBI 公布的全美暴力犯罪和财产犯罪案件的破案率自 1966—1968 年间开始出现明显、持续的下降,并将其归咎于 1966 年 6 月联邦最高法院的米兰达案判决。[26] 我以为,对他们的这一结论可以从两个角度提出疑问:第一,1966 年 6 月米兰达案判决之后,这两类案件的破案率趋势与此前的走向有没有发生背离。第二,如果 1966 年 6 月米兰达案判决之后的破案率确实出现了下降,那么,任何类似的变化都应归咎于米兰达案判决吗?因为 FBI 的犯罪数据之差臭名昭著,从前述两个角度的任何一个方面,人们都可以质疑 FBI 的数据影响了卡塞尔和福尔斯教授的研究结论。

一、破案率真的下降了吗?

首先,有理由怀疑破案率——破案数与发案数之比——的准确性。我们知道,犯罪数据曾经被政治性操控过,随着时间的推移,向 FBI 报告的犯罪数越来

---

[24] 参见 Cassell & Fowles,前引注②,第 28 页、第 1086 页表 II。
[25] 卡塞尔和福尔斯关于米兰达规则对谋杀案的破案率没有影响的研究发现在一定程度上对怀特大法官认为米兰达规则将导致谋杀犯将因此逍遥法外的反对意见进行了反驳。
[26] 参见 Cassell & Fowles,前引注②,第 1086 页表 II、第 1088 页表 III。

越多。㉗ 这些因素都会导致,在数据质量得以改善的情况下出现破案率降低的现象。作为炮制数据的结果——20世纪50年代、20世纪60年代早期的高破案率,是否使FBI的形象看起来要更好些? 如果是,那么,为什么在20世纪60年代的后期他们要停止编造犯罪数据的行为? 我们知道,自20世纪60年代后期以来,警察工作总体上受到了更为广泛的关注,我们可以据此推断数据炮制的情况因此得以改善。㉘ 也许是对米兰达案判决的愤怒突然使得警察更愿意披露一种较低的破案率,毕竟现在可以为他们相对拙劣的表现寻找到一个替罪羊。㉙

即使不说FBI有意识地炮制数据,警察机关在记录、使用计算机处理和披露犯罪信息方面也变得更好了。相应地,FBI的犯罪统计数据也从他们此前不切实际的低起点上膨胀起来。颇具讽刺意味的是,在FBI的犯罪统计数据改善给了人们一个并不确切的犯罪率上升了的印象的同时,全美犯罪被害调查(National Crime Victimization Survey, NCVS)提供的、更为精确的数据却显示,其时全美的犯罪率水平仍然平稳,或者甚至还有所下降。㉚ 当然,在下述情况下,卡塞尔和福尔斯教授的研究也许有着某种潜在的严肃含义:某种程度上,早期警察倾向于瞒报那些相对不重要或者未破的案件,因此上报的破案率也就相应地被夸大了。事实上,一项在米兰达案判决之前进行的,以加州警察局为对象的细

---

㉗ 1966年,纽约警察局局长霍华德·利里(Howard Leary)报告说,UCR的发布使一年间抢劫案件的报案数增加了164%,夜盗案件的报案数增加了139%,从而形成了更为客观的犯罪记录,但他认为,实际上真正的犯罪率增长可能还不到10%。参见Kamisar,"Crime Statistics",前引注⑱,第243页。20世纪60年代的芝加哥在放弃了无视报案以"省事并且使纸面上的地方治安看起来更好"的做法之后,也经历了同样的现象。同上引注。在一场通过拨打统一警察电话,从而使报案更为便捷、完整,鼓励民众举报犯罪的群众运动之后,这一效应被进一步强化。参见上引注;还可参见下引注㉛ & ㉙(对破案率的数据进行了讨论)。

㉘ 参见Stephen J. Schulhofer, "Bashing Miranda Is Unjustified—And Harmful", 20 Harv. J.L. & Pub. Pol'y 347, 369 (1997)。

㉙ 正如耶鲁·卡米萨在25年前所发现的那样:

> 随着警察局逐渐意识到整体上被认为警力不足、工作过量和越来越多的司法"掣肘"时,开始对全面、如实地进行犯罪统计减少限制。一支被法院判决"铐上手脚",而且警力不足的队伍,几乎很难对急剧增长的犯罪形势负责。参见Kamisar, "Crime Statistics",前引注⑱,第244页。

㉚ 1973年开始(唉,太迟对米兰达规则影响进行前后对比评估了)NCVS比FBI的UCR提供了更为真实的犯罪案件数据。这一年度犯罪数据报告记录了犯罪被害情况,无论其是否向警察局报过案,数据显示在1970—1993年间,强奸、严重殴打、夜盗、抢劫案件的数量出现了下降或者保持相对稳定的状态。然而,如果你看一下FBI同一时期的犯罪数据报告,其显示的是除了夜盗罪外其他所有犯罪案件整体上呈不断上升的趋势。从个案上看,对NCVS数据的回归分析显示,在时间趋势上,1973—1993年间,各类案件都呈显著的下降趋势。而对FBI同时期统计数据的回归分析显示,除夜盗罪案件以外,各类案件都呈显著的增长趋势。20年间FBI统计数据所表现出来的犯罪增长中的1/4也许反映了这一时期民众向警察机关报案的增长情况。参见Scott Boggess & John Bound, *Did Criminal Activity Increase During the 1980s?* (National Bureau of Economic Research, Working Paper No. 4431, 1993)。

致的社会学研究——因此并非专门设计以解释米兰达案判决后破案率的下降——清楚地描述了加州警察局瞒报那些未破案件的问题。㉛ 随着时间的流逝,更多的犯罪数据得以被记录和报告,FBI统计的犯罪数据因此迅速上升,破案率相应下降,因此我们可以推论此前警察局少报犯罪数据的行为减小了破案率计算中的分母(分子却没有相应地减小)。㉜

卡塞尔和福尔斯教授对这些可能的数据问题的检验仅局限于对谋杀案件的分析,而在各地警察局上报给FBI的犯罪数据中,谋杀案件的数量是最为准确的数据。㉝ 从数据面上看,20世纪50年代各地警察局上报给FBI的谋杀案件破案率之高令人难以置信。在1966年之前,FBI披露的非过失谋杀案件的破案率超过90%。㉞ 事实上,当时人口超过250 000的33个城市的总人口数超过22 400 000,1951年的谋杀案件破案率是97.1%㉟,同年,这些城市的谋杀案件犯罪率大约是6.62/100 000,即1951年这些城市大约发生了1483起谋杀案件㊱,根据前述破案率推算,警察破获了其中的1440起。虽然许多谋杀案件——特别是发生在家庭成员间的谋杀案——很容易侦破,我还是非常怀疑那些大城市的警察曾经取得过如此令人难以置信的破案记录,即使那是在犯罪行为较为简单、较

---

㉛ 该项研究发现,许多犯罪被登记为"可疑情形"而不是犯罪。这种做法可能会提高破案率。事实上,警察经常抱怨要求将所有的控告都登记为犯罪的规则,因为这会降低破案率,从而使警察看起来做得很差:

> 嗯,我们是最老实的警察局。所有这些有着炫目破案率的警察局——我们知道,他们都藏了这些牌。当你有一个近似于"可疑情形"之类的项目分类来作为废纸篓时,要给出一个低的犯罪率很容易。现在,我们至少知道正在发生着什么——每个犯罪案件都会被报告。

参见 Jerome Skolnick, *Justice Without Trial* 173 (1966)。因此,任何对犯罪数据精确性的提升都会带来破案率下降的结果。要更好地理解这一影响的重要程度,可以看看斯科尔尼克(Skolnick)的研究,斯科尔尼克研究发现,在某个警察局,大约20%—25%的夜盗犯罪报案都被登记为可疑的犯罪。同上引注,第172页。因此,1962年全美夜盗罪案件的破案率为28%,同上引注,第173页,对此类报案的如实登记势必带来案件总数的增加,假设说增加10%,就有可能导致此类案件的破案率下降到25.5%——即破案率也出现了10%的下降。

㉜ 相反,如果说犯罪数瞒报是随机的,那么,现在会有更多的犯罪被报告给FBI的犯罪统计这一事实也不会影响破案率,因为破获的案件数和犯罪总数只是简单地以相同的比例在增长。

㉝ 参见 David Cantor & Lawrence E. Cohen, "Comparing Measures of Homicide Trends Methodological and Substantive Differences in the Vital Statistics and Uniform Crime Report Time Series", 9 *Soc. Sci. Res.* 121 (1980)。

㉞ 参见 Cassell & Fowles, 前引注②, 第1084页图3。

㉟ 参见 *UCR-1952*, 前引注⑤, 第47页。

㊱ FBI数据的典型反常现象是,告诉我们33个人口在250 000人以上的城市(人口总数为22 400 000)的破案率,但是只告诉我们39个人口在250 000人以上的城市(人口总数为26 600 000)的谋杀案件犯罪率。在这个更大的样本中,1951年的谋杀犯罪率是6.62/100 000 (以1765起已知谋杀案件为根据)。参见 *UCR-1951*, 前引注⑤, 第74页。

少涉及毒品和被黑帮充斥的20世纪50年代。㊲ 大体上而言,即使在沃伦法院诸判决对刑事司法程序进行更多约束之前的相对自由的年代,几乎所有的白人警察对发生在犹太人居住区的谋杀案件都不太关心,数量更少的发生在陌生人之间的谋杀案件总是难以破获也是个众所周知的事实。

我的直觉是,当对警察的行动缺乏监督时,警察倾向于以一种高度自利的方式来"解决"(close)案件。㊳ 当警察的行动更多地被纳入监督范围之后,正如20世纪60年代中期美国联邦最高法院的刑事司法程序备忘录中所反映出来的那样,警察逐渐走向职业化,同时对犯罪数据的报告也日益标准化,其结果是,尽管看起来不太讨人喜欢,但却更为确切地反映出了警察工作的效率情况。㊴ 促使对警察行动加强监督的另外一个动力是联邦最高法院1963年的吉迪恩诉温赖特案(Gideon v. Wainwright)判决㊵,该判决赋予了被告人获得由法庭指定的律师的帮助的权利,给刑事司法体制带来了某种突变,由此提高了对警察行为的监督,进而也许同时降低了实际的破案率。㊶

---

㊲ 我们还注意到,犯罪结构同样会对破案率产生有力的影响。例如,家庭暴力犯罪案件的破案率就要比毒品黑帮实施的暴力犯罪案件的破案率要高得多。可以想象,20世纪60年代后半期使用非法毒品的情况急剧上升对破案率的下降势必发挥了重要的影响。就理想的角度而言,我们希望将一些有关毒品市场的评估手段纳入解释性变量的范畴,但是与此相关的可用数据通常非常不可靠。参见 Jeff Leen, "Number Jumble Clouds Judgment of Drug War", *Wash. Post*, Jan. 2, 1998, at A1.

㊳ 对县刑事起诉档案记录的研究也许可以揭示警察机关登记显示为"已侦破"的案件数量和移送起诉的案件数量之间的相关性的有,或者无。我的研究假设是,20世纪50年代起诉案件与侦破案件之间的比例要远低于今天,这一事实表明公开的20世纪50年代破案率实际上被夸大了。

㊴ 参见 Schulhofer, 前引注㉘, 第368—369页; 还可参见前引注㉗ & ㉛(认为更多的报案登记会使破案率数据看起来更为糟糕)。斯科尔尼克在研究中提到了一个米兰达案判决之前的案件,在该案件中,警察审讯了一个名叫詹姆斯的犯罪嫌疑人,该犯罪嫌疑人帮助警察破获了400多起夜盗案件,"我见证了数次对詹姆斯就其参与过的夜盗犯罪案件进行的审讯,在我看来,对他来说,要'伪造'破案率相对简单。你不需要特别敏感(詹姆斯就是这样的人)都能感觉到警察在记录破获这些陈年旧案时的愉悦心情。"参见 Skolnick, 前引注㉛, 第178页。实际上,作为其与警察合作的一部分,詹姆斯只被起诉了1起犯罪,只在看守所里待了30天。同上引注。斯科尔尼克引用了一位对此结果非常失望的侦探的话,"这是破案率悬在我们头上的交易",同上引注,第179页。侦探继续道:

> 我们抓住了这样的家伙,他们帮我们破了一个又一个案件,然后使我们在 FBI 的报告中看起来非常漂亮。但是,事实上,大多数的夜盗案件都是由相对少数的几个团伙实施的,当我们抓住其中一个时,就不得不给他巨大的好处以使(供述所有犯罪情况)我们看起来干得不错。这是个荒谬的制度,但这也是其使程序不断推进的方式,同上引注,第179页。

㊵ 参见 372 U. S. 335 (1963)。

㊶ 为所有刑事被告人提供律师帮助会以多种方式影响破案率,即使是在逮捕之后才为其指定律师,而这是在破案之后的;第一,由于许多刑事被告人是惯犯,律师叫其什么都不要跟警察说的建议会影响其在被逮捕后与警察交谈的意愿。在吉迪恩之后,越来越多的犯罪嫌疑人可能得到其律师的建议,随着时间的推移这很有可能会减少被羁押犯罪嫌疑人的陈述数量,即使没有米兰达案判决。第二,此前提到的为了获得犯罪嫌疑人供述以侦破系列陈年旧案的做法可能会因为律师阻止其当事人供述除了本项指控之外的其他犯罪事实而受到影响。第三,警察知道,刑事被告人很快就会将警察的不当行为告诉他们的律师,从而抑制了警察使用一些可能帮助警察破案的强制性措施(无论这些强制性供述是否准确)。

这些关于数据精确度的不确定性提醒我们应当对"相对于其他类型案件而言,谋杀案件的破案率更为精确"的预设给予更为细致的分析,这一路径与卡塞尔和福尔斯教授的整体观点不太一样。正如前文所述,卡塞尔和福尔斯教授表示,他们发现米兰达案判决对谋杀案件的破案率没有显著影响。㊷ 自20世纪50年代起至20世纪70年代,谋杀案件的破案率一直以一种相当平滑的趋势下降,在1966年前后并未表现出米兰达案判决而导致的突然变化。㊸ 因此,我们必须承认,有关犯罪的数据在支撑卡塞尔和福尔斯教授的预设方面也许不够准确,而且,我们在审视这些存有瑕疵的数据中最为准确的部分数据时,同样无法从谋杀案件的破案率中发现米兰达案判决有何影响的证据。㊹ 虽然也许是决定性的,基于以下的理由,这一点正是其之所以被批评的所在:如果米兰达案判决确实妨碍了警察的执法效果,其对谋杀案件的负面影响也许被警力的重新配置所掩盖。因此,可以认为米兰达案件判决的负面影响很大,即使从谋杀案件的原始破案数看根本就看不出来,但是这一假设却与卡塞尔和福尔斯教授的破案率在更为轻微的犯罪中确实下降了的发现并不一致。㊺

二、米兰达案判决是所有破案率下降的原因吗?

至此,我们已经就1966年米兰达案判决后的破案率是否真的背离了此前的趋势进行了分析。但是,即使说1966年后的破案率的趋势真的发生了变化,仍然还有一个数据准确性的问题,由此削弱了将米兰达案判决作为解释破案率趋势变化的原因的说服力。FBI对破案率是这样界定的:

基于UCR的目的,执法机关至少逮捕一人,对犯罪提起指控,而且

---

㊷ 参见Cassell & Fowles,前引注②,第1086页表II。
㊸ 同上引注,第1084页图3。
㊹ 在他们对这一回应的答辩中,卡塞尔和福尔斯认为,在米兰达案判决前后,机动车盗窃案件的破案率确实出现了下降,同时,机动车盗窃案件的报案率也许是最为准确的。参见Paul G. Cassell & Richard Fowles, "Falling Clearance Rates After Miranda: Coincidence or Consequence?", 50 *Stan L. Rev.* 1181 (1998). 尽管相对准确,但是机动车盗窃的数据仍然并不像其看起来那样可靠。例如,*UCR-1991*显示,全年机动车盗窃案件为1 700 000件,参见*UCR-1991*,前引注⑤,第49页。但是,更为可靠的NCVS显示,全年机动车盗窃案件,仅发生在居民住宅区的就高达2 100 000件(还不包括UCR中有的发生在商业和政府办公场所的案件),参见Bureau of Justice Statistics, U. S. Dep't of Justice, *Criminal Victimization in the United States* 16 表1 (1991). 换句话说,当年FBI的统计数据中至少遗漏了400 000件机动车盗窃案件,错误率大约为20%—25%。
㊺ 参见Cassell & Fowles,前引注②,第1086页表II、第1087页表III。认为关于警察机关将更多的资源投向谋杀案件以维持其破案率的假设可以通过如下方式来检验:警察机关内设谋杀案件侦查部门分配到的警力和其他资源相对于整体警力与资源的比例是否出现了增长。

将案件移送法院起诉即视为破获,或解决了一起犯罪。1966年记录的所破案件也可以是发生在前些年的犯罪。逮捕一个犯罪嫌疑人可以破获多起案件,或者逮捕了数个犯罪嫌疑人却只破获了一起案件。在存在一些执法机关无法控制的因素使执法机关无法对犯罪人提起正式指控的情况下,其他方式也可以视为案件已经破获。例如,犯罪人已经死亡(包括自杀、被警察或者其他公民个人合法致死等);在犯罪人已经被确定之后,被害人拒绝与控方合作;或者犯罪嫌疑人在其他司法管辖区犯罪并且正在被该地执法机关追诉而被拒绝引渡。在这些情形下,执法机关必须确定犯罪人,有足够的证据支持对该犯罪人进行逮捕,并且知道该犯罪人的确切下落。㊻

正如这段话所显示的那样,"破案"一词的定义并非完全直白。为了探究警察向FBI上报破案率数据的情况,我的研究助手对10个警察局进行了电话访谈,以了解他们是如何确定一个案件是否已经侦破的。㊼ 从这一数量相对较小,也非随机的样本所获得的反馈来看,接受访谈的警察几无例外地认为,只要犯罪嫌疑人已经被逮捕,不管地方检察官是否愿意起诉该嫌疑人,警察都认为此案已经破获,并将之视为已经破获的案件向FBI报告。㊽ 那么,在绝大多数案件中,米兰达案判决其实对破案率并无影响,因为米兰达规则只适用于逮捕之后的羁押审讯。㊾ 因为米兰达案判决只有在犯罪嫌疑人已经被逮捕之后才发挥作用,而只要逮捕了犯罪嫌疑人,警察即认为案件已经破获。因此,只有在一种情形下,米兰达案判决才有可能坏警察的事,即因为A罪被逮捕的犯罪嫌疑人原本在审讯中会供述其所犯下的B罪、C罪,但是因为米兰达规则,该犯罪嫌疑人不再说话,因此未能供述B罪、C罪或其他罪行。㊿ 但无论如何,根据现在警察的习惯做法,A罪是已经破获了的。除了深挖犯罪的效果之外,米兰达案判决对破案率几乎

---

㊻ 参见 UCR-1996,前引注⑤,第203页。

㊼ 这十个城市分别是:加利福尼亚州的贝克斯菲尔德、弗雷斯诺、恩克兰,得克萨斯州的博蒙特、拉伯克,俄亥俄州的辛辛那提,科罗拉多州的丹佛,亚利桑那州的梅萨、菲尼克斯,内华达州的阿德雷诺。

㊽ 除了菲克斯的一名警察之外,这十个城市中每个接受访谈的警察均认为逮捕犯罪嫌疑人足以认为该案已经侦破。

㊾ 参见 Miranda v. Arizona, 384 U.S. 436, 467 (1966)。

㊿ 如果警察为了获得相关信息以判断是否应当逮捕某个犯罪嫌疑人而经常拘留犯罪嫌疑人的话,那么,米兰达规则可能抑制犯罪嫌疑人被逮捕前的归罪性言论。然而,我们对这10个城市的警察的访谈表明,此类案件的数量非常少。

没有什么影响。(51)

这一分析仍未开脱米兰达案判决对打击犯罪造成了负面影响的指责，如果米兰达警告明显妨碍了犯罪嫌疑人向警察作出自我毁灭式的陈述，这显然将降低成功指控犯罪嫌疑人的比例，即使在衡量破案率方面并无影响。就某种程度而言，我对现在警察的一些习惯性做法的考察发现，这些做法在 20 世纪 60 年代相当普遍，而且审讯在深挖犯罪方面的效果也非常有限。但是，卡塞尔和福尔斯教授关于米兰达案判决对破案率的影响的研究结论是非常有争议的。(52)

## 第三节 方法论

在试图以统计方式来确定某部法律的实施效果时，大部分的研究者都希望能够找到一个"自然实验区"，即该法律在这一司法管辖区实施，但在另一个司法管辖区却并不适用，从而能够为研究提供一个很好的对照样本。例如，某位研究者试图对提高最低工资标准的影响进行评估，如果一些州提高了他们的最低工资标准，而另外一些州却没有，这种情形对研究者而言也许更为有利。如果那些在不同时期提高了他们的最低工资标准的州出现了就业率下降的情况，而那些未改变其最低工资标准的州却并未出现就业率下降的现象，那么这一现象即可视为提高最低工资标准是就业率下降的主要原因的有力证据。这一分析方法被称为"面板数据分析"（panel data analysis），即研究者可以同时使用跨区域数据和历时性数据，相对于试图对联邦发布的同一时间适用于所有劳动者的提高

(51) 另外，很难将"深挖犯罪"受到的影响归咎于米兰达规则而不是其他可能的原因，例如吉迪恩案件判决。参见前引注㊵—㊶及相关文献。

(52) 但是，"深挖犯罪"受到的影响因案件类型的不同而不同。这一差异也许可以解释为什么卡塞尔和福尔斯的研究发现米兰达规则对某些类型的案件的破案率没有影响（例如谋杀、强奸、加重的故意伤害案），而对其他一些类型的案件似乎又有很大的影响（如抢劫、夜盗、机动车盗窃），而这经常是犯罪行为实践或模式的一个部分。例如，通过一个夜盗惯犯的供述就可以侦破很多夜盗案件。但是，需要注意的是，"深挖犯罪"受限导致破案率较低对犯罪的影响应该低于不能先确定犯罪行为人的身份的影响。如果犯罪分子被抓住了，然后被送进监狱，因为米兰达规则而未供述除了被指控之罪外的其他案件事实，但是刑事司法剥夺其犯罪能力或预防犯罪的大部分价值仍然得到了实现。参见前引注㊶。此外，如果警察需要通过审讯该犯罪嫌疑人以侦破其他案件，其通常可以通过保证豁免其责任的方式强制其提供与其他犯罪有关的信息。

最低工资标准法规可能产生的影响所进行的评估而言，可以得出更为精确的因果关系评估结论。在缺乏对照组的情况下，研究者只能使用间断性时间序列数据分析(interrupted time-series analysis)，对相关法律变化前后的事件进行比较。在这种情形下，要获取确切的统计结论相当困难，因为除了法律之外，还有许多统计模型未能包括的因素在法律变化的同时也许正在发生变化。

因此，卡塞尔和福尔斯教授的研究起点有些不利，因为他们的研究是以单一的联邦性强制命令适用情况为对象的、间断性时间序列数据分析，而不是以理想的可以同时考察某不同州对同一法律的历时性体验的"面板数据分析"为基础。可以理解的是，人们也许可以通过寻找那些在米兰达案判决之前即已经对羁押性审讯进行强制性规范的州，从而获得一些横向比较的数据，这也许是检验卡塞尔和福尔斯教授研究结果的另一条路径。(53)

虽然间断性时间序列分析法也许是对适用于全联邦的强制性命令进行分析的唯一可欲的模式，但是这一模式在分析法律干预效果的过程中出现的诸多糟糕例子使我们必须对其结论保持必要的谨慎。(54) 作为一个直接的例子，卡塞尔和福尔斯教授对米兰达案判决效果的分析结论值得我们怀疑，具体理由有二：第一，正如卡塞尔和福尔斯教授所指出的那样，研究者们从未成功地解释过破案率问题，而破案率恰恰是卡塞尔和福尔斯教授研究中主要的因变量。(55) 第二，薄弱的统计模型进一步强化了时间序列分析的脆弱性。首先，如果该模型不能解释被检验变量(卡塞尔和福尔斯教授研究中的破案率)的变化，那么要确定特定法律变化的影响就变得更为困难；其次，20 世纪 60 年代后期，美国社会发生了剧烈的变化，这些变化很有可能同样影响了警察的破案率，但却很难将这些变化作为

---

(53) 另外，人们也许可以说 FBI 在 1966 年之前即已在审讯实践中对犯罪嫌疑人进行类似于米兰达规则式的权利警告(联邦最高法院在米兰达案判决中提到，FBI 的"对犯罪嫌疑人或被逮捕人进行警告时的示范性有效执法记录要求，在询问开始时应当告知犯罪嫌疑人或者被逮捕者法律并未要求其必须说话，但其所说的一切都将可能被用作不利于其的证据……" 384 U. S. 436, 484 [1966])。这意味着联邦犯罪案件的破案率本不应受到米兰达案判决的影响，即使其也许受到当时社会力量的影响。因此，如果 FBI 的破案率在米兰达案判决后发生了下降，那么，其他社会力量——而非米兰达规则——才是真正的原因。这一发现对卡塞尔和福尔斯的观点形成了有力的反驳。相反，如果 FBI 的破案率在米兰达案后没有出现下降，卡塞尔和福尔斯的观点将得到有力的支撑。不幸的是，FBI 没有保留当时的破案率数据，所以我无法对这一假设进行检验。

(54) 例如，对由伊萨克·埃利希(Isaac Ehrlich)完成的关于死刑影响的时间序列维度分析的批评就非常多。参见 Isaac Ehrlich, "The Deterrent Effect of Capital Punishment: A Question of Life and Death", 65 *Am. Econ. Rev.* 397 (1975)。罗伯特·库特尔和托马斯·尤伦所著的《法与经济学》(第 2 版)一书中对其中一些批评进行了讨论。参见 Robert Cooter & Thomas Ulen, *Law and Economics* (2d ed. 1996)；参见下引注(57)相关文献(对萨姆·佩尔茨曼[Sam Peltzmann]有关汽车安全规则的研究进行了讨论)。

(55) 参见 Cassell & Fowles，前引注②，第 1074 页。

解释性变量纳入回归分析模型当中。相应地，众多研究者在没有对这些可能严重影响分析结果的人口、政治、文化和社会变迁诸因素加以充分控制的情况下，就错误地将变量的变化情况归咎于法律干预的结果，其最终只会导致研究的失败。㊱

对此，我举个例子，即萨姆·佩尔茨曼对机动车安全规则影响的研究。㊲ 佩尔茨曼认为，联邦的强制性安全规则使司机们感觉更为安全，因此导致了更多的鲁莽驾驶，从而导致了行人死亡数量的急剧增加。㊳ 其实，佩尔茨曼比较了机动车安全规则实施前后的死亡人数情况，发现机动车拥有者的死亡率下降的同时，行人死亡率却上升了。㊴ 经济学家理查德·纳尔逊（Richard Nelson）对佩尔茨曼的研究提出了自己的看法：

> 除了安全带之外，1965年后还有众多的因素同样发生了变化。与此前相比，1965年后（至1970年间）是一个高度就业和繁荣的时期，在那些非致命性事故中"反潮流"（行人死亡增多）现象的上升也有可能部分地是因为新型汽车数量增多……佩尔茨曼强调，行人死亡数量增多这一现象，确实需要比其研究所提供的更为全面的分析。虽然行人死亡数量的增多，部分地可以归咎于危险驾驶的习惯，但部分地也许可以归咎于相对于更多的汽车而言，行人更多，或者是二者相互作用的非线性结果。从人口学的角度来看，大量"二战"后出生的人已经到了成年的年龄，我们有理由怀疑青年文化的涌现（包括危险驾驶等现象）对驾驶安全也产生了影响，佩尔茨曼的组间规模系数倒是充分地抓住了这一点。这是一个毒品、酒精、叛逆的年代，由于种种因素，经济学家的分析模型却未能很好地把握这一点。当然，佩尔茨曼甚至未曾尝试过对这些原因进行认真的把握。此外，越战对国内的影响是否与这一问题中的诸现象有关？我不清楚，但在对这些因素进行细致分析之前，显然

---

㊱ 参见前引注㊴。
㊲ 参见 Sam Peltzman, *The Regulation of Automobile Safety*, in *Auto Safety Regulation: The Cure or the Problem?* 1 (Henry G. Manne & Roger LeRoy Miller eds., 1976).
㊳ 同上引注，第17—19页。
㊴ 同上引注，第19页表3。

不能简单地将这一"逆潮流"现象归咎于交通安全立法。⁶⁰

纳尔逊的批评正如其他严肃的经济学家、计量经济学家和统计学家现在所认同的那样,已经彻底否定了佩尔茨曼的研究。⁶¹

在我们接受卡塞尔和福尔斯的1965年后破案率趋势背离是米兰达案判决的结果这一结论之前,有必要考虑他们的回归分析模型是否充分考虑了20世纪60年代中期美国社会和刑事司法体制所发生的一系列变化。这些变化中的任何一个方面都会影响破案率。无论联邦最高法院在刑事司法程序领域中做了什么,在一个毒品、酒精泛滥、叛逆、反战以及因政治/种族暴力而对警察充满敌意的年代,破案率随之下降一点也不令人吃惊。虽然人们也许可以认为,如果这些因素确实导致了破案率的下降,那么在这些因素逐渐消除之后,破案率应当出现反弹,但这一点并非一定正确。⁶² 无论如何,即使青年叛逆的时期已经过去,在20世纪60年代中期的美国,毒品、黑帮和犯罪的严重程度都要远甚于此前的15年。无论是卡塞尔和福尔斯,还是其他的研究者,在他们的回归分析模型中都未发现控制这些变量影响的方法,尽管如此,他们仍然含蓄地将破案率的下降归咎于米兰达案判决的影响。

## 第四节　回归分析模型设定

如果我们认为这些数据存在问题,并且对间断性时间序列分析缺乏信任,那么,我们必须对该回归分析模型的设定加以讨论。恰当的回归分析模型设定非常重要,也非常困难,模型设定过程中要求分析者同时使用合适的解释性变量和

---

⁶⁰ 参见 Richard R. Nelson, *Comments on Peltzman's Paper on Automobile Safety Regulation*, in *Auto Safety Regulation*, 同上引注⑰,第63,65—66页。

⑪ 注意,在佩尔茨曼的回归分析中包括了一个"米兰达",而不是汽车安全规范的虚拟变量,他同样获得了统计学意义上的显著性。但我们肯定不会抱怨说交通事故的上升是因为米兰达规则。

⑫ 为了恢复原状而排除原因要素的失败被称为滞后或者对称性因果关系问题,是今天经济学和社会学研究中的一个重要问题。参见 Stanley Lieberson, *Making It Count : The Improvement of Social Research and Theory* 62-87 (1985)。例如,排除杀死一个年轻人的子弹并不能挽回其生命。

功能性形式。⑬ 在准备我的回归分析模型的过程中,我选择了从解释以下因变量问题入手:该回归分析模型是否试图解释破案率或者破案率的自然对数?⑭ 该回归分析模型是否意图对解释性变量的影响作出评估,例如犯罪案件或者警察的数量,在因变量上,哪些因素可以用来衡量破案率?如果该回归分析模型能够很好地估量这些因素与破案率之间的关系,那么,我们可以认为这个回归分析模型与数据很匹配。而检测该模型是否很好地解释了这些数据的方法就是 R 平方值,通过 R 平方值可以检验该回归分析模型能够解释的因变量比例。因为我通过使用一个相关破案率的自然对数获得了一个略高的 R 平方值,因此我以之作为我的回归分析模型中的因变量。⑮

## 一、解释性变量

理想状态是,为了确定米兰达案判决对破案率的影响,我们最好能够设计一个包括所有显著影响全美破案率的回归分析模型作为解释性变量。警察人数和警察资源的增加都会增加破案数,因此警察人数和警察资源是明显的解

---

⑬ 功能性形式的重要性可以通过下面这个例子来说明:给定 30 个圆的面积数据,半径从 1 至 30 变化,我们可以试图运用回归方程来计算圆面积和半径之间的关系。但是,如果我们简单地对面积与半径之间的关系进行回归分析,而不考虑对面积与半径平方关系进行回归分析的理论适当性,我们预设的方程是"面积=−519.4+97.4×半径"。即使根据这一方程可以得出较高的核计检验结果和调整后的半径平方值 0.94,但这是一个很糟糕的方程。例如,当半径很小的时候,这一方程意味着在理论上不可能存在的负面积情况。但是,在合适规范的功能性形式下,我们可以得出一个正确的方程"面积=3.14159×半径平方"——我们熟悉的公式"面积=$\pi r^2$"。

这一教训是明显的:即使我们尝试在知道应变量是在一个单独的、完美测算过的解释性变量解释的情况下设定方程,如果运用了错误的功能性形式,回归分析的结果仍将令人十分失望。因为本项研究对破案率的回归分析所运用的数据非常不完善,而且我们不知道,也不可能对所有相关的解释性变量进行量化,我们对本项研究所使用的回归方式的功能性形式是否恰当并不确定,因此我们认为其所预设的这一破案率计算方程势必无法准确地反映出实际情况。

⑭ 假设不管现有警察数量和暴力犯罪案件的破案率如何,增加 10 000 警察有望将暴力犯罪的破案率提高 2 个百分点。即增加 10 000 名警察可以将原来 20%的破案率提高到 22%,或者将 40%的破案率提高到 42%。这意味着在警察数与破案率之间是一种线性关系,合适的应变量只是实际的破案率。另外,增加 10 000 名警察的效果可能带来固定比例的破案率增长——也就是说从 20%增长到 22%或者从 40%增长到 44%取决于最初的破案率,两者都代表着 10%的增长,在本案中,合适的应变量是相关破案率的自然对数。

⑮ 这具有对两个回归分析进行更为直接明显比较的额外优势,因为卡塞尔和福尔斯的时间虚拟变量中预设的时间虚拟变量系数指的是"米兰达",而在我的回归分析模型中,指的是"1966 年后",由此可以得出 1966 年后各类犯罪破案率下降的百分比。例如,像卡塞尔和福尔斯的研究那样,将实际的破案率作为解释性变量,意味着财产犯罪破案率下降 2 个百分点不能直接与暴力犯罪破案率下降 2 个百分点进行直接的比较,因为暴力犯罪的原始破案率要比财产犯罪的破案率高得多。

释性变量。⑯ 相反，犯罪数的增加则会压缩警察处理民众报案和破案的能力，因此导致破案率的降低，基于此，犯罪数也应当被纳入回归分析模型。事实上，正如舒尔霍夫在早些时候的研究中指出的那样，不仅仅是犯罪数和警力资源情况对解释破案率很重要，而且犯罪数与警力资源比在解释破案率方面同样重要。⑰ 例如，舒尔霍夫曾经认为，基于每100起暴力犯罪与警察人数比从米兰达案判决之前的1965年的80，下降到1970年的45这一事实，20世纪60年代后期暴力犯罪破案率的下降就丝毫不令人奇怪。⑱ 正如我们在下文中将看到的那样，警力资源与犯罪数之比确实重要，有时候，回归分析的结果对警力资源与犯罪数之比中的分母——犯罪数的测定即相当敏感。

然而，除了这些外，卡塞尔和福尔斯还将一些他们认为可能影响犯罪率，但事实上与破案率没有显著关系的变量纳入了回归分析模型中。在这一类变量中，我将增加15—24岁（最具犯罪倾向的年龄）的人口数量，劳动力就业和失业率，人均收入情况，以及未婚妇女生育数量情况等变量。⑲ 因为该回归分析模型已经控制了犯罪数变量，因此我决定放弃这些变量，以简化分析模型。我在回归分析中使用的怕有变量的数据来源和精确定义都将在本文附录中说明。

我本来希望对研究年度内的犯罪的性质和类型加以控制，例如发生在配偶间的谋杀案件就比发生在毒品地盘争夺中的谋杀案件容易侦破得多。非法毒品市场数量无疑对于本项研究大有帮助，但这些数据的获得相当困难。犯罪帮派间的毒品交易数量的增长是否增加了每一起犯罪案件侦查中逮捕的犯罪嫌疑人数？假如警察在侦查一起案件中不得不处理大量的犯罪嫌疑人，那么，其破案能力（数量）也就将下降。而且，一般民众以及犯罪者对警察的态度都会对破案率产生影响，但是这些变量很难简化到统计学意义上的数量。甚至是对被逮捕者进行毒品检测，或者搜查被逮捕者随身携带枪支的比例都会影响破案率，因为这些情况会延误和妨碍警察的效率；因为警察在处理比较麻烦的被逮捕者身上耗

---

⑯ 虽然卡塞尔和福尔斯将整体警力作为其解释性变量，但我的研究还是稍有不同，即我试图弄清楚具有执法权的警察的具体人数（而不包括不具有执法权的文职人员）。这样做的原因是在一些城市警察局，文职人员在整体警力中的比例已经从1950年的5%上升到了1995年的22%。我的假设是，在评估警察机关在打击犯罪方面的人力资源投入时，具有执法权的警察数相对于警察局职员总数而言，是一个更好的指标。因此我对1950—1995年间具有执法权的警察在警察局职员总数中的比例进行了计算，然后乘以卡塞尔和福尔斯研究中所提供的警察局职员总数和财力投入数量。

⑰ 参见 Stephen J. Schulhofer,"Pointing in the Wrong Direction",*Legal Times*,Aug. 12,1996,at 21。

⑱ 同上引注。

⑲ 参见 Cassell & Fowles，前引注②，第1082页。

费的时间越多,其用于侦破案件的时间也就越少。

考虑到回归分析模型中缺乏诸多可能影响全美破案率的变量因素,其他一些变量因素对破案率的影响很有可能被错误地归咎于米兰达案判决,这一危险值得我们认真关注。正如卡塞尔和福尔斯教授所做的那样,我也试图通过将一些应该充分控制的对破案率可能产生影响从而改变此前破案率平滑趋势的动态数量纳入回归分析模型以弥补这一缺陷。⑩ 需要注意的是,如果上文提到的任一被忽略变量的趋势出现某种突然转向——例如从一个对非法物质适度需求的状态转向一个充满着非法毒品市场,涉毒人员又参与犯罪黑帮活动的状态,或者从一个刑事被告人经常没有律师帮助的状态转向一个刑事被告人经常得到律师帮助的情形——那么,时间趋势分析就不能抓住这些变化及其影响,从而将破案率的下降全都不恰当地归咎于米兰达案判决。

二、回归分析的结果

(一)我的暴力犯罪破案率基本模型

从公布的数据看,1966—1995 年间暴力犯罪的破案率大约比 1950—1965 年间低了 1/3 左右。⑪ 假设在 1966 年中期以后即没有采取过什么提高破案率的措施,那么,这一 33% 即可视为米兰达案判决对破案率影响的上限,因为这一数字包括了我们在上文已经讨论过的所有可能导致破案率下降的因素带来的结果。当然,我们也知道,在米兰达案判决之前,暴力犯罪的破案率已经出现了一个下降的趋势,因此我们必须谨慎,不要将这一下降趋势也归咎于米兰达案判决。如果我们将下降的时间趋势扣除,那么,1966 年中期以后暴力犯罪破案率下降的比例大约为 25%,这是我们确立的米兰达案判决对暴力犯罪破案率影响的新上限。⑫ 如果在我们对暴力犯罪破案率的评估中加入其他的解释性变量,我们可以

---

⑩ 我对线性趋势和二次时间趋势项进行了控制(时间和时间平方)。
⑪ 我通过对 ln(暴力犯罪的破案率)常量和 1966 年中期之后时间虚拟变量的回归分析得到了这一结果。时间虚拟变量的系数大约为 −0.333,由此表明从 1966 年中期至 1995 年间 33% 的暴力犯罪平均破案率要低于 1950 年至 1966 年中期之间的数据。
⑫ 排除了 1966 年中期之后破案率在时间趋势方面下降影响之后的回归方程为:ln(暴力犯罪的破案率)= 常量 − 0.25×(1996 年之后的时间虚拟变量)− 0.0045×(1949 年以来的时间年数)+ 0.000 023×(1949 年以来的时间年数)²。"时间年数"变量上的负系数意味着在 1950—1995 年间,暴力犯罪的破案率整体上呈下降趋势。时间平方项的正系数意味着暴力犯罪破案率的下降趋势正在变小,或者说相当于该下降趋势正在趋近于零的水平。

期待未经解释的1966年中期以后破案率的下降仍将进一步收缩。无论如何,假设这些数据是准确的,而且回归分析的说明也是恰当的,那么可以预计,未经解释的1966年中期以后的暴力犯罪的平均破案率要比1950—1966年中期间的低。

表6-1、表6-2显示的是使用上文讨论过的解释性变量对暴力犯罪破案率进行回归分析的结果。[73] 这两张表之间的区别是,表6-1以暴力犯罪率替代了犯罪率,表6-2以谋杀犯罪率替代了犯罪率。在每一张表中,我们使用了一些不同的回归模型设定和1966年后两个不同的时间虚拟变量。[74] 表6-1的上半格假设米兰达案判决立即对破案率产生了影响,并自1966年中期持续到样本数据的结束时间,下半格假设在米兰达案判决后的头18个月内,被感知到的影响只有1/3,18个月之后,米兰达案判决的影响才全面、持续地表现出来。

在表6-1上半栏的第一列中,我们可以看到被确定为"1966年后"的时间样本同时伴随着暴力犯罪破案率5.6个百分点的下降。但是本表注释却显示,这

---

[73] 在表6-1和表6-2的每个回归分析中,德宾-沃森(Durbin-Watson)统计表明,存在序列相关性,这是时间序列分析中的一个共同问题。因此,本文的所有回归分析中的序列相关性分析都是运用希尔德雷斯-卢(Hildreth-Lu)矫正进行估算的结果。当满足下列条件时,序列相关性得以呈现:回归估算的数值高于(或低于)给定年度的真实值时意味着持续数年的回归估算数值也将高于(或低于)其真实值的可能性也更高。因此,如果对1990年的破案率回归估算过高,序列相关性就会出现的事实表明该回归估算可能高估未来数年的破案率。这一问题的发生通常是因为省略变量的累积效应倾向于持续一段时间。参见Robert S. Pindyck & Daniel L. Rubinfeld, *Econometric Models and Economic Forecasts* 137-38 (3d ed. 1991).

除了希尔德雷思-卢方法外,在处理序列相关性问题外,我在本文中还使用了一些不同的方法。当我在表6-4、表6-5中进行回归分析时,我使用了另外一种主要方法——序列相关性普雷斯-温斯滕(Prais-Winsten)修正法——1966年之后的系数通常都是正数但不具有统计学意义上的显著性。在运用普雷斯-温斯滕修正法进行回归分析时,时间趋势和小城市犯罪变量解释了破案率变化的所有模式,显示出对1966年后的警察执法效果没有什么影响。如果说普雷斯-温斯滕修正法得出的统计结果是正确的,那么卡塞尔和福尔斯的假设就会被这一统计数据直接证伪。另外,因为确信经济统计学和科学一样精巧,我选择拒绝接受普雷斯-温斯滕修正统计结果,理由是这些统计结果似乎与OLS和希尔德雷思-卢法统计结果偏离太远,而且是针对暴力犯罪的进行的,虽然不是财产犯罪,普雷斯-温斯滕修正法统计结果似乎对德宾-沃森统计提升的高度已经远高于2,从而表明这一修正并不适当。但是,普雷斯-温斯滕修正统计的结果突出了在如此之多的解释性变量聚集在一起时对时间系列数据进行准确评估的困难。

[74] 卡塞尔和福尔斯将1966年中期之后的时间虚拟变量界定为"米兰达"(案后),而在表6-1中使用了一个更中立的简短表达"1966年之后",参见Cassell & Fowles,前引注②,第1081页。我的标签简单地反映了这一虚拟变量可以捕捉到1966年中期之后由于变化不太平稳而未能被时间趋势变量捕捉到的,或者除此以外无法为其他解释性变量所控制的所有影响这一事实。关于"1966年后"特别说法的精确界定在每个表格都有特别说明。

一系数在所有的常规性水平上均缺乏统计学意义上的显著性。[75] 这一回归分析结果表明,1966年后暴力犯罪破案率走向趋势的变化可以通过每起暴力犯罪与警力资源比来解释,这一点与卡塞尔和福尔斯教授研究中的"警财能力"变量相类似。[76]

表6-1 城市暴力犯罪破案率(1950—1995年)

以暴力犯罪率作为一种解释性变量(括号中为 $t$ 检验统计结果)

| 变量 | 暴力犯罪 | | | |
|---|---|---|---|---|
| | 1966年之后:1966年=0.5,1967年及之后=1 | | | |
| 1966年之后 | −0.056<br>(−1.658) | −0.078<br>(−2.432)* | −0.108<br>(−3.266)** | −0.119<br>(−3.755)** |
| 暴力犯罪率 | 0.003<br>(0.185) | −0.028<br>(−1.449) | −0.026<br>(−1.412) | −0.041<br>(−2.673)* |
| 警察数(人均) | −0.194<br>(−2.810)** | −0.326<br>(−4.153)** | | |
| 警察数/暴力犯罪数 | | 0.408<br>(2.333)* | | 0.281<br>(3.161)** |
| 警务开支(人均) | | 0.007<br>(2.839)* | | |
| 警务开支/暴力犯罪数 | 0.025<br>(4.984)** | 0.001<br>(0.089) | 0.016<br>(3.348)** | |
| 小城市的犯罪情况 α | 0.004<br>(2.445)* | 0.001<br>(0.809) | 0.003<br>(1.456) | 0.001<br>(0.704) |
| 时间 | −0.011<br>(−3.690)** | 0.001<br>(0.194) | −0.009<br>(−2.143)* | 0.005<br>(1.429) |
| 时间$^2$ | 0.0002<br>(4.395)** | 0.000004<br>(0.050) | 0.0002<br>(2.880)** | 0.00001<br>(0.172) |
| 截距 | 3.945<br>(37.610)** | 3.997<br>(33.329)** | 3.846<br>(34.218)** | 3.800<br>(28.818)** |
| 调整后的 $R^2$ 值 | 0.969 | 0.982 | 0.928 | 0.953 |

[75] 统计学意义上显著性的缺乏意味着作者所估测的"1966年之后"影响也许只是受概率的影响。如果某种可见效应受概率影响的可能性"足够低",那么这种可见效应就被认为具有统计学意义上的显著性。构成"足够低"的可能性标准习惯上是0.05,但也可能是0.01或者0.10。参见 Damodar Ginjarti, *Essentials of Econometrics* 103-04 (1992).

[76] 参见 Cassell & Fowles, 前引注②, 第1078页。

(续表)

| | 1966年之后:1966年＝0.33，1967年＝0.66,1968年及之后＝1 | | | |
|---|---|---|---|---|
| 变量 | 暴力犯罪 | | | |
| 1966年之后 | −0.070<br>(−1.675) | −0.117<br>(−2.927)** | −0.139<br>(−3.601)** | −0.152<br>(−3.937)** |
| 暴力犯罪率 | 0.004<br>(0.226) | −0.034<br>(−1.795)† | −0.022<br>(−1.239) | −0.039<br>(−2.405)* |
| 警察数(人均) | −0.177<br>(−2.350)* | −0.302<br>(−3.901)** | | |
| 警察数/暴力犯罪数 | | 0.482<br>(2.762)** | | 0.224<br>(2.509)* |
| 警务开支(人均) | | 0.008<br>(3.314)** | | |
| 警务开支/暴力犯罪数 | 0.024<br>(4.398)** | −0.006<br>(−0.563) | 0.014<br>(2.938)** | |
| 小城市的犯罪情况 α | 0.003<br>(2.297)* | 0.0004<br>(0.257) | 0.002<br>(1.352) | 0.001<br>(0.753) |
| 时间 | −0.010<br>(−3.471)** | 0.004<br>(0.627) | −0.007<br>(−1.800)† | 0.005<br>(1.089) |
| 时间$^2$ | 0.0002<br>(3.883)** | −0.00005<br>(−0.509) | 0.0001<br>(2.355)* | 0.000005<br>(0.068) |
| 截距 | 3.937<br>(37.531)** | 3.990<br>(34.709)** | 3.872<br>(34.755)** | 3.856<br>(29.089)** |
| 调整后的$R^2$值 | 0.968 | 0.983 | 0.931 | 0.927 |

\*\* 在0.01水平上具有显著性；\* 在0.05水平上具有显著性；† 在0.10水平上具有显著性。
注意：因变量是报告出的破案率的自然对数。这些回归是运用希尔德雷思-卢（Hildreth-Lu）校正序列相关性估计的。所有警察和资源的计算都乘上了警察与警察局职员总数的比率。
α 这一变量测算了发生在居民少于250 000人的城市的暴力犯罪比例。

**表6-2　城市暴力犯罪破案率(1950—1995年)**

以谋杀犯罪率作为一种解释性变量(括号中为$t$检验统计结果)

| | 1966年之后:1966年＝0.5,1967年及之后＝1 | | | |
|---|---|---|---|---|
| 变量 | 暴力犯罪 | | | |
| 1966年之后 | −0.131<br>(−3.490)** | −0.102<br>(−2.582)* | −0.127<br>(−3.476)** | −0.121<br>(−3.289)** |
| 谋杀犯罪率 | 0.025<br>(3.480)** | −0.001<br>(−0.097) | −0.024<br>(−3.659)** | −0.018<br>(−2.099)* |
| 警察数(人均) | 0.028<br>(0.349) | −0.275<br>(−2.097)* | | |

(续表)

| 变量 | | | | |
|---|---|---|---|---|
| 警察数/谋杀犯罪数 | | 1.379 (1.876)† | | 0.355 (1.370) |
| 警务开支(人均) | | 0.007 (3.136)** | | |
| 警务开支/谋杀犯罪数 | 0.011 (0.949) | −0.038 (−1.434) | 0.012 (1.118) | |
| 小城市的犯罪情况 α | 0.003 (1.289) | 0.001 (0.656) | 0.003 (1.386) | 0.002 (1.226) |
| 时间 | −0.005 (−1.272) | −0.010 (−2.580)* | −0.005 (−1.250) | 0.005 (−1.131) |
| 时间² | 0.000 03 (0.519) | 0.000 04 (0.873) | 0.000 04 (0.535) | 0.000 02 (0.383) |
| 截距 | 4.137 (33.596)** | 4.020 (21.379)** | 4.170 (57.552)** | 4.047 (30.150)** |
| 调整后的 $R^2$ 值 | 0.899 | 0.951 | 0.897 | 0.904 |

1966 年之后:1966 年=0.33,1967 年=0.66,1968 年及之后=1

| 变量 | 暴力犯罪 | | | |
|---|---|---|---|---|
| 1966 年之后 | −0.178 (−4.473)** | −0.153 (−3.583)** | −0.172 (−4.376)** | −0.165 (−4.179)** |
| 谋杀犯罪率 | −0.021 (−3.310)** | −0.005 (−0.379)† | −0.020 (−3.173)** | −0.015 (−1.828)† |
| 警察数(人均) | 0.043 (0.571) | −0.212 (−1.774)† | | |
| 警察数/谋杀犯罪数 | | 1.025 (1.527) | | 0.324 (1.335) |
| 警务开支(人均) | | 0.007 (3.536)** | | |
| 警务开支/谋杀犯罪数 | 0.010 (0.912) | −0.028 (−1.152) | 0.012 (1.145) | |
| 小城市的犯罪情况 α | 0.002 (1.145) | 0.0009 (0.598) | 0.002 (1.277) | 0.002 (1.120) |
| 时间 | −0.004 (−0.904) | −0.010 (−2.993)** | −0.003 (−0.802) | −0.003 (−0.687) |
| 时间² | 0.0001 (0.197) | 0.000 04 (0.939) | 0.000 01 (0.187)* | 0.000 003 (0.045) |
| 截距 | 4.100 (35.359)** | 4.048 (23.691)** | 4.150 (60.808)** | 4.040 (32.243)** |
| 调整后的 $R^2$ 值 | 0.917 | 0.965 | 0.910 | 0.916 |

** 在 0.01 水平上具有显著性;* 在 0.05 水平上具有显著性;† 在 0.10 水平上具有显著性。
注意:因变量是报告出的破案率的自然对数。这些回归是运用希尔德雷思-卢(Hildreth-Lu)校正序列相关性估计的。所有警察和资源的计算都乘上了警察与警察局职员总数的比率。
α 这一变量测算了发生在居民少于 250 000 人的城市的暴力犯罪比例。

表 6-1 的第 2 至 4 列包括了作为解释性变量的警察人力和财力资源的四种组合,在包括了这 4 个变量的第 2 栏中,1966 年后的虚拟系数为 $-7.8\%$,并且在 0.05 的水平上具有统计学意义上的显著性。在表 6-1 上半部的 4 个回归分析结果中没有一个能够让人完全满意。第 1、2 列的问题是,更多的警察人力却伴随着明显更低的破案率,显然这一结果是不对的。第 3、4 列通过消除在各种警察测度方面避免了错误的标记,但是在 R 平方值上却更低。最后,没有一个强有力的支撑在其中进行选择的理由,我选择了一个客观性规则,即优先考虑回归分析的最高 R 平方值,即第 2 列的回归分析结果。因此,下文我仅针对第 2 列中的解释性变量的回归分析结果进行讨论。

表 6-1 下半部显示的是,以时间虚拟变量——即在米兰达案判决后的 18 个月内,米兰达案判决只发挥 2/3 的影响,此后其影响才完全发挥——替代米兰达案判决或者其他因素之后所得出的回归分析结果。注意,在表 6-1 下半部的第 2 列的回归分析所得出的 R 平方值的细微改进显示,相对于那种认为米兰达案判决自作出之日起即完全影响了警察执法活动的模式而言(即表 6-1 上半部所显示的模式),其似乎更适合这一分析模式。⑰ 无论是表 6-1 的上半部,还是下半部,我们发现,1966 年后的系数总是负数,而且在 8 项回归分析中,有 6 项具有统计学意义上的显著性。由此表明,虽然我的回归分析模型设计与卡塞尔和福尔斯教授有所不同,但是我对回归分析的改变并未影响卡塞尔和福尔斯教授的暴力犯罪破案率回归分析结果的妥当性。如果将表 6-1 第 2 列作为优先考虑的基本模型,暴力犯罪破案率具有向下背离的趋势(下降了大约 $8\%-12\%$),卡塞尔和福尔斯教授将之归咎于米兰达案判决,但其同样包括了上文讨论过的其他一些同样可能对破案率造成影响,却为回归分析模型所忽略了的变量。因为包括了 1966 年后的虚拟时间变量和两个时间趋势(时间和时间平方)的简单回归分析拟制了一个 1966 年后米兰达案判决的影响值为 $-25\%$ 的预设,加上表 6-1 中的其他自变量,大约可以解释 1966 年后破案率趋势变化的 1/2 至 2/3 左右。

表 6-2 显示的是与表 6-1 同样的回归分析,除了犯罪类型的替代措施不一样。因此,考虑到表 6-1 使用的是暴力犯罪率,表 6-2 选择了谋杀犯罪率。另外,表 6-1 推断了每起暴力犯罪案件对应的警察人数及财政成本情况,而表 6-2 则推断了每起谋杀案件对应的警察人数及财政成本情况。正如我们所看到的,表 6-2

---

⑰ 有关 R 平方值的描述请参见前引注㊺及相关文献;还可参见 Thad W. Mirer, *Economic statistics and Econometrics* 91-94 (3d ed. 1993)(介绍了 R 平方值的计算)。

中的 1966 年之后的虚拟系数的数量和重要性实际上都要高于表 6-1。明显的是,卡塞尔和福尔斯教授的假设很大程度上由 1966 年后的虚拟系数来加强,因此我们必须考虑究竟是谋杀犯罪率还是暴力犯罪率是更好的解释性变量。

记得我们曾经运用典型犯罪类型来解释不断增多的犯罪对警察破案能力的影响,因为从数据可信性的角度而言,谋杀犯罪是最好测算的一种案件类型,也因为近些年来其他类型的犯罪实际并未增加,只是由于犯罪登记情况的改善而出现了犯罪数量暴涨的现象。我最初的想法是,谋杀犯罪的数量也许是反映警察实际破案负担的更佳变量。另外,可能破案率的下降是警察犯罪登记情况改善的结果,即记录了更多的相对更不重要、更不可信,也更不可破的犯罪案件数。因此,如果我们正在解释的是一个受人为夸大因素影响的变量——破案率的分母在过去的这些年中不断地被人为地扩大——也许更为合适的是,将那些在同一比例中可能扩大的解释性变量都包括进去。事实上,如果我们用修正过的 R 平方值作为最佳回归分析模式的决定性因素的话,那么暴力犯罪肯定要胜过谋杀犯罪,因为表 6-1 内修正过的 R 平方值总是高于表 6-2 的对应数值。利用同一标准,表 6-1 的第 2 列和最下边一行给出的即是最佳回归分析模型,下面我将以这一模型为基础展开论述。

(二)多重共线性问题

多元回归是一种用来确认在其他性变量均为常数的情况下,某个解释性变量(本项研究中最值得注意的是 1966 年后的虚拟时间变量)中的单位变化对因变量(在本项研究中即指破案率)的影响的统计方法。如果解释性变量之间有着高度的共线性,那么通常也就不可能使其他解释性变量保持在一种常数状态:只要其中一个解释性变量发生变化,其他与其有着高度关联的解释性变量也会发生改变。这就是多重共线性问题,它的存在可能导致回归分析无法就任一共线解释性变量对应的影响效果作出确切的评估。

正如前文已经证明的那样,在这一破案率回归分析模型中的一些最为重要的解释性变量之间存在高度的关联性。表 6-3 显示了表 6-1、表 6-2 中各解释性变量之间的关联性,在一些情形下这种关联程度非常之高。例如,警务开支(人均)和暴力犯罪率之间的关联度为 0.97,警察数/暴力犯罪与警务开支/暴力犯罪之间的关联度为 0.92。这些解释性变量之间的多重共线性问题的确可以解释,为什么我们对从卡塞尔和福尔斯教授的文章中提取的表 6-1、表 6-2 中的解释性变量系数的评估经常出现错误的标志。例如,卡塞尔和福尔斯教授文章的表 6-1

表明,我们有理由期待,警察数(人均)的增加和每起犯罪侦查中警力资源投入的增加将提高破案率,但其回归分析却得出了相反的结论,即事实上显示的是破案率下降。[78] 在本文的表 6-1 第 2 列的回归分析中同样存在着类似的多重共线性问题,虽然关于警力资源的 4 项测量指标中有 2 项与提高破案率有关,第 3 项实际上没有效果,但是警察局职员总数与暴力犯罪数之比变量类似于卡塞尔和福尔斯教授的回归模型中的"警力"变量,看起来对破案率有着负面的影响。另外,这一系数估测在表 6-1、表 6-2 第 2 列的回归分析中的 t 检验值都是最高。[79]

基于我们对 1966 年后虚拟时间变量系数估测最感兴趣的事实,我们很难在 1966 年后变量与警务开支(人均),以及 1966 年后变量和暴力犯罪率之间找到一种高度的关联。[80] 虽然对这些关联变量系数的估测可以毫无偏见(从统计学上来理解,如果我们能够分析新的数据,并且获得许多系数估测的话),但是这些系数估测的均数将产生其真正的价值——我们对这些系数估测的信心也因此被削弱。

(三)"米兰达影响"(Miranda effect)的开始和持续

1966 年后解释性变量与因变量(破案率)之间系数在统计学上的显著性并未揭示,类似虚拟时间变量是在 1966 年米兰达案判决之前几年还是之后开始,是否会为我们提供一个更合适的(米兰达案判决开始产生影响)时间点。为了探究这种可能,我对表 6-1 上下两部的第二列进行了回归分析,同时将虚拟时间变量的开始时间设定为从 1962 年至 1969 年。结果显示,当虚拟时间变量的开始时间为 1966 年时,表 6-1 下半部第 2 列的回归分析结果确实显示出最显著的"1966 年后系数"(post—1966 coefficient)和最高的 R 平方值。但是,在表格的上半部中,最合适的时间点却是在 1967 年中期。这些发现意味着将米兰达案判决开始影响破案率的时间定在 1966 年中期的回归分析模型,稍微不如将这一时间定在

---

[78] 参见 Cassell & Fowles,前引注②,第 1083 页表 6-1。卡塞尔和福尔斯使用的"城市化"和"小城市的犯罪"两个变量之间还存在另一个严格的多重共线性问题。这两个变量之间的 R 平方值是 0.98。因为 FBI 的破案率数据只包括城市,对我而言,为什么应当包括城市化这一变量尚不清楚。因此,在我的回归分析中,我忽略了这一变量。

[79] 这一回归模型对每个解释性变量的影响进行了估算(估计系数),并对这一估算进行了精确的计算(标准差)。估计系数与标准差之比被称作 T-统计,通常被用来确定估计系数的统计显著性。简单地说,T-统计可以被用来确定当真实值为 0 时,特定大小的系数估计随机形成的可能性。T-统计值越大,观察到的系数只是从真实值为 0 时的随机变量的可能性越低。粗略但实用的统计方法是,T-统计值超过 2 时,即可认为在通常的水平上具有统计显著性。

[80] 两项 1966 年后的变量和警务开支(人均)之间的相关性在 1966 年之后都是 0.88。暴力犯罪率与 1966 年之后的变量一之间的相关性为 0.90。

表 6-3 破案率回归分析中解释性变量之间的相关关系调整后的 $R^2$ 值

| 变量 | 1966年后-1 | 暴力犯罪率 | 警察数(人均) | 警察数/暴力犯罪 | 警务开支(人均) | 警务开支/暴力犯罪 | 谋杀犯罪率 | 警察数/谋杀犯罪 | 警务开支/谋杀犯罪 | 小城市的犯罪情况 α | 1966年后-2 |
|---|---|---|---|---|---|---|---|---|---|---|---|
| 1966年后-1 |  | 0.898 | 0.743 | 0.187 | 0.876 | 0.433 | 0.875 | 0.383 | 0.326 | 0.720 | 0.995 |
| 暴力犯罪率 | 0.898 |  | 0.853 | 0.311 | 0.968 | 0.549 | 0.945 | 0.536 | 0.476 | 0.861 | 0.733 |
| 警察数(人均) | 0.743 | 0.853 |  | 0.681 | 0.943 | 0.881 | 0.954 | 0.862 | 0.756 | 0.990 | 0.737 |
| 警察数/暴力犯罪 | 0.187 | 0.311 | 0.681 |  | 0.448 | 0.918 | 0.483 | 0.933 | 0.801 | 0.673 | 0.179 |
| 警务开支(人均) | 0.876 | 0.968 | 0.943 | 0.448 |  | 0.701 | 0.982 | 0.677 | 0.608 | 0.936 | 0.878 |
| 警务开支/暴力犯罪 | 0.433 | 0.549 | 0.881 | 0.918 | 0.701 |  | 0.719 | 0.986 | 0.881 | 0.859 | 0.410 |
| 谋杀犯罪率 | 0.875 | 0.945 | 0.954 | 0.483 | 0.982 | 0.719 |  | 0.687 | 0.587 | 0.949 | 0.876 |
| 警察数/谋杀犯罪 | 0.383 | 0.536 | 0.862 | 0.933 | 0.677 | 0.986 | 0.687 |  | 0.916 | 0.849 | 0.375 |
| 警务开支/谋杀犯罪 | 0.326 | 0.476 | 0.756 | 0.801 | 0.608 | 0.881 | 0.587 | 0.916 |  | 0.729 | 0.321 |
| 小城市的犯罪情况 α | 0.720 | 0.861 | 0.990 | 0.673 | 0.936 | 0.859 | 0.949 | 0.849 | 0.729 |  | 0.718 |
| 1966年后-2 | 0.995 | 0.733 | 0.737 | 0.179 | 0.878 | 0.410 | 0.876 | 0.375 | 0.321 | 0.718 |  |

* 注："1966年后-1"代表米兰达规则在1966年的赋值为0.5,此后每年赋值均为1。"1966年后-2"代表米兰达规则在1966年的赋值为0.33,1967年赋值为0.66,此后每年赋值均为1。所有警察和资源的计算都乘上了警察与全体员工总数的比率。

α 这一变量测算了发生在居民少于250 000人的城市的暴力犯罪比例。

1967年中期（调整后的表格上半部）的回归分析模型，也不如认为在1966年下半年间米兰达案判决根本未对破案率有任何影响，米兰达案判决对破案率的影响在1967年也只发挥出一半，直到1968年才全部发挥的回归分析模型。最后，以自1966年中期（原始表格的下半部）起的18个月内米兰达案判决对破案率的影响只发挥了2/3之假设为基础的回归分析模型还是要稍微好些。[31]

注意，几乎所有的回归分析模型都暗示性地假设，一旦米兰达案判决的影响开始发挥，其便无限期地以一种常量持续着。但是，正如卡塞尔和福尔斯教授注意到的那样，我们也不能确认这一进路是否一定能够抓住联邦最高法院判决的影响之特征。[32] 相反，我们可以认为，米兰达案判决最初确实对破案率带来了一定影响。但是，一旦警察掌握了如何应对米兰达规则的限制，该案判决对破案率的影响也就消失了。为了解释这一可能性，我对表6-1进行了同样的回归分析，但是在1966年后虚拟时间变量上，我尝试了另一变量：即假设1966年中期，米兰达案判决一经作出即对警察的破案率产生了全面的影响，但是这种影响至1969年只剩下2/3，至1970年剩下1/3，此后对破案率的影响为0。根据这一假设变量所作的回归分析结果显示，表6-1中1966年后米兰达案判决影响的四项回归分析结果迅速下降至－2%至－4%。在每种情形下，表6-1中的回归分析对1966年后虚拟时间变量的调整后R平方值和t检验值都比"米兰达案判决影响的短期性"虚拟时间变量所得出的相应结果要高。这些结果表明，1960年后所发生的破案率趋势背离可能是在米兰达案判决之后的一段时间才全面发生并且一直得以持续的。[33]

（四）变动中的样本城市构成

在上文对FBI相关数据的讨论中，我们注意到1950—1955年的破案率数据并非来源于同一批城市。这一差异不仅仅是人口的城市化构成反映，而且同时也反映这些数据样本城市的实质性差异。因此，在20世纪50年代的破案率，只

---

[31] 这些关于三种模型——在米兰达案判决后18个月内，米兰达规则对警察执法效果的负面影响只表现出了2/3的分析模型要优于1966年后1年内米兰达规则没有影响的模型，而后一模型又优于自1966年中期起米兰达规则的影响已充分发挥的模型——相对表现的结论还认为从回归分析模型中抽出了时间平方项。总体上而言，抽出时间平方项提高了1966年后米兰达规则对破案率影响的数值。例如，对表6-1第一列和底部一格的回归分析结果显示，1966年后米兰达规则的影响为－7%，T-统计数值为－1.675，只是将时间平方项从回归方程中抽出之后，1966年后的影响系数就跳升到了－9.4%，T-统计数值为－1.76。

[32] 参见Cassell & Fowles，前引注②，第1092—1095页。

[33] 这一结论得到了卡塞尔和福尔斯完成的其他检验结果的支持，参见Cassell & Fowles，前引注②，第1099页表V。

涉及发生在1601个城市、大约5470万人之间的犯罪案件侦破情况,而到1981年最高峰时,相应的数据涉及的是发生在9179个城市、1.462亿人之间的犯罪案件侦破情况,而到1995年,相应的数据分别是8278个城市、1.483亿人口。[84] 或者因为某种真相,或者只是因为提取数据的样本城市不同,从全国性数据来看,我们永远无法确定破案率是否正在发生变化,进而也为这一分析带来了某种程度的不确定性。另一个复杂之处在于在过去的这些年间,提取数据的样本城市的人口急剧增加,但是FBI每年只是简单地公布"年度破案率",而未根据样本城市的人口数量变化对相关数据作出相应的调整。考虑到涉及的问题范围,我对FBI提取破案率数据的样本城市的总人口数与全美人口数之比进行了计算,结果发现,这一比例从1950年的0.36,上升至1960年的0.46,此后在1961年又下降到0.41,而后在1966年回升到0.51,高峰时期为1981年的0.64,至1995年再次回落到0.56。[85]

除了不同时期的破案率数据在来源方面存在着不一致的情况外,FBI对警力资源的统计同样存在类似的问题。例如,1950年统计的是涉及人口约7300万共3223个城市的警力情况,但1995年统计的是涉及1.46亿人口、10010个城市的警力情况。[86] 因此,我们对破案率的解释出现了这样一种并不对应的情形,即以此城市的警力数据来解释彼城市的破案率。此外,其用以说明居民数少于250 000人口的城市的暴力犯罪率的解释性变量同样来自一些并不匹配的城市。[87] 而且,在我们设定警察数与谋杀犯罪数之比,或者警察数与暴力犯罪数之比时,犯罪数据与警力数据同样是来自并不匹配的城市,从而再次使回归分析模型中的解释性变量受到了污染。最后,还有一些关键性变量——所有暴力犯罪、财产犯罪的破案率,以及暴力犯罪的犯罪率——1975年之前的数据是来源

---

[84] 参见 UCR-1950,前引注⑤,第42页表13;UCR-1981,前引注⑤,第153页表19;UCR-1995,前引注⑤,第199页表25。

[85] 参见 UCR-1951,前引注⑤,第42页表13(城市人口总数为54 690 170);UCR-1961,前引注⑤,第79页表5(城市人口总数为95 538 127);UCR-1966,前引注⑤,第102页表13(城市人口总数为99 371 000);UCR-1981,前引注⑤,第153页表19(城市人口总数为146 165 000);UCR-1995,前引注⑤,第199页表25(城市人口总数为148 295 000)。1951年全美城市人口总数为151 868 000,1961年为182 992 000,1966年为195 576 000,1981年为229 466 000,1995年为262 755 000。参见美国商务部人口统计局1996年《美国统计摘要》第8章表2(Bureau of Census, U. S. Dep't of Commerce, *Statistical Abstract of the United States* 8 tbl. 2 [1996])。

[86] 参见 UCR-1950,前引注⑤,第20页表11;UCR-1995,前引注⑤,第279页表70。

[87] 参见附录。

于经福克斯调整过后的 UCR 数据[88]，而 1975 年之后的数据则是未经调整的。

对数据之间的不匹配进行控制的最好办法是，找一些保有 45 年间（1950—1995）相关数据（如犯罪率、破案率、警力情况数据）的城市，并将分析局限于这些城市。要达到这一目标，必须获得 FBI 的原始数据，然后对这些数据进行人工处理。当然，基于本项研究的时间限制，要完成这一数据分析的工作基本上不太现实。虽然并不知道前述数据缺陷可能带来的影响如何，但可以肯定的是，其对分析结论的影响将是实质性的，从而再次提醒我们应对回归分析结果的解释保持必要的谨慎。

（五）共时性问题

普通最小平方回归分析被认为不存在共时性，即意味着自变量影响因变量，但因变量并不相应地同时影响任何自变量。我们关于破案率的回归分析模型同样提出了一个共时性问题。如果事实上，而不仅仅是说警方上报的，破案率真的在过去的这段时间里出现了下降，那么人们可以期待犯罪将受到警察工作效率下降的影响。但是，在这一回归分析模型中，犯罪是我们用来解释破案率的一个自变量，此即意味着我们遇到了一个典型的共时性问题。正如卡塞尔和福尔斯教授指出的那样，这也许会导致回归分析预测以一种无法预见的方式偏离。[89]他们已经明确将在以后的研究中对这一问题进行更为深入的讨论，并且要求我们在根据他们的数据对这一问题作深入探讨时，耐心地等待他们的结果。[90]

（六）其他类型犯罪的分析结果

基于对数据质量和多重共线性问题、全美范围内时间序列的犯罪率及破案率进行估测的难度，以及对共时性问题的分析，前文表 6-1、表 6-2 的回归分析结果表明，除了前述控制性变量之外，还有其他因素对 20 世纪 60 年代中期以后暴力犯罪破案率的下降产生了影响。表 6-3、表 6-4 利用表 6-1 下半部第 2 列的模型对其他类型犯罪破案率进行了回归分析。整体而言，回归分析的结果没有卡

---

[88] 参见 James Alan Fox, *Forecasting Crime Data: An Economic Analysis* 81-86 & 83 tbl. A-1 (1978).

[89] 参见 Cassell & Fowles, 前引注②，第 1101—1103 页。

[90] 因为人们会预期如果在犯罪统计方面存在计算错误的话，犯罪和破案率之间就会存在一种负相关，因此发生另一种共时性问题，就像事实所显示的那样。然而，还不清楚的是，这一偏见是否会对 1966 年以后的虚拟估计系数产生影响。

塞尔和福尔斯教授所得出的结论那么显著。虽然表 6-4、表 6-5 中的所有关于 1966 年后的系数均为负数,在某种程度上可以反映出破案率的下降,但在 9 种犯罪类型中仅有 2 种(暴力犯罪和偷窃犯罪)类型的回归分析结果在 0.05 水平上具有统计学意义上的显著性。另外,偷窃犯罪的回归分析与数据之间的匹配情况似乎并不太好。在表 6-1、表 6-2、表 6-4、表 6-5 所有犯罪类型的回归分析的 R 平方检验值都大于 0.9 的情况下,偷窃犯罪的回归分析的 R 平方检验值仅为 0.61。这一现象表明,也许这一回归分析模型并不能很好地测度米兰达案判决对特定类型犯罪破案率的影响。相反,卡塞尔和福尔斯教授的研究结果表明,在米兰达案判决对破案率的负面影响方面,在 9 种类型犯罪案件中有 6 种类型在 0.05 水平上都具有统计学意义上的显著性。包括所有的暴力犯罪案件、抢劫犯罪以及所有 4 种类型的财产犯罪。[91] 如果将表 6-4、表 6-5 作为一个整体来看,似乎表明,1966 年后作为整体的暴力犯罪案件的破案率下降具有统计学意义上的显著性,但并非每种暴力犯罪案件的破案率下降情况都与作为整体的暴力犯罪案件的破案率下降情况相一致。偷窃犯罪案件的破案率下降情况也具有统计学意义上的显著性,但是其他类型的财产犯罪,以及作为整体性的财产犯罪案件的破案率的下降并不具有统计学意义上的显著性。在一个存有瑕疵的回归分析模型中,这也许会影响我们对米兰达案判决对 1966 年后破案率的影响进行判断的信心。此外,表 6-4、表 6-5 的所有系数都是负数,在 9 组回归分析中,只有 4 组在 0.10 或更高的水平上具有统计学意义上的显著性,1966 年后抢劫(-12.3%)、偷窃(-13.3%)、机动车盗窃(-15.0%)犯罪案件的破案率下降是较为明显的。这一模式也许表明,1966 年后,米兰达案判决对那些也许涉及数十起,甚至数百起犯罪案件的重大犯罪嫌疑人的影响最大。因为警察对这些犯罪嫌疑人的审讯可以打击一些惯犯,从而一举侦破由该犯罪嫌疑人实施的其他众多犯罪案件,而不仅是导致犯罪嫌疑人被逮捕的那一起案件,进而提高警察的破案率。

---

[91] 参见 Cassell & Fowles,前引注②,第 1083 页表 1、第 1086 页表 2。当我从表 6-2 最底下一行第 2 列(使用谋杀案件而不是暴力犯罪案件作为犯罪解释变量)开始运行回归模型时,(在 9 个回归模型中)有 5 个存在 1966 年以后破案率受到了负面影响,并且在 0.05 水平上存在统计学意义上的相关性(所有暴力犯罪、抢劫犯罪、加重伤害犯罪,所有的财产犯罪和盗窃机动车犯罪)。然而,在每一种情形下,从这些回归方程中调整后的 R 平方检验值都比表 6-4、表 6-5 的可比值更低(用暴力犯罪率代表犯罪系数)。因此,以谋杀犯罪作为犯罪系数的回归分析结果并不包括在内,但可以从作者处获得。

**表 6-4　城市暴力犯罪类罪和个罪案件破案率(1950—1995 年)**

1966 年后：1966 年＝0.33,1967 年＝0.66,1968 年及之后＝1

（括号中为 $t$ 检验统计结果）

| 变量 | 暴力犯罪 | 谋杀 | 强奸 | 抢劫 | 恐吓 |
|---|---|---|---|---|---|
| 1966 年后 | −0.117<br>(−2.927)** | −0.028<br>(−0.918) | −0.033<br>(−0.539) | −0.123<br>(−1.568) | −0.026<br>(−0.626) |
| 暴力犯罪率 | −0.034<br>(−1.795)† | −0.051<br>(−3.495)** | −0.016<br>(−0.546) | 0.009<br>(0.239) | −0.025<br>(−1.252) |
| 警察数(人均) | −0.302<br>(−3.901)** | −0.029<br>(−0.496) | −0.216<br>(−1.828)† | −0.313<br>(−2.061)* | −0.093<br>(−1.172) |
| 警察数/暴力犯罪数 | 0.482<br>(2.762)** | 0.186<br>(1.387) | 0.469<br>(1.765)† | 0.282<br>(0.825) | 0.212<br>(1.182) |
| 警务开支(人均) | 0.008<br>(3.314)** | 0.002<br>(1.286) | 0.006<br>(1.624) | 0.008<br>(1.655) | 0.003<br>(1.098) |
| 警务开支/暴力犯罪案件数 | −0.006<br>(−0.563) | −0.014<br>(−1.635) | −0.007<br>(−0.394) | 0.015<br>(0.674) | −0.001<br>(−0.106) |
| 小城市的犯罪情况 α | 0.0004<br>(0.257) | −0.004<br>(−3.070)** | −0.004<br>(−1.656) | −0.001<br>(−0.351) | −0.0005<br>(−0.332) |
| 时间 | 0.004<br>(0.627) | 0.008<br>(1.504) | −0.012<br>(−1.121) | −0.011<br>(−0.796) | 0.003<br>(0.431) |
| 时间$^2$ | −0.000 05<br>(−0.509) | −0.0002<br>(−2.624)* | 0.0002<br>(1.480) | 0.000 05<br>(0.302) | −0.0001<br>(−1.050) |
| 截距 | 3.990<br>(34.709)** | 4.713<br>(53.456)** | 4.334<br>(24.717)** | 3.500<br>(15.533)** | 4.235<br>(36.007)** |
| 调整后的 $R^2$ 值 | 0.983 | 0.985 | 0.968 | 0.964 | 0.968 |

** 在 0.01 水平上具有显著性；* 在 0.05 水平上具有显著性；† 在 0.10 水平上具有显著性。

注意：因变量是报告出的破案率的自然对数。这些回归是运用希尔德雷思-卢(Hildreth-Lu)校正序列相关性估计的。所有警察和资源的计算都乘上了警察与全体员工总数的比率。

α 这一变量测算了发生在居民少于 250 000 人的城市的暴力犯罪比例。

**表 6-5　城市财产犯罪类罪和个罪案件破案率(1950—1995 年)**

1966 年后：1966 年＝0.33,1967 年＝0.66,1968 年及之后＝1

（括号中为 $t$ 检验统计结果）

| 变量 | 财产犯罪 | 夜盗 | 偷窃 | 机动车盗窃 |
|---|---|---|---|---|
| 1966 年后 | −0.97<br>(−1.907)† | −0.075<br>(−0.880) | −0.133<br>(−2.394)* | −0.150<br>(−1.762)† |
| 暴力犯罪率 | 0.015<br>(0.611) | 0.023<br>(0.554)** | −0.015<br>(−0.544) | −0.012<br>(−0.273) |

（续表）

| 变量 | 财产犯罪 | 夜盗 | 偷窃 | 机动车盗窃 |
|---|---|---|---|---|
| 警察数（人均） | −0.196<br>(−2.009)† | −0.089<br>(−0.556) | −0.228<br>(−2.146)* | −0.162<br>(−1.015) |
| 警察数/暴力犯罪数 | 0.313<br>(1.425) | 0.036<br>(0.101) | 0.748<br>(3.123)** | −0.135<br>(−0.379) |
| 警务开支（人均） | 0.006<br>(1.771)† | −0.002<br>(−0.375) | 0.010<br>(2.956)** | −0.001<br>(−0.212) |
| 警务开支/暴力犯罪案件数 | 0.002<br>(0.133) | 0.027<br>(1.150) | −0.035<br>(−2.261)* | 0.032<br>(1.368) |
| 小城市的犯罪情况 α | −0.003<br>(−1.396) | −0.002<br>(−0.646)** | −0.002<br>(−0.919) | −0.002<br>(−0.708) |
| 时间 | −0.004<br>(−0.495) | −0.018<br>(−1.186) | 0.020<br>(2.097)* | −0.021<br>(−1.396) |
| 时间² | 0.00002<br>(0.209) | 0.0001<br>(0.504) | −0.0003<br>−(2.074)* | 0.0003<br>(1.483) |
| 截距 | 3.027<br>(21.102)** | 3.213<br>(14.148)** | 2.853<br>(18.225)** | 3.405<br>(14.932)** |
| 调整后的 $R^2$ 值 | 0.942 | 0.922 | 0.611 | 0.939 |

** 在 0.01 水平上具有显著性；* 在 0.05 水平上具有显著性；† 在 0.10 水平上具有显著性。

注意：因变量是报告出的破案率的自然对数。这些回归是运用希尔德雷思-卢（Hildreth-Lu）校正序列相关性估计的。所有警察和资源的计算都乘上了警察与警察局职员总数的比率。

α 这一变量测算了发生在居民少于 250 000 人的城市的暴力犯罪比例。

# 结论

英国皇家学会的座右铭是"别把任何人的话照单全收"：不要轻易相信言论（Trust not in words）。[92] 数据，而不是某些学者的观点或者空话更值得我们重视。[93]

---

[92] Steve Jones, "The Set Within the Skull", *N.Y. Rev. Books*, Nov. 6, 1997, at 13.

[93] 耶鲁·卡米萨教授对警察是不是确实曾经抱怨过联邦最高法院的判决导致破案率下降没有充分的事实根据这一问题进行过讨论。例如，在 1962 年，哥伦比亚特区警察总长即抱怨说，1957 年通过的禁止不适当延长拘留期限期间所获得的供述之判决导致破案率下降了 9%。事实上，卡米萨指出，在该案判决之前破案率就已经下降了 7 个百分点，在该案判决之后迅速提升了 3 个百分点，而在接下来的 3 年之中又下跌了 12 个百分点。参见 Kamisar, "Tactics"，前引注⑱，第 466—467 页。

卡塞尔和福尔斯教授试图超越价值判断和单纯的定性论证，运用统计学知识，以实证研究的方式来验证联邦最高法院的这一重要判决对我们刑事司法体制的影响，此举值得称赞。他们的统计学研究在如何清楚地论证某个问题方面，确实是一个标准的范本，愿意与大家分享数据的行为表明他们的研究值得信赖。根据对所有统计证据的分析，我斗胆认为有些证据表明，卡塞尔和福尔斯教授所计算出的1966年中期之后的暴力犯罪破案率要比根据各种时间序列回归分析模型本可得到的结果低10—12个百分点。这一结论是对表6-1、表6-2中各种回归分析模型进行综合分析的结果，在很大程度上在统计学意义上非常有力，因此这一点值得重视，但这并非米兰达规则对暴力犯罪破案率带来影响的决定性证据。1966年后某些暴力犯罪或者所有财产犯罪破案率出现类似下降趋势是受米兰达规则的影响的证据必然更弱。虽然1966年后米兰达规则对谋杀、强奸、抢劫、伤害，以及所有财产犯罪，如夜盗、机动车盗窃等犯罪破案率的影响在统计结果上都表现为负数，但其显著性从未超过0.05的水平。只有在将暴力犯罪作为一个整体和盗窃罪进行分析时才会发现米兰达规则对1966年后破案率的影响具有统计学意义上的显著性，但其明显低于对后一方程的R平方检验值的事实有理由使我们对这一结果表示怀疑。这些结果并未对卡塞尔-福尔斯提出的假设给予有力的支持。表6-4、表6-5的9个回归分析中有7个显示米兰达规则对1966年后的虚拟变量没有显著影响，从而表明卡塞尔-福尔斯第二次回应文章的标题（"米兰达案后的破案率下降：巧合还是必然？"）也许忽略了第三种似乎可信的可能性。因为在9种犯罪中，有7种犯罪的破案率下降完全可以从更高的犯罪率、相对较少的警力资源投入，以及自20世纪50年代以来破案率就一直呈下降趋势等角度得到充分的解释。只有暴力犯罪的破案率我们确实持续观察到（尽管在此也并非不可避免[34]）1966年后的破案率存在无法从上述长期惯性角度来解释的统计学意义上的显著下降。[35]

---

[34] 表6-1第一列的两个回归分析结果显示，米兰达规则对1966年后暴力犯罪破案率的影响并不存在统计学意义上的显著相关性，即使表6-1和表6-2其他所有回归分析结果确实显示对暴力犯罪的破案率存在影响。

[35] 卡塞尔和福尔斯在其反驳中认为，如果在回归分析中某个因素导致时间平方项方面出现下降，则意味着回归分析的结果倾向于支持卡塞尔和福尔斯的观点，因为从9种案件中有2种（暴力犯罪和轻微盗窃犯罪）到9种案件中有3种（暴力犯罪、黑道犯罪和盗窃机动车犯罪）这一变化提升了米兰达规则对1966后破案率的影响之数值，而且在0.05以上水平上具有统计学意义上的显著性。但是，通过降低这4个重要性发生了变化的时间平方项，2个获得了更高的R平方检验值，2个获得了更低的R平方检验值，因此这一回归分析结果本身并不能直接显示何者是更佳方式。另外，我将时间平方项也包括在内，因为在我看来不可能存在一个比例变量，例如破案率，在我们数据所涵盖的半个世纪期间，能导致直线速率下降趋势的出现。由于破案率是一个比例数据，其不可能低于0，因此任何强劲的下降趋势最终都将渐趋接近于0——而直线速率不可能出现这种情况。由此表明，也许一个限制了预测破案率跌至0—1之间的对数比，是比实际破案率更好的因变量。对这一改变得出了本脚注上文所讨论的同样结果。

第六章 米兰达规则削弱了警察的执法效果吗？ | 527

　　我曾经指出，可以通过使用犯罪率的不同替代物（谋杀犯罪率而不是暴力犯罪率）来获得支持卡塞尔-福尔斯假设的更有力结论，但是使用后一种计算方式不可避免地会导致 R 平方值被过高调适。⑯ 在他们的二次回应中，卡塞尔和福尔斯认为，第三种，甚至更多的计算方式——所有财产犯罪和暴力犯罪——在替代警察的工作负担时要比相对较为局限的暴力犯罪更可取。这一被称为"指数犯罪（index crimes）"的更为宽泛的计算方式很大程度上就是以财产犯罪为根据的，因为从数量上看，财产犯罪要比暴力犯罪常见得多，从而意味着这一替代物就是财产犯罪数据的结果。⑰ 这一完善的计算方式将超越警察在每类犯罪上耗费多少时间的计算方式，这样一起谋杀案件就会被赋予比一起车载电台盗窃案件高得多的权重。当然，如果警察在每起案件上耗费的时间完全相同，而且财产犯罪数量的计算至少和暴力犯罪数量的计算一样可靠，那么，"指数犯罪"案件数量也许会是警察工作负担更可取的替代物。但是，这两个条件都不成立。⑱ 尽管如此，这仍然有助于理解这些结论对于不同类别犯罪的敏感性。另外，我分析的主旨是，卡塞尔-福尔斯的结论在合理地改变其犯罪种类时⑲，在 0.05 显著性水平上并不是非常有力。但是，米兰达规则对 1966 年后破案率影响的大小和标志，特别是对于暴力犯罪变量的影响，确实为解释米兰达案后该类犯罪破案率偏离了其他类型案件破案率趋势提供了证据支持。

　　但是，有证据证明破案率出现了下降，与有证据证明破案率下降与联邦最高法院在米兰达案中所作出的判决之间存在统计学意义上的显著相关性之间尚有很长的一段距离。首先，我们必须对一个中断了的全美国破案率数据时间序列

---

⑯　参见前引注㉑。

⑰　1995 年，FBI 统一犯罪报告所包括的指数犯罪总数达 13 900 000 件，其中 12 100 000 件都是财产犯罪，1 800 000 件是暴力犯罪。*UCR-1995* 参见前引注⑤，第 5、10、35 页。因此，财产犯罪占指数犯罪总数的 87%。

⑱　另外，正如从卡塞尔和福尔斯的反驳一文表 I 可以看出的那样，对所有指数案件进行统计分析并不一定就能得出只对暴力犯罪进行分析更高的 R 平方值（该表第 1 和第 5 行的比较）。当对所有指数案件进行统计分析时，在我的回归分析中并不具有显著性的米兰达规则对 1966 年后三类案件——抢劫犯罪、财产犯罪和盗窃机动车犯罪的破案率影响，变成在 0.05 水平上具有统计学意义上的显著性。但如果以我在表 6-4 和表 6-5 中提出的暴力犯罪来代替指数犯罪时，米兰达规则对这 3 种犯罪中的 2 种——财产犯罪和盗窃机动车犯罪破案率的影响——调整后的 R 平方检验值出现了下降。

⑲　卡塞尔和福尔斯还在其反驳一文的表 I 中证明了当以所有警察局police员而不仅仅是警官作为解释性变量时，米兰达规则对 1966 年后破案率的影响存在统计学意义上的显著性的数据从 9 种案件中只有 2 种跃升到 4 种（抢劫犯罪和财产犯罪都变得具有统计学意义上的显著性）。如果我不得不选择一种计算方式，我可能更倾向于将警官作为计算警察局内具有侦查破案能力者数量的根据，但是看到两种计算结果非常有意思。注意，对那两种因米兰达规则对破案率的影响变得具有统计学意义上的显著相关性的犯罪，运用卡塞尔和福尔斯的计算方式得出的 R 平方检验值也更高。

分析结论保持必要的警惕。特别是,当解释性变量之间相关性的紧密程度破坏了对 1966 年后米兰达规则影响评估结论的可靠性时,尤其值得注意。其次,在我即使认同暴力犯罪的破案率在 1966 年之后出现了下降趋势这一限制性结论之前,我还想看看对其他一些城市数据的历时性分析结果,可以使用更可靠的固定数据分析方法。事实上,随着越来越多来自不同城市的历时性破案率数据和来自一些不同城市的解释性变量数据的增加,并且考虑到 FBI 的 UCR 所提供数据普遍存在的问题(特别是 20 世纪 50 年代和 60 年代的数据)以及在多元共线性和共时性方面潜在的严重问题,我们不得不对任何与此相关的统计学分析结果的信心保持警惕。

即使我们可以发现警方的破案率出现了偏离于先前趋势的下降,基于 20 世纪 60 年代中期以来犯罪与刑事司法体制领域发生的大量系统性变化,也很难将之归因于米兰达案判决。我觉得,犯罪性质的重大变化、毒品、20 世纪 60 年代后期以来人们对待权力机关的态度等方面的改变,以及沃伦法院在刑事司法领域所作出的一系列判决,而不仅仅是米兰达案判决所带来的体制性变迁等确实导致了破案率的实际下降。另外,所观察到的破案率下降还有可能是有关犯罪和破案率数据统计的质量和可靠性改善的结果。我们必须提出的是,如果将前述这些因素对警方破案率的影响情况排除,卡塞尔的回归分析所观测到的这种偏离趋势究竟还剩多少。⑩

最后,虽然对于卡塞尔和福尔斯的研究而言,统计学的方法非常重要,但也只能是分析的一个方面。其他关于米兰达规则对破案率的影响方面的直接证据,例如卡塞尔、舒尔霍夫以及其他一些学者在另外一些方面所提出的证据,对于解释符合恰当统计标准的回归分析结果同样重要。如果其他这些证据能够为卡塞尔-福尔斯假设提供有力的支撑,那么,那些一般性的补强性的经验证据就要比没有这些证据时承载更大的作用。我还未对这些必须关注的大量文献进行研究,因此对于这些其他证据是否足以支撑卡塞尔和福尔斯的观点——这是个

---

⑩ 卡塞尔和福尔斯怀疑我提到的那些因素会引起 1966 年之后的虚拟系数所反映出来的破案率大小出现突然下降。但是,这一系数代表的只是整个 1966 年之后尚不清楚的影响的平均情况,并不一定能够直接反映出全面影响情况。事实上,我对连续几年暴力犯罪破案率的回归分析发现,1964—1965 年间这一破案率比 1950—1963 年的破案率要低 5 个百分点,而在 1966 年又较 1965 年下降了 7 个百分点,1967 年又较 1966 年下降了 8 个百分点,1968 年比 1967 年又下降了 8 个百分点,在整体趋势平稳之前的 1969 年又在 1968 年基础之上下降了 2 个百分点。因此,破案率下降并不是呈现出直线下降的形式。破案率的这种阶段式下降趋势也许是不断改善的警察数据记录以及警察职业化水平提高的结果。

仍然饱受争议的问题⑩,留给其他人去作出最终判断。然而,如果看起来确实存在米兰达规则而导致破案率下降的情况,那也最有可能来自我所说的那些"其他犯罪影响"。因为在大多数情形下,米兰达警告都是在通过逮捕犯罪嫌疑人和破案之后才进行的。如果真是这样,米兰达规则所带来的成本也许远低于其批评者们所担心的程度。

## 附录

| 变量名 | 描述 | 数据来源 | 解释 |
| --- | --- | --- | --- |
| 破案率(clrcitmu, clrcitra, clrcitrb, clrcitaa, clrcitbu, clrcitla, clrcitve) | 谋杀、强奸、抢劫、恐吓、夜盗、偷窃、机动车盗窃案件的破案率 | FBI统一犯罪报告(UCR) | 这个数据来源于一个城市子集:<br>1950年:1601个城市,54 690 179人<br>1995年:8278个城市,148 295 000人<br>这些人口数字被表示为"popclr" |
| 指数犯罪案件破案率(clrcitpc, clcitve) | 财产犯罪和暴力犯罪案件的破案率 | 1975年以前的数据来源于詹姆斯·阿兰·福克斯(James Alan Fox)的《犯罪数据预测:一个经济学的分析》(1978年)。福克斯的数据是对FBI接报案材料进行加权平均之后计算出来的。1975年—1995年的数据来自UCR。 | FBI的数据来源于一个人口子集:<br>1975年:6449个城市,127 068 000人<br>1995年:8278个城市,148 295 000人 |

---

⑩ 耶鲁·卡米萨对一些争鸣进行了一个有益的概括。参见 Yale Kamisar, Wayne R. Lafave & Jerold H. Israel, *Modern Criminal Procedure*: *Cases, Comments & Questions* 59-81 (8th ed. Supp. 1997)(对米兰达规则之于警察实践的影响分析)。

（续表）

| 变量名 | 描述 | 数据来源 | 解释 |
|---|---|---|---|
| 小城市的犯罪情况（smcity） | 小城市的暴力犯罪百分比（常住人口少于250 000人的城市中发生的所有暴力犯罪） | UCR | 这一数据来源于一个城市子集：<br>1950年：2032个城市，41 529 235人<br>1995年：7133个城市，100 029 000人 |
| 警察保护所花费的美元（dolcopin） | 1995年在警察保护上所花费的美元数额 | 统计摘要 | |
| 谋杀犯罪率（citmurat） | 在报告了破案率的城市中每年每100 000人发生的谋杀案件数 | 这个数字是变量"城市谋杀犯罪案件数"除以"城市人口数"再乘以100 000的得数 | |
| 谋杀犯罪数（citymurd） | 报告了破案率的城市每年发生的谋杀犯罪案件数 | UCR | 这一数据来源于一个城市子集：<br>1950年：1601个城市，54 690 179人<br>1995年：8278个城市，148 295 000人<br>注意：由于1958年、1959年、1960年的谋杀犯罪案件数系估算所得，因此没有可用数据。 |
| 暴力犯罪数（vcrimes） | 全美国每年发生的暴力犯罪案件数 | 变量"暴力犯罪率"乘以"全美国人口数"的得数 | |
| 人均警察数和警局其他雇员数（copfbirt） | 每1000人中警察局职员比例 | UCR | 这一数据来源于一个城市子集：<br>1950年：3233个城市，73 340 751人<br>1995年：10 010个城市，164 313 000人 |
| 人均警察数（offrte） | 每1000人中的警察比例 | UCR | 1965年之前的这一数字是UCR公布的警察局职员数量乘以UCR公布的公务员比例的得数。在将公务员从警察局职员总数中剥离之后，警察数量计算方式转换为警察局职员数量除以报告了职员数量的城市人口数。1965年之后，UCR开始公布警察的比例，因此也就无须再进行计算了。 |

(续表)

| 变量名 | 描述 | 数据来源 | 解释 |
|---|---|---|---|
| 警察/谋杀案件比(polcm) | 在报告了犯罪率的城市中,每起谋杀案件分配到的警察数量 | 变量"人均警察数和警察局其他职员数"除以变量"谋杀犯罪率" | |
| 警察/警局其他雇员比(ratoff) | 警察与警察局全体职员报告率的比率 | 变量"人均警察数"除以变量"人均警察和警察局其他职员数" | 分母和分子都来自1965年之前相同但之后不同的城市子集:<br>1950年:3223个城市,73 340 751人<br>1995年(人均警察数和警察局其他职员数):10 010个城市,164 313 000人<br>1995年(人均警察数):9970个城市,165 542 000人 |
| 警察/暴力犯罪比(polvcl) | 每起暴力犯罪案件分配到的警察数 | 等式<br>(人均警察和警察局其他职员数÷暴力犯罪率)×警察/警察局其他职员比 | |
| 警务开支(dolratel) | 人均警务开支 | 等式<br>(警察保护所花费的美元÷全美人口数)×警察/警察局其他职员比 | |
| 警务开支/谋杀案件比(dolcml) | 在报告了破案率的城市中每起谋杀案件分配到的警务开支数 | 变量"警察保护所花费的美元"(CPI调整后的警务开支)÷"谋杀案件数"×警察/警察局其他职员比 | |
| 警务开支/暴力犯罪案件比(dolvcl) | 每起暴力犯罪案件分配到的警务开支数 | 等式<br>(警察保护所花费的美元÷暴力犯罪数)×警察/警察局其他职员比 | |
| 美国人口数(popres) | 美国人口数量 | 美国人口普查局 | |
| 报告破案率人口数(popclr) | 报告了破案率的城市人口数量 | UCR | |

（续表）

| 变量名 | 描述 | 数据来源 | 解释 |
|---|---|---|---|
| 1966年后－1（mira1） | 虚拟变量，1966年＝0.5，之后每年均为1，否则即为0 | | |
| 1966年后－2（mira4） | 虚拟变量，1966年为0.33，1967年为0.66，之后每年均为1，否则为0 | | |
| 时间（timestep） | 自1949年起各年度 | 创建了一个等于观察数的变量（数据已经按时间排序） | |
| 暴力犯罪率（vcrate） | 暴力犯罪比率 | 这些数据来源于詹姆斯·阿兰·福克斯的《犯罪数据预测：一个经济学的分析》（1978年）。1975年以后的数据来源于UCR。 | |

# 后 记

自1993年7月从西南政法学院毕业进入福建省人民警察学校（现已升格为福建警察学院）从事"预审学"（在1997年公安部决定"侦审合一"之后改为"侦查讯问学"）教学后，"审讯""讯问"这几个词对我似乎就有了特别的意义。尽管因为有自知之明，深知如果继续"教"（混）下去势必对福建警察的审讯效果造成难以挽回的负面效果，2005年向学院提出改教"刑事诉讼法学"，但每每看到"审讯""讯问"之类的词（包括对应的英文单词）时，我的内心还是充满着某种情绪。而对米兰达规则实证研究的关注则源于2006年在四川大学法学院跟随恩师左卫民教授攻读博士学位期间，协助恩师进行"中国刑事诉讼运行机制实证研究"课题研究的过程中，为了对中美警察审讯实践进行比较而检索文献时，卡塞尔教授的实证研究系列论文引起了我的关注，于是开始了长达十余年的断断续续的翻译工作。

译事艰辛，但亦其乐无穷。从米兰达案判决四十周年开始着手，其间陈晓云女士加入，到五十周年才大致完成本书的全部翻译工作，通读校对又耗了将近三年的时间，至2019年才最终将书稿交到了出版社。回首之时才觉得时间过得真快——乐。

本书的出版过程有些曲折，最终能够在北京大学出版社顺利出版，要感谢恩师左卫民教授、中国政法大学郭烁教授、北京大学法学院吴洪淇教授等的帮助，感谢福建师范大学法学院的出版资助，特别是林旭霞教授多年的宽容与支持。当然，最要感谢的是本书的编辑张宁女士，不仅感谢她耐心细致、专业的编辑工作，更感谢她在本书漫长的出版过程中的等待与鼓励，也感谢这场等待使我们从工作关系慢慢地变成了朋友。

感谢华中科技大学郭又贵教授专业的精心校对,由于译者水平有限,文中错漏难免,恳请诸君不吝批评。

译者

刘方权

2023 年 12 月 10 日